# 宗教学

（修订本）

段德智 著

商务印书馆
The Commercial Press

图书在版编目(CIP)数据

宗教学/段德智著.—修订本.—北京:商务印书馆,2022
ISBN 978-7-100-21572-5

Ⅰ.①宗… Ⅱ.①段… Ⅲ.①宗教学—研究 Ⅳ.①B920

中国版本图书馆 CIP 数据核字(2022)第 150415 号

**权利保留,侵权必究。**

# 宗 教 学

(修订本)

段德智 著

商 务 印 书 馆 出 版
(北京王府井大街36号 邮政编码100710)
商 务 印 书 馆 发 行
北京艺辉伊航图文有限公司印刷
ISBN 978-7-100-21572-5

| 2022年10月第1版 | 开本 880×1230 1/32 |
| 2022年10月北京第1次印刷 | 印张 22⅝ |
| 定价:116.00元 | |

# 作者简介

**段德智** 武汉大学二级教授,先后兼任武汉大学学术委员会委员,中华全国外国哲学史学会常务理事,中国宗教学会理事,湖北省宗教研究会副会长,北京大学外国哲学基地(哲学所)兼职教授与学术委员,清华大学道德与宗教研究中心研究员。现任武汉大学人文社科研究院驻院研究员。主要著作有:《欧洲近代哲学史上的经验主义与理性主义》(合著)、《死亡哲学》、《莱布尼茨》(合著)、《宗教概论》、《宗教与社会》、《主体生成论》、《莱布尼茨哲学研究》、《新中国宗教工作史》、《哲学的宗教维度》、《中世纪哲学研究》、《境外宗教渗透与苏东剧变研究》和《境外宗教渗透论》等。主要译著有:《非理性的人》、《英国哲学史》、《论儒学的宗教性》、《对莱布尼茨哲学的批评性解释》、《神学大全》第1集(五册)、《反异教大全》(五册)、《论存在者与本质》、《论独一理智》、《神正论》和《论物体》等。先后获"第六届中国图书奖"二等奖,教育部第一届、第二届和第七届"人文社会科学优秀成果奖"二等奖和湖北省第八届、第九届和第十届"社会科学优秀成果奖"一等奖等多项奖励。

# 目 录

前言 ········································································· 1

## 第一篇　概论篇

第一章　宗教学的历史沿革与学科性质 ······························· 31
　第一节　宗教学的产生与发展 ······································· 32
　　一、宗教学的问世 ················································· 32
　　二、宗教学的发展 ················································· 41
　第二节　宗教学的学科性质和核心范畴 ·························· 51
　　一、宗教学与传统神学的根本区别 ····························· 51
　　二、宗教学范畴的基本意涵 ······································ 57
　　三、作为"宗教学"上位概念的"宗教"概念的定义问题 ···· 67
第二章　宗教学的学科结构与研究方法 ······························· 74
　第一节　宗教学的学科结构 ········································· 74
　　一、宗教学学科的双重结构 ······································ 74
　　二、宗教学基础学科 ·············································· 76
　　三、宗教学分支学科 ·············································· 83
　第二节　宗教学的研究方法和阐释原则 ·························· 96
　　一、比较法 ························································· 98
　　二、诠释法 ························································ 101

三、逻辑与历史在历史基础上相一致的原则 ············ 103
四、辩证唯物史观的研究方法和阐释原则 ············ 105

## 第二篇　历史篇

### 第三章　宗教的起源 ············ 111
#### 第一节　宗教的迷宫 ············ 111
一、研究宗教起源问题的意义 ············ 111
二、探究宗教起源问题的困难 ············ 114
三、挡不住的诱惑 ············ 117
四、宗教考古与"阿里阿德涅之线" ············ 121
#### 第二节　宗教产生的社会历史条件 ············ 125
一、探究宗教产生的社会历史条件的必要性 ············ 125
二、人和自然的关系的二重化与宗教起源 ············ 127
三、社会关系的神圣化与宗教的产生 ············ 132
#### 第三节　宗教产生的认识论根源 ············ 135
一、宗教观念产生的认识论前提 ············ 136
二、宗教观念形成的"历史道路" ············ 140
三、"宗教的可能性"存在于"最简单的抽象"中 ············ 144

### 第四章　宗教的历史发展 ············ 148
#### 第一节　宗教发展观的形成及其理论背景 ············ 148
一、生物进化论的产生及其意义 ············ 149
二、近现代历史进步观的形成及其意义 ············ 152
三、宗教发展观的确立 ············ 154
#### 第二节　从"自然宗教"到"多神教"和"一神教" ············ 159
一、宗教历史发展的两个向度 ············ 159

二、作为原始宗教的"自然宗教" …………………………… 160
　　三、从"自然宗教"到"多神教" ……………………………… 165
　　四、从"多神教"走向"一神教" ……………………………… 168
　第三节　从"氏族宗教"到"民族宗教"和"世界宗教" …… 173
　　一、作为制度性宗教原始形式的氏族宗教 ……………… 173
　　二、从"氏族宗教"到"民族宗教" ……………………………… 179
　　三、从"民族宗教"到"世界宗教" ……………………………… 183

## 第三篇　本质篇

第五章　宗教的要素 …………………………………………………… 198
　第一节　宗教意识（上）：宗教信仰与宗教观念 ………… 201
　　一、宗教信仰 …………………………………………………… 202
　　二、宗教观念（1）：宗教神话 …………………………… 204
　　三、宗教观念（2）：宗教理论 …………………………… 208
　第二节　宗教意识（下）：宗教情感与宗教经验 ………… 217
　　一、宗教情感 …………………………………………………… 217
　　二、宗教经验 …………………………………………………… 224
　第三节　宗教行为 ……………………………………………………… 231
　　一、巫术 ………………………………………………………… 231
　　二、禁忌与戒律 ………………………………………………… 235
　　三、宗教礼仪 …………………………………………………… 239
　　四、宗教节庆 …………………………………………………… 243
　　五、宗教修炼 …………………………………………………… 244
　第四节　宗教组织与宗教制度 ……………………………………… 251
　　一、宗教组织 …………………………………………………… 251

二、宗教制度与宗教体制 ················································ 259

## 第六章 宗教的特殊本质 ················································ 264

### 第一节 宗教奥秘与对神圣者的信仰 ······························ 265
一、关于宗教的语源学解释与宗教的基本意涵 ············· 265
二、宗教的奥秘与信仰的超越性 ································ 269

### 第二节 宗教奥秘的解读与作为信仰神圣者的人 ············· 278
一、宗教发生学与宗教信仰的生存论维度 ···················· 279
二、宗教信仰与人生救赎 ·········································· 283
三、信仰的内在性与人的"自我意识" ························· 287
四、"向人自身的复归"与宗教意识的演进 ··················· 292

## 第七章 宗教的普遍本质 ················································ 298

### 第一节 宗教的社会本质 ··············································· 298
一、宗教社会本质的宏观考察：宗教之为一社会群体或社会组织 ································································ 299
二、宗教社会本质的中观考察（1）：宗教科层与社会分层的相互贯通 ···················································· 305
三、宗教社会本质的中观考察（2）：宗教改革与社会改革和新宗教运动 ·············································· 310
四、宗教社会本质的微观考察："成为宗教信众"与宗教社会化 ························································· 319
五、宗教社会本质的本体论解析："宗教世界"与人类社会的"二重化" ·················································· 321

### 第二节 宗教的文化本质 ··············································· 331
一、宗教文化本质的逻辑定位：宗教是一种文化形态 ········ 331
二、宗教文化本质的静态考察：宗教乃文化的

"纵深维度" ································· 338
三、宗教文化本质的动态考察：宗教与文化变革的
相对相关性 ······························· 345

## 第四篇　功能篇

第八章　宗教的社会功能 ································· 353
　第一节　宗教功能概论 ································· 353
　　一、宗教功能及其与宗教本质的相对相关性 ············· 353
　　二、宗教功能的多维性：社会功能与文化功能 ··········· 360
　　三、宗教功能的复杂性（1）：宗教的显功能与潜功能 ······· 365
　　四、宗教功能的复杂性（2）：宗教的正功能与负功能 ······· 367
　　五、宗教功能的复杂性（3）：宗教的工具性与超工具性 ····· 370
　第二节　宗教的社会功能（上）：宗教与社会共同体 ······· 373
　　一、宗教与社会的意义 ····························· 373
　　二、宗教与社会的维系 ····························· 378
　　三、宗教与社会的创建 ····························· 381
　　四、宗教社会功能的二律背反 ······················· 383
　第三节　宗教的社会功能（下）：宗教与各亚社会系统 ····· 389
　　一、宗教的政治功能与法律功能 ····················· 389
　　二、宗教的经济功能 ······························· 395
　　三、宗教的道德伦理功能 ··························· 400
　　四、宗教的民族功能与民风民俗 ····················· 408

第九章　宗教的文化功能 ································· 415
　第一节　宗教的科学功能 ····························· 416
　　一、宗教与科学关系的历史演绎：宗教与科学的

　　　　　　互补与互动 …………………………………………… 416
　　二、科学革命时期的宗教功能：宗教对现代科学的催生 …… 422
　　三、常规科学时期的宗教功能：宗教之为科学的维他命
　　　　和荷尔蒙 ……………………………………………… 429
第二节　宗教的文学艺术功能 ………………………………… 434
　　一、宗教与文学艺术关系的历史演绎：其互存与互动 …… 434
　　二、宗教对文学艺术精品的催生功能 ……………………… 440
　　三、宗教对文学艺术人才的塑造功能 ……………………… 445
第三节　宗教的哲学功能 ……………………………………… 449
　　一、宗教与哲学关系的历史演绎："哲学乃是同宗教
　　　　并无二致的活动" …………………………………… 449
　　二、宗教对形而上学（本体论）的助推功能 ……………… 455
　　三、宗教对人学（人生哲学）的助推功能 ………………… 459
　　四、宗教对认识论（方法论）的助推功能 ………………… 462

## 第五篇　时代篇

第十章　宗教的世俗化 ……………………………………………… 473
第一节　宗教的世俗化与宗教的历史发展 …………………… 474
　　一、宗教世俗化与宗教神圣化的张力 ……………………… 474
　　二、宗教世俗化的历史维度 ………………………………… 477
　　三、宗教世俗化的现当代维度 ……………………………… 484
　　四、宗教的世俗化与宗教的发展前景 ……………………… 489
第二节　宗教的世俗化与现当代神学的发展 ………………… 498
　　一、宗教的世俗化与宗教及其神学的两难处境 …………… 499
　　二、从正统派到虔敬主义和理性主义（自然神学）……… 500

三、从理性主义（自然神学）到自由主义 ……………………… 503
　　　四、新正统主义与新自由主义 …………………………………… 508
　　　五、宗教的世俗化与神学的未来发展 …………………………… 514
第十一章　宗教对话与宗教多元主义 ……………………………………… 517
　第一节　宗教的地理分布、宗教冲突与人类文明 ………………………… 517
　　　一、宗教的地理分布与人类古代文明 …………………………… 517
　　　二、宗教的空间传播与宗教冲突 ………………………………… 519
　　　三、当代的宗教分布与地区冲突 ………………………………… 523
　　　四、宗教冲突与"世界秩序的重建"：评亨廷顿的
　　　　　"文明冲突论" ………………………………………………… 526
　第二节　宗教对话与世界和平 ……………………………………………… 531
　　　一、宗教对话的三种模式：排他主义、兼容主义和
　　　　　多元主义 ………………………………………………………… 532
　　　二、希克的多元主义假说及其乌托邦性质 ……………………… 540
　　　三、作为通向世界和平之路的宗教对话 ………………………… 547
　第三节　宗教对话的层次性、基本中介和现实途径 ……………………… 551
　　　一、宗教对话的层次性与平面化 ………………………………… 551
　　　二、宗教对话的不可能性、可能性与基本中介 ………………… 556
　　　三、宗教对话的现实途径：从文化对话到宗教信仰
　　　　　层面的对话 …………………………………………………… 561

# 第六篇　宗教与社会主义篇

第十二章　宗教的长期存在与宗教信仰自由政策 ………………………… 574
　第一节　宗教存在的长期性与宗教的群众性 …………………………… 574
　　　一、宗教存在的长期性与"肤浅的狭隘的文化主义" ………… 575

二、宗教的长期存在乃一客观事实 ················· 582
　　三、即使阶级和国家消亡以后，宗教也可能继续存在 ······· 587
　　四、群众性乃社会主义时期宗教的又一本质属性 ········· 594
第二节　宗教信仰自由政策 ························ 600
　　一、宗教信仰自由政策的基本目标在于维护公民的
　　　　宗教信仰的自由权利 ······················· 601
　　二、落实宗教信仰自由政策的基本前提是"尊重"、
　　　　"容忍"和"平等" ························ 607
　　三、"法律保护"乃落实宗教信仰自由政策的重要保证 ······ 612
第三节　独立自主办教原则 ························ 614
　　一、独立自主办教乃社会主义国家宗教信徒自主作出的
　　　　历史性选择 ···························· 614
　　二、独立自主办教乃抵御境外宗教渗透的一项基本方略 ···· 620
　　三、支持独立自主办教是社会主义国家义不容辞的责任 ···· 625

第十三章　依法管理宗教和宗教与社会主义社会相适应 ········· 629
　第一节　宗教建设的基本目标：与社会主义社会
　　　　　相适应 ······························ 630
　　一、与社会主义社会相适应乃宗教自身发展规律之所致 ···· 631
　　二、宗教与社会主义社会相适应的底线在于遵守国家的
　　　　法律和法规 ···························· 636
　　三、宗教与社会主义社会相适应的目标在于最大限度地
　　　　发挥其建设社会主义社会的积极性 ··············· 638
　第二节　依法管理宗教事务乃宗教管理的一项基本方略 ···· 643
　　一、依法管理宗教事务乃宗教管理现代化的基本标志 ······ 644
　　二、依法管理宗教事务的范围与宗教事务类型学 ········ 649

三、依法管理宗教事务的要旨在于保护合法、制止非法 …… 653
第三节　宗教建设的一项战略性任务：不断加强
　　　　神学思想建设 …………………………………… 655
一、挖掘、弘扬传统宗教中的积极内容乃宗教神学思想
　　建设的一项基础性任务 …………………………………… 657
二、"教理革命"乃社会主义国家神学思想建设的历史
　　正命 ……………………………………………………… 664
三、神学思想建设的一项长期任务：去伪匡正，反对
　　邪教 ……………………………………………………… 675

主要参考文献 ……………………………………………………… 680
索引 ………………………………………………………………… 693
后记 ………………………………………………………………… 708

# 前　言

《宗教学》是一部旨在系统阐述宗教学基本原理及其思想体系的著作。

我国著名的哲学家墨子（约公元前476—前390）曾告诫我们说："言必立仪。言而毋仪，譬犹运钧之上而立朝夕者也。"① 仪者，准则也，标准也，规矩也。因此，墨子这句话的意思是说：我们无论言说什么问题都要讲准则、标准或规矩，否则便无以判定真假是非。我们言说宗教学也有一个"仪"的问题。对宗教学的仪虽然可以做多层面的解读，但有一点是肯定无疑的，这就是它势必包含缪勒（Friedrich Max Müller，1823—1900）所提出和阐释的种种准则、标准或规矩。因为缪勒不仅是公认的宗教学创始人，而且还是公认的宗教学奠基人。他在世界宗教研究史上至今独享的崇高的历史地位在于：他在传统的宗教研究和神学研究模式之外创造了一种崭新的研究模式，这就是宗教学研究模式。按照缪勒的理解，宗教学不同于传统的宗教研究，更不同于传统的神学研究。传统的宗教研究往往专注于某一个宗教，传统的神学研究则往往不仅专注于某一个具体宗教神学理论的介绍，而且还进而专注于它的论证和辩护。宗教学与传统的宗教研究不同，它并不

---

① 《墨子·非命上》。

专注于某一个具体的宗教形态,而是尽可能地关乎所有的宗教形态;宗教学更不同于传统的神学研究,一方面,它并不致力于某一个具体宗教神学理论的论证和辩护,对任何宗教及其神学理论都不持护教立场,而是立足于对宗教普遍本质的理性探讨,着眼于宗教之为宗教的内在规定性;另一方面,它不将任何一个具体宗教绝对化和永恒化,而是将其都视为具有时间维度的东西,都视为在人类历史中产生并不断发展的社会组织和意识形态,从而致力于探究宗教产生的根源及其发展变化的普遍规律。

缪勒一生著作很多,但作为宗教学的创始人和奠基人,其代表作主要为《宗教学导论》和《宗教的起源与发展》。在这两部著作中,缪勒不仅在人类宗教研究史上首次提出了宗教学概念,而且还提出并阐释了一系列宗教学准则或规矩。在笔者看来,这些准则或规矩中最重要的有下列三项:

首先,是"世界诸宗教"准则。缪勒强调宗教学研究的不是"某一个"宗教,而是"世界诸宗教"。诚然,缪勒将宗教学界定为 the science of religion,但他这里所说的"宗教"即 religion 是个抽象名词,不是一个具体名词,其实际意指的不是"某一个"具体宗教,而是"世界诸宗教",也就是他所说的 the religions of the world。① 为了把这层意思表达得更清楚些,他干脆把宗教学界定为"对世界诸宗教进行的真正的科学研究"。② 这在人类宗教学说史上实在是一个改天换地、扭转乾坤的大事件。不仅如此,针对传统

---

① Max Müller, *Introduction to the Science of Religion*, Oxford, 1882, p. 4. 也请参阅麦克斯·缪勒:《宗教学导论》,陈观胜、李培茱译,上海人民出版社 2010 年版,第 4 页。

② Ibid., p.13.

的宗教研究者差不多都专注于某一个宗教,甚至某一个宗教的某一个派别的做法,缪勒竟无所顾忌地喊出了他的战斗口号:"只懂一种宗教的人,其实什么宗教也不懂",亦即 He who knows one, knows none。① 缪勒的这样一种推陈出新的理论勇气不能不让人感佩万分。

"不偏不倚"也是缪勒宗教学的一项基本准则。这个概念涉及的是宗教学研究者对待世界诸宗教的态度或立场。我们知道,在缪勒那里,宗教学不是一个单词,而是一个词组,即 the science of religion。这就是说,在缪勒看来,宗教学不只是一门学问,而且还是一门科学。但为要使宗教学成为一门科学,首先就要求宗教学研究者对世界诸宗教持一种"不偏不倚"的立场。缪勒在讨论"真正的科学研究"时,就特别强调了"不偏不倚",强调了 impartiality。② 缪勒还进一步指出,为要对世界诸宗教持一种"不偏不倚"立场,宗教学研究者就需要具有"胸怀坦荡的宗教容忍精神",就需要像印度的阿育王(公元前273—前232年在位)那样"尊敬一切教派"。他呼吁:"研究宗教学的人在不偏不倚方面无论如何也不能落后于这位古代的国王"。③ 缪勒这样做显然是有的放矢,旨在反对和纠正传统宗教研究和神学研究中形形色色的"护教学"和"判教论",同样具有一种破旧立新的意义。

宗教学的第三项基本准则是"宗教领悟"。既然宗教学是"关于宗教的科学",那就有一个何谓宗教的问题。作为宗教学的奠基人和宗教史专家,缪勒深知给宗教下定义的困难,他不禁感慨

---

① Max Müller, *Introduction to the Science of Religion*, Oxford, 1882, p.13.
② Ibid.
③ Ibid., p. 6.

道:"看来,世界上有多少个宗教,就会有多少个宗教的定义,而坚持不同宗教定义的人们之间的敌意,几乎不亚于信仰不同宗教的人们。"① 但他还是给宗教下了一个定义,把宗教界定为"领悟无限者的主观才能"(a Subjective Faculty for the Apprehension of the Infinite)。② 值得注意的是,缪勒是在承认和强调"没有外在崇拜表现的宗教不仅过去有,现在依然存在"之后才给宗教下这样一个定义的。而这就意味着缪勒着眼的并非是宗教的外在仪式,而是宗教的内在本质,不是宗教的客观维度,而是"宗教的主观方面"(the subjective side of religion)。③ 令人啧啧称奇的是,早在1844年,针对黑格尔(Georg Wilhelm Friedrich Hegel,1770—1831)和青年黑格尔派将宗教哲学和宗教哲学家理解为"真正宗教存在"的做法,马克思(Karl Heinrich Marx,1818—1883)就曾旗帜鲜明地提出了唯有"现实的宗教信仰和现实的信教的人"才是"真正的宗教存在"的主张。④ 真可谓异曲同工。

应该说,宗教学后来的发展总的来说是遵循缪勒提出和阐释的这三项准则或规矩行事的,但也出现了某些偏差。譬如,一些学者不是从宗教的"主观方面"理解宗教,而是极力从"客观"方面来理解宗教,将"无限者"理解成一种"实在"或"实体";还有一些学者不是从宗教的内在规定性来理解宗教,而是极力从

---

① Max Müller, *Lectures on the Origin and Growth of Religion as illustrated by the religions of India*, New York: AMS Press, 1976, p.21. 也请参阅麦克斯·缪勒:《宗教的起源与发展》,金泽译,陈观胜校,上海人民出版社1989年版,第13页。

② Ibid., p.22.

③ Ibid.

④ 参阅马克思:《1844年经济学哲学手稿》,人民出版社2000年版,第111页。

宗教"外部"来理解宗教。①所有这些无疑都背离了缪勒的"宗教领悟"准则。

就我国的情况而论,事情似乎严重得多。

首先,是持守"世界诸宗教"准则方面的问题。持守"世界诸宗教"准则不仅有一个学术胸怀和学术视界问题,还有一个学术习惯和学术目标问题。自先秦以来,我国就有"就事论理"的学术习惯,这就使得我国许多学者往往比较热衷于对某一个具体宗教开展研究,而不屑于对世界诸宗教问题进行探究。更何况,至现当代,哲学和宗教学已经成了一种"专业"。但任何一种专业都需要"专家"。而为要成为一个宗教学"专家",研究"某一个具体宗教"无疑是一条捷径。而当我们谈论某个学校的宗教学专业时,我们也习惯于说"某某是基督宗教专家""某某是佛教专

---

① 例如,大多数宗教社会学家都主张用"外部研究法"来审视和研究宗教。在谈到这一学术现象时,孙尚扬先生指出:"宗教社会学自觉地置身于宗教之外来看待和解释宗教现象,这主要表现在,宗教社会学家在坚持宗教的社会性时,一般都不会过于看重宗教信徒们对其宗教信仰的看法"(孙尚扬:《宗教社会学》,北京大学出版社2001年版,第5页)。但宗教社会学的这样一种"外部研究法"不仅为大多数宗教界人士和神学家所拒斥,为大多数宗教哲学家所不齿,甚至也遭到了一些社会学家的责难。美国社会学家英格尔(John Milton Yinger, 1916—2011)就曾诘问道:"从外面我们怎么能看清教堂的彩色玻璃呢?"(J. Milton Yinger, *The Scientific Study of Religion*, New York: The Macmillan Company, 1970, p.2)。其实,英格尔在这里提出的问题,早在1706年,就由康熙提出来了。只不过康熙不是用"彩色玻璃"之喻,而是用妇孺皆知的"屋内屋外"之喻来批评仅仅从"外部"来审视和攻击儒教或中国礼仪的西方基督宗教教士的。针对罗马教廷代牧主教阎当(Charles Maigrot, 1652—1730)挑起的中国礼仪之争,康熙朱批道:"既不识字,又不善中国语言。对话须用翻译。这等人敢谈中国经书之道,像站在门外,从未进屋的人,讨论屋中之事,说话没有一点根据"(李天刚:《中国礼仪之争:历史、文献和意义》,上海古籍出版社1998年版,第65页)。可谓一针见血。参阅段德智:《宗教与社会》,中国文史出版社2005年版,第6页。

家"等。从宗教学研究人员的构成看,以"世界诸宗教"为研究对象的宗教学原理领域人才相对短缺,无疑是我们"世界诸宗教"意识淡薄的一个自然结果。①

在持守"不偏不倚"准则方面,问题似乎更为突出。这一方面表现为对宗教缺乏必要的"尊敬"和"容忍",另一方面则表现为对这一那一宗教的"偏倚"。就第一个方面看,宗教批判不仅是新文化运动的一项重要内容,而且也是"文化大革命"运动的一项重要内容,其区别很可能在于:在新文化运动中,人们运用的理论武器主要是"宗教迷信论",② 在"文化大革命"中,人们运用的理论

---

① 这里有两点需要说明。首先,宗教学是宗教研究的"一种"新的理论范式或学术路径,它的出现并不排除也不可能取代传统的宗教研究和神学研究,我们对国际和国内宗教学术界的有关评论仅仅着眼于宗教学这一理论视角,并不意味着对有关评论对象学术价值的轻视或否定。其次,宗教学研究与对某一个具体宗教的宗教研究具有一定的兼容性,只是要求某一个宗教的研究者具有世界诸宗教的学术胸怀和理论视野。就缪勒来说,他既是宗教学的创始人和奠基人,也是印度吠陀教的卓越研究者。他的伟大之处在于他身为一个西方学者,却能跳出西方文化中心论的藩篱,不仅亲自组织翻译了吠陀教的重要经典(《梨俱吠陀》),而且还将其用作构建起宗教学理论体系的重要资源。我们这里批评的是那些虽然以宗教学学者自居却一门心思进行"某一个具体宗教研究"且不屑于开展"世界诸宗教"思考和研究的学者。

② "宗教迷信论"既可以说是当年新文化运动代表人物的一个共识,也可以说是他们批判宗教的一个基本口号和基本武器。他们之所以口诛笔伐宗教,之所以主张以科学(赛先生)取代宗教,最根本的就在于他们试图以科学的"理信"来取代宗教的"迷信"。如果他们之间有什么区别的话,其区别则主要在于他们中有些人对宗教迷信论这一主张理解得比较彻底些,而另外一些人则显得不够彻底。例如,陈独秀虽然痛斥"孔教"却推崇"耶教",而胡适虽然谴责佛教和道教"充满了惊人的迷信",对基督宗教却也似乎有所偏倚。而蔡元培则不仅反对尊孔,主张讨伐佛教和道教,而且还进而主张讨伐基督宗教,从而其讨伐的锋芒直指"世界诸宗教",宣称"旧宗教之教义不足以搏信仰"(见1916年"在信教自由会之演说"一文)。至于其后来提出的"以美育代宗教"的口号,也与他的比较彻底的"宗教迷信论"有关。

武器则主要是"宗教鸦片论"。① 就第二个方面看，总有一些学者自觉不自觉地主张这样那样的"判教"论，在世界诸宗教之间区分出高低贵贱。我国辛亥革命时期著名思想家章太炎（1869—1936）就曾将宗教区分为"有神论宗教"（他称之为"神教"）和"无神论宗教"，一方面呼吁"破"有神论宗教，另一方面又呼吁"建"无神论宗教。可以说是我国现代"判教"论的一个代表人物。②

---

① 在"文化大革命"期间出现的"消灭宗教"的极"左"思潮在很大程度上就是由"宗教鸦片论"滋生出来的。实际上，这种情况在"文化大革命"之前就已经存在，只是其影响的范围小一些，造成的破坏相对而言轻一些而已（参阅段德智：《新中国宗教工作史》，人民出版社 2013 年版，第 82—86、99—124 页）。而且，即使在"文化大革命"之后，"宗教鸦片论"也没有随着"文化大革命"的结束而即刻结束，在一段时间里也还有一定的市场。例如，在 1981 年和 1982 年还有学者在《世界宗教研究》上刊文，声称宗教鸦片论"至今仍是马克思主义在宗教问题上全部世界观的基石"（《世界宗教研究》1981 年第 3 期，第 1 页）；"宗教是人民的鸦片，不是人民的福音"（《世界宗教研究》1982 年第 4 期，第 102 页）。此外，1986 年四川人民出版社出版的《宗教学原理》一书依然强调"宗教鸦片论""揭示了阶级社会中的宗教本质"（陈麟书：《宗教学原理》，四川人民出版社 1986 年版，第 13 页）。关于"文化大革命"后"宗教鸦片论"的争论，请参阅段德智："关于'宗教鸦片论'的'南北战争'及其学术贡献"，《复旦学报》2008 年第 5 期。

② "判教"问题或宗教的"偏倚"问题，在我国的宗教研究中是一个长期存在的问题。我们刚刚提到的陈独秀和胡适就有一定程度的判教倾向或偏倚问题。此外，严复和梁启超也有类似问题。但在近代，对其判教理论阐述得最为明确、最为系统的，当属章太炎先生。他从唯识宗"万法唯识"的角度，断言："此心为真，此神是幻"，并以此为准则，批判有神论宗教（神教），倡导无神论宗教——佛教。一方面，他从众生平等的立场出发，呼吁破除有神论宗教，断言："惟神之说，崇奉一尊，则与平等远绝也。欲使众生平等，不得不先破神教"（《无神论》）。另一方面，他又极力"提倡佛教"，尤其是推崇佛教"普度众生"的社会功能和"陶冶尧舜"的道德功能，提出了"世间道德，率自宗教引生"的著名论断（《建立宗教论》）。此外，即使到了现代，"偏倚"的问题似乎也依然存在。例如，陈麟书先生在其编著的《宗教学原理》一书中，就曾将宗教区分为"神学宗教"或"正统宗教"和"宗教异端"，断言它们是"相互对立的两类不同性质的宗教"，并对前者有所贬而对后者有所褒，显然有所"偏倚"，具有一定的"判教"色彩（同上书，第 174—175 页），尽管该著构建马克思主义宗教学体系的初衷值得称道。

不太关注宗教内在本质或特殊本质的探究，或者说对宗教内在本质或特殊本质的探究乏力，可以说是我国宗教学研究领域一个最值得注意的问题。其实，无论是我们前面提到的"宗教迷信论"，还是我们前面提到的"宗教鸦片论"，我们之所以对之进行批评，倒不是因为这两种说法完全缺乏理据，完全没有学术价值和社会价值，而是因为它们专注的是宗教的外在功能而非宗教的内在本质，它们运用的归根到底是一种"外部研究法"，而非严格的宗教学方法。应该说，改革开放以来，这种情况有了一定的改观。一些宗教学人士开始聚焦于宗教内在本质和特殊本质的研究，并取得了一些可喜的成果。例如，罗竹风（1911—1996）和陈泽民（1917—2018）先生主编的《宗教学概论》不仅专题讨论了"宗教的构成要素"，以"宗教崇拜对象的特点"为依据对宗教进行了"分类"，而且还在"宗教意识"标题下以四个整章的篇幅讨论了"宗教信仰"、"宗教理论"、"宗教情感"和"宗教经验"。吕大吉（1931—2012）先生著述的《宗教学通论》和《宗教学通论新编》也以四个整章的篇幅讨论了"宗教的本质及其表现"。更为重要的是：他们不仅讨论了宗教的要素，而且还特别强调了宗教信仰在宗教构成中的特殊地位。例如，《概论》专门设置了"信仰在宗教中的地位和作用"一节，一方面强调"信仰在宗教中居核心地位"，另一方面又强调"宗教信仰对宗教活动与宗教组织有基本规定作用"。① 而《通论》不仅提出了"宗教四要素说"，而且还专门探究了宗教四要素的"层次结构"或"逻辑结构"，明确提出了"宗教观念→宗教经验→宗教行为→宗教体制"的"逻辑序

---

① 参阅罗竹风、陈泽民：《宗教学概论》，华东师范大学出版社1991年版，第112—113页。

列"。① 所有这些，在我国宗教学说史上都有披荆斩棘之功，典型地体现了我国宗教学事业在新时期取得的新成就。但相对于缪勒的"宗教领悟"准则和马克思的"真正的宗教存在"论断，无论是《概论》还是《通论》显然都还是给人以有所不逮之感。而这正是我国宗教学界应当下大力气予以解决的。

鉴于这样一种情况，笔者认为，我国宗教学要有一个更为健康的发展和一个更加光辉的未来，固然有许多事情要做，但最为重要的，当是全面地走上或回到缪勒的学术轨道上来，更加全面地落实缪勒为宗教学研究立下的诸项准则或规矩。三十多年来我思考最多的就是这样一个问题，而我思考和写作《宗教学》一书的根本旨趣也正在于在这方面做一些尝试。

除"前言"外，《宗教学》共有六大知识板块（即六篇），这就是："概论篇"、"历史篇"、"本质篇"、"功能篇"、"时代篇"和"宗教与社会主义篇"。其中，"概论篇"旨在阐述宗教学的学科性质和学科结构，强调宗教学范畴的两个基本向度，即"历史向度"和"逻辑向度"，从而为全著的内容提供一个制高点，特别是为第2板块和第3板块，即"历史篇"和"本质篇"做铺垫。"历史篇"旨在具体阐述宗教学（宗教）的"历史向度"，阐述宗教的起源与发展，是对宗教的一种"历时性"研究。"本质篇"旨在具体阐述宗教学（宗教）的"逻辑向度"，依据列宁（Lenin，1870—1924）关于从现象到本质、从初级本质到二级本质的说法，将宗教的本质区分为"宗教的要素"、"宗教的特殊本质"和"宗教的普遍本质"，提出并论证宗教本质的"三层次说"，是对宗教的一

---

① 参阅吕大吉：《宗教学通论新编》，中国社会科学出版社1998年版，第84页。

种"共时性"研究。"功能篇"可以看作是"本质篇"的一种延伸，因为宗教的功能乃宗教本质的一种显现。"时代篇"将着重阐述关乎当今世界和平和发展的两大话题，即宗教的世俗化和宗教对话。"宗教与社会主义篇"将着重阐述社会主义国家存在的两个基本宗教问题，即宗教存在的长期性和宗教与社会主义社会相适应。"时代篇"和"宗教与社会主义篇"一方面可以看作是"历史篇"的一个继续和延伸，另一方面又可以看作是"本质篇"和"功能篇"的一个继续和延伸。很显然，本著展现出来的宗教学从总体上讲便是一门关于宗教的学问，关于宗教固有本质和发展规律的学问，应该说，对宗教学的这样一种理解和阐释与缪勒在《宗教学导论》和《宗教的起源和发展》中对于宗教学内容的设计大体上是吻合的，至少是不怎么冲突的。

本著的一项最根本的努力在于依据缪勒关于宗教"乃领悟无限者的主观才能"的界定和马克思关于唯有"现实的宗教信仰和现实的信教的人"才是"真正的宗教存在"的教导，对宗教的固有本质做出比较深入、比较系统的说明。

首先，本著与《宗教学概论》《宗教学通论》《宗教学通论新编》一样，也非常注重"宗教要素"的分析和考察，以一章四节的篇幅专题讨论和阐释这一问题。但对其所涉及的一些问题做出了一些有别于它们的处理。例如，《宗教学通论新编》主张从"宗教要素"入手开展对宗教本质的阐释，并提出和阐释了"宗教四要素说"，这是一项很有价值的探索。① 但它将"宗教观念"理解

---

① 吕大吉先生的《宗教学通论》1989年由中国社会科学出版社出版，1998年又出了修订版，即《宗教学通论新编》。考虑到《新编》在表述上更为成熟，更能比较充分地体现吕大吉先生的宗教学思想，故而，我们在这里着眼于考察《新编》的内容。

为宗教要素"逻辑序列"的逻辑起点和"宗教体系层次结构"同心圆的"圆心"似乎值得斟酌,①给人一种尚未充分体现缪勒和马克思关于"宗教"和"宗教存在"思想的感觉。在笔者看来,为要落实缪勒和马克思的思想,最为重要的就是要突出"宗教信仰"在宗教诸要素中的特殊地位。既然宗教观念无非是宗教信仰的一种"表现形态",它就不可能构成宗教的第一要素,而只能说是一种由宗教信仰派生出来的东西,而且也正因为如此,它也不可能像《通论》所说的构成宗教要素"逻辑序列"的逻辑起点,构成"宗教体系层次结构"同心圆的"圆心"。能够构成宗教第一要素、宗教要素"逻辑序列"逻辑起点以及"宗教体系层次结构"同心圆"圆心"的唯有宗教信仰。正是在这个意义上,本著才不厌其烦地强调指出:"宗教信仰乃宗教之为宗教的一个最为内在也最为本质的规定性。在任何意义上,我们都可以说,离开了宗教信仰也就根本无所谓宗教"(本著第五章第一节);"如果我们把宗教结构设想为一个同心圆的话,则处于这个同心圆的圆心位置的就是且只能够是宗教信仰了。而且,既然宗教观念、宗教情感和宗教体验是宗教信仰的直接显现,则它们势必处于同心圆1的位置上;而宗教行为和宗教活动作为宗教观念和宗教体验的外在表现,宗教组织和宗教制度作为宗教观念和宗教体验以及宗教行为和宗教活动的外在表现,无疑便因此而分别处于同心圆2和同心圆3的

---

① 参阅吕大吉:《宗教学通论新编》,第84、77、78页。该著认为宗教由"宗教观念"、"宗教经验"、"宗教行为"和"宗教体制"这四种要素构成,并宣布"宗教观念→宗教经验→宗教行为→宗教体制"为宗教四要素的"逻辑序列过程",而"宗教观念"即为"宗教体系层次结构"同心圆的"圆心","宗教作为一个整体,就是这四大要素如此结构组合而成的社会文化体系"。

位置上"(本著第六章第一节)。本著的这样一种努力显然更加贴近缪勒和马克思的上述思想。

其次,在宗教本质问题上,我国当代宗教学界似乎存在有一个很大的误区,这就是将宗教的本质问题与宗教的要素问题几乎混为一谈。《通论》明确宣布"宗教是四个基本要素的综合",断言只要了解了"这四大要素的关系和结构",也就回答了"宗教是什么"的问题。[①]《概论》与《通论》有很大的不同。这种差异不仅表现为它主张"宗教三要素说",宣称宗教是由"心态要素"、"行为要素"和"社会组织要素"组合而成的,并将"心态要素"宣布为"宗教学主要的研究对象",更重要的是它强调指出:"宗教信仰构成了宗教的本质特征,并使之与人类其他精神活动过程区别开来","信仰在宗教中居核心地位"。[②]但就"宗教要素"论宗教本质这一点看,它与《通论》并无原则的区别。殊不知宗教要素说只不过是宗教研究者或宗教学研究者对宗教所做的一种逻辑分析和逻辑综合,就其将宗教分解成各个要素而言,是一种逻辑分析,就其将宗教要素之间的"逻辑关系"概括出某种"逻辑序列过程"而言,是一种逻辑综合。《通论》作者在谈到他所主张的"宗教四要素说"时便非常坦诚地交代了它的两个维度:一方面,"它把古往今来、中外各民族的一切宗教中的宗教现象,按照同一的原理和逻辑,予以分类,最后归纳为四大类";另一方面,"它发现并确定了宗教四要素之间的逻辑关系"。[③]而这就意

---

[①] 参阅吕大吉:《宗教学通论新编》,第78页。
[②] 罗竹风、陈泽民:《宗教学概论》,第65、112页。就其强调宗教信仰在宗教中的"核心地位"而言,显然比《通论》略高一等。
[③] 参阅吕大吉:《宗教学通论新编》,第84页。

味着:"宗教要素说"即使涉及"宗教信仰",其所谈论的宗教信仰归根到底只是一种抽象概念,一种存储于宗教研究者或宗教学研究者头脑中的东西,而非那种"具体"的和"现实"的"宗教信仰",那种为"现实的信教的人"所具有的"现实"的"宗教信仰"。

那么,"现实的宗教信仰"或"现实的信教的人"所具有的"宗教信仰"究竟是怎么回事呢?为了把这个问题解释得稍微清楚一点,我们有必要重温一下缪勒的有关论述。缪勒的宗教学思想极其丰富,但他将宗教界定为"领悟无限者的主观才能"的努力尤其耐人寻味。他的这个论断显然内蕴有三个因素,这就是"无限者"、"具有领悟无限者的主观才能的人"以及"具有领悟无限者的主观才能的人对无限者的领悟"。其中,第一个因素关涉的是宗教信仰对象,第二个因素关涉的是宗教信仰主体,第三个因素关涉的是宗教信仰主体与宗教信仰对象的内在关联和宗教信仰主体的内在本质和内在活动。这几个因素无论对于宗教信仰还是对于宗教本身都可以说极其关键。不过在现实的宗教和宗教信仰中,这几个因素不是孤立的,而是相互渗透、相互贯通、紧密结合在一起。但相对而言,"无限者"(the Infinite)观念毕竟是一个更为根本的观念。缪勒在谈到无限者观念时,不仅批判了霍布斯(Thomas Hobbes,1588—1679)将无限者视为"荒谬"的立场,①

---

① 在《论物体》中,霍布斯在讨论"犯错、虚假与诡辩"问题时,曾提到"数的无限",他写道:"数是无限的也是一个假命题。因为任何一个数都不可能是无限的,而数这个语词,只有当其在心中没有一个与之相应的确定的数字时,才被称作一个不定名称。"在讨论"世界和星辰"问题时,他还从感觉论的角度否定了我们获得"无限概念"的可能性。他写道:"关于何谓无限的知识,是绝对不可能借有限的探究获得的。我们作为人,不管我们知道的是无论什么样的东西,(转下页)

前言

而且宣布"无限者观念"（the idea of the infinite）是"宗教思想之根"（the root of religious thought），[①] 这就将无限者观念的极端重要性明白无误地表达出来了。这是不难理解的。因为倘若离开了无限者观念，我们便几乎不可能理解宗教和宗教信仰的任何一个本质规定性。例如，我们常常说宗教是一种奥秘，但为什么宗教会成为一种奥秘呢？从根本上说，就在于宗教信仰的对象不是一个有限者，甚至也不是一个"无定限者"（the indefinite），而是一个无限者，是一种"既超越感性又超越理性的东西"（something which transcends both sense and reason），[②] 从而对于宗教信仰者来说永远是一种"不知其为何物之物"，始终是康德不可知论意义上的"物自体"。再如，我们常常说宗教信仰的本质在于宗教信仰主体对宗教信仰对象有一种谦卑感、依赖感和敬畏感。但宗教信仰主体之所以会对宗教信仰对象萌生出谦卑感、依赖感和敬畏感，最根本的就在于作为宗教信仰主体的人是一个有限者，而宗教信仰的对象则是一种无限者。不管作为宗教信仰主体的人多么伟大，但他在无限者面前便因为他是一个有限者而永远只能是一个零或一种永远趋向于零的东西，因为当以一个有限者为分子，以一个无限者为分母时，这个分数的量值除了成为零或趋向于零外还能有任何别的计算结果吗？过去的宗教和宗教信仰是如

---

（接上页）我们都是从我们的心像中获得的；但对于无限，不论是大小方面的无限，还是绵延方面的无限，我们都完全没有任何心像；因此，无论是对于一个人，还是对于任何一个其他的受造者来说，要具有任何一个关于无限的概念都是不可能的。"参阅霍布斯：《论物体》，段德智译，商务印书馆 2019 年版，第 77—78、423 页。

[①] Max Müller, *Lectures on the Origin and Growth of Religion as illustrated by the religions of India*, New York: AMS Press, 1976, p.227.

[②] Ibid., p. 35.

此,现在的宗教和宗教信仰是如此,将来的宗教和宗教信仰也必定如此。也正因为如此,缪勒才强调说:"无限者观念的发展史,不多不少正是宗教的历史(neither more nor less than the history of religion)。"①

除无限者外,"领悟"也是一个极其重要的概念。它的重要性同样不言而喻。因为倘若没有领悟便既没有领悟无限者的宗教信仰主体,也没有作为领悟对象的宗教信仰对象。一个人若不领悟无限者,他哪里有资格成为宗教信仰主体或"现实的信教的人"?若没有人领悟无限者,我们凭什么断定无限者存在?我们既感觉不到无限者,也理解不了无限者,除了领悟我们还有什么招数去断定一个我们不知其为何物之物之存在?其实,凡信仰都是对我们不知其为何物之物存在的一种肯定判断,而宗教信仰只不过是对作为我们不知其为何物之物的无限者存在的一种肯定判断而已。我们不知道无限者究竟为何物,但我们还是"相信"它存在,这不正是宗教信仰吗?从这个意义上,我们可以说,没有对无限者的领悟,便没有宗教信仰。领悟不仅具有本体论意义和认识论意义,更重要的是它同时还具有生存论意义。对无限者的领悟固然能够使我们认识到宗教和宗教信仰的超越性,认识到作为宗教信仰对象的无限者和作为宗教信仰主体的有限者的差异和对立,推动我们揭示出宗教和宗教信仰的初级秘密,但更为重要的是它还能进一步使我们认识到宗教和宗教信仰的内在性,推动我们去进一步揭示宗教和宗教信仰的高级秘密,使我们真正达到现实的宗教和宗教信仰本身。宗教信仰固然要求信、谦卑和敬畏,但却不

---

① Max Müller, *Lectures on the Origin and Growth of Religion as illustrated by the religions of India*, p.57. 也请参阅麦克斯·缪勒:《宗教的起源与发展》,第38页。

## 前　言

限于这些，它还另有所求或另有所"望"。① 我们甚至可以说，宗教和宗教信仰者正因为其有所"望"才有所"信"的。西方宗教和宗教信仰者或是望"得救"和"得福"，或是望"成义"和"成圣"，更确切地说，是既望"得救"和"得福"，又望"成义"和"成圣"。东方宗教和宗教信仰者也是如此。佛教有"凡夫即佛"说和"涅槃寂静"说。《太平经》有"神人"（主天）、"真人"（主地）、"仙人"（主风雨）、"道人"（主教化吉凶）、"圣人"（主治百姓）和"贤人"（辅助圣人）之说。② 著名的教父哲学家奥古斯丁（Aurelius Augustinus，354—430）在《论灵魂的数量》中曾用 religare 来表述宗教，旨在表明神人之间的"结合"和"合并"乃宗教的应有之义。③ 而世界诸宗教的种种教义则进一步表明，宗教信仰者在与宗教信仰对象的这样一种"结合"和"合并"中力图实现的无非是自我的一种否定之否定。在笔者看来，唯有宗教信仰者的这样一种自我超越和自我实现才构成了宗教和宗教信仰的终极义。缪勒把宗教和宗教信仰者的这样一种自否定（或自我的否定之否定）称作"一切宗教的存亡有关的原则"（the vital principle of all religion），④ 宣称："神学以人类学为起点"（Theology begins

---

① 基督宗教讲"信"、"望"和"爱"三圣德。当代著名的希望神学家莫尔特曼在谈到"信"和"望"的关系时，曾经强调指出："信仰是希望依赖的基础，希望则培育和维护信仰。……因此，在基督徒的生活中，信仰在先，希望为首。"参阅莫尔特曼："《希望神学》导论"，见《20世纪西方宗教哲学文选》下卷，刘小枫主编，上海三联书店1991年版，第1779页。

② 参阅王明：《太平经合校》，中华书局1960年版，第289页。

③ 参阅奥古斯丁：《论灵魂的数量》(*De Quantitate Animae*)，第36章，第80节。

④ Max Müller, *Lectures on the Origin and Growth of Religion as illustrated by the religions of India*, p.310.

with anthropology），①即是谓此。而推动作为宗教信仰者的自我不断进行自我否定、自我超越和自我实现的主要动力无疑来自他对"无限者"的"领悟"。也正是在这个意义上，缪勒把宗教信仰者对无限者的领悟说成是一种"力量"、"能力"、"能量"、"动力"和"原动力"，不仅构成了"全部宗教的最深刻的基础"，而且构成了"宗教的原动力"。②这样，我们就依照缪勒本人的宗教概念从对宗教要素的逻辑分析（本著第五章）进入并初步完成了对宗教内在本质的实存论分析（本著第六章），不仅深入到了宗教的最隐秘处，而且也达到了宗教信仰者的现实的信仰世界以及与现实的信仰世界紧密结合在一起的世俗世界。本著第六章的篇幅虽然并不太大，但却是本著中最富有特色的一章，也是作者用力最大的一章。如果说本著有什么特殊贡献的话，我们在本章中依据缪勒的宗教概念对宗教内在本质的实存论分析无疑是一项最值得注意的内容。

本著虽然强调"回归缪勒"却也反对完全拘泥于缪勒，正相反，作者极力主张积极借鉴国内外宗教学的一切优秀成果，努力"丰富缪勒"和"发展缪勒"。笔者对宗教本质的讨论和阐述就着眼于这一点。在后缪勒时代，随着宗教社会学、宗教人类学等宗

---

① Max Müller, *Lectures on the Origin and Growth of Religion as illustrated by the religions of India*, p, 39.

② 为了从宗教发生学和宗教动力学的高度昭示对无限者的领悟的巨大的宗教功能和价值，缪勒在《宗教的起源和发展》一书中曾先后使用过"信仰的力量/能力/能量"（energy of faith）、"所有宗教的动力/推动力"（impulse to all religion）、"宗教的动力/推动力"（religious impulse）、"宗教的第一动力/宗教的原动力"（the first impulse to religion）以及"全部宗教的最深刻的基础"（the deepest foundation of all religion）等措辞。Ibid., pp. 26, 47, 381, 382.

教学分支学科的产生和发展,①人们对宗教的社会本质和文化本质进行了更为具体和更为深入的探讨。我国的宗教学学者自20世纪80年代以来,对宗教社会本质和文化本质的研究同样高度重视,且取得了一些可喜的成果。这从罗竹风和陈泽民的《宗教学概论》和吕大吉的《宗教学通论》与《宗教学通论新编》就可以看出来。《宗教学概论》全书共五篇,其中就有两篇是用来讨论宗教的社会本质和文化本质的。②《宗教学通论新编》尤其重视宗教文化本质的探讨和说明。全书共三篇,其中第三篇的标题即为"宗教与文化",下含"概说宗教与文化的一般关系"、"宗教与政治"、"宗教与道德"、"宗教与艺术"和"宗教与科学"五章。不难看出,其中第二章"宗教与政治"实际上讨论的是宗教的社会本质。本著与《宗教学概论》和《宗教学通论新编》相似,在"宗教普遍本质"一章(本著第七章)里分别考察了"宗教的社会本质"和"宗教的文化本质"。本著的特殊努力主要表现在下述两个方面:一是专设了"功能篇",比较具体、深入地考察了宗教的社会功能和文化功能;二是对宗教的社会本质、社会功能、文化本质和文化功能做了更为具体、更为深入的考察。首先,本著专设了"功能篇"(即本著第四篇),以两个整章(即本著第八章和第九章)的篇幅分别讨论和阐释了"宗教的社会功

---

① 这只是一个比较概括的说法。就宗教人类学来说,它几乎是与缪勒的宗教学原理同步产生的,尽管如此,若说宗教人类学在后缪勒时代得到了更加充分的发展,这个说法也不为错。

② 《宗教学概论》第三篇的标题为"宗教与社会生活",下含"宗教与社会"、"宗教与道德"和"宗教礼仪、节庆与修炼"三节。第四篇的标题为"宗教与历史文化",下含"宗教文艺"、"宗教神话"、"宗教语言"、"宗教与科学"与"宗教文化"五节。

能"和"宗教的文化功能"。本著之所以做出这样的安排,最根本的原因就在于在后缪勒时代,宗教功能主义产生并且有了强势的发展。如何正确看待宗教功能主义,就成了一个缪勒本人未曾遇到而需要我们后人予以处理的课题。[①] 只要我们承担其时代赋予我们的这样一个历史任务,我们就有望在丰富缪勒和发展缪勒方面做出一份贡献。其次,在讨论宗教的社会本质与社会功能和文化本质与文化功能时,本著不是泛泛而谈"宗教与社会生活的联系"和"宗教与文化的关系",[②] 而是立足于宗教的内在结构和内在本质对宗教的社会本质和文化本质及社会功能和文化功能做了更为具体、更为深入的考察,强调了宗教在社会运作和文化体系中的特殊地位和特殊作用。例如,在考察宗教的社会本质时,本著不仅从"宗教之为一社会群体或社会组织"、"宗教科层与社会分层的相互贯通"、"宗教改革与社会变革和新宗教运动"和"成为宗教信众与宗教社会化"四个层面对其做了宏观、中观和微观的考察,而且还从"宗教世界"与人类社会的"二重化"的

---

① 这倒不是说缪勒本人并不重视宗教的功能问题。事实上,缪勒非常重视宗教的社会功能和文化功能,曾断言:"宗教比语言更能奠定民族基础","文化与宗教的生存与实质相关"(参阅缪勒:《宗教学导论》,第55页;《宗教的起源与发展》,第256页)。但缪勒着眼的是宗教功能与宗教本质的统一,而宗教功能主义则有割裂二者的倾向,并且往往因此而批评缪勒。

② 例如,《宗教学概论》在讨论宗教社会本质和社会作用的一篇里所用的总标题为"宗教与社会生活",其着眼的是"宗教与社会生活的联系"(参阅该著第181、183—192页)。在讨论宗教的文化本质和文化作用的一篇所用的总标题是"宗教与历史文化",其着眼的是"宗教与文化的关系"(参阅该著第263、358页)。《宗教学通论新编》在讨论宗教的社会本质、社会作用、文化本质和文化作用的一篇里所用的总标题是"宗教与文化",该篇虽然肯认了宗教要素对社会文化诸形式的作用"非常明显而且深刻",但其着眼点却是"宗教是一种社会文化形式"(参阅该著第679、681—697页)。

高度对宗教社会本质做了本体论的解析（见本著第七章第一节）。再如，在讨论宗教的社会功能时，本著不仅结合人类社会的历史发展具体地阐述了宗教创建社会和维系社会的功能，而且还阐释了宗教社会功能的二律背反（见本著第八章第二节）。再如，在考察宗教的文化本质和文化功能时，不仅对其做了静态考察，而且对其做了动态考察，一方面强调了宗教与文化的相对相关性，另一方面又强调"宗教乃文化的纵深维度"，宗教作为一种精神文化，处于文化的"深层结构"之中，对于物质文化和制度文化具有在所难免的支配作用（见本著第七章第一节）。最后，在考察宗教的功能时，针对西方功能主义者在反对"宗教本质主义"旗号下对缪勒宗教本质学说的指责和否定，本著从维护缪勒宗教本质学说的立场出发不仅特别论证了"宗教功能与宗教本质的相对相关性"，而且还特别强调了宗教的"显功能"与"潜功能"、"正功能"与"负功能"以及"工具性"与"超工具性"（见本著第八章第一节）。

所有这些表明，我们在讨论和阐述后缪勒时代出现的宗教学新问题时，依然注意持守缪勒为宗教学设置的基本准则或基本规矩，力求在"回归缪勒"的前提下来"丰富缪勒"和"发展缪勒"。实际上，本著不仅在讨论和阐释宗教的本质问题时如此，在讨论和阐释宗教的历史发展时也同样如此。例如，我们在阐述宗教产生的认识论前提时，就援引了缪勒关于人对无限者的领悟乃"全部宗教的最深刻的基础"的观点（参阅本著第三章第三节）。再如，我们在具体阐述宗教的历史发展时，从宗教信仰对象更新的高度将整个宗教的历史发展看作是一个从"自然宗教"到"多神教"和"一神教"的发展过程（见本著第四章第三节）。我们的这样一种做法显然是受到了缪勒的启发。①但在当今时代，我们却遭遇到了几个特别重大、特别突出的问题，诸如社会主义国家的宗教问题、宗教世俗化问题和宗教对话问题。这些问题不是前所未有的，就是从来没有像今天这样严重和这样突出的。为了承担起一个当代宗教学学者理应承担的历史使命，本著专门以两篇（即第五篇"时代篇"和第六篇"宗教与社会主义篇"）四章的篇幅讨论和阐释了这些问题。

在"时代篇"里，我们专题讨论和阐述了宗教世俗化和宗教对话这样两个重大问题。我们之所以这样做，乃是因为在笔者看来，"在当代诸多宗教问题中，最为重要的莫过于宗教世俗化和宗教对话这两个问题"（见本著第五篇）。马克斯·韦伯（Max Weber, 1864—1920）就曾用世俗化或理性化来界定我们的时代，断言："我们的时代，是一个理性化、理智化、尤其是将世界之巫魅加以祛除的时代。"② 著名宗教社会学家贝格尔（Peter L. Berger, 1929—2017）非常认同韦伯的观点，说韦伯的"世界祛除巫魅"（Entzauberrung der Welt）一语"很恰当地把握了"现代社会世俗化的"这一过程"。③他还进一步强调说："'世俗化'一词指的是现代西方历史上在经验中可以观察到的一些极其重要的过程"，

---

① 缪勒在《论宗教的起源与发展》一书中，曾经指出：自否定"实际上是一切宗教存亡攸关的原则"；"宗教若不能随着我们的发展和生存而发展和生存，那它早就灭亡了"；"诚实的无神论与庸俗的无神论不同"，"诚实的怀疑，是诚实信仰的最深刻的源泉。只有有所失的人，才能有所得"。参阅 Max Müller, *Lectures on the Origin and Growth of Religion as illustrated by the religions of India.* pp. 310, 380, 315. 也请参阅麦克斯·缪勒:《宗教的起源与发展》，第36—217页。

② 马克斯·韦伯:《韦伯作品集 I:学术与政治》，钱永祥等译，广西师范大学出版社2004年版，第190页。

③ 彼得·贝格尔:《神圣的帷幕》，高师宁译，何光沪校，上海人民出版社1991年版，第133页。

## 前　言

"世俗化可以被看成现代社会的一种全球性现象"。① 至于宗教对话的时代意义也同样是不言而喻的。当代国际问题研究专家亨廷顿（Samuel Phillips Huntington，1927—2008）在其名著《文明的冲突与世界秩序的重建》中不仅宣布：冷战时代结束后，人类社会进入了"世界政治的新时代"，"在正在来临的时代，文明的冲突是对世界和平的最大威胁，而建立在多文明基础上的国际秩序是防止世界大战的最可靠保障"，② 而且还进而宣布："在现代世界，宗教是主要的，可能是唯一主要的促动和动员人民的力量"。③ 这就将宗教对话提升到了维护世界和平、重建世界秩序的高度，因为正如著名汉学家孔汉思（Hans Küng，1928—　）强调指出的："没有宗教之间的和平就没有国家之间的和平。没有宗教之间的更大对话就没有宗教之间的和平。"④ 尽管由于时代的局限，缪勒并未对宗教的世俗化和宗教对话开展过更为深入的思考，做过比较直接和具体的论述，但本著还是尽可能地依据缪勒为宗教学立下的基本准则及其相关论述讨论和阐述这些问题。例如，在讨论和阐释宗教世俗化问题时，本著便依据缪勒的"宗教自否定"原则和"诚实的无神论"（honest atheism）立场，⑤ 强调了"宗教世俗化"

---

① 彼得·贝格尔：《神圣的帷幕》，高师宁译，何光沪校，上海人民出版社1991年版，第127、128页。
② 亨廷顿：《文明的冲突与世界秩序的重建》，周琪、刘绯、张立平、王圆译，新华出版社2002年版，第372页。
③ 同上书，第56页。
④ 孔汉思："世界宗教议会宣言《全球伦理》图解"，载孔汉思、库舍尔编：《全球伦理：世界宗教议会宣言》，何光沪译，四川人民出版社1997年版，第170页。
⑤ 缪勒在《论宗教的起源与发展》一书中，曾经指出：自否定"实际上是一切宗教存亡攸关的原则"；"宗教若不能随着我们的发展和生存而发展和（转下页）

与"宗教神圣化"的张力结构以及"世俗化神圣"与"神圣化世俗"的内在统一,断言:"唯有不仅立足于时代的高度和'宗教的自否定'原则,而且着眼于宗教的社会性,立足于宗教的社会和文化本质、社会和文化功能这样一种理论高度,才可能对宗教的世俗化作出比较深入、比较中肯的说明"(见本著第十章第一节)。再如,在讨论和阐释宗教对话时,本著不仅从"世界诸宗教"的角度和高度来阐述和强调宗教对话的必要性和重要性,而且还从宗教功能二律背反的角度阐述和强调宗教对话的必要性和重要性,指出:"如果从国际政治关系的角度看问题",世界诸宗教既可以"成为文明冲突和地区战争的重要动因","但同时也可以成为维系世界和平的重要力量。宗教对话的意义正在于此"(见本著第十一章第二节)。更为重要的是,本著从宗教信仰排他性的角度和高度讨论了有关宗教对话的若干个重大问题。例如,本著虽然肯定了希克(John Hick,1922—2012)多元主义假说的初衷,但却从宗教信仰的排他性或"宗教信仰之间的不可通约性"的角度批评了它的"乌托邦性质",指出:"希克多元主义假说的根本缺失就在于它混淆了哲学理论与宗教信仰,脱离了宗教的历史形态和历史发展,忽视了宗教信仰的排他性,具有明显的抽象性、非历史性或超历史性,因而具有明显的乌托邦性质"(见本著第十一章第二节)。同时,还据此批评了"宗教对话的平面化",提出并强调了"宗教对话的层次性",讨论了"宗教对话的不可能性、可能性与

---

(接上页)生存,那它早就灭亡了";"诚实的无神论与庸俗的无神论或不诚实的无神论不同","诚实的怀疑,是诚实信仰的最深刻的源泉。只有有所失的人,才能有所得"。参阅 Max Müller, *Lectures on the Origin and Growth of Religion as illustrated by the religions of India*, pp.310, 380, 315。也请参阅麦克斯·缪勒:《宗教的起源与发展》,第212、260、216和217页。

**前言**

基本中介",论证了"从文化对话到宗教信仰层面对话"乃"宗教对话的现实途径"(见本著第十一章第三节)。

社会主义国家的宗教问题是我国宗教学界比较重视的一个问题。例如,罗竹风和陈泽民的《宗教学概论》就在该著第五篇专门讨论了社会主义国家的宗教问题,戴康生(1937—2003)、彭耀(1937— )主编的《宗教社会学》一书,也用了一个整章的篇幅讨论这一问题。① 本著所做的特殊努力主要在于依据缪勒提出的宗教学原理从多个维度对这个问题做了比较具体、比较深入的阐释。例如,本著从宗教"基础"和"宗教发生学"的角度,批判了主张在社会主义社会"打倒宗教"、"消灭宗教"的"肤浅的、狭隘的文化主义观点",提出并论证了"宗教不仅在社会主义初级阶段长期存在,而且在社会主义高级阶段也将长期存在,甚至即使在阶级和国家消亡以后,也有可能继续存在"(本著第十二章第一节)。再如,本著依据缪勒关于宗教"进化论"和"宗教必定随着我们的发展和生存而发展和生存(to grow and live with us as we grow and live)"的观点,② 论证并强调了"社会主义时期宗教建设

---

① 罗竹风和陈泽民在其主编的《宗教学概论》第五篇里在"社会主义与宗教"的大标题下,讨论和阐释了"宗教的'五性'"、"宗教伴随社会主义长期存在"、"宗教与社会主义社会相协调问题"和"社会主义国家对宗教的态度和政策"等问题(参阅罗竹风、陈泽民:《宗教学概论》,第383—430页)。戴康生和彭耀在其主编的《宗教社会学》第五章里在"社会主义制度下的中国宗教"的大标题下,讨论了"新制度下宗教的调适与功能"、"改革开放后的中国宗教"和"中国宗教的展望与思考"等问题(参阅戴康生、彭耀:《宗教社会学》,社会科学文献出版社2000年版,第311—387页)。吕大吉先生的《宗教通论新编》未专题讨论这一问题,有些遗憾。

② 参阅 Max Müller, *Lectures on the Origin and Growth of Religion as illustrated by the religions of India*, p.380。

和宗教工作的基本目标不是别的，正是宗教与社会主义社会相适应"（见本著第十三章第一节）。还有，本著依据缪勒的"宗教领悟说"，论证并强调了"神学思想建设"在社会主义时期宗教建设的"战略地位"，指出："神学思想建设是宗教自身建设当中最为核心、最为根本的建设。……既然宗教信仰是宗教要素中一个最内在最本质的要素，既然其他要素说到底都是宗教信仰的外在表现，既然神学理论归根到底不过是宗教信仰的系统化、条理化和规范化，则神学思想建设在宗教自身的建设中的至要地位便不言自明了"（见本著第十三章第三节）。

除注意"回归缪勒"、"丰富缪勒"和"发展缪勒"外，本著还特别注重宗教学理论的系统性或体系性。黑格尔在谈到哲学需要一个"体系"时，曾经强调指出："哲学若没有体系，就不能成为科学。没有体系的哲学理论，只能表示个人主观的特殊心情，它的内容定是偶然的。"[①] 马克思在谈到逻辑演绎的"叙述方法"时，也曾经强调指出："在形式上，叙述方法必须与研究方法不同。研究必须充分地占有材料，分析它的各种发展形式，探寻这些形式的内在联系。只有这项工作完成以后，现实的运动才能适当地叙述出来。这点一旦做到，材料的生命一旦观念地反映出来，呈现在我们面前的就好像是一个先验的结构了。"[②] 在笔者看来，既然缪勒将宗教学称作"关于宗教的科学"（the science of religion），则黑格尔和马克思的这些观点原则上也适用于宗教学这门人文社会学科。细心的读者不难发现，本著六篇十三章差不多可以说就

---

① 黑格尔：《小逻辑》，贺麟译，商务印书馆1980年版，第56页。
② 马克思："《资本论》第1卷1872年版跋"，《马克思恩格斯选集》第2卷，人民出版社1995年版，第111页。

**前言**

是其核心范畴"宗教学是一个关于世界诸宗教的本质、功能和发展规律的概念系统"之内涵的有序展开。此外,实现逻辑与历史在历史基础上的统一,具有一定的理论高度和理论深度,注重内容的先进性、科学性、时代性和民族性及其统一等,也是本著竭力实现的学术目标。

宗教学无论在国外还是在国内,作为一门相对独立的人文社会学科,用科学哲学家库恩(Thomas Samuel Kuhn,1922—1996)的话来说,基本上都还处于"前科学时期"或"前范式时期"。[①]在这种情势下,迄今为止作为用于阐释宗教学原理的所有学术著作都不可能完美无缺并受到普遍一致的认同,本著当然也不例外,并且也根本不可能例外。但是,既然任何一门科学在其发展过程中,都是要由前科学时期逐步走向常规科学时期的,则认真地尝试着提出并合理地阐述一种解释范式或解释体系便无疑是一件有意义的事情,无疑会对促成科学的这样一种转变或过渡发挥这样那样的作用。但愿本著在我国宗教学原理的学术研究中能够扮演这样的角色。

早在一百多年前,宗教学创始人和奠基人缪勒在宗教学初创之际,就满怀信心地指出:"'宗教学'目前只是一种愿景(a desire),一粒种子(a seed),但它迟早要圆满实现(a

---

① "范式"(paradigm)是科学哲学家库恩提出并予以论证的一个重要范畴。库恩在解释这一范畴时,指出:"我所谓的范式通常是指那些公认的科学成就,它们在一段时间里为实践共同体提供典型的问题和解答"(库恩:《科学革命的结构》,金吾伦、胡新和译,北京大学出版社2003年版,序第4页)。库恩在范式概念的基础上提出了他的科学发展的动态模式,认为科学发展往往要经历"前科学时期→常态科学时期→反常与危机→科学革命→新的常态科学时期……"这样一种循环往复的过程。

fulfillment），硕果累累（a plenteous harvest）。"① 现在，经过几代学者的辛勤耕耘，宗教学已经不再是"一种愿景"和"一粒种子"，它不仅破土而出，而且在世界各地都茁壮成长。只要我们在"丰富缪勒"和"发展缪勒"中不忘"回归缪勒"，在"回归缪勒"中不忘"丰富缪勒"和"发展缪勒"，宗教学这一新兴的人文社会学科就一定能够更加茁壮地成长，缪勒的宗教学愿景就一定能够"圆满实现"，硕果累累的"收获之季"（time of harvest）就一定能够到来。② 但愿本著能够为宗教学早日"圆满实现"、进入硕果累累的"收获之季"略尽绵薄。

---

① Max Müller, *Lectures on the Origin and Growth of Religion as illustrated by the religions of India*, p.385.
② Ibid.

# 第一篇　概论篇

按照科学学的常识，学科性质、核心范畴、学科结构和研究方法总在一门科学中享有显赫的地位，不仅是其不可或缺的内容，而且是其基础内容：它们作为一门科学中统摄、规范和制约其他内容的内容，一方面差不多是所有其他内容的出发点，另一方面又差不多是所有其他内容的归宿点。《宗教学》如其书目所示，是一部关于宗教学基本原理的著作。既然如此，在讨论宗教学的诸多概念、诸多维度或诸项内容之前，先行概括地介绍和阐述一下宗教学的学科性质、核心范畴、学科结构和研究方法就是一件既合乎常规又意义重大的事情。在这一篇中，我们将首先介绍和阐述宗教学的学科性质与核心范畴，而后介绍和阐述宗教学的学科结构与研究方法。

# 第一章　宗教学的历史沿革与学科性质

宗教是一种相当古老的文化现象和社会现象，从而人类对宗教的思考也势必是一种古老的文化现象。宗教学的奠基人麦克斯·缪勒在其名著《宗教的起源与发展》(1878年)中，不仅提到了康德、费希特、施莱尔马赫、黑格尔、孔德和费尔巴哈的宗教定义，而且还提到了与伏尔泰同时代的德·布罗塞斯（Charles de Broses，1709—1777）的拜物教理论。[①] 八十多年后，史密斯（Wilfred Cantwell Smith，1916—2000）在其名著《宗教的意义与终结》(1962年)中又进而提到了公元前1世纪古罗马时期的两部关涉到宗教的名著：其中一部是卢克莱修（Titus Lucretius Carus，约公元前99—约前55）的《物性论》，另一部是西塞罗（Marcus Tullius Cicero，公元前106—前43）的《论神性》。[②] 而我们的祖先早在《易·观》中就有"圣人以神道设教，而天下服矣"的说法。这就向我们提出了一个不能回避的问题：既然如此，我们何以能够说宗教学是一门直至19世纪70年代方才出现的相当晚近

---

[①] Max Müller, *Lectures on the Origin and Growth of Religion as illustrated by the religions of India*, New York: AMS Press, 1976, pp.14—20, 58—62. 也请参阅麦克斯·缪勒：《宗教的起源与发展》，金泽译，陈观胜校，上海人民出版社1989年版，第9—13、39—42页。

[②] 威尔弗雷德·坎特维尔·史密斯：《宗教的意义与终结》，董江阳译，中国人民大学出版社2005年版，第21页。

的新兴的人文社会学科呢？为要解开这一宗教学之谜，我们就必须对宗教学的历史沿革、学科性质和核心范畴有一个初步的了解。

## 第一节　宗教学的产生与发展

虽然从逻辑概念上讲，一个学科的学科性质与一个学科的学科史并不是一回事，但是，无论如何一个学科的学科性质与一个学科的学科史总是密不可分的。因为一个学科的学科性质总是要借其各种存在状态显现出来的，完全脱离其存在状态的那种抽象的学科性质只不过是思想家一厢情愿的玄思而已。因此为要现实地讨论宗教学的学科性质，就须从宗教学的学科史入手，从宗教学的产生和发展谈起。

### 一、宗教学的问世

虽然宗教和人类对宗教的思考是一个十分古老的社会现象和文化现象，但是宗教学，作为一门相对独立的人文学科和社会学科，它的出现却是一件相当晚近的事情。宗教学界通常认为，宗教学是在19世纪70年代才产生出来的。而宗教学的问世一般又以麦克斯·缪勒1870年春在英国皇家学会所作的宗教学讲座《宗教学导论》为标志。

这里需要指出的是，虽然宗教学的问世以缪勒的这个讲座为标志，但是这决不意味着宗教学的问世是一个孤立的文化现象，是一个偶然的学术事件。正相反，宗教学的问世是有其深刻的思想背景的。这种思想背景从哲学思潮方面看,主要表现在,自19世纪中叶以来,在欧洲学术界兴起了一股强势的以"拒斥形而上学"为主题口号的实证主义—逻辑实证主义思潮。实证主义的主要代表人物为法国的孔德(Auguste Comte,1798—1857)与英国的穆勒(John Stuart Mill,1806—1873)和斯宾塞(Herbert Spencer,1820—1903)。而逻辑实证主义运动的主要代表人物则为德国的石里克(Moritz Schlick,1882—1936)和卡尔纳普(Paul Rudolf Carnap,1891—1970)与英国的艾耶尔(Alfred Jules Ayer,1910—1989)。实证主义与逻辑实证主义虽然分属于不同的哲学派别,但是它们所恪守的基本哲学原则却完全一致。这就是"经验证实原则"。依据这项哲学原则,凡是不能得到经验证实的陈述便统统被认为是"无意义"的,是必须予以拒斥的。显然,无论是实证主义还是逻辑实证主义,其锋芒所向都是直指传统的思辨哲学和思辨神学的。不难看出,当时的一些宗教思想家正是在这样一种思潮的鼓舞下,开始其对传统的宗教哲学和思辨神学的反叛活动,酝酿建构宗教学并且逐步将这一新兴的人文学科和社会学科推向前进的。缪勒在《宗教的起源与发展》中之所以坚持借从感觉到信仰的致思路线来解释宗教的起源与发展,宗教人类学家泰勒之所以在《原始文化》中坚持用"广泛的事实阶梯"和"残余"或"遗存物(Survival)"来解释"世界文明"和宗教的"实际进程",从方法论的角度看,所持守的无一不是"经验证实原则"。①

---

① 参阅缪勒:《宗教的起源与发展》,第16—23页;爱德华·泰勒:《原始文化》,连树声译,谢继胜等校,广西师范大学出版社2005年版,第15页。但缪勒同时也反对狭隘的经验论和实证主义,指出:"现在称作实证哲学的立身(转下页)

然而，宗教学的问世还有另一个重要的思想背景，这就是"进化"概念的普及。如果说在西方近代的思维方式中，空间概念、广延概念或恒定概念长期以来一直居主导地位的话，则至18世纪末20世纪初，这种情况便悄然发生了一些改变：随着地质学中"均变论"及天文学中"星云假说"的提出，时间概念或变化概念开始冲击人们的思维范式。至19世纪下半叶，"进化"概念更是进一步取代传统的恒定概念，开始成为主导概念。而促成这种转变的关键人物不是别人，正是英国生物学家达尔文（Charles Robert Darwin，1809—1882）。因为达尔文在《物种起源》（1859年）中所提出和阐述的进化论思想不仅冲击了基督宗教的创世观念，而且还向人们展示了一种以进化为中心点的全新的宇宙观和世界观。我国著名启蒙思想家严复（1853—1921）在谈到达尔文的《物种起源》对近代西方学术、政治和宗教的巨大影响时，不无感慨地说道："自其书出，欧美二洲几乎无人不读，而泰西之学术政教，为之一斐变焉。"[①] 就宗教学而言，斯宾塞的"祖灵论"，赫胥黎（Aldous Leonard Huxley，1894—1963）关于"未来的自然主义宗教"或"无启示的宗教"的"进化景观"，[②] 缪勒的关于从单一神教到多神教和唯一神教再到"诚实的无神论"的宗教思想发展图式，[③] 法国古生物学家和新托马斯主义神学家夏尔丹（Pierre Teilhard de Chardin，1881—1955）的基督宗教进

---

（接上页）"之本"就在于"它否定宗教的可能性，向所有承认感性与理性之外还有知识源泉的人提出挑战，要他们拿出证据"（同上书，第19页）。

① 严复："原强"，载天津《直报》，1895年3月4日至9日。
② 参阅伊安·G.巴伯：《科学与宗教》，阮炜等译，四川人民出版社1993年版，第515页。
③ 参阅缪勒：《宗教的起源与发展》，第200—216页。

化论,<sup>①</sup> 在一定意义上,都可以看作是达尔文进化论的产物。牛津大学的宗教人类学家马雷特(Robert Ranulph Marett,1866—1943)在谈到人类学的理论渊源时,曾经深刻地指出:"人类学是达尔文主义的产儿,达尔文主义使之成为可能。"<sup>②</sup> 我们也可以接过他的这句话说:"宗教学是达尔文主义的产儿,达尔文主义使之成为可能。"

事实上,缪勒也正是在这样的文化背景或思想背景下,开创宗教学这门新兴的人文社会学科的。然而,缪勒之所以能够独领风骚,成为这门学科的开山祖师,也同样不是偶然的,也是有其诸多个人因素造成的。在这些因素中最值得注意的当是缪勒身上体现出来的超越"西方文化中心论"的精神气质、尊重事实的理性态度和东西融通的知识结构。缪勒出生在德国,但是却长期在实证主义的诞生地法国和英国学习和工作。他虽然是个西方人,但是却精通梵文,长期从事比较语言学研究,并主持四大卷《梨俱吠陀》的编辑出版工作(1849—1862 年间出版),著有旨在对印欧语族古代神话进行比较研究的《比较神话学》(1856年),主持编译了 51 卷本的《东方圣书集》,是一个东方文化造诣极深的西方学者。不仅如此,他还赋予宗教学改造世界、改造西方文化和改造基督宗教的历史使命。缪勒曾在《德国作坊片

---

① 夏尔丹,中文名为德日进,依据地质学和生物学材料,提出并论证了宇宙从无机物到有机物、从物质到精神、从生命到意识的进化过程,认为人的出现乃是宇宙进化达到自我意识的表现。从 1923 年起,多次来我国考察,1929 年参加中国科学家在周口店发现的中国猿人颅骨化石的鉴定工作,1940 年在北平建立"地质生物研究所",1943 年创办《地质生物学》杂志,一直在中国居留到 1946 年。

② 马雷特:《人类学》(1911 年),转引自埃里克·J. 夏普:《比较宗教学史》,吕大吉、何光沪、徐大建译,上海人民出版社 1988 年版,第 61 页。

断》中满怀豪情地写道:"宗教学有可能是人们注定要苦心建立的最后一门科学,但是一当它建立起来,它就将改变世界的面貌,并赋予基督宗教本身以新的生命。"① 也正是出于这样一种使命意识和承担意识,缪勒几乎将其一生全部奉献给宗教学的学科建设。

缪勒一生著作等身,但是对宗教学基础学科建设最为重要的当是他的《宗教学导论》和《宗教的起源与发展》。如上所述,《宗教学导论》是由缪勒1870年春在英国皇家学会所作的关于宗教学的四次讲演集结而成的一部著作。该著作于1873年在伦敦出版,定名为《宗教学导论》。这部著作的首要意义即在于它第一次界定了宗教学的学科性质,将宗教学这门学问界定为"科学"(science),界定为"关于宗教的科学"(science of religion)。这就表明,从学科性质上讲,宗教学是严格区别于"神学"的。它的第一项要求即是"以科学的态度"而不是"以神学的态度""对待宗教"。他对宗教研究的神学立场和神学态度持极其轻蔑的态度。他甚至强调说:"只懂一种宗教的人,其实什么宗教也不懂。"②《宗教学导论》另一个重要意义在于它提出并阐述了宗教学的基本研究方法,这就是科学的比较方法。缪勒既然将宗教学的学科性质界定为"科学",他的宗教学研究方法自然也就是科学的研究方法。那么,在缪勒看来,究竟何谓科学的方法呢?他给出的答案很简单,这就是"比较研究"的方法或"比较法"。缪勒断言:

---

① F. Max Müller, *Chips from a German Workshop*, Oxford: Oxford University Press, 1867—1875, p.XIX.

② 缪勒:《宗教学导论》,陈观胜、李培茱译,上海人民出版社2010年版,第4、10页。

"所有的高深知识都是通过比较才获得的,并且是以比较为基础的。"他因此而诘问道:既然如此,"我们为什么还犹豫不决,不立即把它用在宗教研究上呢?"需要强调指出的是,在缪勒这里,比较不仅是一个方法论问题,而且还是一个事关宗教学全局的问题,一个构成宗教学学科基础的问题。他踌躇满志地写道:对宗教的比较研究"将会改变人们通常对世界诸宗教的起源、性质、发展和衰亡所持的许多观点","宗教学"迟早会完全奠基于"对人类所有的宗教,至少对人类最重要的宗教进行不偏不倚的、真正科学的比较"之上。[①]诚然,缪勒在这里所说的"比较研究"方法,具有明显的实证主义性质。因为一如他自己所强调的,当我们说"我们时代的科学研究的特征主要是比较"时,"这实际上是说,我们的研究人员是以所获得的最广泛的证据为基础,以人类心智所能把握的最广泛的感应为基础的。"[②]但是,我们需要强调指出的是:实证主义在当时是一种全新的革命气息很浓的哲学思潮。这从孔德的"思想发展三阶段论"就可以清楚地看出来。孔德讲:"我们的每一种主要观点,每一个知识部门,都先后经过三个不同的理论阶段:神学阶段,又名虚构阶段;形而上学阶段,又名抽象阶段;科学阶段,又名实证阶段。"[③]当孔德宣布这是"一条伟大的规律"时,他实际上便是在呼吁用实证主义来取代传统的神学理论和思辨哲学,而其矛头又是首先指向传统神学理论的。因为

---

[①] 缪勒:《宗教学导论》,陈观胜、李培茱译,上海人民出版社2010年版,第8—10、19页。

[②] 同上书,第8页。

[③] 孔德:"实证哲学教程",转引自洪谦主编:《西方现代资产阶级哲学论著选辑》,商务印书馆1982年版,第25页。

在他看来，形而上学不过是传统神学的一种变形而已。也正因为如此，缪勒坚信"神学研究"需要"新的探索"，而在这种"新的探索"中将会涌现出种种"新的事物"，会取得"值得骄傲"的"勇敢无畏"的"进展"。①当年，法国天文学家拉普拉斯面对拿破仑关于上帝在其宇宙体系中的位置的诘问时，曾经义无反顾地回答说："陛下，我不需要上帝这个假设。"现在，面对种种强势的"护教学"（种种"宗教排他主义"）甚至极端无神论者（即他所谓"庸俗的无神论者"），缪勒依然无所顾忌地振臂高呼："科学不需要宗派！"②《宗教学导论》的第三个重要意义在于它对宗教本质做出了崭新的界定。传统的宗教神学不是肤浅地将宗教理解成一种社群组织（教会），就是将其理解成从各宗教传统"流传下来的一整套教义"，缪勒则要求更进一步，要求探求规范和制约宗教组织和宗教教义的东西，亦即人们所具有的"一种与历史上形成的任何宗教无关的信仰天赋"。这是因为在缪勒看来，正是这种"信仰天赋"，这种"心理能力或倾向""使人感到'无限者'（the Infinite）的存在，于是神有了各种不同的名称，各种不同的形象"；一句话，于是才有了各种不同的教义和宗教组织。③缪勒强调说："没有这种信仰的能力，就不可能有宗教，连最低级的偶像崇拜或物神崇拜也不可能有。"④他对宗教本质的这样一种崭新规定，不仅使宗教起源问题而且还使宗教发展问题得到了全新的解释，其中体现出来的人学意蕴不仅对宗教学的后来发展产生了重

---

① 缪勒：《宗教学导论》，第9页。
② 同上书，第18页。
③ 同上书，第10—11页。
④ 同上书，第10页。

大影响，而且对当代宗教哲学和宗教神学的发展也产生了相当积极的影响。由于问题的这个方面我们在后面还要多次论及，这里就不予赘述了。

缪勒的另一部宗教学的奠基之作是《宗教的起源与发展》（1878年）。与特别注重宗教学的逻辑维度的《宗教学导论》不同，《宗教的起源与发展》则侧重于宗教学的历史维度。缪勒的有关思想概括起来主要有下述几点。首先，与主张恒定不变论或宗教倒退论的宗教启示说不同，缪勒强调和阐述了宗教的"变化"原则、"成长"原则或"进化"原则。缪勒坚决反对人们把自己的信仰"局限于狭隘的、僵化的外部标志和表现"，强调宗教必须与时俱进，断言："宗教若不能随着我们的发展和生存而发展和生存，那它早就灭亡了。"[①] 也正是基于这样一种认识，缪勒在具体深入地考察古代印度宗教的基础上，将宗教的发展描述成一个从"单一神教"到"多神教"和"唯一神教"再到"诚实的无神论"的过程。缪勒坚信"进化论哲学"，相信"将来定胜过以往"；并且据此满怀信心地憧憬着宗教学的未来："'宗教学'目前只是一种愿景（a desire），一粒种子（a seed），但它迟早要圆满实现（a fulfillment），硕果累累（a plenteous harvest）。"[②] 其次，是他提出和阐述了宗教的"否定原则"和"自否定原则"。在讨论宗教发展时，缪勒不仅突出了宗教的"否定性原则"，而且将它视为宗教发展变化的根本原则。他强调说："否定实际上是一切宗教的根本原则。"[③] 然而，更值得注意的是，缪

---

① 缪勒：《宗教的起源与发展》，第260页。
② 同上书，第264页。
③ 同上书，第212页。

勒这里所强调的是一种"自否定"原则,不是那种"破坏性的否定",不是指"曾被人信仰过的东西不再被人信仰了"。他曾经用各种悖论式的语言来表达宗教发展的这种"自否定"性质:"信仰因陀罗,怀疑因陀罗";"凡新事物都是古老的,而凡古老的都是新的"。① 而他之所以主张严格区别"诚实的无神论"与"庸俗的无神论",其用意显然也在于强调宗教存在和发展的这样一种"自否定"性质。最后,是他在宗教自否定原则的基础上突出和阐述了宗教的人学意义。在《宗教的起源与发展》中,缪勒不仅从人的维度来界定宗教,再次重申了"宗教是一种内心的本能或气质"这一观点,力图明确说明或强调"宗教的主观方面",而且还结合宗教的历史发展进一步阐述和深化了这一观点。因为正是在宗教的不断自否定中,人们终于发现宗教不过是"他们的营造物","完全是人类思维的产物"。② 既然如此,在缪勒这里,宗教进化论最后便演变成了一种人类进化论。因为在这种还原中,我们便可以充分窥见到"人类宗教的秘密领域",窥见到长期以来在宗教认识方面一直是"狭小昏暗的地下室"将会变得"越来越宽广和明亮",将会"变成'未来的教会'"。届时,我们的"对上帝的爱"便将转换成在我们的"对人之爱"、"对生命之爱"、"对死者之爱",并将"在我们的生命与爱中"将它们充分"体现出来"。这样,宗教的进化或进化论哲学教给我们的,将是"坚定地信仰美好的未来","相信人类注定要达到更高的完美境界"。③

---

① 缪勒:《宗教的起源与发展》,第210页。
② 同上书,第209页。
③ 同上书,第264—265、260页。

## 二、宗教学的发展

黑格尔在谈到哲学的"发展"原则时,曾经非常生动地指出:"这种传统并不是一尊不动的石像,而是生命洋溢的,有如一道洪流,离开它的源头愈远,它就膨胀得愈大。"[①] 他的这番话大体上也适合于宗教学。宗教学自19世纪70年代以来,至今已经过去150个年头了。在这150多年间,宗教学虽然学派林立,学术观点纷纭,发展态势有缓有急,但从总体上看,仍表现为一个包含诸阶段于自身之内的有机全体。

宗教学的发展是当代思想史和学术史上一个相当错综复杂的文化事件。对它进行编年史的研究虽非本著的目标,但是对它的历程勾画出一个大体的轮廓却是必要的。出于这样一种考虑,我们不妨将其区分为下述三个阶段。

首先,是宗教学的奠基阶段。其上限自然是以1870年缪勒发表《宗教学导论》演讲为界碑,其下限可以模糊地界定为20世纪初。[②] 这既是一个宗教学基础理论和基本方法逐步确立的阶段,也是宗教学这门新兴的人文社会学科的独立身份在学术界得到确认的时期。如果说在1870年之前,只有很少几个学者是依据宗教学精神从事宗教研究的,那么至20世纪初,宗教学不仅获得了独立的学术地位,而且竟形成了一股强劲的国际学术思潮。1870年,

---

① 黑格尔:《哲学史讲演录》第1卷,贺麟、王太庆译,商务印书馆1981年版,第8页。

② 一些学者以1905年作为宗教学第一阶段与第二阶段的分界。这一年,路易斯·H.约尔丹出版了他的著作《比较宗教学的产生和发展》。参阅夏普:《比较宗教学史》,第2—3页。

当缪勒这个德国人站在英国皇家学院的讲坛上，构想出 science of religion 这个新的英语词组时，恐怕连他本人也没有想到他所构想的这个词组不仅在他自己曾经工作过的法国出现了一个对应的新生词组 la science de religion，而且在他的母邦德国也出现了一个对应的新生词组 Religionswissenschaft。不仅如此，随着近现代社会的世俗化和高等学府宗教教育的世俗化，宗教学研究很快深入到了世界各个著名的高等学校和研究机构。1879 年，法兰西学院设立了世界上第一个宗教史讲席，1886 年，巴黎大学创立了宗教科学部。紧接着，意大利的罗马大学，瑞典的乌卜萨拉大学，德国的柏林大学、莱比锡大学，英国的曼彻斯特大学和伦敦大学，美国的哈佛大学、芝加哥大学和波士顿大学等，都仿效法国巴黎大学，建立教学机构，设置相关课程和讲席。与此相应，欧洲也开始出现了一些著名的宗教学杂志，如法国的《宗教史评论》（1880 年）和《宗教学文献》（1898 年）。1900 年，由法国巴黎大学宗教科学部发起召开的第一届国际宗教史会议，不仅标志着作为一门新兴的人文社会学科的宗教学学科的独立，而且也标志着宗教学已经享有了崇高的不可动摇的国际学术地位。

这是人类宗教思想史上一个"从来没有经历过的最伟大的、进步的变革"的时代，是一个"需要巨人而且产生了巨人"的时代。这个历史时期上最伟大、最重要的巨人当是我们前面论及的缪勒。此外，荷兰学者蒂勒（Gornelis Petrus Tiele，1830—1902）也是一位成就卓著、影响广泛的学者，一位宗教学界的巨人。他自 1877 年开始在雷登大学担任为他专设的宗教史讲座教授达 24 年之久。其代表作《宗教史纲》1876 年出版后，1877 年被译成英文在伦敦出版，此后又于 1885 年被译成法文，1895 年被译成德文，可以说是一部泽被当时整个国际宗教学界的经典。[①] 蒂勒，与缪勒一样，不仅思维能力和学术热情超群，而且理论视野极其开阔。一如缪勒是印度学的专家和《东方圣书集》的主编，蒂勒则是著名的埃及学专家和《埃及宗教史》（1882年）的作者。由缪勒所开创为蒂勒所发展的宗教学在这一历史阶段既有明显区别于前此阶段宗教研究的理论特征，也有一些明显区别于后来阶段的理论特征。就前一个层面而言，这种特征一方面表现为它之强调宗教研究的"科学"性质，以区别于前此阶段的"神学"性质，另一方面又表现为它之强调宗教研究的"科学"方法，以区别于前此阶段的"神学"方法。而这种方法，在他们看来，则主要体现为对世界"诸宗教"进行"客观"的"不偏不倚"研究的"比较法"。而这样一种方法既可以用于对世界诸宗教的横向的"同时性"考察，用于对宗教本质的探索，从而形成了所谓"比较宗教学"，也可以用于对世界诸宗教的纵向的"历时性"考察，用于对宗教的起源与发展的考察，从而形成所谓"宗教史学"。于是，比较宗教学和宗教史学从一开始就是，并且此后也始终是宗教学的基础学科。但是，宗教学在它的初始阶段也具有一些明显区别于后来阶段的一些理论特征。例如，这个阶段的宗教学家比较注重从宏观上思考和阐释宗教学问题，特别专注于宗教的普遍本质、宗教的起源与发展等问题，不仅提出并阐述了各种不同的宗教观，而且还提出并阐述了各种不同的宗教起源论和宗教发展模式。再如，这个阶段的宗教学家不仅致力于对宗教学的全景式把捉，而

---

[①] 缪勒本人对蒂勒的理论勇气和学术成就也曾经大加赞赏。他说："我很羡慕那些研究古代宗教的学者的勇气，特别是蒂勒教授。"参阅缪勒：《宗教学导论》，第73页。

且自身还洋溢着一种"执两用中"的理论智慧。他们虽然受到实证主义思潮的影响，非常注重"经验实证"，但是他们却依然把传统神学观念放进他们的理论视野并将之作为他们的科学研究对象。换言之，他们不仅注重对宗教现象的描述性研究，而且也注重对宗教现象的规范性研究。就缪勒而言，这一点是相当明显的。他在《宗教学导论》中不仅将宗教学视为一种"哲学学科"，而且还进而将其区分为两个部分，即"比较神学"和"理论神学"。① 他在《宗教的起源与发展》中专门设立了一章"哲学与宗教"，从哲学的或形而上学的高度对宗教的人学性质和"宗教思想的诸阶段"做出了深层次的理论剖析和阐释。② 但是，所有这些情况，在宗教学的后来发展中都发生了不同程度的变化。

接下来的阶段，我们可以称之为宗教学学科分化阶段。这是一个大约从 20 世纪初开始至 20 世纪 70 年代终止的历史发展阶段。20 世纪初，在宗教学的发展史上，有两部值得注意的宗教学著作问世。一部是威廉·詹姆斯（William James，1842—1910）的《宗教经验之种种》（1902 年），再一部是马克斯·韦伯的《新教伦理与资本主义精神》（1904—1905 年）。这两部著作之所以值得注意，首先是因为它们表明当时的宗教学家的兴趣已经开始从对宗教现象的宏观把握转向了对宗教现象微观研究方面了。也就是说，他们开始将自己的注意力从对宗教本质、起源和发展这样一些宏观问题的探究转向了对宗教意识、宗教心理、宗教的社会功能这样一些微观问题上。这两部著作值得注意的第二个原因在于它们还进一步表明：宗教学在先前奠定的基础

---

① 参阅缪勒：《宗教学导论》，第 12 页。
② 参阅缪勒：《宗教的起源与发展》，第 218—265 页。

学科的基础上已经步入了一个新的学科分化的新阶段。作为宗教学基础学科的比较宗教学和宗教史学依然在发展，但是它们却似乎退到了幕后，而站在舞台中央的似乎是宗教心理学、宗教社会学、宗教现象学、宗教人类学和宗教哲学这样一些宗教学的分支学科了。这两部著作值得注意的第三个原因在于，它们表明在宗教研究方法方面已经开始了一场比较显著的变革。比较方法虽然还是宗教学研究的基本方法，但是，它在奠基阶段的那种定于一尊的地位受到了明显的挑战，一些新的方法，亦即当时人文科学和社会科学中盛行的研究方法，开始被引进到宗教学研究中来，并且因此催生了宗教学的各个分支学科。事情一如夏普（Eric. J. Sharpe）在其名著《比较宗教学史》中所说："曾聚集在""宗教学"或"比较宗教学""这一总目之下的所有材料的绝对重量，现在被分散到了宗教史学、宗教心理学、宗教社会学、宗教现象学和宗教哲学之中（更不用提那一大批辅助性学科），要探究这些学科中的任何一门学科，都将耗费一个标准的学者的标准的一生。现在，这些学科中的每一门，都有它自身的研究途径，都有适合于它自身的一套方法。"[①]

　　宗教学的这样一种变化或"彻底的改造"（夏普语）不是偶然的，而是由许多因素决定的。首先，这种学科分化的现象是任何一门科学在其发展过程中都会必然遇到的，为任何一门科学的深层次发展所必须。古希腊时代的自然哲学或"物理学"固然有优越于当今形形色色自然观的高明之处，但是，各门近现代意义上的自然科学从古代自然哲学或哲学中的分化毕竟是一种进步现象。

---

　　[①] 夏普：《比较宗教学史》，吕大吉、何光沪、徐大建等译，上海人民出版社，1988年第3页。

宗教学在20世纪上半叶的迅速分化，同样也具有这样的进步意义。更何况，宗教学的这样一种学科分化还表明，作为一门相对独立的人文社会学科的宗教学在其发展过程中已经开始与其他人文学科和社会学科建立起了一种良性的互存互动关系。其次，宗教学在20世纪上半叶的迅速分化也是宗教学学科自身矛盾运动的一个在所难免的结果。既然奠基阶段的宗教学家是以标榜"科学"而宣告宗教学诞生的，既然那些宗教学家所说的"科学"所意指的首先并且基本上是"自然科学"，既然他们自始就将自己对宗教本质、起源和发展的研究奠放在"实证经验"上，则他们在这样的研究中便势必会遭遇到这样那样的难题。因为任何一个普遍必然的命题都是不可能从"实证经验"的归纳中得出来的。既然实证主义和逻辑经验主义的"经验证实原则"开始受到了"批判理性主义"和"历史主义"的挑战，既然大家在宗教学的研究中已经强烈地感受到了从"实证经验"推导出有关宗教本质、宗教起源和宗教发展的普遍必然结论的困难，则宗教学的改革也就在所难免了。例如，在宗教起源观方面，英国人类学家泰勒依据他的"实证经验"提出并论证了"万物有灵论"，英国的实证主义哲学家斯宾塞依据他的"实证经验"提出并论证了"祖灵论"，法国的杜尔凯姆（Emile Durkheim，1858—1917）和奥地利的弗洛伊德（Sigmund Freud，1856—1939）依据他们的"实证经验"提出并论证了"图腾说"，而英国的弗雷泽（James G. Frazer，1854—1941）又依据他的"实证经验"提出并论证了"前万物有灵论"，这就使得人们不能不对宗教学界当时盛行的实证主义的思维模式产生这样那样的困惑。而且，事实上，也正是宗教学研究中出现的这样那样的困难或困惑引起了宗教学的上述改革。夏普在谈到约尔丹（L. H. Jordan）1905年出版的概述宗教学奠基阶段重大成就的名著《比较宗教学的产生和发展》时，曾经虽然不无遗憾但是却也比较客观地写道："今天看来再也不会有这样一种'科学'了。这并不是说我们已经完全不去比较'世界上各种宗教的起源、结构和特征'了，而是说我们在比较时已经十分谨慎，而且已不再全神贯注于用达尔文—斯宾塞的进化论提供的标准去评判各宗教的'相对的高低优劣'。这就是说，不论比较宗教学曾经给世界怎样的一种形象，它从那时以来已经经历了一场彻底的革命。"[①] 在新产生的诸多宗教学分支学科中，应当给予特别关注的是宗教心理学和宗教现象学。因为正是这两个分支学科的出现一方面使宗教经验本身而不是宗教观念和宗教组织构成宗教学研究的中心对象，从而使得基于自然科学的实证主义在人的内在精神现象的认识方面更加捉襟见肘；另一方面它们又借"意向"概念将作为"终极实存"的"神圣者"以意向对象的形式提了出来，从而为现象学形态下的宗教哲学和宗教神学的问世作了必要的铺垫，为宗教学的第三个阶段的发展作了必要的铺垫。

在不甚严谨的意义上，我们可以把宗教学的第三个阶段称作宗教学走向学科整合的阶段。这是一个可以说是从20世纪70年代开始的发展阶段，一个我们至今尚处于其中的阶段。我们称之为"学科整合"阶段，仅仅表明一种发展趋势和发展方向，既有实然的内涵，也有应然的意蕴。而且，我们在这里所说的学科整合，也不是说要从根本上取消20世纪纷纷出现的宗教学的各个分

---

① 夏普：《比较宗教学史》，第3页。

支学科，要取消宗教社会学、宗教人类学、宗教心理学和宗教现象学，从而完全退回到缪勒和蒂勒时代，只讲比较宗教学和宗教史学，只讲宗教的本质、起源和发展，而首先是就方法论层面而言的。其实，宗教学的这样一种发展趋势也是在所难免的。这是因为随着宗教人类学、宗教社会学，特别是宗教心理学和宗教现象学的产生，宗教经验和宗教意识的权重日渐加强，从而作为宗教经验和宗教意识的主体的人的权重便也相应地得到增强，然而既然现实的历史中的人总是既具有肉体性又具有精神性、既具有个体性又具有社会性、既具有非理性又具有理性、既是认知主体又是实践主体，则对宗教学各分支学科的整合研究就是一件非常自然的事情了。其次，既然存在有一个学科整合问题，也就出现了一个学科整合的平台和基础问题，也就出现了对作为终极实存的信仰对象的探究问题，换言之，也就出现了重新理解和定位宗教哲学和宗教神学的问题。可以说，1970年在斯德哥尔摩召开的第十二届国际宗教史协会国际会议以"对上帝的信仰"为主题，正是顺应当代宗教学这一潮流的一个举措。夏普曾将这次会议视为宗教学发展史上的"一个历史转折点"，他的这样一种观点虽然稍嫌绝对了点，但是大体上还算是比较到位的。希克的《宗教哲学》（1963年）、麦奎利（John Macquarrie, 1919—2007）的《谈论上帝》（1967年）、格里芬（David R. Griffin）的《过程神学》（1976年）、奥特（Heinrich Otto）的《不可言说的言说》（1978年）以及斯特伦（Frederick J.Streng, 1933—1993）的《人与神：宗教生活的理解》（1985年）以及希克的《第五维度：灵性领域的探索》（2000年）等这样一批宗教哲学和宗教神学的著作无论是在宗教学的奠基阶段还是在其学科分化阶段都是不可能同时出现的。

最后，在学科整合过程中，过去时代的各种研究立场和研究方法的对立状态虽然不可能也不应该完全消除，但是却有望在新的理论高度和理论视野下得到缓解。不仅比较法、人类学方法、社会学方法、心理学方法、现象学方法能够受到综合的运用，而且长期以来争论不休的"描述性"方法和"规范性"方法以及实证方法和思辨方法（哲学方法和神学方法）也有望在一定程度上得到综合的运用。用夏普的话说就是：在宗教学的这一阶段或未来阶段中，人们将比较充分地看到"各种不同的态度在本质上具有互补的性质"，从而使得"学者们把自己束缚在一种严格的方法论的'或此或彼'之中"这种现象成为历史。[①]

宗教学这门新兴的人文社会学科的发展是一个相当复杂的文化事件，我们对其所作出的上述各发展阶段或发展时期的划分及其说明因此也只能是粗线条的，甚至是相对的。但是，毋庸置疑的是，宗教学在这一百多年的历史发展中所取得的成就是骄人的。一方面宗教学不仅在宗教学的基本原理的探索方面，在对世界诸宗教的本质、起源和发展规律的探索方面取得了重大成果，而且无论是在基础学科还是在分支学科的建设方面也都取得了可观的进展，从而使得我们现在有理由说：经过几代宗教学家的努力，宗教学的整个学科体系已经初步确立，且已经具备相当的规模。另一方面，宗教学作为一门相对独立的人文社会学科虽然其源头在欧洲，但是，经过东方学者和西方学者的共同努力，现在它已经成为一门严格意义上的世界性的新兴学科了。也就是说，当年缪勒在英国皇家学会的讲台上所提出的宗教学"在我们时代各学

---

① 参阅夏普:《比较宗教学史》，第276页。

科的圆桌会议上取得它的席位"的理性呼吁现在已经被比较圆满地付诸现实了。① 就我国而言，自19世纪末以来，我们几代学人不仅对西方宗教学界的种种研究成果作了不懈的译介，而且也在一些领域开展了卓有成效的工作。自20世纪初，随着西学东渐和新文化运动的开展，宗教学作为一门新兴人文社会学科逐渐为我国学界所接受。自20世纪70年代末开始，随着我国改革开放国策的确立和实施，随着学术环境的改善，我国的宗教学事业几乎以一种加速度的规模在向前推进。相当一部分高等学校相继开设了宗教学课程，设立了宗教学教研机构，开始成规模地培养宗教学研究人才，一些学校还开始招收宗教学本科生。在宗教学研究领域，特别是在宗教哲学研究领域，我国学者已经取得了一些令世人瞩目的成果；尽管在宗教学的许多学科和领域我们至今依然相对滞后，但是，总的来说，我们与国外宗教学的差距正在日趋缩小。而且，由于对同期国外研究成果的及时译介以及与国外相关学者的近距离接触，我国已经有少数学者开始与国外学者在一些问题上直接对话，在少数几个论域业已呈现出与国际宗教学界初步接轨的态势。② 鉴此，甚至有学者近来提出构建"宗教学研究"的"中国学派"问题。③ 毋庸讳言，无论是从我国还是从世界范围看，宗教学都还是一个相当年轻的学科，它要成熟起来还要走很长的路，但是，有一点是可以肯定的，宗教学这门新兴的人文社

---

① 参阅缪勒：《宗教学导论》，第3页。

② 参阅段德智："关于'宗教鸦片论'的'南北战争'及其学术贡献"，《复旦学报》2008年第5期，第84—89页；段德智："'全球宗教哲学的本体论'之争及其学术意义"，《浙江学刊》2008年第5期，第5—10页。

③ 参阅方立天、何光沪、赵敦华、卓新平："中国宗教学研究的现状与未来——宗教学研究四人谈"，《中国人民大学学报》2002年第4期，第9—21页。

会学科是有生命力的,它对人类进步、世界和平和发展理应担当的责任曾经是、现在是而且将来也是十分重大的,它的前景将是无限光明的。

## 第二节 宗教学的学科性质和核心范畴

既然在上一节里,我们已经对宗教学这门新兴的人文社会学科的历史沿革,对它的问世和发展做出了概括的说明,则我们现在就有可能对宗教学的学科性质及其核心范畴做出比较具体的阐释了。

### 一、宗教学与传统神学的根本区别

传统神学,作为对某一形态的宗教观念或宗教教义的理论化和系统化,历来是人们反思宗教现象的主流形态或主流方法。不仅长期规范和制约着人们对种种宗教现象的认识,而且还形成了强大的传统力量,致使即使在缪勒时代,虽然中间经历了文艺复兴时代和启蒙时代,"神学中无论出现什么新事物都是虚假的"还依然是一条"负有盛名"的"格言"。① 正因为如此,1870年,当缪勒站在英国皇家学会的讲台上讲述自己的"宗教学"这一新的学科概念时,总是不时地以阿育王自居,强调这是一种"勇敢无畏"的"新探索",其目标在于构建一门崭新的类似于物理学、天文学、语言学和病理学的人文学科和社会学科。那么,缪勒呼吁

---

① 参阅缪勒:《宗教学导论》,第9页。

建立的宗教学与传统神学的根本区别究竟何在呢?

其实,缪勒在他的这一讲演中所反复强调的无非是一种学术态度、学术立场和学术精神,用他自己的话来说,他想要弘扬的无非是"一种无畏的、学术性的、谨慎的、虔诚的精神"。① 而所有这些,当他用"关于宗教的科学"这个词组来称呼他所开创的这门新学科时,都已经内在而含蓄地表达出来了。因为当他使用这一术语时,其锋芒所向,并非如后来一些宗教学家所断言的那样,指向哲学,而是如他所反复强调的是指向形形色色的传统神学。事实上,当中世纪基督宗教神学家达米安(Peter Damian, 1007—1072)宣布"哲学应当像婢女服侍主人那样为神圣的经典服务"的时候,他就不仅将矛头指向了哲学,而且也将矛头指向了科学。而这也正是有利于论证基督宗教创世说的亚里士多德—托勒密"地心说"在很长一段时间里受到肯认而对基督宗教创世说有所威胁的阿里斯塔克—哥白尼的"日心说"受到排挤的根本缘由。现在,缪勒既然宣布要建立一门关于宗教的科学,这就意味着传统神学非但不能够再是哲学和科学的主人,非但不能够再是评判哲学和科学的尺度,反而要成为科学和哲学的研究对象,成了科学法庭和哲学法庭的评判对象。这无异是对一千多年来在西方思想史上一向居主导地位的宗教解释方式的一种根本颠覆。

基于对传统宗教解释方式的放弃和颠覆,在缪勒看来,宗教学的根本立场不在于别的,而是在于它始终要求"以科学的态度来对待宗教",在于它始终致力于使宗教学这门研究宗教的学问成为一门真正的"科学"。而为了实现这样的目标,宗教学研究者

---

① 参阅缪勒:《宗教学导论》,第 2 页。

就必须同种种"司空见惯的偏见和根深蒂固的信念"决裂。一方面,他们必须与传统的神学态度和神学立场(即缪勒所说的"右派")决裂,另一方面他们也必须与宗教虚无主义的态度和立场(即缪勒所说的"左派")决裂。这就是说,一方面,尽管宗教这个题目很神圣,但是它却依然能够成为我们科学研究的一种对象,另一方面,当我们将其作为我们科学研究的对象进行研究时,我们始终对任何一种宗教"侍奉神"的方式都一视同仁地持"尊敬"的态度和立场。缪勒强调说:一些人认为"宗教与中世纪的炼金术和占星术一样,只不过是谬误或幻觉构成的东西",这种观点是"不配受到科学界的注意"的。他声明说:"至于我自己,我保证凡听我讲演的人,不论他是基督宗教徒,还是犹太教徒,是印度教徒还是伊斯兰教徒,都不会听见我不尊敬地谈到他们侍奉神的方式。"[①] 不难看出,缪勒在这里所强调的,从根本上讲,无非是一种理性的态度和立场,学术的态度和立场,学者的态度和立场。而这样一种科学的和理性的态度和立场又具体地体现在下述几个方面。

这种态度和立场首先体现为宗教研究的"客观性"、"中立性"和"超越性"。缪勒非常强调宗教研究的"客观性"和"中立性"。在他看来,宗教研究的科学性从根本上说来也就是宗教研究的客观性和中立性,离开了客观性和中立性,宗教研究的科学态度就无从谈起。而且,在他那里,宗教研究的客观性与中立性是相通的,强调的都是宗教研究的非主观性或无宗派性。在他看来,传统神学的根本弊端就在于它们的"宗派性",在于他们的狭隘

---

[①] 参阅缪勒:《宗教学导论》,第6页。

的"护教"性质。因此，他反复宣称"科学不需要宗派"，宣称宗教学研究必须持守一种"不偏不倚"的"中立立场"。他强调说："在我的心目中，凡想利用宗教比较研究贬低基督宗教而抬高其他宗教的人，跟那些认为为了抬高基督宗教必须贬低所有其他宗教的人一样，都是危险的同盟者。"更为难能可贵的是，他针对当时西方文化中心论的强势影响，特别强调指出："任何宗教都不应要求得到特殊待遇，基督宗教尤其不应当。"[1] 在讨论宗教学所要求的"中立性"的态度和立场时，还有一点是需要予以指出的，这就是：缪勒所说的"中立性"并非是一种简单的折中主义或调和主义，而是要求宗教研究者从更深的文化层面来审视世界诸宗教，从超出世界诸宗教的理论高度来审视世界诸宗教，从而认识世界诸宗教的"庐山真面目"，洞见世界诸宗教的"真正本质上的东西"，挖掘世界诸宗教中的"真理宝藏"。[2] 超越的态度和立场不仅是宗教学区别于并且优越于传统神学的隐秘处，而且也是确保宗教研究的"客观性"和"中立性"的隐秘处。

其次，这种态度和立场还体现为宗教研究的"学术性"和"批判性"。诚然，宗教研究的科学的和理性的态度和立场，如上所述，要求我们在两个方面作战：一方面，"当我们看到有人不尊重宗教时"，"我们应当提出抗议"；另一方面，"当我们看到迷信在腐蚀信仰的基础，伪善在毒害道德的嫩芽时"，"我们应挺身而出"。然而，就宗教学家所从事的工作本身而言，它则应当是严格"学术性"的，而且是明显地区别于普通的宗教事务性工作和种种

---

[1] 参阅缪勒：《宗教学导论》，第10—11页。
[2] 同上书，第8、10页。

宗教行为的。缪勒强调说:"我们是研究宗教学的人,我们是在较高较宁静的境界中活动。我们研究谬误,正如病理学家研究一种疾病一样,它寻找它的根源,追踪其影响,推测治疗那种疾病可以用什么方法,但却把实施治疗的工作交给另一类人,即交给外科医生和内科医生去做。"① 这就是说,宗教学从根本上讲是一门学问,宗教学研究首先是一种学术研究,宗教学家首先是一种科学家,就像病理学是一门学问,病理学研究首先是一种学术研究,病理学家首先是一种科学家一样。然而,既然宗教学研究是在传统神学研究模式的影响至广至深的文化大背景下起步并向前发展的,则它所需要的这样一种学术性态度和立场就不能不时时处处同"批判性"的态度和立场交织在一起。也就是说,一个宗教学家必须既是一位头脑冷静的学者,同时又是一位思想严肃的批评家。用缪勒自己的话说就是:我们必须"学会以批判的态度从事学术研究"。例如,在我们引述任何一本书(不论是宗教经典还是世俗书籍)之前,我们都必须"预先思考一下"下述"既简单又重要的问题":"这本书是何时写的?在何地写的?谁写的?著作者是目击者,还是转述别人所说的事?若是后一种情况,他所引用的书是在所述事件发生的那个时代写的?是在派性或其他偏见的影响下写的?整本书是一次写成,还是在不同时期写的?若是后者,我们是否能够把不同时期写的几部分区分开?"② 缪勒之所以把"否定"提升为宗教变化的根本原则,之所以极力倡导"诚实的怀疑"或"诚实的无神论",③ 都是旨在突出和强调宗教研究

---

① 参阅缪勒:《宗教学导论》,第7页。
② 同上书,第15页。
③ 同上书,第216页。

中这种不可或缺的"批判性"态度和立场。①离开了这样一种严肃的批判的态度和立场,宗教学的学术研究和科学研究就只能流于形式。

最后,这种态度和立场还体现为宗教研究的思辨性和普世性。宗教学既然其目标如上所述,在于探究宗教的"本质"层面的东西,在于挖掘"诸宗教中的真理宝藏",在于获得宗教研究方面的"高深知识",它就绝对不应满足于对宗教现象的描述或对有关经验材料的搜集,而必须在获得丰富的经验材料(按照缪勒的看法,这样的材料多得数不胜数)的基础上进行深层次的理论探讨。缪勒之所以坚持把宗教学称为"哲学学科",之所以坚持认为宗教学不仅应当包含有"探讨宗教的各种历史形态"的"比较神学",而且还应当包含有理论层次更高的用于"解释无论是最高形式还是最低形式的宗教得以形成的条件"的"理论神学",都是为了突出和强调宗教学的理论深度、思辨性质或思辨品格。我们还应该看到,宗教学的这样一种思辨性是与它的普世性紧紧联系在一起的。宗教学的目标既然不在于描述世界诸宗教,而在于探究向来隐藏在世界诸宗教之中、之下的"最深刻基础"和"真理宝藏",在于探究世界诸宗教的最本真的意涵,探究宗教之为宗教的东西,则它就势必具有"世界"的意义,它就势必具有人这个"类"的特征。一如缪勒在《宗教学导论》和《宗教的起源与发展》中反复强调指出的那样,宗教学研究者也有自己心目中的"未来的教会",这种"教会"所"揭示的形象"虽然也依然可以说是"天父的形象",但是这种形象已经不复是一部分西方人的天父,而是

---

① 参阅缪勒:《宗教的起源与发展》,第212—216页。

"世界上各民族的天父";如果"未来的教会"也有一部《圣经》的话,则这部《圣经》所用的便"不仅是古犹太文",而是"世界各种族的语文";如果"未来的教会"也强调"爱"和"福"的话,则这种"爱"便必定是"世界范围的爱",而这种"福"也势必是整个人类注定要达到的"更高的完美境界"。①

## 二、宗教学范畴的基本意涵

从本体论和认识论的角度看,任何一门科学都是一个相关于一定实存系统的概念系统,而范畴则是我们认识和掌握该实存系统之网的"网上纽结"。如果事情果真如此,则一门科学的核心范畴或最高范畴便势必是我们认识和掌握该门科学的概念系统之网以及与之相应的实存系统之网的"中枢"。就宗教学而言,宗教学范畴便因此而势必是宗教学这门人文社会学科的核心范畴或最高范畴,是我们认识和掌握宗教现象之网和宗教学概念之网的"中枢"。因此,理解宗教学范畴的基本意涵就实在是我们理解宗教学这门人文社会学科的一项至关紧要的事情。那么,宗教学范畴的基本意涵究竟有哪些呢?宗教学的意涵虽然非常丰富,但是基于我们对宗教学学科性质的上述理解,基于我们对宗教学学科这一百多年历史经验的上述考察,我们不妨将其概括为下述五个层面的内容。

首先,宗教学,顾名思义,是一门关于宗教或宗教现象的学问。宗教学奠基人缪勒之所以用"Science of Religion"这样一个词组来指称"宗教学",显然是出于这样一种考虑。不过,在运用这

---

① 参阅缪勒:《宗教的起源与发展》,第259—260页;《宗教学导论》,第31页。

一词组的时候,我们当注意到,这个词组中的"宗教"是个"抽象名词"或"集体名词",而非一个"个体名词"。由此,我们便可从中引出一条重要结论。这就是,"宗教学"这个词组中的"宗教"这个词所意指的并非某一个具体宗教,如基督宗教、伊斯兰教、印度教、佛教、道教或神道教等,而是意指"世界诸宗教"。缪勒当年在英国皇家学会进行宗教学演讲时,一开始就将宗教学界定为"对世界诸宗教进行真正的科学研究",[①]其用意显然在于突出和强调这个方面的内容。如果从宗教思想史或词源学的观点看问题,将宗教学这个词组中的"宗教"理解成"世界诸宗教"实际上是一件非常自然的事情。因为一如伊斯兰教专家史密斯所强调指出的,"宗教"这个概念或名称的出现是相当晚近的,不仅我们古代汉语中没有"宗教"这个概念或名称,而且即使在古希伯来语、希腊语或拉丁语中也没有"宗教"这个概念和名称。希伯来文《旧约》中不仅没有"宗教"这样一个词语,甚至连"犹太教"这一概念或名称也不存在。基督宗教这一概念的情况也大体如此。直到宗教改革时期,在基督宗教信众(Christians)中今天用来称作"基督宗教"(Christianity)的标准用语也依然只是"对基督的信仰"(*fides Christianna*)这样一个概念或名称。[②]而且,根据史密斯的考察,在人类宗教思想史上,对任何一个具体宗教的命名也都是非常晚近的事情。[③]由此看来,"宗教"这个概念或

---

① 参阅缪勒:《宗教学导论》,第4页。
② Cf. W. C. Smith, *The Meaning and End of Religion*, New York: The Macmillan Company, 1963, pp.71—72, 74.
③ 史密斯经过认真考证后指出:"基督宗教"(the Christian religion)这个标准用语是宗教改革之后才出现的,"伊斯兰教"(Mahumetisme)这个词是16世纪末期才出现的,"佛教"(Boudhism)这个词是1801年才出现的,(转下页)

名称与"世界诸宗教"这个概念和名称可以说是差不多同步出现的。而宗教学无疑也正是在这样一个文化大背景下酝酿产生出来的。而且，也只有这样理解的宗教学概念才能够鲜明地表达出它的学科性质，才能够把它与带有这样那样"护教色彩"的传统神学的差异明白无误地昭示出来。

其次，宗教学乃一门关于宗教本质的学问。既然如上所述，宗教学是一门关于宗教的学问，而这里所说的"宗教"又是一个抽象名词，则它势必是一门关于宗教之为宗教的学问，一门关于宗教本质的学问。缪勒非常重视对宗教本质的研究。在《宗教学导论》里，他在论及应对宗教进行科学研究时，谈到的第一个问题即是"宗教是什么"；他在论及如何理解宗教时，首先强调的是理解和探究"与历史上形成的任何宗教无关"的"信仰天赋"，一种倘若缺失"就不可能有宗教"的"各种信仰能力"；他在论及作为宗教学基础学科之一的"理论神学"时，也明确地把它理解成"解释无论是最高形式还是最低形式的宗教得以形成的条件"的学问。① 在《宗教的起源与发展》里，他不仅枚举了关于宗教的种种定义，不仅自己给宗教下了一个自认为"适合于所有称为宗

---

（接上页）"印度教"（Hindooism）这个词是1829年才出现的，"道教"（Taouism）这个词是1839年才出现的，"琐罗亚斯德教"（Zoroasterianism）是1854年才出现的，"儒教"（Confucianism）是1862年才出现的，"神道教"（Shintoism）据他所知是1894年才出现的。Cf. W. C. Smith, *The Meaning and End of Religion*, pp. 74, 61.

① 参阅缪勒：《宗教学导论》，第7、10、12页。缪勒强调说："正如说话的天赋与历史上形成的任何语言无关一样，人还有一种与历史上形成的宗教无关的信仰天赋。如果我们说把人与其他动物区分开来的是宗教，我们指的并不是基督徒的宗教或犹太人的宗教，而是指一种心理能力或倾向，它与感觉和理性无关，但它使人感到有'无限者'（the Infinite）的存在，于是神有了各种不同的名称，各种不同的形象"（同上书，第10页）。

教（或用某个近似名称指谓）的东西"的"定义"，而且还列举了宗教这个词的"三层含义"，即"信仰的对象"、"信仰的力量"和"信仰的表现"。[①] 毋庸讳言，宗教学既然是关于宗教的学问，既然是关于世界诸宗教的学问，在其研究过程中，我们就不能不涉及这个或那个个别的具体的宗教。但是宗教学区别于传统神学的地方正在于它在考察这些个别的具体的宗教时，并不滞留于这个或那个具体的个别的宗教，也不滞留于世界诸宗教现象或宗教形态的"多"，而是进而比较这些"多"，进而探究隐藏在这些"多"中、"多"后或"多"上的"一"，思考其中那些可以说是构成宗教之为宗教的东西，亦即宗教的本质问题。在讨论宗教本质这个问题时，还有一点也是需要提及的，这就是宗教本质的多层次性问题。例如，如果我们将我们的理论视域限定在宗教或世界诸宗教这个范围内，则宗教的本质所意指的便无非是世界诸宗教的共性，也就是缪勒所说的"无论是最高形式还是最低形式的宗教"所共有的东西或者其得以形成的共同的必要条件。但是，如果我们将世界诸宗教放在人类社会大系统或母系统或人类文化大系统或母系统中来考察时，我们就会发现宗教作为人类社会或人类文化这一大系统或母系统中的一个子系统，与作为人类社会或人类文化大系统或母系统中的所有其他子系统之间便存在有两个方面的关系：一方面它与后者总具有某些共同的东西，亦即它们之间总具有某些普遍本质，另一方面它也总具有某些区别于后者的东西，亦即宗教作为一种社会存在和意识形态，总具有某些区别于后者的内容，总具有它自己的特殊本质。这就不仅提出了宗教本

---

① 参阅缪勒：《宗教的起源与发展》，第6页。

质的两重性问题,即宗教的普遍本质与宗教的特殊本质问题,而且也提出了宗教本质概念与宗教特殊本质概念由于参照系统的变换而产生的这两个概念的"相容"问题或"重合"问题。在探讨宗教的本质时,还有一个如何理解我们在前面提及的缪勒在《宗教的起源与发展》中所提出的"一般语言"里"宗教一词的三种含义"("信仰对象"、"信仰力量"和"信仰表现")问题,也就是我们现在通常所说的"宗教要素"问题。也正是考虑到所有这些情况,我们在借鉴列宁将"本质"区分为"初级本质"和"二级本质"思想的基础上,提出了"宗教本质三层次说"。① 这也是读者在阅读本著时需要特别予以注意的。还有,在讨论宗教本质问题时,我们还需注意到宗教本质的相对性。这一方面是因为宗教本质作为宗教现象的"多"中之"一"在任何情况下都不是绝对的,都不过是维特根斯坦(Ludwig Wittgenstein,1889—1951)所说的那样一种"家族相似性",② 另一方面还在于本质虽然是现象中比较恒定的一面,但是这种恒定性或稳定性也只是一个相对的概念,在世界诸宗教发展的各个历史阶段其具体内容和表现形态也是不尽相同的。

再次,宗教学是一门关于宗教功能的学问。宗教既然如上所

---

① 参阅徐弢:"破解宗教的斯芬克斯之谜——论段德智对宗教本质的三重透视",《武汉大学学报》2006年第4期,第415—420页。

② 维特根斯坦在谈到在"语言游戏"中看到的那种"错综复杂的互相重叠、交叉的相似关系的网络"时,说道:"我想不出比'家族相似性'更好的表达式来刻画这种相似关系;因为一个家族的成员之间的各种各样的相似之处:体形、相貌、眼睛的颜色、步姿、性情等等,也以同样方式互相重叠和交叉。——所以我要说:'游戏'形成一个家族。"参阅维特根斯坦:《哲学研究》,李步楼译,陈维杭校,商务印书馆1996年版,第48页。

说只是人类社会和人类文化这个大系统或母系统的一个子系统，则在它身上就势必既存在有它作为人类社会和人类文化这个大系统或母系统的一个子系统对人类社会和人类文化这个大系统或母系统的关系或作用的问题，也存在有它作为人类社会和人类文化一个子系统与人类社会和人类文化所有其他子系统的关系和作用的问题。而这些问题在很大程度上也就是我们这里所说的宗教功能问题。宗教功能问题是宗教学中的应有之义。早在宗教学酝酿时期，缪勒就讨论和阐释过宗教的各种功能。在《宗教学导论》中缪勒以非常浓重的笔触强调了宗教的社会功能。他特别强调了宗教在民族和国家形成中的至关紧要的作用。他说："形成民族的是语言和宗教这两个因素，而宗教比语言的力量更大。"[①] 他还援引黑格尔的话强调指出："神的观念是民族形成的基础。宗教的形式怎样，国家及其组织的形式就怎样，因为国家是从宗教中产生出来的。"[②] 在这部著作中，缪勒不仅强调了宗教的社会功能，而且还强调了宗教的个人功能或道德伦理功能。他在讨论"人类早期的宗教感情"和"真正的宗教"时，曾经非常明快地指出："无论什么地方的宗教，它的意图总是神圣的。……宗教使心灵升高，超过一般的美德标准，最终使人们渴望一种更高尚和更美好的生活。"[③] 在《宗教的起源与发展》中，他不仅强调了"文化与宗教的生存与实质相关"，而且甚至还喊出了"对人们说来，未来取决于信仰"的口号。[④] 事实上，凡宗教的本质都是要借宗教的功能显现出来的。

---

① 缪勒：《宗教学导论》，第 55 页。
② 同上。
③ 同上书，第 115 页。
④ 参阅缪勒：《宗教的起源与发展》，第 256、259 页。

从人类宗教史上看,宗教功能与宗教本质总是一体两面、密切相关的。在现实的世界上,是既不存在完全与宗教本质无关的宗教功能,也不存在完全与宗教功能无关的宗教本质。因此,在讨论宗教功能时,我们必须同时反对两种片面性:一方面要反对抽象的宗教本质主义,另一方面又要反对肤浅的宗教功能主义。倘若不反对抽象的宗教本质主义,我们就可能陷入神秘主义和抽象主义;倘若不反对肤浅的宗教功能主义,我们就可能混淆宗教与非宗教的界限,陷入泛宗教主义。在讨论宗教功能时,还有一点也是需要注意的,这就是我们既要看到宗教的正功能,也要看到宗教的负功能。这就是说,为要使我们的宗教研究具有科学性质,我们就不仅要反对对个别宗教的护教学(像传统神学那样),也要反对对整个宗教的"护教学",即只片面地强调宗教的正功能,而完全无视或抹煞宗教的负功能。

第四,宗教学也是一门关于宗教发展规律的学问。宗教学不仅要探究宗教现象的"多"中之"一",探究宗教的本质和功能,而且还要探究"变动不已"的宗教现象的变化动因和变化规则,亦即宗教发展的基本规律。当缪勒在《宗教学导论》中讲,宗教学研究"将会改变人们通常对世界诸宗教的起源、性质、发展和衰亡所持的许多观点"时,他事实上也就是在宣布:探究宗教发展的客观过程和客观规律乃宗教学研究的一项根本任务。而且,如果说缪勒在《宗教学导论》中主要的还只是宣布了宗教学研究的这项任务的话,那么,在《宗教的起源与发展》中他本人即承担了这项任务。我们知道,在后面这部著作中,缪勒不仅以印度宗教为例翔实地论证和阐述了宗教从"单一神教"到"多神教"和"唯一神教"再到"未来教会"的发展历程和演变规律,而且还把对传统宗教信仰的不断"否定"宣布为"一切宗教存亡攸关的根本原则"（the vital principle of all religion），把"趋向无神论"（tendency towards Atheism）宣布为宗教发展的根本走势，把"诚实的无神论"（honest Atheism）宣布为宗教学审视宗教的应然态度和应然立场，宣布为"一切真正信仰的生命之血"（the very life-blood of all true faith）和"诚实信仰的最深刻的源泉"（the deepest spring of honest faith）。① 此外，他在一封信件中还断言："未来的真正宗教将成为一切宗教的完成。"② 不管我们对他的这些意见持何种立场，他之探究宗教一般发展规律的用心无论如何是毋庸置疑的。宗教学概念的意涵虽然纷纭复杂，但是如果从大处着眼，我们则不妨将其区分为两个基本层面或基本向度。这就是宗教学的逻辑向度和历史向度。一般来说，对宗教本质和宗教功能的研究是对宗教的"横向"的同时性的研究，属于宗教学研究的逻辑层面；而对宗教发展过程和发展规律的研究则是对宗教的"纵向"的历时性的研究，属于宗教学研究的历史层面。属于宗教学研究的这后一向度或层面的，除了缪勒所指出的"自否定"和"自生成"这些原则外，还有许多别的内容。例如，在宗教起源方面，宗教究竟有无起源问题？我们究竟应当如何看待"宗教启示说"？宗教考古究竟能否成为我们探究宗教起源的唯一手段？宗教产生的社会历史条件究竟有哪些？在宗教产生的诸条件中，除了社会历史条件外，是否还另有别的条件？宗教观念的形成同人

---

① F. Max Müller, *Lectures on the Origin and Growth of Religion as Illustrated by the Religions of India*, pp.310, 304, 310, 311, 315.

② G. A. Müller (ed.), *The Life and Letters of the Right Honourable Friedrich Max Müller*, vol.2, London, 1902, p.135.

的抽象能力的形成和发展究竟有无关系？再如，在宗教历史发展过程方面，缪勒把宗教的发展理解成一个从"单一神教"到"多神教"和"唯一神教"再到"未来教会"的过程究竟是否合理？有人从宗教组织及其与社会组织的关系的角度将整个宗教的历史发展理解成一个从"氏族宗教"到"民族宗教"和"世界宗教"的演进过程。这种解释方式是否合理？如何理解对宗教发展进程的这样两种解释方式之间的关系？再如，如果人类宗教是一个包含诸阶段于自身内的一个发展过程的话，则当代宗教具有哪些区别于先前发展阶段的本质特征和特殊内容？最后，宗教发展的动因究竟有哪些？难道宗教发展真的如缪勒所说，仅仅是一种"自否定"和"自生成"的过程吗？它是否确实如马克思所说，还有一个"动因"的"动因"问题？如何正确地理解和解释宗教发展与社会发展的大体同步性？宗教会消亡吗？如果有宗教消亡的可能性，那么，其消亡的条件又是些什么？如此等等。①

最后，宗教学是一个关于世界诸宗教的本质、功能和发展规律的概念的系统或体系。黑格尔在谈到哲学需要一个"体系"或"系统"时，曾经强调指出："哲学若没有体系，就不能成为科学。没有体系的哲学理论，只能表示个人主观的特殊心情，它的内容定是带偶然性的。哲学的内容，只有作为全体中的有机环节，才能得到正确的证明，否则便只能是无根据的假设或个人主观的确信而已。许多哲学著作大都不外是这种表示著者个人的意见与情绪的一些方式。"②黑格尔的这一观点原则上也适用于宗教学这门人

---

① 参阅段德智："试论宗教学概念的基本内涵及其对宗教学研究的规范功能"，《武汉大学学报》2006年第4期，第405—406页。

② 黑格尔：《小逻辑》，第56页。

文社会学科。远在宗教学这门人文社会学科产生之前，许多宗教思想家，如《真理论》的作者赫尔伯特（Edward Herbert，1583—1648）、《自然宗教史》的作者休谟（David Hume，1711—1776）和《物神崇拜》的作者布罗塞斯等，都曾对宗教作过深层次的理性思考，有些甚至还提出了一些较为成熟的颇有价值的学术观点，然而，我们还是不能把他们的宗教思想或宗教观点称作宗教学，其根据即在于他们的宗教思想尚未形成一个关于世界诸宗教本质、功能和发展规律的概念系统。系统的理念乃我们阐述宗教学原理时所持守的一个基本理念，可以说，《宗教学》一著差不多所有的内容都是依据这一理念铺陈开来的。一如我们在本著"前言"中所指出的，在这部著作中，如果说"概论篇"着重阐述的是宗教学的学科性质和学科结构，旨在强调宗教学是一个关于世界诸宗教的本质、功能和发展规律的概念系统，旨在强调"逻辑向度"或"同时性研究"（重在研究宗教的本质和功能）和"历史向度"或"历时性研究"（重在研究宗教的发展过程和发展规律）为宗教学的两个基本向度，那么，它的所有其他各篇差不多都可以看作是这一理念和逻辑架构的实施和展开。因为"历史篇"、"时代篇"和"宗教与社会主义篇"的理论重心无疑在于宗教的"历时性研究"，体现的是宗教学的"历史向度"，而"本质篇"和"功能篇"的理论重心无疑在于宗教的"同时性研究"，体现的是宗教学的"逻辑向度"。既然如此，系统的理念或体系的理念也就当是读者理解和把握我们这部著作，理解和把握宗教学原理时必须予以充分注意的一个理念。

综上所述，宗教学范畴的意涵既是极为丰富的和多层面的，又是具有其内在统一性的。如果要用一句话对其基本意涵做出概括的话，我们就不妨说：宗教学是一门关于世界诸宗教的学问，是一个关于世界诸宗教的本质、功能和发展规律的概念的系统。

## 三、作为"宗教学"上位概念的"宗教"概念的定义问题

当我们把宗教学界定为"关于世界诸宗教的本质、功能和发展规律的概念的系统"时，我们可以说至此我们已经对宗教学下了一个比较全面、比较完满的定义。然而，至少从逻辑学的角度看，我们的这个定义依然是不够全面、不够完满的。这是因为根据我们对宗教学所下的这一定义，宗教乃宗教学的一个上位概念。既然如此，如果我们对作为宗教学的上位概念的宗教没有一个明白、清楚的界定，则我们对宗教学概念的理解就难免依然停留在晦暗之中。这就好像一个人对社会一无所知，则他对社会学概念的理解难免滞留在晦暗之中一样。因此，我们在讨论宗教学这门学科的核心范畴时，我们不仅应当对"宗教学"概念有一个清楚、明白的概念，而且还应当进而对作为其上位概念的"宗教"有一个清楚、明白的概念，不仅应当给"宗教学"下一个比较清楚明白的"定义"，而且还应当进而对"宗教"下一个清楚明白的"定义"。不仅如此，为了保证我们对"宗教学"有一个清楚明白的概念，我们就需要对"宗教"有一个更为清楚明白的概念。在《论题篇》中，亚里士多德曾经给"定义"下了一个对西方逻辑学和语言学产生了具有深广影响的"定义"。这就是："定义乃是揭示事物本质的断语。"[①] 亚里士多德的这个定义给我们的定义活动提

---

① 亚里士多德：《论题篇》，5，101b33—35。

出了一项基本要求，这就是："定义者"应当比"被定义者"更为清楚、更为明白。这是不难理解的。如果用来"定义"或"界定""被定义者"的"定义者"自身就是模糊的和混乱的，则它所"定义"的"被定义者"便势必更为模糊、更为混乱。既然如此，尽管我们往往力所不逮，但是，我们还是要尽力为作为宗教学上位概念的宗教下一个比较清楚和明白的定义。

讨论宗教概念的必要性不仅来自上述逻辑学和语言学方面的问题，而且还来自宗教学研究或宗教研究方面长期存在的种种混乱。这种混乱不仅长期存在于西方宗教学界和宗教研究中，而且也长期存在于我国宗教学界和宗教研究中。宗教学奠基人缪勒非常重视"宗教的定义"问题，他强调说："在没有事先提出所研究基本概念的定义时，绝不着手科学问题的讨论"。[①] 但是，当他着手考察西方宗教定义时，他却看到了费希特的宗教定义（"知识"）不同于康德的宗教定义（"道德"），黑格尔的宗教定义（"自由"）不同于施莱尔马赫的宗教定义（"依赖"），孔德和费尔巴哈的宗教定义（"人"或"人类"）又不同于黑格尔和施莱尔马赫的宗教定义。由此，他无奈地得出结论说："每个宗教定义，从其出发不久，都会激起另一个断然否定它的定义。看来，世界上有多少个宗教，就会有多少宗教的定义，而坚持不同宗教定义的人们之间的敌意，几乎不亚于信仰不同宗教的人们。"[②] 就我国的情况而言，这种混乱也是长期存在的。例如，许多学者长期以来或是把马克思在《〈黑格尔法哲学批判〉导言》中所说过的"宗教是人

---

① 缪勒：《宗教的起源与发展》，第 7 页。
② 同上书，第 13 页。

民的鸦片"这句话视为宗教的"定义",①或是把恩格斯(Friedrich Engels,1820—1895)在《反杜林论》中所说过的"一切宗教都不过是支配着人们日常生活的外部力量在人们头脑中的幻想的反映"视为宗教的定义。②毋庸置疑,马克思和恩格斯的这两句话都包含有一定的真理性,但是,无论如何它们作为宗教的定义却都是片面的、不完整的和不充分的。就马克思的"宗教是人民的鸦片"这句话而言,虽然它之重视宗教的社会功能是非常正确和非常深刻的,但是,既然它关注的主要的是宗教的负功能,并且因此而对宗教的正功能缺乏应有的重视,既然它并未关涉到宗教的普遍本质和发展规律,则它作为宗教的定义就势必是片面的、不完整的和不充分的。关于恩格斯的那句话,虽然就其将"宗教世界归结于它的世俗基础"这一点而言,可以说是空前深刻的,但是,既然它既没有考虑到宗教作为社会群体或社会组织的一面,又没有考虑到宗教的社会功能和文化功能,则我们就没有理由将其视为宗教的定义。③由此看来,人们对于宗教定义的理解的缺失

---

① 马克思:"《黑格尔法哲学批判》导言",《马克思恩格斯选集》第1卷,人民出版社1995年版,第2页。参阅张继安:"对'宗教是人民的鸦片'这个论断的初步理解",《世界宗教研究》1981年第2期,第1—12页。在这篇文章中,作者断言:马克思的这个论断"揭示了宗教的最根本的属性,科学地阐明了宗教的本质和社会作用"。

② 恩格斯:"反杜林论",《马克思恩格斯选集》第3卷,人民出版社1995年版,第666—667页。参阅王作安主编:《面向新世纪的中国宗教和宗教工作》,学习出版社2000年版,第14页。该著作宣称:恩格斯在《反杜林论》中所说的这一段话"从理论上科学地回答了宗教是什么的问题","概括而又深刻地揭示了宗教之所以为宗教的本质规定性,并把宗教与其他社会意识形式区别开来,在逻辑形式上涵盖了它所表述的同类对象,在外延上是周延的"。

③ 参阅吕大吉:《宗教学通论新编》,中国社会科学出版社1998年版,第73页。作者在其中指出:"恩格斯论断只涉及宗教观念的本质,而非关于宗教的完整定义。"

主要在于两个方面的问题：一是认识的浅薄性，一是认识的片面性或单向度性。既然如此，则建立一个既内蕴有宗教信仰和宗教观念又内蕴有宗教行为和宗教组织、既内蕴有宗教本质又内蕴有宗教功能、既内蕴有宗教的逻辑向度又内蕴有宗教的历史向度的相对全面、相对完整的宗教定义，无论对于宗教学体系的理解还是对于宗教体系的阐释都是一件不可或缺的事情。那么，从我们当今时代所能达到的认识高度看，这种相对全面、相对完整的宗教定义究竟应当包含哪些必要的内容或环节呢？

首先，从宗教的要素看，宗教信仰乃宗教的最为内在、最为本质的规定性。离开了对作为超越者和无限者的宗教信仰对象的信仰，就既无所谓宗教观念（宗教神话和宗教理论）、宗教体验和宗教情感，又无所谓宗教行为、宗教组织和宗教制度。一个宗教可以没有系统的神学理论，甚至如史密斯在《宗教的意义与终结》一书中所说，可以没有宗教名称，但是无论如何不能没有宗教信仰。鉴此，史密斯提议对"宗教"这个概念"弃而不用"，以"宗教性"、"信仰"或"虔敬"取而代之。① 从这个意义上，我们不妨将宗教界定为关于宗教信仰的意识形态和社会组织。

然而，宗教毕竟不限于宗教信仰，它必定是宗教信仰与宗教观念的统一，宗教信仰与宗教情感和宗教体验的统一，宗教意识与宗教行为的统一，宗教意识和宗教行为与宗教组织和宗教制度的统一。不仅没有宗教观念的宗教信仰、没有宗教情感和宗教体验的宗教信仰和宗教意识是不可想象的，而且没有宗教行为、宗教组织和宗教制度的宗教意识也是不可想象的。从这个意义上，

---

① Cf. W. C. Smith, *The Meaning and End of Religion*, p. 194.

我们不妨将宗教界定为以宗教信仰为"始基"的宗教意识、宗教行为和宗教组织的统一体。

第三，宗教在任何时候，在任何情况下，都不是一种绝对孤立、绝对封闭的社会意识和社会现象，它对于世俗社会始终保持着这样那样的关联性或开放性。宗教作为一种社会意识和社会组织不仅具有明显区别于其他社会意识形态和社会组织形式的特殊本质，明显地具有一定程度的超越性、超验性或神秘性，而且与其他社会意识形态和社会组织一样，也明显地具有社会本质和文化本质。宗教世界对于世俗世界虽然始终具有某种不可还原的因素，但它同时也始终具有这样那样的可还原性。宗教正是在世俗化神圣、神圣化世俗的辩证运动中向前发展的。从这个意义上，我们不妨将宗教界定为一种具有特殊本质的与世俗社会互存、互动的社会意识和社会组织。

第四，正因为如此，宗教不仅具有明显的社会本质和文化本质，而且也具有明显的社会功能和文化功能，不仅具有明显的维系社会和创建社会的社会功能，而且还具有催生世俗文化、构建世俗文化的文化功能。正如脱离宗教本质的宗教功能是不可思议的一样，脱离宗教功能的宗教本质也是不可思议的。从这个意义上，我们不仅可以将宗教界定为宗教特殊本质和宗教普遍本质的统一体，而且还可以进而将宗教界定为宗教本质和宗教功能的统一体。

最后，我们虽然可以对宗教作静态的逻辑的考察和分析，但是，宗教本身却不是那种完全静态的东西，犹如一尊不动的石像，而是一种动态的东西，一种与世俱进和与时俱进的东西，一种充满生机的随着人类社会的演进而不断演进的东西。缪勒将"成长"、"进化"和"自否定"规定为"一切宗教的根本原则",[①] 史密斯在将宗教归结为"信仰"的同时,又将宗教归结为"传统"或"累积的传统",[②] 他们所强调的都是宗教的历史性和变动性。我们之所以在本著中不仅设立了"历史篇",而且还设立了"时代篇"和"宗教与社会主义篇",都是意在突出和强调宗教的历史性和变动性。从这个意义上,我们不妨把宗教界定为一种与世俱进和与时俱进的社会意识和社会组织。

综上所述,我们不能将宗教的定义理解成一个简单的判断,而应当把它理解成一个判断的体系或概念的系统。对于这样一个判断的体系或概念的系统,如果我们从宗教要素的层面看,我们不妨将其定义成一个以宗教信仰为"始基"的宗教意识、宗教行为和宗教组织的统一体;如果从宗教与社会(世俗社会)的辩证关系看,我们不妨将其定义成一种既具有超越性又具有内在性、既具有社会本质和文化本质又具有社会功能和文化功能的一种与世俱进和与时俱进的不断变动、不断生成的社会意识和社会组织。

诚然,一如宗教学奠基人缪勒所反复强调指出的,要给宗教下一个完满无缺的定义是相当困难的。这一方面是因为"世界诸宗教"现象的极端多样性和极端复杂性所致,另一方面也是由于宗教所具有的种种超越性和神秘性所致。既然作为宗教最内在最本质规定性的信仰及其对象总是某种超越的神秘的"不可言说"的东西,一种"惟恍惟惚"的东西,则我们对宗教的任何界定便都不可能是绝对清楚明白的东西,从而当我们尝试着给宗教下任

---

① 参阅缪勒:《宗教的起源与发展》,第 260、212 页。
② Cf. W. C. Smith, *The Meaning and End of Religion*, pp. 154—169.

何定义时，都难免有冒这样那样风险之虞。但是，宗教学原理的系统阐述却要求我们在对宗教学下一个相对完满定义的同时也给宗教下一个相对完满的定义。缪勒在谈到"给宗教下定义的困难"时，曾经比较明智地指出："既然一个适当的定义或详尽无遗的描述对所有称之为宗教的说来是不可能的，那么可能做到的就是提出某些特征，它们既可以把宗教意识的对象与其他对象区别开来，又可把我们施于宗教对象时的意识活动，与用感性和理性涉及其他对象时的意识活动区别开来。"[1] 也正是基于这样一种认识，我们对宗教给出了尽可能多地统摄世界诸宗教的普遍特征的上述相对全面、相对完整的定义。我们的上述宗教定义虽然并不具有绝对全面、绝对完整的性质，但是，它对于理解我们建立的宗教学的学科体系却是非常必要的。因为我们在本节中所界定出来的关于宗教学和宗教的上述定义，不仅构成了本著的逻辑起点，而且也构成了本著的逻辑终点；本著的各章各节差不多都可以看作是对上述宗教学概念和宗教概念内涵在逻辑层面和时间层面上的展开。离开了上述宗教学定义和宗教定义，我们不仅对本著的全部内容难以有一个整体的鸟瞰式的理解和把握，而且对于本著各章各节的内容也难以获得一种高屋建瓴的和深层次的把捉。

---

[1] 缪勒:《宗教的起源与发展》，第14页。

# 第二章 宗教学的学科结构与研究方法

既然如前所述,在宗教学这门人文社会学科中,学科性质、核心范畴、学科结构和研究方法是其中统摄、规范和制约其他内容的内容,既然其学科性质和核心范畴又是其中更为基础的内容,则我们在初步考察了宗教学的学科性质和核心范畴之后,也就不仅有必要而且也有可能比较具体地讨论和阐述宗教学的学科结构和研究方法了。

## 第一节 宗教学的学科结构

自从20世纪著名的瑞士心理学家和发生认识论创始人皮亚杰(Jean Piaget,1896—1980)在批判传统的"原子论式"的认知图式的基础上,提出和论证了"结构主义"的认知理论之后,学科结构问题就成了教育理论和科学学中的一个热门话题。我们在本节中对宗教学学科结构的介绍和阐述也正是以这样一种教育理论和认知理论为背景和基础的。

### 一、宗教学学科的双重结构

一门科学的学科结构通常是在下述两种意义上得到理解的。

一方面，它被理解为一门科学或学科的知识结构；另一方面，它又被理解为一门科学或学科下属诸学科的科际结构。前者涉及的是一门科学或学科的基本概念或基本范畴之间的内在关系或逻辑框架，后者涉及的则主要是构成该门科学或学科的诸多学科或二级学科之间的内在关系或逻辑框架。鉴此，我们也不妨从两种意义上来理解宗教学的学科结构：一是宗教学的知识结构，一是宗教学诸下属学科的科际结构。前者所意指的主要是宗教学的基本概念或基本范畴之间的内在关系或逻辑框架，而后者所意指的则主要是宗教学的诸下属学科之间的内在关系或逻辑框架。

但是，既然我们在前一章中不仅对宗教学的核心范畴或最高范畴做出了多层面的考察，把它界定为"关于世界诸宗教的本质、功能和发展规律的概念系统"，而且还进而对此范畴与宗教学的其他范畴的逻辑关联做出了粗线条的说明，则我们便可以说已经对宗教学的知识结构做出了初步的考察。因此，在这里，我们着力考察的将是宗教学诸下属学科的科际结构。

如前所述，宗教学自19世纪70年代问世以来，在其一百多年的发展历程中，相继出现了比较宗教学、宗教类型学、宗教史学、宗教人类学、宗教社会学、宗教心理学、宗教现象学、宗教哲学（作为宗教学分支学科的宗教哲学）等二级学科。这就向我们提出了一个如何看待它们之间的内在关系或逻辑结构的问题。基于我们对宗教学知识结构的理解，也基于我们对宗教学史的上述考察，我们不妨将宗教学的所有下属学科区分为两类：其中一类我们可以将之称作"宗教学基础学科"，而另一类我们则可以将之称作"宗教学分支学科"。顾名思义，在这两类学科中，宗教学基础学科相对于宗教学分支学科，处于一种优先的地位：不仅在历史（时间）上优先，而且在逻辑（原理）上也优先。

## 二、宗教学基础学科

从宗教学的历史形态和现存形态看，属于宗教学基础学科的主要有比较宗教学、宗教史学、宗教类型学和宗教学原理。

比较宗教学侧重于世界诸宗教之间的"横向"比较，旨在在对世界诸宗教进行横向比较研究的基础上寻求或探讨宗教的本质和发展规律。其源头可以一直上溯到宗教学的创始人缪勒，上溯到他的比较语言学研究。缪勒的比较语言学认为人类语言经历了"词的形成期"、"方言期"和"神话时期"这样三个历史阶段。并在此基础上开展了神话比较研究，形成了他早年的重要著作《比较神话学》（1856年），并进而激发了他创立宗教学的热情。诚如他自己在《宗教学导论》中所言："比较法既然已在其他的知识领域产生了巨大成果，我们为什么还犹豫不决，不立即把它用在宗教研究上呢？"[①] 从方法论上讲，缪勒的宗教学方法论可以看作是他的语言学方法论的一种延伸或挪用。既然如上所述，缪勒将比较视为科研研究的"主要特征"和基本方法，既然语言的比较研究已经使语言学在当时"各学科的圆桌会议上"取得了"它的席位"，既然他立志将宗教研究改造成一门"科学"，则他之强调比较方法对于宗教学的特殊重要性，把宗教学首先理解为一种旨在"探讨宗教的各种历史形态"的"比较神学"或"比较宗教

---

① 缪勒：《宗教学导论》，第9页。

学",就是一件非常自然的事情了。[①] 事实上,缪勒的宗教学理论,无论是他的关于宗教乃领悟无限的主观才能的定义,还是他的宗教是一个从"单一神教"到"多神教"和"唯一神教"再到"未来教会"的过程理论,都是他对世界诸宗教进行比较研究的重要成果。《比较宗教学的产生和发展》(1905年)的作者路易斯·H.约尔丹曾给比较宗教学下了一个明确的定义,说它作为"一门科学","对世界上各种宗教的起源、结构和特征进行比较,同时考察决定各种宗教真正的一致之处和差异之处,以及它们彼此相关的范围。"[②] 尽管此后随着宗教学诸多分支学科的涌现和壮大,比较宗教学一枝独秀的局面受到了挑战,但是"比较法"作为宗教学研究一种基本方法的地位并没有被颠覆,比较宗教学作为宗教学的一门基础学科的地位并未因此而丧失。曾担任宗教史国际协会多年(1971—1975年)秘书的英国宗教学家埃里克·J.夏普尽管已经充分体悟到宗教学各种研究方法的"互补性",充分看到比较宗教学与宗教学其他分支学科的"互补性",但是,他还是不仅强调"学术界拒绝从一个极端走向另一个极端",而且还依然将自己的宗教学史的著作命名为《比较宗教学史》。比较宗教学在宗教社会学和宗教现象学中的地位也是如此。在著名宗教社会学家和宗教现象学家瓦赫(Joachim Wach,1898—1955)那里,不仅其重要遗著之一被冠名为《比较宗教研究》(*The Comparative Study of Religions*)或《比较宗教学》,而且他在这部著作中还明确地强调了宗教比较法在宗教社会学和宗教现象学研究中的基础地位。他

---

① 缪勒:《宗教学导论》,第12页。

② Cf. L. H. Jordan, *Comparative Religion: Its Genesis and Growth*, Edinburgh: Clark, 1905, p.63.

写道:"新时代的比较宗教研究使我们有可能对于宗教经验能够意味着什么,对于它的表述会采取什么形式,以及对于它能为人做什么,具有较充分的洞见。"①

宗教史学是宗教学的另一个基础学科。如果说比较宗教学侧重的是世界诸宗教的"横向"比较的话,那么宗教史学侧重的则是世界诸宗教的"纵向"比较。从这个意义上说,宗教史学所运用的也是一种"比较法",宗教史学也是一种比较宗教学。但是,无论逻辑地看还是历史地看,宗教史学与宗教比较学之间所存在的都是一种相对相关的关系,一种既相互区别又相互依存、相互渗透、相互贯通的关系。说它们相互区别,是因为它们的侧重点或研究论域毕竟有某种差异。说它们相互依存、相互渗透和相互贯通,首先是因为它们本身就是相互说明和相互定义的东西。因为既然如前所述,所谓比较宗教学所意指的无非是"探讨宗教的各种历史形态"的学问,则它就不能不关涉到宗教史,它在一定意义上就不能不是一种宗教史学。其次就其历史源头看,宗教史学与比较宗教学差不多是同步酝酿产生出来的。宗教学的创始人缪勒不仅如上所述,将"比较神学"界定为"探讨宗教的各种历史形态"的学问,而且他也因此将自己宣称为"研究宗教史的人"。②而且,如所周知,缪勒不仅注重宗教史的研究,而且其研究的重心还主要地放在"古代宗教"上,特别是放在古代印度宗教和古代希腊宗教及其比较上。这是因为在他看来,"古代宗教就像一个古老的贵重金属塑像,把因年代久远而生的锈拭掉以

---

① J. Wach, *The Comparative Study of Religions*, J. M. Kitagawa ed., New York: Columbia University Press, 1958, p. 9.

② 缪勒:《宗教学导论》,第 13 页。

后,会显露出它全部的纯洁和光泽。"① 而且,在缪勒时代,热衷于宗教史学研究的也并非缪勒一人,如前所述,《宗教史纲》(1876年)的作者蒂勒(1830—1902)也是一位享誉世界的宗教史学家。事实上,一如人们用比较宗教学来指称宗教学一样,人们甚至更经常地用宗教史学来指称宗教学。例如,我们在前面提到的,早在1885年,法国巴黎建立的世界上第一个宗教学研究机构,其名称即为"宗教史研究中心"。而此后法国巴黎大学于1886年设立的宗教学部实际上也就是一个宗教史学部,其下属的机构全部是宗教史学分部。不仅如此,由巴黎大学宗教学部发起的在巴黎召开的第一次国际宗教学会议也被命名为"第一届国际宗教史大会"。而与此相应的国际宗教学研究机构的名称也被确定为"国际宗教史协会"(International Association for the History of Religion),该协会主办的主要学术性杂志也被定名为《国际宗教史评论》(*Numen-International Review for the History of Religions*)。由此足见宗教史学在宗教学诸下属学科中的基础地位。

宗教类型学也是宗教学的一个基础学科,旨在在对世界诸宗教进行比较研究的基础上对宗教事实或宗教现象作类型学的分析,以求对世界诸宗教的本质和变化规则有更深层次的理解和把握。因此,在一个意义上,它也是一种形态的比较宗教学。在缪勒那里,与比较宗教学脱胎于比较语言学一样,宗教类型学也脱胎于比较语言学。在他看来,对世界诸宗教及其信仰的类型学研究是宗教学研究的又一项基本方法,是使宗教研究成为科学的又一项根本举措,他甚至将其视为宗教学研究者走出世界诸宗教迷

---

① 缪勒:《宗教学导论》,第31页。

宫的"阿里阿德涅之线"。他在援引了"分类就能了解"（Divide et impera）这句谚语之后，紧接着强调说："了解了这句话，我相信我们就能把握住了阿里阿德涅的那个线团，那根线曾使许多学科的研究者走出了比世界宗教的迷宫更令人迷糊的迷宫。一切真正的科学都是以分类为基础的。只有在不可能对各种不同的信仰进行分类的时候，我们才会承认不可能建立宗教学。"① 在肯认了分类法或类型学的重要性之后，缪勒紧接着便讨论了宗教类型学的依据问题，这就是语言分类。这是因为缪勒在对世界诸宗教的早期考察时，发现"早期宗教是依靠语言的"："早期宗教和早期语言是密切相联的，宗教的外表是完全依靠还算够用的语言材料来表达的。"② 既然如此，缪勒便断言：语言学的分类应当适用于宗教学，而宗教之间的"谱系关系"也就应该由语言之间的谱系关系得到说明。这样，既然人类在其初期就形成了三个比较固定的语言，即图兰语、闪米特语和雅利安语，与此相应，也就形成了三个"独立的宗教中心"，这就是以图兰语（华语）为基础的儒教和道教，以闪米特语为基础的犹太教、基督宗教和伊斯兰教，以及以雅利安语为基础的婆罗门教、琐罗亚斯德教和佛教。③ 需要说明的是，缪勒虽然强调宗教的语言类型学，但是他的宗教类型学却并不囿于此。例如，他在其宗教学研究中，还常常采取依据宗教信仰对象对宗教进行分类的方法，而他的"单一神教"、"多神教"和"唯一神教"显然就是基于这样一种分类原则的。缪勒虽然在宗教类型学上持一种非常开放的心态，但是他对于传统神学的种

---

① 缪勒：《宗教学导论》，第43页。
② 同上书，第57页。
③ 同上书，第56—59页。

种护教主义的判教论却是坚决拒绝的。例如，他在《宗教学导论》中曾经非常严肃地批评了传统神学中将宗教区分为"真宗教"和"伪宗教"、"自然宗教"与"启示宗教"的做法。因为在他看来，对宗教的这样一种分类具有明显的排他主义和护教主义色彩，是完全有悖于宗教学的科学态度和中立立场的。宗教类型学作为宗教学的一门基础学科，虽然在宗教学的后来发展中随着众多宗教学分支学科的出现其学科地位也受到了一定的挑战，但是，其影响依然是存在的。例如，宗教心理学家詹姆斯在其《宗教经验种种》中将宗教区分为"制度宗教"和"个人宗教"以及"健全心态的宗教"和"病态灵魂的宗教"，所运用的无疑也是一种宗教类型学的方法。其次，人们在宗教学研究中所提出的"氏族—部落宗教"、"民族—国家宗教"与"世界宗教"、"原生性宗教"与"创生性宗教"、"自然宗教"与"人为宗教"、"传统宗教"与"新兴宗教"，以及"武士型宗教"、"商人型宗教"与"农民型宗教"等等的区分，也都可以看作是宗教类型学方法的运用和发挥。

宗教学原理，顾名思义，其所关涉的主要是宗教学的理论向度或思辨向度，主要是宗教学的基本概念或基本范畴及其逻辑关联。如前所述，缪勒曾将宗教学研究区分为两个基本部分，其中一部分他称之为"比较神学"，另一部分他称之为"理论神学"，并且断言，比较神学在于"探讨宗教的各种历史形态"，"理论神学"则在于"解释无论是最高形式还是最低形式的宗教得以形成的条件"。这就是说，在缪勒看来，比较神学与理论神学是分属宗教学两个不同层面的东西，就理论色彩和思辨色彩而言，理论神学显然高于比较神学，而构建理论神学分明是他的宗教学研究的更高的目标。因此，按照他的研究计划，他在《宗教学导论》中讨论的只是"比较神学"而非"理论神学",而且,在他看来唯有在比较充分地开展比较神学的研究的基础上,我们才有可能动手研究理论神学。正因为如此,他在提出宗教学的这两个基本部分之后,紧接着便强调说:"我们现在只能讨论前一部分;我还想在此说明,只有在对世界诸宗教作比较研究所获得的全部资料得以充分收集、分类和分析以后,才应着手研究理论神学范畴内的大多数问题。"① 他在该书的另一处,还把理论神学称作"宗教哲学"或"教理神学",并且还进一步明确地强调说:"它应当是在比较神学研究的结尾,而不是在开始的位置上。"② 其实,缪勒对理论神学的阐释工作,亦即他自己说的"从哲学方面来探讨宗教的性质、起源和发展"的工作,③ 在很大程度上,是由他的《宗教的起源与发展》一书承担起来的。这一点已如上述,这里就不予赘述了。这里需要说明的是,缪勒这里所说的比较神学大体与我们前面所说的比较宗教学、宗教史学和宗教类型学相当,而他在这里所说的理论神学则与我们这里所讨论的宗教学原理大体相当。而且,既然我们已经从宗教学的知识结构层面表明,我们所理解的宗教学当是一门关于世界诸宗教的学问,当是一个关于世界诸宗教的本质、功能和发展规律的概念系统,则宗教学原理对于宗教学的诸分支学科的统摄作用和规范作用就不言而喻了。④ 而且,倘若从

---

① 缪勒:《宗教学导论》,第 12 页。
② 同上书,第 87 页。
③ 同上。
④ 如果从宗教学的知识结构的层面来理解宗教学原理的话,我们就可以将宗教学的诸学科从三个层次上加以理解,其中宗教学原理为其第一层次,比较宗教学、宗教史学和宗教类型学为其第二层次,宗教人类学、宗教社会学、宗教心理学和宗教现象学等则为其第三层次。

"观察需要理论"的方法论角度看问题,则宗教学原理对包括比较宗教学、宗教史学和宗教类型学在内的宗教学所有其他基础学科的统摄作用和规范作用也同样是不言而喻的。

## 三、宗教学分支学科

西方近代哲学的奠基人之一笛卡尔(Rene Descartes,1596—1650)在其《哲学原理》中曾用树根、树干和树枝来比喻他的整个哲学体系。他非常形象地写道:"哲学作为一个整体,像是一棵树,它的树根是形而上学,它的干是物理学,它的那些由这干发展而来的枝是全部其他科学。它们又归结为三门主要的学科,即医学、机械学和伦理学。"[①] 其实,我们也不妨将宗教学比作一个大树,如果我们将宗教学原理比作树根,将宗教学的其他基础学科,即比较宗教学、宗教史学和宗教类型学比作树干的话,则宗教人类学、宗教社会学、宗教心理学和宗教现象学等宗教学分支学科便当是宗教学这棵大树的树枝了。而且,我们也正是在这个意义上,将这些学科称作宗教学分支学科的。

我们将这些学科称作宗教学的分支学科,主要是从宗教学的知识结构和理论层次上讲的,而丝毫没有贬低其学术价值的意思。

---

[①] 参阅笛卡尔:《哲学原理》,关琪桐译,商务印书馆1935年版,第1—2页。另,在目前通行的译本中,该段文字翻译为:"全部哲学就如一棵树似的,其中形而上学就是根,物理学就是干,别的一切科学就是干上生出来的枝。这些枝条可以分为主要的三种,就是医学、机械学和伦理学。"(参阅笛卡尔:《哲学原理》,关文运译,商务印书馆1959年版,"序言",第 xvii 页。)因旧版本更加精练得体和朗朗上口,故文中选择旧版本。也请参阅冯俊:《法国近代哲学》,同济大学出版社2004年版,第20页。

事实上，宗教学的这些分支学科的出现和发展，非但没有削弱宗教学的学科发展，反而是宗教学学科发展的重要表征和重要动因。宗教学这些分支学科的出现和发展之所以可以看作是宗教学学科发展的重要表征，倒不仅仅是因为这样一来宗教学所属学科群较之以前更加大了的缘故，主要是因为这充分表明至此宗教学不仅赢得了独立地位，成了我们时代各学科圆桌会议上的一个正式成员，而且还成了这一大家庭中对其他成员已经产生了重大影响的一员。例如，如所周知，宗教社会学的奠基人之一杜尔凯姆（Émile Durkheim，1858—1917）原本是个具有犹太血统的无神论社会学家。他原本是学习和研究法律和社会学的，曾先后在波尔多大学、巴黎大学和巴黎文学院担任教育学和社会学教授。其早期的代表作主要有两部，一部为《社会分工论》（1893年），另一部为《社会学方法论》（1895年），都是关于社会学的。但是，在发表了这两部社会学著作后，他将自己的主要精力放到了宗教学方面，先后发表了影响深广的《宗教现象之解释》（1899年）和《宗教生活的基本形式》（1912年），使他不仅成了著名的社会学家，而且还成了著名的宗教社会学家。还有，宗教心理学的奠基人詹姆斯原本是学习生理学和解剖学的，此后长期从事生理学和心理学的教学和研究，1890年他出版了他的《心理学原理》，赢得了他在美国心理学界的权威地位。但此后他将自己的研究重心放到了宗教学领域，1902年出版了他的《宗教经验之种种》，成了宗教心理学的开山祖师。这种现象比较典型地说明了至20世纪初，宗教学不仅渗透到了社会学和心理学等人文学科和社会学科领域，而且也成了其他领域的人文科学家和社会科学家竞相研究的一块绿地。而20世纪初宗教学诸分支学科的涌现和发展之所以能够看作是宗教学学科发展的重大动因，乃是因为宗教学因此而向其他人文科学和社会科学领域的渗透以及人文科学和社会科学其他领域的学者介入宗教学研究，不仅将人文科学和社会科学的种种研究方法，如社会学方法、心理学方法、人类学方法等引进宗教学研究之中，而且也有力地促进了宗教学与所有这些学科之间的互动，从而为宗教学的发展带来勃勃生机。

在宗教学学科分化的早期阶段，最值得注意的是宗教人类学。宗教人类学虽然与比较宗教学和宗教史学一样，都注重古代宗教研究，但是与前者比较偏重于古代典籍的研究不同，宗教人类学更加注重"无文字民族的宗教"或"原始宗教"的研究，而且从研究方法上讲，它也更注重"田野考古"或"田野考察"，从而在宗教学初创阶段，它就一直与比较宗教学和宗教史学结伴而行。当缪勒1870年在伦敦作"宗教学导论"演讲的时候，英国人类学家泰勒（Edward Burnett Tylor，1832—1917）在宗教人类学领域便已经取得了重大成果。1871年泰勒的《原始文化》的出版差不多可以看作是宗教人类学的出生证。尽管"万物有灵论"的发明权问题至今依然还是一个备受争议的问题，但是，无论如何，泰勒之为"万物有灵论"的主要代表人物似乎差不多是众口一词。而且，对于最早将"万物有灵论"用于解释宗教的本质和起源这个荣誉归于泰勒似乎也是大家公认的。因为正是泰勒在《原始文化》中不仅一开始就将宗教定义为"对精灵存在物的信仰"，而且还进而明确地将"万物有灵论"看作是未开化民族的宗教的起源和"宗教哲学的基础"。[①]泰勒之后，享誉宗教人类学界的一个

---

① E. B. Tylor, *Primitive Culture*, vol.1, London: Murray, 1924, p.426.

重要人物是弗雷泽。他的代表作是《金枝》。他的这部著作虽然由于卷帙太过浩繁（12卷，5000多页），现在很少有人认真地一字一句地阅读原作了，至多是翻阅一下它的略本，但是它在宗教人类学史上的地位却是相当崇高的。这首先是因为它提出了并翔实地论证了宗教起源于巫术的问题。其次是因为它继威尔海曼·曼哈特，详尽地讨论了植物神的死而复活的问题，进一步论证了神灵序列与自然序列的同一性问题。第三是因为它提出并翔实地论证了君权起源于巫师的特权以及君权制度起源于巫师制度的问题，从而开了宗教人类学与宗教社会学汇流的先河。

宗教人类学在后来的发展中，不仅注重与社会学的结合，而且还注重吸收和接纳同时代的诸多人文科学和社会科学思潮，并逐步地呈现出与结构主义、功能主义和解释学结合的理论倾向。其中，列维-斯特劳斯（Claude Lévi-Strauss，1908—2009）的结构人类学的图腾观可以看作是当代宗教人类学与结构主义结合的典范。他的代表作《野性的思维》（1962年）、《图腾制度》（1962年）和《结构人类学》（1958年）都典型地表达了这样一种理论倾向。克鲁克洪（C. K. M. Kluckhohn，1905—1960）的代表作为《纳瓦霍人的巫技》（1944年）。他在其中阐释的宗教仪式观则明显地具有功能主义的理论倾向。按照克鲁克洪的立场，人们对于宗教仪式与宗教神话孰先孰后的争论，犹如鸡与蛋孰先孰后的争论一样，是毫无意义的，问题在于宗教仪式的社会功能和个人功能（道德伦理功能）。格尔茨（Clifford Geertz，1926—2006）这个哈佛大学的社会人类学博士的代表作是《作为文化系统的宗教》（1966年）。他在这部著作中所阐释的"解释人类学"虽然明显地具有宗教社会家马克斯·韦伯的思想烙印，但是却显然受到了现象学及其方法论的影响。一方面他的宗教人类学给世俗社会及世俗生活留下了巨大的解释空间,另一方面他还是明确地将宗教理解成"一种行为和动力的象征系统"。[①] 由此看来,宗教人类学不仅与比较宗教学、宗教史学等宗教学的基础学科有内在的关联,而且与宗教学其他分支学科的联系也极其广泛。这似乎是当代宗教人类学的一般走势。

宗教社会学是宗教学的又一个重要的分支学科。与宗教人类学为宗教学与人类学的交叉学科一样,宗教社会学为宗教学与社会学的交叉学科。宗教社会学的源头虽然可以一直上溯到社会学的鼻祖孔德,但是,它的真正的奠基人则是我们前面论及的杜尔凯姆。杜尔凯姆不仅在宗教学史上第一次提出了"宗教社会学"概念,而且在《宗教现象之解释》(1899年)和《宗教生活的基本形式》(1912年)中还对宗教社会学的一些基本原理做出了比较系统的说明。杜尔凯姆力图把宗教研究奠定在"新的基础"上,奠定在新的以强调宗教的社会性和功能性为根本特征和基本内容的理论范式上。他的理论范式或解释模式始终内蕴着下述三条基本原理,这就是:宗教是一种典型的"社会事实",宗教(神)的本质是社会,以及宗教的根本问题是"社会功能"。[②] 它们一直支配着宗教社会学的基本理路和历史发展。马克斯·韦伯是早期宗教社会学的另一位代表人物。其著作主要有《新教伦理与资本主义精神》(1904—1905年)、《世界宗教的经济伦理》(1915年)和

---

① 参阅罗竹风主编:《人·社会·宗教》,上海社会科学院出版社1995年版,第414—415页。

② 参阅杜尔凯姆:《宗教生活的基本形式》,渠东、汲喆译,上海人民出版社1999年版,第54、380页。

《宗教社会学论文集》(1946年)。与杜尔凯姆不同，韦伯不是从社会结构或社会秩序的角度来关注宗教，而是从社会变迁的角度来关注宗教。也就是说，韦伯主要关心的不是宗教与社会的整合问题或宗教向社会的还原问题，而是宗教与社会变迁的关联问题，是变化着的宗教观念如何引起社会行为（主要是经济行为）的变化以及社会组织（近代政治经济组织）的变化问题。"因此，如果我们把杜尔凯姆的宗教社会学称作宗教静力学的话，我们则完全有理由把韦伯的宗教社会学称作宗教动力学。"[①]

宗教社会学在当代发展中出现了宗教本质主义与宗教功能主义的分化。德国宗教社会学家瓦赫与韦伯关注宗教的社会功能和经济功能不同，强调宗教学，作为一描述性学科，旨在理解宗教的本质。其代表作主要有《宗教社会学》(1931年、1944年)和《宗教经验类型》(1951年)。瓦赫的主要努力在于从宗教与社会分层和国家的关系的角度对宗教作出类型学的分析。一方面，他从宗教与社会分层的关系的角度将宗教区分为"武士型宗教"、"商人型宗教"和"农民型宗教"；另一方面，他从宗教与国家的关系的角度将宗教区分为"政教合一型或政教分离型"宗教、"秘密宗教"和"世界性宗教"。但是，在宗教社会学的当代发展中，宗教功能主义却呈现出一种越来越强势的趋向。拉特克立夫-勃朗、帕森斯、贝拉、默顿和贝格尔等都可以看作是功能派的代表人物。拉特克立夫-勃朗（Alfred Reginald Radcliffe-Brown，1881—1955）强调的是宗教和巫术的功能或社会价值，而非它们的本质，并且因此而将宗教仪式区分为"积极的"和"消极的"两种。

---

[①] 段德智：《宗教与社会——对作为宗教学的宗教社会学的一个研究》，中国文史出版社2005年版，第28页。

其代表作主要有《禁忌》(1939年)、《未开化社会中的结构和功能》(1952年)。帕森斯(Talcott Parsons,1902—1979)则进一步将宗教视为社会价值的基础,强调宗教对于社会环境的两重功能:一方面依靠环境,另一方面又控制环境。其代表作为《社会行动的结构》(1937年)和《社会进化论》(1977年)。其弟子贝拉(Robert Neelly Bellah,1927—2013)则进一步发展了他的功能论思想,认为宗教不仅具有社会功能,而且还具有个人功能。他将前者称作"超我功能",而将后者称作"本我功能"。他还在此基础上提出了"公民宗教"概念和"宗教进化论"思想。他从符号系统、宗教行为、宗教组织和宗教的社会意义五个层面将宗教进化区分为前后衔接的若干个阶段。其代表作为《宗教进化论》(1964年)和《美国的公民宗教》(1967年)。① 帕森斯的另一个弟子默顿(Robert King Merton,1910—2003)则对宗教功能作出了类型学分析,不仅区分了宗教的"显功能"和"隐功能",而且还区分了宗教的"正功能"和"负功能",明确地提出和论证了宗教功能的"悖反"性质。其代表作为《社会理论与社会结构》(1968年)。② 贝格尔也是当代宗教社会学界一个颇具影响的人物。他的创造性工作一方面在于从社会的辩证发展过程和人之"未完成性"出发比较雄辩地论证了宗教创建社会和维系社会的两种功能,另一方面又对宗教世俗化作出了既具有历史感又具有时代性的解析。其代表作有《神圣的帷幕》(1967年)和《天使的传言》(1969年)

---

① 关于贝拉公民宗教思想,请参阅段德智等:《境外宗教渗透论》,经济科学出版社2016年版,第131—137页。
② Robert King Merton, *Social Theory and Social Structure*, New York: Free Press, 1968, p.107.

等。宗教社会学至今依然是宗教学诸分支学科中一个充满生机、方兴未艾的分支学科。[①]

宗教心理学是宗教学与心理学的交叉学科。与宗教社会学不同，它所侧重的既不是宗教的社会本质，也不是宗教的社会功能，而是人的内在心理和精神活动。早期宗教心理学的主要代表人物是美国的哲学家和心理学家詹姆斯。詹姆斯虽然早在1890年就出版了两卷集的成名作《心理学原理》，但是他的宗教心理学的代表作则是1902年出版的《宗教经验之种种》。与杜尔凯姆和韦伯等宗教社会学家注重宗教组织和宗教仪式及其与社会的关联不同，詹姆斯把自己的理论重心放在个人的宗教经验或宗教体验上。他不仅把个人的宗教经验规定为宗教最本质的要素，而且还将之宣布为宗教中"最先起的东西"。他将宗教区分为"个人性宗教"和"制度性宗教"，强调"个人宗教"比"制度性宗教"，即"神学或教会制度""更根本"。[②] 不仅如此，他还进而区分了两种不同的个人宗教经验和两种不同的个人宗教。他证明说有两种不同的宗教经验，一种是健全心态（者）的宗教经验，一种是病态灵魂的宗教经验，并且由此也就存在有两种不同的宗教：一种是健全心态的宗教，一种是病态灵魂的宗教。詹姆斯之后，一个当给予特别注意的宗教心理学家是弗洛伊德。弗洛伊德的代表作有《图腾与禁忌》（1913年）和《摩西与一神教》（1939年）等。他在宗教心理学上所做出的最重大的贡献在于他对人的心理经验作了更深层

---

① 参阅段德智:《宗教与社会——对作为宗教学的宗教社会学的一个研究》，第17—56页。

② 詹姆斯:《宗教经验之种种》，唐钺译，商务印书馆2002年版，第27—28页。

次的剖析，从人的宗教经验的意识层面深入到无意识和潜意识层面，深入到人的受到压抑的欲望或性欲（里比多）层面，从而对宗教的本质和功能做出了全新的说明。他在谈到图腾、禁忌和近现代宗教的种种教义时，强调说："这些作为教义提出的宗教思想，既不是经验的总结，也不是思考的成果：它们是幻觉，是最古老、最奇怪、最迫切的人类愿望的实现。它们的力量的秘密在于这些愿望的力量。"① 也正是基于这样的认识，他将宗教的功能概括为"教导"、"安慰"和"要求"。

由此看来，詹姆斯和弗洛伊德的宗教心理学的根本贡献在于一个提出了宗教经验的个人性的问题，另一个则在于强调了宗教经验的无意识性或非理性。它们的这些努力对后来的宗教心理学的发展带来了双重的影响：一方面为后来的宗教心理学研究提出了新的课题任务，另一方面也引起了强烈的反弹。宗教经验的个人性与社会性的关系问题以及宗教经验的无意识性与意识性的关系问题在很长一段时间里构成了宗教心理学的中心课题。前一个课题任务导致了弗洛姆的社会心理学，而后一个课题任务则导致了奥尔波特和埃里克森的人格心理学和自我心理学。奥尔波特（Gordon Willard Allport，1897—1967）的代表作有《人格：一个心理学解释》（1937年）和《个人及其宗教》（1950年）等。在这些著作中，奥尔波特一方面把人格理解为一种"动态"的"内部机制"，另一方面又突出地强调了宗教在人格成长中的"定向"

---

① Sigmund Freud, *The Future of an Illusion* (1927), in James Strachey (ed. & trans.), *The Standard Edition of the Complete Psychological Works of Sigmund Freud* (vol. 21), London: Hogarth, 1961, p.30.

功能。他对"成熟的宗教情操"的"良好的分化性"、"动态性"、"道德贯通的创造性"、"综合性"、"协调性"和"启发性"等六大特征及其与人格成熟的内在关联的论证,虽然带有理想主义色彩,但是却是具有一定的理论深度的。埃里克森(Erik Homburger Erikson,1902—1994)的"自我心理学"虽然深受弗洛伊德的影响,但是,却与弗洛伊德的精神分析心理学大异其趣。一方面,与弗洛伊德过分强调"本我"不同,埃里克森却把重心放在"自我"上面,提出和论证了自我的自主性和功能问题。另一方面,与弗洛伊德片面强调"性"或"性欲"并且因此带有悲情色调的精神分析的宗教心理学不同,埃里克森的自我心理学则强调宗教心理的成熟和正功能,强调"信任"、"爱"、"关心"和"智慧",从而具有比较积极的乐观态度和进取精神。其代表作有《青年路德》(1958年)和《童年与社会》(1963年)等。对弗洛伊德的精神分析的宗教心理学做出更根本修正的是弗洛姆的社会心理学。弗洛姆(Erich Fromm,1900—1980)的代表作有《心理分析与宗教》(1950年)和《基督的教理和其他论文集》(1963年)等。与弗洛伊德将人首先理解成一种生物不同,他首先将人理解成一种"社会动物"。因此,他的社会心理学强调的是人的社会性,是个人与他人和社会的关系。正是基于这样的认识,他在《基督的教理和其他论文集》中一方面宣布"没有一个人没有宗教的需要",另一方面又宣布宗教无非是"一个由群体参与的思想和行为的系统",一种"最古老"的"集体的幻觉"。还有一点是非常可贵的。这就是:他不仅注意到了宗教心理的正功能,而且也注意到了宗教心理的负功能,并且因此将个人的宗教信仰区分为"合理信仰"

和"不合理信仰"。

宗教现象学将现象学的方法用于宗教学的研究，是宗教学与现象学的交叉学科。宗教现象学与宗教心理学虽然都注重宗教意识活动，但是它们的着眼点却不同。如上所述，宗教心理学关心的是个人的宗教体验，是"个人"、"本我"、"人格"、"自我"和"集体幻觉"，而宗教现象学则要求"面向事情本身"，面向"纯粹意识"。早在1887年，荷兰宗教学家商特皮（Pierre Daniël Chantepie，1848—1920）就在他的《宗教学手册》中正式提出了"宗教现象学"概念，开了用现象学方法研究宗教现象的先河。但是，在他那里，宗教现象学与心理学的脐带尚未完全切断，尚滞留在"描述的现象学"阶段。20世纪上半叶，随着胡塞尔（Edmund Gustav Albrecht Husserl，1859—1938）《纯粹现象学的观念》（1913年）的问世，随着"悬置"（epochê）与"本质直观"（eidetic vision）这两个概念逐步被引进到宗教现象的研究之中，才出现了严格意义上的宗教现象学或宗教哲学现象学。在宗教现象学发展的初期，最有影响的人物是荷兰宗教学家莱乌，他甚至被视为宗教现象学的奠基人。莱乌（Gerardus Van der Leeuw，

---

① 若严格地以胡塞尔创建的现象学方法为尺度的话，商特皮算不上严格意义上的现象家。但这并不影响他在宗教现象学史上也享有一定的地位。例如，我国宗教学家卓新平在《西方宗教研究导引》第81—82页中写道："'宗教现象学'一词很早就出现于西方思想家……的哲学著作学术史中，但把它作为一门独立的宗教研究学科来使用，则始于荷兰宗教学商特皮的著作《宗教史教科书》（1887年）。"清华大学的朱东华博士在《宗教学学术史问题研究》一书中，在论及"荷兰斯堪的纳维亚学派的宗教学"时，也以一整节的篇幅讨论了"帝勒与商特皮"（该著第二章第一节）。此外，胡塞尔本人也未将其现象学孤立于西方文明史之外，胡塞尔在《笛卡尔式的沉思：先验现象学引论》中就把自己的现象学上溯到笛卡尔和莱布尼茨等西方哲学家。就此而言，此处说商特皮"开了用现象学方法研究宗教的先河"。

1890—1950）的代表作是《宗教现象学》（1933年）。① 在这部影响深广的著作中，他运用现象学的方法比较系统地研究了宗教的表现形式，并明确规定了宗教现象学的研究任务、研究方法和理论体系。莱乌虽然并不反对人们对宗教进行宗教人类学、宗教史学和宗教心理学的研究，但是他却强调宗教现象学与它们的区别，指出：宗教现象学旨在"在客观事实和主观评价之间寻找第三者：探究现象的意境和含义。"但是，"现象"在他这里，并不是外在的"物"，而是"'显现'的东西"（dasjenige, was sich zeigt），是"与主体有关的对象，与对象有关的主体"（ein Subjektbezogenes Objekt und ein objektbezogenes Subjekt）。他强调说："现象……不是由主体产生的，更不能为主体证实或论证；它的全部本质在于它的'显现'，在于它在'某个人'面前的显现。"② 在他看来，宗教现象学既不一般地探究宗教的性质，也不一般地探究宗教的起源与发展，而是要探究宗教体验中的宗教现象的"原始"结构和表现形式，从而在一个意义上，不应与哲学（甚至形而上学）和神学截然区分开来。

在荷兰宗教现象学传统方面，莱乌的最具影响力的继承者是布利克（Claas Jouco Bleeker, 1898—1983）。布利克的代表作有《上帝信仰之现象学导论》（1934年）和《圣桥：对宗教本性与结构的研究》（1963年）。布利克比莱乌更其彻底地贯彻了宗教现象

---

① 1933年在图宾根初版时，书名为《宗教现象学》（Phänomenologie der Religion）。但是，J.E.图纳（J. E. Turner）将其英译为《宗教的本质与表现形式：现象学研究》（Religion in Essence and Manifestation: a Study in Phenomenology），1938年在伦敦出版。

② G. Van der Leeuw, *Religion in Essence and Manifestation: a Study in Phenomenology*, tr. J. E. Turner, London: George Allen & Unwin, 1938, p.671.

学的"悬置"方法。他坚持认为,既然宗教现象学关注的是"纯粹宗教意识"而不是个人宗教心理,则宗教现象学就要求研究者清除形而上学和传统神学的研究立场,不以自己信奉的宗教教义对宗教现象进行价值判断,而只从宗教意识自身的意义来理解宗教,从中发现宗教的本质构造、真理意识和价值意义。从这样一种立场出发,布利克不仅激烈地批评了作为宗教社会学家和宗教现象学家的瓦赫在原始宗教中探究宗教起源的立场,而且还批评了莱乌的哲学抱负和神学立场。他声明:宗教现象学是"一门没有哲学抱负的经验科学",它"仅仅坚持自己的无偏见的立场,它要求全部宗教都应当理解为宗教所意味的东西,亦即理解为笃信宗教的人的真诚表示:他们具有关于上帝的知识。"[1] 罗马尼亚宗教学家伊利亚德是当代宗教现象学中又一个具有重大影响力的学者。伊利亚德(Mircea Eliade,1907—1986)曾在布加勒斯特大学攻读印度哲学,后在芝加哥大学长期讲授宗教史课程。其代表作有《宗教史概论》(1949年)和《神圣与世俗》(1959年)等。伊利亚德虽然重视宗教史学,重视对各种宗教传统进行探究,但是,在研究过程中却常常抽取时间和历史进程,故其目的因此便不在于解决宗教的起源与发展问题,而是在于神话和象征本身,在于宗教的"现象"本身。伊利亚德把宗教视为一种"人类学常数",其存在和发展根本不依赖各种不同的文化背景和历史背景。伊利亚德虽然因此而非常欣赏奥托的宗教观,但是在他看来,对于宗教现象学重要的并不是宗教要素的理性与非理性的关系,而是"对神圣的一种整体上的把握"。而为了更好地从整体上把握作

---

[1] C. J. Bleeker, *The Sacred Bridge: Researches into the Nature and Structure of Religion*, Leiden: E. J. Brill, 1963, pp.7, 9.

为"自我表征行为"的"神圣",伊利亚德引进了"象形字符"或"神迹"(le hiéroglyphe)这个词。① 在伊利亚德看来,"象形字符"或"神迹"不仅彰显了神圣与世俗的内在关联,而且其本身即是宗教的本质。他强调说:"不论是最原始的宗教,还是最发达的宗教,它们的历史都是由许许多多的象形字符或神迹构成的,也都是通过神圣实在的自我表征构成的。"② 宗教现象学经过几代学者的努力,已经开始成为宗教学诸多分支学科中的一门显学。

宗教学的分支学科除宗教人类学、宗教社会学、宗教心理学、宗教现象学外,还有宗教伦理学、宗教地理学、宗教生态学、宗教哲学、宗教批评学、宗教神学等。这些分支学科在发展过程中并不是孤立的,而是既相对又相关的。它们一方面相互批评、相互指责,另一方面又相互依存、相互借鉴和相互促进,与宗教学基础学科一起,共同演奏了一曲曲现当代宗教学学科发展的美妙乐章。

## 第二节 宗教学的研究方法和阐释原则

虽然各学科在研究方法和阐释原则方面有许多共通的东西,但是一个学科的研究方法和阐释原则除了这些共通的东西外,还有一些区别于其他学科的特殊的东西,而这些特殊的东西显然与

---

① "le hiéroglyphe"这个法文单词的原义为"(古埃及的)象形文字"和"圣书字",引申义为"潦草难认的字"、"难解的符号"和"难以理解的事情"。也有人将其译作"圣化"、"圣化现象"和"显圣物"。

② 参阅伊利亚德:《神圣与世俗》,王建光译,华夏出版社2002年版,第2—3页。

该学科的学科性质、核心范畴和学科结构密切相关。现在，我们既然已经初步考察了宗教学的学科性质、核心范畴和学科结构，则我们就有可能对宗教学的研究方法和阐释原则做出较为具体的考察了。

对于宗教学的研究方法和阐释原则，我们可以从不同的角度予以审视。例如，我们既可以从关于认识过程的传统理论出发，将其区分为经验归纳法和理性演绎法，也可以从实证主义思维模式出发，将其区分为描述性方法和规范性方法。再如，我们也可以从宗教学诸分支学科的角度，将其区分为人类学、社会学、心理学和现象学等多种方法。然而，所有这些分类，虽然都不无道理，但是，也都存在有这样那样的局限。例如，将宗教学的研究方法区分为人类学、社会学、心理学和现象学等方法这样一种做法，虽然用来诠释宗教学诸分支学科的存在、形成和发展比较方便，但是，这里所提到的任何一种研究方法对宗教学诸分支学科都明显地缺乏必要的普适性，更不用说完全适合于宗教学的基础学科了。至于将宗教学的基本研究方法区分为经验归纳法和理性演绎法以及描述性方法和规范性方法，虽然在一定意义上，对宗教学的各基础学科和分支学科具有某种普适性，但是，随着海森伯测不准定理的提出，特别是随着波普尔批判理性主义和库恩历史主义思潮的兴起，这样一些区分显然已经遭到了人们比较普遍的质疑。但是，所有这些并不意味着在宗教学的研究中根本不存在任何带有普遍性的方法论原则和阐释原则。从宗教学的一百多年来的现实的和历史的运动和整个发展过程出发，从宗教学的当代发展走势或应然态势出发，我们不妨将宗教学的基本研究方法和阐释原则概括为"比较法"、"诠释法"、"逻辑与历史在历史基础上相一致的原则"以及"辩证唯物史观的研究方法和阐释原则"。对于宗教学基本研究方法和阐释原则的这样一种概括,虽然未必周延(做到这一步不仅是本著难以实现的目标,也是本著不允许实现的目标),但是,其合理性却是存在的。下面,我们就对这四项方法论原则依次做出扼要的说明。

## 一、比较法

从宗教学的一百多年的发展史来看,比较法一直是宗教学研究所运用的一项非常基本的方法。如前所述,早在宗教学这门新兴的人文社会学科草创阶段,宗教学奠基人缪勒就将"比较"规定为宗教学研究的基本方法。这也是不难理解的。既然缪勒决心将宗教研究改造成为一门"科学",既然在他看来,"比较"乃"科学研究"的"主要"特征,既然宗教学志在像语言学那样在"各学科的圆桌会议上"取得自己的"一席之地",则它就势必要采用"比较"的方法了。而缪勒之所以将自己的宗教研究称作"比较神学",其用意显然也在于此。

然而,在宗教研究中运用比较法,首先就涉及到"比什么"的问题,亦即"所比"问题。当然,"所比"这个问题在不同的宗教学家那里往往见仁见智。例如,在宗教人类学家泰勒那里,"所比"的无非是他所说的作为"广泛的事实阶梯"的"残余"或"遗存物"(survival),无非是作为"初级文化阶段的生动的见证或活的文献"的"化石"之类。[①] 在宗教心理学家詹姆斯那里,"所比"的

---

① 参阅泰勒:《原始文化》,第15页。

则主要是"各个人在他孤单时候由于觉得他与任何种类他所认为的神圣对象保持关系时所发生的感情、行为和经验"。[①] 而在宗教学奠基人缪勒那里,如所周知,"所比"的则主要是"宗教的古代语言"或"宗教圣典"。而他之所以不惜任何代价,编辑出版《梨俱吠陀》梵文本和《东方圣书集》,其目的也主要在于对东西方的"宗教的古代语言"或"宗教圣典"进行具体而深入的比较研究。然而,尽管他们用以比较研究的对象有所区别,但无论是作为他们考察对象的宗教遗迹,还是作为他们考察对象的宗教体验和宗教文献,都是他们据以形成宗教学概念或宗教学原理的主要依据。

在宗教学研究中运用比较法,除了"所比"问题外,还有一个"何以比"的问题。如果说"所比"问题说到底是一个"比什么"这样一个问题的话,则"何以比"的问题,其实也就是一个"为什么比"的问题。宗教学家之所以不辞辛苦从事田野考察、文献整理和心理研究,并不是为比较而比较的,而是为了从所比较的众多宗教现象、宗教事实、宗教经验或宗教文献中寻找出隐藏在其中的内在本质或"家族相似性",为了从中获得关于世界诸宗教本质、宗教功能、宗教发展过程和发展规律的知识,并且进而形成关于这些知识的概念系统。在《宗教学导论》中,缪勒将宗教学区分为"两个部分",即"比较神学"和"理论神学",其用意正在于此。[②]

在宗教学研究中运用比较法,除了"所比"和"何以比"的问题外,还有一个"能比"的问题。如果说"所比"关涉的主要是比较对象的话,则"能比"关涉的便主要是进行比较活动的主

---

① 詹姆斯:《宗教经验之种种》,第28页。
② 参阅缪勒:《宗教学导论》,第12页。

体。如果比较主体或宗教学研究者对于众多宗教现象、宗教文献、宗教体验和宗教理念，缺乏必要的学术态度和超越立场，则即便他掌握了大量的有关材料，也是无从下手，对它们进行有效的比较研究的。缪勒说："只懂一种宗教的人，其实什么宗教也不懂。"其实，没有必要的学术态度和超越立场，我们即使对任何一个宗教也是不可能真正"懂"的。中国古诗中所谓"横看成岭侧成峰，远近高低各不同"，此之谓也。既然如此，则为了对众多宗教现象进行比较研究，宗教学研究者必须具备的第一个条件便是这样一种学术态度和超越立场。缪勒在讨论宗教学研究方法时之所以对"宗派"，对种种护教立场持极其激烈的批评态度，其根由正在于此。这样一种学术态度和超越立场，也就是海德格尔所说的那样一种"出窍"状态。任何一个宗教学研究者都以这样那样的方式或深或浅地生存于一定的文化传统和宗教传统之中。既然如此，则宗教学研究者为要对世界诸宗教现象持一种超越立场或如缪勒所说的"不偏不倚"的立场并对之进行比较研究，[①] 则他需要迈出的第一步便是超越自己曾经"坎陷"其中的那一文化传统和宗教传统，从这一文化传统和宗教传统中"探出身来"。但宗教学研究者要"探出身来"，对世界诸宗教现象进行比较研究，显然就需要对自己文化传统和宗教传统之外的所有文化传统和宗教传统持守一种"出窍状态"、"绽出状态"或"敞开状态"。而海德格尔话语体系中的 Ekstase，正是谓此。

---

① 参阅缪勒：《宗教学导论》，第 6 页。古印度阿育王曾在一个诏书上要求："每个教派都应遵守一条基本律法，即语言要有节制，也就是说，任何人不应以贬低别的教派为手段来赞扬自己的教派。"缪勒在援引了这段文字后强调说："研究宗教学的人在不偏不倚方面无论如何也不能落后于这位古代的国王。"

## 二、诠释法

比较法虽然一向是宗教学研究的一项基本方法，但是，随着宗教学学科的发展，也逐步暴露了孤立使用这一方法可能导致的一些弊端。虽然宗教学家运用比较法旨在探究世界诸宗教的本质、功能、发展过程和发展规律，但是，当一批批宗教学家在运用比较法进行宗教研究时，却不时地遭遇到了这样那样的尴尬。例如，在探讨世界诸宗教的本质时，宗教学的奠基人缪勒曾把宗教界定为"领悟无限者的主观才能"。[①] 尽管缪勒曾经十分明智地预见到了他的这个定义也会遭到一些人的反对，但是，他还是坚信他的这个定义的"核心"是"合理"的。[②] 但是，在宗教学的后来发展中，人们对他的这个定义的"核心"内容竟也提出了种种质疑，并且因此对世界诸宗教的本质提出了许多有别于缪勒的看法。例如，宗教人类学家泰勒把"对于精灵实体的信仰"视为宗教的本质，宗教社会学家杜尔凯姆径直用"教会"这个"道德共同体"来规定宗教的本质，[③] 而宗教现象学家奥托（Rudolf Otto，1869—1937）在其名著《论"神圣"》（1917年）中则用"既敬畏又向往的神秘体验"（das Numinose）来概括一切宗教的本质。[④] 再如，在概述世界诸宗教的发展规律时，如前所述，缪勒致力于将世界诸

---

[①] 参阅缪勒：《宗教学导论》，第10—11页；《宗教的起源与发展》，第15页。
[②] 参阅缪勒：《宗教的起源与发展》，第15页。
[③] 参阅杜尔凯姆：《宗教生活的基本形式》，第54页。
[④] 参阅奥托：《论"神圣"》，成穷、周邦宪译，四川人民出版社2003年版，第8页。

宗教的发展理解为包含"单一神教"、"多神教"、"唯一神教"和"未来教会"诸阶段在内的一个历史过程，然而，宗教人类学家弗雷泽则坚持认为世界诸宗教的发展是一个从巫术到宗教然后再到科学的演进过程，而恩格斯则坚持将世界诸宗教的发展理解为一个从氏族—部落宗教到民族—国家宗教和世界宗教然后逐步走向消亡的历史过程。[①]

这就不仅提出了判定这些宗教学理论的真理标准问题，而且也提出了宗教学真理的相对性问题，以及与之直接相关的理解和解释宗教现象或宗教事实的诠释主体的问题，换言之，这就提出了在宗教学研究中如何贯彻诠释学方法论原则的问题。因为宗教文献、宗教遗迹和现实的宗教体验虽然都是一些不完全以宗教学研究者的意志为转移的客观实在，但是，宗教文献毕竟是需要人加以整理并予以诠释的，宗教遗迹毕竟不会自己站出来讲话而需要人挖掘、描述和代言的，即便是现实的宗教体验也是需要人加以观察（包括自我反省）并予以解析判定的，从而从中得出的种种宗教学理论便势必会受到其整理者、诠释者、挖掘者、描述者、代言者、观察者、解释者、判定者或比较者的影响。而这些整理者、诠释者、挖掘者、描述者、代言者、观察者、解释者、判定者或比较者不仅在进行整理、诠释、挖掘、描述、代言、观察、解释、判定、比较等认知活动之前总是具有这样那样的前知、前见或前设，而且这些前知、前见或前设也为开展任何种类的关于宗教现象或宗教事实的整理、诠释、挖掘、描述、代言、观察、

---

[①] 参阅恩格斯："路德维希·费尔巴哈和德国古典哲学的终结"，《马克思恩格斯选集》第4卷，人民出版社1995年版，第254—255页。

解释、判定、比较等认知活动不可或缺。这样一来，诠释对象或诠释文本与诠释主体之间的张力结构不仅始终存在，而且也不可或缺或不可避免。既然如此，诠释法就势必成为宗教学研究中一种不可回避的又一种基本方法。①

伽达默尔（Hans-Georg Gadamer，1900—2002）在谈到理解和诠释的历史性时，曾经中肯地指出："真正的历史对象不是一个客体，而是自身和他者的统一，是一种关系。在这种关系中同时存在着历史的真实和历史理解的真实。"②诚然，从表面看来，在宗教学研究中运用诠释法便势必会因此而丧失掉缪勒心中所渴求的似乎为自然科学所具有的那样一种客观性，但是，真正说来，由此丧失掉的只不过是一种为人们所幻想的事实上并不存在的"客观性"，而由此获得的则不仅是对宗教学研究中歧见迭出的合理解释，而且也由此而使宗教学研究真正进入"效果历史"，进入"敞开状态"，成为一门充满活力的动态的不断生成的人文社会学科。因为，在诠释法面前，"最后一言"的"独断论"的东西永远不可能存在。

## 三、逻辑与历史在历史基础上相一致的原则

逻辑与历史在历史基础上相一致的原则乃宗教学研究和阐释

---

① 参阅刘素民、杨楹："宗教学研究的理路与方法论探析——从《宗教概论》谈起"，《东南学术》2006年第3期，第142—146页。

② Hans-Georg Gadamer, *Truth and Method*, New York: The Seabury Press, 1975, p.267；参阅伽达默尔：《真理与方法》上卷，洪汉鼎译，上海译文出版社1992年版，第384—385页。

的一项基本原则。无论是采用比较法，还是采用诠释法，在研究和阐释宗教学概念系统时，我们都应当努力贯彻逻辑与历史在历史基础上相一致的原则。

逻辑的方法是任何一门成熟的学科都不可或缺的方法。对于宗教学的研究和阐释来说，离开了田野调查和文献收集不行，离开了逻辑演绎也不行。因为离开了后者，不仅宗教学的概念系统难以建立起来，而且连最初步的宗教学概念也难以形成。马克思在谈到他的《资本论》的"叙述方法"时，曾经强调指出："在形式上，叙述方法必须与研究方法不同。研究必须充分地占有材料，分析它的各种发展形式，探寻这些形式的内在联系。只有这项工作完成以后，现实的运动才能适当地叙述出来。这点一旦做到，材料的生命一旦观念地反映出来，呈现在我们面前的就好像是一个先验的结构了。"① 这是不无道理的，不过，我们还可以进一步说，即使在我们的研究工作中，离开了逻辑演绎法，"探寻"材料之间"内在联系"，并进而形成抽象的观念和原理的工作，也是不可能付诸实施的。而我们这部著作之所以能够具有比较明显的逻辑性、有机性和整体性，在很大程度上，也得益于我们在宗教学理论的研究和阐释中对逻辑演绎方法始终如一的见重。

在这里，我们还要进一步强调指出的是，与"叙述方法"和"研究方法"之间的这种互存互动的关系相对应并且与之密切相联的，是逻辑与历史相一致的原则。如所周知，黑格尔也非常重视这项原则。然而，需要声明的是：我们对这一方法论原则的理解与黑格尔不尽相同。按照我们的理解，逻辑与历史相一致的基

---

① 马克思："《资本论》第 1 卷 1872 年版跋"，《马克思恩格斯选集》第 2 卷，第 111 页。

础不在于逻辑，而在于历史。也就是说，我们强调的是逻辑与历史的一致，而非历史与逻辑的一致，尽管两者在一定程度上保持着某种形式上的平行。这是我们为什么在这本书中要标新立异，不是按照惯例，先行解说宗教的本质，而后再解说宗教的起源和历史发展；而是将这一叙述顺序或阐释顺序根本颠倒过来，即先行解说宗教的"历史"向度，而后再解说宗教的"逻辑"向度或"本质"向度。逻辑与历史在历史基础上相一致的原则，是我们在宗教学研究和阐释中应当努力持守的一项基本原则。[①]

## 四、辩证唯物史观的研究方法和阐释原则

然而，当我们强调逻辑与历史一致的基础在历史时，我们便立即遇到了如何全面理解"历史"意涵的问题。例如，我们知道，当缪勒在《宗教的起源与发展》中宣布宗教的本质是人的"领悟无限者的一种主观才能"以及宗教的发展是一个从"单一神教"走向"多神教"和"唯一神教"再走向"未来教会"或"诚实的无神论"的时候，他也是以"历史"为基础的。因为他不仅是以比较翔实的印度教的宗教观念的演进史来具体地解说宗教的本质和宗教的历史发展，而且还是以他经过详细考察的《梨俱吠陀》和《奥义书》等印度教典籍为其文献基础的。然而，问题在于，作为逻辑与历史一致的基础的"历史"的含义是否仅限于此。

如前所述，缪勒超越前人的根本之处不仅在于他将宗教的发展理解成一个过程，而且还在于他将宗教的发展理解成宗教的

---

[①] 参阅翟志宏："走出宗教起源迷宫的'阿里阿德涅之线'"，《武汉大学学报》2006年第4期，第413—414页。

一种自否定的过程。然而,既然他将宗教的本质理解成人的一种"主观才能",把宗教观念,首先是把作为宗教信仰对象的神的观念理解成"人的思维的产物",① 把宗教的发展理解成作为由"人的思维"不断生成的作为宗教信仰对象的神的观念及其形态的相继否定和相继更迭,则他所理解的宗教史自然就成了一种人的宗教观念和主观才能的发展史。面对这样一部历史,人们自然还可以追问:作为宗教信仰对象的神的观念何以能够生成,又何以能够相互否定和相互更迭?换言之,"多神教"何以能够取代"单一神教"?"唯一神教"何以能够取代"多神教"?"未来教会"或"诚实的无神论"又何以能够取代"唯一神教"?而为要回答这些问题,我们就不能不回到唯物史观的立场上来。因为很显然,离开了人类社会从原始社会向奴隶社会、封建社会和资本主义社会的演进,离开了社会生产力的发展和生产方式的更替,是不可能对此做出透彻的令人信服的说明的。也正是在这个意义上,马克思和恩格斯才提出了唯物史观,提出了历史发展的"终极原因"或"动力的动力"问题。1886 年,即在缪勒的《宗教的起源与发展》出版后的第八年,恩格斯在《路德维希·费尔巴哈和德国古典哲学的终结》中曾经依据唯物史观的基本原理对旧唯物主义的不彻底性做出过深刻的分析。他强调说:其"不彻底的地方并不在于承认精神的动力,而在于不从这些动力进一步追溯到它的动因","不去研究隐藏在这些动力后面的是什么,这些动力的动力是什么。"② 很显然,这种进一步追溯精神动力的"动因",追溯"动力

---

① 缪勒:《宗教的起源与发展》,第 209 页。
② 恩格斯:"路德维希·费尔巴哈与德国古典哲学的终结",《马克思恩格斯选集》第 4 卷,第 248 页。

的动力"的努力，不是别的，正是一种持守唯物史观阐释原则的行为。恩格斯的这些话虽然是直接针对费尔巴哈讲的，但我们将其移用到缪勒身上，无疑也同样贴切。

这样理解的唯物史观应当既是唯物的（强调物质动因的），也是辩证的。这就是说，真正的唯物史观，不但拒绝"经济决定论"，而且还在一定程度上赋予精神或观念以相对的独立性和革命的能动性，从而不但不全盘否定宗教学研究和阐释的其他方法论或方法论原则，反而从根本上成全了这些原则。就缪勒关于宗教发展过程的理论而言，唯物史观并不是要从根本上否定缪勒所说的宗教之从"单一神教"向"多神教"和"唯一神教"的发展，而是从人类社会形态或生产方式的演进和物质生产力的发展的高度对之做出深层次的说明。诚然，辩证唯物史观作为一种方法论原则并不能完全取代宗教学研究和阐释的其他方法或方法论原则，它甚至也不可能完全取代宗教人类学、宗教社会学、宗教心理学和宗教现象学所运用的种种特殊的方法，但是它却同样可能成全和完善这些方法。例如，宗教社会学的方法对于宗教学研究和阐述的意义不言自明，因为舍此，我们就不足以阐明宗教的社会本质和社会功能，不足以阐明宗教的历史发展及其规律。然而，如果离开了辩证唯物史观，宗教社会学的描述性方法也不足以成就这样的学术任务。再如，离开了辩证唯物史观，离开了对人的生存处境的唯物史观的深层次的解析，宗教心理学也同样不足以对现实的历史的人的宗教心理做出恰当的深层次的分析和说明。相信在宗教学的未来发展中，辩证唯物史观会受到越来越多的宗教学家的关注。

# 第二篇 历史篇

恩格斯在谈到马克思主义的逻辑与历史在历史基础上相一致的方法论原则时，曾经强调指出："历史从哪里开始，思想进程也应当从哪里开始。"[①]这无疑是对这一方法论原则的最经典的表达，是我们从事科学研究工作的一项根本指南。在本著里，我们也正是从这样一种逻辑与历史在历史基础上相一致的方法论原则出发，才打破常规，从宗教的起源和历史发展着手来展开宗教的一般叙述的。

---

① 《马克思恩格斯选集》第2卷，第43页。

# 第三章　宗教的起源

如前所述,"历史篇"是对世界诸宗教的一种"历时性"研究,旨在具体地阐述宗教学的"历史"向度,阐述世界诸宗教的起源和发展。鉴此,我们将首先考察世界诸宗教的起源,而后紧接着来考察世界诸宗教的历史发展。

## 第一节　宗教的迷宫

### 一、研究宗教起源问题的意义

众所周知,法国启蒙运动的领袖人物伏尔泰(Voltaire,1694—1778)在旗帜鲜明地批判封建专制和天主教会时,曾经发出过一个即使今天听起来也同样振聋发聩的豪言壮语,这就是:十二个人建立的基督宗教,只要一个人就能够毁灭它。虽然,他的这一豪言壮语也曾激励了一代代反封建专制的斗士,但无疑也告诉人们他对宗教起源问题的复杂性和重要性缺乏深刻的体认,并且因此而把复杂的宗教及其起源问题简单化了。其实,宗教起源问题是宗教研究中至为复杂又至为重大的问题,不仅同宗教的本质问题紧密相关,而且也同宗教的历史发展及其规律紧密相关,甚至同人的自我认识及其历史发展紧密相关。①

首先，宗教起源是一个同宗教本质紧密相关的问题。例如，宗教人类学家泰勒既然提出了宗教起源于"万物有灵论"的假说，他也就不能不把宗教界定为"对于精灵实体的信仰"。再如，宗教社会学家杜尔凯姆既然认定宗教乃是一种"典型的社会事实"，"图腾崇拜"不仅是一种社会制度，而且还是"最原始的制度性宗教"，则他之主张宗教起源于"图腾崇拜"，② 就是一件在所难免的事情了。

其次，宗教起源是一个同宗教的历史发展及其规律紧密相关的问题。例如，奥地利天主教神父、著名宗教人类学家威廉·施米特（Wilhelm Schmidt，1868—1954）既然在他的《神观念的起源》（1912—1955）中倡导和坚持"宗教启示说"或"原始一神论"，则他就势必要同泰勒的弟子安德烈·兰格（1844—1912）一起反对宗教进化论，而倡导和主张宗教退化论。再如，宗教学奠基人缪勒在《宗教的起源与发展》中之所以要非常激烈地反对布罗塞斯的拜物教理论或神物崇拜论，强调拜物教并非宗教的原始形式，而只是一种"衰败宗教"，③ 其目的不但在于揭示所谓宗教无非是人对无限存在者的信仰，更重要的还在于昭示宗教根源于存在于人类自身之内的体悟"无限"的本能或能力，昭示宗教的历史发展乃是一种从"单一神教"走向"多神教"和"唯一神教"

---

① 参阅翟志宏："走出宗教起源迷宫的'阿里阿德涅之线'——读《宗教概论》有感"，《武汉大学学报》2006年第4期，第409—410页。

② 由于杜尔凯姆基本上是一个宗教还原论者，所以他的宗教起源论与宗教本质论之间便存在着一定程度的统一性或一致性，因而属于"弱宗教起源论"这样一个类型。

③ 缪勒：《宗教的起源与发展》，第73页。

再走向"未来教会"或"诚实的无神论"的演进过程。这也是不难理解的。因为既然宗教根源于存在于人类自身之内的体悟"无限"的能力,则人类之发现"阿特曼"(Atman)这一"内在自我"和"神圣大我"、走向"诚实的无神论",就是一件迟早要发生的事情。

再次,宗教起源问题的认真探讨有助于开展对"宗教启示说"的批判。历史上形形色色的宗教传统对于自身起源的说法虽然不尽一致,但是它们一般都十分强调自身有超自然的神圣渊源,特别是圣经传统的宗教,如犹太教、基督宗教和伊斯兰教等,更是自称为启示宗教,宣布自己起源于上帝的启示。例如,根据有关经典记载,犹太教是摩西奉上帝之命,并根据上帝同他在西奈旷野的立约建立起来的;而伊斯兰教也是穆罕默德按照安拉的天启创立的。因此,对宗教起源问题的探讨,无疑不仅会有助于宗教起源问题上的正本清源,而且还有助于我们对"宗教启示说"出现的动因作出深层次的说明。

最后,宗教起源也是一个关涉人的自我认识及其历史发展的大问题。既然事情确如马克思在《〈黑格尔法哲学批判〉导言》中所说,是"人创造了宗教","而不是宗教创造人",宗教归根到底是"人的自我意识和自我感觉",[①] 则从宗教的源头考察宗教,便势必有助于我们对人自身的两重性,如有限性和无限性、依赖性和能动性、现实性和理想性等,有一个更为鲜明又更为深刻的体认,对人的历史发展有一个宏观的"长时段"的把捉。实证哲学和宗教社会学的开山祖师孔德在宗教探源的基础上,"发现了一条伟大

---

① 《马克思恩格斯选集》第1卷,第1页。

的根本规律",这就是"我们的每一种主要观点,每一个知识部门,都先后经过三个不同的理论阶段:神学阶段,又名虚构阶段;形而上学阶段,又名抽象阶段;科学阶段,又名实证阶段。"[①] 在此基础上,他还把以人本身为崇拜对象的"人道教"作为宗教发展的终极形态。仅此一例便可看出宗教探源的极其重大的人学意义。

由此看来,悉尼大学宗教研究系教授加里·特朗普(Garry Trumpf)在其名著《宗教起源探索》中断定"有关宗教起源的问题在思想史上具有永久的重要性",是有其充分理据的。[②]

## 二、探究宗教起源问题的困难

宗教起源是一个既相当古老又非常现代的问题。说它相当古老,乃是由于早在"轴心时代"乃至史前时代,我们人类的祖先就已经开始思考这一问题了。例如古希腊埃利亚学派的先驱塞诺芬尼(Xenophanes,约公元前565—前473)在其《讽刺诗》中断言神是人按照自己的形象设想出来的。古希腊原子唯物论的奠基人德谟克利特(Democritus,约公元前460—前370)则断言宗教起源于人们在良心上的内疚和人类对自然的敬畏。而我们的先人同样很早就致力于从氏族宗教("宗族")和祖先崇拜的角度来探寻宗教的起源。据许慎《说文解字》,"宗族"之"宗"字中,"宀"意为"房顶","示"意为神主,合指供奉神主之位的庙宇,

---

[①] 孔德:《实证哲学教程》,引自洪谦主编:《西方现代资产阶级哲学论著选辑》,第25页。

[②] 加里·特朗普:《宗教起源探索》,孙善玲、朱代强译,四川人民出版社1995年版,第23页。

故其义为"尊祖庙也"。在我们的先人看来,宗族原本是一融血统与神统为一体的字眼,植根于祖先崇拜或神灵崇拜。

但是,若从另外一个角度看,宗教起源又是一个断然现代的问题。这不仅是因为直到最近一二百年,宗教起源才作为一个重大问题被公开提了出来(这一事件一般地同达尔文进化论的提出及其对人类思维方式的决定性影响相关),并得到严肃而自由的讨论;更为重要的还在于,先前人们对宗教起源的思考都在一定程度上带有"直接的直观"的性质,如用恩格斯在《自然辩证法》中的话说,便都是"天才的自然哲学的直觉",尚不是严格科学的以实验为依据的研究的结果。[1] 只是到了近现代,随着人类学、考古学、民族学和比较宗教学等科学门类的兴起和发展,人类对宗教起源的探究才开始真正奠放在"严格科学的以实验为依据"的基础之上,奠放在"社会科学"和"人文科学"的基础之上。

应该说,时至今日,作为一种调查研究方法和智力活动的史前宗教考古业已取得了长足的进步。无论如何,现在人们已不再局限于收集不可能测定其年代的地表发现物,而是通过不断的深层发掘,发现和收集一系列可望通过测定同位素来确定其年代的大量证据。但是,需要强调指出的是:现代人类予以承担的是一项对"人类史前时期"(即人类没有文字记载的相当漫长的时期)进行"宗教考古"的使命。在践履这一使命时,现代人类无疑要面临着常人难以想象的巨大的几乎难以逾越的障碍。这首先是由于史前时期年代测定的确定性问题。按照《宗教起源探索》作者加里·特朗普的说法,现代人类确实已经掌握了多种测定遥远过

---

[1] 《马克思恩格斯选集》第 4 卷,第 260—261 页。

去年代的方法，如氟年代测定法、花粉分析法、荒漠岩漆测定法、热致发光年代测定法、阳离子法、地层学环境确定法等，但是，在所有这些测定年代的方法中，最著名的则是放射性碳测定法。然而，放射性碳测定法最为有效的测定范围则限于大约 200 年至 2 万年间的掘获物，如果年代超过 2 万年，可测量的放射性将降至极低，误差因素则成指数上升。如所周知，根据地质年代学的沉积分类原理，人科动物和早期人类的化石通常位于更新世即距今 300 万—250 万年至 1 万年的沉积层中。如果《参考消息》1994 年 7 月 15 日所报道的有关埃塞俄比亚发现迄今已知的人类最早的化石的消息属实，则人类便因此而可以说已经有了 440 万年的历史了。既然如此，则宗教考古提供给我们的数据的可信性程度就可想而知了。不仅如此，即便现代人类已经掌握了极其先进的测定技术，我们也将面临一个如何理解和解释所掘发材料的问题。据澳大利亚古生物学家雷蒙德·达特（Raymond Dart, 1893—1988）所说，他曾经发现了和南方古猿的骨头一道有一根石棍这样一种历史遗迹。这就提出了一系列问题：这个南方古猿是这根石棍的"制造"者吗？这根石棍是这个南方古猿的随葬品吗？换言之，这根石棍具有宗教意义吗？根据某些考古学家的说法，作为一种"类人动物"的发现于非洲遗址的南方古猿，其生活年代约在距今 140 万—120 万年之间。则宗教的起源的时间难道就应当因此而断定在这一如此遥远的历史年代吗？当然这里无疑还潜藏有一个达特的宗教考古是否失实的问题，以及现代人类测定技术有效性的程度问题。但是，无论如何，这一南方古猿的骨头和它身边的石棍是不会自己说话的，它们的意义是全靠现代人类投射给它们或赋予它们的。而面对着如此巨大的时间间距，现代人类所作出的解释发生误差或偏差恐怕是难免的。

既然如此，则不管人类宗教考古的技术如何先进，在宗教起源问题上，我们都将面临着一个相当宽阔的未知的或至少是不确定的领域。在一定的意义上，我们甚至可以说，我们永远不可能获得宗教在史前时期的"绝对起源"，我们永远不可能确切地或具体地知道宗教产生的具体日期（当然，真正说来，这样具体的日期在人类历史上恐怕也是不存在的）。而且，我们对宗教起源问题所作出的所有解释都会由于如上所说的理由而难免带有某种"偏见"或某种"主观色彩"。因为，按照伽达默尔解释学的观点，"偏见"永远是我们开展任何理解和解释活动的先决条件。因此，在宗教的史前起源问题上，我们必须谨慎从事，在对待其中的一些问题时，我们必须谨记休谟和维特根斯坦的教导：学会保持沉默。

## 三、挡不住的诱惑

尽管在探究宗教起源的道路上，人类步履维艰，但是人类还是经受不住它的诱惑，在其力所能及的范围内不停顿地进行这样那样的探索。这大概是由作为形而上学的动物的人类的认知本能使然。[①] 当年人类的始祖亚当就是经受不住"知识之树"的诱惑冒着触犯上帝的禁令而贪吃"禁果"，并终于被赶出伊甸园的。现在人类又在新的历史条件下，在探究宗教起源的问题上，表现出了

---

① 康德于1793年致卡·弗·司徒林的信中在谈到他的纯粹哲学研究的第一个领域时曾以"我能（Kann）知道什么？"来注释"形而上学"。参阅康德：《单纯理性限度内的宗教》，李秋零译，商务印书馆2012年版，第215—217页。

同样的根性和执着精神。即使暂且撇开古代思想家的种种"猜测"不管，近现代"社会科学家们"（加里·特朗普语）也可以说是为此而作出了令人佩服的不懈努力。

早在1760年，著名的启蒙思想家伏尔泰和博物学家布丰的朋友布罗塞斯在长期研究原始部落（史前人类）的基础上，出版了一本题为《神之偶像崇拜，或埃及古代宗教与尼格罗人现存宗教的相似性》的匿名著作。在这部著作中，他不仅首次使用了"神物崇拜"和"拜物教"概念，而且还在近代第一个明确地提出和比较系统地讨论了宗教起源的问题，鲜明地提出了宗教起源于"神物崇拜"或"拜物教"的观点。①

斯宾塞可以说是在进化论的意义上把"起源"概念引进宗教问题讨论中的第一人。他在研究了"属于简单的、非工业社会的现代野蛮人的宗教"的大量材料的基础上，借助"幼儿—野蛮人类比法"，认真地讨论了"在遥远的过去宗教如何起源"的问题，得出了宗教起源的祖灵论或鬼魂说的结论，从而在宗教起源的探究中开辟了明显区别于布罗塞斯的新的致思路向。②

与斯宾塞同时代的英国人类学家泰勒不仅收集到了有关原始宗教的大量材料，而且还有幸到墨西哥亲身体验了"原始民族"的宗教生活。与前者不同，泰勒虽然也注重鬼魂问题，但他却从鬼魂论出发进而推论到各种动物之具有灵魂以及万物皆具有灵魂，从而提出了著名的"万物有灵论"的思想，并希望从"幼儿心理

---

① 参阅缪勒：《宗教的起源与发展》，第38—88页。

② Herbert Spenser, *The Principle of Sociology*, Vol. 1, London: Williams and Norgate, 1882, p.440. 斯宾塞在其中指出："祖先崇拜就是一切宗教的起源。"

学"那里对这种"原始人心理学"作出印证。①

斯宾塞和泰勒阐释宗教起源时所运用的"幼儿—野蛮人类比法",遭到了他们的同代人缪勒的坚决反对。后期缪勒甚至反对使用"野蛮人"这个术语,坚持从古代印度的《吠陀》文献(特别是《梨俱吠陀》)出发,得出了宗教起源于人类先天具有的"领悟无限者"的本能以及"单一主神教"乃宗教的原初形式的结论。②

斯宾塞和泰勒的宗教起源论不仅受到了缪勒的挑战,也受到了弗雷泽所倡导的"前万物有灵论"(这是一个最早由马雷特提出的术语)的挑战。弗雷泽在其名著《金枝》第1卷中,明确提出和阐释了他的巫术先于宗教,宗教起源于巫术的观点。

至此,宗教起源问题的探索大体是沿着宗教进化论和理性主义的方向进行的。然而,至20世纪初叶,情况发生了根本性的变化。人们开始从宗教还原论的和前理性的立场思考宗教的起源问题。宗教社会学家杜尔凯姆把宗教还原为"社会",还原为无意识的"集体表征"或"集体仪式"("图腾崇拜");而精神分析学家弗洛伊德则把宗教还原为原始人的心理需要,或他所谓的性冲动亦即俄狄浦斯情结的需要。他的学生荣格(Carl Gustav Jung,1875—1961)虽然对他的"里比多"学说提出了异议,但还是认定宗教起源于"集体的无意识",这与弗洛伊德的方向还是一致的。

这样一来,这些"社会科学家们"就不仅提出了宗教起源问

---

① 参阅夏普:《比较宗教学史》,第67—75页。
② 参阅缪勒:《宗教的起源与发展》,第1—35页。

题上的两条思路：理性主义的和进化论的以及非理性主义的和还原论的，而且还提出了人性深层结构中理性与非理性的关系问题。因为杜尔凯姆和弗洛伊德的宗教起源于原始人的无意识或潜意识的观点，是基于非理性（即原始人的无意识或潜意识）在历史上和逻辑上先于理性这样一个前提的，这就十分自然地提出了人性深层结构中的理性与非理性的关系问题。而把杜尔凯姆和弗洛伊德所开辟的非理性主义路向推向极致的则是哲理性神学家奥托。因为正是奥托旗帜鲜明地反对了解释宗教的"片面的理性主义"或"片面的唯智论"，强调和捍卫了非理性（die Irrationalität）在解释宗教起源问题上的首要地位。①诚然，奥托对杜尔凯姆和弗洛伊德的还原论是持有异议的，但他却因此而把宗教的起源追溯到古代原始人类的不可还原的激情与思想合二而一的"对神圣者的意识"或宗教经验上，从而引发了后人在讨论宗教起源问题时对人性深层结构的不尽的讨论。

人类虽然在 20 世纪经历了空前的磨难，但人们即使在两次世界大战期间及其以后也一点没有减少探求宗教起源问题的热情。事实上，不仅上述"社会科学家们"，而且像西蒙·德·波伏瓦这样的文学家，像埃立克·冯·丹尼金这样的"史前史学者"也都"屈服于［探索宗教］起源理论的蛇一般的诱惑，在知识树的果实上留下了自己的特殊齿痕"②。波伏瓦（Simone de Beauvoir, 1908—1986）从她的极端的女权主义的立场出发，既对弗洛伊德的宗教起源论表示不满，也对恩格斯的"女性的历史性失败"说

---

① 注意：德语在 non rationality（die Niicht-Räson）和 irrationality（die Irrationlität）之间，即在非理性与无理性之间并没有作出明显的区分。
② 加里·特朗普：《宗教起源探索》，第 155 页。

持有异议。而冯·丹尼金则更是创造了 20 世纪宗教起源问题上的一则最大的神话。他用外星人（超级智能者，来自外星球的宇航员）的地球访问（造访地球）这则神话来解释地球上宗教的起源，却也在一段时间里引起了相当轰动的效应。

## 四、宗教考古与"阿里阿德涅之线"

尽管当代"社会科学家们"和其他类型的思想家们对宗教起源问题作了坚韧不拔的探索，但是我们也还是必须像加里·特朗普那样，"承认宗教起源问题当代尚未找到答案"[①]。因为当人们把宗教起源的追问推至"前万物有灵论"、推至巫术时，谁能保证这样一种追问使问题的探究终于前进了一步呢？因为，如果事情确实如列维-斯特劳斯所说，"不存在没有巫术的宗教，这正如不存在没有宗教痕迹的巫术一样"，倘若有人对弗雷泽的宗教起源于巫术的观点持有异议，我们又能对此说些什么呢？而且，如果事情也确如列维-斯特劳斯所说，图腾崇拜及其社会应用之基础的信仰"肯定不是初级"的，则我们还能对杜尔凯姆的宗教起源学说表示沉默吗？还有，究竟是斯宾塞、泰勒和缪勒所采取的进化论的和理性主义的致思路线恰当呢，还是杜尔凯姆和弗洛伊德所采取的还原论的和非理性主义的致思路线更为恰当呢？而且，理性主义骨子里是一种本质主义，难道它不会因此而终归同进化论的观点相抵触吗？再说，还原论一般来说总是同理性主义和本质主义纠缠在一起的，当杜尔凯姆和弗洛伊德采取一种还原论的和

---

① 加里·特朗普：《宗教起源探索》，第 154 页。

非理性主义的致思路线时，这不就意味着他们的致思路线本身就潜藏着一种内在的悖论吗？由此看来，尽管当代人类对宗教起源问题作了种种深层次的理性思考，把宗教起源问题的探究大大向前推进了一步，但是如果我们囿于上述"社会科学家们"的思辨王国和讨论范围，我们似乎尚无可能获得一个统一的明确清晰的结论。

因此，为要把我们所讨论的问题真正引向"坚实的基地"（即"坚硬的事实"）乃至引向深处，我们就必须进入或回到另一个领域，这就是有关史前时期的宗教考古领域。诚然，史前时期的宗教考古由于在考古中所得的那些"骨头"或"石头"不会说话，而需要宗教考古学家赋予它们以人类学的意义，因而由宗教考古所得出的结论便始终具有如上所说的那种"主观色彩"或"不确定性"，便始终具有"假说"的性质，但是也许正因为这些"骨头"或"石头"自身不会说话，它们所提供的信息才更为可贵。因为基于史前时期宗教考古的结论虽然不可能完全摆脱"主观色彩"或"不确定性"，但是人类却还是可以通过宗教考古学"共同体"而把这种"主观色彩"或"不确定性"减少到最低限度，因而总是可以获得某种相对可靠、相对确定的信息。

那么，迄今为止，宗教考古在宗教起源问题上究竟提供给了我们哪些相对可靠、相对确定的信息呢？

在我们看来，在这些信息中，比较重要的有在尼安德特人的遗址上对已知人类最早葬礼的发现。人们在法国南部圣沙拜尔的遗址上发现了丧葬会餐的证据（约距今4万年前），在伊拉克北部的沙尼达尔洞穴中发现骨骼遗存显然在死后用花纹装饰过（约距今5万年前），在拉·费拉斯附近的一个墓地上也发现了葬礼的证据（约距今 6 万年前）。这些对于我们目前所讨论的问题来说实在是弥足珍贵的。因为在这些遗址里，我们不仅发现了墓葬本身，而且还发现了最初的丧葬仪式，从而发现了古代人类相信灵魂不死及来世信仰的证据。我们知道，原始墓葬乃迄今发现的人类最早的宗教遗迹，而尼安德特人的墓葬遗址又是迄今发现的最早的原始墓葬遗址。这样，尼安德特人墓葬遗址的发现就不能不具有特别重大又相当典型的意义。

首先，按照古人类学的常识，人类进化大体经历了南方古猿（猿人）、直立人和智人三个阶段。南方古猿（猿人）生活在约距今 550 万年到 100 万年前，直立人生活在约距今 300 万年到 30 万年前，智人则生活在约距今 30 万年到 32000 年前。而前两个阶段相当于人类考古学的旧石器时代早期，第三个阶段则相当于旧石器时代的中期和晚期。既然尼安德特人属于人类进化的第三个阶段，其墓葬的出现约在距今 6 万—4 万年以前，则尼安德特人及其墓葬遗址发现的第一个重大意义便在于，它生动说明了：宗教观念并不是人类从其超出动物界之日起就开始具有的，而是人类在其漫长的历史发展过程中逐渐形成和产生的，具体地说，是在人类进化到智人阶段，进入到旧石器时代的中期和晚期才形成和产生的。

其次，在这些墓葬遗址中有一个比较普遍的现象，这就是：我们总是能够在其中发现一定数量的随葬品，如燧石工具、烧烤过的牛头、烹煮过的鹿肉等。这就清楚不过地说明，处于智人阶段的尼安德特人已经具有灵魂观念或灵魂不朽观念了。因为如果尼安德特人没有灵魂观念或灵魂不朽观念，他们在这些墓葬中置放这些随葬品就会是一件完全不可思议的事情了。这就向我们暗示：在人类的诸多宗教观念中，灵魂观念或灵魂不朽观念当是人类最早的宗教观念之一，甚至可能就是人类最早的宗教观念。这样，我们对宗教起源的探究也就应当因此而把注意力集中在人类灵魂观念起源的探究上。这无疑是尼安德特人墓葬遗址于我们的又一个至关紧要的启示。

最后，尼安德特人墓葬遗址还告诉我们，旧石器时代的中期和晚期不仅是尼安德特人墓葬制度形成和确立的时期，而且也是尼安德特人的氏族和氏族制度形成和确立的时期。因为在尼安德特人的遗址中，我们不仅可以发现尼安德特人的原始墓葬，而且还可以发现尼安德特人的氏族群居之地。例如在莫斯特文化遗址这一相当典型的尼安德特人遗址中，我们不仅可以发现尼安德特人的原始墓葬，而且还可以发现有面积达 80 平方米的多炉灶的住所。这就说明，宗教遗迹与氏族和氏族制度的遗迹是同期出现或同步出现的，而且宗教遗迹与氏族的遗迹是一而二、二而一的。氏族制度社会是宗教产生的社会基础，宗教无非是氏族制度的伴生物。这就清楚不过地昭示了宗教产生的社会历史条件。这无疑是尼安德特人遗址于我们探究宗教起源的又一项重要启示。

古代希腊罗马有一则关于阿里阿德涅之线的神话，说的是这样一个故事：克里特公主阿里阿德涅（Ariadne）为了成全雅典王子提修斯（Theseus）闯进克里特迷宫斩除吃人妖魔（the Minotaur）的意愿而违背父王的意志私自送给他一团线，而提修斯在斩除妖魔后正是顺着这条线顺利逃出迷宫的。现在在宗教探源的问题上，我们在一个意义上也可以说是陷入了"迷宫"。但是同样幸运的是，我们也可望沿着宗教考古提供给我们的上述"阿里阿德涅之线"走出宗教起源这一思想迷宫。我们在本章里所作的可以说本质上就是这样一种尝试。

## 第二节 宗教产生的社会历史条件

当我们试图顺着现代宗教考古提示给我们的"阿里阿德涅之线"探究宗教起源问题时,我们便看到了宗教有两个大的源头:一个是宗教借以产生的社会历史条件,另一个是宗教借以产生的认识论根源。恰如长江除沱沱河外,还有当曲等河流作为它的江源水系一样。我们现在就来分别考察宗教借以产生的这两个源头及其相互关系。

### 一、探究宗教产生的社会历史条件的必要性

恩格斯 1882 年在批判布鲁诺·鲍威尔(Bruno Bauer,1809—1882)的唯心主义宗教观时,曾经十分突出地强调了依据宗教借以产生的社会历史条件来说明宗教起源的绝对必要性。我们知道,鲍威尔与施特劳斯不同,他不是从(斯宾诺莎的)"实体"出发,而是从(费希特的)"自我意识"出发来理解和阐释宗教及其起源,简单地把宗教(基督宗教或原始基督宗教)说成是"自我意识"的产物,说成是"骗子手凑集而成的无稽之谈",对此,恩格斯曾尖锐地批评指出:"对于一种征服罗马世界帝国、统治文明人类的绝大多数达一千八百年之久的宗教,简单地说它是骗子手凑集而成的无稽之谈,是不能解决问题的。要根据宗教借以产生和取得统治地位的历史条件,去说明它的起源和发展,才能解决问题。"①

---

① 恩格斯:"布鲁诺·鲍威尔和早期基督教"(1882 年 4 月下半月),《马克思恩格斯全集》第 19 卷,人民出版社 1965 年版,第 328 页。

这无疑是理解和解释宗教起源问题的唯一正确的唯物史观的思想路线。

诚然，在一定意义上我们也不妨把宗教意识说成是人的一种"自我意识"或"自我感觉"，但是在这里，我们所说的"人"，不应当是"抽象的人"，而应当是"现实的历史的人"，是"需要吃喝住穿以及其他一些东西"的人，一句话，是处于一定社会历史条件的人。应当说，中外许多宗教思想家包括布鲁诺·鲍威尔在内，在阐释宗教起源问题上虽然作出过重大贡献，但是他们的根本缺陷或根本局限之一，正在于他们忽视了或误读了宗教借以产生的社会历史条件。这是我们在探究宗教起源问题时必须认真吸取的经验教训。

我们从宗教的源头来探究宗教的起源之所以必须首先注重宗教借以产生的社会历史条件，还有一层理由，这就是原始人类历史创造活动所特有的历史规定性。歌德（Goethe，1749—1832）在《浮士德》中曾经借浮士德的口说过"Im Anfang war die Tat"（"太初有行"）。[①] 这无疑是对史前时期人类文明的一个恰当的描述。诚然史前时期的人类，特别是刚刚超出动物界的人类确实也有意识，但是他们所具有的意识主要的则是对自己的动物本能的意识，是一种无论如何也要存活下去的意识、欲望或冲动，因而现代人所具有的那样一种逻辑思维在他们身上是根本不存在的，求生存的活动和行为于他们才是具有压倒一切地位的事情。也正是在这个意义上，马克思曾经强调说：原始人类"把自己和动物区别开来的第一个历史行动不在于他们有思想，而在于他们开始

---

① 参阅歌德：《浮士德》，绿原译，人民文学出版社2006年版，第33页。

生产自己的生活资料"。① 既然如此,则我们在探究宗教的起源时,首先着重于宗教借以产生的社会历史条件,就是一件再自然不过的事情了。当然,我们这样说丝毫也不意味着贬低探究宗教借以产生的认识论根源的重大意义,但是无论如何只有理解和阐释宗教借以产生的社会历史条件才是我们考察宗教起源问题的首要任务,而且非如此也不足以对宗教借以产生的认识论根源作出深层次的说明,因为宗教观念得以形成的认识论基础不是别的,正是原始人类借以维系自己生存并创造人类历史的物质实践活动。

## 二、人和自然的关系的二重化与宗教起源

原始人类和动物的最初的也是最为重要的区别在于人类从他超出动物界之日起,便同自然界发生了某种"关系"。正如马克思在《德意志意识形态》中所说的,人类的意识的一项根本内容便是人类同周围环境、同自然界的"关系"。因为,所谓"关系",其根本的规定性在于它之为主体而存在的性质。诚然,动物也生存于自然界之中,但是,既然动物在他物或自然界面前并不具有能动主体的身份,既然他物或自然界并没有为它而"存在"的意义,则"动物不对什么东西发生'关系',而且根本没有'关系';对于动物来说,它对他物的关系不是作为关系存在的"。② 可以说,世界各地的原始宗教最初都主要地是以这样那样的形式从人对自然界的这种"关系"中产生出来的。

---

① 马克思和恩格斯:"德意志意识形态",《马克思恩格斯选集》第1卷,人民出版社1995年版,第67页编者注1。
② 同上书,第81页。

在人类社会发展的初级阶段，在原始社会里，由于社会生产力的相对低下，由于生产工具的相对简陋，人类在自然界面前显得极其软弱无力；人和自然界的关系便突出地表现为动物式的依赖、顺应和服从的关系。从而，人对自然的依赖感成了宗教的根本基础和中心内容，自然崇拜或以自然崇拜为本质规定性的自然宗教成了人类宗教的最初形式。无怪乎马克思在谈到自然宗教时曾经强调指出：人类的意识起初只是对直接的可感知的环境的一种意识，对自然界的一种意识。"自然界起初是作为一种完全异己的、有无限威力的和不可制服的力量与人们对立的，人们同自然界的关系完全像动物同自然界的关系一样，人们就像牲畜一样慑服于自然界，因而，这是对自然界的一种纯粹动物式的意识（自然宗教）。"[①] 诚然，在这一阶段里，人与动物也有某些不同之处，这就是：动物只有本能，而人则有了意识；但是在这一阶段的人的意识真正说来只是对自己的本能的意识，或者说，他的本能是一种"被意识到了的本能"。事实上，正是人类的这种"纯粹动物式的意识"以及自然之不可控制与原始人的技术之显然不足之间的巨大反差，使人对自然产生了无限的恐惧感和依赖感，产生了无限敬畏的神的观念，产生了自然崇拜和自然宗教。

但是，作为宗教起源的人和自然的"关系"还有另外一个层面，这就是人对自然的支配欲和利用欲。其实，人同动物的根本区别不仅表现为人对自然的依赖感或恐惧感，更根本的则在于人对自然的支配欲或利用欲。因为动物和人虽然都有生命活动，但是动物是和它的生命活动直接同一的。它没有自己和自己的生命

---

① 《马克思恩格斯选集》第 1 卷，第 81—82 页。

活动之间的区别。它就是这种生命活动。人则把自己的生命活动本身变成自己的意志和意识的对象,变成"自由自觉的活动",变成实现自己支配自然利用自然的欲望的活动。这种有意志有意识的生命活动直接把人跟动物的生命活动区别开来。① 离开人对自然的支配欲和利用欲,离开人的这种有意志有意识的生命活动,则任何意义上的神圣者的观念便都不可能产生。就原始人类来说,世界各民族的确普遍存在过自然崇拜或自然宗教,但是原始人类之所以普遍崇拜自然或某些自然物,无非是想通过这些自然物,避免某些对人类的伤害,获得更多的好处。例如,人类祖先之所以比较普遍地崇拜太阳,无非是古代人类普遍希望太阳给自己带来更多的光明、温暖和幸福。

其实,从人类超出动物界之日起,人类就开始有意无意地致力于对自然的支配、索取和利用了。这一方面是通过不断有意无意地改进生产工具(首先是石器的改进)实现出来的,另一方面则通过形形色色的宗教观念表达出来。例如,古代人类曾经普遍有过动物崇拜,以至认动物为自己的远祖或亲属。这一方面是由于"人在自己的发展中"曾经得到了动物的"支持",② 另一方面还在于人们期望通过这种动物崇拜与动物建立一种亲和关系和认同关系,从动物那里得到进一步的或更加有力的支持,从自然界获得更多的生活资料。再如,原始社会曾经比较普遍地存在过各种形式的巫术活动,这些巫术活动的内在目的或本质内容也恰恰在于以某种想象的和神秘的方式实现人类对自然的"征服"、"索取"

---

① 参阅马克思:《1844年经济学哲学手稿》,人民出版社2000年版,第56页。
② 参阅"恩格斯致马克思"(1846年10月18日),《马克思恩格斯全集》第27卷,人民出版社1972年版,第63页。

和"利用"。① 也正是在这个意义上,黑格尔才强调指出:作为"宗教最初形态"的"法术"(巫术)这一范畴的"主要规定"在于:"凭借其意志、自我意识,对自然直接制驭;与这一自我意识相应,精神是高于自然者。无论如何不可取,它在某些方面仍然高于这样的状态:人系于自然,畏惧自然。"②

我们知道,在人类社会的初始阶段,由于人们的社会生产力极其低下,人们改造自然的能力还极其微小,即使在很长的一段时间之后(不是一个世纪之后,也不是五千年之后,而是几十万年乃至几百万年之后),"自然界几乎还没有被历史的进程所改变",从而,人所面临的长期以来一直是一个陌生的、异在的、人类对之几乎无能为力的自然界,人同自然的现实关系一直非常"狭隘",而且人同自然的关系的这种极端"狭隘性"无论如何是作为有意志有意识的人所不能容忍的。③ 而原始社会的宗教观念的人学意义也正在于以一种独特的方式拓宽或深化人同自然界的"关系","用人格化的方法来同化自然界",确立人同自然界的亲和关系,表达人的决不屈服于现时的历史条件而志在超越自然界的束缚、追求精神"自由"的无限要求。事实上,原始人类的这种同化自然、超越自然、支配自然的欲求或冲动正是原始宗教观念(包括神的观念)得

---

① 有人(如弗雷泽等)曾把巫术和宗教区别开来,断言巫术先于宗教,但大多数宗教思想家则把巫术看作宗教的一种形态,特别是早期宗教的一种表现形式。例如,黑格尔曾经在他的《宗教哲学讲演录》中把巫术或法术视为宗教的一种低级形态,并称之为"直接宗教"或"法术宗教";而当代著名的人类学家列维-斯特劳斯也曾断言,既不存在没有巫术的宗教,也不存在没有宗教痕迹的巫术。

② 黑格尔:《宗教哲学讲演录》,见黑格尔:《宗教哲学》上卷,魏庆征译,中国社会出版社1999年版,第227页。

③ 参阅《马克思恩格斯选集》第1卷,第82页编者注1。

以形成和产生的一个根本动因。恩格斯在其《反杜林论》的有关材料中曾十分突出地强调了这一点。他说:"单是正确地反映自然界就已经极端困难,这是长期的经验历史的产物。在原始人看来,自然力是某种异己的、神秘的、超越一切的东西。在所有文明民族所经历的一定阶段上,他们用人格化的方法来同化自然力。正是这种人格化的欲望,到处创造了许多神"[①]。

由此看来,宗教观念借以产生的社会历史条件极其复杂。那种把社会生产力的低下看作宗教得以产生的唯一动因的观点显然站不住脚,因为一个显而易见的事实是:虽然人类远在二百万年以前,即在猿人阶段,就已经学会了制造工具,开始了真正的生产活动,因而在猿人阶段人类的生产力应当是整个人类史上最为低下的时候,但是人类在那个时候却根本没有宗教观念,而是在经过一百七八十万年以后即在进入智人阶段之后才萌生了宗教观念。其次,那种把人对自然的恐惧感和依赖感看作宗教的唯一动因的观点也是片面的。因为宗教观念和宗教感情不仅蕴涵有恐惧、敬畏、依存的内容,而且还蕴涵有希望、抚慰、利用、支配甚至征服的内容。无怪乎当年康德在致卡尔·弗里德利希·司徒林的信中曾把"我该(darf)希望什么?"规定为宗教学的本质内容。[②]诚然,人对自然的依赖性和恐惧感的确是人和自然的关系的一个极其重要的层面,的确是人的宗教观念得以产生的一个极其重大的动因。但是人对自然的支配欲或利用欲也是人的宗教观念借以产生的一项重大动因。而且,在一定意义上,我们甚至可以说,

---

[①] 恩格斯:"《反杜林论》材料"(1876—1877年),《马克思恩格斯全集》第20卷,人民出版社1971年版,第672页。

[②] 参阅康德:《单纯理性限度内的宗教》,第215—217页。

人对自然的支配欲或利用欲实乃人和自然的"关系"的一个更为重要的层面。这不仅是因为唯有人和自然的"关系"的这第二个层面才更深刻地反映了人的自在自由的本质,而且还因为人之所以会甘愿"依赖"自然界,其最根本的秘密还是在于他希望通过依靠"人格化"的自然界即"神"来实现自己"同化自然"、支配自然、利用自然并进而达到实现自己精神上的"自由"之目的。黑格尔在谈到自然宗教时强调指出:自然宗教虽然以"自然"为崇拜对象,但是它"一开始便蕴涵精神成分","恐惧是智慧之开端","宗教的恐惧植根于自由"。① 他的这些话,就其积极的意义讲,即是谓此。费尔巴哈在讨论宗教的基础时,既强调人的依赖感,又强调人的自我感;既强调人的奴仆意识,又强调人的主人意识;并强调所谓"自然的神化"之实质在于自然的"人化",在于人的"自我神化",亦即他所谓的"上帝人"(Gottmensch),② 显然也是谓此。

## 三、社会关系的神圣化与宗教的产生

宗教的产生不仅同人和自然的关系的二重化有关,而且也同社会关系的神圣化有关。

尽管人们对人作了形形色色的界定,说人是理性的动物,是政治的动物,是会说话的动物,是制造工具的动物,是形而上学的动物,如此等等,但人首先是"要生活"的动物,是"需要吃

---

① 黑格尔:《宗教哲学》上卷,第219、222页。
② 费尔巴哈:《宗教的本质》,王太庆译,人民出版社1999年版,第61—66页。

喝住穿"的动物。因为唯有这样一种"要生活"的"需要","吃喝住穿"的"需要"才是人的真正意义上的"第一需要"。真正说来,人之同自然的"关系"乃至人作为个体存在同他人的"关系"亦即人之存在的社会性,归根到底都是由这一"需要"决定和派生出来的。对于人为什么不能成为一个游离于自然之外的动物,我们固然可以给出许多理由。例如,我们可以从地球史或地球的地质史的角度说,人是自然(地球)发展到一定阶段(新生代)的产物。如果我们从人的生存处境或人的"在世"的规定性说,人则总是处于一定自然环境中的动物。但是,无论我们给出一个什么样的理由,它都不能够取代这样一个理由,这就是:人是一种"要生活"的动物,一种"需要吃喝住穿"的动物。因为真正说来,这并不是我们随便给出的一个外在理由,而是我们的生存本能的直接显现,是一种最为现实、最为紧迫、无论如何也要在一定程度上予以满足的生存欲望,是我们人之为人的最为根本的生存论规定。人的这样一种生存需要、生存欲望或生存论规定便决定了人同自然发生"关系"的绝对必要性或绝对必然性。因为非如此人类便不可能获得必要的生活资料,从而在一定程度上满足他的生存需要或生存欲望。而且,也正是在这个意义上,马克思曾把向自然索取人类所需要的资料的生产活动宣布为"一切历史的一种基本条件",人的"第一个历史活动"。[①] 然而,在马克思看来,人的这样一种生存论规定性不仅决定了人必须通过生产活动同自然发生"关系",而且也决定了人为了从事这种生产活动而必须成为"社会存在",必须同"他人"发生"关系",建立

---

① 参阅《马克思恩格斯选集》第 1 卷,第 78—79 页。

这样那样的"社会关系"或"社会联系"。因为人们"只有在这些社会联系和社会关系的范围内，才会有他们对自然界的影响，才会有生产"。① 这样，人们在满足自己的不可或缺的生存需要或生存欲望的过程中，便不仅感到有"神化""自然"的"需要"，而且也感到（自觉或不自觉地）有"神化""社会关系"或"社会实在"的"需要"。这无疑是宗教得以产生的又一个根本性的社会历史条件。宗教社会学家贝格尔曾经将宗教称作社会的"神圣的帷幕"（the Sacred Canopy）。这是很有道理的。在这个意义上，我们可以说，宗教正是由原始人类为社会披上一块"神圣帷幕"的需要滋生出来的。

如果说以这样那样的形式"神化"人的"社会关系"或"社会实在"这样一种"需要"，在一定意义上对于迄今为止的人类来说，具有永久性的意义，那么，对于原始人类来说，这种"需要"就更是一件非常现实、非常紧迫的任务了。这一方面是由于原始人类的生产工具极其简陋，生产力极其低下，没有氏族成员之间的通力合作，他们就根本不可能从自然界获取借以维持生命的必要的生活资料；另一方面还在于，在原始社会里，原始人作为易受攻击的两足动物，在体形较大通常跑得更快的哺乳动物中生存竞争，经常会成为比他们更凶猛更危险的猎兽的捕获物。② 而"我

---

① 马克思："雇佣劳动与资本"，《马克思恩格斯选集》第1卷，第344页。

② 孟德斯鸠在谈到"自然状态"中的人时强调说，"他应当是先想如何保存自己的生命"，"这样的一个人只能首先感觉到自己是软弱的；他应该是极端怯懦的。如果人们认为这点还需要证实的话，那么可以看看森林中的野蛮人。什么都会使他们发抖，什么都会使他们逃跑"（孟德斯鸠：《论法的精神》，张雁深译，商务印书馆1982年版，第4页）。尽管卢梭持相反的观点，在《论人类不平等的起源和基础》中曾把人的"自然状态"描写成人间乐园。

们一旦承认可能有在具有明显优势的生物面前确保生存下去的第一需要，那么就不但要考虑生物学因素，而且要考虑目的因素和社会因素"。① 这样看来，既然人类最早的社会制度是以血缘关系为基本纽带的"氏族制度"，则人的最早的制度性宗教之为以肯认和"神圣化"氏族制度为根本内容的"自发"的"氏族宗教"或"部落宗教"（恩格斯语），就一点也不足为奇。

## 第三节 宗教产生的认识论根源

尽管如上所说，一定的社会历史条件是宗教得以产生的主要动因或决定性动因，但是，这在任何意义上都不是说，它们是宗教得以产生的唯一动因。这不仅是因为我们根本不可能从社会的经济结构和人类的生产活动中找到任何一个宗教观念的直接依据或直接"基础"（因为按照恩格斯的说法，它们往往只有"否定"的或"消极"的经济基础），从而对之作出直截了当、恰如其分的说明，也不仅因为宗教作为一种特殊的意识形态，作为一种"更高的即更远离物质经济基础的意识形态"，其观念同"自己的物质存在条件的联系"要经过一系列"中间环节"才能实现出来；② 而且还因为宗教不仅是一种仪式、制度和组织，不仅是一种情感和行为，而且还是并且首先是一种信仰或以信仰为对象的观念体系（宗教仪式或宗教制度等无非是宗教信仰和宗教观念的外化）。既

---

① 加里·特朗普:《宗教起源探索》，第 209 页。
② 参阅恩格斯:"路德维希·费尔巴哈和德国古典哲学的终结"，《马克思恩格斯选集》第 4 卷，第 253 页。

然如此，如果离开了宗教观念得以形成的认识论根源，则任何宗教起源的考察都是不全面的，也都是不可能成功的。

## 一、宗教观念产生的认识论前提

关于宗教观念，有人把它们分为灵魂观念、神灵观念和神性观念三种。当然我们也可以依据某个别的标准把它们分成四种或五种。这于我们目前讨论的问题并不重要。对于我们目前讨论的问题来说，至关紧要的事情在于：所有这些类型的观念无论如何都是人的头脑的产物，都是人类从猿人（南猿）和直立人进化到智人阶段才产生出来的。也就是说，要完成宗教起源的考察，就必须回答人类何以在猿人（南猿）阶段和直立人阶段不可能具有宗教观念，而当人类进化到智人阶段时何以获得了拥有宗教观念的可能。

原来，我们的宗教观念，不论是灵魂观念和神灵观念（自然神、氏族神等）还是神性观念（德性、智慧和权能等），都以这样那样的形式关涉到自然、社会和人类思维的终极实存（当然，人们对终极实存的理解是历史性的），因而，我们的大脑如果不具有一定程度的抽象思辨能力，断然不可能产生出任何宗教观念。

就南猿来说，其纤细种的脑量只有 480 立方厘米，即使其粗壮种的脑量也只有 500 立方厘米，也只是约相当于现代人脑量平均值的 1/3。南猿虽然在其狩猎和采集活动过程中，具备了一定形态的语言能力，其萌芽状态的语言虽然在其后来的发展过程中也超出了"号叫"和"呼唤"阶段而进展到"词"的阶段，但是不仅它们拥有的词的数量非常之少，而且它们还根本不知道什么叫语法，也就是说，它们还处于"单个词的话语阶段"。在这样的语言阶段上，南猿显然不可能拥有灵魂、神灵一类抽象观念。这一方面是因为，单个的词只是那些非常具体的感性事物和非常具体的感性活动的话语表现，由这样的词所体现出来的人的心理活动和认识活动虽然有时也能超出感觉和知觉而达到表象，但却只能限于感性认识范围，限于现象的、表面的和直接的认识层次，尚不可能形成任何抽象概念。另一方面还因为在人类认识的这样一个阶段，人的大脑还根本不具有任何意义上的抽象能力，还不可能进行严格意义上的抽象活动。麦克斯·缪勒曾以"工作"（或"磨"，即"Mar"）为例来解说雅利安语的起源。他指出：Mar 最初只是人们磨光石头或擦亮武器时发出的不自觉的无意识的声音，既不单纯地意指行为的主体，也不单纯地意指磨擦的客体或对象，而只是同人的磨擦行为相关。但是在后来的发展中，"Mar"不仅成了指令性的符号，而且成了人们交谈的共同词汇，获得了"让我们工作吧！"的意义。并且，人们又在长期的生产活动中通过改变语音和改变语调等方式，才开始把"这里磨"（指行为的主体，即磨东西的人）和"那里磨"（指行为的对象，即被磨的东西）区别开来，人类才开始获得了区别主体和客体的意识，到了最后，终于形成了"工作"的概念，从而把行为（活动）本身同行为主体和行为客体或行为结果最终区分了开来。[①] 既然我们没有理由断定，处于"单个词的话语阶段"的南猿已经具备了形成抽象概念的能力，甚至我们也缺乏充分的证据来断言南猿业已具备了区分行为主体、客体和行为本身的认识能力，则如果有人断言

---

① Müller, *Lectures on the Origin and Growth of Religion*, pp.126—128.

南猿业已具备了把人的精神能力同人的肉体区别开来的抽象能力,业已拥有了灵魂观念乃至更为抽象的精灵观念和神性观念,就是一件不可想象的事情了。

直立人的认识能力虽然较南猿有了明显提高,但是无论如何尚未达到形成抽象宗教概念的地步。直立人,按照荷兰外科军医迪布瓦(Eugene Dubois,1858—1940)的定义,其区别于南猿的根本特征主要在于腿骨之长和直,而且在这一方面,跟后来的智人几乎没有什么差别。直立人同智人的本质差别主要在于头骨和口腔。他们的平均脑量约为940立方厘米,约相当于现代人脑量的3/5。他们的颌骨和腭骨也比智人和现代人宽阔并稍微突出,其牙齿也比智人和现代人粗壮得多。直立人的这样一种身体结构(这里主要指人的头骨结构和面骨结构)就决定了他们不可能频繁地改变音节,从而不可能有很高的语言能力和智力水平。距今约50万年的北京人应该说属于直立人中比较发达的一种,其平均脑量已经约相当于现代人平均脑量的2/3。然而,即使在北京人的数以万计的遗物中,我们也没有发现任何同宗教观念相关的蛛丝马迹。由此看来,设想直立人具有形成宗教观念的认识能力、拥有宗教观念也不切实际。

当原始人类从直立人进化到智人阶段时,情况便发生了根本变化。这不仅表现在智人在躯干与四肢骨骼方面已充分适应于直立姿势与两足跨步以及牙齿变小和牙列拥挤,而且更重要的还表现在智人的脑量已经达到了现代人脑量的变化范围。例如,西欧早期智人圣沙贝尔人的脑量约为1600立方厘米,已经超过了现代人脑量的平均数。这样,智人的语言能力和思维能力便有了极大的提高,并最终使宗教观念的产生得以可能。看来,这一时期宗教遗迹的普遍存在绝不是偶然的。

由此看来，宗教观念总是人的观念，总是人的大脑发展到一定阶段的产物，离开了人的历史发展，离开了人的大脑的历史发展，离开了人的基于社会实践的认识能力的提高，离开了原始人类从南猿和直立人向智人的进化，人类宗教观念的产生是不可能得到恰当的说明的。

当年，缪勒在考察宗教的基础和起源时，曾把宗教界定为"领悟无限者"的一种"主观才能"，或"主观能力"（a subjective faculty）。① 这是很有见地的。因为正是从他的这一对宗教的界定中，我们看到了缪勒相当注重从"宗教的主观方面"，从主体的认知能力方面来审视宗教的起源，从而不仅提出了探讨宗教产生的认识论根源的问题，而且把这一探讨提升到了考察宗教起源问题的首要地位（当然，过分强调问题的这一个方面也是不恰当的）。更为难能的是：缪勒还从"发展"的观点来审视这种"才能"或"能力"，主张在"潜能"（potential energy）或"潜在机能"（a facultas occulta）的意义上使用"才能"或"能力"这个词。并且明确宣布："一切发展的事物从某种观点看都可称作潜在的。""我完全愿意用'潜能'一词代替'本能'这个词，借此明确地说明宗教的主观方面的潜能可使人理解无限者。"② 这就说明缪勒在考察宗教的主观方面时既没有因为强调问题的这一个方面而忽视了宗教的另一个方面（客观方面），又没有把人类的这种认知能力看作

---

① Müller, *Lectures on the Origin and Growth of Religion*, pp.22—23. 英文原文为"religion, as a subjective faculty for the apprehension of the infinite"。金泽中文译本将"the infinite"译作"无限"，倘若译作"无限者"似乎更为贴近原意。

② Müller, *Lectures on the Origin and Growth of Religion*, pp.15—16.

一成不变的东西。不无遗憾的是,缪勒并没有把他的这种发展观点贯彻到底,没有从发生学的角度和高度来考察人的这种"领悟无限者"的"能力"或"才能",没有把这看作是原始人类在几百万年实践活动的基础上"遗传性获得"的结果。但是无论如何,缪勒强调人的认知能力乃宗教得以产生的一项必要条件和基本条件,从而为全面考察宗教产生的认识论根源铺平道路,这在人类宗教思想史上无疑是一个值得注意的重大事件。

## 二、宗教观念形成的"历史道路"

宗教观念的产生虽然以人脑的比较充分的发展和它之具有较高程度的认识能力为基本前提和必要条件,但是这只是人的宗教观念得以产生的一个方面;宗教观念的形成还需要另一个方面,这就是人的基于社会实践的长期的认知活动和认知过程。这也就是我们所说的宗教观念形成的"历史道路"问题。因为我们这里所说的人的大脑的认识能力,绝对不是启示神学家们所说的那样一种单向度地接受神的启示的能力,而是一种非常现实的基于人的社会实践活动的具体的形成宗教观念的历史过程。

这样一个历史过程,如果逻辑地看,就是一个基于人类社会实践活动的从"有限者"到"无限者"、从"自然物"到"超自然物"、从"自然"到"超自然的上帝"的过程。[①] 这就是说,人类的宗教观念并不是从天上一下子掉下来的,而是从我们对"有限"

---

[①] Müller, *Lectures on the Origin and Growth of Religion*, p.157. 缪勒在这里称这一过程"至今依然是唯一神圣的道路"。

的"自然物"的具体感知活动开始并逐渐形成的。离开了基于社会实践活动的对具体有限的自然物的感知,任何宗教观念(无论是灵魂观念还是神灵观念)都是不可能产生的。对具体有限的自然物的感知活动永远是我们的宗教观念得以形成的逻辑的和历史的起点。因此,对于我们重要的乃在于:既然对具体有限的自然物的感知活动是我们的宗教观念得以形成的原点,而原始人类尚缺乏现代人类所具有的高度抽象的由概念而判断,由判断而推理的思维水平和思维习惯,则我们的先人究竟是如何实现由"有限者"到"无限者"、由"自然物"到"超自然物"、由"自然"到"超自然的上帝"这样一个认识上的"飞跃"呢?

原来,原始人类虽然缺乏现代人类所具有的逻辑思维水平和逻辑思维习惯,但是(也许正因为如此)却具有极强的感受事物和领悟事物的能力,极强的感性直觉能力,即从感性的个别或有限者领悟和把捉一般或无限者的能力。在原始人看来,无限者并不存在于经验世界的彼岸,它作为有限物的"背景"或"附带物",不仅存在于有限物之上、之后,而且存在于有限物之下和之中。因而"总是呈现在我们的感官面前"。[①] 这就是说,在原始人类眼里,无限者的外观总是伴随着每个有限之物的外观出现而出现的。例如,人们每天都能在感知到黎明的同时也感知到作为黎明的背景及黎明所源出的光海或火海。黎明来来去去,但作为黎明的背景且为黎明所源出的光海或火海却始终留在黎明的身后。而它们不是别的,也就正是呈现在我们感官面前的无限者,或"可见的无限者"。原始人类不仅可以从对黎明的观察中领悟到

---

[①] Müller, *Lectures on the Origin and Growth of Religion*, p.227.

无限者，而且还可以从日常所见的一条河流和一棵小树的观察中领悟到无限者。例如一棵树，至少是原始森林中的一棵参天古树，对人总有一种压倒一切和令人震撼的东西。它的最深的根须为我们的眼力所不及，它的顶部则高耸入云。我们虽然可以站在树下触摸它、仰望它，但我们的感官却不能在一瞥中完整地把捉到它。这样，原始人类在触摸这棵大树的同时便也感受到了或领悟到了无限者。

缪勒在认真考察古代印度《吠陀》文献时曾经惊奇地发现：在《吠陀》中竟然有一位神祇被称作"无边"或"无限者"，其梵语之名为"阿底提"（Aditi）。"阿底提"来自词根"底提"（diti）和否定词缀"阿"（A）。而一般说来，"底提"意为"捆绑"及其派生意义"界限"，"底提"作为名词意为"束缚"和"结合"。故而"阿底提"的原意为无界的、无锁链的、非封闭的、无边的、无限的、无穷的。而这也正是原始人类在黎明和大树等自然现象中感受和领悟到的"无限者"观念或神灵观念。因为对于黎明来说，地平线即是界限，既是人的视域的界限，又是呈现"无限"的界限。在这种情况下，无限者正是我们感知有限者的必要的背景。因为如果没有"无限者"，"有限者"便成了不可思议和无从把捉的东西了。这就是说，"无限者"观念或"神灵"观念在原始人类那里，既不是感官直接把捉到的东西，也不是一个"纯粹的抽象概念"（一如现代人类的神灵概念），而是一种人们可以在感觉过程中直接领悟或直觉到的东西。[①] 显然，原始人类对"无限者"或"神灵"观念的这样一种觉知方式同原始人类神灵观念的特征正

---

[①] Müller, *Lectures on the Origin and Growth of Religion*, pp. 159—160.

相一致。因为"自然宗教"的根本特征也正在于人们直接感知到的"自然物"与"神灵"的直接同一。因此,在原始人类那里,从可感知的"自然物"向"无限者"或"神灵"观念"飞跃"的认识论上的"隔障",在"自然崇拜"的宗教形态和原始人类的"直观思维"或"形象思维"的历史条件下被轻而易举地消解或排除了。

应当指出的是:即使在原始人类那里,宗教观念也不是一成不变的,而是经历着一个生生不已的变化过程。缪勒根据其对古代印度《吠陀》文献的考察,曾经相当具体相当生动地刻画了古代印度人宗教观念(无限者观念或神的观念)的演进历程,断言这是一个从对"半触知"的对象的崇拜到"不可触知"的对象的崇拜的演进过程。按照缪勒的理解,古代印度人最初是从对"半触知"的对象的感知过程中形成"神"的观念的。所谓"半触知"的对象,是指那些人们只能直接触知其一部分的物体,如树木、山岭、河流、大地等。人们在触知这些物体时,不仅运用"肉眼",而且运用"思想之眼",从而不仅能够感知所触知的物体,而且还能体知与之相关联的"可触知的无限"或"神"(它是隐藏在半触知的事物之中或之下的)。古代印度人的最早的"无限者"观念或"神"的观念就是在这样的认知过程中形成的。古代印度人不仅有对"半触知"的对象的崇拜,而且还能进而获得对"不可触知"的对象的崇拜,形成远为抽象的"无限者"观念或"神"的观念。所谓"不可触知"的对象,顾名思义是指那些人们"不可触知"而仅仅可以看到或听到的事物,如太阳、黎明以及雷、电、风、雨等。例如在《吠陀》中不仅有关于苍天之神的"特尤斯"(Dyaus),而且还有许多关于太阳神的名字,如作为苍天之子的"苏利耶"（Sûrya），作为创世主的"普拉沙维特利"（Prasavitri），作为"赋予生气者"的"沙维德利"（Savitri）以及作为万物规则象征的"毗湿奴"（Vishnu）等。不仅如此，古代印度人还有所谓不可触知甚至不可眼见仅可耳闻的雨神"因陀罗"，因陀罗还通过对特尤斯的"最高权力之争"而常常获得"至上神"的地位。这就极其生动地说明，原始人类的宗教观念之产生和发展是经历了一个以其社会实践活动为基础的、同其认知能力的不断提高相平行的相当复杂的认识过程。启示的观点、非历史的观点，是缺乏根据的。

### 三、"宗教的可能性"存在于"最简单的抽象"中

宗教观念的认识论根源不仅可以追溯到原始人类的最平常的感知活动或直观思维活动，而且还可以追溯到原始人类的"最简单的抽象"活动。

关于作为宗教观念认识论根源的原始人类的"抽象活动"，恩格斯在《路德维希·费尔巴哈和德国古典哲学的终结》中曾给了一个相当经典的说明。他说："在远古时代，人们还完全不知道自己身体的构造，并且受梦中景象的影响，于是就产生一种观念：他们的思维和感觉不是他们身体的活动，而是一种独特的、寓于这个身体之中而在人死亡时就离开身体的灵魂的活动。从这个时候起，人们不得不思考这种灵魂对外部世界的关系。如果灵魂在人死时离开肉体而继续活着，那就没有理由去设想它本身还会死亡；这样就产生了灵魂不死的观念，……关于个人不死的无聊臆想之所以普遍产生，不是因为宗教上的安慰的需要，而是因为人

们在普遍愚昧的情况下不知道对已经被认为存在的灵魂在肉体死后该怎么办。由于十分相似的原因,通过自然力的人格化,产生了最初的神。随着各种宗教的进一步发展,这些神越来越具有了超世界的形象,直到最后,通过智力发展中自然发生的抽象化过程——几乎可以说是蒸馏过程,在人们的头脑中,从或多或少有限的和互相限制的许多神中产生了一神教的唯一的神的观念。"[1]

恩格斯的上述论断至少给我们如下几点提示。首先,恩格斯指出,神的观念的产生是人们把"自然力""人格化"的结果,而这就意味着"神"的观念的产生毕竟是以人的"灵魂"观念的产生为前导或前提的。因此,原始人类宗教观念起源的探究应当还原到对人的"灵魂"观念的起源的探究上。原始社会自然宗教的探源既不应该停留在"实物崇拜说",也不应该停留在"万物有灵论",而应该继续前进,回溯到"前万物有灵论",但这里所谓"前万物有灵论"既不应该是弗雷泽的"巫术论",也不应该是马雷特的"巫力论",而应该是人的"灵魂观念论"或"灵魂不死论"。其次,恩格斯指出:不管是"唯一的神"的观念,还是"最初的神"的观念和人的"灵魂"观念,其产生都伴随着人的"智力发展中自然发生的抽象化过程"。既然如此,我们也就应当而且必须深入到人的最简单因而有可能是最初的抽象活动中来深入展开我们对原始人类宗教观念的探源工作。一旦我们由此厘清了原始人类"灵魂"观念的认识论根源,我们也就有望弄清所有宗教观念的认识论根源。再次,恩格斯断言原始人类"灵魂"观念根源于原始人类对人的"思维和感觉"活动的误解,即把它们归

---

[1] 《马克思恩格斯选集》第 4 卷,第 223—224 页。

因于"一种独特的、寓于这个身体之中而在人死亡时就离开身体的灵魂的活动"。这就是说,原始人类的灵魂观念是植根于原始人类的分析和抽象活动的。如果原始人类不能对人的活动作出任何种类的分析或区别,不能把它们区别为身体活动与"思维和感觉"活动,并对这种"无综合的分析"作出更进一步的抽象,则任何灵魂观念和宗教观念便都不可能产生。最后,恩格斯还谈到了原始人类"灵魂"观念产生的"助因"问题,说灵魂观念的产生一方面是由于当时人们"还完全不知道自己身体的构造",另一方面则是由于人们受到了"梦中景象的影响"。当然,除梦中景象的影响外,昏厥和死亡乃至对自己身体和事物影子的观察等无疑也是原始人类灵魂观念得以形成和产生的重要助因。

由此看来,原始人类的灵魂观念和任何形式的宗教观念本身虽然极其神秘,但是这些观念得以形成和产生的途径或道路却一点也不神秘,它们完全基于原始人类"智力发展"中"自然发生"的"抽象化过程"。原始人类为要使自己的认识从感性阶段上升到理性阶段,达到"概念性"(这是一个极其相对的说法)的认识,离开了抽象活动,便不可能实现。然而,任何形式的抽象都总是同"分析"、"概括"乃至"幻想"结合在一起,都伴随着一个复杂的"二重化"的认识过程。科学的抽象是如此,非科学的抽象也是如此。[①] 这就内蕴着形成和产生宗教观念的无限可能性,内蕴着使抽象观念向"神""转变"的无限可能性。因为与抽象联系在一起的分析有两个类型:一是有综合的分析,一是无综合的分

---

① 列宁曾经强调指出:"即使在最简单的概括中,在最基本的一般观念(一般'桌子')中,都有一定成分的幻想。""反过来说,就是在最精确的科学中,否认幻想的作用也是荒谬的。"见列宁:《哲学笔记》,人民出版社1993年版,第317页。

析。而后者势必导致"认识的二重化",导致把"一般(概念、观念)",把"灵魂"观念乃至"神"的观念当作"单个的存在物"。正因为如此,我们完全有理由说:"宗教"的"可能性""已经存在于最初的、最简单的抽象中",存在于"一般'房屋'和个别房屋"的抽象中。宗教观念不仅有其得以产生的社会历史条件,也有其得以形成和产生的"认识论根源"。"它不是没有根基的,它无疑是一朵无实花,然而却是生长在活生生的、结果实的、真实的、强大的、全能的、客观的、绝对的人类认识这棵活树上的一朵无实花。"[①]

---

[①] 参阅列宁:《哲学笔记》,第317、310页。

# 第四章　宗教的历史发展

宗教的历史发展是一个同宗教的起源紧密相关的问题。然而，为要对宗教的历史发展有一个中肯的理解和阐释，我们就必须对宗教进步观和宗教发展观有一个先行的了解和理解。因此在本章里，我们将首先考察宗教发展观的产生及其理论背景，而后再对宗教发展的具体形态作出概括的说明。

## 第一节　宗教发展观的形成及其理论背景

尽管古希腊米利都学派的阿那克西曼德（Anaximander，约公元前610—前546）就已经有了生物进化论的萌芽，断言"生物是从太阳所蒸发的湿的元素里产生的，人是从另一种动物产生的，实际上就是从鱼产生的，人在最初的时候很像鱼"；[①] 尽管古希腊最早的史诗诗人之一赫西俄德（Hesiod，其创作期在公元前8世纪）就已经提出过人类社会是一个不断地从黄金时代到白银时代、青铜时代、英雄时代和黑铁时代的发展过程；但是，变化的观点和

---

[①] 北京大学哲学系外国哲学史教研室：《古希腊罗马哲学》，商务印书馆1982年版，第10页。

发展的观点在宗教研究中却姗姗来迟，至于宗教进步观和宗教发展观之成为宗教研究的比较统一的规范性的根本方法论原则，则更是在19世纪达尔文进化论产生和近现代历史进步观形成之后的事情。

## 一、生物进化论的产生及其意义

达尔文的《物种起源》（1859年）和《人类的由来》（1871年）的发表不仅是生物学史上最为重大的事件，而且也是近代思想史上最为重大的事件之一。有人把达尔文与牛顿相提并论（如《科学与宗教》一书的作者伊安·G.巴伯），这是很有趣味的，也是不无道理的。这不仅是因为他们各自在自己的研究领域里（一个在无生命的领域，在物理学领域，一个在生命领域，在生物学领域）取得了举世瞩目的奠基性的成就，而且还因为他们的工作都起到了建立一种"特色鲜明的世界观"的作用，从而对人类思维模式都曾产生过极其深广的影响。如果说牛顿把自然界想象成一种超凡理性所设计的机械体系，从而奠定了近代机械唯物论世界观，那么，我们完全有理由说，达尔文工作的理论意义则在于他将自然界视为一个有机的、动态的、发展的过程，从而为人们对自然界、人类社会和人类思维作出历史的和动态的理解，为近代进化观、进步观和发展观（包括宗教进化观、进步观和发展观）奠定了可靠的基础。

诚然，近代进化观、进步观和发展观的源头还可以追溯得更远，例如在地质学、天文学和生物学领域我们都可以发现达尔文的先驱。例如，在地质学领域，早在1795年，詹姆斯·赫顿（James Hutton，1726—1797）就批判了当时甚为流行的"灾变说"，捍卫了致力于把自然理解为一个演进过程的"均变论"。1830年，查尔斯·赖尔（Charles Lyell，1797—1875）在其名著《地质学原理》中进而运用"均变论"对大量的地质现象作了详尽系统的理论说明。在天文学领域，法国数学家和天文学家拉普拉斯（Pierre-Simon Laplace，1749—1827）于1796年在其著作《宇宙体系论》中提出了关于行星系起源的星云假说，把宇宙描写成一个生成过程。在生物学领域，早在18世纪中叶，法国博物学家布丰（Georges-Louis Leclerc de Buffon，1707—1788）就批判了"物种不变"的传统观点，指出了物种多变的性质。之后，另一个著名的法国博物学家拉马克（Jean-Baptiste Lamarck，1744—1829）更是首次提出了生物进化的观点，提出并阐释了环境的直接影响、器官用进废退以及获得性遗传等理论。但是，所有这一切，都只是指出了某些特定领域内确定无疑的"变化"现象及其重要性，而只有达尔文的工作才在科学界确立了"所有自然事物都处于变动状态中"的观念。这是人类历史上一场意义重大的思想革命。自此之后，世界不再被视为一种恒久不变的静止的结构，而被视为一种生生不已的变动过程。进化论不仅引入了一个趋于无限的"几乎大得不可思议的时间跨度"，而且还引入了时间本身。时间，在近现代人看来，不论是人类活动中的时间，还是自然界中的时间，都具有不可逆转的和历史的性质，而不再是循环的或静止的。这样，随着达尔文进化论的传播和深入人心，一幅"非凝固性的"永远处于生成过程中的生命图景展现在人们的眼前，整个世界也就因此而从一种固定不变、等级森严的"秩序"变成了一个动态的流变不已的过程，近现代人类的思维方式为之发生了根本性的变化。

其次,达尔文进化论对人类思维方式的重大影响还表现在它推动人们的规律概念发生了具有重大意义的"变异"。从传统的观点看来,偶然性同规律性在所难免地处于对立的两极。从德谟克利特路线的立场看是如此,从柏拉图路线的立场看也是如此。但是,达尔文的进化论和自然选择学说,则把"偶然变异""生存竞争"和"适者生存"有机地结合和统一了起来,把"规律性"和"偶然性"在"变化"这个大原则下有机地结合和统一了起来。因为在达尔文的进化论里,"变异"是既有"随机性"("偶然变异")又有"规律性"("适者生存")的。而且,既然从有着不同特征的变异中存活下来的个体的比例是一个可以用概率论数学方法进行计算的定量问题,这就提出了统计规律和概率逻辑,不仅预示了帕斯卡尔(Blaise Pascal,1623—1662)归纳概率逻辑,而且还预示了非帕斯卡尔归纳概率逻辑。更有意义的是,达尔文的进化论还透露出偶然性或随机性(机遇)的重大的本体论意义,使人从中看到偶然性或随机性同"自发性""新奇性"和"创造性"的潜在关联。

最后,达尔文的进化论对人类思维方式的重大影响还表现在它拓宽了人们的"自然"概念,使之不仅涵摄无机界,而且还涵摄有机界,涵摄人类及其文化。许多学者把进化论的原则演绎到社会科学的各个领域,不仅把自然界理解为一个过程,而且把人类社会的整个历史,把人类思想、社会制度乃至宗教等都理解为一个生生不已的运动变化和发展过程。各种形态的社会进化论和历史发展观应运而生,这些观念尽管其中不少显得过分片面和简单,但在促使人们把人类社会及其文化理解为一个发展过程方面,无疑都发挥了这样那样的积极作用。

## 二、近现代历史进步观的形成及其意义

近现代历史进步观的源头可以一直追溯到文艺复兴时代，追溯到"地理大发现"年代。当时的一些著名史学家，如勒卢阿（Louis Le Roy，1510—1577）和波丹（Jean Bodin，1529—1596）等，在批判传统的历史倒退论（从黄金时代到黑铁时代）和历史循环论的基础上，提出并系统论证了所谓"循环进步观"，强调人类的原初时代是一个"野蛮时代"，人类社会是一部持续发展、依次递进的历史。至18世纪，一些史学家（如杜尔阁和孔多塞）更进一步把无限的时间概念引入了史学，不仅强调人类进步的规律性，而且开始强调这种进步的无限性。而当时的一些思想家如莱布尼茨（Gottfried Wilhelm Leibniz，1646—1716）和赫尔德（Johann Gottfried Herder，1744—1803）等，则突出地强调了人类历史的多样性和统一性，并通过"起源揭示了事物的本质"这句名言，使"起源"的探究成了史学研究的本质内容。

近现代历史进步观的典型形态当为历史主义。早在18世纪初期，一些思想家，如维柯（Giovanni Battista Vico，1668—1744）等，就开始关注人类史与自然史的区别，强调人类历史发展的"不间断性"和"不可重复性"。至18世纪末期，历史主义，作为浪漫主义思潮的伴生物，已俨然进入，甚至成为西方史学的主流。至19世纪，随着洪堡（Wilhelm von Humboldt，1767—1835）、德罗伊森（Johann Gustav Droysen，1808—1884）和狄尔泰（Wilhelm

Dilthey，1833—1911）对历史释义学这一历史主义方法论原则的提出和阐释，历史主义，作为"机械论、永久论、绝对主义之类概念"的对立面，作为把历史研究和文化研究从自然法则、实用主义和知识主义枷锁中解放出来的思想武器，受到普遍重视；它作为一种思想方法和研究方法，已深入到一切知识部门和文化部门，深刻全面地改变了历史研究和文化研究的面貌。我们完全有理由把历史主义看作西方思想文化观念的一场伟大革命，不仅代表了历史学家的新看法，而且还体现了整个人类生活的新观念。整个19世纪，在一定意义上，可以说是在这样一场思想革命中度过的。无怪乎法国史学家梯叶里（Augustin Thierry，1795—1856）把19世纪称作历史主义或历史学的世纪。[①]

马克思主义的辩证唯物史观是近现代历史进步观中最值得注意的理论要素之一。其根本特征在于它不仅关注"思想的社会关系"，而且更进一步关注"物质的社会关系"，从"社会形态"的角度来理解和阐释人类历史及其种种文化形态的发展过程。[②]它既不是一种如赫尔德那样的偏重于"各种文化研究领域"分析的"文化的历史主义"，也不是那种如许多西方史学家那样的偏重于人类政治制度演进的"政治的历史主义"，而是一种特别关注"社会物质生活资料的生产发展的历史"，视人类历史的进步归根到底是社会生产力的发展，是"社会物质生活资料的生产的发展"的历史进步观，一种从"经济基础的变更"来解说"上层建筑"的

---

① 转引自 И.С.加尔金:《欧美近现代史学史》（上），董进泉译，安徽教育出版社1986年版，第37—38页。

② 参阅列宁:"什么是'人民之友'以及他们如何攻击社会民主主义者?"，载《列宁选集》第1卷，人民出版社1975年版，第8页。

变更和"法律的、政治的、宗教的、艺术的或哲学的"意识形态诸形式的变更的历史进步观。[①] 不仅如此，它还特别注重历史的长时段和中时段研究，注重从原始社会、奴隶社会、封建社会、资本主义社会和社会主义社会诸社会形态的演进中来解说人类历史及其种种文化形态的演进。此外，它也注重反对片面的历史决定论和经济决定论，承认并强调上层建筑对经济基础的反作用，"思想的社会关系"对"物质的社会关系"的反作用。所有这些对于科学健全的宗教进步观或宗教发展观的确立无疑有着十分积极的影响。

### 三、宗教发展观的确立

生物进化论的产生和近现代历史进步观的形成为宗教进步观或宗教发展观的确立提供了一个极其深厚又极其广阔的理论背景或文化氛围。

事实上，许多思想家们在讨论生物进化论和历史进步观时也都同时讨论到了宗教进步观和宗教发展观。例如，维柯在其《新科学》中虽然将"宗教时期"规定为人类发展三大阶段中的"第一个阶段"，但是他还是断言：宗教，一如人类其他的知识和文明，也是人类原始心智的产物，其发展也是一个经历不同发展阶段的有机发展过程，而且其中每一个阶段都是不可重复的，都具有各自的特点。再如，莱辛（Gotthold Ephraim Lessing，1729—1781）关于宗教问题的著作，尤其是《人类教育》（1780年），都

---

① 参阅马克思:"《政治经济学批判》序言"，载《马克思恩格斯选集》第2卷，第32—33页。

贯彻了深刻的历史主义精神。因为他到处强调，一切过去和现在存在的宗教都是特定历史时代的产物。并且正因为如此，"对任何一种宗教都不能说它是与真理相符的或是谬误的。"① 在西方被誉为"近代科学历史学之父"的德国史学家兰克（Leopold von Ranke，1795—1886）也曾强调指出："上帝居住、生活和体现在全部历史之中。"② 这就把人类社会的历史性同宗教的历史性从根本上统一了起来。

与此同时，许多近现代宗教思想家在宗教研究中则努力贯彻生物进化论和历史进步观的理论原则，以这样那样的形式提出和阐释了宗教进步观和宗教发展观，并在这样的理论背景和思想框架下，深入探究了宗教起源和宗教的历史发展问题。

应该说，自从文艺复兴时代以来，宗教思想家们就开始以这样那样的形式从宗教进步观的立场讨论宗教的起源与发展了。早在18世纪中叶，法国学者夏尔·德·布罗塞斯就着手史前时代的人类及其宗教的研究了。他在其于1760年匿名出版的题为《神之偶像崇拜，或埃及古代宗教与尼格罗人现存宗教的相似性》的著作里，不仅提出和讨论了"拜物教"这个概念（直到19世纪60年代，它才为泰勒的术语"万物有灵论"所取代），而且认定"拜物教"乃宗教的原始形式，并进而提出了从拜物教到多神教和一神教的宗教发展图式。而且，在布罗塞斯的著作问世前五年，休谟就发表了他的《宗教的自然史》，强调宗教远非起源于一种神性的崇高的道德意识，而是在一种野蛮人的水平上，始于野蛮人的

---

① 参阅张广智、张广勇：《史学，文化中的文化》，浙江人民出版社1990年版，第207—208页。

② 同上书，第222页。

"一种焦虑性的恐惧"。他把人类最低阶段的宗教称作"多神教",并强调人类的宗教及其概念"从低级走向高级"的发展。

但是,无论如何,迄今为止,宗教进步观或宗教发展观并未在宗教研究中获得普遍认可的支配地位,宗教研究尚未获得统一的规范性的既能满足历史要求又能满足科学要求的方法论原则。这种状况直到达尔文的《物种起源》问世之后才得以改变。英国比较宗教学家夏普在谈到这一点时不无激情地写道:"从1859年到1869年的十年,是宗教研究领域中一种全新的情况迅速发展的时期。整个情况可以用'进化'一词作为其令人醒目的标志。1859年以前,世界上的宗教学者虽然可能满怀热情致力于宗教研究,而且拥有绰绰有余的大量资料,作为其研究的基础,但却没有一种自明的方法来处理这些资料。1868年以后,由于得益于过去十年的发展,宗教学有了进化论的方法。"[①] 而斯宾塞便是推动宗教研究方法论历史转型的最为重要的人物之一。斯宾塞在西方宗教学史上之所以享有崇高地位,不仅仅在于他提出了宗教起源于鬼魂的理论,也不仅仅在于他提出了人格的宗教发展为绝对宗教的理论,而是在于他在《第一原理》(1860—1862年)中明确宣布:"有机物的进化规律是一切事物进化的规律",从而使进化论由生物学的一种理论迅速成为一种时代潮流,成为包括宗教在内的所有形态的人类文化的主导概念。1911年,牛津大学宗教人类学家马雷特在谈到人类学时写道:"人类学是用进化观念照亮和影响的人类的整个历史……人类学是达尔文的产儿,达尔文主义使之成为可能。如果否定达尔文主义,你就必须同样否定人类

---

① 夏普:《比较宗教学史》,第34页。

学。"① 由此足见进化论对当时人类文化的决定性影响。

把宗教进化观和宗教发展观继续推向前进的则有缪勒和泰勒等宗教思想家。缪勒对待达尔文的生物进化论虽然没有斯宾塞狂热,但在坚持和发展宗教进化论和宗教发展观方面却远远超出前者。他不仅写出了专门讨论宗教进化和宗教发展的专著《宗教的起源与发展》(1878年),而且把进化和变化看作宗教的根本规定性,把进化的原则和变化的原则看作宗教赖以存在的根本原则。他不止一次地宣布:"将来定胜过以往。人们曾相信悲观主义,但不曾相信恶化主义。如果不是进化论哲学教会我们懂得某些东西,教会我们坚定地信仰美好的未来,相信人类注定要达到更高的完美境界,很多人会大声叫喊反对进化哲学的。""宗教若不能随着人类的成长而成长,随着人类的存在而存在,那它早就灭亡了。"缪勒对宗教进步观的特殊贡献还在于,他把"否定"原则宣布为"一切宗教的根本原则",强调宗教的历史应被用来"展现一种经常不断的成长和发展","宗教的活力恰恰存在于摒除其衰败的成份",惟其如此,才能"更好地保持至今依然稳定和生气勃勃的东西";"一个不能变化的宗教就象一种古典的语言,它曾至高无上地统治一时,但最终却被扫地出门"。② 如果说缪勒主要是通过考察古代印度的《吠陀》文献来坚持和发展宗教进步观和宗教发展观的,泰勒的主要功绩则在于对世界上"没有文字"的民族的宗教信仰和宗教活动,对"石器时代的宗教"提出了影响深远的假说。他的著名的"万物有灵论"可以看作是他从宗教进化论立场

---

① R. R. Marett, *Anthropology*, London: Williams and Norgate, 1911, p.8. 转引自夏普:《比较宗教学史》,第 61—62 页。
② 参阅缪勒:《宗教的起源与发展》,第 260、212、182 页。

出发对宗教起源问题所作出的杰出的说明。

诚然,宗教进步观和宗教发展观成为宗教研究的一项根本的方法论原则也不是一帆风顺的。这里,简单地谈一谈苏格兰的安德烈·兰格似乎是必要的。兰格早年是泰勒的虔诚信徒,但他后来却成了泰勒的激烈的反对者。促成其转变的根本动因在于他从对澳大利亚图腾崇拜的研究中"发现"了所谓"高位神"(High Gods)或"至上神"(Supreme Being)。在他看来,既然在"未开化的种族"中有所谓"高位神"或"至上神"的观念,既然这种神明是"一种道德的、精神性的、永恒的造物主",则宗教的起源问题和发展问题便都成了"一个不可思议的谜"。虽然兰格也曾把宗教区分为"高级宗教"和"低级宗教",但是他对宗教的这种区分同宗教的起源和发展并无关系。因为在他那里,低级宗教存在于神话领域,高级宗教则以高位神为其中心,其间并无任何"渊源"关系。而且,按照兰格的观点,既然"我们完全缺乏有关的历史材料","任何人都不能说其中一种因素是否更早一些,也不能说一种因素是由另一种因素生出"。① 还需要指出的是,对宗教进步观和宗教发展观的这样一种怀疑论态度和不可知论立场,也不限于兰格一人。例如,他的同代人奥地利神父威廉·施米特便是兰格著名的同情者和支持者。然而,尽管如此,达尔文的进化论假说乃至宗教进步观和宗教发展观至19世纪下半叶"实际上已不可抗拒"(夏普语)地成为宗教研究的方法论主流。而且,至20世纪,宗教进步观和宗教发展观在宗教研究中的这样一种绝对支

---

① Andrew Lang, *The Making of Religion*, London: Longmans Green & Co., 1900, p.183. 参阅夏普:《比较宗教学史》,第82—83页。

配地位或绝对统治地位虽然也曾受到挑战,但是它们的主流地位似乎并未受到多大影响。

## 第二节 从"自然宗教"到"多神教"和"一神教"

在对宗教发展观的形成及其理论背景作了上述概括性描述之后,我们现在有可能对宗教的历史发展作出比较具体的阐释了。

### 一、宗教历史发展的两个向度

当年,斯宾诺莎(Baruch de Spinoza,1632—1677)在阐释实体的属性时,一方面断言:神或唯一实体,作为"绝对无限的存在",具有"无限多"的属性,而且其中"每一属性各表示永恒无限的本质";另一方面,他在具体阐述"属性"时却又只限于讨论"广延"和"思想"这样两种属性,强调自然界中的一切事物都具有"广延"即物质性和"思想"即精神性两个方面。[①]

现在,我们在讨论宗教的历史发展时,也遇到了同样的问题,即:一方面,宗教的历史发展有许许多多的向度,亦即我们可以从不同的视角来审视宗教的历史发展。例如,我们可以从"人为"因素在宗教形成和发展中所占的比重这样一个角度来审视宗教的历史发展,把宗教的历史形态区分为"自发的宗教"和"人为的宗教",从而把整个宗教的历史发展规定为从"自发的宗教"向

---

① 参阅斯宾诺莎:《伦理学》,贺麟译,商务印书馆1981年版,第1—40页。

"人为的宗教"的发展;① 或者把宗教的历史形态区分为"原生性宗教"和"创生性宗教",从而把整个宗教的历史发展规定为从"原生性宗教"向"创生性宗教"的发展。再如,我们也可以像弗雷泽那样,从宗教与巫术和科学的关系入手,将宗教的发展理解成一个从巫术到宗教、从宗教到科学的过程。而另一方面,鉴于对宗教历史发展诸多向度的详尽讨论会使我们的讨论无穷尽地延宕下去,而使得对其他所有重大问题的讨论成为不可能,我们又不得不选择从在我们看来最为重要的向度来对宗教的历史发展予以阐释。

由此看来,虽说宗教的历史发展有许多向度,我们可以从不同层面和不同向度来昭示宗教的历史发展,但是,在我们看来,宗教信仰和宗教组织毕竟是宗教的基本构成因素,因此,在本章中我们便不能不从对作为宗教信仰对象的"无限者"或神圣者的"现实的信仰"和由"现实的信教的人"组合而成的宗教组织的历史演进这样两个层面或向度来展开对宗教历史发展的讨论,以期说明下述假说:整个宗教的历史发展从一方面看,是一个从"自然宗教"到"多神教"和"一神教"的发展过程,而从另一个方面看,则又是一个从"氏族宗教"到"民族宗教"("国家宗教")和"世界宗教"的发展过程。

## 二、作为原始宗教的"自然宗教"

对神圣者的信仰乃宗教的根本问题和核心问题,对精神性的

---

① 参阅《马克思恩格斯全集》第 19 卷,第 327—328 页。

宗教来说是如此，对制度性的宗教来说也是如此。因此，当探讨宗教的历史发展时，我们首先从宗教信仰入手予以考察，就是一件既十分自然又完全必要的事情了。

然而，当我们这样做的时候，我们发现：宗教的原初形式并非如主宗教启示说或宗教倒退论的学者所说的，是一神教，而是恰恰相反，是以自然崇拜为基本内容的自然宗教。恩格斯也正是基于同样的考虑，在1846年10月18日致马克思的信中以及在《〈反杜林论〉材料》(1876—1877年)和《路德维希·费尔巴哈和德国古典哲学的终结》(1886年初)中不止一次地强调指出："最初的宗教表现是反映自然现象、季节更换等等的庆祝活动。一个部落或民族生活于其中的特定自然条件和自然产物，都被搬进了它的宗教里。""最初的神"是由于人们"用人格化的方法"来"同化""自然力"，换言之，是由于把"自然力""人格化"，才"产生"出来的。而神的"超世界的形象"或超自然的形象，特别是"一神教"的"唯一的神的观念"，则是在"宗教的进一步发展"中，才逐步形成的。[①]

自然宗教，作为宗教的原始形式，是那种以自然事物和自然力为崇拜对象的宗教。其根本特征在于：在这种宗教形态里，人们所崇拜的并不是什么"超自然"或"超世界"的"神灵"，而是存在于"自然界"之中或"世界"之中的自然物或自然力本身，是人们在感性的实践活动中所直接感知到或感受到的自然物或自然力。因而，自然宗教中的"自然"，既不同于斯宾诺莎的作为其

---

① 参阅《马克思恩格斯全集》第27卷，第63页；第20卷，第672页；《马克思恩格斯选集》第4卷，第224页。

泛神论公式的"神即自然"中的"自然",也不同于西方近代作为理性神学同义语的"自然神学"中的"自然"。这是我们讨论自然宗教时必须时刻予以留意的。

自然崇拜主要表现为"大自然崇拜""动物崇拜""植物崇拜"和"图腾崇拜"等。

自然崇拜首先表现为"大自然崇拜",如太阳崇拜、月亮崇拜、星辰崇拜、风雨雷电崇拜、土地山川湖海崇拜等。例如,缪勒在谈到古代印度人的自然崇拜时,就曾提到过"苏利耶"(太阳)、"伐由"(风)、"摩录多"(暴风雨)、"路陀罗"(雷公)和"因陀罗"(雨)等。① 此外,古代埃及曾有过对太阳神"瑞"(Re)的崇拜。在古代巴比伦宗教中,不仅有对作为生命与丰产象征的太阳神马尔都克(Marduk)的崇拜,还有对月神欣(Sin)及作为天气神的安或安努(An, Anu)、作为暴风雨和主管农业的神英利尔(Inlil)、作为水神的伊阿(Ea)的崇拜。在希腊宗教神话里,大自然崇拜更占有十分突出的地位。因为依据荷马史诗和赫西俄德《神谱》,奥林匹斯诸神中不仅卡俄斯(混沌)、盖娅(大地之神)、乌兰诺斯(天宇之神)和波塞冬(海神)等是自然神,而且即使宙斯也是一个雷电之神。在中国古代宗教中,大自然崇拜也占有相当重要的地位。例如,《山海经·大荒南经》中就有所谓"羲生十日"的神话传说,同埃及的太阳神不同的只是,中国太阳神乘坐的不是船而是乌鸦(《山海经》)或马车(《淮南子》)。此外,殷墟卜辞中还有不少有关日神崇拜或拜日祭礼的记载。例如,在《佚存872》《金璋44》和《明续338》中有"王宾日"的记载;

---

① 参阅缪勒:《宗教的起源与发展》,第144—148页。

在《佚存86》、《佚存407》和《粹编597》中有"出日"的记载；在《佚存407》和《乙2045》中，有"入日"的记载。殷墟卜辞中还有"出入日，岁三牛"的有关祭日仪礼的记载。此外，中国古代也同样有月神、星官、气象诸神、地神、山神以及河川之神的崇拜。

自然崇拜还表现为"动物崇拜"和"植物崇拜"等。动物崇拜是一种相当普遍的自然崇拜。可以说，世界上所有的原始部落差不多都曾有过动物崇拜。古代埃及人曾把牛、羊、狮、虎、鳄鱼、蛇、蜜蜂和苍鹰奉为神明。从基督宗教《圣经》中可以看出犹太人的先祖曾有过对牛的崇拜。我国最早的神话《山海经》中所描写的几百种神中大多数为兽形神或半人半兽神，也足以说明我国古代曾盛行过动物崇拜。中国的动物崇拜中除对猪、马、牛、羊、犬、虎、豹、蛇的崇拜外，还有所谓龙、凤、麟、龟"四灵"的说法。这就把动物崇拜推向了极致。植物崇拜也比较普遍。据史料所载，公元前4千纪形成的上埃及王国曾以白色百合花为国徽，这说明古代埃及曾有过对白色百合花的崇拜。据缪勒对《吠陀》文献的考察，古代印度就有过对"作为半触知之物"的树的崇拜。而在我国，至今还保留有所谓"神木"的说法。

"图腾崇拜"可以看作是自然崇拜同祖先崇拜合二而一的原始宗教。据说古代埃及在埃及统一王国建立之前，各州分别奉牛、羊、狮、虎、蛇等动物为保护神，这无疑可以看作古代埃及图腾崇拜的遗迹。[①] 古希腊的米尔米东族曾以蚂蚁为图腾，澳大利亚人有的曾以袋鼠为图腾，塞内加姆比亚的黑人曾以蝎子为他们的图

---

① 参阅黄心川主编：《世界十大宗教》，东方出版社1988年版，第3页。

腾。司马迁在《史记·五帝本纪》中曾谈到黄帝曾经训练熊、罴、貅、貔、豹、虎六种猛兽同蚩尤和炎帝作战。许多中国史学家（如郭沫若）认为，司马迁这里所说的六种兽名实际上乃为黄帝部落中以这些野兽为图腾的六个氏族。此外，《诗·商颂》中有"天命玄鸟，降而生商"，显然是在肯认商族祖先同玄鸟有血缘关系。

　　自然宗教之所以为人类宗教的原始形式绝不是偶然的，除了同原始人类认识能力的低下有关外，还有其极其深厚的生存论根源，这就是原始人类在获取必要的生活资料的过程中所产生的对自然界或自然物的极其鲜明的依赖感。应该说，原始人类所崇拜的自然物或自然力，一般来说，都是同其获得生活资料的生存活动或生产活动密切相关的。而且，原始人类对自然物或自然力的崇拜程度，一般来说，总是同人们在其生存活动或生产活动中对那些自然物或自然力的依赖程度成正比的。恩格斯在1846年致马克思的一封信中在谈到原始人类动物崇拜的动因时，曾明确指出："人在自己的发展中得到了其他实体的支持，但这些实体不是高级的实体，不是天使，而是低级的实体，是动物。由此就产生了动物崇拜。"① 这是颇中肯綮的。但是，另一方面，人对自然物或自然力的认同意识，人对自然力人格化的"欲望"，无疑也是自然崇拜得以产生的又一项根本动因。因为所谓自然崇拜，无非是把人的生命、意志和能力投射给自然物或自然力，从而把自然物或自然力"人格化"。可以十分肯定地说，人既然是"我欲故我在"，他也就势必是"我欲故我信"或"我信我所欲"的。如果人类没有在极其异在的自然界面前"同化"自然力的强烈"欲

---

① 《马克思恩格斯全集》第27卷，第63页。

望",任何信仰、任何神灵观念,换言之,任何自然崇拜都是不可能产生出来的。

## 三、从"自然宗教"到"多神教"

一如作为宗教原始形式的自然宗教之产生不是偶然的一样,从自然宗教向多神教的演进或过渡也不是偶然的。这首先是因为在自然宗教这一形态中,既然人们所崇拜的是其在感性的实践活动过程中所感知或感受到的自然物体或自然力,则随着人们实践活动领域的扩大,随着人们认知自然物体或自然现象的数量或深度的变化,随着人们对自然物体或自然现象的不断的人格化,一句话,随着自然宗教的"一步步的发展",人们所创造的神明便在所难免地越来越多。从这个意义上,我们完全有理由认定:从自然宗教向多神教的演进始终具有一种绝对的形而上学的必然性。

从自然宗教向多神教的演进之所以是在所难免的,还有一个相当实际的理由,这就是原始人类"地域局限"的逐渐突破,其生存活动或生产活动范围的日益扩大。作为宗教的原始形式,自然宗教之产生或存在是基于原始人类的同周围世界或自然界的极其"狭隘"的关系或联系之上的。但是,随着原始社会的进步,人类的生存空间越来越大,原始人类不断突破其原有的"地域局限",从而造成在一个较大的社会团体或空间范围内不同地域神灵并存的局面。例如,在前王朝时期(公元前4千纪中叶以前),埃及所属各氏族或部落分别奉牛、羊、狮、虎、蛇、鹰等动物(或植物)为保护神(图腾)。但到了早期王国时期,即在美尼斯统一埃及建立第一王朝之后的很长一段时间(至少一直绵延到第四王朝和第五王朝太阳神被确立为至上神为止），在统一的埃及王国之内，便十分自然地出现了诸多保护神并存的局面。再如，在苏美尔—阿卡德时代之前，两河流域的许多城邦都有自己的地方性保护神或图腾。例如乌鲁克城的地方性保护神或图腾为天气神安或安努，尼普尔城的地方保护神或图腾为暴风雨神英利尔，埃里都城的地方保护神或图腾为水神伊阿，巴比伦城的地方保护神或图腾为太阳神马尔都克等。但是，到了苏美尔—阿卡德时代，即到了安努上升为主位神或巴比伦地方保护神马尔都克上升为至上神之时及其以后的很长一段时间，两河流域显然处于诸神并存的局面。再如，在古代中国，虽然在自然崇拜的基础上形成了一些有重大影响的神灵，诸如作为造物神的盘古，作为渔猎神的伏羲，炼石补天、抟土造人的女娲，发明农业的神农等，但是这些神灵之间似乎并无隶属关系，显然保持着一种各自独立、相互并存的局面。

促成多神教出现的另一个酵素则潜藏于宗教信仰主体形成神灵观念的"抽象化过程"之中。我们知道，神灵观念是在自然崇拜的基础之上逐渐产生出来的。然而，神灵观念的产生和发展是一个相当复杂的"抽象化过程"。这一过程一方面促成了宗教从"多神教"向"一神教"的跃进（关于问题的这一个方面，我们将在后面论述），而另一方面又促成了"二元神教"的产生。例如，随着自然宗教的进一步发展，"精灵崇拜"和"魔力崇拜"便从自然崇拜中"分解"出来或"分化"出来。这在古代中国有所谓"魂魄"的说法，而在西方，如美拉尼西亚人，则有所谓"玛纳"（Mana）的说法。可以说，"二元神教"就是在这种"抽象化过程"中衍生和发展出来的。例如，在波斯地区，人们在自然崇拜的基础上不仅形成了太阳神、风神、雨神、火神等许多神明，而且还形成了善神和恶神的概念，形成了神的两个王国：光明王国和黑暗王国。可以说，琐罗亚斯德教（我国史称"祆教"）就是在这样的宗教背景下产生出来的。诚然，琐罗亚斯德教并非一般意义上的多神教，因为它已有了自己的高位神阿胡拉·玛兹达和安格拉·曼纽。无论是阿胡拉·玛兹达还是安格拉·曼纽都有自己的神殿和僚神。例如阿胡拉·玛兹达便不仅有圣灵、善思（牛）、正义（火）、虔敬、理想国（金属）、完善（水）等一群"大天使"（神圣的不死者），而且还有诸如忠直、公正、信约、胜利、智慧、真言、日、月、火、水等"小天使"和保护神。而魔王安格拉·曼纽也有恶思、不义以及埃斯玛等许多魔众（daeva）。然而，问题在于，他们各属于一个神的王国，分别代表了光明与黑暗、生命与死亡、创造与破坏、善行与恶行、善性与恶性这样一些对立的品质或德性。再如，摩尼教显然也具有同样的"二元神教"的性质。因为摩尼教也同琐罗亚斯德教一样，把光明与黑暗看作是两种独立的存在或王国（即摩尼教教义里讲的"二宗三际"中的所谓"二宗"）。光明王国中的主神在古波斯语中称察宛（zarvan），有时被称为"光明之父"，汉译为大明尊，为神位、光明、威力和智慧等"四大尊严"的集中体现者。其下有妙空、妙风、明力、妙水、妙火等"五明子"及十二使等无数尊神。黑暗王国则由大魔（汉译为怨贪魔王）及其所属的浓雾、熄火、恶风、毒水、黑暗等五魔管理。因此，像琐罗亚斯德教和摩尼教这样的"二元神教"完全可以看作是自然崇拜中精灵崇拜和魔力崇拜的一种历史演绎。而且，也正是在这种意义上，我们有理由说神灵观念形成中的"抽象化过程"乃作为多神教一种形态的"二元神教"的极其重要的认识论根源。

## 四、从"多神教"走向"一神教"

尽管在世界许多地区,一些"多神教"始终没有取得或达到"一神教"的形态,但是从总体上讲,多神教走向一神教的可能性却是普遍存在的。而且,在世界各主要地区,差不多都有一些多神教或迟或早地达到了一神教。

古代埃及至公元前4千纪中叶,开始形成了"下埃及王国"和"上埃及王国"。此时,下埃及王国以蛇神为保护神或图腾,而上埃及王国则以神鹰为保护神或图腾。这可以看作是古代埃及宗教从多神教走向一神教的极其重要的一步。至公元前3000年左右,上埃及国王美尼斯灭下埃及,埃及进入早期王国时期和古王国时期。这时,尽管不同地区仍有不同的地方神和当地的众神殿,但从整个埃及来说,太阳神瑞却明显上升到了高踞众神之上的特殊地位,受到古代埃及人的普遍崇拜,并成为历代王朝的最高保护神。可以说,至此古代埃及宗教已大体上完成了从多神教向一神教的过渡或转换。两河流域的古代巴比伦宗教至苏美尔—阿卡德时代,几个特大城邦的神灵,如乌鲁克城邦的神灵安努(天气神)、尼普尔城邦的神灵英利尔(暴风雨神和农业神)和埃里都城邦的神灵伊阿(水神)不仅已开始上升到"主神"的地位,而且还被合称为天、地、水三位主神,足见其地位已经非一般神灵所能及。不仅如此,乌鲁克城邦的神灵安努还进而被确认为三神之中的主位神,被认为是万神之父和诸神之王,是负责处理宇宙事物的众神大会的主持者。至公元前1758年古巴比伦第六代国王汉谟拉比统一两河流域,建立其强大的古巴比伦王国的时候,巴比伦城邦的保护神马尔都克(太阳神)取代安努的地位,独占至高无上的尊荣地位,可以说是最后完成了古代巴比伦宗教从多神教向一神教的过渡。

  按照缪勒对《吠陀》文献的研究,古代印度的宗教也经历了一个由多神教向一神教的发展过程。在这一过程中出现了一些天神或高位神。例如,阿耆尼(火神)被称作宇宙的统治者、人的主、智慧的王等。因陀罗(雷雨之神)被赞颂为最强大的神和众神中的英雄。伐楼那则被人们称作"天地之王"和"人神之王"。但是即便是这样的高位神,也不是至上的,更不是独一无二的。只是到毗首羯磨和生主出现之后,古代印度宗教才可以说是完成了从多神教向一神教的过渡。因为,古代印度人明显地赋予毗首羯磨以"万物的创造者"和"统治者"的意涵,并且宣布他是"唯一的神"。至于"生主",则不仅被颂为"宇宙的创造者","众神中的第一位神",而且还被明确地宣布:"生主在这一切初始之际是唯一的。他是支撑者,因为他支撑一切","他是众神之上的唯一神","他是这个世界一切事物的主宰"。[①] 中国古代宗教也是如此。如上所述,中国宗教的原始形式也是自然崇拜,而中国古代的自然崇拜也是以图腾崇拜为其高级形态。例如,据说黄帝氏曾以熊为其图腾,炎帝氏曾以火为其图腾,共工氏曾以水为其图腾,太暤氏曾以龙为其图腾,商族曾以玄鸟为其图腾,至于夏族,有说其曾以薏苡为其图腾,也有说其曾以鱼为其图腾的。但是,无论如何,至西周则已经大体完成了向一神教的过渡。因为,在殷商时期,我国就出现了上帝崇拜,开始把"帝"或"上帝"看作"管理自然与下国的主宰"(陈梦家语)。

---

[①] 参阅缪勒:《宗教的起源与发展》,第204—208页。

到了西周，更出现了"天"或"天帝"的崇拜。<sup>①</sup>尽管在这里，与世界其他地区的某些一神教不同，不是把宇宙的一切权威乃至万物的创造统统交给上帝，从而从根本上消除了众神存在和发挥作用的前提，而是给众神的存在和功能留下了充分的余地，但是无论如何，中国古代宗教的多层次的神统毕竟是以上帝或天帝为其中心的。

从多神教向一神教的发展是一个相当复杂的历史过程。我们不妨大体把这一过程区分为下述几个阶段。首先是众神多元并存阶段。在这一阶段里，人们在某一段时间或某一个场合里只崇拜某一个神，但他们无论如何不会同时去否定其他神灵的存在，而且在另一段时间或另一个场合他们会去崇拜另外的神。这一阶段的根本特征在于，人们尚无高位神的概念，在人们所肯认和崇拜的诸神之间并无明显的或固定的隶属关系。缪勒曾把宗教发展的这一阶段称作"宗教的方言阶段"或"单一神教"阶段，这是十分贴切的。其次是所谓"高位神"阶段。在这一阶段里，人们所信仰的诸神之间的平等地位遭到破坏，他们之间的地位出现了明显的差异，其中一些神灵开始获得特别崇高的地位（即高位神的地位）。例如，古代埃及宗教中下埃及王国的蛇神，上埃及王国的鹰神；古代巴比伦宗教中，苏美尔—阿卡德时代的天、地、水三位主神；古代印度宗教中的阿耆尼（火神）、因陀罗神（雷雨之神）以及伐楼那（天地之王）等都是如此。最后是所谓至上神阶段。在这一阶段里，出现了至高无上的神灵。这一神灵是宇宙的最高

---

① 《诗经》中既有"上帝是皇"（《周颂·执竞》）的说法，又有"皇矣上帝，临下有赫。监观四方，求民之莫"（《大雅·皇矣》）的说法。这些都是殷周时代"一神教"开始形成的文字根据。

主宰，甚至为宇宙的创造者（如圣经宗教中的至上神）。例如埃及宗教中的太阳神瑞、古代巴比伦宗教中的天神安努（苏美尔—阿卡德时代）以及太阳神马尔都克（巴比伦王国时代），古代印度宗教中的毗首羯磨和生主，中国古代宗教中"帝"（殷商时代）和"天"及"天帝"（西周及其以后），犹太教中的雅赫维（即基督宗教所称的耶和华），基督宗教中的上帝等，都是这样的神灵。毫无疑问，由于种种历史条件的限制，并非所有的古代宗教都能顺利地走完这一过程的所有阶段的。而且即使那些走完这一过程诸多阶段的宗教，其历史形态也是多种多样和千差万别的。这些是我们在研究历史上的宗教从多神教向一神教的历史发展时应当充分留意的。

在讨论多神教向一神教的历史发展时，还有一点也是需要予以充分注意的，这就是多神教与一神教的历史性和相对性。实际上，对于许多古代宗教来说，一神教是一个非常相对的说法。例如，对于许多东方古代宗教来说，我们说它业已过渡到一神教，这仅只意味着它已经明确地确立了某一个神的至高无上的地位，而丝毫不意味着它否认其他神灵的存在，而是恰恰相反，它正是以肯认其他神灵的存在来保证其至上神的无限权威和至上地位的。例如，古代巴比伦宗教，在苏美尔—阿卡德时代，虽然安努被奉为主位神，但依然有天（安努）、地（英利尔）、水（伊阿）三位大神的说法。再如，梵书、奥义书时代，吠陀万神殿中，虽然有上述生主神，但依然有三神一体的梵天（创造神，亦即生主）、毗湿奴（护持神）和湿婆神（破坏神）。再如，在古代中国的天帝崇拜中，也丝毫没有否认众神存在的意味。例如，在殷商时代的神灵崇拜中，虽然"帝"成了至上神，但他依然有"五臣"和"信使"等许多下属神。至汉代武帝时期，人们信仰的上帝竟然多达五位，即青帝、赤帝、黄帝、白帝和黑帝，后来只是觉得这有碍于信仰和思想上的"一统"，才在五帝之上外加了"太一"。[①] 即使在西方古代宗教中，情况也没有什么本质的差别。例如，古代希腊宗教虽说在宗教演化史上已达到较高级阶段，但除了以宙斯为首的奥林匹斯诸神外，还另有以地母盖娅为首的提坦诸神以及酒神狄俄尼索斯、命运三女神、复仇三女神等独立神系。即使在奥林匹斯神族中，宙斯虽然被确认为希腊宗教的主神，被称为"众神之父"，但这恰恰是以太阳神阿波罗、狩猎女神阿尔忒弥斯、锻冶之神赫淮斯托斯、美神阿佛洛狄忒、战神阿瑞斯、智慧女神雅典娜等奥林匹斯诸神的存在为前提的。而且，就连宙斯本身，也不过是一个主宰雷电之神，并且他的成功乃至他的存在也都有赖于提坦神王克洛诺斯和神后莉娅乃至地母神盖娅。此外，对于像琐罗亚斯德教和摩尼教这样的"二元神教"来说，虽然，就其强调存在着两个神的王国和两个神的谱系来说，我们是不可能将它们称为一神教的，但是如果我们对这两个神的王国或神的谱系分别来看，则也不妨把它们看作一种"弱一神教"。同时，既然琐罗亚斯德教主张世界历史进程四时期说，认定12000年之后救世主必将战胜并彻底肃清魔众，人类必将进入"光明、公正和真理的王国"，摩尼教也坚信"两宗三际论"，持守光明必将战胜黑暗的逻辑，并且它们都坚持崇拜善神和光明之神，则说它们归根到底是一种一神教，也不是没有道理的。

---

① 参阅胡适：《中国中古思想史长编（手稿本）》，胡适纪念馆1971年版，第536—549页。

## 第三节 从"氏族宗教"到"民族宗教"和"世界宗教"

宗教的历史发展,若从对神圣者的信仰或所信仰的神圣者的角度看,是一个从"自然宗教"到"多神教"和"一神教"的过程,但若从宗教组织看或从宗教组织同社会组织的关联的角度看,则是一个从"氏族宗教"到"民族宗教"和"世界宗教"的发展过程。

### 一、作为制度性宗教原始形式的氏族宗教

如上所说,从宗教的精神性层面来看,宗教的原始形式为"自然宗教",但是,倘若我们从宗教的制度性层面来看,则宗教的原始形式便应当是"氏族宗教"。这一假说的逻辑依据在于:宗教,作为人类社会上层建筑的一部分,其产生和发展总是同人类社会的产生和发展大体同步的。既然人类社会的原始制度为氏族制度,则与此相适应的氏族宗教之为制度性宗教的原始形式就是一件十分自然的事情了。而这一假说的历史依据或事实依据则在于迄今为止宗教考古给我们提供的大量事实。

我们知道,氏族是在原始人类进入血族群婚和族外婚之后形成的一种社会组织和社会制度。这种社会组织和社会制度不仅以血缘关系为纽带,而且还以财产公有、集体劳动、平均消费等为其基本特征。氏族宗教就是在这一社会组织和社会制度的基础上产生和发展起来的。人类学和考古学表明,人类的宗教遗迹和氏族形成遗迹是同期出现的。在欧洲,最早的氏族群居的遗址出现于旧石器时代的中期,同时也就是最早的宗教遗迹(原始墓葬)。

我国西安半坡村和河南裴李岗的新石器时代遗址,更其典型地表明了氏族宗教与氏族制度的相关性和发展的同步性。因为在这些墓葬中,我们不仅发现男人随葬品同女人随葬品存在着差异,而且还发现小儿和成人的分区埋葬以及除伸展葬外另有俯卧葬和屈肢葬等葬法。① 这些不仅表明当时的人们已经有了比较根深蒂固的灵魂不死和死后生活的观念,表明宗教禁忌已经在普遍地发挥作用,而且还十分生动地表明,氏族宗教归根到底是氏族制度的一种反映。

氏族宗教的中心内容为祖先崇拜。其原始形式为图腾崇拜。② 图腾崇拜实际上既是一种原始的自然崇拜,又是一种原始的祖先崇拜。说它是一种原始的自然崇拜,乃在于它所崇拜的无非是一些动物、植物,甚至是一些无机物和自然现象。说它是一种原始的祖先崇拜,乃在于原始人类是把这些动植物以及其他自然物体或自然力当作自己的"亲族"和"祖先"加以崇拜的。③ 图腾崇拜是一种曾存在于世界各地的相当普遍的原始宗教形式。其中澳大利亚土著的图腾信仰尤为典型。④ 可以说,澳大利亚土著的氏族或

---

① 据《周易·系辞传》和《孟子·滕文公上》,我们祖先在处理尸体时,曾经历了一个从"委之于壑"到"厚衣之以薪"和"掩其亲"的过程。

② 西方人种学家麦克伦南在《动植物崇拜》(1869—1870年)中,宗教思想家罗伯特逊·史密斯在《闪族宗教》(1889年)中,精神分析学家弗洛伊德在《图腾与禁忌》(1912—1913年)中,宗教社会学家杜尔凯姆在《宗教生活的基本形式》(1912年)中都曾主张过图腾论,把图腾崇拜看作一切宗教的起点或起源。

③ 图腾(Totem)一词源自美洲印第安人鄂吉布瓦人的方言,其原初意义即为"他的亲族"。它最先见于印第安语翻译家 J. 朗的 1791 年在伦敦出版的《一个印第安语翻译的游历》中。

④ 在 J. 朗的著作出版之后的半个世纪里,图腾制度一直被认为是美洲所独有的事物。1841年,格雷在其著作《澳洲西部和西北部的两次探险记》中强调指出:澳洲也存在着图腾崇拜。此后人们才开始意识到,图腾制度具有某种普遍意义。

部落差不多都有图腾崇拜，而且，按照这些土著的图腾信念，他们所崇拜的与其说是那些图腾动植物本身，毋宁说是与这些动植物所共有的"祖先"，而把现存的图腾动植物视作兄弟、父亲，从而把异在的自然界以图腾崇拜的形式人格化甚至同化了。《诗·商颂》中有"天命玄鸟，降而生商。"《史记·夏本纪》中有"父鲧妻修己，见流星贯昴，梦接意感，又吞神珠薏苡，胸坼而生禹"。足见我国古代也是比较普遍地存在着图腾崇拜的。

宗教作为上层建筑的一个极其重要的组成部分，从一个方面看，它是一种社会意识形态，而从另一个方面看，则它本身就是一种社会制度或社会制度的一个层面，就是一种社会实体。在人类社会的原始时代，图腾既为不同婚姻集团和氏族的标志，则图腾崇拜自然便成了一种无所不包的上层建筑，其本身便不仅构成了原始宗教，而且同时也就是氏族制度。宗教的社会功能在图腾崇拜中已经相当充分地体现出来了。①

图腾崇拜是祖先崇拜的原始形式。祖先崇拜的这一形式是同原始人类认识能力的相对低下和氏族制度的不充分发展相适应的。随着氏族制度的进一步发展和人类认识能力的提高，图腾崇拜便逐步让位于女性祖先崇拜（包括女阴崇拜）和男性祖先崇拜（包括"且崇拜"）。女性祖先崇拜和男性祖先崇拜同图腾崇拜的根本区别在于后者所崇拜的是非人形的动植物等自然物或自然力，以它们为自己的祖先，而前者则直接把自己的远祖和近祖作为崇拜的对象。当然，从女性祖先崇拜到男性祖先崇拜是一个过程，这

---

① 宗教社会学家杜尔凯姆虽然把图腾崇拜宣布为"最简单的宗教"和"原始宗教"，但却坚持从图腾崇拜出发来讨论"宗教生活的基本形式"。请特别参阅杜尔凯姆:《宗教生活的基本形式》"导言"，第 1 卷第 4 章，第 2 卷第 1—9 章。

一过程一般来说是同原始社会从母系氏族社会向父系氏族社会的过渡相一致、相适应的。当然，氏族宗教也不限于上述祖先崇拜，它还包括鬼魂崇拜等宗教形态。此外，广义的氏族宗教还应当包含自然崇拜乃至精灵崇拜和魔力崇拜的种种内容。

氏族宗教作为最为原始的宗教形态，其特征从根本上说来不在于别的，正在于它的氏族性，具体说来主要表现在如下几个方面：

首先，从宗教信仰和宗教观念看，氏族宗教总是以祖先崇拜为其根本形式和中心内容。氏族制度的根本特征之一，如上所说，在于它是以血缘亲属关系为基础和纽带的。与此相适应，以神圣化氏族成员血缘亲属关系为根本内容的祖先崇拜便在所难免地构成氏族宗教或宗教崇拜的中心内容。对于作为氏族宗教原初形式的图腾崇拜是如此，对于作为氏族宗教发展了的形式的女性祖先崇拜和男性祖先崇拜也是如此。

其次，从宗教组织同社会组织的关系看，氏族宗教的特征在于它之同社会组织和社会制度的合一。同后来出现的基督宗教、佛教、伊斯兰教等宗教不同，氏族宗教并没有区别于和独立于世俗社会的宗教组织，如教会组织和寺庙机构等。而且，氏族宗教的崇拜仪式、祭祀制度、节日制度、丧葬制度以及图腾禁忌等，同时也都是具有不可抗拒的约束力的社会制度。因此，在氏族社会（特别是在早期氏族社会），氏族宗教并不是游离于氏族社会之外的东西，它也不仅仅是社会的一个方面或一个部分，而是渗透到氏族社会的所有方面，不仅是氏族社会的意识形态，而且也是氏族社会的整个上层建筑，差不多制约着和规范着氏族社会的所有方面。这种社会功能是以影响"亚社会"为目标的任何现代宗教所不及的。

再次，与此相关，氏族宗教的另一个根本特征在于它的绝对的"集体性"或"无个体性"（或"无我性"）。既然氏族制度的根本特征不仅在于其对于氏族成员共同祖先的崇拜，而且还在于它的财产公有、集体劳动和平均消费等社会制度，在于它的氏族至上主义以及随之而来的绝对的集体主义或无我主义，则氏族宗教的"集体性"或"无个体性"就是一件十分自然的事情了。这从澳大利亚的图腾崇拜中可以明白无误地看出来。澳大利亚土著的图腾崇拜不仅把动植物看作人的同类，而且还把氏族成员的灵魂直接等同于图腾祖先灵魂。也就是说，对于澳大利亚土著来说，根本还没有独立的个人灵魂的概念，他们所有的只是那种和氏族图腾紧密联系在一起的（氏族）集体灵魂的观念。例如，澳大利亚阿兰达人便相信，他们每个人都是自己图腾祖先的化身，每个氏族成员的出生并非是男女氏族成员性交的结果，而只是意味着图腾祖先灵魂的投生，而每个氏族成员的死亡也只是意味着图腾祖先灵魂向图腾圣地的返归。苏联人类学家托卡列夫等在其著作《澳大利亚和大洋洲各族人民》中曾对阿兰达人对这种超个体的不死的灵魂（"丘林噶"）的信仰作过具体的描述。[1] 此外，著名的法国人类学家列维-布留尔在其著作《原始思维》第 6 章中，也曾对巴隆加人对超个体灵魂的"穆罕蒙巴"（mhamba）的信仰作过生动的描述。[2] 这些都是相当典型的。

---

[1] 参阅托卡列夫等主编：《澳大利亚和大洋洲各族人民》，李毅夫等译，生活·读书·新知三联书店 1960 年版，第 275—277 页。

[2] 参阅列维-布留尔：《原始思维》，丁由译，商务印书馆 2009 年版，第 281—282 页。该书谈到在巴隆加人的每个小氏族里都始终保存着一件叫"穆罕蒙巴"（mhamba）的神圣的东西。它是当头领死的时候，把他的手足的指甲、头发和胡须以及身体的可以保藏的所有部分剥下来，然后把它们跟他死的时候（转下页）

与此相关联，氏族宗教的第四个重大特征在于它的极端排他性。氏族宗教由于以氏族成员之间的血缘亲属关系为基础和纽带，因此便有极端的排他性，不仅敌对氏族之间的信仰或保护神是有区别的和敌对的，即使友好氏族之间的神灵也只是各自保护自己的氏族而根本不具有保护其他氏族的功能。澳大利亚库尔奈部落把本部落的亡灵视为善灵，而把敌对氏族的亡灵称为恶鬼，就是一个鲜明的例证。我国古代祖先曾信仰"共工"这样一个神明。《书·尧典》有"共工方鸠人孱功"的记载，把他说成是骧兜向尧推荐的治水英雄，而《淮南子·兵略训》中则说"共工为水害，故颛顼诛之"，显然把他说成一个水害之神。其实，这样一种"悖论"只要放在氏族宗教的历史背景下就容易理解了。因为奉共工为治水之神的是古代羌族的信仰，把共工认作水害之神的是夏族的信仰。共工之为善神或恶神，原来只不过是夏族和羌族的氏族信仰之间的排他性所酿成的。不难看出，氏族宗教的排他性同氏族宗教的集体性是统一的，它不仅同后者不相矛盾，反而是恰恰以后者为基础和前提的。

此外，氏族宗教还有一些别的特征，如氏族宗教具有自发性，属于自发宗教的范畴，而且是最为典型的自发宗教。再如，氏族宗教总具有"此世"的品格，总具有一定程度的功利性。因为作为氏族宗教根本形式和中心内容的祖先崇拜，虽然有同化自然力、

---

（接上页）杀死的公牛的粪便掺和在一起做成的一个粪团。当这个头领的继任者死时，又做成第二个粪团，与第一个合在一起，如此一代代地做下去。巴隆加人把它看作是本氏族的护符和至高无上的神圣"遗宝"，他们平时甚至不能直呼其名，只能称之为其意为珍宝或财富的"恩赫林戈威（nhlenggoué）"。穆罕蒙巴这个神圣的标志不仅在平时受到祭拜，而且在战时也受到特殊的保护。"这是一个除非死绝了断不能落入敌人手中的东西。"

缓解自然对人的异在感的心理功能，但更其重要的则在于它是人们借以祈求祖灵为子孙带来更多人间幸福（包括更多的生活资料和人身安全等）的一种手段。而与巫术相伴而行的自然崇拜、魔力崇拜等虽然在一定程度上也表达了原始人类征服自然的积极意愿，但更为直接或更为根本的则是人们想借以获取现实的利益。

## 二、从"氏族宗教"到"民族宗教"

一如氏族宗教，顾名思义，为氏族或氏族同盟（部落）成员共同信奉的宗教一样，所谓民族宗教也无非是一定民族成员所共同信奉的宗教。然而，正如任何民族都是在先前的氏族、部落或部落联盟的基础上发展起来的一样，任何形态的民族宗教也都是一种传统宗教或祖传宗教，都是在传统的氏族宗教的基础上产生和发展起来的。

我们知道，至原始社会晚期，氏族制度发生了一系列重大变化，一方面，随着私有财产的出现，统一的氏族公社开始分化为诸多地位不等的个体家庭；另一方面，随着一个民族内部诸多氏族的兼并、联合和融合，出现了越来越大的氏族联盟或部落联盟。这样一种"分化"和"整合"显然促成了统一的古代民族社会以及古代国家的产生，从而为民族宗教的产生奠定了社会基础。因为正是在这样的"分化"和"整合"的过程中，不仅酝酿了"近祖崇拜"，酝酿了"祖先神灵"的等级分化，而且也酝酿了"地域保护神崇拜"、"高位神灵崇拜"乃至"天神崇拜"。事实上，古代民族宗教就是在这一"分化"和"整合"过程中，在原始氏族社会向古代奴隶制社会的过渡中产生和发展起来的。

古代埃及从氏族宗教向民族宗教的过渡是极为典型的。我们知道，统一的古代埃及王国或古代埃及民族的形成大体经历了从"村社"到"州"和"上下埃及王国"再到"早期王国时期"和"古王国时期"的演进过程。与此相适应，古代埃及宗教也经历了一个从"氏族神灵崇拜"到"州神崇拜"和"蛇神崇拜—神鹰崇拜"再到"太阳神瑞崇拜"的演进过程。至于美索不达米亚宗教，它之从氏族宗教向民族宗教的过渡一般被说成是一个从"苏美尔宗教"向"巴比伦宗教"和"亚述宗教"的演进过程。其实在一个意义下，这一过渡在苏美尔—阿卡德时代就大体完成了。因为在这一时代，虽说各个城邦都有自己的保护神，但既然作为天气神或苍天神的安努已获得万神之父或诸神之王的称号，则我们说在这个时代统一的民族信仰业已初步形成就一点也不勉强了。就印度宗教来说，它之从氏族宗教向民族宗教的过渡大体上是在公元前一千纪之后的一段时间里完成的。因为正是在这一段时间里，随着古代印度从原始社会向奴隶制社会的过渡，作为古代印度氏族宗教的吠陀教逐步为主张"婆罗门至上"的婆罗门教取代了。就古代犹太人的宗教来说，也大体经历了一个从古代希伯来宗教（亚伯拉罕时代的氏族宗教或部落宗教）向犹太教（摩西时代和后摩西时代的民族宗教）的历史演进。因为在亚伯拉罕时代甚至在早期摩西时代，犹太人不仅信仰耶和华，而且还保留着祖先崇拜（如对挪亚、亚伯拉罕等祖先的崇拜，即使耶和华也仅仅是"亚伯拉罕及其子孙的上帝"），甚至还有对外邦神（如巴力、埃尔等）的崇拜。[①]在我国，从氏族宗教向民族宗教的过渡则是在夏商周统

---

① 参阅《创世记》24：27、48；30：27；31：5、29；35：1—4；11：10—32。

一民族形成时代完成的。因为直到商周时代，才出现了全民族统一的"上帝崇拜"和"天帝崇拜"。

一如氏族宗教的根本特征在于宗教的氏族性一样，民族宗教的根本特征也正在于宗教的民族性。民族宗教虽说是在氏族宗教兼并、融合的基础之上产生和发展起来的，但是民族宗教一旦产生就成了全民族成员普遍接受的信仰。例如，太阳神瑞的原型本来是埃及希埃拉孔和埃德福地区的部落神鹰形苍天神霍鲁斯，但当这一地区的首领完成统一埃及的大业之后，霍鲁斯便从诸多部落神脱颖而出，成了埃及全民族信奉的民族之神。后来虽然古代埃及随着王朝的变迁，孟菲斯地区的地域保护神普塔（于第三王朝）和"太阳之城"赫列欧帕里斯的地域保护神阿图姆（于第五王朝）也曾先后被尊为全埃及的主神，但太阳神瑞始终保持着埃及民族神的地位（在第三王朝，它为普塔神的重要表现形式，在第五王朝，它则同阿图姆神合称为阿图姆—瑞神，依然是全民族崇拜的最高神）。在谈到美索不达米亚宗教时，虽然人们常常并谈"苏美尔宗教"、"巴比伦宗教"和"亚述宗教"，但以苍天神安努为主位神和以安努、英利尔（地神）和伊阿（水神）为三位大神的苏美尔诸神即使在巴比伦时代和亚述时代依然受到美索不达米亚人的普遍崇拜。例如，在巴比伦时代，人们虽然奉巴比伦的地方神马尔都克为至上神，但在《巴比伦史诗》中却仍然把它说成是苏美尔水神伊阿的儿子。再如，作为古代印度民族宗教的婆罗门教，虽然随着雅利安人的势力扩张和佛教的兴起，而一度有所衰落，但在商羯罗（Sankara，约788—820）改革之后却得到了很快的复兴。而犹太人的民族宗教的完备形态，竟然是在犹太人沦为"巴比伦之囚"及其以后的岁月里达到的，而且在其后两千多年的发展过程中，它一直是散居在世界各地的犹太人的宗教信仰。在讨论民族宗教的民族性时，有一点是需要注意的，这就是：在一定民族范围流传的宗教（例如伊斯兰教和中国的道教等）并不一定都是民族宗教。因为这些宗教所崇奉的神灵并不是或仅仅是所在民族的保护神。

民族宗教的第二个显著特征是宗教的国家化。民族宗教，在通常情况下，也就是相关国家的国家宗教，相关国家的君主总是同该宗教所崇奉的主要神灵建立这样那样的关系。在埃及，自上下埃及统一后，太阳神就一直是历代王朝的保护神，从旧王朝第四王朝（公元前2650年）起，埃及的国王或法老就开始自称瑞神的儿子。美索不达米亚宗教作为两河流域奴隶制国家的国家宗教也不以抬高国家保护神的神圣权威为限，它不仅常常直接神化人间统治者，把后者的祖先说成神或具有一定的神性，而且还把他们之为统治者以及他们的所有言行都归因于神意。例如巴比伦王汉谟拉比就曾把他所制定和颁布的世界历史上最早的成文法典《汉谟拉比法典》说成是法律之神沙马什亲自制定和颁布的。在我国，长期以来一直有"天子"和"奉天承运"的说法（明太祖常自称"奉天承运皇帝"）。至于古代印度的婆罗门教所主张的"婆罗门至上"更是直接维护古代印度奴隶制国家的种姓制度的。宗教的民族化和国家化使得宗教获得了一定程度上的包容性和兼容性。因为一个民族内部和一个国家内部的各种宗教信仰在民族宗教和国家宗教的基础上是完全可以在无损于民族发展和政权稳定的前提下和睦相处的。

民族宗教的第三个特征在于：与作为自发宗教的氏族宗教只有神话传说、宗教礼仪和宗教禁忌等不同，大多数民族宗教都逐步形成了比较系统化的教义体系和初步的神学思想，以及以祭司为核心的礼仪典章和组织体制;有些民族宗教甚至有了一些宗教典籍。宗教学家麦克斯·缪勒曾把后者称作"圣典宗教"或"圣经宗教"。按照缪勒的理解,这样的宗教共有三种,这就是雅利安人的宗教(如婆罗门教、佛教和琐罗亚斯德教),闪米特人的宗教(如摩西教、基督宗教和伊斯兰教)和中国人的宗教(孔夫子的宗教和老子的宗教)。[①] 这是民族宗教人为性质的一个极为典型的外在表征。

民族宗教还有一个特征,这就是它的程度不同的"此世性"。同世界宗教不同,大多数民族宗教,特别是早期的民族宗教,都在一定程度上具有"入世"的品格。这不仅可以从它的宗教国家化清楚地看出来,而且还可以从它之突出强调宗教的社会功能和道德功能等方面清楚地看出来。例如,美索不达米亚宗教(包括苏美尔宗教、巴比伦宗教和亚述宗教)根本没有死后审判和死后幸福生活的观念,认为人死后将永远毫无欢乐地居住在尘埃和黑暗之中(即他们所谓"永不回返之地")。犹太教也是以建立"地上天国"为根本宗旨的。我国自古就有"神道设教"的说法,历来特别注重宗教的社会功能和道德伦理功能。至于埃及宗教、婆罗门教、琐罗亚斯德教等,虽然也讲来世生活,但差不多都是以"善恶报应"(而不是以所谓"原罪")为基础和前提的,因而,归根到底,是一种着眼于信徒的现世的道德生活和政治生活的宗教,是一种"入世"的宗教。

## 三、从"民族宗教"到"世界宗教"

"民族宗教",虽然同"氏族宗教"相比是一种比较高级形态

---

[①] 参阅缪勒:《宗教学导论》,第35—36页。

的宗教，但它仍具有地域的局限性和种族的狭隘性。进一步突破这种局限性和狭隘性的，则是世界宗教，这就是基督宗教、佛教和伊斯兰教。这些宗教虽然早在一两千年前就被创建了出来，但它们却不仅至今依然存在，而且还是当今世界上影响最为深广、最有活力的宗教。诚然，它们也和民族宗教一样，孕育于某一特定的民族、国家和地区，但却很快地越过这些民族、国家和地区的地理界限，达到世界上其他的民族、国家和地区，从而成为有世界性影响的宗教。

　　世界宗教，作为迄今为止宗教发展的最高形态，其产生和发展绝不是偶然的。我们难以设想这样的宗教会在原始社会产生出来，我们甚至也难以设想这样的宗教会在人类奴隶制社会早期产生出来。因为当时的人们根本没有能力打破一定氏族和一定民族的"原始封闭状态"。"世界史不是过去一直存在的；作为世界史的历史是结果。"而且，按照马克思和恩格斯的理解，"各个相互影响的活动范围"在人类历史的发展过程中"越是扩大"，"各民族的原始封闭状态""由于日益完善的生产方式、交往以及因交往而自然形成的不同民族之间的分工"而"消灭得越来越彻底"，"历史也就越是成为世界历史"。[①] 所以，世界宗教只有在民族宗教的基础上才能产生和发展起来，只有当人类历史逐步具有"世界性"、开始走向"世界史"的历史时刻才有可能产生和发展起来。不仅如此，世界宗教的产生还特别地同一定形态的世界帝国相关联。离开了人类历史的"世界性"变迁，离开了世界宗教产生和发展的具体历史条件，世界宗教的产生和发展是根本不可能得到

---

① 参阅《马克思恩格斯选集》第2卷，第28页；第1卷，第88页。

说明的。

在谈到基督宗教的前期发展时,人们往往把它看作是"米兰敕令"的结果。这是不无道理的,但却是不充分的。因为基督宗教的产生和发展的社会原因是相当复杂的,是不能"用皇帝的敕令""创造出来"的。[1] 我们知道,作为世界宗教的基督宗教是在同各种民族宗教的斗争中产生和发展起来的。首先,基督宗教是在同犹太教的种族的狭隘性和地域的局限性的斗争中从犹太教内部产生出来的。其次,基督宗教是在同罗马民族宗教的种族的狭隘性和地域的局限性的斗争中发展起来的。而且,既然如上所说,民族宗教的显著特征在于宗教的民族化或国家化,则世界宗教同民族宗教的斗争的艰巨性和残酷性就可想而知了。如果公元394年对于在希腊和罗马宗教圣地奥林匹亚举办奥林匹克运动会的废止,标志着作为世界宗教的基督宗教对于作为民族宗教的希腊宗教和罗马宗教(太阳神教)的最终胜利,则这一胜利的确是来之不易的。其间不仅有过所谓三次对基督宗教的触目惊心的大迫害(德茨依时期,瓦利力安时期和戴克里先时期的迫害),而且即使在313年"米兰敕令"颁布之后,罗马帝国皇帝尤里安(Flavius Claudius Julianus,331—363,361—363年在位)依然企图重振罗马的多神教并企图建立拜日的一神教,罗马行政长官西马赫还竟然于384年在元老院的会议厅里重新树立起格拉茨安于382年所撤除了的胜利女神的雕像。因此,对于作为世界宗教的基督宗教的胜利必须从更为深广的社会背景和文化背景中作出说明,必须从政治上的世界主义(横跨欧亚非三洲的罗马大帝国)、文化上

---

[1] 参阅《马克思恩格斯选集》第4卷,第251页。

的混合主义（希伯来精神同希腊精神的结合）以及普遍的人性主义（着眼于个人道德完善的个人宗教）等多维视域作出说明。

同样，佛教和伊斯兰教的产生和发展也不是偶然的，也是有其深刻的社会原因和具体的历史条件的。我们知道，作为世界宗教的佛教是在同作为民族宗教的婆罗门教的斗争中产生出来并迅速地越出印度的民族范围和国界，而成为一种世界性的宗教。这一方面固然同雅利安人的入侵特别是同雅利安人向恒河流域的扩张有着直接的关系，另一方面也同世界性帝国摩羯陀国孔雀王朝（阿育王曾皈依佛教）和贵霜王朝的强盛和世界性影响有关。如果没有地域辽阔的孔雀王朝及其向周边国家乃至向亚洲、北非和东欧诸国派遣佛教传教师，佛教就不可能如此迅速地走向世界。如果没有强大的贵霜王朝和唐帝国的努力，小乘佛教便不可能如此迅速地流传到包括锡兰、泰国、缅甸、柬埔寨和老挝等南亚诸国，而大乘佛教也不可能如此迅速地越过崇山峻岭而进入中国大陆并进而传入朝鲜、日本和越南诸国。作为世界宗教的伊斯兰教的产生似乎既有别于基督宗教又有别于佛教，因为在一定意义上我们可以说，伊斯兰教是从氏族宗教直接过渡到世界性宗教的。但促成这一过渡的，除了犹太教和基督宗教的影响外，南北阿拉伯人的融合以及希贾兹国际商路的重新兴盛无疑也是一个极其重要的动因。至于它的迅速发展以及它之迅速成为一世界性宗教无疑同阿拉伯人的军事征服和对外扩张紧密相关。因为如果没有穆罕默德对信奉多神教和偶像崇拜的麦加古莱氏贵族在军事上的胜利，麦加克尔白神庙的多神殿就不可能改奉真主安拉；如果没有四大哈里发时期的军事扩张和王朝时期横跨欧亚非三洲伊斯兰帝国的建立，伊斯兰教之成为世界性宗教就几乎不可能。

基督宗教、佛教和伊斯兰教之所以能够超越民族宗教而成为世界宗教,上述外部条件和社会原因固然重要,但更其重要的则在于它们的内在规定性,在于它之内蕴着的区别于氏族宗教和民族宗教的诸多特征。世界宗教的内在规定性,它之区别于氏族宗教和民族宗教的特征,最根本的不是别的,正在于它的世界性,正在于它对氏族宗教和民族宗教在所难免的种族的狭隘性和地域的局限性的突破。具体说来,主要体现在如下几个方面。

首先,在宗教信仰方面,世界宗教所崇奉的对象具有超验性和普世性的特征。例如,氏族宗教所崇拜的神灵无不具有直观形象,民族宗教所崇拜的神灵(如古代埃及宗教的太阳神瑞,美索不达米亚宗教所崇拜的苍天神安努以及太阳神马尔都克,印度婆罗门教所崇拜的梵天、毗湿奴和湿婆,日本神道教所崇拜的天照大神等)虽说比氏族宗教的神灵要显得抽象些,但一般来说都尚未彻底摆脱感性的形象,因而总同一定的民族保持一定的联系。但基督宗教所信仰的上帝,佛教所信仰的佛,伊斯兰教所信仰的安拉就明显不同,它们都具有超验的品格,从而为世界宗教摆脱氏族宗教和民族宗教的种族狭隘性和地域局限性提供了可能。再者,不论氏族宗教,还是民族宗教,它们所崇拜的神灵都是某一氏族、某一民族或某一地区的保护神,从而在所难免地具有这样那样的排他性。但基督宗教的上帝,佛教的佛,伊斯兰教的安拉则不同,不再是某一氏族、某一民族或某一地区的保护神,而是被尊为整个宇宙的唯一的神,被认为是救赎整个人类的神,从而提供了为世界各地居民所接受的可能。

其次,在宗教理论方面,世界宗教的一个重要特征在于它着眼于宗教信仰和宗教救赎的个体性。如上所述,氏族宗教的根本特征在于它的氏族性,而民族宗教的根本特征在于它的民族性,因而归根到底,都是一种"集体宗教",都是一种强调氏族、民族和国家的权威的宗教。而世界宗教则不同,它不是像氏族宗教和民族宗教那样的集体宗教,而是一种着眼于信徒个人救赎的宗教,因而本质上是一种"个人宗教"。这种个人宗教所强调的不再是个人同某一氏族、民族和国家在血缘上和政治上的关联,而是着眼于个人的道德完善,着眼于人的抽象的"类"本质,着眼于人性的抽象发展。例如,基督宗教不仅主张"原罪说",而且还强调"因信称义"。佛教的"四谛法轮"完全着眼于人的生存论分析,并且以个人的自我"灭欲"作为得道的根本途径。伊斯兰教也同注重集体礼拜的氏族宗教和民族宗教明显不同。它以"六大信仰"(信安拉、信天使、信使者、信经典、信前定和信后世)作为自己的根本教义,便充分表明它是一种特别注重信徒个人信仰的宗教。也许正因为如此,无论是基督宗教和伊斯兰教,还是佛教,其宗教仪式比起氏族宗教和民族宗教来说,都显得特别简单易行。其实,注重人的抽象的"类"本质,注重信徒个人的救赎要求,注重宗教的个体性内容,以及由此所决定的对来世的普遍关注等等,世界宗教的这样一些规定性正是世界宗教得以适应不同民族、不同国家和不同时代信徒需要的重要保证。

与此相关联,世界宗教的另一个特征在于在宗教组织和宗教制度方面,世界宗教对于一定的世俗组织和世俗制度总保持一定的间距,总具有一定的相对独立性。我们知道,氏族宗教同氏族社会和氏族制度是一而二二而一的。民族宗教的情况虽然比较复杂,但无论是在政教合一还是在政教分离的情况下,任何国家都要求它们同自己的政治制度和政治路线保持一致并完全隶属于自己的政治制度和政治路线。世界宗教则不同，它们不仅具有相对独立的宗教组织机构，而且一般来说还总是具有一套比较严密的教阶制度。这是世界宗教能够相对独立地发挥宗教的社会功能和道德功能的一个重要原因，也是它们之所以能够不因社会制度的变迁而消失的一个重要原因。此外，由于氏族宗教和民族宗教总是在一定程度上是一定地区的文化传统的产物，总是从血缘上、地缘上和文化上同某种传统保持这样那样的关联，因而总在一定程度上具有一定的"自发"性质，都可以在一定意义上被理解成一种"祖传宗教"。而世界宗教则不同，它们不是从来就有的，而是人类宗教发展到较高阶段的产物，因而总是具有"创建"的性质。如果说氏族宗教是人类宗教历史上最为典型的"自发"宗教的话，则世界宗教便无疑是最为典型的"人为"宗教了。

虽然我们在前面分别从宗教信仰和宗教组织两个维度对人类宗教的历史发展做了说明。但是，这丝毫不意味着，在人类宗教的历史发展过程中，宗教发展的这两条路线是独立展开的。事实上，人类宗教从"自然宗教"到"多神教"和"一神教"的发展是同从"氏族宗教"到"民族宗教"和"世界宗教"的发展同步进行的。诚然，在人类宗教的历史发展过程中，这两条路线的各个环节并不是一一对应的，但若说这两条路线的发展大体平行，则是没有什么问题的。这是我们在理解人类宗教的历史发展时必须予以充分注意的。

# 第三篇　本质篇

在上一篇里，我们着力考察了宗教的起源和发展，是对宗教的纵向的"历时性"研究，属于宗教学的"历史"维度。在这一篇里，我们将在对宗教的"历时性"研究的基础上，对宗教的"本质"做出说明。这种说明是对宗教的横向的"共时性"考察，属于宗教学的"逻辑"维度。

宗教的本质问题，在一个意义上，也就是缪勒在《宗教的起源与发展》中所说的"宗教的定义"问题。人们在《宗教学概论》一类的书籍中首先讨论的往往就是这个问题。这种合乎常规的做法虽然不无道理，但是，理想的结果却往往不能如期而至。"对于作者来说，给出这样一个开场白似的定义经常令人烦恼，因为这样做似乎对读者无益，他们通常在开始时不能充分领会定义的价值。"为了使读者摆脱理解上的存在于整体（关于本质的定义）与部分之间的这样一种"循环"，一些人便主张"无论是逻辑还是语法，是法律还是宗教，有关它们所意指的东西的唯一真正而完整的定义都应包含在论述这些学科的著作本身之中"。[①] 这样一种争辩的结果，一如缪勒所强调指出的，只能是"无休止的误解和争吵"。[②] 显然，不管缪勒本人是否充分地意识到了，他在这里所提出的是一个如何具体而现实地理解宗教的本质或宗教的定义问题。这正是我们在讨论宗教的本质时需要首先对之做出初步说明的一个至关紧要的问题。

---

[①] F. Max Müller, *Lectures on the Origin and Growth of Religion*, p.10. 也请参阅缪勒：《宗教的起源与发展》，第7页。该著中译本此处的译文似欠精确。

[②] 缪勒：《宗教的起源与发展》，第7页。

讨论或阐释宗教的本质是一项相当棘手的问题。宗教学奠基人缪勒曾不厌其烦地列举了宗教思想史上关于宗教本质论述的大量例证，以说明人们对宗教本质的理解不仅常常不同，甚至完全相反。在古罗马时代，西塞罗认为"宗教"一词源于"再次聚会、组合、思考、深思"之意，而奥古斯丁则认为"宗教"一词来自"使之牢固、阻止不前"之意。至近代，在康德看来，"宗教就是道德"，而费希特（Johann Gottlieb Fichte，1762—1814）则认为"宗教是一种知识"；施莱尔马赫（Friedrich Daniel Ernst Schleiermacher，1768—1834）断言宗教的本质在于"依赖"，而黑格尔则断言宗教的本质在于"自由"；孔德和费尔巴哈则将"人本身"或"人类自我主义"规定为宗教的本质。于是，缪勒得出结论说：要在宗教的本质问题上达成完全一致的认识，不仅极其困难，而且几乎完全不可能。而且，这种状况也并没有因为缪勒的努力而有所改变。一如我们在本书第一篇第二章第二节中所指出的，尽管缪勒把"领悟无限者的主观才能"规定为宗教的本质，人们还是继续用"对于精灵实体的信仰"、"道德共同体"和"神秘体验"等来规定宗教的本质。

那么，面对着宗教本质理解和阐释工作中所存在的这种巨大的困难，面对着宗教思想史上关于宗教本质理解和阐释中的种种"二律背反"，我们在宗教本质的理解和阐释方面，究竟应当特别注意一些什么样的问题呢？

首先，我们应当充分注意到宗教本质意涵的多维性。宗教是一种与终极实存密切关联的、由众多象征符号组合而成的、集无限属性于一身的极其复杂的文化现象和社会现象。正因为如此，人们对宗教本质的诸多解释，一方面，不管其如何高明，也都不过是许多许多可能解释中的一种，都不可能是"最后一言"；另一方面，不管它们之间如何不同，甚至完全相反，但它们之间却并非没有共存的可能。就像"瞎子摸象"这个寓言故事告诉我们的那样，尽管不同的人在触摸大象时由于触摸的体位不同而得出不同的结论，但是，无论是把大象说成是像"莱菔根"，还是把大象说成是像"箕"、"臼"、"瓮"和"麻"，都是对大象本身的一种认识，只是其着眼点（其牙、其耳、其脚、其腹或其尾）有所区别罢了。因此，我们在讨论宗教本质时，必须充分注意到宗教本质的多重意涵。那种持守一点而不及其余的做法是应当摈弃的。[①]

其次，我们应当充分考虑到宗教本质的相对性和绝对性。过去时代的宗教本质的研究者的错误并不仅仅在于他们之"弊于一曲"（因为这常常是很难避免的），而是在于他们因此而"暗于大理"；也就是说，其错误并不仅仅在于他们获得的关于宗教本质的知识具有这样那样的片面性，而是在于他们把自己所获得的关于宗教本质的片面知识绝对化，从而根本排除或拒绝他人的虽则具有某种片面性但是却也具有某种片面真理的认识，从而对宗教本质不再可能具有比较全面、比较深层的认识。其实，本质既非亚里士多德所说的"所是的东西自身"和"其所是"，[②]也非康德所说的"物自体"，而是一种如托马斯·阿奎那（Thomas Aquina，1224/1225—1274）在《神学大全》中所说的那样一种存在于事物

---

[①] 例如，在很长一段时间里，人们由于受"左"倾教条主义的影响而持守"宗教鸦片论"的立场，把马克思在《〈黑格尔法哲学批判〉导言》中所说过的"宗教是人民的鸦片"这句话看作是对宗教本质的完整的经典表述，就有片面性之嫌。参阅段德智："关于'宗教鸦片论'的'南北战争'及其学术贡献"，《复旦学报》2008年第4期，第84—89页。

[②] 亚里士多德：《形而上学》，IV，I，1003a33—35。

之间的某种"类似性",① 或如维特根斯坦在《哲学研究》中所说的那样一种"家族相似性"。② 然而,这种"类似性"或"家族相似性"虽然不是那种恒定不变、决定一切的"实体",但却也是某种实在性的东西,其真理性也是不容否认的。故而,在对宗教本质的探讨和阐释中,我们应当同时在两条战线作战:一方面要反对将我们所理解和阐释的宗教的本质绝对化,另一方面也要反对将任何类型的宗教本质相对化。无论是独断主义,还是相对主义或虚无主义,都是我们应当努力避免的。

再次,我们应当充分地注意到宗教本质的特殊性和普遍性。所谓宗教本质的特殊性和普遍性有两层意思。其中一层意思是就世界诸宗教与个别宗教的关系而说的。就这一个层面来看,也有两层意思。其中一个意思是说,世界诸宗教有其共同本质或公共本质,但是,其中每个个别宗教也都有其特殊本质。另一个意思则是说,虽然世界诸宗教有其共同本质或公共本质,但是这些共同本质或公共本质在每个个别宗教上的体现则各各有别。例如,虽然宗教信仰乃世界诸宗教的共同本质,但是每个宗教的信仰对象或信仰方式却是各各有别的。宗教本质的特殊性和普遍性的另一层意思则是就作为社会母系统和文化母系统下属的一个子系统的宗教与社会母系统和文化母系统下属的所有其他子系统的关系而说的。从这个层面上看问题,所谓宗教本质的特殊性和普遍性所意指的便无非是作为社会母系统和文化母系统下属的一个子系

---

① 参阅托马斯·阿奎那:《神学大全》第1集,第6卷,段德智译,商务印书馆2013年版,第241—243页。

② 参阅维特根斯坦:《哲学研究》,李步楼译,陈维杭校,商务印书馆1996年版,第48页。

统的宗教与所有其他子系统之间的差异性和共同性。其中，它们之间的差异性（如神圣性和神秘性等）构成了我们所说的宗教本质的特殊性，而它们之间的共同性（如社会性和文化性等）则构成了我们所说的宗教本质的普遍性。这些也都是我们在考察、理解和阐释宗教本质时需要予以特别注意的。

最后，我们应当充分注意到宗教本质的系统性和层次性。宗教本质虽然具有多维性，但是这并不意味着作为宗教本质的诸多属性或规定性是孤立存在的和静止不变的，恰恰相反，作为宗教本质的诸多属性或规定性不仅是相互关联的和流转变化的，而且这种关联和变化还不是都处在同一个层面上或同一个平面上的。也就是说，构成宗教本质的诸多属性或规定性的关系网络和流转进程既是平面的，又是立体的。因此，宗教本质，不仅如上所述，有特殊本质和普遍本质之分，而且还有"初级本质"和"二级本质"之分。列宁在《哲学笔记》中曾突出地强调了本质和人们对本质的认识的流变性或过程性。他强调说："就本来的意义说，辩证法是研究对象的本质自身中的矛盾：不但现象是短暂的、运动的、流逝的、只是被约定的界限所划分的，而且事物的本质也是如此。"[①] 正是从这样的观点出发，他在讨论认识的辩证法时，便提出了"初级本质"和"二级本质"的问题，指出："人的思想由现象到本质，由所谓初级本质到二级本质，不断深化，以至无穷。"[②] 依据这样一种本体论和认识论意义上的辩证法，依据从"现象"到"本质"、从"初级本质"到"二级本质"这样一项认识论法

---

① 列宁：《哲学笔记》，第213页。
② 同上。

则,我们不妨对我国宗教学界目前盛行的将宗教本质简单化及从"宗教的本质"到"宗教的要素"的做法、模式或成规做出调整,将宗教的本质区分为三个层次,即"宗教的要素"、"宗教的特殊本质"和"宗教的普遍本质";首先阐述"宗教的要素",而后再依次阐述"宗教的特殊本质"和"宗教的普遍本质"。提出和阐述"宗教本质三层次说"是本著的一项重要努力。[1]

---

[1] 参阅徐弢:"破解宗教的斯芬克斯之谜——论段德智对宗教本质的三重透视",《武汉大学学报》2006年第4期,第415—420页。

# 第五章　宗教的要素

　　宗教要素问题是我们讨论宗教本质时首先面临的问题。我们知道，人类社会是一个由诸多社会意识形式和社会实体组合而成的无限复杂的复合系统，而宗教虽然从一个意义上确如马克思所说，是人类社会的"包罗万象的纲要"，① 但是，归根到底，它也只是构成人类社会的诸多社会意识形式和社会实体中的一种。因此，当我们置身于人类社会、面对众多社会意识形式和众多社会实体时，我们首先面对的便是何以把宗教同其他社会意识和社会实体区别开来的问题，也就是说，我们首先遭遇到的便是一个宗教的特殊构成或特殊规定性问题，在此之后或在此基础上，我们才有可能讨论宗教诸多要素之间的关系问题或层次问题以及这些要素存在的根本理据问题，亦即宗教的"二级本质"问题。

　　宗教要素问题，同宗教本质的其他问题一样，一方面是我们研究宗教现象时不能不思考、不能不回答的问题，另一方面又是一个回答起来相当棘手的问题。这个问题之所以棘手，不仅仅在于人类宗教现象的无限纷纭复杂，对它们的了解和把握已非一般研究者所能及，而且还在于迄今为止许多宗教现象（如原始社会的氏族部落宗教）对整个人类来说还依然处于知之不多、陌生甚

---

① 《马克思恩格斯选集》第1卷，第1页。

至未知的状态。况且,宗教,作为一种人类文化现象,始终处于流动变化的过程之中。不仅一些宗教因素(如宗教仪式)在人类宗教的发展过程中其作用和地位发生了重大的变化,而且一些宗教因素(如人祭)甚至会随着人类历史的演进而逐渐消逝。在这种情况下,宗教要素问题的研究和讨论就难免带有一种宏观的纲要式的性质,而且也总难免带有一定的主观的"见仁见智"的色彩。诚然,所谓宗教要素,不难理解,顾名思义,无非是指构成任何一个具体宗教的必要的不可或缺的因素;但是,由于人们的立场不同,对宗教要素的理解也就势必不同。例如,一个宗教哲学家,自然比较容易偏重宗教意识,一个宗教社会学家自然比较容易偏重宗教组织,而一个宗教心理学家也就自然比较容易偏重宗教情感和宗教经验。这或许是无论在国际宗教学界还是在国内宗教学界关于宗教要素问题长期以来一直争论不休的一项重要缘由。①

但是,这也不是说我们根本不可能对宗教要素作出一种规定和说明。事实上,如果我们从宗教学的立场上,如果我们用一种相对超越的态度对待人类宗教现象,我们还是有可能对宗教的普遍要素作出一种相对客观、相对全面的规定和说明。因为无论如何,我们总是以直接和间接的方式接触到或了解到存在于我们周围世界的各种宗教现象,而这些宗教现象作为一种观念实在和社

---

① 人们先后提出过"二要素说"、"三要素说"、"四要素说"、"五要素说"和"七要素说"等。例如,日本的宗教思想家岸本英夫曾主张过"二要素说"(宗教意识和宗教行为),苏联学者约·阿·克雷维列夫曾主张过"五要素说"(教会仪式、宗教信仰、宗教观念、情感体验与道德规范),我国的吕大吉极力主张"四要素说"(宗教观念、宗教经验、宗教行为与宗教体制)。请参阅罗竹风、陈泽民:《宗教学概论》,华东师范大学出版社1991年版,第63—64页;吕大吉:《宗教学通论新编》,第76页。

第三篇 本质篇

会实在总是具有一定程度的客观性,从而由不得人们信口雌黄。而且,众多思想家,特别是众多宗教学家的一系列研究成果,尽管难免具有某种程度的主观色彩,但毕竟为我们多方位地了解和阐述宗教要素提供了必要的相当可贵的思想资料。

那么,依据人类宗教几万年乃至几十万年的历史发展,依据宗教学家一百多年、宗教思想家几千年的艰苦思考及其研究成果,关于宗教要素问题,我们能够说些什么呢?我们认为,下述宗教"三要素"说是我们能够作出的比较恰当的选择。这就是说,在我们看来,宗教一般是由下面三个要素构成的,即:宗教意识、宗教行为和宗教组织。① 既然如前所述,宗教学的最高问题或基本问题在于宗教存在与宗教意识及其相互关系的问题,既然宗教存在主要关乎宗教信众、宗教组织和宗教制度,宗教信仰、宗教观念、宗教情感和宗教体验归根到底都是宗教意识问题,而宗教行为则基本上是一个宗教意识与宗教存在或宗教意识与宗教组织和宗教制度的同一性问题,则我们的宗教"三要素"说就势必是一种既高屋建瓴又顺理成章的事情。不仅如此,在本书后面部分我们还会进一步看到,我们的"三要素"说不仅使我们能够比较便利地

---

① 我们的"三要素"说,特别地借鉴了吕大吉的"四要素"说的一些思想。不过,我们的三要素说与吕的四要素说也有很大的差异。这些差别不仅表现在理论视角方面,而且还表现在对各要素内涵的理解和规定以及对各要素之间的关系的理解和规定方面,尤其重要的是我们将宗教信仰规定为宗教意识乃至所有宗教要素中最内在、最本质的东西。如果将"宗教信仰"视为一个宗教要素的话,我们也可以说是主张宗教"四要素"说("宗教信仰"、"宗教意识"、"宗教行为"和"宗教组织")的。我们之所以没有采用"四要素说"说,乃是因为在我们看来,宗教信仰与"宗教意识"、"宗教行为"和"宗教组织"并非属于同一层面的东西,可以相提并论的东西,而是一种属于更深层次的东西,一种使后者得以成为一种宗教要素的东西。

解释绝大多数人类宗教现象，而且还特别地有利于我们比较妥帖、比较简洁地解释宗教的内部构成，有利于我们对"宗教意识"内部宗教观念、宗教经验和宗教情感的统一性及其互存互动的辩证关系的整体把握，有利于我们对"宗教意识"与"宗教行为"和"宗教组织"之间的统一性及其互存互动的辩证关系的整体把握。此外，宗教"三要素"说对于我们高屋建瓴地理解和阐释宗教的普遍本质和普遍功能以及当代宗教问题也大有裨益。①

下面，我们就依次阐述构成宗教的这三大要素。

## 第一节　宗教意识（上）：宗教信仰与宗教观念

按照我们的理解，宗教意识是构成宗教的第一个要素。众所周知，"宗教意识"是一个内涵极深外延极广的概念。它不仅是一个认识论范畴，而且也是一个心理学范畴和本体论范畴，是一个统摄宗教信仰和诸多子因素（如宗教观念、宗教情感和宗教经验

---

① 既然宗教"三要素"说的理论根据在于宗教存在（社会群体）与社会意识（宗教观念）及其同一性，则我们之强调宗教普遍本质的二维性（社会本质和文化本质）、宗教功能的二维性（社会功能和文化功能）、宗教世俗化的二维性（"客观的世俗化"和"主观的世俗化"）、宗教对话的二维性（宗教组织的对话、宗教文化的对话），就显然与宗教"三要素"说有某种"一致性"和"呼应性"。此外，我们之强调宗教起源条件的二重性（社会历史条件和认识论根源）以及宗教历史发展的两个向度（宗教观念层面之从"自然宗教"到"多神教"和"一神教"以及宗教组织层面之从"氏族宗教"到"民族宗教"和"世界宗教"）与我们的宗教"三要素"说之间也存在有某种"一致性"或"呼应性"。参阅段德智："试论宗教学概念的基本内涵及其对宗教学研究的规范功能"，《武汉大学学报》2006年第4期，第406页。

等）构成的合体。鉴于宗教信仰享有使宗教意识诸因素乃至所有宗教因素得以成为宗教意识诸因素乃至所有宗教因素的动因属性和本体论意涵，我们在阐述"宗教意识"时，将首先谈论宗教信仰，然后再谈论宗教观念、宗教情感和宗教经验。

## 一、宗教信仰

凡宗教都有一个信仰问题。例如，基督宗教有一个信耶稣基督的问题，伊斯兰教有一个信安拉的问题，佛教有一个信"佛陀"（即觉悟）的问题。如果离开了对耶稣基督的信仰，基督宗教就不再成其为基督宗教；如果离开了对安拉的信仰，伊斯兰教就不再成其为伊斯兰教；而如果离开了对"佛陀"的信仰，佛教也就不再成其为佛教了。不仅世界宗教是如此，民族—国家宗教甚至氏族—部落宗教也是如此。试问如果离开了对耶和华的信仰，哪里还有犹太教？如果离开了对"神道"或"天照大神"的信仰，哪里还有日本的神道教？同样，如果离开了对作为人格化了的"道"的"三清尊神"的信仰，对太阳神"瑞"的信仰，对天神"安努"的信仰，道教、古埃及宗教和古巴比伦宗教也就无从谈起了。由此可见，信仰的确是宗教的一个首要的不可或缺的规定性。

但是，信仰不仅是构成宗教的一个首要的不可或缺的规定性，而且也是构成伦理、知识、哲学、政治等意识形式和社会实体的一个必要的不可或缺的规定性。因为如果一个政治团体缺乏政治信仰，则这个政治团体便势必形存实亡，如果一个哲学家缺乏信仰，则他便势必构建不出任何一个哲学体系。因此，作为构成宗教的必要规定性的信仰便不可能是一种抽象的一般信仰，而只能是一种区别于伦理信仰、知识信仰、哲学信仰、政治信仰的宗教信仰。而宗教信仰的根本规定性或特殊规定性无非是两个：一是对"无限者"或"神圣者"（在奥托的"the Sacred"的意义上）的信仰；[①]一是对彼岸世界的信仰。这里需要说明的是：首先，宗教所信仰的"无限者"或"神圣者"有两种形态：一是取人格神的形态，如基督宗教所信仰的耶稣基督，伊斯兰教所信仰的安拉，犹太教所信仰的耶和华等，一是取非人格神的形态，如新婆罗门教所信仰的"梵"、佛教所信仰的"佛"和道教所信仰的"道"等。[②]其次，所谓"彼岸世界"，也有两种形态：一种超越现实世界，如基督宗教的"天国"等；一种则内在于现实世界，如佛教的"涅槃世界"等。[③]但是，无论取何种形态，都体现了宗教信仰的本质特征，都属于宗教信仰的范畴。

宗教信仰乃宗教之为宗教的一个最为内在也最为本质的规定性。在任何意义上，我们都可以说，离开了宗教信仰也就根本

---

[①] 缪勒主张用"无限者"（the Infinite）来指称宗教信仰对象。他写道："我选择'无限者'这个词，乃是因为在我看来它最适合于我们领悟所有那些超越我们的感觉和我们的理性的那种东西。"他还强调说："我对'无限者'没有任何偏爱，只是因为在我看来，它似乎是一个含义最广泛的术语，具有最高的概括性（the widest term, the highest generalization）。但我再说一遍，如果有任何一个别的词项似乎更加适宜，那我们就务必采用之。" F. Max Müller, *Lectures on the Origin and Growth of Religion*, pp.27, 28.

[②] 欧阳竟无："佛法非宗教非哲学"，《欧阳竟无集》，黄夏年编，中国社会科学出版社1995年版，第1页以下。欧阳竟无的说法虽然颇富创意，且有厘清东西方宗教差别的苦心，但毕竟还是有所偏颇。因为"佛法"既然与"佛"、"僧"并称佛家三宝，它就必定是"佛"和"僧"的"法"，而"佛"在其内在规定性上虽然有别于基督宗教的上帝，不是人格神，但毕竟也是一种"神"。

[③] 参阅约翰·希克：《宗教之解释》，王志成译，四川人民出版社1998年版，第295—347页。在其中，希克比较详尽地讨论了"实体的位格"与"实体的非位格"。

无所谓宗教。也正是在这个意义上,哈佛大学"比较宗教史"专家威尔弗雷德·坎特韦尔·史密斯才在他的名著《宗教的意义与终结》里提出了"信仰超越神学,它位于人的心中;'真理'超越信仰,它位于神的心中"的观点。他甚至因此而进而提出了用信仰或"虔敬"取代宗教的观点。宣称:"宗教的终结,在其目的与目标这一古典意义上,就它所指向的与可能导向的而言,是神。反过来说,神一旦活生生地显现在我们的面前,他的深奥性、爱、永恒的真理以及所有别的属性便都将真相大白了,而神在这个意义上也就是宗教的终结;至少,宗教的种种繁文缛节(paraphernalia)都将会跌落到它们本应归属的尘世的位置上,而'宗教'这个概念也就会因此而寿终正寝。"[①] 诚然,史密斯用信仰取代宗教的立场未免显得太过极端,但是,无论如何他之借以强调宗教信仰在宗教诸因素中的硬核地位的立场却是值得肯定的。其实,当恩格斯在《反杜林论》中用对"超人间力量"的信仰来诠释宗教的本质时,[②] 他所强调的也同样是宗教信仰在宗教诸因素中的硬核地位。

## 二、宗教观念(1):宗教神话

宗教观念,作为宗教或宗教意识的一个构成性要素,乃宗教信仰的表现形态。一定的宗教信仰总是要表现为一定的宗教观念的。例如,基督宗教徒对耶稣基督的信仰是通过"圣三位一体"

---

[①] Wilfred Cantwell Smith, *The Meaning and End of Religion*, p.201.
[②] 参阅恩格斯:"反杜林论",《马克思恩格斯选集》第 3 卷,第 667 页。

等学说体现出来的,佛教徒对"佛"的信仰是通过"佛教"的"十二因缘"和"三法印"等学说体现出来的,中国道教对"道"的信仰是通过对精、气、神"三气共一"之说即所谓"三一说"等观念体现出来的。如此等等,不一而足。可以说,宗教观念是宗教信仰的解释体系,是宗教信仰的系统化、条理化和规范化。

宗教观念有两种基本形态:一是神话寓言形态,一是理论思辨形态。神话寓言是宗教观念的形象化,是宗教观念的"前逻辑形态"(而并非反逻辑形态或非逻辑形态)。宗教神话是宗教观念的原始形态。在一定意义上,我们可以说,宗教神话和宗教是同步产生的。也就是说,自宗教产生之日起,也就有了宗教神话。例如,犹太教和基督宗教是同上帝创世的神话故事和耶稣基督诞生的神话故事同步产生的。佛教则是同释迦牟尼"菩提树下悟道"的神话故事同步产生的。而且,倘若我们从更为宏观的角度看问题,倘若我们从宗教发生学的角度看问题,我们则甚至可以说,某些具体宗教之产生往往是以先前流行的诸多宗教神话故事为前提和先导的。例如,基督宗教的文化源头无疑可以追溯到巴比伦的创世神话(载《巴比伦史诗》)和洪水传说(载《吉加美士史诗》),古埃及关于奥西里斯死而复活的神话,波斯古经中关于世界末日及最后审判的神话等等。也正是在这些意义上,我们可以说,神话实际上代表着原始社会和古代社会的宗教的"神学",是以一种浪漫想象表达的神性观念及其灵性世界,而这一时期的宗教实质上都属于"神话宗教"。[①]

---

[①] 参阅卓新平:《宗教理解》,社会科学文献出版社1999年版,第156—157、448—476页。

宗教神话之为宗教观念的原始形态不是偶然的，而是同原始人类的思维方式和思维能力相一致和相适应的。原始神话是在人类虽然业已具备了一定的抽象思维能力但却尚缺乏高度抽象的理论思辨能力的情况下产生出来的，是人类尽力把握世界及其规律的最初尝试，是人类尽力尝试建立人与异己自然的和谐的最初的努力之一。麦克斯·缪勒虽然作为宗教学的奠基人功不可没，但对他之把神话视为原始人类的"语言疾病"，则是不应苟同的。缪勒之所以误读原始人类的宗教神话，其根本原因在于他是在用现代人类的逻辑思维模式来框照原始人类的思维模式的。其实，在原始人类之按照自己当时所有的思维能力以神话的形式来设想世界、设想神灵与处于文明社会的人类按照自己所具有的思维能力以抽象理论或神学体系来概念地或逻辑地设想世界、设想神灵之间，是无所谓是非、对错或健康与疾病的。法国社会学家和人类学家路先·列维-布留尔（Lucien Lévy-Bruhl，1857—1939）就曾在对原始人类的思维方式作过认真研究的基础上严正指出："原始人的智力过程，与我们惯于描述的我们自己的智力过程是不相符合的。"[①] 因为原始人的思维不同于我们现代人所具有的抽象思维，而是一种"具体的思维"。这种思维只拥有许多世代相传的内蕴有情感和运动因素的神秘的"集体表象"，而且这些"集体表象"之间的关联也不为逻辑思维规律（如"矛盾律"和"同一律"）所支配，而只是借助于"存在物与客体之间的神秘互渗"实现出来的。列维-布留尔把"原始人"的这种以受互渗律支配的集体表象为基础的、神秘的思维，称为"原逻辑的"（prélogique）思维或"前

---

[①] 列维-布留尔：《原始思维》，第6页。

逻辑的"思维。① 这应该看作是对原始人类神话思维方式的一个比较恰当的说明。

然而，宗教神话不仅是宗教观念的原始形态，而且也始终是宗教观念的一种基本形态。因为宗教神话不仅构成原始社会氏族部落宗教观念的基本形态，而且也是民族—国家宗教和世界宗教观念的不可或缺的基本形态。尽管随着民族—国家宗教和世界宗教的出现，宗教观念常常采取理论思辨形态，但是，作为理论思辨形态的宗教观念在任何时候和在任何情况下都未能从根本上取代宗教神话，而总是同宗教神话保持相辅相成、互存互动的关系。可以说，任何一种宗教观念都是以一个神话故事群作为其基础和基本内容的。试想，如果没有上帝造人、亚当贪吃禁果、亚伯拉罕献子、雅各做梦、约伯受试探等神话故事，我们何以理解《旧约圣经》里的宗教观念？如果没有耶稣诞生、受洗、传教、受难、复活等神话故事，我们又何以理解《新约圣经》中的宗教观念？其实，宗教神话之为宗教观念的一种基本形态不是偶然的，而是由宗教真理的本质特征决定的。因为既然宗教真理主要的不是一种字面上的真理或概念上的真理，而是一种象征性的真理，既然宗教信仰的根本特征在于它的神秘性或不可言传性，则宗教神话之为宗教观念的基本形态就是一件不难理解的事情了。正因为如

---

① 列维-布留尔：《原始思维》，第80—81页。列维-布留尔指出："可以把原始人的思维叫做原逻辑的思维，这与叫它神秘的思维有同等权利。与其说它们是两种彼此不同的特征，不如说是同一个基本属性的两个方面。如果单从表象的内涵来看，应当把它叫做神秘的思维；如果主要从表象的关联来看，则应当叫它原逻辑的思维。我们用'原逻辑的'这个术语，并不意味着我们主张原始人的思维乃是在时间上先于逻辑思维的什么阶段。……它不是反逻辑的，也不是非逻辑的。我说它是原逻辑的，只是想说它不像我们的思维那样必须避免矛盾。"

此,恩斯特·卡西尔（Ernst Cassirer,1874—1945）在其《人论》中在谈到神话同宗教的关系时曾十分明快地指出：宗教在"整个历史过程"中"始终""不可分解地与神话的成分相联系,并且渗透了神话的内容"。而神话甚至在其最原始最粗糙的形式中,也包含了一些在某种意义上已经预示了较高较晚的宗教理想的主旨。"神话从一开始就是潜在的宗教。"[①] 约翰·希克甚至宣布"各种宗教思想体系就是复杂的神话"。[②] 他们的这些话看似把问题绝对化了,但却是非常中肯的。因为一如黑格尔在《法哲学原理》和《哲学史讲演录》中反复强调指出的："普遍精神的定在的要素""在宗教中是感情和表象","艺术和宗教是最高的理念出现在非哲学的意识——感觉的、直观的、表象的意识中的方式",[③] 既然如此,宗教神话就将是宗教观念的一种始终合宜的和永远不可或缺的表现形态。

## 三、宗教观念（2）：宗教理论

如果说宗教神话是宗教观念的前逻辑形态,则宗教理论便是宗教观念的逻辑形态。宗教理论把宗教观念概念化和系统化,从这个意义上说,它是宗教观念的更为高级的形态。

一般来说,作为概念化和系统化的宗教观念,宗教理论是在人类进入文明社会或发明了文字以后始出现的。就人类宗教发展

---

[①] 恩斯特·卡西尔：《人论》,甘阳译,上海译文出版社1985年版,第112页。
[②] 希克：《宗教之解释》,第412页。
[③] 参阅黑格尔：《法哲学原理》,范扬、张企泰译,商务印书馆1979年版,第351页；《哲学史讲演录》,第1卷,第62页。

形态论，系统的宗教理论一般是作为民族—国家宗教和世界宗教的宗教观念形态出现的。缪勒在其《宗教学导论》中曾经提出过一个被他称之为"有圣典的宗教"的概念。他在从人种学的观点考察世界宗教史时曾经对古代文明黎明时期世界宗教舞台上的主要角色论列如下：雅利安族系中印度人和波斯人这两个人种具有圣典，前者有《吠陀》书，作为婆罗门教和佛教的元典；后者有《波斯古经》，作为琐罗亚斯德教的元典。闪米特族系中希伯来人和阿拉伯人这两个人种具有圣典，前者有《圣经》，作为犹太教和基督宗教的元典；后者有《古兰经》，作为伊斯兰教的元典。除雅利安和闪米特族系外，"只有一个国家能说它有一个甚或两个有圣典的宗教"，这就是中国的孔夫子的宗教和老子的宗教。前者的圣典是《四书》、《五经》，后者的圣典是《道德经》。[①] 缪勒的这个概括也可能有所疏漏，但是无论如何大体上从人类宗教思想史纵轴上点示出了宗教理论形态酝酿和产生的坐标。

当然，从人类宗教的整个历史看，任何一个发展到成熟阶段的宗教都是具有自己的宗教理论或理论体系的。不仅世界宗教具有自己的理论体系，而且比较成熟的民族—国家宗教，如犹太教、道教等，也都有自己的理论体系。同具有浓重的情感色彩和非理性色彩的宗教神话不同，宗教理论或宗教理论体系则明显地具有理智色彩或理性色彩，是宗教观念的理性表达。这种理论体系在基督宗教中称神学，在伊斯兰教中除称神学外还另称经学或教义学，在佛教中称佛法或佛学，虽然名称不同，但一般都是由宗教信条和宗教教义（以及教理）组成。所谓宗教理论或

---

① 参阅缪勒：《宗教学导论》，第35—36页。

宗教理论体系无非是宗教观念的信条化和教义化。其中,宗教信条(Symbols)即最为基本的宗教观念或宗教信念,是那些决定着具体宗教特殊本质的观念。如上帝创世、道成肉身、三位一体、死而复活、末日审判等都是基督宗教的信条,离开这些信条,"基督宗教"就不再成其为基督宗教了。再如,"万物非主,惟有真主,穆罕默德是主的使者",这句话即为伊斯兰教的基本信条,如果一个"伊斯兰教徒"不肯公开"招认"这一信条,他也就不再是一个合格的伊斯兰教徒了。同样,一个"犹太教徒"如果不承认"耶和华我们上帝是独一的主",则他也就不再是一位犹太教徒了。一个"佛教徒"如果不承认"四圣谛"和"三法印",他也就不再是一位佛教徒,至少不再是一位合格的佛教徒了。

而所谓"教义"(Doctrine),无非是对宗教信条的理论解释或阐明,是宗教信条的概念化和理性化。所谓"教理"(Dogma)无非是各种宗教借以阐述其教义的原理和原则,是宗教信条的进一步概念化和理性化。各个宗教的宗教教义和宗教教理在内容上虽然大异其趣,但从总体上说,其核心内容无非是对神(the Sacred,包括人格神和非人格神)的理性阐释。就基督宗教言,如上所述,其宗教教义或宗教教理被称之为神学,但是,从词源学的角度看,神学这个词源于希腊文 Theologia,其基本意涵即为"论述神的学科"。古罗马时期的斯多葛派据此曾明确地把神学界定为"合理地分析研究神"。之后,基督宗教的教父哲学家奥古斯丁也把神学界定为"关于神的理论或论述"。至 13 世纪,托马斯·阿奎那把神学二分为启示神学和自然神学。尽管如此,他所强调的无非是人们凭借理智观察自然也可以获得一部分关于神的知识。其神学的中心概念依然是"神"。①此后，虽然神学的论题有所扩大，但对神的研究依然是基督宗教神学的基本任务。神学一词阿拉伯文作al-'Ilmu'l-Ilāhi。在伊斯兰教中，所谓神学专指穆斯林神学，其意思是"关于安拉的学科"或穆斯林关于信仰《古兰经》及穆罕默德言行传述的宗教知识的总称，包括经注学、圣训学、教法根源学、教法学和教义学等分支学科。如上所述，在佛教里，佛教教义及其所表达的真理统称为佛法。佛法为佛教的"三宝"之一（其他两宝为"佛"和"僧"），其梵文为Buddhadharma，其本义仅意指佛陀所说的教法，但后来却被用来意指佛教的一切教义及其所表达的真理。佛教的教义教理既为佛法，也即关于"佛"的"法"，而"佛"既为"悟"，既为对"涅槃"这样一种神圣境界（即天台宗奠基人智𫖮所谓"不可思议境"或"圣境"）的体悟，则归根到底，也是一种关于"神"（尽管是一种非人格神，是一种神秘境界）的宗教理论或方法。

作为关于"神"的学说和理论的宗教教义和宗教教理一般来说主要包含神的存在问题、神的属性问题以及神与世界的关系问题等三个大的层面。对于宗教理论来说，最为紧要的要算是论证

---

① 在《神学大全》中，托马斯断言：自然神学在对象方面与启示神学相一致，但是在具体"认识方式"方面却与启示神学迥然有别。因为自然神学"是藉自然理性之光学得的"，而启示神学或"作为神圣学问的神学"却是"藉上帝的启示之光认知的"。前者本质上属于"哲学"，后者本质上属于"神学"。正因为如此，阿奎那不仅明确地称自然神学为"哲学之一部分"（pars philosophiae），而且还明确地将其作为"哲学之一部分"而与"作为神圣学问的神学"对置起来，宣称"作为神圣学问的神学同作为哲学之一部分的神学分属不同种类（differt secundum genus）的学问"。参阅托马斯·阿奎那：《神学大全》第1集，第1卷，段德智译，商务印书馆2013年版，第4—5页。

神的存在了。就基督宗教来说，至少从中世纪以来，系统论证神的存在就一直是它的神学的一项根本任务。早在11世纪，坎特伯雷大主教安瑟尔谟（Anselmus，约1033—1109）就提出了"关于上帝存在的本体论证明"；接着于13世纪，圣托马斯·阿奎那又提出了"关于上帝存在的宇宙论证明"；至18世纪，康德虽然否认理性论证上帝存在的可能性，但同时却又提出了著名的"关于上帝存在的道德论证明"；在当代，新托马斯主义的著名代表人物马里坦（Jacques Maritain，1882—1973）则提出了"上帝存在的直觉论证明"。系统论证神的存在不仅是信仰人格神的宗教的神学理论或宗教教义的一项基本任务和基本内容，而且也是信仰非人格神的宗教的神学理论或宗教教义的一项基本任务和基本内容。例如，无论是佛教的"四圣谛"和"八正道"，还是佛教的"十二因缘"和"三法印"，其实都可以看作是对"寂静涅槃"这样一种神圣境界或神秘境界的一种理性证明。因为这种"涅槃境界"之所以堪称"真如"，正是通过"诸行无常，诸法无我"与"十二因缘"等教理彰显出来的。"真如"在佛教中亦称"实相"、"真性"、"实性"、"真实"等。其中"'真'为真实，显非虚妄；'如'谓如常，表无变易。谓此真实，于一切位，常如其性，故曰真如"。[①]

神的属性问题是宗教教义和宗教教理中又一个重大问题。尽管各种宗教理论对神的属性作出了形形色色的规定，但有两点是共同的：一是强调神的自身存在（self-existence），一是强调神的无限性（infinity）。首先，神学家们都普遍强调神的自身存在。托

---

[①] 《成唯识论》卷九。

马斯·阿奎那的"关于上帝存在的宇宙论证明"之最后的理据正在于上帝存在是一种作为"纯粹存在"或"第一存在"的自身存在,是"我是我所是"。①佛教的基本教义,如"十二因缘"和"三法印"等,无一不在强调"圣境"之同现象世界的根本区别不是别的,正在于它超越了"无尽缘起"、没有自性的现象界,是一种自身存在。即使那些在宗教思想史上对传统神学持批判态度的思想家也往往以这样那样的形式肯认了神的自身存在的属性。例如,有无神论者称号的斯宾诺莎,曾把自己的"实体"称为"神",把世上万物称为"实体"的"样式"。宣称"实体不能为任何别的东西所产生,所以它必定是自因,换言之,它的本质必然包含存在,或者存在即属于它的本性。"又宣称:"实体,我理解为在自身内并通过自身而被认识的东西。""样式,我理解为实体的分殊,亦即在他物内通过他物而被认知的东西。"②第二,神学家们也都普遍地强调神的无限。基督宗教思想家们总是用全在、全知、全能、全善等形容词来规定神的属性。他们这样做,无非是想借以彰显神的"无限"属性。而由莱布尼茨首先加以系统论证的"神正论"

---

① 托马斯·阿奎那在论证上帝存在的自明性时指出:"对'上帝是什么?'这个问题以及对'上帝存在'这个问题,其答案都是一回事。因此,在上帝存在这个命题中,其谓词或者与主词相同,或者至少包括在主词的定义之中"(托马斯·阿奎那:《反异教大全》,第1卷,段德智译,商务印书馆2017年版,第89页)。他之所以反对安瑟尔谟关于上帝存在的本体论证明乃是因为他考虑到了人的有限性。因为由于我们的有限性而"不可能看到上帝本身",而只能"藉上帝所产生的结果"认识到上帝的存在。托马斯于是得出结论说:"上帝虽然超越所有感性事物和感觉本身,但证明其存在的推证却是以他的结果为基础的,而他的结果却又是感性事物。从而,我们知识的感觉起源也就适合于那些超感觉的事物了"(同上书,第97页)。

② 斯宾诺莎:《伦理学》,贺麟译,商务印书馆1981年版,第3、6页。

无疑也是对神的无限属性的一种理性辩护。① 当代存在主义神学—哲学家蒂利希（Paul Tillich，1886—1965）之所以反对把上帝称为存在者，其根本理据也正在于避免把上帝说成有限的东西，说成普通存在者。他曾经非常认真地强调说："绝对不能把上帝看作一种与其他存在者并存或高于它们的存在者。如果上帝是一种存在者，它就会受制于种种有限的，特别是空间和实体的范畴。"② 宗教学奠基人缪勒把无限视为神的根本属性。他在《宗教的起源与发展》中曾突出地强调了神的无限的属性。在他看来，他研读印度教的《吠陀》文献的最为重要的收获就在于，他惊奇地发现："在《吠陀》中的确有一位神，他就被称作'无边'或'无限'，其梵语之名为阿底提。"他还进而分析到："阿底提"来自词根"底提"和否定词缀"阿"。而"底提"作为动词，意为"捆绑"，其派生意义为"界限"，"底提"作为名词则意为"束缚"和"结合"。所以"阿底提"原意为无界的，无锁链的，非封闭的，无边的，无限的，无穷的。在他看来，不仅"无限感"或"无限观念"是"所有宗教的最重要的史前动力"，而且"无限者观念是全部宗教观念的基础"，整个宗教神学的历史，也就是一个人的主观才能不断地从有限走向无限的历史，从有限的自然物上升到无限的超自然物（神）的历史。③

---

① 莱布尼茨认为上帝和我们一样也是一个单子，或者说也是由单子组成的，区别就在于我们是有限的，而上帝是无限的。正因为如此，他常常把我们人称作一个"小神"。在《神正论》里，莱布尼茨在谈到上帝时，写道："不仅他的智慧，而且他的善和他的正义同我们的区别也仅仅在于它们比我们的无限完满"（莱布尼茨：《神正论》，段德智译，商务印书馆2016年版，第98页）。
② Tilich, *Systematic Theology*, London: SCM Press Ltd, 1978, p.235.
③ 参阅缪勒：《宗教的起源与发展》，第159—160、31、155、157页。

神与世界的关系问题也是宗教教义和宗教教理中的一个重大问题。在这个问题上，信仰人格神的宗教与信仰非人格神的宗教的理论取向很不相同。对于信仰人格神的宗教来说，神与世界的关系问题首先是一个创世问题。神对于世界的超越性首先表现在它与世界的关系是一个创造与被创造的关系。创世问题历来是基督宗教神学家关注和讨论的一个热门话题。按照基督宗教的教理，上帝不仅创造世界，而且还是"无中生有"，从无中创造世界。《圣经》的第一卷便是《创世记》。《罗马人书》也曾明确地讲："亚伯拉罕所信的"是那"使无变为有的神"。[①] 基督宗教神学家之所以强调上帝从无中创造世界，其目的在于彰显上帝的万能。因而上帝的创世问题在基督宗教中同神的属性问题是一个一而二、二而一的问题。正因为如此，基督宗教神学家们一而再再而三地强调和论证了上帝从无中创造世界的问题。早在公元前5世纪，柏拉图就在他的《蒂迈欧篇》里讨论和论证了神创造世界的问题。但是柏拉图的神创世说后来一直受到基督宗教神学家的批判。他们之所以批判柏拉图的神创世说，最根本的就在于在他们看来，在柏拉图那里神并不是真正的造物主，而只是一个建筑师（工匠）。因为按照柏拉图的观点，上帝是用业已存在的质料去创造世界的。这样，神就不是从无中创造世界而是从有中创造世界，更加确切地说是从有中按照理念的范式来塑造世界。著名的教父哲学家奥古斯丁在《上帝之城》等著作中，极其认真地批评了柏拉图的上述观点，强调指出，上帝既然是全能和绝对自由的，就根本无须现存的质料，完全可以从"虚无"中创造出世

---

① 《罗马人书》4：17。

界来。他还进而指出，柏拉图之所以犯下上述错误，其原因就在于他把神的创造力同人的创造力混为一谈了。托马斯·阿奎那在其《反异教徒大全》第 2 卷中针对柏拉图的观点，对"创造"概念作了新的界说，断言：创造不像人们所设想的那样是什么变化，创造根本不像变化那样需要一个先后的过程，"所谓创造，既不是变动，也不是变化"，"创造是刹那间的"，"上帝是这样一个活动主体，他是作为存在的普遍原因而创造万物的。因此，在他的创造活动中，他根本不需要任何事先存在的质料。"① 尽管近代自然神论对传统神学理论作了重大改革，但在强调上帝创世这一点上同传统神学却并无二致。诚然，当代过程神学确实对传统的上帝创世学说本身作出了新的诠释，但也并未从根本上取消上帝的创世问题。至于神对世界的管理或支配，无论在西方还是在东方，都有"运筹"、"天意"、"天命"或"天道"的说法（值得注意的是，在英文中，"providence"的基本含义是"运筹"而"Providence"则意指"上帝"，这更其说明了神对世界的管理与支配在宗教理论中的重要地位了）。② 此外，"奇迹"或"神迹"也是神管理或支配世界的重要表征。同信仰人格神的宗教不同，信仰非人格神的宗

---

① 托马斯·阿奎那：《反异教大全》，第 2 卷，段德智、翟志宏、吴广成译，商务印书馆 2017 年版，第 67 页。
② 托马斯·阿奎那在《神学大全》中指出："把运筹归于上帝是必要的。因为所有存在于事物之中的善，……都是由上帝创造出来的。……既然上帝是藉他的理智而成为事物的原因的，从而每一种结果的理据（rationem）也就必定事先存在于上帝之中，……则达到其目的事物秩序的理据也就必定事先存在于上帝的心灵之中，而旨在达到目的事物的理据，严格说来，就是运筹"（托马斯·阿奎那：《神学大全》第 1 集，第 1 卷，第 409—410 页）。《中庸》第 1 章也有"中也者，天下之大本也。和也者，天下之达道也。致中和，天地位焉，万物育焉"的说法。

教（如佛教）往往拒绝采用创世理论，同时也否认"神迹"问题。这是由它们的泛神论或内在神论的立场（即"一个世界"的立场）决定的。但是它们却并未完全取消非人格神对世界和人生的支配（如佛教中就有作为"世俗谛"的"十二因缘"以及"三世流转"学说）。至于近代西方自然神论，虽然取消了上帝（神）对自然的管理，但也肯认上帝是以莱布尼茨式的"前定和谐"的方式支配着自然界和人类社会的运动变化的。《论语·阳货》中有所谓"天何言哉？四时行焉，百物生焉，天何言哉？"这在一定意义上同近代西方自然神论的立场颇有几分类似。

## 第二节 宗教意识（下）：宗教情感与宗教经验

如上所述，宗教意识是信（宗教信仰）、知（宗教理论）、情（宗教情感）、意（宗教经验）的有机统一体。既然如此，在对宗教信仰和宗教理论作了初步的考察之后，接下去我们就应当来考察宗教情感和宗教经验了。

### 一、宗教情感

宗教情感是宗教意识的第二个因素。所谓宗教情感，无非是宗教信仰者特有的同宗教信仰、宗教观念相关的心理状态和心理过程。它在整个宗教体系里占有非常突出的地位。德国新教神学家弗里德里希·施莱尔马赫在宗教学界享誉甚高，一直有"西方近代神学之父"的美名。卡尔·巴特（Karl Barth，1886—1968）

甚至断言施莱尔马赫"会为每个时代而活着",赋予施氏的思想以一种超越时代的意义和价值。施莱尔马赫之所以在人类宗教思想史上能有这样高的地位,最为根本的就在于他把宗教情感提升为宗教的一个本质的因素。我们知道,在施莱尔马赫的时代,关于宗教信仰流行着两种主要观点。一种是"理论的(形而上学的)观点",以费希特为代表,宣称宗教即知识(尽管是一种最高的知识),把宗教理解为"一种思想方式"、"一种思考世界的特别方式";另一种是"实践的(伦理的)观点",以康德为代表,宣称宗教即道德,把宗教理解为"一种行动方式、一种特别的愿望、一种特殊的行为和品质"。施莱尔马赫认为,这两种观点的根本错误,在于把宗教归结为他物(知识或道德),使宗教本身成为一种可有可无的东西了。因为,就其本质而言,宗教既不仅仅是一种知识,也不仅仅是一种道德,而是一种独特的无止无休的"情感",特别是"对于某种截然不同于这个世界的力量或源泉的一种绝对的或彻底的依赖感"。① 当代宗教心理学家奥托则进一步批评了长期以来存在于宗教学界的把"神圣者"(the Sacred)化解为"至善",化解为一种绝对的道德属性的习惯做法,指出:无论在拉丁语、希腊语中,还是在闪米特语中,"神圣者"的原始意义和基本意义,都是意指"神秘的"或"既敬畏又向往的"(numinous)"情感"。② 他的《论"神圣"》一书的根本意图正在于剥离"神圣者"一词习惯用法中的"道德的因素"和"理性的外表",以昭示其作为情感载体的本来面目。汤因比(Arnold

---

① Friedrich Schleiermacher, *The Christian Faith*, Edinburgh: T. and T. Clark, 1928, p.18.
② 奥托:《论"神圣"》,第8页。

Joseph Toynbee,1889—1975)在其名著《历史研究》中也十分突出地强调了宗教所追求的真理与科学不同,因为它所追求的不是什么"理智的真理",而是一种"情感的真理"。①罗素(Bertrand Russell,1872—1970)虽然在《宗教与科学》和《为什么我不是基督徒》等著作中对宗教的社会功能持消极的态度,但在认定宗教主要地不在于"理智"而在于"情感"这一方面却同上述宗教思想家保持了大体一致的立场。

作为宗教信仰者所特有的同宗教信仰、宗教理论相关的心理状态和心理过程,宗教情感主要表现为宗教信仰者对"神圣者"所持存的强烈、无限的敬畏感、依赖感、安宁感和神秘感。首先是"敬畏感"。许多宗教思想家都曾把恐惧作为宗教情感的主要形态,甚至把它视为宗教得以产生的主要根源。法国"百科全书派"的领袖狄德罗(Dini Diderot,1713—1784)曾断言:如果"除去了一个基督徒对于地狱的恐惧,你就将除去了他的信仰。"②"百科全书派"的另一个重要代表人物霍尔巴赫(Holbach,1723—1789)在其著作《自然的体系》和《健全的思想》中也不止一次地断言,"恐惧"乃人类陷入宗教"迷误"的"滔滔不绝的来源"。③罗素在谈到宗教情感和宗教的社会功能时,也强调指出:"恐惧是整个问题的基础"。④"恐惧"作为宗教产生的一个来源虽然也许有些道理,但是,真正说来,单纯的恐惧并不构成宗教情

---

① 参阅汤因比:《历史研究》上册,曹未风等译,上海人民出版社1986年版,第74—75页。
② 《狄德罗哲学选集》,江天骥、陈修斋、王太庆译,生活・读书・新知三联书店1956年版,第38页。
③ 霍尔巴赫:《自然的体系》下卷,管士滨译,商务印书馆1964年版,第11页。
④ 罗素:《为什么我不是基督徒》,沈海康译,商务印书馆1982年版,第27页。

感的本质内容。因为如果恐惧为宗教情感的本质内容和根本特征的话，则小孩子甚至兔子就应该说是最有宗教情感了。正因为如此，各个宗教和许多现代宗教思想家都把"敬畏感"看作宗教情感的本质内容和根本特征。基督宗教《旧约圣经》中有"敬畏耶和华"者"便有福"的说法，①《新约圣经》中有"必须用心灵和诚实拜父"的说法。② 而且，基督宗教之所以把亚伯拉罕和约伯树为"样板"，归根到底，就在于他们两个对神充满了无限"敬畏"的情感。中国儒教一方面讲"畏天命"，另一方面又讲"敬字功夫"，所突出的也是一种"敬畏""神圣者"的宗教情感。③ 所谓"敬畏感"，顾名思义，乃一种既"畏"又"敬"的感情，因此内蕴着两个不同层面的意涵。其中首先是"畏"。"畏"与"惧"不同，因为"畏"的对象不是那些种外在的有形的东西。其次是"敬"，亦即"诚敬"，即对神圣者的无限虔诚的崇拜的心情或情感。在宗教情感中，这两个层面总是交织在一起的，离开了"敬"，宗教的"畏"便不复存在，同样，离开了"畏"，也就无所谓宗教的"敬"了。奥托的《论"神圣"》之所以在现代宗教学界享有崇高的声誉，一个根本的缘由就在于他在其中第一次十分明确又十分精当地刻画了这种宗教情感。他在他的这部著作中是用"numinous"来刻画宗教情感的。"numinous"这个词用得非常之妙，不仅把宗教的既"敬"又"畏"、"敬""畏"交织的复杂情感一下子全面地表达出来了，而且把宗教的"畏惧"（Trmendum，emat）同非宗教

---

① 参阅《诗篇》第 112 篇。
② 参阅《约翰福音》4：21—26。
③ 参阅《论语·季氏》及《朱子语类》卷 12。其中有"敬字功夫，乃圣门第一义"句。

的"恐惧"(Phobia, terror, fear, dread)一下子严格地区分开来了。①关于宗教敬畏感,还有一点需要说明的,就是它在很多场合,是同圣爱结合在一起的。因为没有对神圣者绝对无限的爱,是不可能对之始终保持极度"诚敬"态度的。这如果不是许多宗教把对神圣者的"爱"规定为宗教的第一信条或第一诫命的根本缘由,至少是根本缘由之一。②

宗教情感第二个重要的形态便是"依赖感"。所谓依赖感是指宗教信仰者的一种生存论态度,以神圣者为自己生存状态和生存活动的终极基础和最后支撑。基督宗教讲"信"、"望"和"爱"。其中,"望"意指的就是这样一种生存论态度和生存论立场。《约翰福音》第 14 章讲耶稣基督就是"道路、真理、生命","若不藉着"他,"没有人能到父那里去";《罗马人书》第 3—5 章讲"因信成义",讲"信靠主的必得胜";所有这些,突出的都是这种依赖感。伊斯兰教《古兰经》第 1 章讲"我们只崇拜你,只求你佑助,求你引导我们上正路",所表达的也是这样一种依赖感。佛教视"四圣谛"、"三法印"为唯一的人生"正道",以为舍此便不可能超脱人生苦海,进入"涅槃境界",所宣扬的也是这样一种宗教依赖感。其实,各种宗教都强调这种宗教依赖感是十分自然的。因为离开了宗教依赖感,宗教敬畏感就变得不可思议了。试想,如果人们缺乏宗教依赖感,不仅真实的宗教信仰失去了依据,而且宗教敬畏感也似乎变得无从理解了。因为这样一来,"宗教敬畏感"也就会因此失去"诚敬"的维度而蜕变成一种对外在事物的

---

① 参阅奥托:《论"神圣"》,第 16—23 页。
② 参阅《马太福音》第 22 章。其中强调指出:"你要尽心、尽性、尽意,爱主你的神。这是诫命中的第一,且是最大的。"

非宗教的"恐惧"了。正是在这个意义上,许多宗教思想家都以这样那样的方式非常突出地强调了宗教依赖感的宗教意涵。如上所述,施莱尔马赫极力把宗教还原为一种特殊的情感,但是他所强调的宗教情感,从根本上说正是我们这里所讨论的宗教依赖感。近代著名的人本主义思想家费尔巴哈(Ludwig Andreas Feuerbach,1804—1872)也曾强调指出:"人的依赖感是宗教的基础。"因为"只有依赖感才是表明和解释宗教的心理根源的唯一正确而普遍的名称和概念。"① 即使现代西方人本主义神学家蒂利希之视宗教为"终极关怀",从一定意义上说,也是立足于宗教依赖感的。

宗教情感的第三个重要形态为宗教的神秘感。所谓宗教神秘感,本质上属于一种"神人直面"、"神人合一"状态下的宗教情感。詹姆斯在其著作《宗教经验之种种》中曾把它界定为"个人消除一切界限而与绝对融为一体"状态下的情感和体验,并视之为宗教情感和体验的"中心"和"实质"。② 凡宗教情感都带有一定色彩的神秘感。这首先是因为宗教情感所关涉的对象本身既然具有无限的属性,既然全在、全知、全能、全善,则势必具有某种不可思议、不可言说的神秘性。宗教的神秘感之所以为宗教情感的一个重要形态,还有一个更为根本的缘由,这就是:宗教生活的本质特征、宗教生活的主要目标乃至终极目标正在于宗教信仰者同神圣者的神秘合一。西文"宗教"(religion)一词源于拉丁文"religio"。"religio"这词在拉丁语中有不同的来源,在其诸多来源中有一个为"religare",而"religare"的基本意涵便是"结

---

① 《费尔巴哈哲学著作选集》下卷,荣震华、王太庆、刘磊译,商务印书馆1984年版,第533、437页。

② 参阅威廉·詹姆斯:《宗教经验之种种》,第376—417页。

合"、"合并"和"固定",意指神人之间的结合与和好。罗马修辞学家拉克坦提乌斯(Letters of Lactantius,约240—约320)在其著作《神圣制度》中、奥古斯丁在其著作《论灵魂的数目》中都曾使用过"religare"来表述"宗教"。也许正因为如此,西方宗教,包括基督宗教和伊斯兰教,都十分强调这种神秘感。例如基督宗教的《圣经》中就曾强调:基督徒不仅要在耶稣基督"死的形状上与他联合",而且也要在耶稣基督"复活的形状上与他联合"。人不应当成为"属肉体的",而应当成为"属圣灵的"或"属基督的"。而所谓"属圣灵的"或"属基督的",其基本含义即是"基督存活在一个人的心里"。指出,"基督若在你们心里,身体就因罪而死,心灵却因义而活。"① 这就把基督宗教的神秘感鲜活地展现出来了。不仅西方宗教注重宗教的神秘感,而且东方的宗教也是如此。印度宗教中有所谓"神圣大我"(阿特曼)以及"梵我一如"或"梵我不二"的说法;佛教中有"诸行无常,诸法无我,寂静涅槃"的说法;中国儒教中有所谓"事天"、"同天","同胞物与"以及"一体之仁"的说法。所有这些都说明东方宗教同样有浓重的神秘感。

　　宗教情感的第四个重要形态为宗教的安宁感。② 宗教的安宁感在宗教情感中不是孤立存在或孤立出现的,而是同宗教的神秘感相伴而生的。既然宗教神秘感的最高形式在于同宗教信仰者同神圣者的"合一",则宗教安宁感之伴随宗教神秘感产生便是一件再自然不过的事情了。因为宗教信仰者之所以对神圣者还有一种敬

---

① 《新约圣经·罗马人书》6:1—14,8:1—11。
② 吕大吉曾视宗教的安宁感为宗教情感的一个重要形态。参阅吕大吉:《宗教学通论新编》,第270—271页。

畏感或依赖感,最根本的就在于宗教信仰者在自己与神圣者之间拉开了一定的精神距离,从而使神圣者对宗教信仰者得以保持一种超越的姿态或形象。现在,既然人神合一,则宗教信仰者同神圣者之间的精神距离便被消泯了,神圣者对宗教信仰者的超越姿态也随之化解了,宗教信仰者对神圣者的恐惧感乃至敬畏感和依赖感也自然而然地因此而提升或转换成宗教的安宁感了。正因为如此,各大宗教在强调宗教的神秘感的同时,也都以这样那样的形式强调了宗教的安宁感。例如,基督宗教的《圣经》视"安然居住,得享安静"为一条极其重要的"箴言",不仅把信徒的"得救之地"或"理想归宿"称为"有主之地",而且还称之为"安静之地",甚至"有夫之妇"。① 至于东方宗教,甚至把宗教的安宁感放到了更其突出的地位了。例如,佛教既然把"寂静涅槃"视为"圣境",则它之强调宗教的安宁感便不言自明了。

## 二、宗教经验

宗教经验或宗教体验是宗教意识的第三个因素。所谓宗教经验无非是宗教信仰者基于宗教情感的神秘的主观体验或经历。宗教经验或宗教体验在宗教意识中,甚至在整个宗教构成中,占有非常突出、非常特殊的地位。因为在一个意义上,宗教经验不仅构成了整个宗教意识的基础,而且在一定意义上也是宗教诸要素的成因。詹姆斯在其《宗教经验之种种》中曾突出地强调了个人

---

① 参阅《以赛亚书》62:4。其中写道:"你不必再称为撒弃的。你的地也不再为荒凉的。你却要称为我所喜悦的。你的地也必称为有夫之妇。"也请参阅《箴言》1:32—33。

宗教经验对于宗教产生的重要性，断言：倘若没有个人的宗教经验，就根本不可能有什么制度性宗教。他例证说，倘若没有穆罕默德的"山洞受圣"的神秘经验，就根本不可能有伊斯兰教的信仰、教义和教理，从而根本不可能有什么伊斯兰教。同样，倘若没有乔达摩·悉达多"菩提树下，大彻大悟"的宗教体验，也就根本不可能有佛教的信仰、教义和教理，从而也就不可能有什么佛教。①

当然，真正说来，东西方宗教的经验形态还是有些差异的。所谓西方宗教，我们这里主要意指的是一种信仰人格神的宗教，如犹太教、基督宗教和伊斯兰教等；所谓东方宗教，我们这里主要意指的是一种信仰非人格神的宗教。一般来说，信仰人格神的宗教的经验是一种如奥托所描述的经验，即那种直接面对"全然相异者"的经验，那种比较纯粹形态的"既敬畏又向往的经验"（the numinous experience）；而信仰非人格神（如"无德之梵"和"无象之道"或"无言之天"等）的宗教的经验则有所不同，它虽然有时也采取"既敬畏又向往的经验"的形态，但却常常一开始就是无意象的，非二元化的，"一片空灵"的，充满哲理性智慧的，因而可以说是一种"内省慧见式的经验"。②但是，无论属于何种形态，宗教经验都是宗教意识中一项不可或缺的内容。

宗教经验虽然属于宗教意识但却具有区别于宗教意识其他形式的一些特征。宗教经验的特征首先表现为"突发性"。宗教的

---

① 参阅詹姆斯：《宗教经验之种种》，第378—411页。
② 参阅秦家懿、孔汉思：《中国宗教与基督教》，吴华译，三联书店（香港），1989年，序Ⅴ、第95—98页；也请参阅张志刚：《走向神圣》，人民出版社1995年版，第129—132页。

神秘经验虽然同宗教信仰者长期修炼有关，虽然是宗教修炼者梦寐以求的事情，但却不是这种修炼的自然的和渐进的结果，而是某个过程的突然爆发。相传，穆罕默德40岁时曾独自到麦加城郊希拉山的一个小山洞潜心修炼。很长时间，一无所获。但一天夜间，他获得了宗教经验，"突然心地光明"，恍惚中见到安拉派了天使长哲布勒伊来向他传达神谕，并首次向他"启示"了《古兰经》的真谛，从而"受命为圣"。乔达摩·悉达多的宗教经验似乎更为典型。据说他29岁时便出家修行。他出家后先到摩揭陀国跟随数论派的先驱者阿逻罗·迦罗摩和郁陀迦·罗摩子修习禅定，后来又到尼连禅河旁伽舍（门者）山深林处从事苦行修炼。前后六年之久似乎仍然于事无补。此后，他又到菩提伽耶著名的菩提树下，结跏趺坐，默思人生真谛。一日，霍然"心地光明"，大彻大悟。宗教经验的第二个主要特征是它的"短暂性"。神秘的人神相契的宗教经验持续时间不会太长，往往是一瞬间，至多持续一两个小时。一旦宗教信仰者转入清醒状态，他的神秘状态也就跟着消逝了。例如，无论是穆罕默德在山洞里的"受命为圣"，还是乔达摩·悉达多"菩提树下"的"顿悟"，都是在比较短的时间之内完成的。神秘的宗教经验的第三个特征在于它的"不可言喻性"或"不可言传性"。宗教心理学家詹姆斯曾强调指出："这种神秘的主体内容一开始就表明，它不可表达，以至于无法用语言将它的内容作出非常恰当的报告。"[①] 宗教经验的不可言喻性或不可言传性不仅说明了宗教经验的神秘性和非理性（下面我们将要谈到），而且也说明了宗教经验的个人性或私人性。神秘的宗教经验

---

① 参阅詹姆斯：《宗教经验之种种》，第377页。

的第四个重要特征是它的主观性或意向性。人类经验虽然形形色色，但大体上可以划分为两类，即"意向性的经验"和"非意向性的经验"。宗教经验是一种意向性的经验，它的意识对象实际上是人的某种主观观念的对象化，用希克的话来说，是人类精神的一种投射。人类精神的这种投射也不是完全随意的，而是以人的长期的生存体验以及宗教信仰者的长期修炼为基础和前提的。神秘的宗教经验的第五个特征是它的"被动性"。虽然人们可以通过种种有意识的活动促进宗教经验的生成（这些活动也不一定每每奏效），但一旦宗教信仰者进入这种经验状态，其主体意志便往往即刻丧失，处于一种"不能自已"的状态。神秘的宗教经验的第六个特征在于它的神秘性。神秘性是宗教经验同非宗教经验的一项根本区别。奥托在其著作《论"神圣"》中经常把"神秘"看作"神圣"或"神性"（numen）的同义词。这是很有深义的。因为，在一定意义上，我们可以说，没有神秘性的宗教经验是不存在的。宗教经验的神秘性同宗教经验的其他特性是密不可分的。宗教经验的突发性、短暂性、不可言喻性或不可言传性以及被动性可以说都在不同程度上体现了宗教经验的神秘性，从一定意义上都可以看作是宗教经验的神秘性的派生形式。宗教历史上的宗教神秘主义，如基督宗教中埃克哈特的神秘主义和伊斯兰教中苏非派的神秘主义等，尽管有把宗教经验的神秘因素泛化的趋势，但在突出和强调宗教经验的神秘性方面还是功不可没的。

宗教经验虽说具有上述突发性和被动性等特征，但也并非完全无规则可循，宗教经验的发生还是需要一定的机缘和条件的。宗教理论修养以及在宗教理论修养基础上的"体悟"是宗教经验产生的重要条件之一。通过理论修养，转识成智，使虔诚信仰化作宗教情感，生发出宗教体验，这种现象在世界各宗教中是相当普遍的。婆罗门教"四行期"中的第一个"行期"是"梵行期"，佛教最基本的修习方法是"戒、定、慧"，强调"定慧并重，止观双修"，伊斯兰教把"念功"作为"五功"中的"首功"，这些都说明世界各大宗教都把宗教理论修养看作提升人生境界实现人神合一的极其重要的事情，甚至是件头等大事。

宗教经验产生的第二个重要条件或机缘在于潜心修炼，道德净化。世界各大宗教普遍重视道德净化和潜心修炼，把它们看作获得救赎或解脱，实现神人相契神秘经验的重要途径。印度婆罗门教的"四行期"除"梵行期"和"家住期"外还有"林栖期"（Vanaprastha）和"遁世期"（Sannyâsin），佛教讲"三学"，讲"戒"、"定"、"慧"，显然都把潜心修炼和道德净化视为"神人相契"宗教经验状态的首要条件和根本途径。中国的道教不仅讲"外丹术"，而且还讲"内丹术"。所谓"内丹术"，无非是道教徒进入神秘的宗教经验状态，达到"羽化登仙"的内修方法。不仅持泛神论或内在神论的东方宗教注重宗教修炼，而且即使持超越神论的西方宗教也注重宗教修炼，并同样把宗教修炼视为获得宗教经验的重要途径。犹太教中有所谓"哈西德"（希伯来文为 Hasid）运动，就曾提出过一套通过祈祷和沉思冥想达到同上帝建立联系的方法。中世纪基督宗教中曾出现过神秘主义的通神学。这一神秘主义传统虽然分成两派：一派是以波那文都（Bonaventura，1221—1274）为代表的拉丁系神秘主义，另一派是以埃克哈特（Meister Johannes Eckhart，1260—1327）为代表的日尔曼系神秘主义，但却具有如下共同的主张：基督宗教信徒可以通过爱神和凝神，进入圣洁的人神不分或心醉神迷的状态，产生与神合一的神秘知觉。以苏非派为代表的伊斯兰教神秘主义为了获得宗教经验，达到与真主合一的目的，曾先后提出过"神秘的爱"（称安拉为"恋人"）、"神智"、"入神"、"连祷"等修行方法。

　　生理转折时期或"边缘处境"状态也是信徒进入神秘的宗教经验的一个重要契机。一个人恋爱、结婚、怀孕、生产、大病和临终，都可能构成他获得宗教经验的机缘或"刺激源"（拉斯基语）。这是因为一个人当其处于这样一些生理转折的重要时期，情绪往往起伏很大，呈现出大喜大悲的心理状态，在精神上往往极度紧张，从而萌生出超凡入圣的意境或神人合一的意象，涌现出"令人战栗的神秘感"，亦即进入宗教经验的状态。例如，存在主义哲学先驱帕斯卡尔的宗教经验就曾同他的一次疾病奇迹般地痊愈有关。据说这次圣恩对他的影响极其强烈，以致他身不由己地把这场经验记了下来，并把它缝进了自己的衣服里，仿佛这是他的一个秘密，必须尽可能地把它紧紧珍藏，永志不忘。这次来自天国的闪电对帕斯卡尔来说，显然属于生命本身而非理性神学的层次，并且使他把余生完全献给了宗教。帕斯卡尔的另一次同样强烈的宗教体验是同他身处死亡这一极端的边缘处境有关。一天，他正沿着塞纳河驱车前行时，他的马车突然转向，离开道路，车门蓦地开了，帕斯卡尔一下子被掀了下去，几乎摔死在河堤上。这次切身事故的任意性和突然性对他成了另一道启示的闪光，使他开始把虚无看作一种可能性，而且是一种随时都可能变为现实的可能性。[①] 不仅个人面临边缘处境时容易产生宗教经验，而且，

---

[①] 参阅威廉·巴雷特：《非理性的人》，段德智译，陈修斋校，上海译文出版社 2007 年版，第 122—124 页。

在特定的社会条件下，当一个社群面临边缘处境时也有可能产生集体的宗教经验。这种生存危机崇拜的例子，在残存下来的比较原始的部落里还可以模糊地看到。加里·特朗普在其《宗教起源探索》中所谈到的"维拉拉癫狂"（Vailala Madness）可以说就是一个典型例证。巴布亚地区有一个民族叫埃列马人，由于他们不堪忍受白人侵略者对他们传统生活方式的摧残，从1919年起开始出现了所谓"维拉拉癫狂"现象。人们看到大批大批的埃列马人猛烈地摇摆身体，摔倒在别人身上，转动眼珠，说奇怪的语言。在东埃列马的一个叫做卡沃拉的村子里，当一群村民看到两个人从远处向他们跑来并高喊"来了！"时，在几秒钟内所有的成年人都采取了一种奇怪的姿势：站得笔直，双脚跟靠在一起，双手放在背后，好像手腕被捆住一样。他们的表现就像挣扎中的囚犯。这种姿势以及明显的挣扎持续了20—30分钟，村民们不断地跌坐在地上，然后往前挪动，好像脚踝和手腕仍旧被捆住，之后他们的眼里出现了一种奇特的热切的目光。一会儿以后他们便在卡沃拉附近地方匆匆忙忙跑来跑去，注意收听蟋蟀的叫声（传统上被认为是祖先灵魂的声音），然后匆匆跑回他们简陋的房屋，似乎希望收到什么信息似的。他们这种热切的情绪持续了好些日子，不吃不喝，一天天瘦下去，脸色苍白。这一现象被看作是祖先灵魂附身所致。[①] 此外，使用药物、饮用烈酒也是促成宗教经验产生的一个重要机缘。饮用烈酒，吞食龙舌兰、大麻叶之类的药物，往往使食用者的身体发生生理化学变化，从而引起心理上、情绪上的剧烈反应，程度不同地进入催眠状态，进入宗教幻想境界，产

---

① 参阅加里·特朗普：《宗教起源探索》，第166—168页。

生出神人合一、解脱尘缘、羽化登仙之类的宗教经验。这是一种古老的、原始人类早就曾尝试过的催生宗教经验的方法。但是，即使人类进入了文明社会，一些宗教团体或个人依旧沿用这一传统方法。

## 第三节　宗教行为

现在，我们来谈宗教行为这一宗教的第二个要素。一如宗教信仰和宗教理论同宗教经验之间是一种互存互动的关系一样，宗教行为同宗教意识之间也是一种互存互动的关系。一方面，从宗教行为的生成机制看，宗教行为是宗教意识的外在化，是信仰主体所具有的宗教意识的外在表现（一种最为直接的外在表现形式）；另一方面，从宗教行为的功能看，宗教行为又是宗教组织向信徒灌输宗教观念，强化信徒的宗教意识，促成宗教意识内在化的一个极其重要的手段。宗教行为是一个极其宽泛的范畴，从一定意义上，我们可以说一个宗教信徒的所有行为都具有宗教行为的意义。但是，如果从一个比较专门、比较严格的意义上，我们可以把宗教行为归纳为巫术、宗教禁忌和戒律、宗教礼仪、宗教节庆和宗教修炼等几个主要表现形式。下面，我们就来依次概述这几个主要表现形式。

### 一、巫术

巫术是一种普遍存在于世界各地区和各民族的准宗教行为。

我们知道，英国著名的宗教人类学家泰勒1872年在其《原始文化》中创立了"万物有灵论"之后，虽然得到了不少学者的响应，但也遭到了一些学者的反对，特别是遭到了主张"前万物有灵论"的学者的反对。所谓"前万物有灵论"，是说在原始人信仰万物有灵之前便已经有了某种更为原始的宗教形式，这就是对"巫术"或"巫力"的信仰。宗教人类学家弗雷泽1900年在《金枝》的第二版中在阐述人类理智发展三阶段时明确地提出巫术先于宗教的观点；断言：原始人在巫术阶段尚未有精灵或神明的观念，而相信可用巫术手段来控制超自然力，只是到了后来，随着人类理智的进一步发展，认识到巫术之无用，才开始诉诸于超自然的神灵，于是才有了宗教。另一个宗教人类学家马雷特也认为在原始人产生灵魂观念和相信万物有灵之前就已经开始相信某种"神秘的"、"超自然的""巫力"，并对之产生"敬畏"的情感。而处于氏族—部落社会阶段的美拉尼西亚人的"玛纳"崇拜不过是这种巫力崇拜的一个典型形式而已。不管"前万物有灵论"者的这些主张是否真正站得住脚，他们对原始部落的人类学考察都告诉了我们，即使在人类社会初期，巫术就构成了人类宗教行为的一个极其重要的形式。

巫术不仅在西方原始宗教中占有突出的地位，是一种极其重要的宗教行为，而且在我国古代宗教和宗教行为中也占有十分突出的地位。我国古代有一种专门从事鬼神活动的宗教职业者，"在男曰觋，在女曰巫"（《国语·楚语下》）。《书·伊训》说："敢有恒舞于宫，酣歌于室，时谓巫风。"疏曰："巫以歌舞事鬼，故歌舞为巫觋之风俗也。"这种以"接神"和"咒语"为主要内容的"巫术"，显然是一种原始的宗教行为。不仅如此，我国古代花样繁多的占卜、方技、术数、谶纬等也是我国古代宗教行为的主要形式。

作为一种准宗教行为，巫术大体可以分为两种：一种为"模仿巫术"，一种为"接触巫术"。模仿巫术也称为"模拟巫术"或"顺势巫术"，贯穿其中的是所谓"类似法则"或"相似律"，即认为只要对类似的事物实施巫术就可以达到预期的目的。例如，北美印第安人如果欲加害某一个人时，就把他的像画在沙子或泥土上，然后用棍子或其他利器刺它。或者按照那仇人的模样制作一个小木偶，然后用针刺入其头部或心脏。他们认为，当他们这样做的时候，所诅咒的仇人的相应部位就会立即感到疼痛。倘若想马上杀死自己的仇人，便可以边念咒语，便将这个木偶烧掉或埋到地下。马来人也很相信模拟巫术。① 模拟巫术在我国古代和民间也很盛行。例如，我国彝族在举行诅咒仪式时，常扎一个草人来代表敌人和鬼，然后对这个草人加以咒骂打杀，认为这样一来便可以达到损害或消灭仇人的目的。接触巫术，也称"感染巫术"，贯穿接触巫术中的是所谓"接触法则"或"传染法则"，认为只要对该对象接触过的物体施行某种巫术即可以达到预期目的。例如，如果要加害于某个人，只要对他手上剪下来的一个指甲甚至他头上掉下来的一根发丝或他身上穿过的衣服施行法术，就可以达到加害于他的目的。这种巫术在世界各地都很流行。弗雷泽在其著作《金枝》中曾根据丰富的资料指出：这类巫术不仅在美拉尼西亚和美洲的原始人类中非常流行，即使在英国和德国的民间社会也是如此。按照普鲁士人旧俗，如果抓不到盗贼，如能找到

---

① 参阅弗雷泽：《金枝》，徐育新、汪培基、张泽石译，汪培基校，大众文艺出版社1998年版，第19、21—22页。

他的衣服，把他的衣服痛打一顿，他也会感染疾病。接触巫术不仅在西方流行，而且在东方，在我国也很流行。我国彝族就有所谓"埋魂"巫术，以为只要将仇人的头发或穿过的衣物等埋葬，就可以将他置于死地。在我们所列举的上述例证中，差不多都是以害人为目的的。其实，巫术并非都是以害人为目的，也有以行善为目的的。正因为如此，有人曾把巫术分为"生产巫术"、"保护巫术"和"破坏巫术"以及"黑巫术"和"白巫术"。其中，生产巫术旨在弥补人们生产技能的不足，保证生产过程的顺利进行，是一种积极的巫术。保护巫术和白巫术是以行善为目的的。只有"破坏巫术"或"黑巫术"才是以害人为目的的消极巫术。我国历史典籍中不仅把"邪术"和"魔法"同普通的"方术"和"法术"区别开来，而且在注释"艺术"一词时，把"书、数、射、御"合称为"艺"，把"医、方、卜、筮"合称为"术"（《后汉书·伏湛传》），一些典籍中甚至还有"巫医"并称的做法（《论语·子路》）。这些都说明巫术不仅是世界各宗教中普遍存在的宗教行为，而且对它的社会功能也当作具体的分析。

巫术中所体现出来的宗教行为同较为成熟的宗教中的宗教行为还是有些区别的。弗雷泽在《金枝》中就曾说过："我说的宗教，指的是对被认为能够指导和控制自然与人生进程的超人力量的迎合或抚慰"；从而，"宗教包含理论和实践两大部分，就是：对超人力量的信仰，以及讨其欢心、使其息怒的种种企图"。巫术则不然，它企图"用适当的仪式和咒语来巧妙地操纵这种力量"，"强迫或压制这些神灵"。[①] 这样它们在对待神灵或超自然力量的态

---

① 参阅弗雷泽：《金枝》，第 77 页。

度上就表现出了两种截然相反的立场：宗教对超自然力量持一种"卑躬屈膝"的"敬畏"态度，而巫术则对之采取一种"妄自尊大"的"狂妄"态度，企图通过某种手段控制和支配自然力量为己所用。但是，无论如何，巫术同宗教还是具有许多相似之处的。例如，无论是巫术还是宗教，都相信超自然、超人间力量的存在，并力图借助于这种力量来实现人类力所不及的各种需要和精神自由。因此，那种把巫术同宗教完全对立起来的做法是不恰当的。黑格尔曾经把巫术或法术理解为"宗教的最初形态"和"直接的宗教"，或许是一种比较恰当的做法。黑格尔之所以把巫术视为"直接的宗教"，是因为在黑格尔看来，巫术和其他形式的宗教一样，都是强调精神要高于和驾驭自然，都是追求精神的自由，但是巫术与宗教不同，不是通过"绝对意志"，通过"客观精神"来实现精神的超越和自由，而是通过"个人意志"和"主观的自我意识"来实现精神的超越和自由的。[①] 如果从黑格尔的这一立场看问题，则一方面，巫术无疑是一种宗教行为，另一方面巫术是一种比较原始的或"始初"的宗教行为（即使一些现代人也依然以这样那样的方式进行这样的宗教活动）。因此，我们在考察了巫术以后，还必须进而考察一些属于高级形态的宗教行为。

## 二、禁忌与戒律

如果说巫术是一种准宗教行为的话，则禁忌和戒律所关涉的便可以说是一种严格意义上的宗教行为了。禁忌和戒律是宗教意

---

① 参阅黑格尔：《宗教哲学》（上），第 207—242 页。

识在宗教行为方面的消极表现，是对宗教行为的否定性规定。

禁忌，顾名思义，是禁止、忌讳之意，是要宗教信仰者不接触某些对象，不从事某些活动的种种规定。它是一种可以说是同"神"的观念或"神圣"观念同样古老的宗教现象。英国宗教学者罗伯特森·史密斯在其名著《闪米特人的宗教》中以大量的人类学材料解说了这一观点。他指出，神圣一词源出闪族语，含有"分离"的意思。因此，神圣观念即"禁止"的观念，神圣的事物是禁止人们随意使用和处置的事物；禁忌是一些同神的观念或神圣观念密切相关的规定，在人类历史上差不多和神的观念或神圣观念同步产生。史密斯还指出：在古代人关于神圣物的观念中，有两类事物：一是崇高洁净的事物，是为洁净的神圣；一是污秽不洁的事物，是为不洁的神圣。古人对这两类事物都作出了规定，不准任意处置。他们坚信，倘若违反这些规定，就会遭到超自然力的灾难性惩罚。于是，宗教禁忌就产生了。

宗教禁忌门类很多，我们可以从宗教行为的角度把它们区分为以下三类，这就是语言禁忌，活动禁忌（或作业禁忌）和饮食禁忌。首先是语言禁忌。所谓语言禁忌，是说"在神圣对象、神圣场所、神圣时间内，禁止说污秽不净、亵渎神明的言词，或不吉利的话，非说不可的术语常用谐语或隐语代之，以避其讳。"① 例如，犹太教神本来叫做雅赫维（在希伯来文《圣经》中写作 JHWH），犹太教禁呼其神名，读经时以希伯来文"阿特乃"（adhonay，意为"吾主"）代之。后来基督宗教神学家误把 adhonay 一词中的元音嵌入 JHWH，乃读成"耶和华"，这在基督

---

① 吕大吉：《宗教学通论新编》，第 234 页。

宗教中竟沿袭至今。更有甚者,《旧约圣经》中还有"不可妄称主耶和华的名"的语言禁忌。我国贵州的彝族,在请巫师驱鬼时,不允许说"鬼"一词,而以他词代之,以免鬼听见后前来加害。我国鄂温克族以熊为其图腾动物,因此在打猎时不准任何人说熊是"我们"打死的,要说是别的民族打死的。而且在熊死以后,不能说熊"死"了,而只能说熊"睡觉"了。

活动禁忌或作业禁忌在世界各宗教中也很普遍。例如,《圣经》就规定:对献给耶和华的祭物,要在献的第一天和第二天吃,若有剩到第三天的,就必须用火焚烧掉。如若再吃,"就为可憎恶的,必不蒙悦纳","必从民中剪除"(《圣经·利未记》19)。太平洋波利尼西亚群岛土著人有所谓"塔布"(taboo 或 tabu)的习俗,明确禁止普通人接触某些人、物或地点,如酋长、祭司、巫师、行经中的妇女、尸体、宗教仪式场所或神灵使用的圣物等。凡是违禁接触禁忌对象者,都必定会使本人或氏族罹祸,需要用特殊的宗教仪式消除灾祸。新几内亚的土人编织渔网如未完成,则不能出屋,不许有性行为;狩猎时,领头的人不能沐浴,不能睡眠,不能说话,发令时则使用模拟的姿势。我国民间一直有"忌日"的习俗,以为人们种庄稼、出门办事都要极力避开忌日。

在饮食方面世界各宗教也有不少禁忌。犹太教的饮食禁忌在《圣经》的《利未记》中有非常具体的规定。例如,在走兽方面,它规定不可以任何方式吃不反刍的动物、蹄没有分两瓣的动物以及"倒嚼不分蹄"的动物(如骆驼、蹄兔等)和"蹄分两瓣,却不倒嚼"的动物(如猪等)的肉。在水生动物方面,它规定"凡在海里、河里,并一切水里游动的活物,无翅无鳞的,你们都当以为可憎","不可吃它的肉"。在雀鸟方面,"你们当以为可憎、不可吃的"有雕、小鹰、乌鸦、鸵鸟、猫头鹰与蝙蝠等。在爬行动物中，"凡是有翅膀、有四足的"，如蜥蜴、壁虎等，"你们都当以为可憎"。关于水果，三年之内"未受割礼的"，"是不可吃的"。而"第四年所结的果子全要成为圣，用以赞美耶和华"。只有到了第五年，那树上的果子才可以吃。① 基督宗教在饮食方面比犹太教要开放得多，但也有一些规定，如在其历史上曾有过在"四旬节"、"祝祷日"、"祈祷日"禁食的规定。伊斯兰教所规定的饮食禁忌有很多源自犹太教的禁忌规定，但在禁止饮酒方面却比犹太教严厉得多。中国佛教不仅有"不饮酒"的规定，而且还有"不吃肉"的规定。

宗教诫命和戒律是宗教禁忌的升华、规范化和条文化，是宗教行为的理论纲要。不同的宗教有不同的宗教诫命和戒律。在犹太教和基督宗教中除"摩西十诫"外，② 还有不少诫命。《马太福音》在谈到"律法上的诫命"时，就曾借耶稣基督的口说道："你要尽心、尽性、尽意，爱主你的神。这是诫命中的第一，且是最大的。其次，也是相仿，就是要爱人如己。这两条诫命是律法和先知一切道理的总纲。"③ 事实上，不仅《旧约圣经》中有"律法书"(《创世记》《出埃及记》《利未记》《民数记》和《申命记》)，而且犹太教还有专门的律法著作：首先是在口传"托拉"

---

① 参阅《利未记》11：1—38；19：23—25。

② 参阅《出埃及记》20：1—17。其中写道："除了我以外，你不可有别的神。不可为自己雕刻偶像，也不可作甚么形象，……不可妄称耶和华你上帝的名。当纪念安息日，守为圣日。……当孝敬父母，不可杀人。不可奸淫。不可偷盗。不可作假见证陷害人。不可贪恋人的房屋，也不可贪恋人的妻子、仆婢、牛驴，并他一切所有的。"

③ 《马太福音》22：34—40。

（torah）基础上编撰而成的《密西拿》（mishnah），其次是在《密西拿》基础上结集而成的《塔木德》（tamudh）。伊斯兰教也有专门的"教法学"，为穆斯林神学的一个重要分支。佛教有"三藏"（经藏、律藏和论藏）之说，其中律藏就是关于佛教戒律的著作集。在佛教中，"戒"与"律"不同。"戒"（Jila）本意为"惯行"，后转义为"行为"、"习惯"、"道德"、"虔敬"等。虽然广义地说，戒有"善戒"和"恶戒"之分，但佛教通常作善戒、净戒使用，旨在使所有的佛教徒（出家的和不出家的）"防非止恶"。"律"（Vinaya）意为"调伏"、"灭"等，主要是对佛教出家僧尼制定的禁戒。我国道教也为道士修道成真制定了许多必须遵守的戒条和法规。

## 三、宗教礼仪

宗教礼仪与宗教禁忌和宗教戒律虽然同为宗教行为的重要内容，但与宗教禁忌和宗教戒律也有明显的差异。一方面，它不是像宗教禁忌和宗教戒律那样主要地规定宗教信徒不应当做什么，而是规定宗教信徒应当做什么，是对宗教信徒行为的正面的、积极的和肯定性的规定。另一方面，它不再像宗教禁忌和宗教戒律那样，是对某一类单个的宗教行为的具体规定，而是对宗教信徒一系列宗教行为的规定，是对宗教禁忌和宗教戒律的程序化、规范化和制度化。正因为如此，许多宗教学家都非常重视宗教礼仪，把它看作宗教行为乃至整个宗教的本质内容。宗教社会学家杜尔凯姆极其重视宗教礼仪在宗教中的地位和作用，把它看作宗教现象的两个基本范畴之一，宣称"宗教是一种与既与众不同、又不可冒犯的神圣事物有关的信仰与仪轨所组成的统一体系"。① 而英国宗教人类学家罗伯特森·史密斯更进一步提出了"礼仪先行论",把宗教礼仪看作是"古代宗教的全部内容"。因为,在史密斯看来,人类最早出现的宗教,其全部内容和根本目标在于同神建立交往关系的行动。这样,在"行动在先"的原始时代,宗教就"不是一套附有实际应用方法的信仰体系",而是"一套固定的传统行动","每一个社会成员都把它作为理所当然的事情来遵从"。②

根据宗教礼仪的活动手段和行为主体,我们可以把宗教礼仪的主要形式分为下列三种:献祭、礼拜和忏悔。献祭是一种"以物(包括人的肉体)事神"的宗教礼仪。这是一种非常古老又非常普遍的宗教礼仪,在古代宗教中非常盛行。《旧约圣经》第一卷《创世记》中就载有"挪亚筑坛献祭"和"亚伯拉罕以爱子以撒作为祭物燔祭上帝"的故事。民间佛教有向佛或菩萨奉献祭品的传统。我国古代更盛行祭天地、祭鬼神、祭祖宗的献祭活动。所谓献祭,简言之,就是献祭品给神。祭品或供品有轻有重,往往视神的等级和献祭者的身份而定。就祭祀的供品看,有仅用普通水果食品的,也有用牲畜的,甚至还有用人的肉体的。一般来说,仅用普通水果食品的,是档次最低的一种。用牲畜作祭品的,则是比较高级的献祭形式。我国古代有"无牲而祭曰荐,荐而加牲曰祭"的说法,对这两种献祭方式作了分别。即使加牲,也有"太牢"和"少牢"的区别。少牢只有两牲:羊、豕。太牢则有三牲:牛、羊、豕。人的肉体是档次最高的祭品。在世界各民族

---

① 杜尔凯姆:《宗教生活的基本形式》,第 54 页。
② W. R. Smith, *Lectures on the Religion of the Semites: The Fundamental Institutions*, London: Macmillan, 1927, p.20.

的宗教历史上,差不多都出现过人祭现象。据有关文献载,我国春秋时代尚有人祭现象。甚至到了20世纪中叶,我国云南的佤族仍保留着猎人头以祭谷魂的陋习。古代墨西哥人祭特别盛行,据统计,每年有两千多人为了人祭而在庙宇中被杀。据《圣经》载,亚伯拉罕用来"燔祭上帝"的对象不是别的,正是自己的儿子以撒。基督宗教圣餐礼仪中所用的麦面饼和葡萄酒,被说成是耶稣基督的肉和血。这些显然是原始时代西方社会人祭的表现和遗风。献祭活动不仅在所献供品上有上述差别,而且也往往在祭祀对象上因人而异。例如,《礼制·王制》中就有"天子祭天地,诸侯祭社稷,大夫祭天下名山大川"的规定。此外,我国古代天子祭天祭地还有所谓"郊祭"、"庙祭"和"封禅大典"三种不同的方式。

礼拜,在佛教中为梵文Vandana和Namaskara的意译,其基本意涵为致敬;在伊斯兰教中为阿拉伯文Salat和波斯文Namaz的意译,中国穆斯林称之为"拜功"。可见,与献祭不同,礼拜主要地不是以物(含人的肉体)事神,而主要是一种表达对神的敬畏感、依赖感和神秘感的精神性活动。据《大唐西域记》载,在印度佛教中,礼拜的仪式分成九等,其中"发言慰问"为层次最低的一等,而"五体投地"为层次最高的一等。伊斯兰教的"拜功"是穆斯林朝向麦加克尔白诵经、祈祷、跪拜等宗教仪式的总称。伊斯兰教目前通行的拜制和礼仪主要有:(1)每日所作的晨礼、晌礼、晡礼、昏礼和宵礼五次礼拜;(2)每周五举行的主麻拜(聚礼);(3)每年开斋节和宰牲节举行的礼拜(会礼)。信徒礼拜时必须依次完成如下七项不同的动作:(1)举两手于头的两旁,口诵"真主至大"。(2)端立,置右手于左手上,口诵《古兰经》首章。(3)鞠躬,以手扶膝,行鞠躬礼。(4)直立并抬起双手,口诵"赞颂主者，主必闻之"。（5）跪下，两手掌附地，叩首至鼻尖触地。（6）跪坐。（7）第二次叩首。完成这七项动作，是为一拜。基督宗教的礼拜活动一般包括祈祷、读经、唱诗和讲道等内容。礼拜的目的与单纯的祈求和献祭不完全相同，后者往往以求神赐福为目的，而前者则旨在表达信徒对神的敬畏感和依赖感，因而被认为是一种比较高尚的宗教行为。

忏悔，作为一个佛教术语，是梵文 Ksama 的译文。原为对人暴露自己的过错，求容忍宽恕的意思。它作为一个伊斯兰教术语，是阿拉伯文 Taubah 的意译，若音译便为"讨白"，意指伊斯兰教教徒向安拉表示悔罪。忏悔，在西语中用 Confession（confessio），是"公开声明"、"招供"、"自白"和"告解"的意思。由此看来，所谓忏悔无非是信仰者向神灵坦白承认自己所犯的过错，以求获得神灵宽恕的一种宗教仪式。忏悔也是一种相当普遍的宗教现象。基督宗教中天主教和东正教的七件"圣礼"中有一件即为"告解"；即使新教也往往以祈祷的形式向上帝表示忏悔，请求上帝的赦罪。佛教的忏悔，亦称拜忏，规定：出家人每半个月集体诵戒，当众说悔改，忏悔罪业。中国伊斯兰教把伊斯兰教的"讨白"礼仪具体化为"念讨白"和"作讨白"。所谓念讨白，是说穆斯林当其有病或有其他事故时，便请阿訇或毛拉诵经，以示忏悔，祈求安拉恕罪。所谓作讨白是说信徒对某些违反教规的行为，表示不再重犯。此外，中国儒教和民间宗教也都有形式多样的忏悔仪式。忏悔与礼拜之间既有所同又有所异。一方面，一般来说，这两种宗教礼仪都属于一种精神性的宗教礼仪；另一方面，礼拜是一种集体性的宗教行为，而忏悔虽然也有某种集体活动的性质，但归根到底，是一种个人性的宗教行为。而且，礼拜一般是对神灵的正面颂扬，而忏悔则通常是对神灵的消极祈求。

## 四、宗教节庆

宗教节庆是一种集礼拜、纪念和娱乐于一身的综合性活动，是一种明显区别于上述普通宗教礼仪的非常特殊的宗教行为方式。这首先是因为它是一种大规模的群体性的宗教活动，因而同个体性的忏悔行为有明显的差异。其次，宗教节庆具有明显的娱乐性质，从而也与庄严肃穆的献祭仪式或礼拜行为有明显的差异。再次，我们知道，忏悔基本上属于"偶发性的危机仪式"，而献祭甚至礼拜在许多场合也具"偶发"的性质，但是一般说来，宗教节庆则明显地具有周期性质，属于最典型的"周期性的岁时仪式"。也许正因为如此，它在向宗教信徒灌输宗教意识，促进宗教意识内在化方面具有其他宗教行为和宗教仪式无可替代的特殊功能，从而是任何一个宗教都不可或缺的宗教活动。

宗教节庆，虽然形式繁多，但其基本内容，归结起来，主要有下述几类：第一，纪念信仰和崇拜对象的诞生和逝世。例如，在基督宗教中，有为纪念耶稣基督诞生的"圣诞节"，为纪念耶稣被钉在十字架而死的"受难节"（Good Friday）。在伊斯兰教中，有为纪念穆罕默德诞辰而设的"圣纪节"。在佛教中，有为纪念释迦牟尼诞生而设的"佛诞节"和为纪念他逝世而设的"涅槃节"。在中国道教中，有为纪念太上老君老子诞辰而设的"老君圣诞"，为纪念玉皇大帝诞辰而设的"玉皇圣诞"以及为纪念西王母诞辰而设的"蟠桃会"等节日。第二，是纪念崇拜对象的成道、降经和传经事迹。如在佛教中，有为纪念释迦牟尼在菩提树下得道而设的"成道节";在伊斯兰教中,有为纪念安拉降经文而设的"大赦之夜";在基督宗教中,有为纪念圣徒受灵后开始传教而设的"五旬节"等。第三,纪念有关崇拜对象的圣事、奇迹和圣迹。例如,在犹太教中,有为纪念和仿效耶和华神六天创造天地万物而在第七天休息而设立的"安息日",为纪念耶和华神指引以色列人逃出埃及而设立的"逾越节",为纪念耶和华神在西奈山上向以色列人颁布十诫而设立的"律法节"。在基督宗教中,有为纪念耶稣被钉在十字架上第三天复活而设立的"复活节"。在伊斯兰教中,有为纪念穆罕默德升天、朝觐耶路撒冷圣地而设的"登霄节",有为纪念安拉差遣天使送羊代替易司马仪献祭的"宰牲节"("古尔邦节");在印度教中,有为纪念坚持信奉毗湿奴保护神的帕格特·布拉赫拉德最终战胜暴君的"洒红节",有为纪念湿婆神之妻难近母战胜牛魔而设立的"难近母节"。在佛教中,有为纪念释迦牟尼降妖伏魔而设的"灯节"等。这样看来,宗教节庆同宗教信仰和宗教观念的内在关联是不言而喻的。

## 五、宗教修炼

宗教修炼也是宗教行为中一项极其重要的内容。作为一种宗教行为方式,宗教修炼的根本目标在于使修炼者不断提升自己的宗教修养水平,进入"神人合一"的理想境界,达到生存论的根本转变("救赎"或"解脱")。正因为如此,宗教修炼不仅同宗教意识的各个因素有内在的关联,而且同宗教行为的其他形态也有非常内在的关联。不仅离开宗教信仰、宗教理论、宗教情感和宗教经验谈宗教修炼是不可设想的,而且离开宗教禁忌、宗教戒律、宗教礼仪来谈宗教修炼也同样是不可设想的。现在，我们既然对宗教意识的各个因素以及宗教行为的主要形态有了初步的了解，我们就有可能理解和阐述宗教修炼了。其实，宗教修炼不仅同宗教修炼者个人的生存论转变直接相关，而且由于惟有通过宗教修炼才能培养出高级神学人才和宗教领袖，从而使宗教理论得以维系和发展，宗教事业得以继承和推进，因而同宗教组织的维系、建设和发展也休戚相关。它在整个宗教行为体制中的地位因而是无可替代的。

世界各宗教的修行者为达到其理想境界而进行的修行有各种不同的法门。虽然追求的境界愈高远，修行法门的实践就愈艰难，对自然小我的克服就愈彻底，这在世界各宗教中是一个普遍的现象，但由于世界各民族和地区文化背景的差异，各宗教的修行法门还是千差万别的。因此，要对宗教修炼的诸多法门作出一个详尽无遗的概括几乎是不可能的，下面，我们仅从生存论角度就几个具有普遍意义的修行法门或修行原则作一个简要的介绍。

禁欲可以说是宗教修行者必须迈过的第一道门槛。这是不难理解的。因为宗教信仰和宗教观念既然一般来说是建立在灵肉两分或灵肉对立的基础之上的，则禁欲就势必是修行的第一步。不过禁欲也有不同的层次。守禁忌和守戒律又可以说是修禁欲的第一个层次。世界各宗教既然如上所述都以这样那样的形式制定了种种禁忌和戒律，则守禁忌和守戒律自然就是每一个宗教信徒必须做到的事情了。犹太教和基督宗教都把信奉和遵守"摩西十诫"作为对信徒的基本要求。佛教讲"戒定慧"，显然是把守禁忌和守戒律作为修行的第一步。

独身，作为一种修行方式，虽然（短时间的独身）可能同守禁忌一样古老，但相比之下，可以说是一种较高的禁欲方式。从词源学的角度讲，英语中意为修行的词为 Monasticism，来源于希腊语 Monachos，原义即为"单独生活"，后来演绎成一种不结婚的独身生活。而独身就是对一个人的性欲的限制甚至取消。从宗教发生学的角度看，短期的独身本来也是一种禁忌，因为真正说来，宗教禁忌不仅包含语言禁忌、作业禁忌和食物禁忌，而且还应当包含性禁忌。不过随着宗教的发展，从古代的"性禁忌"（短期的性禁忌）中发展出了长期的"性禁忌"即"独身"，这对于文明社会的人来说，实在是一种更难实践的禁忌，因为它事实上是对人的性本能的一种否定，因而是一种极其残酷的苦行。独身有两种类型：一种是圣职人员的独身，另一种是修行意义的独身。第一种意义的独身，如古代宗教对祭司要求的独身，天主教对神职人员要求的独身等，旨在保证宗教仪式的纯洁性和神圣性。第二种意义上的独身，涵盖面要广泛得多，不仅包括圣职人员，而且还包括非圣职人员，如佛教寺院中的僧侣，基督宗教教堂或修道院中的修士，云游四方的托钵僧，离群索居于山林或荒漠中的隐士等人的独身，即是如此。这种类型的独身的主要动机不在于履行某种职责，而在于通过独身生活，断灭情欲的诱惑，保持灵魂的纯净，实现神人合一或禅定悟道，得到救赎或解脱。

独身虽然是一种典型的苦行，但苦行并不限于独身，还有许多别的方式。"苦行"是梵文 Tapas 的意译。其原义为"热"。因为印度炎热，故而把受热作为苦行的主要手段，但后来引申为宗教实践的苦行（包括千方百计地自我折磨）。印度婆罗门教的"四行期"中有"林栖期"和"遁世期"，此外还有"烈晒烤火法"等苦行方法。在苦行（自害）方面最为怪异的要算是耆那教了。据汉译佛经所载，"彼自害者，或披发，或拔须。或常立举手，或蹲地。或卧灰土中,或卧棘刺上,或卧杆上,或板上,或牛屎涂地而卧其上,或卧水中。或日三洗浴,或一足而立,身随日转,如是众苦精勤有行"。[①] 对此,甚至佛教也多有异议,贬之为"苦行外道"。尽管如此,佛教也有自己的一套苦行法门,并冠之以"头陀行"。中国全真派道教在印度宗教苦行主义的影响下,也一度形成了禁欲苦修的风气。他们把"食睡色"三欲视为修行的三害,并竭力效尤佛教的"头陀行"。这些道士有的每日仅食一钵面,并誓死赤足;有的长时间跪在砂石之上,其膝磨烂至骨;有的穴居野处,日乞一食,昼夜不寐者六年;有的在桥下趺坐六年,修持不语之戒,儿童戏弄亦不为所动。基督宗教在其发展过程中也逐渐发展出自己的一套苦行方法。一些基督宗教徒为了摆脱肉体欲望对灵魂的诱惑,常常离尘遁世,到沙漠旷野中过极端清苦的隐修生活,有人甚至长期生活在一棵树干之上或长期伏卧在一片荒漠之中。公元3世纪至4世纪兴起的修道院苦修的修道运动,更明确地以"三绝"(绝财、绝色和绝意)为目标。伊斯兰教的苏非派也非常注重苦行,强调长时间的静坐和守夜,连祷和夜祷,洁身与斋戒等。

"无我"是宗教修炼的第二项大的原则。按照希克的观点,轴心前世界各宗教的根本功能在于维持社会秩序,而轴心后时期世界各宗教的根本功能则在于个人救赎(拯救或解脱),[②] 但是无论是轴心前的还是轴心后的宗教,都存在着一个"个我"与"神圣"的对立。这在印度教里是"小我"与"阿特曼"或"梵"的对立,在佛教里是"自我"与"非我"的对立,在基督宗教里,则是"原罪的自我"同"上帝"的对立。而宗教修炼的根本目标正在于

---

① 《长阿含·倮形梵志经》,大正藏卷一,第 102—104 页。
② 参阅希克:《宗教之解释》,第 36—38 页。

通过把自我虚无化或把自我转化为"无我"来消除这一根本对立的。这是宗教中的"灵修"所要完成的一项根本任务。而且，同禁欲相比，这是一项更为内在也更富于精神性的任务。印度教把获得最后解脱的道路，称为"智慧之道"。所谓智慧之道，就是要认识到：在我们最深处的本性之中我们便已经和终极的超人格的绝对者同一了，但是由于经验自我或"个我"的遮蔽和扭曲，使我们把经验自我或"个我"误作终极实在，从而阻碍我们认识到本真的自我或"大我"。因此实现解脱的首要任务便是要无条件地放弃或超越个我，若用当代吠檀多的印度教解释者雷蒙多·帕尼卡尔（Raimundo Panikkar）的话说，便是：消除"人类个人主义的小我"。[①]其实，在一定意义上，无论是印度教的智慧之道，还是它的行动之道和奉爱之道，其目标都在于实现这一任务。至于佛教，从以自我为中心转向以实在为中心的解脱观念似乎更为明显。因为在佛教里，"诸法无我"是其"三法印"中不可或缺的一项。在破除"法执"的基础上破除"我执"，可以说是佛教修炼的一项根本任务。日本学者阿布正雄（Masao Abe）在其《基督宗教与佛教中的人与自然》一文中曾说过："佛教的拯救……不过是通过自我之死而对实在的觉悟"。[②]而铃木大拙（Suzuki Daisetsu，1870—1966）则把"无我"（annatta）译成"非自我"，"无自我性"，并视之为"大乘佛教和小乘佛教最主要的观念"。[③]希克断言，

---

[①] R. Panikkar, *The Vedic Experience*, Los Angeles: University of California Press, 1977, p.417.

[②] M. Abe, "Man and Nature in Christianity and Buddhism", in *The Buddha Eye*, ed. Fredrick Franck, New York: Crossroad, 1982, p.153.

[③] D. T. Suzuki, *The Zen Doctrine of No Mind*, York Beach, ME: Samuel Weiser, 1972, p.120.

在佛教里,"无我提供的不仅仅作为一种理论真理,而且首先是作为实际的解脱处方"。[①] 所有这些都是非常中肯的。如果说佛教"三学"中的"戒"字对应于我们前面说的"禁欲"的话,则其中后面"定"、"慧"两个字所对应的显然就应该是"无我"了。无我论也是基督宗教的一项基本理论。在基督宗教的救赎理论中,人们往往区分了"称义"(justification)和"成圣"(sanctification),并把成圣视为称义的结果,这是很有深义的。因为称义的根本前提在于放弃"私我"而去"信"主。《马可福音》中说:"因为那些救自己生命的,反而会丧失生命;那为着我和为着福音丧失生命的,反而会得到生命。"[②]《加拉太书》说:"活着的不再是我自己,而是基督在我生命里活着。"[③] 正因为如此,西方学者伊夫林·昂德希尔(Evelyn Underhill)在谈到基督宗教的救赎论时总是强调"自我肯定从自私之我的牢笼中解放","放弃自私之我"以及"神秘生活之主流的自我顺从原则",并断言"从以自我为中心的世界转向以上帝为中心的世界的意识提升是光照的本质"。[④] 正是从这个意义上,黑格尔以他的哲学睿智在谈到基督宗教及其经院哲学时曾十分明快地指出:"无我构成了它的内容的主要特征。"[⑤] 可以说,基督宗教的生死观以及基督宗教的以"信、望、爱"为中心内容的道德观念都是以它的"无我观"为基础和前提的。

如果说禁欲是宗教修炼的第一步的话,则"契神"便是宗教

---

[①] 希克:《宗教之解释》,第 50 页。
[②] 《马可福音》8:35。
[③] 《加拉太书》2:20。
[④] E. Underhill, *Mysticism*, New York: New American Library, 1955, p.195.
[⑤] 黑格尔:《哲学史讲演录》第 3 卷,贺麟、王太庆译,商务印书馆 1981 年版,第 283 页。

修炼的最后一步。因为从宗教修炼的角度看,没有什么比"契神"(人神合一)更为神圣更为重要的事情了。正因为如此,世界各宗教都把契神视为人生的最高境界和最后目标,并为此制定了种种语源学神秘莫测的修行法门。就基督宗教来说,似乎主要是通过"神秘的爱"达到目的的。相形之下,东方宗教的修行法门要显得系统得多、周密得多、程序化得多。如印度教的"瑜伽",佛教的"禅定",中国道教的"内丹"都是如此。例如,根据瑜伽派的经典《瑜伽经》,为了达到"梵我不二"的境界,修行者须依次按下述方法进行修炼:首先是"禁欲",尔后是"内制",再后是"坐法"、"调息"、"执持"、"静虑",最后是"等持"。而所谓"等持",其实就是"泯灭物我,心境合一"这样一个契神境界了。但是,在佛教看来,印度的这一传统禅法(瑜伽),虽然也可进入定境,但此时之心境尚有生灭,不可能达到佛教修行所追求的超脱生死轮回的最终解脱之境。为要证悟成佛,就必须超越这种"世间禅"而从事"出世间禅"的修炼。"出世间禅"以四禅八定为其由浅入深的基本程序。所谓"四禅"为初禅、二禅、三禅和四禅。所谓"八定",其实是"四禅""四定"的合称。而在四禅基础之上的"四定"为:空处定、识处定、无所有处定和非想非非想处定。这里所说的"非想非非想处定",其实也就是佛教所追求的"涅槃境界"了。至于中国道教,如前所说,不仅讲"外丹术",而且还讲"内丹术"。按照内丹家的说法,内丹修炼有四个阶段:(1)"筑基"(通过内丹修炼来补足先天元精、元气和元神的亏损,达到精全、气全和神全);(2)"炼精化气";(3)"炼气化神";(4)"炼神还虚"。一旦达到"炼神还虚"的程度,则修炼者自然也就修炼成仙,能够长生久视了。

宗教修炼的三项原则禁欲、无我、契神不是孤立的，而是紧密联系在一起的，是统一的宗教修炼过程之中的依次递进的三个阶段。非"禁欲"，不能进入"无我"的阶段。非"无我"，不能进入"契神"的阶段。尽管世界各宗教具体的修炼方式五花八门，但在这一点上则是共同的。

## 第四节　宗教组织与宗教制度

宗教是一种社会化的观念体系和行为体系。尽管宗教观念或宗教意识以及宗教行为在某些场合和某些情况下，具有一定程度的私人性质或个人性质，但是，从总体上说，任何宗教观念和宗教行为都具有集体的或社会的性质。在任何时候，在世界任何一个地区，由一个人"组成"的宗教是不存在的。因此，对于鲁宾逊那样的"孤独个体"来说，其观念或行为并不具有"宗教"的性质和意义。正因为如此，构成宗教的要素除宗教意识和宗教行为外，还有一个不可或缺的重大因素，这就是宗教组织。但是，由于任何一个宗教的信徒要结成一个社团和群体，都必须依靠一定的规章和制度，故而我们在讨论宗教组织时，有必要对宗教制度也作一些初步的考察。

### 一、宗教组织

所谓宗教组织，是指宗教信徒在其中依据宗教观念过宗教生活并通过它进行宗教活动（宗教行为）的机构或团体。佛教的寺院，基督宗教的教会（含教堂或礼拜堂、修道院等），伊斯兰教的"清真寺"等，便是这样的机构和团体。这些机构或团体一方面是作为宗教无形要素的宗教意识的外在（有形）表现，另一方面又是宗教生活和宗教行为的组织者和规范者。宗教组织区别于其他社会组织的根本特征在于它是宗教观念或宗教意识的社会载体。正如人的精神活动不可能脱离他的肉体而存在一样，宗教观念或宗教意识也不可能脱离一定的社会实体而存在。离开了宗教组织，宗教观念的存在和传播都是不可设想的。其次，宗教组织是宗教生活的组织者和引导者。它不仅要不断地对其成员进行宗教教育，向他们灌输宗教观念，而且还要组织种种宗教活动。再次，宗教组织不仅是宗教观念的确定者、解释者和捍卫者，至少是正统（或主流）宗教观念的确定者、解释者和捍卫者，而且还是宗教行为的规范者、监督者和管理者。最后，宗教组织是宗教对社会生活进行直接干预的重要手段。宗教信徒只有通过宗教组织才能形成影响社会变动的重大的现实性力量。而且只有通过宗教组织，宗教才能形成一种在社会历史上发挥现实作用的传统势力，对人类历史发展产生持久的影响。正因为如此，不仅每一个宗教都有自己的组织并非常重视自身的组织建设，而且伴随着宗教观念和宗教行为范式上的分歧也常常出现宗教组织的分裂。例如，在文艺复兴时期，由于路德和加尔文等资产阶级宗教领袖对基督宗教传统观念的批判，从天主教中便分裂出了路德宗和加尔文宗等形形色色的所谓新教派别。再如，中国禅宗从五祖弘忍发展至神秀和慧能，由于对宗教修习方式的主张不同而分裂成了"北宗"和"南宗"。其中，主张"渐悟成佛"的神秀开创了"北宗"，而主张"顿悟成佛"的慧能则开创了"南宗"，致使中国禅宗至此形成了

"北渐南顿"的对峙局面。

我们说每个宗教都有自己的组织，并不是说每个宗教都有自己的独立的组织系统或组织体制。如前所述，原始社会的氏族—部落宗教就没有自己的独立的宗教组织。一方面，在原始社会里，氏族和部落的成员一生下来就因其血缘关系而成为一定宗教社团的成员，另一方面，氏族和部落既是原始社会的基本社会单元，又是氏族—部落宗教的组织机构，氏族和部落的社会制度基本上同时也就是氏族和部落的宗教制度。因此，当时的宗教组织与氏族部落的组织是直接统一的，甚至可以说是直接同一的。宗教作为大一统的社会意识形态主宰着氏族和部落成员的精神活动，宗教组织同时即是社会管理的基本机构，宗教法规同时即是社会生活的最高准则。这种情况即使在宗教的后来发展中，即使在民族国家宗教和世界宗教中也都以某种削弱了的形式继续存在着。在古代埃及、古代巴比伦以及古代印度的国家宗教中，宗教组织同社会组织就基本上是统一的。不仅国家的统治者以神的后裔的身份出现，而且有的甚至自己就被当作神受到崇拜，同时这些国家的祭司贵族不仅是他们国家的统治阶级中的一部分，而且还往往构成所在社会的最高等级。例如，在古代埃及的国家宗教中，法老不仅是一国之君，而且同时又是祭司之长。在古代巴比伦地区，最早的政权体制差不多都是祭司政体，祭司通常都是所在城邦的统治集团的核心。古代印度实行所谓"种姓制度"，把社会成员划分为四个社会等级（瓦尔那），其中第一等级便为作为祭司贵族的"婆罗门"。并且，"婆罗门至上"被明确规定为婆罗门教的三大纲领之一。就世界宗教来说，情况也大体如此。基督宗教在其发展过程中不仅在 4 世纪被罗马帝国定为国教，而且在中世纪基督宗教一直处于万流归宗的地位，至中世纪中期竟把教权至上的原则发挥到了极致。伊斯兰教在其发展的初期，就取政教合一的形态（如"乌玛"），在其发展过程中也长期保持这一形态。所谓"哈里发"便是伊斯兰教执掌政教大权的领袖。佛教虽然从总体上说，是一种"出世"的宗教，但也存在有政教合一的现象。例如，佛教在古代印度以及我国南梁王朝时曾经被确定为国教，而在东南亚一些国家中至今仍为国教。我国西藏的喇嘛教在西藏民主改革前也是一种政教合一的宗教。

尽管如此，我们还是可以说，宗教组织的存在是具有普遍性的。这首先是因为，氏族—部落宗教和民族国家宗教虽然在不同程度上保持了同社会组织或政权组织的统一性或同一性，但是这并不能说明这些宗教的组织不存在，而只能说明这些宗教的组织对社会组织、政权组织和社会生活的涵盖性和统摄性。其次，创建宗教或人为宗教从总体情况来说显然同自发宗教或传统宗教有所不同，而且，即使这些宗教在后来的发展中出现了政教合一的现象，但至少这些宗教在其创建初期还是同当时的社会组织和政权组织保持了一定的距离的。例如，原始基督宗教的教会组织是同当时占统治地位的罗马政权保持了一定的距离，并且事实上是在反抗罗马统治的斗争中产生和发展起来的。麦加时代的伊斯兰教是在同麦加贵族的斗争中发展起来的。而离开了对印度现行社会制度的批判和抗议，原始佛教的僧伽寺院的产生也就变成了一件不可思议的历史事件了。这些都是不难理解的：既然这些创建性宗教一般来说总是从反对传统的占统治地位的宗教的斗争中发展出来的，既然它们所反对的传统宗教（如犹太教和希腊罗马宗教，麦加多神教以及印度婆罗门教等）总是同当时的社会组织和政权组织保持了这样那样的联系、一致性或统一性，则它们在这种情况下便势必不能取得统治者的支持，同当时的政权组织相结合，而只能同当时的政权组织保持距离而建立比较独立的宗教组织。不仅如此，这些宗教在其发展的初期往往处于被排斥、被压制，甚至被迫害的地位。基督宗教如此，伊斯兰教和佛教大体也是如此。最后，随着社会的发展和进步，尽管宗教组织同社会政治至今仍有这样那样的联系，尽管在少数国家和地区政教合一的现象至今仍然存在，但是从全球的观点看问题，过去那种社会组织和政权组织同宗教组织完全统一的状况毕竟不复存在了。宗教组织的独立性更加多方面地显现出来了。

由此不仅可以看出宗教组织对于宗教存在和发展的必要性，而且还可以看出由于宗教存在和发展的历史背景不同，每个宗教的组织形态也很不相同。对于宗教组织形态方面的差异，我们可以从许多方面加以审视和考察，但是倘若我们从宗教组织同社会、社会组织和政权组织的关系看问题，则这些差异便不仅表现为"政教合一型宗教"与"政教分离型宗教"的差异，而且还表现为"入世宗教"与"出世宗教"的差异。诚然，若从宗教同政治或政权组织的关系看问题，我们便可以把宗教区分为"政教合一型宗教"和"政教分离型宗教"。如上所述，像原始社会的氏族—部落宗教，古代国家的民族国家宗教，作为国教的基督宗教和伊斯兰教以及南亚各国的上座部佛教等，都属于政教合一型宗教。因为这些宗教的组织不是与社会组织或政权组织合二而一（如氏族—部落宗教），就是高踞于社会组织或政权组织之上，对其存在和发展发生决定性的影响（如中世纪的基督宗教）。

但是，若进一步从宗教同社会的关系看问题，我们便不妨把宗教二分为"入世宗教"和"出世宗教"。所谓"入世宗教",意指的是那些以解救现世苦难、建立"地上天国"为根本宗旨的宗教。西方的犹太教、早期基督宗教、伊斯兰教以及中国的太平道和拜上帝会等都是比较典型的"入世宗教"。众所周知,《旧约全书》的前5卷史称"律法书",其中所包容的"十诫"和诸多律法实际上不仅是犹太教的诫命和戒律,而且同时也是以色列国和犹大国的政治法律制度。不仅如此,《旧约全书》中就已经有了"救世主"的观念,并且还强调"惟有我是耶和华,除我以外没有救主。"[①] 这就把犹太教的入世性质和救世性质鲜明地表达出来了。犹太教的这种弥赛亚(救世主)观念后来为早期基督宗教所继承,成为"耶稣是基督"(拉丁文中的"Christus"、英文中的"Christ"既意指耶稣基督,又意指救世主)以及"天国的门近了"等基督宗教信条的思想渊源。基督宗教只是到了后来才发生了重大变化,强调"我的国不在地上",表现出了明显的出世性质。至于伊斯兰教,如上所述,不仅从一开始就具有鲜明的入世性质和救世品格,而且在其后来的发展中也大体保持了这种性质和品格。中国的太平道以"黄天太平"为口号,拜上帝会不仅有"手持三尺定山河"的革命思想,而且还鲜明地批判了"神父天国""单指天上天国"的错误观点,强调"天上地下,同是神父天国"以及"天国迩来,盖天国来在人间"。[②] 其入世性质和救世品格看来也同样是极其鲜明的。所谓出世宗教,是指那些完全抛弃现世生活,以"天上天国"为唯一归宿的宗教。如基督宗教在其后来的发展中随着基督

---

① 《以赛亚书》43:11。
② 洪秀全:《御批马太福音书》,第五章"天国"。

宗教的"精神化"以及"末世论"（末日审判）思想的流行，其出世性质便愈益昭然了。至于基督宗教的隐修士修会、修道院和托钵僧团等更是把基督宗教的出世性质凸显出来了。但是，尽管如此，其出世性质还远没有印度宗教表现得充分。古代印度的宗教，如古典婆罗门教、耆那教和佛教等，都以了断生死、断绝轮回、获得个人解脱而不是以社会的拯救为其终极目标。古典婆罗门教把"遁世"视为修行的最高和最后阶段。耆那教的根本法门在于"制御"，而所谓"制御"真正说来无非是对正常社会生活的排拒。佛教讲"诸行无常"，更是意在把世俗世界虚无化，强调涅槃世界的"彼岸性"。诚然，大乘派佛教曾经对专注于个人解脱的小乘派大加鞭挞，斥之为小根器人的修行法门。但是，这并不意味着大乘派佛教是一种入世宗教或救世宗教。因为大乘派的所谓"普度众生"，既不是要人们改变尘世之为人生苦海的性质，也不是要人们改变尘世生活的方式，而是要人们远离世俗世界和尘世生活，进入彼岸的所谓涅槃世界。

我们虽然对宗教组织的类型作了上述的划分，但是我们必须看到：这样一种划分只具有相对的意义。这首先是因为：入世宗教与出世宗教以及政教合一与政教分离的区分只具有相对的意义。例如有谁能说：作为出世宗教之典型形态的佛教在许多情况下，不是对现实社会及其政权组织的一种抗议呢？再如，佛教虽然标榜"出世"和"政教分离"，但又谁能说：我国南梁王朝统治下的佛教是一种"出世宗教"和"政教分离型宗教"呢？其次，倘若用历时性的眼光看问题，我们便可以比较容易地看出各种宗教组织类型之间的过渡和转化了。例如，基督宗教在其初期显然是一种政教分离型宗教，但它自公元4世纪起便开始演变成了一种政教合一型宗教了，但是自文艺复兴时期以来，它又逐步演绎成了一种政教分离型宗教了。这些是我们在讨论宗教组织的类型时必须予以充分注意到的。

宗教组织的宗教功能是多重的。作为宗教观念的外在形式，宗教组织一方面是宗教观念的体现者，是宗教观念赖以传播、巩固和发展的基本条件，但另一方面又往往构成宗教观念进一步发展的某种障碍。例如，中世纪的天主教在欧洲封建社会后期就构成了新兴资产阶级的宗教观念（如"因信称义"观念）酝酿、产生和发展的一个必须超越的障碍。"梵二"会议前的天主教对于20世纪上半叶的新的基督宗教观念来说也是如此。再如，基于种姓制度的从后期吠陀时代至经书时代的印度婆罗门教，虽然对巩固、发展"婆罗门至上"观念发挥了重大作用，但是却构成了于"经书时代"开始酝酿产生的"众生平等"观念发展的巨大障碍。但是，从根本上说，从长时段的观点看问题，宗教组织同宗教观念的发展还是一致的。因为，伴随着宗教观念的产生和发展，宗教组织或迟或早会发生变革，采取同宗教观念相适应的形态。例如，文艺复兴时期便出现了同新的宗教观念相适应的宗教组织形式——"新教"或"抗议宗"。再如，至公元4世纪笈多王朝时代，传统的婆罗门教便终于演变成了新婆罗门教——印度教。这样看来，宗教组织同宗教观念的关系实际上是一种双向互动的辩证关系。宗教组织对宗教观念总是既有适应的一面，又有不适应的一面。宗教组织在其发展过程中因而便呈现出"形成"→"稳定"→"衰败"→"变革"（振兴）这样一种循环往复的形态。这差不多可以看作是宗教组织发展的一个"范式"。

## 二、宗教制度与宗教体制

我们对宗教制度既可以作比较宽泛的理解，也可以作较为狭义的理解。广义地说，所谓宗教制度，实际上是那些维系宗教组织、规范宗教生活、指导宗教活动的规章、体制、惯例和传统的总称。这样，我们在前面讨论的许多问题，如宗教戒律等，事实上便属于宗教制度的范畴。但是，我们也可以从比较狭隘的意义上来理解宗教制度，这就是宗教组织得以建立和维系的原则和规条。宗教的这样一些组织制度，通常被称为宗教体制。

作为宗教的组织制度，宗教体制中至为重要的是人们所谓的"科层制"。科层制，作为宗教组织中一种权威性的等级制度，普遍存在于世界各大宗教之中。基督宗教的基本教阶制度是主教制。所谓主教制，顾名思义，指的是一种以主教为主体的管理教会的体制（通常含主教、神父和助祭或执事三个品位）。主教一般有权祝圣神父（或派立牧师），施行一切圣事，统辖所属教区的教会。神父或牧师隶属主教，协助主教施行某些圣事，管理主教所委托的某些堂区。天主教在所有基督宗教教会中组织最为系统、等级最为森严。天主教的指挥中心是梵蒂冈，最高组织机构是设在梵蒂冈的罗马教廷。其最高首脑为教皇。教皇执掌着立法、司法和行政三大最高权力。罗马教廷除教皇外，还设有天主教的最高权力机关，这就是由教皇任命的枢机主教团（"红衣主教"）。罗马教廷下设若干个大主教区、主教区和教堂区，由大主教（以及宗主教或都主教）或主教负责。东正教不设教皇和教廷，而实行所谓牧首制。所谓牧首，无非是君士坦丁堡主教的别称。因而从本质上看，其宗教体制同天主教无异。新教的教派繁多，其宗教体制也多所区别，大体上可以区分为主教制、长老制和公理制三种。一些新教派别，如圣公会等，虽然沿袭天主教的主教制，但也作了一些改革，例如这些教会通常只把教牧人员分为主教、会长和会吏三个品位。一些新教教会，如加尔文派，则实行长老制。所谓长老制，就是由从事非宗教职业的宗教领袖领导教会的制度。一些教会，如公理会和浸礼会等，则实行公理制。所谓公理制，顾名思义，就是一种主张以教堂为单位开展宗教活动、由"公众治理"教会的民主制度。与基督宗教不同，伊斯兰教实行职务制，由担任教长（负责全面工作）、二教长或二掌教（负责主持礼拜）、三教长或三掌教（负责宣讲教义）以及四教长或四掌教（负责杂务）职务的人员管理寺内各项工作。佛教则实行寺院制度。佛教的寺院制度没有成规，往往因地而异。中国人习惯把佛教较大的庙宇称作"寺"，而把较小的庙宇称作"院"。寺院设住持、四大班首和八大执事，负责寺院各项工作。其中住持为寺院之主，故而有寺主之称，四大班首指导禅堂或念佛堂修行，八大执事专管全寺各项事务。

不管采取什么样的体制，任何宗教组织中的核心人物都是僧侣。中文"僧"或"僧伽"本是个外来词，是梵文Sangha的音译，本义是指信仰佛教的出家修行者。僧侣的英文为Priesthood，系从希腊文Presbyteros（长老）演化而来。因此，宗教学上所称的"僧侣"应该是泛指各种宗教中的专门神职人员，特别是泛指那些精通宗教仪式，从事沟通人神关系的特殊人物。僧侣不是从来就有的，而是伴随着宗教礼仪的复杂化出现的。诸如巫师、萨满、巫医占卜之类早在原始宗教里就自发地出现了。民族国家宗教以及世界宗教中的宗教神职人员—僧侣可以说就是从这些巫师、萨满之类演化而来的。中国古代的所谓"巫、方、卜、祝",古代埃及宗教以及古代巴比伦宗教中的大祭司等(如古代巴比伦宗教中的"乌尼加卢"),其实就是人类较早的正式宗教神职人员,而印度婆罗门教中的婆罗门、犹太教中的利未家族,其实就是人类较早的享有特权的僧侣世家或僧侣集团。对于基督宗教来说,耶稣基督其实就是"祭司之王",而所谓主教,就其词义来讲,也无非是主持长老会议的大祭司。僧侣不仅有神—人中介的神圣身份,而且其本身就是宗教组织和宗教体制的体现者或终极载体。因此,它在宗教组织和宗教体制中的地位是极其重要的。离开僧侣的领导或参与,宗教组织和宗教观念的维系和发展都是不可设想的。

在讨论宗教体制时,我们着力讨论了"科层制",强调了它的普遍意义,这只是就现存宗教的状况而言的,并不意味着科层制是宗教体制的唯一形式。我们知道,科层制并不是在宗教产生之初就存在的。在氏族—部落宗教里,就根本不存在什么科层制。而且从全球的眼光看问题,作为一种等级森严的教阶制度,科层制的实现程度在世界各宗教中也是很不平衡的。最后,随着封建制度的衰落和灭亡,等级森严的教阶制度遭到了致命的打击。文艺复兴时期以来,随着宗教的不断世俗化以及与之紧密相关的宗教民主化的日益发展,宗教科层制的弱化趋势越来越明显。这可以说是世界宗教发展的一个具有必然性的历史大趋势。

宗教意识、宗教行为和宗教组织,作为宗教的要素,虽然各自具有一定的独立性,但它们却不是孤立存在的,而是具有内在的和辩证的关联的。从宗教与其他社会组织的区别的角度看,宗教意识是宗教诸要素中一个主导性的因素。因为离开了宗教信仰以及与之相关的宗教观念、宗教情感和宗教经验,宗教行为和宗教组织也就只是徒有虚名而已,很难说与别的社会行为和社会组织有什么本质的区别。从这个意义上,我们不妨说,所谓宗教不过是一个由具有宗教信仰的信众组合而成的社群组织而已。但是,倘若从认识论和社会学的角度看问题,宗教行为和宗教组织又成了宗教诸要素中的一个主导性的因素。因为离开了宗教行为和宗教组织,宗教观念、宗教情感和宗教经验是很难形成的,即使形成了,也是很难巩固下来的。佛教之所以强调"律藏",伊斯兰教之所以强调"教法学",犹太教之所以在《摩西五经》之外还要编撰《密西那》和《塔木德》,其目的都在于藉宗教行为和宗教组织来巩固宗教信仰、宗教观念和宗教情感。《新约全书》虽然极力强调"因信称义"和"爱的诫命",极力反对律法主义,但是,无论如何"律法"或宗教行为始终是基督宗教所持守的一个根本问题。《新约全书》的作者在《马太福音》第5章中之所以藉耶稣基督的口宣布"莫想我来要废掉律法和先知,我来不是要废掉,乃是要成全",此之谓也。从这个方面看问题,杜尔凯姆在"宗教信仰"之外,将"仪轨"(宗教行为)和"教会"(宗教组织)视为宗教的又一本质规定性,是不无道理的,其中的奥义是耐人寻味的。诚然,马克思曾经说过:惟有"现实的宗教信仰和现实的信教的人"才是"真正的宗教存在";[①] 然而,无论如何,离开了"宗教行为"和"宗教组织",便根本无所谓"现实的宗教信仰和现实的信教的人"。宗教意识与宗教存在(宗教信众及其组织)的关系当是一种对立统一、互存互动的辩证关系。

---

① 马克思:《1844年经济学哲学手稿》,第111页。

## 第五章 宗教的要素

杜尔凯姆在《宗教生活的基本形式》中曾经给宗教下了一个非常著名的定义。这就是："宗教是一种与既与众不同、又不可冒犯的神圣事物有关的信仰与仪轨所组成的统一体系，这些信仰与仪轨将所有信奉它们的人结合在一个被称之为'教会'的道德共同体之内。"[①] 诚然，作为宗教的一个严格的定义，杜尔凯姆的这些话或许有其不周延之处，但是，无论如何，杜尔凯姆对宗教意识和宗教存在的辩证关联的自觉意识和认真强调，则是值得称道的。因为正如他自己所明确意识到并予以特别强调指出的：在他的这个定义中，"教会作为构成宗教的第二个要素，不仅在宗教定义中找到了一席之地，而且同第一个要素一样不可或缺；这充分说明，宗教观念与教会观念是不可分离的，宗教明显应该是集体的产物。"[②]

不难看出，如果从实存论的层面看问题而不仅仅是逻辑地看问题，则现实的宗教意识与现实的宗教存在，现实的宗教观念、宗教行为和宗教组织，作为现实宗教的文化本质和社会本质的质料或载体，本来是一而二二而一的，不过是现实宗教的"一体两面"而已。片面地和孤立地理解和处理宗教要素的态度和立场只不过是抽象主义和理智主义的一厢情愿而已。

---

[①] 杜尔凯姆：《宗教生活的基本形式》，第54页。
[②] 同上。

# 第六章 宗教的特殊本质

宗教要素对我们理解宗教的本质固然重要，但其本身与宗教的更深层次的本质，即"二级本质"，尚不是一回事。为了全面深入地理解宗教的本质，我们就必须再前进一步，继续考察这些要素存在的内在根据以及这些要素之间的关系问题或层次问题，继续考察宗教的"二级本质"。那种把宗教要素同宗教本质混为一谈、把宗教的"初级本质"同宗教的"二级本质"混为一谈的做法是不恰当的。当年，亚里士多德（Aristotle，公元前384—前322）在从本体论高度界定"本质"时，一方面强调指出"本质即本体"，另一方面又强调指出：作为质料的"基质"（大体相当于我们这里的"要素"）与"本质"不同，不能构成"第一位本体"。① 后来，黑格尔在《逻辑学》中在阐释"本质"时，不仅强调了"根据"，而且还特别地区分了"形式的根据"、"现实的根据"与"完全的根据"，强调惟有从联系中考察现象背后的诸多"因素"，惟有把最本质的东西同作为非本质或次本质的"因素"区别开来，才能达到事物的"完全的根据"或"本质"本身。② 我

---

① 亚里士多德：《形而上学》第5卷第8章，第7卷第4—6、10—12章；参阅汪子嵩：《亚里士多德关于本体的学说》第3、7—10章，生活·读书·新知三联书店1982年版，第32—47、93—160页。
② 参阅黑格尔：《逻辑学》（下卷），杨一之译，商务印书馆1981年版，第87—103页。

们在注重宗教要素同宗教本质,即宗教的"初级本质"同"二级本质"的关联的同时之所以特别强调两者之间的区别或差异,强调在考察宗教诸要素的基础上必须进而考察宗教的内在本质或"二级本质",所依据的也正是亚里士多德和黑格尔的上述"本质"观。然而,世界上的每一种事物既有其为自身所特有而为其他事物所不具有的"特殊本质",也有与所有其他事物所共有的这样那样的"普遍本质";而且,人类认识的一般过程或一般规律正在于从认识或把握事物的"特殊本质"逐步进展到认识或把握事物的"普遍本质"。[①] 鉴此,在考察宗教的"二级本质"时,我们也将遵照人类认识的一般过程或一般规律,首先在这一章里考察宗教的特殊本质,而后到下一章里再进而考察宗教的普遍本质。

## 第一节 宗教奥秘与对神圣者的信仰

### 一、关于宗教的语源学解释与宗教的基本意涵

在考察宗教的本质时,我们将遇到一系列理论上或方法论上的难题。这些难题中除宗教本质的特殊性和普遍性外,还有宗教本质的相对性和绝对性。如前所述,宗教学的奠基人缪勒在《宗教的起源与发展》中,曾经专题讨论过的"界定宗教的困难"问题,其实他所讨论的正是宗教本质的相对性或绝对性问题。诚然,一如缪勒所强调指出的,要对宗教本质有一种绝对无误的把捉,

---

① 参阅毛泽东:"矛盾论",见《毛泽东选集》第 1 卷,人民出版社 1991 年版,第 308—310 页。

要获得一个能够详尽无遗地描述所有宗教的得到普遍认可的宗教的定义，无疑是"困难之极"，① 然而，这并不妨碍我们对宗教的本质有一个相对正确的理解，至少对各宗教的某些"家族相似性"特征（维特根斯坦语）有一个大体一致的共识。

其实，要达到对宗教本质的初步了解也不是一件特别困难的事情。因为，即使我们简单地追溯一下"宗教"的"词源意义"（etymological meaning）也就可以了。因为，既然语言是"思想的直接现实"，是"一种实践的、既为别人存在并仅仅因此也为我自己存在的、现实的意识"，② 既然语言，如维特根斯坦和克里普克（Saul Kripke, 1940— ）所强调指出的，尽管是"由诸条道路组成的迷宫"，但无论如何是不可能游离于"语言共同体"之外的，③ 则语言的这种公共性质、实践性质和现实性质无论如何也就提供给了我们达到宗教本质认识的一条通道或通道之一。文艺复兴时期著名的否定神学家尼古拉·库萨（Nicholas Cusanus, 约 1400—1464）在一篇题为《论寻觅上帝》的短文中，曾经指出，theos（上帝）这个词来自希腊文的 theoro，即"我在观看"和"我在奔跑"。所以，"在 theos 这个名称中，包含着某种寻觅的途径。人们沿着这一途径找到上帝、接近上帝"。④ 现在，我们不妨借鉴尼古拉·库萨的技巧尝试沿着宗教的语源学这个比较可靠的通道去寻觅宗教的特殊本质。

---

① F. Max Müller, *Lectures on the Origin and Growth of Religion*, pp.9—21.
② 参阅《马克思恩格斯全集》第 3 卷，人民出版社 1965 年版，第 525、34 页。
③ 参阅维特根斯坦:《哲学研究》，第 119—120、141—142 页。
④ 参阅尼古拉·库萨:《论隐秘的上帝》，李秋零译，生活·读书·新知三联书店 1996 年版，第 14 页。

## 第六章 宗教的特殊本质

在西方,"宗教"("religion")一词源于拉丁词 religio。而 religio 这词在拉丁语中主要有两个来源:一是罗马哲学家西塞罗(Marcus Tullius Cicero,公元前 106—前 43)的著作,一是罗马修辞学家拉克坦提乌斯和著名教父哲学家奥古斯丁的著作。西塞罗在其著作《论神之本性》中曾先后首先使用过 relegere 和 religere 来表述"宗教"。其中,relegere 意指的是在敬仰神灵上的(重新)"集中"和"注意",而 religere 的词义则是"重视"、"小心翼翼"和"仔细考虑"。拉克坦提乌斯在其著作《神圣制度》中,奥古斯丁在其著作《论灵魂的数量》中都用 religare 来表述"宗教",意指"结合"、"合并"和"固定"。古希腊人对"宗教"概念也有多种表述。例如,他们把对神的敬畏和虔诚称作 eusébeia,把宗教的戒律和礼仪称作 thrēskeia,把人对神的畏惧称作 sébas。新希伯来文中用 dat 来表示"宗教"。Dat 一词源于阿拉伯文 dāt,为"命令"和"律法"的派生词。《旧约圣经》中的《以斯拉记》中常用它表示"神的律法"。"伊斯兰"系阿拉伯文动词不定式 islām 的音译,原义为"顺服",其分词形式为 muslim("穆斯林"),原义为"顺服者"。该词源于动词 aslama,词根为 salima,意为"神圣",常被人们用来表达"完全奉献"和"完全顺服"的意思。

在东方,印度的"宗教"一词在梵文中为 dharma,南传佛教则用巴利文 dhamma 表示,该词被音译为"达磨"、"达摩",被意译为"法";在佛教中被用来意指"佛法"或"一切法"。这一概念表述在藏文中为 Chos,在蒙文中为 Shashin。中文中"宗教"一词,沿用佛教术语;佛教以佛所说为教,以佛家弟子所说为宗,宗为教的分派;作为合成词的宗教,最初用来意指佛教的教理,后来则用来泛指一切对神道的信仰。但是,"宗"、"教"二字在我国则古已有之。其中,"宗"字,据许慎《说文解字》,由"宀"和"示"两个部分组成,"宀"意为"房顶","示"意为"神主",合指供奉神主之位的庙宇,故其义为"尊祖庙也"。《尚书·大禹谟》中所谓"受命于神宗"中的"宗",即是谓此。此外,"宗"字还有"归向"、"朝见"、"尊崇"、"本源"、"主旨"等含义。至于"教"字,则有"教化"、"教育"和"令"的意义。《易经》中所谓"神道设教",《中庸》中所谓"修道之谓教",即是谓此。受中文"教"字的影响,日文中的"宗教"也称为"教"(kyō),朝鲜文则称为 hak。

通过对"宗教"一词的语源学考察,我们不难发现,尽管各民族文字中"宗教"一词的含义不尽相同,但毕竟还是蕴涵着一些显而易见的共同的内容或意义。而且,由此看来,这些共同的内容或意义,归结起来,不外下述三个层面:首先,凡宗教都关乎一个信仰对象,超越性、无限性、秩序(法则)、威仪乃信仰对象的本质特征;[①] 其次,凡宗教都关乎信仰者对信仰对象的敬畏、尊崇和顺从;再次,凡宗教都蕴涵有信仰主体同信仰对象结合或合一的意向。毫无疑问,这些都属于宗教本质的范畴,尽管我们不能把它们视为宗教本质的全部内容,但是,无论如何也构成宗教本质的基本的不可或缺的内容。

---

① 缪勒特别强调了信仰对象的无限性特征,并用"无限者"(the Infinite)来称谓宗教信仰对象,并断言:他写道:"我选择'无限者'这个词,乃是因为在我看来它最适合于我们领悟所有那些超越我们的感觉和我们的理性的那种东西。""我对'无限者'没有任何偏爱,只是因为在我看来,它似乎是一个含义最广泛的术语,具有最高的概括性。"参阅 F. Max Müller, *Lectures on the Origin and Growth of Religion*, pp.27, 28。

## 二、宗教的奥秘与信仰的超越性

诚然,从宗教的上述语源学解释看,各民族文字中,"宗教"一词的含义不仅关涉到宗教的特殊本质,而且也关涉到宗教的普遍本质,如新希伯来文中 dat 一词所蕴涵的"律法"义,阿拉伯文中 din 一词所蕴涵的"权力"和"法庭"义,梵文中的 dharma 以及巴利文中的 dharmma 所蕴涵的"一切法"义,中文中"宗"所含的"本源"义以及"教"所含的"教化"义和"修道"义等等,都是如此。但是,无论如何,总的来说,它所昭示的主要的还是宗教的特殊本质而非宗教的普遍本质。所谓宗教的特殊本质,所意指的无非是为宗教这一特殊的意识形态和社会群体所独有和共有而为其他意识形态和社会群体所缺乏的本质规定性。而所谓宗教的普遍本质,所意指的则无非是为宗教这一意识形态和社会群体与其他意识形态和社会群体所共有的本质规定性。宗教的特殊本质和普遍本质虽然也具有某种内在的关联性,但是,至少从概念和逻辑层面看,还是分属于两个迥然有别的领域。我们在考察宗教的二级本质时,虽然非常重视宗教的语源学解释,却也并不囿于或拘泥于这样一种解释,而要进而达到对宗教的社会学和文化学的解释,虽然非常重视昭示宗教的特殊本质,却也并不囿于或拘泥于此,进而以一整章的篇幅来讨论宗教的普遍本质,所有这一切都是基于这样一种识见的。

然而,这丝毫不妨碍我们对宗教的语源学解释的理论价值作出正确和充分的评估。这是因为虽然我们不能企求从宗教的语源学解释中获得宗教二级本质的全部内容,但它毕竟给我们提供了理解宗教二级本质的一个逻辑的和历史的起点。这就好像知道一条河流的一个小小的源泉虽然同了解它的全部流程是完全不同的事情，但知道前者毕竟不仅是了解后者的一项不可或缺的内容，而且也构成了达到后者的一个确切而恰当的起点，从而对认识后者具有一种无与伦比的认识论意义。宗教的语源学解释无疑即是我们理解宗教二级本质的一个确切而恰当的、逻辑的和历史的起点。更何况宗教的语源学解释不仅为我们认识宗教的二级本质提供了一个现实的理论起点，而且还构成了我们认识宗教二级本质的一个强大的理论支点。因为无论从认识论还是从本体论的层面看，事物的特殊矛盾或特殊本质对于事物本身的存在和发展以及人们对于事物的认识都具有特别重要的意义。这样，既然按照宗教的语源学解释，宗教所关涉的主要是宗教的特殊本质，是为宗教这一特殊的意识形态和社会群体所共有和独有而为其他意识形态和社会群体所缺乏的特殊规定性，则宗教的语源学解释就不仅为我们理解和把握宗教的特殊本质提供了根据，而且也为我们进一步理解和把握宗教的普遍本质提供了根据和可能。

具体说来，宗教的语源学解释之所以能够构成我们认识宗教二级本质的理论支点，主要地是由下述几个方面决定的：

宗教的语源学解释之所以能够构成我们认识宗教二级本质的理论支点，首先就在于它明确地昭示了宗教的内在本质，昭示了宗教的最隐蔽处，即宗教信仰问题。诚然，如我们在前面所说，宗教是一个由诸多要素组合而成的非常特殊的意识形态和社会群体，决不限于宗教信仰这样一个因素。但是，宗教信仰无论如何都是各宗教要素中最内在、最本质的要素。这是因为不仅宗教禁忌、宗教戒律、宗教礼仪这样一些宗教行为和宗教活动，以及宗教组织、宗教制度和宗教体制等，归根到底都不过是宗教信仰的外在形式,而且即使宗教神话、宗教理论、宗教情感和宗教经验等宗教意识形态归根到底也都是宗教信仰的直接的或间接的显现。真正说来,离开了宗教信仰,是根本无所谓宗教行为和宗教活动以及宗教组织和宗教制度的,更不用说宗教神话、宗教理论、宗教情感和宗教经验这些宗教意识形式了。其实,宗教并非是各种要素的简单拼凑,而是一种以宗教信仰为基础的各要素之间的有机的整合。毫无疑问,宗教的各要素之间确实存在有一种互存互动的关系,这是不容否认的。例如,在宗教观念和宗教体验之间,在宗教观念和宗教行为之间,以及在宗教观念和宗教组织、宗教制度之间,甚至在宗教组织和宗教行为之间,无论在理论上还是在实际上都是存在有这样那样的互存互动关系的。如果它们之间从根本上就不存在这样的互存互动关系的话,则不仅宗教行为和宗教组织,而且宗教情感和宗教体验,对于宗教本身来说,也就成了一种完全不可设想、缺乏积极意义的东西了。但是,无论如何,宗教信仰都是宗教诸因素中最内在、最本质的因素。如果我们把宗教结构设想为一个同心圆的话,则处于这个同心圆的圆心位置的就是且只能够是宗教信仰了。而且,既然宗教观念和宗教情感、宗教体验是宗教信仰的直接显现,则它们势必处于同心圆1的位置上;而宗教行为和宗教活动作为宗教观念和宗教体验的外在表现,宗教组织和宗教制度作为宗教观念和宗教体验以及宗教行为和宗教活动的外在表现,无疑便因此而分别处于同心圆2和同心圆3的位置上。这样,在我们面前,便出现了一个以宗教信仰为核心和基础的呈逐步弱势的外向发散式的多层次的宗教结构或宗教体系:宗教信仰(圆心)→宗教观念与宗教体验(同心圆1)→宗教行为与宗教活动(同心圆2)→宗教组织与宗教制度

(同心圆 3)。不难看出：宗教的语源学解释所彰显的正是宗教信仰在这样一个宗教结构或宗教体系中的中心位置或基础地位。其实，宗教信仰在宗教结构或宗教体系中的这样一种中心位置或基础地位不仅是史前人类和人类文明社会初期长期思考的集体产物，而且在一定程度上也是近现代许多宗教思想家们的一个共识。宗教学奠基人缪勒径直把宗教理解为一种"信仰力量"或一种"从感觉到信仰的力量"，宣称：如果没有"信仰"，没有这样一种"信仰力量"或"从感觉到信仰的力量"，"也就没有宗教了，甚至连最低级的偶像崇拜和物神崇拜也没有。"① 英国著名的宗教人类学家爱德华·泰勒在其《原始文化》中在对各种原始宗教作了比较充分研究的基础上宣称：一切宗教，不仅是各种高级宗教，而且发展层次较低的宗教，其最深层、最根本的根据即是"信仰"，亦即对"灵魂"或"精灵"的"信仰"。当代著名的宗教学家、哈佛大学教授威尔弗雷德·坎特威尔·史密斯在其名著《宗教的意义与终结》中把宗教内容二分为"信仰"（faith）和"信仰的表达"（the expression of faith），其用意显然在于凸显宗教的"信仰"本质。他反复强调指出：宗教并非一种一成不变的抽象概念，从根本上说来它首先是"一种活生生的信仰"。在古代希腊文中根本没有"宗教"这个词，而只有"诸神"（gods）这样的词。在希伯来《圣经》中，所谓宗教所意指的无非是对上帝的一种"信仰"，一种"惧怕上帝"的"个人虔诚"，在《新约圣经》中，这一主题则表现得更其鲜明，据统计，"信仰"（pistis 即 faith）这个词以各种不同的形式竟出现了 602 次。②

---

① F. Max Müller, *Lectures on the Origin and Growth of Religion*, pp.22—24.
② Wilfred Cantwell Smith, *The Meaning and End of Religion*, pp.53—59,170—174.

宗教的语源学解释不仅昭示了宗教的最内在、最核心的内容是信仰，而且还点示出了宗教信仰对象的本质特征，即"神秘"。人们在神灵面前，为什么应当"小心翼翼"？为什么信仰对象的话即为"一切法"，即具有"律法"性质？为什么我们应当特别"尊崇"和"顺服"神灵？为什么我们应当"归向"神灵、"完全奉献"给神灵，甚至与神灵"重新结合"？所有这一切全都指向了宗教信仰对象的"神秘"性质。尽管在人类历史上已经涌现了形形色色的宗教神学，以致我们可以说，存在有多少相对高级形态的宗教，也就存在有多少神学体系，甚至一个宗教都拥有无数个神学体系，尽管这些神学体系都在以这样那样的方式言说着原本"不可言说"的宗教信仰对象，但是，在我们面前这些宗教信仰对象始终都高傲地持守着它们的"神秘"性质，即"不可言说"性质。这可以说是存在于宗教信仰对象与科学认知对象之间的一种永远化解不掉的差异，一道永远跨不过的鸿沟。而宗教的本质特征或宗教的奥秘也正在于此。鲁道夫·奥托在《论"神圣"》中在谈到"神秘"或"神秘者"时所强调的："任何一种宗教的真正核心处都活跃着这种东西，没有这种东西，宗教就不再成其为宗教"，[①] 即是谓此。近乎表述这种"神秘"或"神秘者"的，在希伯来语中有 qādōsh，在希腊语中有 ἅγιος，在拉丁语中有 sacer（sacrum venenum）或 sanctus。考虑到"神秘"或"神秘者"的"神秘"性质，亦即考虑到"神秘"或"神秘者"的"不可名"的性质，我们不妨用"X"来称呼之。

为了便于言说这个"不可言说者"，奥托曾杜撰了一个词

---

[①] 奥托：《论"神圣"》，第7页。

numinous。Numinous 这个词的词根为拉丁词 numen，最初意指罗马神话中的守护神，后来泛指具有某种神秘力量的存在物。然而，这种作为宗教信仰对象的"神秘"或"神秘者"与我们日常语言中的"神秘"或"神秘者"的含义不同。它不是一般意义上的"秘密"，也不是通常意义上的"奥秘"，而是一种"令人畏惧的奥秘"（mysterum tremendum）。这样一种奥秘一般说来内蕴有三种因素，这就是"敬畏"因素，"不可抗拒性"（"威严"）因素和"活力"或"催迫"因素。敬畏不仅是"畏"，而且还内蕴有"敬"，这就把对"神秘"或"神秘者"的信仰同"对魔鬼的畏怕"区别开来了。"不可抗拒性"因素或"威严"因素所意指的不仅是"绝对不可接近性"，而且还有一种"威力"、"强力"和"绝对不可抗拒性"，宗教的谦卑感受以及信仰者同所信仰的神秘力量的"结合"或"合一"的"愿望"，归根到底都是从对这种"神秘"的"令人畏惧的威严"的感受中生发出来的。至于"活力"或"催迫"因素，则进一步表明宗教信仰对象，正如康德所指出的，绝对不是一个抽象的理性概念或理性范畴，而是一个洋溢着激情和活力的生生不息的万能的威力。[①] 诚然，随着人类社会历史的发展和人类宗教思想的演进，人们对宗教信仰的神秘性质作了形形色色的诠释，但是，无论如何，宗教信仰的神秘性质本身却永远不会由于人们的这样那样的诠释而消亡。即使在当代人本主义或存在主义哲学家保罗·蒂利希那里，我们依然看到了他对宗教的神秘因素的肯认和强调。我们知道，蒂利希曾用一坐标系来形象地解说宗教的内在结构，断言宗教由两个要素构成，其中一个

---

① 奥托:《论"神圣"》，第 27—28 页。

为"文化要素",另一个则为"神秘要素"(the mystical element);而且,虽说宗教的这两个要素之间是一种"相互依存"(in mutual interdependence)的关系,但是,"神秘要素"毕竟是宗教坐标中的"纵向坐标",是变动不已的宗教中的一个"常数",是一个与各种宗教共始终的"要素",具有"永恒的意义"(the eternal meaning);同时,在蒂利希看来,"文化要素"尽管非常重要,但无论如何,也只不过是具有"永恒意义"的"神秘要素""在俗世间的实现"(the temporal realization of the eternal meaning),因而归根到底只是一个从属于"神秘要素"的"要素"。① 这就把"神秘"或"神秘者"在宗教结构中的核心地位明显地炫示出来了。

宗教的语源学解释不仅昭示了宗教的最内在、最核心的内容是信仰,不仅点示出了宗教信仰对象的"神秘"特征,而且还暗示了宗教信仰何以神秘的成因,即"信仰对象的超越性"。这是非常自然的。因为既然作为宗教信仰的"神秘"或"神秘者"是由"敬畏"、"威严"和"活力"这样三个要素构成的,那就向人们提出了"神秘"或"神秘者"何以能够具有这样三个因素的问题,亦即宗教信仰何以神秘的成因问题。首先,就"敬畏"而言,倘若没有对"不可思议的"、"可怕的"和"可敬的"绝对超拔信仰者自身的东西的"感受",任何"敬畏"的态度都是不可能生发出来的。其次,就"威严"和"活力"而言,事情也同样如此。因为宗教谦卑感离开了宗教信仰对象的超越性,即宗教信仰对象

---

① Paul Tillich, *The Protestant Era*, Chicago: The University of Chicago Press, 1948, pp.185—186.

在力量、活动和存在方面的绝对完满性以及由此派生出来的宗教信仰对象的"万能"和"绝对不可抗拒性",无论如何是滋生不出来的。由此看来,宗教"神秘"的秘密正在于宗教信仰对象的"超自然性"、"超现世性"或"彼岸性",简言之,"超越性"。正因为如此,当代许多宗教思想家在谈到宗教信仰的神秘性时总是以这样那样的形式也同时谈到宗教信仰对象的超越性("永恒性"或"彼岸性")。[①] 当代宗教学家和宗教多元论思想家约翰·希克在对宗教及其信仰作现象主义的解释时,径直将宗教解释为"人类对超越者的回应"(human responses to the transcendent)。他的代表作的标题即为《宗教之解释:人类对超越者的回应》。为了凸显宗教信仰对象的绝对超越性,希克甚至在"人所体验的实体"之上另提出了"实体本身"的概念。按照希克的说法,"人所体验的实体",无论是上帝、安拉,还是"道"、"梵"和"涅槃"都还算不上"终极实存",惟有在它们之上和之后的"实体本身"才称得上"终极实存",方是"绝对超越者"。[②] 而为了表达宗教"神秘"的这样一种特殊的"奥秘"的特殊意涵,奥托曾使用了"全然相异者"(θάτερον, anyad, alienum)这样一个术语。按照他的说法,这是一个"最为鲜明"的术语,因为"这个'相异者'完全超出了通常的、可理解的与熟悉的范围,因而完全落到'辨察'的领地之外并与之相对峙,使心灵充满了茫然的惊奇与惊愕。"[③] 在现代基督宗教神学家中,将宗教信仰对象的超越性刻画到了极致的

---

[①] Paul Tillich, *The Protestant Era*, Chicago: The University of Chicago Press, 1948, p.186; Wilfred Cantwell Smith, *The Meaning and End of Religion*, pp.154—156.
[②] 约翰·希克:《宗教之解释:人类对超越者的回应》,第276—281页。
[③] 同上书,第31页。

当属新正统主义神学家卡尔·巴特。按照巴特的"上帝之道神学"或"危机神学",上帝并非人们所设想的"放大了的人",而是"全然相异者"。从而,我们只有藉上帝的启示,即只有通过上帝,才能认识上帝。我们不仅不可能"藉着上帝所造之物"认识上帝,我们甚至也不可能藉耶稣认识上帝。巴特断然宣布:"在耶稣身上,上帝确实成了一个秘密:他是作为'未知者'被人知道的。……对犹太人来说,他成了一个耻辱,对希腊人来说,他则变成了愚蠢。……相信耶稣,这是一切冒险之中最冒险的事情。"① 尽管,在解说宗教的"神秘"成因时,希克、奥托和巴特的这样一些论述也有这样那样的片面性或肤浅性,但是,无论如何,他们刻意揭示宗教信仰神秘的特殊本质和特殊成因的初衷以及他们刻意揭示宗教信仰对象超越性品格的初衷,则是值得称道的。如所周知,早在教父哲学产生初期,拉丁护教士德尔图良(Tertullian,145—220)面对着异教徒的诘问,在《论基督肉身》一文中提出了"惟其荒谬,我在相信"的神学公式,② 至文艺复兴时期,德国哲学的先驱尼古拉·库萨在《论隐秘的上帝》一文中又提出了"惟其神秘或不可知,我才敬拜"的神学公式。③ 不难看出,德尔图良和尼古拉·库萨的这些悖论性语言所表达的,其实与希克、奥托和巴特所表达的无异,都是宗教或作为宗教信仰对象的神秘性和超越性。

---

① 巴特:《论〈罗马人书〉》,转引自利文斯顿:《现代基督教思想》下卷,何光沪译,赛宁校,四川人民出版社1999年版,第654页。
② Tertullian, On the Flesh of Christ, 15, in *The Ante Nicene Fathers*, III, ed. by A. Roberts and J. Donaldon, Buffalo, 1885, 525.
③ 参阅尼古拉·库萨:《论隐秘的上帝》,第3页。

由此看来，宗教，作为一种特殊的意识形态，区别于理性认知的其他意识形态的根本特征，不是别的，正是宗教信仰本身；而宗教信仰的特殊本质正在于它是一种超越理性认知能力的"神秘"，正在于它的"超越性"。正因为如此，宗教及其信仰，相对于人类理性认识能力而言，将永远以这样那样的形式保持一种"奥妙"或"神秘"的性质。这是人类宗教思想史向我们昭示出来的一个不争的事实，也是宗教的语源学解释向我们昭示出来的一个不争的事实。

## 第二节　宗教奥秘的解读与作为信仰神圣者的人

在我们考察宗教的特殊本质时，指出宗教的根本特征在于宗教信仰，而宗教信仰的根本特征又在于宗教信仰的超越性，是非常必要的，因为，如上所述，舍此我们便不可能把捉到宗教这一意识形态的特殊内容。然而，仅仅做到这一步还是不够的。因为当我们指出宗教的根本特征在于宗教信仰时，便在事实上提出了一个宗教信仰何以滋生的问题；当我们指出宗教信仰的根本特征在于宗教信仰的超越性时，又在事实上提出了一个宗教信仰的超越性的成因及其意义问题。由此看来，从宗教发生学的角度和高度探讨宗教信仰及其超越性，实在是宗教探秘活动中一项更深层次的工作。如果说前面一项工作主要在于指出宗教信仰的超越性或神人之间的差异性，从而所揭示的只不过是宗教的初级秘密或公开秘密的话，那么，在我们即将开展的工作中，我们将着力指出的则是宗教信仰的内在性以及神人之间的同一性，从而所揭示的就将是宗教的高级秘密或内在秘密。费尔巴哈说:"神学之秘密是人本学"。[①] 恩格斯说:"人是斯芬克斯谜语的谜底",又说:"神是人","人只须认识自身,使自己成为衡量一切生活关系的尺度,按照自己的本质去评价这些关系,根据人的本性的要求,真正依照人的方式来安排世界",这样,"他就会解开"宗教的"谜语"了。[②] 他们想要指出的也正是这个意思。

## 一、宗教发生学与宗教信仰的生存论维度

前面,我们曾考察了宗教产生的社会历史条件和认识论根源,这无疑是正确的,但是,如果我们要对宗教产生的根源作出进一步的分析,如果我们要对宗教信仰及其超越性的成因作出进一步的说明,那我们就必须进而具体地考察宗教及其信仰的生存论维度。因为宗教信仰对象及其超越性不仅具有本体论和认识论的维度和意义,而且也具有生存论的维度和意义,而且,倘若从理解和把握宗教特殊本质的立场看,宗教及其信仰首先具有的便是生存论的维度和意义。因为不仅哲学的认识对象,而且即使自然科学的认识对象也都在一定程度和一定意义上具有本体论和认识论的意义,也都具有这样那样的"神秘"性质。有谁能够说,凡哲学和科学的认识对象都不具有本体论意义和认识论意义,都不具有我们在前面曾经提到的"可惧怕性"、"不可抗拒性"和"活力"这样一些因素呢?然而,又有谁能够说,面对着哲学和科学的认

---

① 费尔巴哈:《基督教的本质》,荣震华译,商务印书馆 1984 年版,第 5 页。
② 恩格斯:"英国状况(评托马斯·卡莱尔的《过去和现在》)",见《马克思恩格斯全集》第 1 卷,人民出版社 1956 年版,第 651 页。

识对象，我们无论如何都会生发出"敬畏"、"战栗"的情绪或情感，"自我贬抑"的宗教谦卑，以及不可遏止的同信仰对象合为一体的强烈愿望？事实上，只要我们从宗教发生学的角度看问题，我们就必定能够发现：正是宗教信仰的生存论维度构成了宗教信仰的特殊本质，构成了宗教信仰的根本义和"胜义谛"。

按照马克思的以及费尔巴哈的观点，宗教本质上是人的一种"自我异化"。① 但是，由此提出的问题便是：人何以要把自己"异化"出去？对于这样一个问题，离开了宗教信仰的生存论维度，显然是不可能回答的。在氏族—部落社会里，人们之所以要把自己"异化"出去，构想出来这样那样的氏族神或部落神，其目的显然在于寻求氏族或部落的庇护力量，满足自己生存论上的种种需要；在文明社会里，人们之所以要把自己"异化"出去，构想出这样那样的民族神或国家神乃至普世信仰的神，其目的也显然在于寻求民族、国家乃至整个人类的保护神，以满足自己生存论上的种种需要。人的福乐或至福始终是宗教追求的基本目的。而这样那样的宗教因此也就都可以说是从人的这样一种生存论需要产生出来的。费尔巴哈在考察宗教特别是"自然宗教"或"自然崇拜"的成因时，一方面把"人的依赖感"宣布为宗教的"基础"或"出发点"，另一方面又把"自然"宣布为宗教的"最初基本对象"。② 然而，"自然"之所以构成宗教的"原初对象"，其根本原因正在于人的生存及其活动对于"自然"的多方面的"依赖"。离开了人的生存需要，宗教的基础或出发点显然是不可能得到说明

---

① 马克思："关于费尔巴哈的提纲"，《马克思恩格斯选集》第1卷，第55页。
② 参阅费尔巴哈：《宗教的本质》，王太庆译，人民出版社1999年版，第1、33页。

的。加里·特朗普试图用原始民族中"生存下去的明显需要"来解说宗教的起源,并用"生存说"来概括费尔巴哈的宗教起源的思想,是不无道理的。①

不只原始宗教或自然宗教,而且差不多所有高级形态的宗教,都是由人们的生存体验生发出来的。佛教的创始人乔达摩·悉达多据传是公元前 6 世纪至前 5 世纪古印度迦毗罗卫国的王子,只是有感于人世间生老病死的痛苦,寻求精神的解脱,才出家修行的。而他 35 岁时在菩提伽耶著名的菩提树下,结跏趺坐,觉悟成道,默思的也正是人生的真谛,即后来所谓"四圣谛"(Caturā ryasatya)。就基督宗教来说,情况也是如此。不仅"四福音书"构成了《新约圣经》的核心内容,而且耶稣基督及其门徒在传教活动中所宣传的中心内容也无非是"福音书"中"天国邻近"的"福音"。而"福音书"中所宣讲的"福音":"你们贫穷的人有福了,因为神的国是你们的。你们饥饿的人有福了,因为你们将要饱足。你们哀哭的人有福了,因为你们将要喜笑",②正是当时巴勒斯坦地区和部分欧洲地区人民生存处境和盼望的表达。伊斯兰教的创建者穆罕默德虽然其祖先为麦加古莱什部落的哈希姆贵族,但因早年父母双亡,家道衰落,人生经历相当坎坷。他在希拉山洞中的宗教体验显然是在他的长期的人生体验的基础上生发出来的。而且,人生问题和道德问题也一直是他后来宣教活动的基本内容。

其实,不仅宗教的创建离不开人们的生存体验,而且即使个体的宗教皈依也离不开个人的生存体验。"皈依",梵文为

---

① 参阅加里·特朗普:《宗教起源探索》,第 73—74、209 页。
② 《路加福音》6:20—21。

"Sarana",英文为"conversion",其基本意思无非是"宗教信奉"或"宗教信仰"的萌生和转变。因此,"皈依"无非有两种形式:一是从无宗教信仰到有宗教信仰,再一种是从一种宗教信仰转向另一种宗教信仰。但是,无论取何种形式,个人的生存体验都是其原初的动因。没有身处"边缘处境"的亲身经历,不曾遭遇虚无和陷于绝望,任何形式的宗教皈依都是不真实的、形式的和表面的。我们知道,奥古斯丁本人是有过皈依经验的。他原本是一个摩尼教徒,后来于公元386年秋(一说387年秋)皈依基督宗教,成了一个基督宗教徒。而促成他的这一转变的,虽然也有"阅读"柏拉图著作以及其他方面的原因(如所谓"教会危机"和"帝国危机"),但其中最为重要的则是他本人的"生活危机"和生存体验,他在精神上的"彷徨"和"绝望"。因为正是他的"生活危机"和"生存体验",正是他的感到"绝望"、感到自己身陷"危险"处境的亲身经历,才使他走进教堂,接受安布罗斯主教的洗礼,并从中获得了一种"一个绝望的灵魂从重大的危险中获得救援"的心情和感受。[①]作为宗教改革运动先导的马丁·路德之所以于他21岁的时候走进地处耳弗特的那个经过改革的奥古斯丁修道院,披上僧袍,固然还有许多别的原因,但是,当年7月他于返校途中遭遇到突然而至的雷轰,经历到猝然面对死亡的震颤,无疑是最有力的动因之一。近代著名的法国数学家和物理学家帕斯卡尔之所以对上帝和基督宗教有非常虔诚的信仰,按照他自己的说法,也同他自己的生存体验紧密相关。帕斯卡尔本人曾有过两次深刻的宗教体验:其中一次同他认为一次疾病奇迹般地痊愈

---

① 参阅奥古斯丁:《忏悔录》,周士良译,商务印书馆1981年版,第139—149页。

有关，而另一次则同他的濒死经验有关。①

## 二、宗教信仰与人生救赎

宗教及其信仰的生存论维度不仅构成了宗教的起始点，而且也构成了宗教的中心点或硬核。因为构成宗教信仰实质性内容的，不是别的，正是救赎问题；而所谓救赎（印度教和佛教称之为解脱），按照希克的观点，所意指的无非是"人类生存"从"个人（信仰主体）中心"向"实体（信仰对象）中心"的"转变"和神人之间的"同一"。②而这样一种"转变"或"同一"的思想无一例外地构成了所有宗教经典和宗教教义的主题思想。

救赎论在西方宗教传统中占有非常突出的地位。这在基督宗教传统中表现得尤为明显。因为基督宗教同犹太教的区别最根本的就于它的上帝论，在于它的"三位一体"学说，在于它对作为圣子的耶稣基督的地位的突出和强调。而基督所意指的无非是一种拯救或救赎力量，我们常常把 Christ 汉译成"救世主"，实在是一种非常得体的做法。至于《新约》中反复强调的"因信成义"的恩典说以及与之相关的"成圣"说，都可以看作是基督宗教注重"救赎论"的佐证。至于《启示录》中所集中昭示出来的"末世论"思想更是把基督宗教的救赎论性质表现得淋漓尽致。《古兰经》中虽然没有"拯救"这样的词语，但是，无论如何，救赎论也构成了它的基本思想。因为所谓"伊斯兰"（Islām），所意指的无非是"转向真主"，对慈爱、怜悯的真主"顺从"。易

---

① 参阅威廉·巴雷特:《非理性的人》，第 122—124 页。
② 参阅希克:《宗教之解释》，第 43 页。

卜拉欣说:"我已归顺全世界的主。"①他的这句话所表达的可以说是《古兰经》的基本思想。也正是在这个意义上,当代正统穆斯林作家巴德尔·丁·穆罕默德·伊本·艾卜赖海·宰卡什(Badr al-Zakashi)说:"那些在《古兰经》中看到真理(真主)的话语的人,在他面前就会消失,他们的属性也会被超越。"②诚然,由于伊斯兰教的入世性质,作为以真主为中心的伊斯兰,不仅要求内在地顺从于世界唯一的真主,而且也要求遵循一种与真主的意志相符合的共同的生活模式。但是,无论如何,它所要求的也同样是一种人类实存的根本性转变:同最高实存和平相处,相信最高实存的怜悯与仁慈,并为了天堂的喜乐而渴望超越此世。至于苏非派,通过"齐克尔"(dhikr)和"寂灭"(fana)这样两个概念,把人类生存的这样一种从个人中心向真主中心、从自治到神治的根本性转变更其充分地表达出来了。同时,伊斯兰教对后世、世界末日、天国、火狱的信仰也无一不透露出人生救赎的思想。

在东方宗教中,人生救赎的方式虽然有别于西方,但人生救赎之为宗教信仰的硬核同西方宗教则毫无二致。印度教显然是一种注重"救赎"或"解脱"的宗教。如所周知,印度教教义中有一个非常根本的思想,这就是"梵我一如",而"梵我一如"这个命题显示给我们的,不是别的,正是个人(我)中心向实体(梵)中心的转变,正是人生的最高境界和终极目标。至于印度教所宣扬的"智慧之道"(jinā na-marga)、"行动之道"(karma-marga)

---

① 《古兰经》2:131。
② Mahmoud Ayoub, *The Qur'an and Its Interpreters*, Albany, NJ: State University of New York Press, 1984, p.25.

和"奉爱之道"(bhakti-marga),则无非是印度教向人们指出的获得最后解脱或最后救赎的三条具体的途径或道路。正因为如此,当代学者采纳尔在谈到印度教的救赎论实质时,曾强调指出:"任何认识到这一永恒的灵魂,以及如何让它从它与思想、意欲和行为的身心复合体的真实或想像的联结中解脱出来,这是自《奥义书》时代以降,面对印度宗教意识的关键问题。"[1] 佛教,顾名思义,是一个关于佛的宗教,或者说是一个以佛为信仰对象的宗教。而佛的基本含义,无非是一个"觉"或"悟",无非意指"自觉"、"觉他"和"觉行圆满"。上座部佛教(小乘佛教)强调"自觉",以达到阿罗汉果位为目标;而大乘佛教则进一步强调"觉他",以达到菩萨果位为目标。但无论是上座部佛教还是大乘佛教都离不开一个"觉"字或"悟"字。在佛教传统中,"觉"或"悟"虽然也有认识论的意义,但从根本上说它所具有的则首先是一种生存论或本体论的意义。因为按照佛教的目的论系统,我们认识或"明""诸行无常",只不过是达到认识和实现"诸法无我"和"涅槃寂静"的一种手段或准备而已。其实,在强调人类救赎方面,佛教丝毫不弱于基督宗教。因为佛教的"觉"或"悟"虽然也关涉到对世界万物的看法,但它的中心对象在任何情况下,都是人的生存处境和人的思想境界,都是人的生存论转变,换言之,都是对"我"的虚无化(anatta,亦即"无我")。在这个意义上,我们不妨说,佛学无非是一种"无我学"。铃木大拙把"无我"宣布为"大乘佛教和小乘佛教最主要的观念",[2] 阿布正雄则

---

[1] R. C. Zaehner, *Hinduism*, London: Oxford University Press, 1966, p.60.
[2] D. T. Suzuki, *The Zen Buddhism of No Mind*, p.120.

进一步宣称:"佛教的拯救……不过是通过自我之死而对实在的觉悟。"① 所有这些,都是很有见地的。在东方宗教中,对人的生存论维度鲜明地突出和强调的,莫过于中国的道教了。道教的根本特征即在于它对"贵生"、"长生"和"成仙"的突出强调。"长生不死"和"成仙"乃道教的中心内容。在一定意义上,我们甚至可以说:道教理论归根到底是一种"仙学"。在流传至今的最早的道教经典《太平经》中就构建了道书中最早出现的由"主天"的神人、"主地"的真人、"主风雨"的仙人、"主教化吉凶"的道人、"主治百姓"的圣人和"辅助圣人"的贤人这样六个等级构成的神仙系统。② 至于《老子想尔注》,显然是在用长生成仙的仙学改造老子的道家哲学,把老子的"道法自然"之道改造成"求仙寿天福"之道。道教中虽然有所谓"外丹"和"内丹"的说法,但是,外丹与内丹的区别并不在于对仙学的否认,无非是修炼成仙的不同途径而已。诚然,道教也非常强调"得道",但是,在道教思想家那里,得道只不过是修炼成仙的一种手段罢了。我国近代学者魏源在《老子本义》中曾用"老明生而释明死"来概括道与佛在生存论上的分野,③ 可谓一语破的。

诚然,东方宗教和西方宗教在具体的救赎或解脱的方式上确实是存在有很大的差别的。例如,西方宗教思想家在谈论人生救赎、谈论生存状态从个人中心向实体中心的转变时,虽然有些人也注意到了"自力"的因素,例如他们也注意到了"成义"与

---

① Masao Abe, "Man and Nature in Christianity and Buddhism", in *The Buddha Eye*, p.153.
② 参阅王明:《太平经合校》,中华书局1960年版,第289页。
③ 魏源:《老子本义》,上海书店1987年版,第6页。

"成圣"的区别,但是,总的来说,其重心却始终放在"他力"方面,放在"前定"或"恩典"方面;东方宗教则不同,总的来说,"他力"差不多在所有的宗教救赎或解脱中都不构成决定性的因素,惟有"自力"才是救赎或解脱的根本之途。然而,不难看出,无论是西方宗教还是东方宗教,人生救赎或解脱都是其硬核和根本目标。而且,我们马上即可以看到,即使东西方宗教在救赎或解脱方式方面的区别,也只是一种现象层面的东西,也不过是同一种宗教意识的两种表现方式而已。

## 三、信仰的内在性与人的"自我意识"

通常,我们在解读宗教奥秘或给出宗教之谜的谜底时,往往满足于说神是人的"异化",或者更其简要地说"神是人",以为至此我们便已经道出了我们能够道出或应当道出的一切。其实,在我们说了这些话之后,更其重要的话依然尚未说出。因为当我们说神是人的"异化"时,我们面前便依然还存在一些我们必须面对且必须回答的问题,譬如,如果神仅仅是人的异化,那作为我们信仰对象的神何以会具有彼岸性或超越性,而且,在这种情况下,我们把自己"异化"出去的必要性究竟何在。因此,当我们说过"神是人"之后,我们还必须进而说"人是神"。[①] 惟其如

---

[①] 韦伯在谈到"救世主神话与救赎论"时,曾经强调指出:"救世主之决定性的功业,并非在其具体的战斗与受苦,而是存在整个过程中的终极的形而上学根底。这种终极的形而上学根底当然就是神之化身为人,这是沟通神与其创造物之间鸿沟的唯一方法。……神之化身为人,提供给人类一个融入神之本质的可能性或者,如伊里奈乌斯(Irenäus)所说的:'使人成神'。"(韦伯:《宗教社会学》,康乐、简惠美译,广西师范大学出版社2005年版,第226—227页。)

此，我们才可以说是解读了宗教的奥秘，给出了宗教之谜的谜底。

诚然，确立神人之间的差异性是非常必要的。因为舍此，我们便不仅不可能理解宗教信仰的超越性以及作为信仰主体的人对宗教信仰对象的敬畏态度，不可能理解任何宗教情感、宗教行为、宗教组织和宗教制度，而且我们也根本不可能理解作为自我中心向实体中心转变的人生救赎或解脱。因为不仅宗教信仰的超越性，作为信仰主体的人对作为宗教信仰对象的神的敬畏态度，任何宗教情感、宗教行为、宗教组织和宗教制度，而且作为自我中心向实体中心转变的人生救赎或解脱，无一不是奠基于神人之间的差异上的。但是，我们必须进一步看到的是，神人之间的这样一种差异，归根到底，无非是人的一种自我分裂：作为自然存在者的人与作为灵性存在者的分裂，作为实然的人与作为应然的人的分裂，作为处于日常生活状态中的人与作为处于理想状态中的人的分裂，作为现存的人（现世的人）与作为未来的人（来世的人）的一种分裂。然而，倘若从宗教学和人类学的立场和人性实现的立场看问题，倘若把人性实现理解为一个过程的话，则人或人性的这样一种分裂无非是达到人性重新整合的一种手段，强调神人之间的差异性无非是实现神人之间的同一性的一种手段，洞达信仰的超越性无非是进而洞达宗教信仰内在性的一种手段。

这是因为站在宗教立场上我们看到的宗教信仰的超越性，从宗教学和人类学的立场上看，所彰显的，归根到底，无非是构成人的自我的两个层面之间的一种张力，即作为自然存在者的人的层面与作为灵性存在者的层面、作为实然的人的层面与作为应然的人的层面、作为处于日常生活状态中的人的层面与作为处于理想状态中的人的层面、作为现存的人（现世的人）的层面与作为未来的人（来世的人）的层面之间的一种张力。而这样一种张力，不仅构成了种种人类创造性行为的不竭的动力源泉，构成了人类宗教意识不断提升的不竭的动力源泉，而且也构成了人性在现实的历史的运动中不断实现、改进和提升的动力源泉。整个说来，人类决不会愚蠢到仅仅为了强调信仰的超越性而强调信仰的超越性，仅仅为了彰显自己人格中的二重性而彰显自己人格的二重性，换言之，人类绝不可能把这些看作自己意识活动的终极目的。相反，人类之所以要强调信仰的超越性，乃是为了在自己的种种创造性的活动中消解这样一种超越性，人类之所以反思自己人格中的这样一种二重性，乃是为了把自己的理想的一面充分地实现出来，亦即把自己身上的"神性"充分展现出来。其实，各大宗教传统中的救赎论（或解脱论）展示给我们的正是问题的这样一个层面。因为各大宗教传统和其他社会意识形态所营造出来的现实的和虚拟的伟人、大师、圣人、真人或仙人，如摩西、穆罕默德、乔达摩、道德天尊和南华真人等，都是可以看作人中的"神"或"神人"的。在这个意义上，我们不妨说，在人类的生存救赎中，所谓从"个人中心"向"实体中心"的"转变"，无非是作为自然存在者的人向作为灵性存在者的人的转变，作为实然的人向作为应然的人的转变，作为处于日常生活状态中的人向作为处于理想状态中的人的转变，作为现存的人向作为未来的人的转变，因而归根到底，是人的一种自我超越、自我提升、自我实现或自我转变。也正是在这个意义上，费尔巴哈才强调说："对自然的依赖感诚然是宗教的根源，但是，这种依赖感的消灭，从自然手中获得解放，则是宗教的目的。换句话说，自然的神性诚然是宗教的、并且是一切宗教以及基督教的基础，但是人的神性则是宗教的最终目的。"①

毋庸讳言，各大宗教传统中都有人的自我贬抑的一面，都有所谓宗教谦卑的一面，都有宣扬人生黑暗的一面，都有其"悲观"的一面，不只宣扬"原罪说"的基督宗教是如此，即便是强调人人皆有佛性的佛教，也不例外。因为佛教理论的现实根据和逻辑起点正是"凡夫"的"无明"或"迷"以及由此产生的"贪嗔痴"和苦难的生存处境。但是，如果我们从救赎论或末世论的立场看问题，如果我们从人类学和宗教学的立场看问题，性善论或乐观主义就毕竟都是或都应当是各大宗教传统和文化传统的主流。希克说："尽管有充满痛苦的轮回，尽管有威胁性的永罚思想"，宗教信仰的"中心要旨"依然是"宣传佳音"，即是谓此。② 诚然，各大宗教传统和文化传统中的性善论或乐观主义并不就是那种直接的浅薄的性善论或乐观主义，而是或应当是那种要求对人性中恶的方面、对人生中苦的方面有深刻体验的性善论或乐观主义。事实上，也正是这样一种性善论或乐观主义在保证着和维系着宗教信仰的虔诚性，并为各大宗教传统把"信仰"（信）和"希望"（望）内在地结合在一起提供了可能性。因为如果人类对自身的自我超越的能力缺乏信心，如果人们对自己的未来丧失信心，则任何宗教信仰都是不可能建立起来的。存在于信仰和希望之间的，应当如《希望神学》的作者莫尔特曼（Jürgen Moltmann，1926— ）所指出的，是一种互存互动的关系，即一方面，信仰构成希望赖以滋生的"基础"，另一方面，希望又"培育"和"维护"着信仰；惟有在这种互存互动的关系中，面对未来的信仰才有可能生发出来对

---

① 费尔巴哈:《宗教的本质》，第 39 页。
② 希克:《宗教之解释》，第 82 页。

"可能事物"的"激情",才有可能进入批判性和创造性的生活。①

费尔巴哈曾经按照黑格尔的"自否定"或"否定之否定"的三段式逻辑,把宗教思维的"前进道路"描写成一种"曲线"或"圆圈",断言:"人总只是环绕着自己打圈子",因为"人在远离自己而进到上帝中时总又只是回返到自己本身";又说:"在宗教里面,人自己跟自己割裂开来,但却只是为了重新回到由以出发的原点上来。人否定自己,但却只是为了重新设定自己,并且,使自己变得身价百倍。"② 正是在这个意义上,费尔巴哈在对他的宗教观进行总结时强调说:"人是宗教的始端,人是宗教的中心点,人是宗教的尽头。"③ "不识庐山真面目,只缘身在此山中。"宗教及其信仰的奥秘之所以长期以来一直对人类构成"奥秘",一个重要原因就在于人们往往从宗教信仰或宗教神学的角度来审视宗教及其信仰。因此,解读宗教奥秘的关键之一就在于超越宗教神学的狭隘立场,努力从人类学和宗教学,甚至从辩证唯物史观的立场对它作一番考察。这样,我们就能够像当年马克思和恩格斯那样,把宗教理解为人的一种"自我异化",在对宗教奥秘的解读中,"把人因宗教而失去"的"人的内容""归还给人";并且使这样一种"归还"的过程,真正升格为一种向"人自己本身复归"、使人"重新获得自己的人性、自己的本质"的过程,一种"唤起"人的"自我意识"的过程。④

---

① 参阅莫尔特曼:"《希望神学》导论",见《20世纪西方宗教哲学文选》下卷,刘小枫主编,上海三联书店1991年版,第1779、1795页。
② 费尔巴哈:《基督教的本质》,第243—245页。
③ 同上书,第246页。
④ 参阅马克思:"关于费尔巴哈的提纲",见《马克思恩格斯选集》第1卷,第55页;恩格斯:"英国状况",见《马克思恩格斯全集》第1卷,第649—651页。

## 四、"向人自身的复归"与宗教意识的演进

尽管各大宗教传统都把宗教信仰对象设定为永恒不变的东西,但是,事实上,宗教意识或宗教观念却如马克思和恩格斯所强调指出的,总是经历着不断的这样那样的"变革"或演进。[①] 把对宗教奥秘的解读理解为"向人自身的复归",理解为"人的自我意识"的"唤醒",无非是宗教观念或宗教意识长期变革的一个结果。

宗教学的奠基人缪勒在谈到宗教的否定性和历时性时,曾经强调指出:宗教的自否定"实际上是一切宗教的根本原则",又说:"宗教若不能随着我们的发展和生存而发展和生存,那它早就灭亡了。"[②] 在他看来,宗教的自否定原则以及与之相关的变革或成长原则乃宗教的普遍原则。就印度吠陀教来说,它在事实上就经历了一个不断地自否定和自成长的过程。在《吠陀》的大多数诗篇里,我们看到的显然只是吠陀教的"童年"。在《梵书》和印度人的仪式、家庭及世俗法令中,我们看到的是它的繁忙的"成年"。在《奥义书》里,我们则看到了它的"老年"。这样,一旦印度人的思想随着历史的进步达到《梵书》的成年时代,就会立即抛弃纯粹幼稚的祈祷,而且,如果他们一旦认识到了献祭的无用和古老诸神的真谛,他们也就会用《奥义书》中更高级的宗教取而代之。因为,在《吠陀》质朴诗歌中称作神的东西,在《吠陀》提出"生主"之际,就难以再称之为神了。而当《奥义书》

---

[①] 参阅马克思和恩格斯:《〈新莱茵报·政治经济评论〉第 2 期上发表的书评》,见《马克思恩格斯全集》第 10 卷,人民出版社 1998 年版,第 253 页。至于这一变革和演进的更进一步的动因,我们将在下一章予以说明。

[②] F. Max Müller, *Lectures on the Origin and Growth of Religion*, pp.310, 380.

中婆罗门被宣布为万物之源,并且,个人的自我被宣布为永恒自我的一个火花时,那些原先称作神的东西就完全不是神了。其实,不只吠陀教,而且就整个人类宗教来说,也是经历了一个不断的自身否定自身、不断向前演进的过程。这一过程,如我们在前面所指出的,乃是随着人类历史的进步,从一个维度看,是一个不断地从"自然宗教"进展到"多神教"和"一神教"的过程,从另一个维度看,则是一个不断地从氏族—部落宗教进展到民族—国家宗教,然后再进展到世界宗教的过程。

需要特别强调指出的是:人类宗教基于人类历史进步的不断自我否定和自我变革的过程,总的来说,是可以看作一个人的自我意识不断觉醒的过程的。例如,西方神学或宗教哲学的演进过程,大体说来,就是这样一个人的"自我意识"不断觉悟的过程。西方宗教大体说来经历了一个从礼仪性宗教(如种种原始宗教)到制度化宗教(如种种民族—国家宗教和世界宗教)再到精神性宗教(如种种现当代宗教)的过程。而这样一个从注重外在礼仪向注重人的内心世界的转变过程,显然是同人的自我意识的觉醒过程同步发生的。而且,中世纪以降,这样一种进展呈现出日渐加速的态势。我们不妨把中世纪以来的这样一个演进过程概括成一个从信仰主义到自然主义再到人本主义的过程。每一个时代的神学或宗教哲学,按照黑格尔的说法,都有一个"整个世界观据以解释"的"主导原则"。如所周知,西方中世纪的神学或宗教哲学的"主导原则",不是别的,正是所谓"信仰"原则和"启示"至上的原则,但是,随着文艺复兴运动和启蒙运动的到来,自然原则或理性原则逐渐上升为神学和宗教哲学的支配原则。虽然西方近现代神学中有所谓"虔敬派"(Pietist)和"虔修神学"

（Ascetical Theology），但"理性神学"或"自然神学"（Deism）毕竟构成了近现代西方神学和宗教哲学的主流。而理性神学或自然神学不仅涵指人们单靠理性即能认识上帝凭借理性法则创造的自然，从而认识以理性法则创造自然的上帝，而且还涵指作为信仰对象的上帝即是斯宾诺莎所昭示的"神即自然"意义上的上帝，亦即理性化的上帝。至当代，西方神学或宗教哲学所要确立的则是人的主体性原则以及与之相关的非理性原则。[①]

当代西方神学或宗教哲学，特别是第二次世界大战以来的神学和宗教哲学，虽然流派繁多，但最能体现时代精神，坚持以人的主体性原则以及与之相关的非理性的生存体验为基础的，则主要有生存神学、希望神学和激进神学。生存神学不是不讲神，但它认为神并不是外在于人和人的生存活动的"客体"，而是一个依人的生存体验且为了人的生存体验而有的东西，离开了人的生存或人的生存体验，上帝的本性或存在便得不到任何说明。英国神学教授麦奎利坚持从人的生存出发来考察神的信仰问题，把神看作作为信仰主体的人"解除生存紊乱"、"达到自我"的工具，以及人"成为你自己"的人学设定，并由此得出了一条普遍结论，这就是：神学的出发点不应该是中世纪神学或经院哲学中的神，也不应该是近现代自然神论中的自然，而应该是且只能是人，从而发出了神学研究"要转向人"的呼吁。[②] 希望神学家不仅根本否认作为客体的上帝之存在，而且还进而明确地把上帝宣布为"人

---

[①] 参阅段德智："试论西方宗教哲学的人学化趋势及其历史定命"，《哲学研究》1999年第8期，第43—45页。

[②] 参阅麦奎利："基督教神学原理"，《20世纪西方宗教哲学文选》上卷，刘小枫主编，上海三联书店1991年版，第50页。

的理想"或"人的希望",从而径直把对神的信仰转换成了"对人本身的信仰",即"人的自我信仰"。希望神学的代表人物布洛赫(Ernst Bloch,1885—1977)直截了当地提出了"人是人的上帝"的神学公式,宣布对上帝的信仰实质上是对处于"自然局限"中的人的主体性自由的信仰,对"人类自由"和道德自律的信仰;而所谓神人合一,实际上讲的无非是人的理想、希望之实现,是人的自我实现,是"我将成为一个我将成为的人"。希望神学的另一个代表人物莫尔特曼不仅用希望来界定信仰,而且还用未来来界定希望,并由此断定:"以未来为其存在本性的上帝"不在我们之上,而永远是"我们前面的上帝";我们之信仰上帝无非是个我们面向未来、用我们的理想改造现实的问题。激进神学,亦称"上帝已死"神学。其代表人物汉密尔顿(William Hamilton,1924—2012)曾强调指出:"上帝已死"与"上帝不在"和"隐匿的上帝"不同。因为"上帝不在"还可"重在","上帝隐匿"仍可"重现",惟有"上帝之死"才表明上帝是"真正的失去",上帝之不在是件"无可挽回的事情"。[1] 另一个代表人物奥尔蒂泽(Thomas J. J. Altizer,1927—2017)则进而断言:宣布"上帝之死"意味着从根本上放弃脱离了人性的神性,"把神变成人",实乃神学中的一个"创造性否定"。[2]

当代西方神学和宗教哲学既以人的主体性原则以及与之相关的生存体验原则为其主导原则,则它就势必从中世纪神学和宗教哲学的"神"的立场和近现代神学和宗教哲学的自然主义立场上根本扭转过来,以一种崭新的视角来审视传统的神学和宗教哲学

---

[1] 参阅刘小枫主编:《20世纪西方宗教哲学文选》下卷,第1809—1810页。
[2] 同上书,第1820—1821页。

问题，从而呈现出与先前阶段迥然相异的面貌和气象。例如，当代西方神学和宗教哲学讨论的"基督的上帝学"即构成了基督宗教神学领域的一个新的气象。许多当代西方神学家和宗教哲学家认为，基督宗教神学不应当像传统神学那样，以"上帝圣父"为中心，从"上帝圣父"起步，而应当"由基督学起步"，即由耶稣基督讨论上帝、认识上帝，理解上帝的存在。一些神学家不仅宣布圣子即圣父，基督即上帝，而且还进而宣布耶稣基督是"没有上帝作伴"的耶稣基督（奥尔蒂泽语），创建所谓"无上帝的基督学"（考克斯语）。不难看出，这样的"基督的上帝学说"或"基督学"，从本质上看，无非是一种关于人化了的上帝的人学。当代西方神学和宗教哲学讨论的另一个热门话题"人正论"也同样如此。关于恶的起源、存在和功用问题，传统的神学家历来从"神正论"的立场予以诠释，即把上帝所创造的世界之存在恶归因于上帝为了更好地彰显善（包括为了更好地彰显上帝的全善）这样一个神圣的意图。当代神学家则试图用人学的立场对之加以诠释。利科（Paul Ricoeur，1913—2005）在《解释的冲突》（1974年）中鲜明地提出了"恶来自于我们"的观点，宣布："恶不是一种存在的东西，恶没有任何存在，没有性质，因为它来自于我们，因为它是自由之作为。"[①] 不仅如此，他还进而把人作恶的自主性同人的责任直接联系了起来，援引奥古斯丁的观点，宣布："人对恶是整个地负有责任的。"[②] 这是不无道理的。因为一旦人类在自我解放

---

① 保罗·利科：《解释的冲突》，莫伟民译，商务印书馆2008年版，第334页。
② 同上书，第337、339页。奥古斯丁在《反对朱利安》一文中曾对朱利安（Julian d'Eclane）说"你探寻恶的意志从哪里来吗？你将会发现人"（Contra Julianum, chap. 41）。利科据此发挥说："人类即使不是恶在世上的绝对起源，那也至少是恶在世上的涌现点。通过一个人，罪就进入了世界。"

进程中自己承担起自己的命运,那救世主的角色就应当由自我拯救、自我解放的人来扮演。现在,既然是人,而不再是上帝,为历史的主体,那么,人就不能不充当双重角色,即不仅是恶行的原告,而且也是恶行的被告;这样,他也就必须为自己作出辩护。于是,"神正论"也就不能不让位于"人正论"。

当代西方神学和宗教哲学虽然在"唤醒人的自我意识"方面作出了重大贡献,但自身也存在有一定的局限性。例如,它所强调的人,甚至它所强调的"个体的人"或"孤独的个体",一如近现代神学和宗教哲学的"自然的人"一样,依然是一种脱离了现实社会关系和人类历史运动的人,因而归根到底依然是一种"抽象的人",而非马克思所说的"现实的历史的人"或"现实的信教的人"。再如,由于它对传统神学采取一种虚无主义的态度,由于它片面地机械地宣布"上帝即人"或"人即上帝",把人的主体性原则推向极致,从而也就有可能使神学或宗教哲学失去其固有的研究对象,而蜕化成一门人文科学、生存哲学或道德哲学,进而把神学或宗教哲学引向自我取消的绝境。由此看来,为要解读宗教的奥秘,我们不仅需要进一步正确地理解和处理存在于宗教信仰主体和宗教信仰对象之间、宗教信仰的超越性和宗教信仰的内在性之间以及现存的实然的人与理想的应然的人之间的矛盾统一关系,而且还应当以更为开阔的视野对作为信仰主体的人即对作为"人的世界"、"国家"和"社会"的"人",亦即"现实的历史的人"作一番具体的考察。[①] 而正是后面一点把我们引向了对宗教的社会本质和文化本质,亦即宗教的普遍本质的考察。

---

① 参阅马克思:"《黑格尔法哲学批判》导言",《马克思恩格斯选集》第1卷,第1页。

# 第七章　宗教的普遍本质

既然人类认识运动所遵循的是"由特殊到一般"的秩序，既然人们总是由认识"个别的和特殊的事物"，而后才逐步扩展到认识"一般的事物"，总是首先认识了许多不同事物的"特殊的本质"，而后才有可能更进一步地进行概括工作，认识诸种事物的"共同的本质"，[①] 那么，在初步考察了宗教的特殊本质或固有本质之后，我们也就有可能进而考察宗教的普遍本质了。宗教的普遍本质，如我们在前面所指出的，它所意指的并非是宗教这一社会群体和意识形态所特有的本质规定性，而是宗教这一社会群体和意识形态与其他社会群体和意识形态所共有的本质规定性。鉴于宗教的构成性因素，在我们看来，归根到底，无非是宗教存在（宗教信众及其所组成的宗教组织等）和宗教意识（宗教信仰、宗教观念、宗教情感和宗教体验等），从而在这些规定性中，我们着力考察的将是宗教的社会本质和文化本质。

## 第一节　宗教的社会本质

如上所述，就宗教区别于其他社会群体和意识形态的特殊本

---

[①] 参阅毛泽东："矛盾论"，《毛泽东选集》第1卷，第309—310页。

质看,宗教首先是一种宗教信仰。然而,宗教信仰毕竟不是抽象的,而是具体的和现实的,因而它总表现为"现实的信教的人"的信仰。而"人的本质不是单个人所固有的抽象物,在其现实性上,它是一切社会关系的总和"。既然如此,则"现实的信教的人"(即信众)以及由"现实的信教的人"(信众)组成的宗教组织之构成"真正的宗教存在",则宗教之具有社会性质,就是一件非常自然的事情了。[①]宗教的社会本质一方面表现为宗教作为社会的一个子系统或一个亚社会,本身即为一个社会群体或社会组织(宏观层面),宗教的科层结构与社会分层(中观层面)、宗教变革与社会变革(中观层面)、宗教成员构成与社会成员构成(微观层面)之间所存在着的这样那样的内在关联性,另一方面又表现为"宗教世界"本身即是人类社会"二重化"的一个结果。

## 一、宗教社会本质的宏观考察:宗教之为一社会群体或社会组织

前面,我们在讨论宗教的特殊本质或宗教的奥秘时,曾经强调指出:宗教的奥秘在于它的超越性、神圣性和出世性,在于它之强调对神圣者的信仰;宗教组织之区别于其他社会组织的根本特征在于"它是宗教观念或宗教意识的社会载体"。这些无疑是符合历史事实的。然而,宗教的真理或奥秘并不限于此,它还应包括问题的另一个方面。这就是宗教的奥秘不仅在于它的超越性、神圣性和出世性,而且还在于它的内在性、世俗性和入世性,宗

---

① 《马克思恩格斯全集》第42卷,人民出版社1979年版,第173页。

教组织的奥秘不仅在于它的"宗教性",在于它是"宗教观念或宗教意识"的社会载体,而且还在于它的"社会性",在于它与家庭、俱乐部、政府和政党一样,也是一种社会群体或社会组织。

宗教之具有社会性质,首先就表现为它本身即为一种社会群体,换言之,它本身即为一种社会。人们常常把宗教(神圣)与世俗对置起来,把"宗教世界"或"宗教社会"同"世俗世界"或"世俗社会"对置起来,然而,我们必须看到一方面它们之间的对立只具有相对的性质,另一方面,不管它们如何对立,它们同为一种社会群体,同为社会或社会组织的下位概念则是没有疑问的。

按照系统论的观点,人类社会是一个由许多社会群体或亚社会单位构成的系统。而社会群体一般具有如下几个要素或特征:第一,是由多个成员组成以及其成员之间总存在着一定的互动关系。一个社会群体总有两个或两个以上的成员组成,这些成员之间不仅相互认识而且还建立了构成其群体特征的交流和互动模式。第二,是活动的共同目标。每个社会群体都具有一些其成员为之奋斗的共同的活动目标,一个社会群体的成员就是为了实现这些目标而结合成社会群体的。第三,是共同的规范。一个社会群体既然有了共同的活动目标,接着也就提出了何以达到这些目标的问题,也就是说,这个社会群体必须进而确定它的成员应该做什么,应该在什么时间和什么地点做,以及应该如何做等等。第四,是角色问题。也就是说,每个社会群体的成员都要扮演一定的角色或履行一系列义务,发挥一定的作用,这也就是所谓劳动分工。没有这样的分工,任何一个社会群体都不可能组织任何有效的集体行为,实现任何既定的目标。第五,是地位体系问题。一个等级体系中不同的权力、权威和声望，都与不同的角色以及担任这些角色的个人相联系。尽管不同的社会群体会用不同的标准来建立不同的地位体系，以保证各种社会群体的集体功能的发挥，但是如果没有一个恰当的地位体系，任何社会群体的共同目标都是不可能实现的。第六，是"认同感"。一个社会群体的成员对其所属社会群体当感到和表现出一种认同感。每个成员对所属社会群体的信仰、贡献和认同程度总是有所区别的，而且大多数社会群体也都能够理解和容忍这样一种区别，但是，如果一个社会群体的成员对所属社会群体缺乏最低限度的认同，则这一社会群体便迟早会土崩瓦解。[①]

不难看出，宗教，作为一种特殊的社会群体，同其他社会群体一样，是明显具有这六个要素或特征的。首先，凡宗教都是由一定的成员即宗教信众组成，而且一个宗教组织中的成员之间在一定范围内和一定程度上也都是相互认识，并且是存在着这样那样的互动性的。例如犹太教总是由犹太教信众组成，天主教总是由天主教信众组成，伊斯兰教总是由伊斯兰教信众组成，佛教和道教总是由佛教信众和道教信众组成。尽管有所谓个人宗教和私人宗教的说法，但是，无论如何，由孤独个人组成的宗教在人类历史上是不存在的。

其次，任何宗教都有其活动的共同目标，尽管各宗教在活动目标方面存在着极大的差异，但是，无论如何，个人救赎和社会救赎都构成其基本的目标。希克曾断言：轴心时代之前的宗教，如原始社会的宗教，主要旨在"维持宇宙秩序和社会秩序"，而轴

---

[①] 参阅罗纳德·L.约翰斯通：《社会中的宗教》，尹今黎、张蕾译，四川人民出版社1991年版，第13—17页。

心时代之后的宗教所追求的则主要是个人的"拯救或者解脱"。①虽然我们可以对此作出这样那样的批评,但是,他的论断也还是向我们表明:任何具体形态的宗教,在任何时候、任何情况下,都是要具有这样那样的为其成员所认同的活动目标的。

任何宗教既然都有这样那样的共同目标,自然也就应当具有并且事实上也就都具有这样那样的共同的规范。这样一类规范不仅表现为宗教禁忌、宗教戒律或宗教礼仪,而且也表现为对信仰对象的任何解释和任何活动。也就是说,我们可以把这样的宗教规范划分为两种:一种为行为规范,另一种为信仰规范。这样,不仅各种高级形态的宗教,如基督宗教、佛教和伊斯兰教等,都以其复杂的信条、教义和形形色色的神学巨著,清楚地包含了内容广泛的规范体系,而且,较多地强调宗教仪式一类行为的"原始"宗教,也都同样十分注重和强调规范,只不过它们特别强调的是正确的行为规范而不是正确的信仰规范罢了。

角色问题同样是任何宗教组织都存在的问题。因为各宗教正如既然有这样那样的目标,自然也就应当具有并且事实上也就都具有这样那样的规范一样,各宗教既然有这样那样的目标和规范,自然也就应当安排并且事实上也就都安排了这样那样的角色来实施这样一些规范,实现这样一些目标。事实上,每一个宗教组织都给自己的宗教信众安排了一定的角色,要求每一个宗教信众履行一定的义务,发挥一定的作用。各宗教群体不仅设置了祭司、萨满、拉比、宗教教师(印度宗教)、先知、主教、神父、牧师这样一些领导人,而且还设置了舞蹈者、领唱员、巫师、唱诗班、

---

① 希克:《宗教之解释》,第25页。

乐师、司库、襄礼员、教会执事、寺庙妓女、神学教授、传教士、招待员等角色。显然没有这样一些宗教角色，任何宗教都不可能卓有成效地依照宗教规范开展各项宗教活动，达到近期或远期的目标的。

由于宗教角色的专门化，构成一宗教群体的宗教信众之间在其所属的宗教群体中也就出现了地位上的差别，从而也就使得每一个宗教都有一个与其集体功能相一致的地位体系。一般来说，各宗教组织的领袖人物、协调人、发言人和宣讲宗教真理的教师要比一般的信众有更高的地位、更高的威望，受到更多的尊敬；他们也总是具有较大的权威，拥有较大的权力，甚至享有较多的财富与闲暇。等级森严的教阶制度虽然在当代的许多宗教组织中已不复存在，但是，宗教的地位体系却依然是存在于各种宗教中的一个普遍现象。即使像一些基督宗教组织（如新教）中的理事会也依然是教阶制度的一个重要表征。

与这种宗教地位体系相对应、与这种宗教地位差异观念相联系和一致的是宗教信众对该宗教群体以及该宗教教阶体制的认同感。诚然，在一宗教群体中，宗教信众对该宗教团体的认同感是有差别的。而且，一般说来，一个宗教组织的规模越大，其宗教信众对该宗教群体的认同感的差别也就会越大。但是，无论如何，宗教信众对其所属宗教群体的认同感都是该宗教群体得以维系和发展的一个必要条件。

尽管许多宗教都以这样那样的形式宣称：它们所信仰的对象是一种超越尘世的力量，它们的目标在于来世、彼岸和永恒的至福，它们的种种规范和等级制度都出自神意或神的启示，但是，只要宗教群体组织起来开始从事它们自己认为应当做的任何事情时，它们便会立即展现出任何社会群体所具有的上述那些共同的要素和特征。从它们的组织和结构来看，它们同所有其他的社会群体毫无二致。尽管在目标、规范、角色和地位体系等因素方面，宗教的确有其区别于所有其他社会群体的特殊的内容和规定性，但是，任何宗教群体都只有在具有所有这些为所有其他社会群体所共有的诸多因素的前提下，才有可能把自身的特殊内容实现出来。诚然，正如政党的运作方式虽然不同于家庭和俱乐部，但是却同后者的运作方式有一些相似性一样，宗教作为一种特殊的社会群体，其运作方式虽然同所有其他的社会群体也有这样那样的区别，但是，无论如何，它们之间也存在有一定的相似性，至少是维特根斯坦所说的那样一种"家族的相似性"。

鉴此，我们完全有理由说，宗教，同家庭、俱乐部、政府、政党和国家一样，也是一种社会群体或社会组织，尽管它是一种以宗教信仰为中心点和出发点的特殊的社会群体或社会组织。诚然，一如我们在前面所指出的，世界诸宗教在宗教组织和宗教体制方面也是千差万别的，例如，基督宗教的基本组织形式为"教会"，而佛教的基本组织形式则为"寺院"；甚至一种宗教的在组织形式和体制方面也不尽相同，例如，在宗教体制方面，天主教实行"主教制"，东正教实行"牧首制"，而相当一部分新教组织则实行"长老制"和"公理制"。但是，无论是"教会"还是"寺院"，无论是"主教制"还是"公理制"，则它们之同具有社会性，同属于一种社会群体、社会组织和社会制度，则是没有疑问的。这是因为宗教，作为一种社会组织或社会群体，同其他社会组织和社会群体一样，其重要任务之一就是"保持秩序"，即一方面推动其成员在利用和恪守群体规范的前提下去追求该群体的共同目标,另一方面又要承担其协调与监督其成员的使命。很显然,如果没有宗教组织,任何一个宗教都不可能作为一个整体在社会的政治、经济和文化活动中发挥作用,都不可能有效地履行它的作为一社会群体应当承担的上述任务。即使在原始社会里,各种史前宗教或自然宗教也都有自身的宗教组织,只是当时的宗教组织所取的是一种隐性状态,而非显性状态而已。至古代社会,随着各种系统宗教的发展,"科层制",作为宗教组织中的一种权威性的等级制度,达到了登峰造极的地步。在近现代社会,中世纪普遍存在的教阶体制虽然受到了极大的冲击,但是,科层制,作为任何一种社会组织的"韧带",在各宗教组织中依然以这样那样的方式在发挥着作用。不管宗教和宗教组织发生什么样的变化,它之为一种社会群体或社会组织这一点作为宗教的一种内在规定性,作为宗教的一个常数,将势必永远存留在宗教之中,只要宗教存在一日,它就将伴随着宗教存在一日。

## 二、宗教社会本质的中观考察(1):宗教科层与社会分层的相互贯通

宗教的社会本质不仅体现在从宏观层面看,宗教组织与家庭、民族、俱乐部、政党等一样,作为社会共同体或社会群体,同为社会组织的一个下位概念,不过一则为宗教组织,一则为世俗组织而已,而且还进而体现在宗教科层与社会分层的相互贯通和内在关联上。

如上所述,科层制乃世界诸宗教的一项根本性的组织制度,在任何时候、任何情况下,任何一个宗教组织都是由不同的科层

组合而成的，基督宗教和伊斯兰教等西方宗教是如此，印度教、佛教和道教等东方宗教也是如此。然而，当我们沿着这条思路对世界诸宗教进行更为深入的考察时，我们就会发现，宗教组织不仅与各种世俗社会组织一样，同为社会组织的一个下位概念，同为一种社会组织，而且，从其内在结构和成员组成看，宗教组织非但不外在于和孤立于世俗社会组织，反而与后者相互贯通、密切相关。这种内在关联的一个典型表征即为宗教科层与社会分层差不多总是相互贯通的。

诚然，在氏族—部落宗教里，由于社会分层尚不明显，宗教科层现象也因之而不突出。但是，这也并不意味着在这样的宗教里，完全不存在任何隐性的科层现象，因为一如我们在前面所指出的，任何一种社会、任何一种宗教，只要其存在一日，其成员之间便都存在有一个地位体系的问题，只是这种地位体系的表现形式相互之间有所区别罢了。而随着阶级或社会等级制度的出现，在很长一段时间里，世界诸宗教的科层现象愈演愈烈，逐步形成了各色各样的科层等级和科层体系，如"主教制"、"公理制"和"寺院制"。这些科层等级和科层体系虽然在社会发展的某些阶段也可能与社会等级或社会分层相互错位，但是，总的来说，它们之间还是相互贯通、相互一致的。

宗教科层与社会分层的内在关联性和相互贯通性在古代印度的婆罗门教中有其相当典型的表现。按照婆罗门教的法典，古代印度人被划分为四个种姓或四个等级。其中第一种姓为婆罗门，这是一个由主持祭礼等宗教事务的僧侣们组成的社会等级，是一个在古印度社会中地位最高的等级，构成了古印度社会的第一等级；第二种姓为刹帝利，由掌握国家军政大权的王室贵族和武士组成的社会等级,他们的社会地位仅次于婆罗门,并与后者一起构成了古印度社会的统治阶级;第三种姓为吠舍,这是一个由农民、手工业者和商人组合而成的社会等级,是国家租税和徭役的主要承担者,属于古印度社会的第三等级;第四种姓为首陀罗,这是一个由被征服的土著民族、雇佣劳动者和奴隶组合而成的社会等级,处于社会最下层,属于第四等级。由此不难看出,古印度的这样一种种姓制度(亦即所谓"瓦尔那"制度)不仅是一种社会制度,而且也是一种宗教制度。而在这种种姓制度中,宗教科层与社会分层不仅不相冲突,而且还相互贯通和相互支撑。因为一方面,构成这种制度的基础的,不仅有宗教内部僧侣阶层与普通信众的等级区分,而且还有社会统治阶级和剥削阶级与社会受统治阶级和受剥削阶级的等级区分。另一方面,在这种种姓制度中,教会的上层集团或特权阶层与社会的上层集团或特权阶层虽然不一定完全吻合,但却是相互兼容,甚至是相互重合(或部分重合)的。

宗教科层与社会分层的这样一种内在关联性和相互贯通性不仅在东方的婆罗门教中有其典型的表现,而且在西方基督宗教中也有其典型的表现,这就是欧洲中世纪社会著名的"三等级"观念。尽管早在基督宗教产生的初期,就有了"等级"(ordinem)概念。但是,在一个很长的历史时间里,这一概念仅限于意指教会神职人员的分层,如说主教等级、教士等级、神父等级和僧侣等级,尚不具有婆罗门教"种性"制度同时涵盖世俗社会阶层的意涵。但是,随着西欧社会骑士制度和分土制度的完善化,特别是随着查理帝国的强盛,"等级"概念便获得了一种新的意涵,终于成为一种同时涵盖宗教科层和社会分层的意义广泛的概念:不仅有"教士等级"（clericalis ordo）的说法，而且还有了"俗人等级"（lacialis ordo）的说法。教士、贵族和平民三个等级的说法因此便应运而生了。这样，西欧中世纪社会三个等级的说法，就其所内蕴的宗教科层（僧侣层与平信众之别）与社会分层（贵族与平民之别）的关系，便与古印度婆罗门教的"四种姓"制度中所蕴含的宗教科层（婆罗门与平信众）与社会分层（刹帝利与吠舍等）有某种对应或一致的内容。1302年法国历史上召开的第一次三级会议，史称法国或欧洲"等级君主制形成"的标志。在这次会议上起决定作用的虽然是第一和第二等级，但是，在第一等级中有发言权的却是那些高级教士。不仅一般信众（包括城市富裕市民在内的第三等级）影响力甚微，而且低级教士也起不到任何重要作用。当代宗教社会学家托马斯·F. 奥戴（Thomas F. O'Dea）和珍妮特·奥戴·阿维德（Janet O'Dea Aviad）在谈到西欧中世纪宗教科层与社会分层的内在关联时，曾经强调指出：在中世纪社会，"在贵族与平民这种社会分层和神职人员与俗人这种教会分层之间究竟是一种什么关系？事实上，在教会分层系统和一般社会分层系统之间，是存在着许多'交叠重合'之处的。高级神职人员（主教、修道院长和其他有声望的教会成员）主要来自上流社会，而上流社会的人们事实上也都是修道院的成员，他们是当时最重要的宗教群体。"① 应该说，他们的这种分析是深中肯綮的。而宗教的这样一种格局正可以被看作是政教分离前宗教科层与社会分层相互贯通和内在关联的西方模式的典型形态。

---

① 托马斯·F. 奥戴、珍妮特·奥戴·阿维德：《宗教社会学》，刘润忠等译，中国社会科学出版社1990年版，第154—155页。

其实，即使在政教分离后，宗教科层与社会分层的相互贯通和内在关联也还是继续存在着的。1843年，马克思在《〈黑格尔法哲学批判〉导言》一文中在谈到宗教的社会本质时，曾经指出：宗教就是"颠倒的世界"，"宗教里的苦难既是现实的苦难的表现，又是对这种现实的苦难的抗议"。[①] 四年之后，他在《"莱茵观察家"的共产主义》一文中，在谈到基督宗教的社会原则时，又进一步强调指出："基督教的社会原则曾为古代奴隶制进行过辩护，也曾把中世纪的农奴制吹得天花乱坠。……基督教的社会原则把国教顾问答应对一切已使人受害的弊端的补偿搬到天上，从而为这些弊端的继续在地上存在进行辩护。"[②] 既然如此，则宗教科层与社会分层的相互贯通和内在关联就不可能只是一件偶然的事情。马克思之后，许多宗教社会学家，如马克斯·韦伯和乔基姆·瓦赫等，也对现代社会中的宗教科层和社会分层现象做过比较全面、比较系统的研究。按照马克斯·韦伯的观点，人们的"身份"或"社会地位"不同，其社会诉求不同，其宗教诉求和宗教地位也就因之而不同。例如，特权阶层或上层社会集团与非特权阶层或下层社会集团，由于其既得利益和社会地位的不同，其宗教诉求和宗教地位便大相径庭。一般来说，特权阶层或上层社会集团，在社会诉求方面比较倾向于为现存社会制度进行辩护，而在宗教诉求方面也往往比较倾向于"神义论"，"个人无论拥有还是丧失特权都被认为在宗教上是'应得'的"。[③] 而这一阶层或社会集团不仅

---

① 《马克思恩格斯选集》第1卷，第1—2页。
② 《马克思恩格斯全集》第4卷，人民出版社1958年版，第218页。
③ 参阅马克斯·韦伯：《宗教社会学》，康乐、简惠美译，广西师范大学出版社2005年版，第175—185页。

有维系与现存社会制度相适应的现存宗教制度的强烈愿望，而且由于其所掌握的种种资源而往往同时构成现存宗教组织中的特权阶层或上层集团。相反，非特权阶层或下层社会集团，在社会诉求方面则往往比较倾向于反抗现存社会制度，而在宗教诉求方面则往往比较倾向于"救赎论"，把自己的希望寄托于"未来"或"来世"。而这一阶层或社会集团则由于其社会地位的低下，由于其缺乏必要的种种资源，即便对与现存社会制度相适应的现存宗教制度有所"怨恨"，但是由于其缺乏种种必要的物质资源和文化资源，而往往同时构成现存宗教组织中的非特权阶层或下层集团。乔基姆·瓦赫虽然区分了宗教信仰的"主观经验"和"客观表现"，虽然突出和强调了二者的相对独立性，但是，总的来说，他还是强调了社会分层与宗教科层或世俗群体与宗教群体的相关性或同一性的。就问题的后一个方面而言，他的思想与韦伯的观点还是相当接近的。

### 三、宗教社会本质的中观考察（2）：宗教改革与社会改革和新宗教运动

对于宗教科层与社会分层的关系，我们不仅可以对之做共时性的静态考察，从宗教构成和社会构成的角度阐述两者之间的相互贯通性和内在关联性，而且也可以对之做历时性的动态考察，从宗教改革与社会改革的角度阐述它们之间的相互贯通性和内在关联性。

事实上，宗教科层与社会分层关系的这样两个维度是密切地联系在一起的。因为既然不同的宗教科层和社会分层有着不同

的社会诉求和宗教诉求，则任何一种宗教的一定的科层体系以及任何一种社会的社会结构的稳定性都是相对的，而其变动性则是绝对的。一旦不同宗教科层和社会分层的社会诉求和宗教诉求由差异发展至对抗，一旦这些宗教集团和社会集团的"认同感"和"一体化感"丧失殆尽，一旦随之而来的如杜尔凯姆在《社会分工论》和《自杀论》中所说的那样一种"失范"（anomie）现象愈演愈烈，① 则宗教改革和社会改革也就不可避免地随之爆发了。

需要强调指出的是，在西欧的历史上，宗教改革运动与社会改革运动往往是结伴而行的。例如，在中世纪，由阿奎丹公爵"虔诚者"威廉发起的克吕尼宗教改革运动和由阿尔诺德等发起的阿尔诺德派和阿尔比派社会改革运动，② 尽管其活动方式和活动目标不尽一致，但是，在反对腐败的上层宗教集团和上层社会集团的问题上还是基本一致的。因为虽然克吕尼宗教改革运动的具体目标在于将罗马教会纳入隐修院的轨道，而阿尔诺德派和阿尔比派的具体目标在于修订甚至否定罗马教会的法规和教义，但是他们却都是普遍主张神职人员过"使徒式贫困生活"实施宗教改革和社会改革的，主张修正或颠覆现存的宗教秩序和社会秩序的。

宗教改革与社会改革之结伴而行在文艺复兴时期得到了更其经典的上演。早在 14 世纪，作为欧洲改革运动的先驱约翰·威克里夫（John Wycliffe，1324—1384）就先后写了《论神的统治权》

---

① 参阅杜尔凯姆：《自杀论》，钟旭辉、马磊、林庆新译，浙江人民出版社 1988 年版，第 113—115 页。

② 恩格斯曾经称阿尔诺德派和阿尔比派为"从封建社会生长出来的城市反对封建主义的一种反对派"，是"中世纪真正的公开的异教"，"主要是反对僧侣，攻击他们的富有和他们的政治地位"。参阅恩格斯：《德国农民战争》，人民出版社 1976 年版，第 34—35 页。

和《论世俗的统治权》，不仅把批判的矛头指向罗马教廷，而且也将其指向英国上层社会（并且因此而成为英国"劳拉派"的精神领袖），从而最终既招致罗马教廷的迫害，又遭招英国王权的迫害。至16世纪，在德国，不仅爆发了马丁·路德（Martin Luther，1483—1546）领导的宗教改革运动，而且也爆发了以托马斯·闵采尔（Thomas Münzer，1489—1525）为精神领袖的农民战争。尽管路德攻击的主要是罗马教廷的特权，旨在维护的是世俗特权，而闵采尔所攻击的则不仅有罗马教廷的特权，而且还有德国贵族的特权，旨在建立地上天国，尽管当德国农民战争爆发后，路德先后发表了《为反对叛逆的妖精致撒克逊诸侯书》、《和平的谏言》和《反对杀人越货的农民暴徒书》等攻击农民运动的文章，但是，宗教改革运动和社会改革运动之同时在德国发生这样一个不争的历史事实至少还是告诉我们，这两件事情无论如何还是有其内在的联系的。至于加尔文（John Calvin，1509—1564）在日内瓦实施的宗教改革，则更其直接也更其充分地昭示了宗教改革运动和社会改革运动的内在关联性。因为作为加尔文宗教改革结果的，不仅有实行"长老制"的新的教派，即加尔文宗，而且还有日内瓦的神权共和国。

在对宗教科层与社会分层相互贯通的历时性考察中，在对宗教改革和社会改革的内在关联性的讨论中，有一点是值得特别予以注意的。这就是"教会"和"教派"的关系，或从"教会"中分裂出"教派"的问题。这种现象在人类宗教史上是相当普遍的。例如，如前所述，在西欧中世纪，随着克吕尼改革运动的推进，不仅产生了一批批隐修院，而且还引发了阿尔诺德派和阿尔比派等异端教派的滋生。而16世纪的宗教改革，如所周知，最终导致了罗马天主教会的大分化和大改组，相继产生了路德派、加尔文派和安立甘派等新教派别。教会和教派，从表面上看，关涉的是宗教组织的存在形式，但是，从本质上看，关涉的则是宗教组织与一般社会组织的关系。因为教会（church）类型的宗教组织一般有如下一些特征：（1）宣称具有普遍性或普世性，包括社会各阶层的成员；（2）实行宗教垄断，试图消除宗教竞争；（3）与国家及世俗权力紧密结合；（4）具有比较广泛、比较森严的科层等级制度；（5）雇佣持有合格的教育证书并正式授予圣命的人作职业的全日制神职人员。中世纪的罗马天主教会以及19世纪的俄国东正教会都可以视为典型的教会，而当代欧洲的国家教会则可以视为准教会。教派（sect）类型的宗教组织同教会类型的宗教组织的差别主要表现在两个方面：一方面表现在宗教组织的内在特征上，另一方面表现在宗教群体同其社会环境的外部关系上。教派的内在特征主要有：（1）强调自身的优越性，尤其强调自己信仰的纯真性和教义的纯洁性；（2）强调其成员最大限度的民主参与，常常以缺乏正规神学训练的平信徒为领袖；（3）通常规模较小，并且多半是从社会较低的阶层中产生出来的；（4）注重彼岸世界问题，如个人拯救、末日审判、天堂和地狱等，对现实世界的问题淡漠。因此，教派的根本特征，如约翰斯通强调指出的那样，便是"抗议"：一方面对业已存在的传统宗教群体表示抗议，另一方面对其周围的世俗社会表示抗议。[1] 从而，拒绝现存的社会结构便构成了教派处理其同社会环境外部关系的基本态度和基本准则。但是，教派在其发展过程中往往出现分化现象，一部分教派始终坚持其"抗议"

---

[1] 约翰斯通：《社会中的宗教》，第119页。

的品格，而另一部分教派则逐步与教会和现存社会相协调、相适应，最后便演变成了"教宗"。安曼门诺派（Amish Mennonites）和胡特尔派（Hutterites）可以视为教派的典型。因为它们的成员居住在差不多与世隔绝的聚居点，拒绝参与任何政治活动，拒绝使用电灯、电话、收音机和电视机，甚至不让其成员的孩子接受小学以上的教育。而路德派和加尔文派则可以视为从教派演变成"教宗"的典型。教宗（denomination）既可以是那些丧失其宗教统治或垄断地位，成为所在社会诸多宗教中一个的教会，也可以是为世俗社会所容忍和接受的教派。教宗的特征主要有：（1）对国家和世俗权力的关系相当友好，充其量是"忠实的反对派"；（2）对其他宗教组织或教宗取兼容主义态度；（3）遵循相当常规化的仪式和礼拜，容忍对教义和宗教习俗的修订或调适；（4）偏重于从社会的中上层阶级中吸收成员。路德宗和加尔文宗虽然在很长一段时间里由于其对罗马天主教持激烈反对的立场而被称作"抗议派"或"抗罗派"，但是与变革中的西欧社会却始终保持着容忍和接受的立场。正因为如此，人们将其称作"路德宗"和"加尔文宗"是非常得体的。在东方宗教中，有所谓教、派和宗的说法。这些说法虽然同西方宗教中教会、教派和教宗的说法有一定的关联或类似，但却并非一一对应。就佛教来说，如我们在前面业已指出的，它以佛所说为教，以佛弟子所说为宗，宗因此为教的分派，有宗、空宗、华严宗、禅宗和密宗等都是如此。至于南北禅宗和临济宗等，则似乎另当别论，因为它们所表达的乃宗中之宗。佛教中还有部、派的说法，如上座部、大众部、格鲁派（亦称黄教）、黄龙派（属禅宗中临济宗的一个支派）等。此外，佛教中还有部派佛教、北传佛教、藏传佛教之说，而且在藏传佛教中还有黄教（即格鲁派）、红教（即宁玛派）、白教（即噶举派）、花教（即萨迦派）、黑教（即苯教）之说，可谓教中有教。就中国道教来说，也有所谓道、派和宗的说法，如太平道、五斗米道、天师道、全真道、正一道、茅山派（属符箓派和正一道）、上清派（属正一道）、华山派（属全真道）、龙门派（属全真道）、南宗和北宗（属全真道）等。由此看来，不仅东西方宗教组织形式的名号多有不同，而且，即使东方宗教组织形式的名号也多有不同。尽管如此，这些不同类型的宗教组织一方面不仅在成员上，而且在其教义方面同社会分层和它们对社会的态度有这样那样的关联，另一方面它们之从教会中分裂出教派和教宗在多数情况下以这样那样的形式与宗教改革和社会改革有这样那样的关联，则是没有疑问的。

在对宗教科层与社会分层相互贯通的历时性考察中，在对宗教改革和社会改革的内在关联性的讨论中，还有一点也是值得特别予以注意的。这就是新宗教或新宗教运动问题。所谓新宗教或新宗教运动问题，是说宗教改革和社会改革不仅可以导致教派的产生，而且也有可能导致新的宗教产生。一些西方学者从语源学的角度，断定新宗教是现代社会的产物。他们的这种说法虽然有一定的理据，但是也有值得商榷之处。因为正如事情虽然确实如威尔弗雷德·坎特威尔·史密斯在《宗教的意义与终结》一书中强调指出的：宗教作为一个概念或范畴在人类宗教思想史上是一个相对晚近的文化现象，但是我们却不能据此而判定世界诸宗教的出现和存在因而是一个相对晚近的现象一样，我们也不能因为新宗教这个概念或词语出现的比较晚近，而断言新宗教是一个相对晚近的现象，是一种至现当代社会方才出现的宗教现象。其实，从一个意义上，我们不妨说早在古代社会，伴随着宗教改革的深入开展，这样那样的新的宗教也以这样那样的方式产生过和存在过。例如，基督宗教、佛教，乃至印度教都是可以视为伴随着宗教改革运动而产生出来的"新宗教"的。我们知道，公元前1世纪中叶巴勒斯坦被罗马帝国征服之后，随着民族斗争的不断加剧，犹太宗教和犹太民族内部的分化也日益加剧，从而逐渐形成了四个宗教集团和政治集团。这就是：撒都该派，法利赛派，艾赛尼派和奋锐派。其中撒都该派属上层宗教集团和社会集团，法利赛派属中层宗教集团和社会集团，而艾赛尼派和奋锐派当属中下层和下层宗教集团和社会集团。而由拿撒勒人耶稣领导的"拿撒勒派"最初很可能就是艾赛尼派的一个分支。甚至在耶稣被钉死以后的一段时间里，那些相信耶稣就是基督的人所组成的"基督徒社团"也还是以犹太教的一个"新教派"的面貌出现和存在的。只是到了2世纪初，"基督徒社团"在逐步有了自己的崇拜对象（耶稣基督）、自己的经典（《新约圣经》）、自己的较为系统的神学理论（如天国降临和末日审判等）和自己的宗教组织（教会）之后，才脱离犹太教母体而自然而然地演变成了一个独立的新宗教。在东方，佛教的形成也是与婆罗门教的分化和改革有这样那样的关联的。一如缪勒在《宗教的起源与发展》中所阐明的，古代印度的婆罗门教自公元前1200年左右在东西方文化合璧的背景下产生。就其《吠陀》文献而言，曾先后经历了"康达期"、"曼陀罗期"、"《梵书》期"和"《经文》期"。但是，当其发展至公元前8世纪，即"《梵书》期"时，在"祭祀万能"以及与之相关的"婆罗门至上"等纲领性问题上，婆罗门教内部开始分化，许多人开始对其产生怀疑和不满，并因此而提出"纯粹精神祭祀"

的问题。① 与婆罗门教内部出现的这种革新派思潮相呼应，印度社会上也出现了声势强大的史称"外道"或"沙门团体"的反对派思潮。而佛教最初也不过是这些"外道"或"沙门团体"中的一支而已。如所周知，佛教虽然在"业报轮回"和"解脱之道"等方面继承了婆罗门教的遗产，但是，在人类宗教史上，无论如何，它也是一种全新的宗教。同样，至公元8世纪，南印度摩拉巴尔的商羯罗在积极借鉴佛教和耆那教教义的基础上创建的印度教，在一个意义上，也是可以视为对传统婆罗门教革新的一项成果的。

新宗教或新宗教运动在现代宗教发展史上占有更其突出的地位，以至于许多宗教学家把它视为现代宗教运动的特殊产物。在现代新宗教或新宗教运动中，虽然涌现了数以百计的新的宗教组织，但是，规模特别大、影响特别广的却并不多。不过，摩门教、巴哈依教和创价学会无疑是其中成就比较突出的几个。摩门教（Mormonism）是19世纪30年代由约瑟·斯密（Joseph Smith, 1805—1844）在革新基督宗教的基础上形成的一个新的宗教。该宗教组织虽然承认《旧约》和《新约》，但是却另有专属自己的"约"，即《摩门经》。其根本宗旨在于复兴与传承自耶稣传教时期所组织的原始教会。其正式名称为"耶稣基督后期圣徒教会"（The Church of Jesus Christ of Latter-Day Saints），即是谓此。据有关材料，该教会信众目前已达1200多万，遍及世界大多数国家。巴哈依教（Bahái）源自伊斯兰教什叶派，是在革新伊斯兰教的基础上形成的一个新宗教。它创建于19世纪，其创始人为伊朗

---

① 参阅缪勒：《宗教的起源与发展》，第102页。

人米尔扎·侯赛因·阿里·努里（Mirza-Husayn-Ali-Nuri，1817—1892），被其信众称作巴哈欧拉，意即"真主的光荣"，被视为神差遣的最新一位先知。其宗教信仰的核心内容为：上帝唯一，宗教同源，人类一家。据有关材料，该教会信众目前已经发展到600多万，遍布世界上200多个国家和地区。该组织在纽约和日内瓦的联合国机构内设有办公室，积极参与了联合国多个下属组织结构，如"联合国经济及社会理事会"、"联合国儿童基金会"和"联合国妇女发展基金会"等。如果说摩门教主要是在革新基督宗教的基础上形成的，巴哈依教主要是在革新伊斯兰教的基础上形成的，国际创价学会（Soka Gakkai International）则主要是在革新佛教（日莲宗）的基础上产生出来的。国际创价学会成立于1975年，其创始人和领导人为池田大作（Daisaku Ikeda，1928—  ）。该组织的前身为创价学会，由信奉日莲佛法的牧口常三郎（Makiguchi Tsunesaburo，1871—1944）于1930年所创。国际创价学会主张将其宗教信仰应用于日常生活，提升自我，发掘智慧，改良社会，积极推广世界和平、地球一家的理念。据有关资料，该组织目前已经拥有1200多万会员，分布于全球190多个国家和地区，是联合国承认的少数几个NGO（非政府组织）宗教社团组织之一。

对于现当代新宗教和新宗教运动，一些学者曾给予积极的评价，肯定其在现当代社会变革中的正面意义。例如，蒙特利尔学者苏珊·帕尔默（Susan J. Palmer）就曾经断言："它们就像那种能够放大社会变迁的镜子残片。"她还进而认为，一个社会对"新宗教"的反应是检测这个社会健康与否的重要指标，从中可以发现这个社会对于变迁和其他文化冲突的开放程度。针对一些学者将"新兴宗教"与"邪教"混为一谈的做法，她主张用"新宗教"或

"新宗教运动"取代"新兴宗教"这一术语。①

## 四、宗教社会本质的微观考察:"成为宗教信众"与宗教社会化

我们不仅可以从宏观层面看,从宗教组织作为一个整体在与一般社会组织的对照中发现其社会本质,从中观层面看,从宗教组织内在的科层结构在与社会分层的关联中发现其社会本质,而且还可以从微观层面看,从宗教组织的成员皈依宗教组织的过程中,即从一个社会成员"成为宗教信众"的过程中发现其社会本质。宗教之所以为一社会群体,最直接的原因就在于它是一个由宗教信众组合而成的团体。但是,宗教群体的成员,无非来自两个方面:或是出生在这一社会群体之中,或者是在其生命的后来阶段参加进去的。然而,无论在何种情况下,他或她之成为一个宗教信众都是宗教社会化的结果。因为人们的宗教观念、宗教情感和宗教行为并不是与生俱来的,也不是潜在地存在于人们的心灵中的,而完全是后天学习的结果。而这样一种学习的过程,从本质上说,便是一个宗教社会化或作为社会组织的宗教内在化的过程。

在原始社会或史前社会里,宗教社会化基本上是非正规的。孩子们是逐渐从他们同其长辈的谈话中,从他们听到的英雄传奇或神话故事中学会信仰并理解自己的群体以及与之相关的宗教实

---

① 参阅罗伯特·保罗·沃尔夫:《哲学概论》,郭实渝等译,广西师范大学出版社 2005 年版,第 463—464 页。

践活动的。尽管如此，原始的宗教社会化也依然有一定的组织和计划。例如，原始宗教一般都有一种从生活的一个阶段到另一个阶段的过渡礼仪（如青春期礼仪或成人礼仪），或者是部落的图腾仪式。崇拜活动和礼仪性聚会，也往往是原来不信教的人皈依宗教，使新入教者增强自己的宗教信仰，这是宗教社会化的又一个维度。系统化的宗教教育是宗教社会化的一个相当正规的方法。宗教教育的方式可以是多种多样的：它可以是一个印度教的教师集合一部分人在他的周围进行训示，也可以是一个福音传教士站在一个树桩上布道，也可以是犹太教成年仪式（巴尔·米赤瓦）预备班或基督宗教的主日学校，也可以是教区附属学校（包括小学、中学和大学）。宗教群体一旦创立起来，就需要不断地用正规的和非正规的种种方法把宗教创办者或领导人的思想、信念、实践传布给准备入教的人或新的成员，使他们成为合格的宗教信众。这也是宗教社会化的根本目标。

　　如果从宗教教育的角度来考察成为宗教信众这一社会现象，我们马上就会看到宗教教育的两极：教育和受教育；并且，因此，如果我们从教育者的立场看问题，我们就会把成为宗教信众的过程理解成宗教的社会化过程；然而，如果我们从受教育者的立场看问题，我们就会把成为宗教信众理解成作为社会组织的宗教的内在化过程。因为一个人成为或成长为一个宗教信众，也就是在接受宗教教育的过程中，不断地认同和接受他或她所接触到的宗教观念、信仰规范、行为规范，并在自己的宗教活动中把它们逐步实现出来，从而也就是宗教上的自我的一个不断发展的过程。

　　因此，成为宗教信众或成长为一个宗教信众是一个施行和接受宗教教育的过程，它包含两个维度，即一方面是作为社会组织的宗教的社会化过程,另一方面是作为社会组织的宗教的个人化的过程,这既是一个逆向的过程,也是一个同步的过程。尽管成为宗教信众与成为一名技术工人在教育和接受教育的具体内容方面有很大的差异,但是,就其基本程序说来,则是没有什么本质区别的。这就是:一方面通过一个具有一套规范的社会群体进行的社会化,提供出一系列意义和解释,另一方面,接受教育的个人则将这些意义和解释内在化并使之同他或她掌握的具有别的意义的更大一套规范联系起来。

## 五、宗教社会本质的本体论解析:"宗教世界"与人类社会的"二重化"

宗教的社会本质不仅表现为宗教本身即为一社会群体或社会组织,离开了宗教组织的社会化,它就不可能获得任何宗教信众,从而也就不可能维持下去,而且还进一步表现为"宗教世界"本身即是人类社会"二重化"的一个结果。如果说问题的前一个方面的着眼主要是宗教行为和宗教组织,那么问题的后一个方面着眼的则主要是宗教观念,或作为意识形态的宗教。

从宗教观念的角度看,所谓宗教世界无非是人类社会或世俗世界二重化的一个结果。这是马克思主义宗教观的一项基本内容。1843 年,在《〈黑格尔法哲学批判〉导言》中,马克思在把"国家、社会"宣布为"颠倒了的世界"的同时,又把宗教宣布为"颠倒的世界观"或"颠倒的世界意识"。他的这种做法表明:他是从宗教观念的角度来谈论宗教的。因为在他宣布宗教乃"颠倒的世界观"或"颠倒的世界意识"时,不仅强调指出了是"人的世界",即人所组成的"国家"和"社会","产生"了宗教,而且还立即解释说:"宗教是这个世界的总理论,是它的包罗万象的纲要,它的具有通俗形式的逻辑,它的唯灵论的荣誉问题〔point d'honneur〕,它的狂热,它的道德约束,它的庄严补充,它借以求得慰藉和辩护的总根据。"①一年以后,马克思在重申费尔巴哈的宗教观时又进一步明确指出,费尔巴哈的出发点为"世界被二重化为宗教世界和世俗世界"这样一个事实,而他所做的工作则在于"把宗教世界归结于它的世俗基础"。② 30 年后,恩格斯在阐述马克思的这一宗教观时,又突出地强调了宗教世界与世俗世界的"反映"与"被反映"的关系,指出:"一切宗教都不过是支配着人们日常生活的外部力量在人的头脑中的幻想的反映,在这种反映中,人间的力量采取了超人间的力量的形式。"③可见,按照马克思和恩格斯的观点,宗教的本质内容,不是别的,正是世俗社会。

宗教观念,说到底,是关于宗教信仰对象即神圣者的观念,然而,从宗教社会学的观点看,宗教信仰对象的实质性内容,不是别的,正是"人的社会"。在原始社会里,人们对氏族神和部落神的崇拜,说到底是对氏族社会和部落社会的崇拜。宗教社会学家杜尔凯姆在谈到"图腾"崇拜时曾经强调指出:人们往往以为原始人类在图腾崇拜中崇拜的是种种图腾,是一种鸟、一种野兽、一种植物,其实他们崇拜的并不是这些对象本身,而是这些图腾所"代表"的东西。鉴此,他强调说,"图腾首先是一种符

---

① 马克思:《〈黑格尔法哲学批判〉导言》,见《马克思恩格斯选集》第 1 卷,第 1 页。
② 马克思:"关于费尔巴哈的提纲",见《马克思恩格斯选集》第 1 卷,第 55 页。
③ 恩格斯:"反杜林论",《马克思恩格斯选集》第 3 卷,第 666—667 页。

号,一种别的事物的物质的表达"。那么,图腾作为"符号",它所"代表"和"表达"的是"别的"什么"事物"呢?杜尔凯姆回答说:"它明显地是以符号来表示着两类不同的事物。首先,它是以外在的和可见的形式来表示我们称之为图腾原则或神的东西,但它也是表示被称为部落的那种特定社会的符号。"杜尔凯姆的结论是:"部落神、图腾不过是部落本身。"① 至于人们对民族神的崇拜,说到底,也就是对这一民族神所象征的那个民族的崇拜。犹太人之所以奉雅赫维(JHWH)为"唯一真神",不仅是因为惟有犹太人才是雅赫维的特选子民,而且还因为惟有他才差遣弥赛亚(Messiah)作为遭受异族蹂躏的犹太人的"复国救主"。即使世界宗教的信仰对象也具有同样的性质。基督宗教信众之所以崇拜"三位一体"的上帝,乃是因为惟有信仰上帝,他们才能够脱离世俗之城,而进入"天国"(美好的社会),进入"上帝之城"。而且,正如托马斯·阿奎那所指出的那样,不仅在"天使与灵魂"之间存在有"结社或社会"(consociatio),而且,如果从上帝为爱的三位一体的意义上看,上帝本身也不是"单独的或孤独的"(solus vel solitarius),他本身也是可以看作是一个社会。② 因为上帝的爱既要求有爱的对象,也要求有爱的活动,而上帝本身即是爱、爱的对象和爱的活动的三位一体。世界宗教的信众对神圣者的崇拜,所表达的不只是一种崇高的人生境界,更重要的是他们

---

① Émile Durkheim, *The Elementary Forms of the Religious Life*, trans. Joseph Ward Swain, New York: Collier Books1961, p.236.
② 托马斯·阿奎那认为上帝"并不孤独"。这首先是因为"上帝之中有多个位格",其次是因为"有天使和人与他同在"。参阅托马斯·阿奎那:《神学大全》第1集,第2卷,段德智译,商务印书馆2013年版,第70页。

对理想的人类社会的向往。

任何宗教信仰对象，不论是有位格的还是无位格的，都是以社会属性为基础的自然属性和社会属性的统一，换言之，都是以社会本质为基础的自然本质和社会本质的统一。毫无疑问，任何神圣者，作为宗教信仰对象，都有其自然属性或自然本质。图腾首先是一种自然物，而基督宗教信仰的上帝首先是一个创世者或造物主。也有一些宗教，如一些东方宗教，其信仰对象虽然可能与上帝不同，不是什么创世者或造物主，但是，无论如何，它们之具有自然属性或自然本质依然是显而易见的。例如，佛教把"法"（Dharma）理解为"轨持"，有所谓"色法"、"心法"、"一切法"、"三世诸法"诸多说法。至于中国的道教，更有"道法自然"之说。然而，无论如何，神圣者的社会属性或社会本质毕竟是第一位的。因为图腾的秘密首先就在于它们不只是一种普通的生物，它们所表征的本质是氏族或"部落本身"；而基督宗教所信仰的上帝的秘密也在于他不只是一个造物主，而且还是一个救世主。佛教虽然也讲"色法"，把 Dharma 理解为"一切法"，但是，其着眼点始终在摆脱"五道轮回"，在人从现世的解脱。因为，佛教之所以强调觉悟"诸行无常"的必要性，无非是由于非如此不足以达到"诸法无我"、"涅槃寂静"的境界的缘故。正因为如此，我们在考察作为宗教信仰对象的神圣者的属性或本质时，不仅应当看到它的自然属性或自然本质，更应当看到它的社会属性或社会本质。恩格斯在《反杜林论》中曾经对他那个时代的神话学作过尖锐的批评，指出神话学陷入混乱的原因之一就在于它忽略了神圣者的社会属性或社会本质，没有看到神圣者不仅具有"自然属性"，"反映"了"自然界的神秘力量"，而且，也具有"社会属性"，也"反映"了"社会的力量",也是"历史力量的代表者"。①

需要强调指出的是:当我们从宗教观念的角度来考察宗教的社会本质时,并不只限于把宗教世界同世俗世界的关系简单地理解为"反映"与"被反映"的关系。其实,宗教的社会本质的更为根本的内容恰恰在于宗教信仰表达出来的是一种远远高于现实社会的理想社会。而且,各种宗教的这样一种社会理想多半是以末世论的形式表达出来的。"末世论"(eschatology)主要有下述三种形式:弥赛亚论、千禧年论和启示论。弥赛亚(Messiah)原义为"受膏者"或得到上帝的祝福的意思。古代以色列民族是一个长期遭受异族蹂躏的多灾多难的民族,他们呼求上帝给他们派遣一位"受膏者"来拯救、复兴并永恒治理他们的国家。可见,对于犹太人来说,弥赛亚论所表达的无非是他们的一个社会理想,即独立富强的以色列王国:被分散的以色列人将重新统一在一起,他们的家园将像天堂一般,"那里的荒野将成为伊甸园,那里的沙漠将成为上帝的花园。其中必有欢乐和愉快,有赞美和感谢的歌声"。② 基督宗教也有它自己的"弥赛亚论"。与犹太教不同的只是:基督宗教信众所信仰的弥赛亚是作为圣子的耶稣基督,而耶稣基督所救赎的也不只是一个犹太民族,而是整个人类或人类社会。但是,基督宗教的"弥赛亚论"所表达的同样是他们的社会理想:一个由得救的信众组成的与上帝同享永福的天国或天堂。"千禧年"(Millennium),亦称"千年王国",意指耶稣基督复临并在世界建立和平与公义的国度一千年。因此,所谓"千禧年论"

---

① 恩格斯:"反杜林论",《马克思恩格斯选集》第3卷,第666—667页。
② 《以赛亚书》51:3。

（Millennism）表达的无非是潜存于宗教信众心中的一个人类"终将"实现的社会理想或理想社会：一个"不再有死亡，也不再有悲哀、哭号、疼痛"的"新天新地"，亦即所谓"锡安"。[①]"启示论"（Apocalypticism）期望世界末日很快到来，不义之人在一次吞没大地的涤罪性灾难中遭到最后毁灭，正义之人则复活，进入圣洁的极乐世界。一般认为，此说起源于琐罗亚斯德教的创始人古波斯宗教神学家琐罗亚斯德（Zoroaster，公元前628—前551）。他虽然主张善恶二元，但是，他坚信，善者终将进入天国，从天堂的善思天进入善语天、善行天，最后达到"无始的光明天"，亦即极乐世界。而《新约圣经》中的《启示录》则对这种末世论思想作出了更为系统的发挥。

宗教的社会理念或末世论是所有宗教观念中最有望获得"激励性的和批判的意义"的内容，因为它鲜明地表达了宗教信众心中的理想社会同作为他们生存处境的现存社会之间的差距或张力，从而有望以这样那样的形式成为宗教信众变革现存社会的动力。正因为如此，希望神学的代表人物莫尔特曼在谈到末世论的积极意义时强调指出：末世论绝不意味着宗教信仰要"逃避世界，而只是意味着宗教信仰"冲破和超越界限"，"追求未来"。[②]人们往往把末世论理解成"关于世界最终事件的学说"，其实，末世论的积极意义正在于它表达着身处现实处境的始终不肯轻言放弃的宗教信众潜藏在内心深处的对理想社会的憧憬以及变革现存社会

---

① 《启示录》21：1—4。这种"新天新地"或"锡安"在19世纪中期为洪秀全诠释为"太平天国"。

② 莫尔特曼："希望神学"，见刘小枫主编：《20世纪西方宗教哲学文选》下卷，第1778页。

的要求,它是宗教信仰中最有活力的内容,也是激活宗教组织的最具生命力的思想。离开了末世论,离开了超越现存社会的社会理想,任何一个宗教组织都会因此而缺乏活力,并且因此而不可能在人类历史中作出任何有重大意义的活动。从这个意义上,我们可以说,末世论不只是宗教的一个因素,它是或者它应当是宗教信仰中的最具生命力的内容,是宗教观念、宗教行为和宗教组织中据以定音的基调。凡是有所作为的宗教神学都应当面向未来,以未来为目标来建设,都应当面向作为理想社会的"末世"而存在和运作,也就是说,都应当成为末世论的。末世论不应当只是宗教神学的"编后记",它首先应当成为它的"卷首语"。

在谈论宗教的社会本质时,还有一个问题是不能回避的,这就是所谓"出世宗教"的问题。前面,我们在谈论"宗教要素"时,曾经将宗教组织二分为"入世宗教"和"出世宗教",把"出世宗教"界定为"完全抛弃现世生活,以'天上天国'为唯一归宿的宗教",并且视印度的古婆罗门教、佛教以及基督宗教的隐修院和托钵僧团为出世宗教的典型。应该指出的是:我们对宗教的这样一种二分只具有一种相对的意义,只有在一定意义上并且从一定的层面看问题才可以对出世宗教作出这样的理解。如果我们从另外的层面看问题,我们所列举的这些出世宗教也就都成了入世宗教了。印度古代的婆罗门教虽然标榜"遁世"为修行的最高和最后阶段,但是,它既然实行严格的种姓制度,既然只把婆罗门(祭司)、刹帝利(王侯、武士)、吠舍(农民和工商业者)三个种姓称作"再生族",如果我们从这个角度看问题,那我们就很难把它列入出世宗教了。对中古时期的修道主义,我们也应当作具体分析。我们知道,中古前期的修道主义虽然表现为对个人灵

## 第三篇　本质篇

修的追求，但它却是在反对教会腐败的过程中产生和发展起来的。10 世纪以后，以克吕尼运动（Cluny Movement）为代表，修士们积极参与教会改革，甚至试图影响世俗政治生活和其他生活过程，日渐构成教权主义的滥觞。12 世纪以后，他们虽然标榜绝财、绝色和绝意，但却开始占有大量产业和财富。13 世纪初出现的方济各会和多明我会标榜效忠教皇，甚至主持异端裁判所的审判。至于佛教，既然它以"涅槃寂静"为法印，则它的出世性质就是显而易见的了。但是，佛教毕竟是在反对印度古婆罗门教的种姓制度的基础上产生和发展起来的，它的"一切众生皆有佛性"的思想显然是针对当时印度社会的种姓制度提出来的。它的教义也无不透露出佛教徒悲天悯人的救世情怀。大乘佛教提倡菩萨行，强调"大悲"、"大愿"、"大行"与"大智"的统一，发誓"地狱未空，誓不成佛"（地藏菩萨）。中国近现代佛教强调"法住于世"，倡导"人间佛教"。由此可见，佛教本身也潜在地具有一种入世的品质。其实，如果从宗教发生学的立场看问题，出世宗教之具有入世的品格实在是一件非常自然的事情。因为出世宗教之所以要出世，一方面是因为它们对现世持有一种比入世宗教还要尖锐的批评态度，另一方面是因为它们持有一种它们自认为比出世宗教还要崇高的社会理想。就此而言，它们的理想社会同现存社会的反差更大，其间的张力也当更大些，从而也就有可能以这样那样的方式对现存社会的变革产生这样那样的影响。在这个意义上，我们可以说，出世宗教也具有明显的入世性质，也是一种入世的宗教。

对于"隐型宗教"与"显型宗教"、"制度性宗教"与"弥散性宗教"以及"教堂寺庙型宗教"与"协会型宗教"的说法也应当作如是观。

"隐型宗教"与"显型宗教"这种分类是就宗教组织的存在形态或宗教组织对一般社会组织的关系而言的。所谓隐型宗教是指那些隐藏在一般社会组织之中的宗教组织。例如，古代的原始宗教以及当代残存的民族宗教就属于隐型宗教组织。在原始社会，由于原始宗教同氏族社会关系特别密切，宗教组织同氏族组织和部落组织常常融为一体。恩格斯在《路德维希·费尔巴哈和德国古典哲学的终结》中指出："每个有血统关系的民族集团所共有的这些最初的宗教观念，在这些集团分裂以后，便在每个民族那里依各自遇到的生活条件而独特地发展起来。"[①] 这也就是说，那时的宗教组织是隐藏在社会组织之中、尚未独立显露出来的。至于显型宗教指的则是那些具有独立形态的明显区别于其他社会组织的宗教。例如，坚持主教制教会管理体制的天主教教会就是一种相当典型的显型宗教。因此，无论是"隐型宗教"还是"显型宗教"都是一种具有社会本质的宗教，所不同的只是其社会本质的表现形态有所区别罢了。

"制度型宗教"与"弥散型宗教"是当代美国宗教学家 J. 密尔顿·英格尔对宗教组织作出的一种分类。[②] 他的这种分类显然也是就宗教组织的存在形态或宗教组织对一般社会组织的关系而言的。因为他的所谓制度型宗教指的是那些拥有自身的行为规范、组织系统和宗教体制，并独立于其他世俗建制的宗教。它们本身即构成一种社会制度。而弥散型宗教所指的则是那些拥有与世俗建制

---

① 《马克思恩格斯选集》第 4 卷，第 250 页。
② J. Milton Yinger, *Scientific Study of Religion*, New York: The Macmillan Company, 1970, pp. 265—266.

以及社会秩序的其他方面密切结合在一起的神学理论和组织体系的宗教。与制度型宗教不同，弥散型宗教将其宗教信仰、行为规范和组织系统视为有组织的社会范式的一个有机部分，其本身并无独立的存在。也就是说，制度型宗教作为一种独立的社会系统发挥功能，而弥散型宗教则是作为世俗社会制度的一个部分发挥功能的。在我国，佛教和道教可以视为制度型宗教的主要代表，祖先崇拜、社区神崇拜以及伦理—政治神崇拜则属于弥散型宗教的范畴。[①]而儒教则可以视为我国弥散型宗教的典型，它的以"敬天法祖"为核心内容的神学体系和弥散性的宗教组织显然都是同前现代中国社会的宗法性质分不开的。[②]由此看来，无论是制度型宗教还是弥散型宗教也都是一种具有社会本质的宗教，所不同的只是在宗教组织的存在形态以及因此其社会功能发挥的形式方面有所区别罢了。

"教堂寺庙型宗教"与"协会型宗教"也可以被视为宗教组织存在的两种不同的形态。教堂寺庙型宗教以教堂寺庙为基本单位管理有关宗教活动、经济活动、行政事务和仓库、厨房等；而协会型宗教组织则是那种将分散的宗教信众和分散的教堂寺庙横向联合起来的组织机构，通常在主席、主任或会长住持下设立秘书处、办公室、宣传部、研究部等部门。教堂型宗教与协会型宗教虽然可以理解为两种宗教组织的类型，但在现实的社会生活中，

---

[①] C.K.Yang, *Religion in Chinese Society: A Study of Contemporary Social Function of Religion and some of Their Historical Factors*, The Regents of the University of California,1961, pp. 20—21, 294—295.

[②] 参阅段德智："简论中国传统哲学的准宗教性格"，见吴根友、邓晓芒、郭齐勇主编：《场与有》（四），武汉大学出版社1997年版，第57—59页。

它们之间却并非一种不相容关系，而是可以具有相容关系或主从关系的。对宗教组织的这样一种分类显然是比较贴近现当代宗教状况的。然而，对宗教组织的这样一种区分所关涉的也不是宗教社会本质的有无，而只是其组织形态和宗教管理体制方面的差异。

总之，凡宗教都具有一定的社会本质，都同时具有"彼岸性"和"此岸性"、"超越性"和"内在性"、"出世性"和"入世性"，都是一种"出而不出"和"不出而出"的宗教。[①] 只要宗教存在一日，它的这样一种两重性品格也就必定存在一日。

## 第二节 宗教的文化本质

宗教不仅是一种社会群体或社会组织，而且也是一种意识形态或文化体系。因此，为要全面了解宗教的普遍本质，在了解宗教的社会本质的基础上，进一步了解一下宗教的文化本质是必要的。

### 一、宗教文化本质的逻辑定位：宗教是一种文化形态

前面，在讨论宗教的社会本质时，我们首先从逻辑学的角度指出，宗教组织与世俗组织一样，同为"社会"或"社会组织"的一个"下位"概念。现在，当讨论宗教的文化本质时，我们同样可以首先从逻辑学的角度指出：宗教，作为一种文化形态，与诸多世俗文化形态一样，同为"文化"或"文化形态"的一个

---

① 参阅段德智："'不出而出'与'出而不出'——试论孔子死亡哲学的理论特征"，《武汉大学学报》1997 年第 6 期，第 8 页。

"下位"概念。关于这一点，无论从文化的外延还是从文化的内涵看，都是比较清楚的。

首先，从文化的"外延"层面看，宗教与诸多世俗文化形态一样，也是"文化"的一个"下位"概念。关于文化的外延，中外许多思想家曾给出过各色各样的描述性的说明。著名的宗教人类学家和宗教文化学家泰勒在其名著《原始文化》里，曾经给文化下了一个非常经典的定义。这就是："文化，或文明，就其广泛的民族学的意义来说，是包括全部的知识、信仰、艺术、道德、法律、风俗以及作为社会成员的人所掌握和接受的任何其他的才能和习惯的复合体"。[1] 英国宗教社会学家马林诺夫斯基（Bronislaw Kaspar Malinowski，1884—1942）则宣称："文化是指那一群传统的器物，货品，技术，思想，习惯及价值而言的，这概念实包容着及调节着一切社会科学。"[2] 他还进一步强调了文化的"有机整体性"，指出："它（文化——引者注）显然是一个有机整体，包括工具和消费品、各种社会群体的制度宪纲、人们的观念和技艺、信仰和习俗。无论考察的是简单原始、亦或是极为复杂发达的文化，我们面对的都是一个部分由物质、部分由人群、部分由精神构成的庞大装置。人借此应付其所面对的各种具体而实际的难题。"[3] 当代美国人类学家莱·阿·怀特（Leslie Alvin White，1900—1975）进一步从层次性的视角对文化的"有机整体性"做出了说明。他在其名著《文化的科学》中写道："我们可以把文化

---

[1] 泰勒:《原始文化》，第1页。
[2] 马林诺夫斯基:《文化论》，费孝通等译，中国民间文艺出版社1987年版，第2页。
[3] 马林诺夫斯基:《科学的文化理论》，黄建波等译，张海洋校，中央民族大学出版社1999年版，第52—53页。

系统分成三个层次：底层是技术的层次，上层是哲学的层次，社会学的层次居中"。①

我国的学者不仅对文化的"外延"做过认真的思考，而且对文化的结构或层次性也做过多方面的反思。梁漱溟（1893—1988）在其文化名著《中国文化要义》中宣称："文化，就是吾人生活所依靠之一切"，"文化无所不包"。他区分了狭义的文化概念和广义的文化概念。他强调说："俗常以文字、文学、思想、学术、教育、出版等为文化，乃是狭义的。我今说文化就是吾人生活所依靠之一切，意在指示人们，文化是极其实在的东西。文化之本义，应在经济、政治，乃至一切无所不包。"②香港学者余英时（1930—2021）在"从价值系统看中国文化的现代意义"一文中曾经提出文化结构的"四层次说"。按照他的观点，不仅中国而且世界各国的文化结构都是由下述四个层面组合而成的。这就是："物质层次"、"制度层次"、"风俗习惯层次"和"思想与价值层次"。③大陆学者庞朴在《文化结构与近代中国》一文中则提出了文化结构的"三层次说"。按照他的观点，中国的和世界各国的文化结构都是由下述三个层面组合而成的。这就是："器物层面"、"制度层面"和"文化心理层面"。他据此断言，整个中国近代史所经历的就是一个从"器物层面"改革的洋务运动到"制度层面"变革的戊戌变法再到"文化心理层面"反思的五四启蒙运动的历史，换言之，是一个从文化结构的外层（器物层面）发展到其中层（制度层面）再发展到

---

① 怀特：《文化的科学》，沈原等译，山东人民出版社1988年版，第350页。
② 梁漱溟：《中国文化要义》，上海人民出版社2005年版，第6—7页。
③ 参阅余英时："从价值系统看中国文化的现代意义"，见中国与世界编委会：《文化：中国与世界》（第一辑），生活·读书·新知三联书店1987年版，第88—89页。

其深层（文化心理层面）的历史。尽管人们对他们的看法也提出了这样那样的非议，但是，他们的基本观点还是得到了比较普遍的认同的。把文化区分为"物质文化"（器皿文化）、"制度文化"和"精神文化"，对文化外延的这样一种划分，显然也是与相当一部分西方学者的观点相吻合的。例如，这种划分与我们前面提到的美国人类学家怀特关于文化结构的理解显然有异曲同工之妙。

然而，当我们从文化结构的三层次说出发，把文化理解成一个文化体系或文化系统的时候，我们立即就能够发现，世界诸宗教都是这样一个由多种因素或多个层面组合而成的文化体系或文化系统。这首先是因为凡宗教都有它的器物层面。不仅宗教建筑，如基督宗教的教堂、佛教的寺院和道教的宫观等，属于宗教的器物层面，而且道教的道袍、佛教的袈裟、基督宗教的十字架和麦加克尔白东南面壁上镶置的那块"玄石"等，也都属于宗教的器物层面。其次，凡宗教也都有它的制度层面。我们在讨论宗教要素时所谈到的种种宗教制度或宗教体制，诸如基督宗教的主教制、公理制和牧首制以及佛教的寺院制等，都可以看作宗教的制度层面。最后，凡宗教也都势必有其精神层面。这一方面是因为一如马克思所说，宗教实际上是"一种颠倒的世界意识"，"是这个世界的总理论，是它的包罗万象的纲要"。另一方面是因为就宗教本身而言，凡宗教都有一个对于作为终极实存的作为无限者的精神存在的信仰问题。离开了对这种精神存在的信仰，不要说高级形态的宗教，即使原始形态的宗教也不可能。事实上，不仅犹太教的耶和华、基督宗教的上帝和耶稣基督、伊斯兰教的安拉和道教的三清尊神是精神性的存在，而且即使佛教视为绝对不变的最高真理或本体的"本无"或"真如"（tathatā 或 Bhūta-tathatā）也应当作如是观。《成唯识论》中讲:"'真'谓真实,显非虚妄;'如'谓如常,表无变易。谓此真实,于一切位,常如其性,故曰真如。"《大乘起信论》中讲:"一切法从本己来,离言说相,离名字相,离心缘相,毕竟平等,无有变异,不可破坏,唯是一心,故名真如。"它们所强调的都是"本无"或"真如"的精神性。因此,我们完全有理由说,宗教是一种由"物质文化"、"制度文化"和"精神文化"组合而成的一种文化体系。①

其次,即使从文化的"内涵"层面看,宗教与其他世俗文化形态一样,也是"文化"的一个"下位"概念。为了了解文化的内涵,我们不妨先对文化一词作一番扼要的语源学考察。在我国,人们很早就对"文"、"化"作过比较明确的界定。《周易》中讲"刚柔交错,天文也;文明以止,人文也。观乎天文,以察时变;观乎人文,以化成天下。"②《尚书》中讲"经纬天地曰文,照临四方曰明。"③《论语》中讲:"质胜文则野,文胜质则史。文质彬彬,然后君子。"荀子也有"君子以为文,百姓以为神"的说法。④在这些界定中,我们不难看出,文化首先是一个动词,有"装饰"、"教化"、"规划治理"、"改革"、"改变"诸多含义,因而,它所意指的实际上是一种改造自然、社会和人类自身的实践活动。其次,文化同时也是一个名词,意指人类改造自然、社会和人类自身的实践活动的产物。再次,我们由此可以引申出来的一个含义便是:文化说到底是一种"人化",是人的一种外在化或对象化,是人

---

① 参阅吕大吉:"宗教是一种社会文化体系",《社会科学战线》2007年第6期,第248—251页。
② 《易·贲·象》。
③ 《尚书·舜典》。
④ 《荀子·天论》。

的一种"化异"或"异化"。再次,作为文化的本质规定性的这种"人化"的过程同时也是一种"化人"的过程,换言之,它既是一种"化异"的过程,也是一种"化己"的过程,一种作为实践活动主体的人的创造性转化、自我"生成"或自我"提升"的过程。梁漱溟在谈到中国文化的"要义"时,强调说:"全部中国文化是一个整体(至少其各部门各方面相连贯)。它为中国人所享用,亦出于中国人之所创造,复转而陶铸了中国人",① 即是谓此。最后,文化归根到底是人的一种生存状态或生活方式,是人生本身。梁漱溟在《东西文化及其哲学》中说:"文化并非别的,乃是人类生活的样法。"② 钱穆在《文化学大义》中说:"文化只是人生,只是人类的生活。"③ 他们所说的都是这样一层意思。其实,文化一词的这样一些含义,在对应的西方语言中也同样存在。西方语言中,文化一词来源于拉丁文 Cultura,原义为耕种、加工、照料、栽培,后来逐渐引申为培养、教育、训练、发展、文明等含义。而在这些含义中,我们同样可以看到,人不仅构成了文化的主体,而且也构成了文化的对象。

我们由此也就可以看到:宗教的基本内涵与文化的基本内涵是完全吻合和一致的。因为,第一,如前所述,宗教的基本规定性不是别的,正在于它是人的本性的一种异化、对象化或外在化。因为离开了人性的异化、对象化或外在化,不仅任何神圣者的观念难以想象,而且对神圣者的任何敬畏情感、任何基于敬畏情感的宗教行为和宗教活动都是难以想象的。第二,宗教,既然如前

---

① 梁漱溟:《中国文化要义》,第 26 页。
② 梁漱溟:《东西文化及其哲学》,商务印书馆 1922 年版,第 53 页。
③ 钱穆:《文化学大义》,正中书局(台北)1983 年版,第 4 页。

所述，是一个以宗教信仰为硬核或基点的由宗教意识、宗教行为和宗教组织诸要素构成的一个相对自足的具有层次性、开放性和动态性的有机整体，既然任何形式的宗教信仰归根到底都是人类社会实践的产物，则宗教也就同企业和政府机构等亚文化系统一样，归根到底也是人类社会实践的产物，也具有显而易见的实践特征。离开了人类社会实践，我们不仅难以想象种种宗教经典的产生，我们甚至难以想象人类宗教从氏族—部落宗教向民族—国家宗教再向世界宗教的转进。第三，宗教，既然如前所述，不仅以其具有超越性的社会理想，有望构成人类社会变革的一种动因，而且，也以其作为"全然他者"的神圣者的观念，有望成为推动人们不断提升自己道德境界的重要动因，从而不仅具有"人化"世界的文化意涵，而且还具有"化人"的文化意涵。最后，宗教不仅在历史上，在很长一段时间里，是人类的一种基本生活方式，而且即使到了现今时代，它也依然是相当一部分人的一种生存状态或生活方式。

毋庸讳言，当年，马克思和恩格斯，由于其身处宗教批判时代，由于其长期致力于将德国和欧洲的宗教批判转化为政治批判，而未能对宗教的文化本质做出充分的说明。但是，尽管如此，他们也还是注意到了宗教的文化特征，以至于即使在他们将宗教理解为一种上层建筑的时候，他们也还是将宗教理解为观念上层建筑而非政治上层建筑。晚年恩格斯不仅将宗教理解成一种"远离物质经济基础的意识形态"，而且还进一步强调"宗教离开物质生活最远"。[①] 然而，由于种种原因，长期以来，我们一直仅仅从

---

[①] 参阅恩格斯："路德维希·费尔巴哈和德国古典哲学的终结"，《马克思恩格斯选集》第4卷，第254、255页。

一种狭义的意识形态的角度来理解宗教的本质，从政治上层建筑的角度来理解宗教的本质，而很少有人谈论宗教的文化本质，很少有人把宗教理解为一种文化形式或一种社会文化形态。这种将宗教和宗教学研究意识形态化和政治化的倾向极大地损害了我们对宗教本质的全面的理解和阐述，致使我们的宗教研究和宗教学研究长期处于狭隘化和浅薄化的境地。尽管近年来人们已经开始关注这个话题，但是，宗教的文化本质依然是我国宗教学中一个特别需要下功夫探究的课题。其实，在我国古代，人们就已经注意到了宗教的文化品格。在我们刚刚引用过的《周易》的那段话中，就明明白白地把"天文"同"人文"并列起来。诚然，这里的"天文"中的"天"我们也可以赋予"自然之天"的含义，但是，我们同样也可以赋予其"天帝之天"的含义。如果我们联系到西方古希腊时代的大学者苏格拉底"天人相分"的观点（即神创造自然界，人认识"你自己"），联系到"天帝崇拜"乃我国古代原生型宗教的一项根本内容，则对我们的这样一种做法也就没有什么不好理解的了。然而，一旦这样的解释成立，我们也就可以得出结论说：作为"天文"的宗教文化，从古代起，就被视为文化的一种主要形态或类型了。现在，是我们发扬这样一种理解和解释传统，全面准确地理解和阐释宗教的文化本质的时候了。

## 二、宗教文化本质的静态考察：宗教乃文化的"纵深维度"

宗教虽然也是一种文化形态，也具有明显的"人化"本质，但它毕竟是一种特殊的区别于世俗文化的文化形态或文化体系。宗教文化的特殊性首先就在于，它虽然就其本质和内涵说，也具有人化的性质，同世俗文化没有什么两样，但是，就其表现形态看，则它便明显地区别于世俗文化：它不是以世俗的人为中心的文化，而是一种以作为信仰对象的神圣者为中心的文化。宗教文化的另一个特点在于，虽然就宗教本身来说，它也是物质文化（如教堂、寺庙等）、制度文化（如宗教组织）和精神文化（如宗教观念或神学理论）的统一，但是，就其在整个社会文化大系统中的地位而言，它是享有大多数其他亚文化系统所不具有的特殊地位的。我们知道，文化系统的一个根本特征即在于它的层次性。这就是说，文化系统中的诸多要素，虽然是同时并存的，但却不是无序地堆积拼凑在一起的，而是分别处于一定的层次结构之中的。人们常常把物质文化理解为文化的表层结构，把制度文化理解为文化的中层结构，把精神文化理解为文化的深层结构，即是谓此。因此，从文化系统和文化结构的立场看，宗教文化显然属于精神文化的范畴，处于文化的深层结构之中。

宗教文化既然具有这样一些为一般世俗文化所不曾具有的特殊性或特殊本质，则它在社会文化大系统中便不能不扮演一种非常特殊的角色。宗教文化的这样一种特殊角色首先便表现在它同其他各亚文化系统关联的普遍性。这种普遍性不仅表现为宗教本身虽然首先是一种精神文化，但它同时也是一种物质文化和制度文化，而且还表现为宗教文化差不多同世俗文化的所有亚文化系统都有这样那样的关联。例如，在原始社会里，宗教文化出现之后，就不仅同当时的氏族—部落制度有关，而且同当时的丧葬制度、丧葬用品、道德观念、舞蹈、绘画等等文化形式有关。这是世俗文化的许多文化形式所不及的。宗教文化角色的特殊性还在于它对于许多别的亚文化系统具有这样那样的支配和统摄作用。

例如，在中世纪的欧洲，基督宗教及其神学在整个社会文化大系统中处于"万流归宗"的地位，以至于恩格斯说："中世纪把意识形态的其他一切形式——哲学、政治、法学，都合并到神学中，使它们成为神学中的科目"，"中世纪的历史只知道一种形式的意识形态，即宗教和神学"。① 马克思在《〈黑格尔法哲学批判〉导言》中称宗教为世俗世界或世俗文化的"总理论"和"包罗万象的纲领"，也是在这个意义上讲的。而且，既然如上所述，宗教及其神学，总的来说，属于文化的深层结构即精神文化层面，具有世界观的性质和意义，则它对于其他文化形态具有支配和统摄作用也就是一件非常容易理解的事情了。

关于宗教文化在整个人类文化系统中的特殊地位，中外许多思想家都曾给予过比较充分的说明。早在19世纪初期，黑格尔就在其《精神哲学》中将宗教理解为"绝对精神"的一种基本形态，宣布"宗教""必须既看作是来自主体并在这个主体中，又看作是客观地来自绝对精神"，这就赋予宗教超越作为"主观精神"和"客观精神"诸多表现形态的心理学、法学、道德、伦理学、政治学等文化形态的崇高地位。② 当马克思在《〈黑格尔法哲学批判〉导言》中将宗教宣布为"人的世界"的"总理论"时，不管其初衷如何，事实上都赋予了宗教文化在人类文化大体系中一种非常特殊的地位。当代著名的存在主义神学家蒂利希曾明确地宣布宗教为"人的全部文化和精神生活中的深度方面和纵深维度"。③ 他

---

① 参阅恩格斯："路德维希·费尔巴哈和德国古典哲学的终结"，《马克思恩格斯选集》第4卷，第255、235页。
② 参阅黑格尔：《精神哲学》，杨祖陶译，人民出版社2006年版，第371页。
③ 参阅利文斯顿：《现代基督教思想》下卷，第710页。

用"终极关怀"与"次终极关怀"来规定宗教文化与世俗文化的本质区别,从而赋予宗教文化以一种本体性或本源性的意义。他在《文化神学》中曾经给宗教下了一个著名的定义。这就是:"宗教,就该词最广泛、最基本的意义而论,就是终极的关切。"[①] 既然如此,宗教在人生和文化中的本体论地位也就确定无疑了。因为一如他在《系统神学》中所指出的,"我们终极关切的东西,是决定我们存在还是不存在的那个东西";"人终极地关切着那么一种东西,它超越了一切初级的必然和偶然,决定着人终极的命运"。[②] 不仅西方学者注重从本体论和生存论的角度和高度赋予宗教文化的优越地位,而且我们中国学者也同样注重从本体论和生存论的角度和高度来审视宗教文化的优越地位。孔子(公元前551—前479)当年就发出了"文不在兹乎"的诧异,[③] 提出了"文化"的寄托者或承载者亦即"本体"的问题。朱熹(1130—1200)则在注释孔子的这一诧异时,进一步提出了"道本文用"的观点,宣称:"道之显者谓之文,盖礼乐制度之谓"。[④] 我国不仅有"文以载道"的说法,而且还有"人以载道"的传统。古人将孔子称作"文宣王",将韩愈(768—824)称作"韩文公",将朱熹称作"朱文公",即是将他们视为中国文化的寄托者或负荷者。我国当代著名的哲学家贺麟(1902—1992)先生也正是在传承这一理解和解释传统的基础上,提出和阐释了"道是文化之体,文化是道之用"

---

① 蒂利希:《文化神学》,陈新权、王平译,中国工人出版社1988年版,第7—8页。

② Paul Tillich, *Systematic Theology* (vol. 1), Chicago: University of Chicago Press, 1951, p. 14.

③ 《论语·子罕》。

④ 朱熹:《〈四书〉集注》,上海古籍出版社1996年版,第131页。

以及"宗教为道德之体,道德为宗教之用"的观点的。而他之所以这样说,乃是因为在他看来,"宗教所追求者为神圣之善,道德所追求者为人本之善,宗教以调整人与天的关系为目的,道德以调整人与人的关系为目的"。①

毫无疑问,宗教文化与世俗文化之间的关系也是相当复杂的。首先,从文化发生学的角度看,宗教文化归根到底是以世俗文化为基础和前提的。既然如此,宗教文化同世俗文化的作用就不可能是单向的,而必定是双向的,否定世俗文化对宗教文化的能动作用是不符合历史事实的。其次,从人类文化的时间维度或历史维度看,宗教文化与世俗文化的关系也不是一成不变的。在原始社会,如许多文化人类学和宗教人类学家所指出的,宗教文化与世俗文化,自宗教文化产生之日起,差不多是合为一体的。这种状况在后来的历史发展中发生了明显的变化:无论宗教文化和世俗文化都得到了相对独立的发展。它们之间的关系也因之而复杂化了。在奴隶制和封建制时代,一般来说,宗教文化常常居于支配地位,世俗文化则常常处于从属的或受排斥的地位。但是,近代以来,特别是自文艺复兴运动和启蒙运动以来,随着政教分离,宗教文化的地位和影响有所削弱,世俗文化在世界大多数国家里的地位有所提高,甚至获得了支配地位。再次,从人类文化的空间维度看,宗教文化与世俗文化的关系的表现形态也不尽相同。例如,我国的《诗经》与希腊的荷马史诗《伊利亚特》和《奥德赛》虽然同属人类文明社会发轫时期最伟大的文学作品,虽然都同时兼有宗教内容和世俗内容,但是,宗教内容在文学作品中的

---

① 贺麟:《哲学与哲学史论文集》,商务印书馆1990年版,第346、349页。

地位却是不同的。在《伊利亚特》和《奥德赛》中,虽然单纯就分量看,世俗内容占有较大的比重,但是,倘若从故事的深层结构看,则宗教性内容无疑居主导地位。因为整个故事是奠放在女神阿瑞斯及赫拉、雅典娜和阿佛洛狄特之间的嫉妒和纷争的基础之上的,是以神话故事为总体框架的。而《诗经》则不同。因为《诗经》中虽然也有宗教神话故事,但是,这些宗教神话故事不仅在分量上较少,而且在整部文学作品的思想内容方面也不起决定的作用,不仅构不成整部作品的思想背景,甚至也构不成作为这部作品之一部分的"风"、"雅"、"颂"的思想背景。因而,《诗经》在总体上还算不上什么宗教文学,而只能算作世俗文学。再如,《圣经》和我国的《红楼梦》虽然都既有宗教内容又有世俗内容,但它们之间的差异却是明显存在的。《圣经》虽然也反映了当时西亚世俗文化的内容,甚至也有爱情故事,但是,它首先和从根本上讲却是一部宗教经典,而《红楼梦》虽然整部作品也有明显的宗教文化背景,但是,它首先和从根本上讲却是一部世俗文学作品。此外,宗教文化与世俗文化不仅相互联系、相互渗透,而且有时也相互排斥。例如,文艺复兴时期的世俗文化就有明显的排斥宗教文化的倾向。这也是我们在考察宗教文化和世俗文化的关系时应予以注意的。

在讨论宗教文化与世俗文化的关系时,还有一点是需要提及的。这就是,宗教文化既然具有其特殊的本质或特殊的规定性,则它在一定的历史范围内和一定的意义上就有其存在的历史必要性和历史必然性,就是文化的其他形态不可能完全取代的。在我国近代文化史上,在西方启蒙运动思潮的推动下,许多革新派思想家先后提出了种种"取代宗教论",一时间在思想界里闹得沸沸扬扬，至今还时时为一些学者所提起。首先，是蔡元培（1868—1940）1917年4月在北京神州学会的一次演说中提出了"以美育代宗教"的观点，宣称："鉴激刺感情之弊，而专尚陶养感情之术，则莫如弃宗教而易以纯粹之美育。"[①] 紧接着，胡适（1891—1962）提出了"以科学代宗教"的观点，[②] 而冯友兰（1895—1990）和梁漱溟则提出了"以哲学代宗教"和"以道德代宗教"的观点。冯友兰的"以哲学代宗教"的观点是接着胡适讲的。他写道："随着未来的科学进步，我相信，宗教及其教条和迷信，必将让位于科学；可是人的对于超越人世的渴望，必将由未来的哲学来满足。"[③] 梁漱溟的"以道德代宗教"则是在厘定中西文化的差异及"教化之教"与"宗教之教"的差异的基础上提出来的。按照他的说法，"西洋中古社会靠宗教，近代社会靠法律。而中国社会如吾人所见，却是以道德代宗教，以礼俗代法律。此即是说，在文化比较上，西洋走宗教法律之路，中国走道德礼俗之路"。[④] 应该说，这些"取代"说在其提出的特定的历史时期，对于中国文化的推陈出新是起了积极的作用的，但是，他们的观点也与他们所效法的

---

① 蔡元培："以美育代替宗教说——在北京神州学会演说词"（1917年4月8日），《蔡元培全集》第3卷，高平叔编，中华书局1984年版，第33页。

② 参阅胡适："科学与人生观序"（1923年），《胡适哲学思想资料选》（上），葛懋春、李兴芝编辑，华东师范大学出版社1881年版，第282、295页。胡适写道："这三十年来，有一个名词在国内几乎做到了无上尊严的地位；无论懂与不懂的人，无论守旧和维新的人，都不敢公然地表示轻视或戏侮的态度，那个名词就是'科学'。"他又说道："宗教的功效已曾使有神论和灵魂不灭论统一欧洲（其实何止欧洲？）的人生观至千余年之久。假使我们信仰的'科学的人生观'将来靠教育与宣传的功效，也能有'有神论'和'灵魂不灭论'在中世纪欧洲那样的风行，那样的普遍，那也可算是我所谓'大同小异的一致'了。"

③ 冯友兰：《中国哲学简史》，北京大学出版社1998年版，第293页。

④ 参阅梁漱溟：《中国文化要义》，第257页。

西方启蒙思想家一样,从学理上讲,则是片面的,终究经不起历史的检验的。当年,西方最著名的启蒙思想家之一伏尔泰曾经非常得意地嘲笑说:"十二个人建立的基督宗教",只要一个人就能够毁灭掉它。然而,基督宗教发展的历史却告诉人们,伏尔泰的这些话只不过是"一堆无用的激情"(萨特语),现在,中国宗教的发展现状也同样宣布,这些形形色色的"取代论"归根到底也不过是作者的"一厢情愿"而已,都或多或少地"弊于一曲,而暗于大理"(荀子语)。梁启超(1873—1929)在谈到中国文化时,曾经深刻地指出:宗教为"天地间不可少之一物","中国人现代最大的病根,就是没有信仰","信仰问题终不可以不讲",而"信仰必须根于宗教"。[①]应该说,梁启超的这些话是切中现代中国的时弊的,即便我们现在尚难以确定它是否具有永恒价值,但是其所包含的真理性至少在很长一个历史时期内恐怕是不会过时的。

## 三、宗教文化本质的动态考察:宗教与文化变革的相对相关性

宗教的文化本质不仅表现为宗教本身即为一文化形态,表现为宗教乃文化的"纵深维度",而且还表现为宗教与世俗文化变革的相对相关性。诚然,宗教及其变革与世俗文化的变革并不是一回事,但是,它们之间却是存在有某种比较内在的关联的。这一方面差不多为整个人类文化史的发展所证实,另一方面也为许多著名的文化史专家所肯认。

雅各布·布克哈特(Jacob Burckhardt,1818—1897)不仅是

---

① 梁启超:《梁启超哲学思想论文选》,北京大学出版社1984年版,第144页。

一位"最卓越的文化史家"(温特劳布语),而且也是一位最早注重揭示宗教与文化史内在关联的文化史家。在他看来,无论什么样的文明,都是由国家、宗教和文化三个要素组合而成的。任何形态的人类文明的发展和更替都只不过是这三个要素之间相互作用的结果。"国家、宗教和文化,就像小孩玩的'积木'那样,可以在不同的文化时代中'砌出'不同的'建筑物',突出其中的某一部分。"① 布克哈特的文化史著作主要有三部,即《希腊文化史》、《君士坦丁大帝时代》和《意大利文艺复兴时期的文化》。其中,影响最大的是《意大利文艺复兴时期的文化》。全书以"作为一种艺术工作的国家"开篇,以"道德和宗教"作为结束。该书讨论的中心问题是意大利文艺复兴时期的文化特征问题,用布克哈特的话来说,就是个人主义问题或"个人的发展"问题。布克哈特在讨论"个人的发展"这个话题的著作中,以"道德和宗教"来收尾是非常自然的。因为在布克哈特看来,个人的发展从文化的更深层次看,是与"普遍信仰的解体"为其基本前提,并且最终是与强调信仰个体性的宗教改革运动相呼应的。布克哈特曾经给文化史下了一个相当经典的定义。这就是:"在通常情况下,文化史即是从总体上来考察的世界史,而历史则意味着事件的发展和它们之间的联系……对我们来说,这个标准包含:是什么推动世界、什么具有贯穿始终的影响。"② 既然如此,当布克哈特宣布宗教乃文化的一个基本元素时,他也就同时表明他是把宗

---

① 张广智、张广勇:《史学,文化中的文化》,浙江人民出版社1990年版,第326页。
② 雅各布·布克哈特:《意大利文艺复兴时期的文化》,何新译,马香雪校,商务印书馆1983年版,第125页。

教理解为一种"推动世界"、"始终""贯穿"人类"文化史"的东西。

如果说布克哈特的文化史研究的重心在于古代文化，在于文艺复兴时期的文化，那么马克斯·韦伯的文化史研究的重心则转移到了西方近代文化。如所周知，构成"韦伯主题"的一项中心内容是他的作为"理想类型"的"资本主义精神"。"韦伯问题"的基本症结在于资本主义作为一种经济活动形式虽然在古代社会（西方古代社会和中国古代社会）就存在了，何以只有西方社会才能孕育出资本主义这样一种"经济体制"和"文化形态"。显然，他在资本主义精神的文化探源中，最终还是追溯到了宗教改革或"新教伦理"。而他的名著《新教伦理与资本主义精神》，如其标题所示，所处理的正是"近代经济生活的精神与惩忿禁欲的新教之理性伦理观念之间的关系问题"，简言之，是"资本主义精神"这一文化形态与新教的"关系"问题。①

在阐述宗教与文化变革的关系时，有一个文化史家是不能不提及的，这就是《宗教与西方文化的兴起》的作者克里斯托弗·道森（Christopher Dawson，1889—1970）。如果说布克哈特和韦伯是在讨论文化史这一论题时追溯到宗教或宗教伦理的话，道森在这部著作中则一开始就是直接紧扣宗教与文化的关系这一问题本身展开的。道森对宗教与文化的关系的说明是相当经典的。他告诉我们："宗教与文化的问题是一个错综复杂而涉及范围很广的关系网，它把社会生活方式同被社会接受为生活的最高法则和

---

① 参阅马克斯·韦伯：《新教伦理与资本主义精神》，于晓、陈维纲等译，三联书店1996年版，第16页。

个人与社会行为的最高准则的精神信仰和价值统一了起来；因为这些关系只能置于具体的、总的历史现实中予以研究。世界各大宗教好像是神圣传统的大河，它们流过各个时代，流过它们浇灌和哺育的变化着的历史场景。"① 他的这个描述不仅生动，而且深中肯綮。尽管一如布克哈特的文化史学研究的重心在文艺复兴时期，韦伯的研究中心在西方近现代一样，道森的文化史研究重心在西方中世纪，然而它却赋予中世纪的宗教文化以一种常人往往难以置信的意义。他特别推崇与弗兰西斯·培根同姓的中世纪思想家罗吉尔·培根。他断言："在罗吉尔·培根身上，我们发现自己返回到了中世纪文化的主流中去了——这种文化与任何一种东方世界的伟大宗教文化一样，完全为信仰所主宰并且体现在宗教制度中。而且这种中世纪文化，是构成西方文化的模型，是影响和改变这个世界的新兴力量的最重要的源泉。"②

汤因比在探讨宗教与文化关系的文化史学家中享有一个非常特殊的地位。这一方面要归因于他是一位反对"西方文化中心论"的西方学者，另一方面得益于他不是像布克哈特、韦伯和道森那样，侧重于断代史的研究，而是侧重于"文化样态学"或"文化类型学"研究。在汤因比这里，进入研究视野的不再是一个文明，而是21个文明。它们是：西方文明、拜占庭文明、俄罗斯文明、伊朗文明、阿拉伯文明、印度文明、远东文明、希腊文明、叙利亚文明、古代印度文明、古代中国文明、朝鲜日本文明、米诺斯文明、苏美尔文明、赫梯文明、巴比伦文明、埃及文明、安第斯

---

① 克里斯托弗·道森：《宗教与西方文化的兴起》，长川某译，四川人民出版社1989年版，第2页。
② 同上书，第8页。

文明、墨西哥文明、于加丹文明、玛雅文明。①汤因比认为，虽然任何一个文明都要经历起源、生长、衰落和解体四个连续发展的阶段，但是，构成其最深厚基础的宗教却不仅不随着衰退和解体，反而始终保持持续上升的态势。其所以如此，乃是由宗教对于文化或文明的本体论地位决定的。汤因比强调说："使各种文明产生，使其延续下来的生机源泉""在宗教"，"各种文明形态，就是此种文明所固有的宗教的反映。"②"宗教是文明生机的源泉。一旦失去对宗教的信仰，就会带来文明的崩溃和更替。"③尽管在汤因比的相关论述中确实存在有某种泛宗教主义的思想倾向，但是就中所阐述和强调的宗教与文化或宗教文化与世俗文化的相对相关性则是值得我们认真关注的。至少就迄今为止的为人类所认识的世界文明史看，宗教这种文化形态在人类文化史上是享有一种非常特殊的地位的，是任何一种别的文化形态都难以取代的。

在本章的第一节和第二节，我们分别考察了宗教的社会本质和文化本质，但这并不意味宗教的社会本质和文化本质是孤立存在的和毫不相干的。实际上，在现实的社会运动中和文化运动中，宗教不仅同时具有这两种本质属性，而且这两种本质属性往往是紧密结合在一起发挥其作用的。那种孤立地片面地看到宗教的这两种本质属性的看法不仅从理论上看是错误的，在实践上也是有害的。新中国宗教学界，在宗教本质属性的看法上，长期以来，一直存在着两种比较极端的看法：一是"唯意识形态论"，宣称

---

① 后来他一直把比较研究的文明的个数扩大到37个。
② 汤因比、池田大作：《展望二十一世纪——汤因比与池田大作对话录》，荀春生、朱继征、陈国樑译，国际文化出版公司1985年版，第363页。
③ 同上书，第369页。

宗教只是一种意识形态，其强调的实际上是宗教的社会本质属性；一是"唯文化形态论"，宣称宗教只是一种文化形态，其强调的实际上是宗教的文化本质属性。如果说在20世纪80年代前，比较盛行的是"唯意识形态论"，80年代后，比较盛行的则是"唯文化形态论"。在一些人看来，在当今时代，谁若强调宗教是一种意识形态，谁就是在重复过去的错误，重弹"以阶级斗争为纲"的老调。其实，宗教既是一种文化形态也是一种社会意识形态，宗教的这两种本质属性是兼容的，那种把"宗教文化论"与"唯文化形态论"以及"宗教意识形态论"与"唯意识形态论"混为一谈的做法是不恰当的，无论在过去时代还是在当今时代，都是错误的和有害的。我们必须看到宗教文化本质与宗教社会本质的"兼容性和结构性关联"，"学会并且善于区分'宗教文化论'与'唯文化形态论'、'宗教意识形态论'与'唯意识形态论'，两条战线作战，既反对唯意识形态论，又反对唯文化形态论，执两用中，努力理解和把握宗教本质属性的整体性共时结构，跳出唯意识形态论和唯文化形态论争论所陷入的'非此即彼'的逻辑怪圈，使我国的宗教本质属性的研究逐步走上学术正途，获得其可持续发展的理论支点。"①

---

① 参阅段德智："作为一种文化形态和意识形态的宗教——对我国宗教本质属性争论的一个反思"，《马克思主义与现实》2013年第4期。

# 第四篇　功能篇

宗教的功能是一个与宗教的本质密切相关的问题。因此，为了更其全面、更其具体地了解宗教的本质，我们在对宗教的本质作过初步考察，对宗教的要素、特殊本质和普遍本质作过扼要的说明之后，紧接着对宗教的功能来一番考察，就是一件既比较自然又非常必要的事情了。鉴于我们在考察和阐述宗教的普遍本质时，从本体论的高度出发，将其区分为宗教的社会本质和文化本质，在考察宗教的功能时，我们也相应地将其区分为宗教的社会功能和文化功能，并且依次对它们作出考察。

# 第八章　宗教的社会功能

然而，当我们考察宗教的社会功能时，我们便立即遇到宗教社会功能的上位概念，即宗教功能问题。因此，在我们着手考察宗教的社会功能和文化功能之前，我们有必要先行地对宗教功能作出必要的概括和说明。

## 第一节　宗教功能概论

### 一、宗教功能及其与宗教本质的相对相关性

正如为要了解和阐述宗教的社会功能和文化功能，我们就必须先行了解何谓宗教功能一样，为要了解和阐述何谓宗教功能，我们也就同样必须先行了解和阐述何谓功能。

"功能"这个词在汉语中，其基本含义为"效能"、"功绩"和"才能"。我国春秋战国时期著名的百科全书式的著作《管子》的《乘马》篇中有"工治容貌功能"的说法。南朝时期的重要著作《后汉书》的《公孙述传》中也有"推其无他功能"的说法。在英语中，与之对应的"function"的含义也大体如此。"function"一词源于其含义为"实施"和"完成"的拉丁词"functio"，其基本

含义为一事物或一类事物作用于其他事物,并致使其他事物发生这样那样变化的活动、能力、机能或机制。因此,它便具有一些与"本质"相对相关的性质或特征。首先,它与"本质"之间往往有一种"体"与"用"的关系,也就是说,本质往往为一事物的"体"或"本体",而"功能"则往往为一事物的"功用"。其次,如果套用《中庸》的术语讲,则它与"本质"便往往有一种"显"和"微"、"费"与"隐"的关系,也就是说,"本质"往往为一事物的不可见或难以观察到的"微"和"隐",而"功能"则往往为一事物的可见的或容易观察到的"显"和"费"。① 第三,本质所关涉的侧重于一事物自身或"物自体",而功能既然意指一事物作用于其他事物并致使其他事物发生这样那样变化的活动、能力、机能或机制,则它所关涉的便侧重于处于一个系统中的一事物与其他事物的"关系"。马林诺夫斯基认为耶稣所说的"看果子,就可以知道树"(《马太福音》12:33)"为功能论的精髓提供了座右铭",② 即是谓此。默顿虽然认为功能一词有多种涵义,但是,他还是认为人类学和社会学中两个变量之间的"相互依存"或"相互依赖"的"函数"或"函数关系"这个涵义"对功能分

---

① 《中庸》曾深刻论及"费"与"隐"、"显"与"微"的关系。在谈到"费"与"隐"的关系时,写道:"君子之道费而隐。夫妇之愚,可以与知焉,及其至也,虽圣人亦有所不知焉。夫妇之不肖,可以能行焉,及其至也,虽圣人亦有所不能焉。天地之大也,人犹有所憾。故君子语大,天下莫能载焉;语小,天下莫能破焉。……君子之道,造端乎夫妇,及其至也,察乎天地"(《中庸》第十二章)。在谈到"显"与"微"的关系时,写道:"君子之道,暗然而日章;小人之道,的然而日亡。君子之道,淡而不厌,简而文,温而理,知远之近,知风之自,知微之显,可与入德矣"(《中庸》第三十三章)。

② 马林诺夫斯基:《科学的文化理论》,第129页。

析是最重要的"。①

由此出发，我们便可以对宗教功能作出如下的界定。这就是：所谓宗教功能，所意指的无非是宗教作用于世俗世界及世俗世界中的事物，并致使其发生这样那样变化的活动、能力、机能或机制。例如，我国历代皇帝在其"诏书"中所使用的"奉天承运，皇帝诏曰"等宗教性语言，显然都具有神圣化君权的宗教功能。而19世纪中叶洪秀全等人创建的"拜上帝会"在太平天国运动中所发挥的则显然是一种革新社会的宗教功能。而宗教功能也就因此而同样具有一些与宗教本质相对相关的性质和特征。首先，它与宗教本质之间往往有一种"体"与"用"的关系。也就是说，宗教本质所意指的主要是世界诸宗教的"体"或"本体"，而宗教功能所意指的则主要是宗教的"用"或"功用"。例如，宗教观念总是宗教之为宗教不可或缺的一个因素，舍此便无所谓宗教。而无论是我国历代皇帝诏书中的"奉天承运"还是洪秀全的《原道救世歌》和太平天国的《天朝田亩制度》，都无非是宗教观念的一种运用或功用。其次，宗教功能与宗教本质之间因此也往往具有一种"显"与"微"或"费"与"隐"的关系。也就是说，宗教本质往往为宗教的不可见的或难以观察到的"微"和"隐"，而宗教功能则往往为宗教的可见的或容易观察到的"显"和"费"。这主要是因为宗教功能无非是宗教本质的一种显现，而宗教本质本身也是不能不藉宗教功能显现自身的。例如，洪秀全的《原道救世歌》和太平天国颁布的《天朝田亩制度》便是洪秀全和太平天

---

① 罗伯特·默顿：《社会理论和社会结构》，唐少杰、齐心等译，译林出版社2008年版，第92—93页。

国其他领袖们的宗教观念的一种显现。而他们的宗教观念如果不藉前者"显现"出来也就因此而失去了其主要的意义和价值。最后,宗教本质,如前所述,所关涉的主要是宗教自身的构成要素、内在结构和其他一些内在规定性,而宗教功能所关涉的则主要是宗教对世俗世界的活动、作用或影响,其所侧重的因此而主要是宗教世界与世俗世界的"关系"。离开了这样一种关系,也就根本无任何宗教功能可言。

应该说,对宗教功能以及宗教功能与宗教本质的这样一种相对相关性,各国宗教学家是经历了一个曲折的认识过程的。一般来说,在宗教学初创阶段,大多数宗教学家比较关注宗教本质的探索,但是,随着宗教学研究的深入,随着宗教本质主义弊端的不断暴露,许多现当代宗教学家在对宗教本质主义作出反思的基础上,逐步将其研究中心转移到了宗教功能方面,逐步形成了所谓宗教功能主义思潮。早在19世纪初期,宗教社会学家杜尔凯姆就对宗教本质主义做了严厉的批评,说持宗教本质主义立场的宗教学家的"宗教"是"做梦"做出来的宗教,是用"眼睛""看"出来的宗教。在杜尔凯姆看来,泰勒宗教观的本质在于"泛灵论"和"精灵崇拜"。而这种崇拜的根本弊端在于它仅仅从宗教信仰本身看问题,从而根本否认了宗教所要表达的"有形实在",从根本上割断了宗教世界与世俗世界的"关系"或"联系",把宗教变成了"系统化和活生生的梦"。[①] 缪勒虽然与泰勒不同,不再从人的灵魂中或睡梦中来寻求宗教的基础和本质,而是力求从现实的感觉或感觉活动中来寻找,强调"没有感觉便没有领悟"(Nihil

---

① 参阅杜尔凯姆:《宗教生活的基本形式》,第26页。

est intellectu quod non ante fuerit in sensu )。<sup>①</sup> 但是，缪勒所恪守的毕竟是一条心理学、认识论和语言学的思想路线：一方面把对像"火"或"天空"这样一类自然现象的感觉视为宗教认识的起点，另一方面又把心灵的想象和命名视为宗教认识的基本环节。这样，经由人的"肉眼"和"慧眼"为宗教所"看"出来的宗教的"现实基础"和"本质"就依然是一种植根于人的心灵活动的东西，依然缺乏必要的客观内容。<sup>②</sup> 正是在这样的批判中，杜尔凯姆在宗教学研究中从"内心活动"转向"社会事实"，转向宗教与社会事实的关系，转向宗教的社会功能。韦伯、帕森斯和贝尔的宗教功能主义也正是在这样一类反思的基础上形成和发展起来的。韦伯的宗教社会学着力探讨的与其说是宗教的本质，毋宁说是宗教对社会的塑造功能，是新教伦理对资本主义精神的塑造功能。帕森斯和贝尔的宗教功能主义虽然与韦伯的理路不尽相同，其重心不在于强调宗教对社会的塑造功能，而在于强调现当代宗教对现当代社会结构的维系功能、整合功能和调控功能，但是，就其着眼的主要是宗教的功能而言，与韦伯是一致的。

宗教学研究重心的这样一种转移也不是偶然的，而是由多种因素制约和决定的。首先，这是由宗教学的学科发展的一般状况制约和决定的。宗教学创始人缪勒等既然决意使宗教研究成为一门科学，在对世界诸宗教进行比较研究的基础上创建一门探求宗教本质和发展规律的学问，则他们将理论重心放在对宗教本质的

---

① Cf. M. Müller, *Natural Religion*, London: Longmans, Green, 1889, p.114；也请参阅缪勒：《宗教的起源与发展》，第 16—17 页。

② 参阅段德智：《宗教与社会——对作为宗教学的宗教社会学的一个研究》，第 26—27 页。

探究上，就是一件非常自然的事情了。然而，随着宗教学研究的深入，这种过分偏重宗教本质的研究方法的弊端也就逐步暴露出来了。因为宗教学家审视宗教的立场不同，其关于宗教本质的结论也就随之而不同。例如，缪勒从宗教信仰何以生成的角度审视宗教，由此便得出了宗教是"领悟无限的主观才能"的结论；泰勒从宗教人类学的立场来审视宗教，由此便得出了宗教是"对于精灵实体的信仰"的结论；奥托从宗教现象学的角度审视宗教，由此便得出了宗教无非是一种"既敬畏又向往的神秘体验"的结论。这样一种状况所昭示出来的正是本质主义思维模式的局限性。遵循这样一种思维模式的宗教学家既然将原本相对的东西（宗教的本质）绝对化了，则他们也就不能不因此而遭到报应，即在他们将原本相对的东西绝对化的同时，他们自己得出的结论也就被相对化了。事实上，一如前面所指出的，现当代宗教功能主义的兴起也正是在这样一种理论背景下酝酿出来的。现当代宗教功能主义的兴起还有一个原因，这就是理论思维范式的转换及功能主义思潮的兴起。如所周知，实体主义，作为一种传统的思维范式，长期以来一直支配着人们的思维活动，但是，随着现象学运动、存在主义运动和语言学转向的推进，人们开始向这样一种思维范式提出挑战。"实体主义的根本特征是本质与现象的二分，是形上与形下的二分，是本质主义和基础主义。"[①] 既然如此，人们在对实体主义的反叛中，自然而然地也将矛头指向了本质主义，并由此而引发了种种功能主义。社会学的功能主义、人类学的功能主义和心理学的功能主义等等，都可以看作是现当代理论思维范式转换的产物。行为主义心理

---

① 段德智：《主体生成论：对"主体死亡论"之超越》，人民出版社2009年版，第267页。

学创始人华生（John Broadus Watson，1878—1958）所提出的反对"黑箱作业"的口号，可以看作是形形色色功能主义思想家对实体主义和本质主义思维范式愤激心态的典型表达。

但是，正如宗教功能主义思想家所批评的宗教本质主义思想家具有过分倚重宗教本质的弊病一样，宗教功能主义思想家也在一定程度上具有过分倚重宗教功能的弊病。宗教本质主义虽然在宗教学的产生和发展过程中确实发挥过至关紧要的作用，但是，其自身所具有的弊端却是不容忽视的。宗教本质主义的弊端首先就在于它之可能将本身即具有一定相对性的宗教本质，本来只是世界诸宗教的某种"家族相似性"（维特根斯坦语）的宗教本质，绝对化，使之成为一种绝对普遍的东西。宗教本质主义的第二个弊端在于它之可能将本身即具有流变性，且始终处于流变状态的宗教本质凝固化，使之成为一种恒定不变的东西。宗教本质主义的第三个弊端在于它之可能将本身即具有现实性品格的宗教本质主观化、抽象化和心灵化，使之成为一种主观自生的抽象主义和虚幻主义的东西。然而，宗教功能主义思想家虽然敏锐地觉察到了宗教本质主义的上述诸多弊端，但是，其自身同样也存在有一些重要弊端。宗教功能主义思想家虽然比较正确地认识到了宗教本质的相对性和变动性，但是却因此而错误地否定宗教本质自身即具有的一定程度的绝对性和稳定性，混淆宗教与宗教的功能，混淆宗教研究与宗教功能研究。他们的这样一种做法便往往导致这样那样的抹杀宗教与非宗教、神圣与世俗区别的泛宗教主义。例如，在阐述宗教维系社会的功能时，便容易抹杀宗教与军队、警察、道德、伦理的区别。因此，对于我们来说，重要的并不是在宗教本质主义和宗教功能主义之间做出抉择，而是要在宗教本质和宗教功能之间做出整合：一方面要扬弃宗教本质主义，充分考虑到宗教本质的相对性和变动性以及宗教的种种功能，另一方面又要扬弃宗教功能主义，充分考虑到宗教本质的一定意义上的绝对性和稳定性。为此，我们就必须充分注意到宗教本质与宗教功能的相对相关性，充分认识到宗教本质并不在宗教功能之外和之上，而是存在于诸多宗教功能之中，充分认识到宗教本质与宗教功能之间是一种显现与被显现的关系：一方面用宗教的超越性、超验性和神圣性来解说宗教的功能，来昭示宗教与非宗教、神圣与世俗的区别，另一方面用宗教功能来见证宗教本质，来解说宗教本质的相对性、流变性、绝对性和稳定性，来昭示宗教与非宗教、神圣与世俗的相关性和统一性。

## 二、宗教功能的多维性：社会功能与文化功能

既然如上所述，宗教功能与宗教本质之间不仅相对而且相关，既然宗教本质具有多维性，则宗教功能便也相应地具有多维性。

在宗教的诸多功能中，宗教的社会功能差不多一直是最受人关注的。这在宗教社会学家身上体现得尤为明显。宗教社会学家杜尔凯姆和韦伯常常被视为宗教功能主义的理论先驱。杜尔凯姆之所以反对泰勒的"泛灵论"和缪勒的"主观才能论"，坚持"神即社会"的宗教学公式，其旨趣自然不仅在于彰显宗教的社会本质，而且也在于彰显宗教神圣化社会或维系社会的功能。而"韦伯问题"，即"资本主义为何在西方产生？"的实质不是别的，正是宗教的社会功能问题，亦即宗教变革社会或创建社会的功能问题。当韦伯宣布宗教在社会运行中扮演着"扳道工"的角色时，

他便在事实上宣布了宗教在社会运行中的定向功能。[①] 韦伯的继承人帕森斯的"结构功能主义"所持守和弘扬的也同样是宗教的社会功能。如果说韦伯所提出和阐述的是宗教在资本主义的产生中所扮演的社会角色的问题的话，帕森斯所提出和阐述的则是宗教在资本主义产生和发展之后是否继续扮演社会角色的问题，也就是说，帕森斯是在回应"现代性危机"中继承和推进韦伯的宗教功能主义的。德国学者恩斯特·特洛尔奇（Ernst Troeltsch, 1865—1923）曾在《基督教会的社会学说》一书中提出过随着社会的现代化和世俗化，宗教整合社会的功能将随之减弱甚至逐步消失的观点。针对这一观点，帕森斯以美国现代社会中的制度化基督宗教为例，指出：宗教在规范和整合现代社会方面的功能并没有因人类社会的现代化和世俗化而丧失或减弱，只是在"形式"方面发生了变更。而他给出的理由是："美国社会所发生的巨大变迁并不是基本价值的变化，而是社会结构的变化。"[②] 而他的结构功能主义也正是顺应人类社会的这样一种变化而提出来的，并且也正是基于这样一种变化，他的结构功能主义便不再像韦伯那样以"个人及其行动"作为其实质性内容，而是以"社会行动"作为其实质性内容，而他也不是像韦伯那样仅仅关心社会结构的历史性变迁，而是更其关注社会结构的稳定、秩序和整合上面。在关注宗教社会功能的众多宗教社会学家中，贝拉是值得特别予以关注的一个。与他的老师帕森斯及他的老师的老师韦伯志在强调宗教对西方社会的积极功能不同，贝拉把目光转移到宗教对东方社会的

---

① 参阅韦伯：《新教伦理与资本主义精神》，第16页。
② 塔尔科特·帕森斯：《现代社会的结构与过程》，梁向阳译，光明日报出版社，1988年，第254页。

积极功能上，转移到对日本社会的积极功能上。如果说对于韦伯和帕森斯的话题来说至关紧要的是基督宗教或基督宗教伦理的话，对于贝拉的话题来说至关紧要的便是德川宗教了。在谈到日本何以能够成为"唯一一个将自己改造成'现代化工业国家'的非西方国家"，何以能够在不到半个世纪的时间内，在第二次世界大战的战败国的废墟上不仅重建家园，而且迅速超过其所有竞争对手，一跃而成为"经济上的超级大国"这个20世纪的人类奇迹时，人们往往归因于"日本人所具有的某种神秘的模仿能力"，而唯有贝拉独具慧眼，将其归因于"为日后发展奠定了基础的前现代时期中的某些因素"，即归因于"德川宗教"。[①]

如果说宗教社会学家比较关注宗教的社会功能的话，文化史家则比较关注宗教的文化功能。历史学家阿克顿勋爵（Lord Acton, 1834—1902）在谈到宗教对于历史的重要性时，曾经说过一句名言："宗教是历史的钥匙"。而著名的文化史家道森则进一步强调说："在今天，当我们意识到无意识对人类行为所产生的巨大影响，以及抑制和缓和这些潜在力量的宗教力量的时候，阿克顿的格言获得了比他所能意识到的更广泛的含义。"[②] 我们究竟应当如何理解道森的这句话呢？原来道森是想在宗教信仰与世俗文化或意识形态之间作出区别。在道森看来，意识形态或世俗文化虽然与宗教信仰同具有"塑造社会传统"的"社会功能"，但是，其功用却有重大的区别。意识形态是人的产物，只不过是"有意识的政治意向试图按照它的意图来塑造社会传统"的"工具"。而宗

---

[①] 参阅罗伯特·N.贝拉：《德川宗教：现代日本的文化渊源》，王晓山、戴茸译，生活·读书·新知三联书店,1998年，"平装版前言"第6页,（正文）第3页。

[②] 道森：《宗教与西方文化的兴起》，第5页。

教信仰则"引导人们走向一种更高的、更加广袤的实在境界,而不是走向政权和经济秩序所归属的有限而无常的世界"。正因如此,宗教信仰能够给人类生活注入"一种精神自由的因素",能够"对人类社会的文化和历史命运,以及对人的内在的个人经验产生创造性的、潜移默化的影响"。① 这就是说,宗教在发挥其文化功能时,不仅像世俗文化或意识形态那样取动力因的方式,而且还取卓越的似乎超越人类社会"所有价值和标准"的目的因的方式。蒂利希不仅注意到了宗教的文化功能,而且从存在主义神学的立场出来,反对了"宗教与文化的二元论",把宗教与文化的关系概括成"宗教是文化的实质,文化是宗教的形式",宣称"作为终极关切的宗教是蕴含于文化中的实质,文化是基本的宗教关切得以表现自身的形式的总和"。他还强调说:"在人的全部文化创造力的每一种功能中,均存在着一种终极的关切,它的直接表现是文化样式,能够理解一种文化样式的人也就能够发现这种文化的终极关切和它的宗教实质。"② 贝拉虽然是个宗教社会学家,但是他也非常重视宗教的文化功能。他的成名作《德川宗教》1957年初版时,其副标题为"前工业社会的日本价值系统",其本身便已经显示了他的这部著作的宗旨在于昭示"宗教与现代日本勃兴的关系",阐明"与日本的价值系统相伴随的宗教信仰和行动的基本形态"。然而,至1985年再版时,他又进而将其副标题更改为"现代日本的文化渊源"。这一更改无疑将进一步显示了贝拉的写作宗旨,这就是强调和阐述宗

---

① 道森:《宗教与西方文化的兴起》,第4—5页。
② 蒂里希:"文化神学",《蒂里希选集》(上),何光沪选编,上海三联书店1999年版,第412页。Paul Tillich 在中文里被译作"蒂利希"或"蒂里希",本书作者使用"蒂利希",不过在涉及已译作"蒂里希"的文献中,为方便读者查询,仍保留"蒂里希"。——编者

教的文化功能。

在讨论宗教功能的多维性时,我们将宗教功能区分为社会功能和文化功能。我们这样做是必要的,但是却是需要做出进一步解释的。这是因为对于许多文化学家和文化史家来说,文化功能与社会功能并非两个截然二分的概念,而是两个具有"重合关系"即"同一关系"的概念,至少是两个具有"部分重合关系"即"交叉关系"的概念。例如,在《新教伦理与资本主义精神》一书中,韦伯所讨论的新教伦理的社会功能不仅关涉到理性化了的"政治、法律和经济体制",而且也关涉到了个人主义的"道德品质"和"伦理准则",关涉到每个个人的人生观和"世界观"。①而道森在《宗教与西方文化的兴起》中所讨论的为宗教所推动和塑造的西方中世纪文化不仅关涉到中世纪的宫廷文化与大众文化,关涉到中世纪的艺术品,而且也关涉到中世纪的城市、自治联盟、行会、学校与大学,关涉到中世纪的骑士制度。贝拉的《德川宗教》的再版本尽管以"现代日本的文化渊源"为副标题,但是其各章的标题却依然是"日本宗教与工业社会"(第1章)、"德川时代的日本社会概观"(第2章)、"日本的宗教"(第2章)、"宗教与政治"(第4章)、"宗教与经济"(第5章)和"心学与它的创始人石田梅岩"(第6章)。这就是说,贝拉的这部著作讨论的不仅有"心学"(含哲学、神学、道德、伦理),而且有"政治"和"经济"。由此看来,"文化"这个概念在不同的语境下有广义和狭义之分:在一定的语境下,"文化"所意指的包括人类所创造的全部文明,包括物质文化、制度文化和精神文化,而在另一种语境

---

① 参阅韦伯:《新教伦理与资本主义精神》,第32—57页。

下则仅仅意指人类所创造的精神文化，如科学、文学艺术、宗教神学和哲学等。这样，如果从广义的文化概念看问题，则宗教的文化功能便势必包容宗教的社会功能，例如，在道森那里，事情便是如此。但是，如果从狭义的文化概念看问题，则宗教的文化功能便不包容宗教的社会功能，而成了一种与宗教的社会功能相并存的东西。显然，当我们阐述宗教功能的多维性，将宗教的社会功能和文化功能确定为宗教的两个基本向度时，我们是着眼于狭义的文化概念的。这一点是需要我们充分注意的。

## 三、宗教功能的复杂性（1）：宗教的显功能与潜功能

宗教功能问题是相当复杂的，除了我们前面谈到的宗教的社会功能与文化功能之辨外，还有宗教的显功能与潜功能之辨、宗教的正功能与负功能之辨和宗教的工具性与超工具性之辨。下面，让我们首先来扼要地考察一下宗教的显功能与潜功能。

显功能与潜功能之说最初是由美国社会学家默顿明确提出来并予以认真阐述的。按照默顿的说法，在人类社会行为方面，有两个东西是不应混淆的。这就是"自觉动机"和"客观效果"或"主观动机"和"客观功能"。"前者是指某一具体单元（人、亚群体、社会系统和文化系统）的那些有助于其调适并且是有意安排的客观后果"，即"显功能"；而"后者是指同一层次上的无意图的、未认识到的后果"，即"潜功能"。[①] 虽然，在他之前，宗教社会学家杜尔凯姆曾经使用过"显功能"和"潜功能"这样两

---

① 参阅默顿：《社会理论和社会结构》，第142—145页。

个概念,①但是由于杜尔凯姆比较注重因果分析与功能分析的区别,断言"证明一件事物为什么具有效用,与解释它为什么产生或者它存在的状况如何,这是两个不同的问题",②致使"潜功能"概念在他的著作中始终未得到明确而有效的运用。然而,在默顿看来,潜功能概念在社会学研究中,特别是在宗教学研究中是不可或缺的。他曾经以宗教性的"霍皮人的祈雨仪式"为例来解说潜功能概念的重大意义。默顿强调说,潜功能概念能够使观察者不只注意这一行为是否达到了它公开宣称的目的。而暂时忽略这些明确的目的,就会使观察者的注意力"朝向另一方面的后果","例如,那些影响参与这一仪式的霍皮人的个人人格的后果和那些影响更大的维系群体存续的后果"。③默顿还从宗教与科学的分野的角度阐述了潜功能概念的重大意义。他指出:"一个人如果把他自己限定在显(目的的)功能是否出现这一问题上",那祈雨仪式就不复是社会学家和宗教学家的问题,而是"气象学家的问题"了。"无疑我们的气象学家同意祈雨仪式不能产生降雨,但这是不切题的。这只是说这种仪式没有技术上的用途,这种仪式的目的和实际后果不相符合。但是,运用潜功能概念,我们就能继续探索这种仪式对于该群体(而不是雨神或天气)的功能。这里可以发现,也正如许多观察者所指出的,这种仪式确实具有许多功能,但是这些功能都是未预期的或潜在的。"④

---

① 参阅杜尔凯姆:"刑事审判的两种法则",载《社会学年鉴》,1899—1900年,第4期,第55—95页。
② 参阅迪尔凯姆:《社会学研究方法论》,胡伟译,华夏出版社1988年版,第71页。
③ 参阅默顿:《社会理论和社会结构》,第147页。
④ 同上。

不难看出，默顿关于社会的和宗教的"潜功能"学说的提出，是以弗洛伊德的"无意识"学说为前提和基础的。在谈到他的"显功能"和"潜功能"这两个术语时，默顿坦然承认："读者很容易认识到，我是根据弗洛伊德在另一个语境中对'显'和'潜'的运用而采用这两个词的。"① 显然，默顿这里所说的另一个语境指的是弗洛伊德的精神分析学。按照传统的观点，心理生活的本质特征在于意识。弗洛伊德的根本努力正在于他从根本上颠覆了这一传统观点。他不仅把人的心理结构区分为三个层次或三个系统：意识、前意识和无意识或潜意识，而且还进而宣布潜在的无意识或潜意识处于心理结构的深层，制约着心理结构的其他层面，构成人的心理结构的核心，是"真正的'精神实质'"。他强调说："我们必须放弃这种高估的想法，即意识乃是真正了解精神事件不可或缺的基本。就像利普士所曾说过的，潜意识是精神生活的一般性基础，潜意识是个较大的圆圈，它包括了'意识'这个小圆圈；每一个意识都具有一个潜意识的原始阶段；而潜意识也许停留在那阶段上，不过却具有完全的精神功能。潜意识乃是真正的'精神实质'。"② 既然如此，在关注到宗教的显功能的同时，特别地关注宗教的潜功能就是一件非常必要的事情了。

## 四、宗教功能的复杂性（2）：宗教的正功能与负功能

宗教功能的复杂性不仅体现为宗教既具有显功能又具有潜功

---

① 参阅默顿：《社会理论和社会结构》，第143页。
② 弗洛伊德：《梦的解析》，赖其万、符传孝译，作家出版社1986年版，第493页。

能，而且还体现为宗教既具有正功能也具有负功能。

对于宗教的功能问题历来是一个见仁见智的问题，甚至同一个人也往往在不同的场合发表截然相反的观点。例如在古希腊，柏拉图（Plato，公元前427—前347）把宗教说成是"高贵的谎言"，而亚里士多德却把它说成是"教化大众"的工具。至近代，英国无神论哲学家霍布斯一方面宣布"哲学排除神学"，另一方面又宣布"宗教是社会的马勒"。著名的法国启蒙思想家伏尔泰一方面宣布"宗教是理性的大敌"，另一方面又宣布"即使上帝是没有的，也必须捏造一个"。即使到了现当代，人们对宗教的看法也相互抵牾。例如，宗教社会学家杜尔凯姆和帕森斯都十分强调宗教的"制度整合"功能，而马克思则将宗教宣布为麻醉人民的"鸦片"。然而，尽管人们的观点迥异，但是却都或是直接或是间接地关涉到宗教的功能问题。那么，我们究竟应当如何正确理解在宗教功能问题上的这样一种歧见或悖论呢？默顿在《社会理论和社会结构》一书中曾在"意识形态与宗教的功能分析"的标题下讨论过这个问题，并由此得出结论说："正是这种评价使得意识形态的内容倒进了功能主义的瓶子里。这些瓶子本身对其内容来说是中性的，并且能同样很好地既用作意识形态毒药的容器又用作意识形态美酒的容器。"①

毫无疑问，人们在宗教功能问题上的上述歧见或悖论是与观察者的社会立场直接相关的。默顿在《社会理论和社会结构》一书中首先想告诉我们的就是这一点。当代美国社会学家W. I. 托马斯（William I. Thomas，1863—1947）曾经提出了一条社会科学

---

① 默顿：《社会理论和社会结构》，第123页。

的基本定理:"如果认定某些情形为真,结果它们就会成为真的。"默顿将其称作"托马斯定理"。按照这一定理,"人们不仅对一个状态的客观特征作出反应,而且有时首先对这种状态对于人们具有的意义作出反应。并且,一旦人们赋予这个状态以一定的意义,则他们随后的行为和所造成的一些后果就被这个作为起因的意义决定了。"① 然而,由于人们所属的社会群体不同,对问题的看法也就不同。一如一位老练的炼丹术士所说:"若我为坚定,则汝为固执,而彼为专横。"从而,"内群体的美德"同时也就是"外群体的罪恶"。既然如此,则人们在宗教功能问题上的歧见或悖论也就是一件非常自然的事情了。例如,致力于对现存社会制度作"政治批判"的马克思自然会对维护现存社会制度的现存宗教持激烈的批判态度,而致力于维护美国现存制度的帕森斯自然会对维护美国现存社会制度的美国现存宗教持热情的肯认态度。然而,人们在宗教功能问题上的歧见或悖论与其研究对象也有一定的关系。一如默顿所指出的,杜尔凯姆之所以"只关注宗教整合的后果,而忽视宗教在某种社会结构中可能有的解体的后果""在很大程度上"是由于其是"基于对无文字社会的研究"。一旦从"相对较小和相对严密的无文字群体之领域""转到更为高度分化的、也许是松散地整合的社会之领域"时,当人们面对"宗教战争、宗教法庭(破坏一个又一个社会)、宗教团体自相残杀的全部历史"时,宗教的负功能也就成了一个不容忽视的历史现象了。② 最后,我们还应该看到,人们之所以会在宗教功能问题上产生那么多歧见或

---

① 默顿:《社会理论和社会结构》,第549页。
② 同上书,第101—102页。

悖论，归根到底是由宗教功能本身固有的二重性或悖论性质决定的。既然如我们在人类宗教史上所看到的，不仅同一个宗教在不同的历史时期会扮演不同的社会角色，而且即使在人类社会的同一个时期也往往扮演不同的角色，则宗教在具有正功能之外还另具有负功能这样一个看法就不仅是比较全面的，而且也是比较符合历史事实的。

既然如此，我们在考察宗教的功能时，既关注宗教的正功能，也关注宗教的负功能，就是一件势在必行的事情了。

## 五、宗教功能的复杂性（3）：宗教的工具性与超工具性

宗教功能的复杂性不仅体现为宗教的显功能和潜功能、正功能和负功能，而且还体现为宗教的工具性与超工具性。所谓宗教的工具性，是说宗教，就其社会功能和文化功能而言，与其他亚社会系统和亚文化系统一样，同是人类维系社会、创建社会、维系文化和创建文化的一种工具。例如，宗教与政府、军队、文学和艺术一样，都可以成为人类维系社会的一种工具。所谓宗教的超工具性，是说宗教作为人类文化（广义文化）的纵深维度、作为人类和人类社会的终极关怀，它不应当仅仅被理解为人类维系社会、创建社会、维系文化、创建文化的一种工具，它作为至上的理想人格和理想社会，作为人生和社会的终极的目的因，总当具有某种超越性，总当构成某种规范人生和人类社会的东西。

宗教功能的这样一种复杂性要求我们在考察宗教功能时既要注意到宗教的工具性，又要努力超越工具理性的思维模式，从终极关怀和终极实存的高度来审视宗教，既要看到宗教与世俗世界

和世俗文化的统一性，又要看到宗教与世俗世界和世俗文化的差异性，看到宗教对世俗世界和世俗文化的超越性和规范性。这一点不仅对于我们从理论上全面正确和准确地理解宗教的功能至关紧要，而且对于我们从实践上妥善处理宗教社会与世俗社会、宗教文化与世俗文化的辩证关系也同样至关紧要。许多宗教思想家都鲜明地强调了这一点。蒂利希在其《文化神学》里曾经提出过一个著名的命题，这就是"宗教是人类精神生活的一个方面"。然而，当他说这句话时，他并不是说宗教与道德机能、认识机能和审美机能一样，是"人类精神的一种特殊机能"，是这些机能的"工具"，是作为这些机能的"穷亲戚"而被这些机能"收留"并被要求"服务于"这些机能，从而在这些领域里挣得"一席之地"，找到自己的"家园"的。[①] 蒂利希强调说，宗教原本不需要什么地盘，也根本不必去寻找什么家园。"在所有地方，也就是说，在人类精神生活所有机能的深层里，宗教都可以找到自己的家园。宗教是人类精神生活所有机能的基础，它居于人类精神整体中的深层。"[②] 这就是说，在蒂利希看来，宗教虽然有这样那样的社会功能和文化功能，但是它并不是作为这样那样的特殊功能发挥作用的，而是作为这些特殊功能的"基础"，作为这些特殊功能的"终极关切"发挥作用的。

其实，宗教的工具性与超工具性也是一个与宗教的正功能和负功能密切相关的问题。这是因为一旦人类及其社会仅仅将宗教视为世俗世界和世俗文化的一种工具，则不仅宗教将会因此而失

---

① 蒂里希："文化神学"，《蒂里希选集》（上），第381页。
② 同上书，第382页。

去其超越性和神圣性而沦为一种完全世俗的东西，而且世俗世界和世俗文化所内蕴的任何一种恶欲也将会不仅因此而极度膨胀，而且还会因此而披上神圣的帷幕从而酿造出空前的灾难。在人类历史上，各式各样的"圣战"曾给人类及其社会带来了无穷无尽的灾难，然而，这些圣战却差不多都是宗教工具化的产物。如果说在中世纪，绵延近两个世纪的"十字军东征"（1096—1270年）是在"宗教战争"的旗号下进行的话，那么，在第二次世界大战期间，日本帝国主义发动的侵华战争显然也是在"圣战"的旗帜下进行的。而在这两种情况下，宗教所充当的都不过是世俗势力的一种工具而已。贝拉在谈到问题的这一方面时，曾非常中肯地说道："如果我们要给日本的宗教以促进现代日本奇迹般崛起的'荣誉'，那么，我们也必须给日本的宗教以助长于1945年达到极点的不幸灾难的'责难'。"[①] 贝拉正是在对日本宗教功能的这种全面系统深入的研究中，相当充分地感受到了宗教工具化的严重后果，并且由此而相当充分地体悟到了神圣与世俗之间保持张力的必要性。他深有感触地写道："每一种宗教都试图表明超越世俗的真理，然而却陷入了试图超越的世俗之中。每一种宗教都试图以自己的形象再造世俗，但往往在某种程度上反被重造成世俗的形象。这是宗教的悲剧。"[②] 因此，为要避免宗教的这样一种悲剧以及由此产生的人类及其社会的种种悲剧，人类及其社会在任何情况下都必须在发挥宗教工具性功能的同时又发挥宗教的超工具性功能。这种以极其惨重的代价换取的历史教训是我们必须永远牢牢记取的。

---

① 贝拉：《德川宗教：现代日本的文化渊源》，第238—239页。
② 同上书，第239页。

## 第二节　宗教的社会功能（上）：宗教与社会共同体

既然在上一节中，我们已经对功能概念和宗教功能作出了概括的说明，则我们现在便可能对宗教的社会功能作出比较具体、比较深入的阐述了。

如上所述，功能所关涉的并非是一个孤独的事物，而是处于一个系统中的一事物与其他事物的关系。既然如此，当我们具体地考察事物的功能时，就必须着眼于系统的观点和整体的观点。然而，一旦从系统论和整体论的观点看问题，我们就会发现，一个系统或整体中的部分与整体总处于互存互动的关系之中，即一方面各个部分的活动往往受到整体的决定，另一方面各个部分的活动对整体的存在和发展也有积极的影响。而且，这种影响往往又表现在两个方面：一是一个部分对它作为其一部分的那个整体有能动作用，二是一个部分对它作为其一部分的那个整体的其他所有部分具有能动的作用。据此，宗教的社会功能便当内蕴着两个层面的内容：一是作为一种亚社会（社会群体或社会组织）的宗教对社会共同体的能动作用，另一个是作为一种亚社会（社会群体或社会组织）的宗教对构成社会共同体的所有其他部分或亚社会的能动作用。在本节中，我们将着力讨论第一个层面的内容。

### 一、宗教与社会的意义

我们在前面讨论宗教的社会本质时，曾经援引了马克思在《〈黑格尔法哲学批判〉导言》中的一段话。在这段话中，马克思一方面强调指出：是"社会"创造了宗教，另一方面又强调指出：宗教是世俗世界的"总理论"，是它的"包罗万象的纲要"，它的"具有通俗形式的逻辑"，它"借以求得慰藉和辩护的总根据"。①他的这段话差不多可以看作是对宗教社会功能的一个经典说明。

宗教的社会功能，从根本上说，不是别的，正在于它们能够以世界观或宇宙论的形式为社会共同体提供一个普遍的宗教性的解释体系或意义系统。"宗教是人建立神圣宇宙的活动。"②不仅高级形态的宗教如基督宗教、伊斯兰教和佛教等有自己的宇宙学（这在基督宗教和伊斯兰教中是所谓"创世记"，在佛教中有所谓作为"轨持"的"法"），而且即使在图腾崇拜和远古时代的神话故事中也有自己的宇宙学。希腊宗教，按照赫西俄德所著《神谱》的说法，有"混沌"生"地母神"盖娅，盖娅生"苍天神"乌拉诺斯，盖娅与乌拉诺斯生提坦诸神的宇宙演化学说。古代埃及宗教也有自己的宇宙演化学说，按照古代埃及的神谱，宇宙起源于太阳神拉，太阳神拉创造天的双生子舒（空气神）和特夫努特（雨神），舒和特夫努特又生了一对双生子，即大地神盖布和苍天神努特。在我国古代也有所谓盘古开天辟地的宇宙神话。然而，人类之所以在宗教或神话中建立"神圣的宇宙"，其目的无非是把自己创建的社会秩序置放进一个宏观的意义系统或解释体系中，使自己创建的社会秩序获得合理的解释，并因此而消除掉人们对其所固有的相对性或不稳定性可能产生的怀疑，获得一种绝对性

---

① 《马克思恩格斯选集》第1卷，第1页。
② 彼得·贝格尔：《神圣的帷幕》，高师宁译，何光沪校，上海人民出版社1991年版，第33页。按照贝格尔的说法，关于宗教的这个定义来源于奥托和埃利亚德。在该著的附录中，贝格尔又更简洁地把宗教界定为"神圣宇宙之设置"。

和神圣性,用当代宗教社会学家贝格尔的话说,就是给人们创建的社会秩序罩上"神圣的帷幕"。这就是说,宗教"宇宙学"的实质性内容不是别的,正是宗教性的"社会学"。

然而,在从宗教的"宇宙学"向宗教性的"社会学"的演绎过程中,有一个问题无论如何是不能回避的,这就是:既然宇宙是神圣者创造的,既然神圣者的本质规定性之一即是它的全善性,则它所创造的宇宙和人类社会何以会存在有恶或苦难呢?这个难题其实也就是所谓"神正论"问题。西方近代著名哲学家莱布尼茨曾经写了一部题目即为《神正论》(*Essais de Théodicée*)的专著,其副标题为"论上帝的善、人的自由和恶的起源",其意思是说:恶的存在不仅无碍于上帝的善,而且反而使人获得了选择的自由。至现代,韦伯、贝格尔和牛津大学的斯温伯恩(Richard Swinburne,1934— )等宗教社会学家和宗教哲学家都曾对这个问题作过比较深入的研究。① 哈特霍恩(Charles Hartshorne,1897—2000)、魏曼(Henry Nelson Wieman,1884—1975)、考伯(John Cobb Junior,1925— )和格利芬等在怀特海(Alfred North Whitehead,1861—1947)过程哲学的基础上进一步提出了所谓"过程神正论"。② 神正论所要解决的是传统的宗教神学在恶的问题上所遭遇的意义危机问题,是一个如何为那些现实存在的、威胁到宗教性意义系统的恶或苦难等无秩序现象提供宗教性解释的问题。

---

① 参阅韦伯:《宗教社会学》,第 175—185 页;贝格尔:《神圣的帷幕》,第 63—96 页;理查德·斯温伯恩:"试论当代宗教哲学的历史背景和主要论域",段德智译,欧阳康校,《世界哲学》2005 年第 3 期,第 54—55 页。

② 参阅唐逸:"过程神正论",《哲学研究》1995 年第 9—10 期。

其实，神正论是宗教神学中一个非常古老的问题，各种宗教都曾经给出过不同的解说。我们可以将各宗教的神正论概括为下述几个类型。[①] 首先是无我型神正论。这种类型的神正论强调个人与集体之间的绝对同一性，强调个人对集体的无条件从属。在这种神正论中，个人的所有不幸都由于被理解为个人与之等同的那个集体乃至整个宇宙的连续史的短暂插曲而获得了意义。贝格尔认为，这种类型的神正论是所有神正论中非理性主义色彩最重的，在原始宗教中我们可以发现其原型，在中国的农民和儒家士大夫以及各种宗教神秘主义中也能够发现同样的信念。其次，是末世论型神正论。这种类型的神正论是借对无秩序现象的补救投射到未来（从现世角度去看的未来）而创立起来的。按照这种神正论的说法，一旦时机来临，在神的干预下，受难者就将得到安慰和幸福，而不义者就将受到惩罚。也就是说，眼下的苦难和不义，是可以参照它们将来的有序化或法则化而得到合理的解释的。世界诸宗教的各种形式的弥赛亚主义、千禧年主义，包括苏丹的马赫迪（Mahdi）运动和我国的太平天国的反抗运动，都可以列入这一范畴。再次，是所谓"业报"型神正论。业报型神正论宣扬的实际上是一种来世补偿的思想。因为这种神正论认为人们在今生今世所作的"业"，无论善恶，在来世都能够得到报应，而且，总是善有善报，恶有恶报。佛教的"三世流转"或"五道轮回"说是这种类型的神正论的典型形式。韦伯在《经济与社会》中，贝格尔在《神圣的帷幕》中都曾断言佛教彻底理性化了业报神正论

---

[①] 在对各种神正论分类时，本著特别参照了彼得·贝格尔《神圣的帷幕》中"神正论的问题"一章。

或羯磨（Karma）—轮回体系。我国道教所倡导的"承负说"也当归属这一类型。只是其所关涉的不是个人前生后世的因果关系，而是家族血缘链条中的先人与后人之间的一种因果关系（即所谓"后人承负先人之过"）罢了。① 最后，是命定型神正论。基督宗教中有所谓恩典说或前定说，近代加尔文教把这种神正论发挥到了极致。此外，伊斯兰教中也有前定的思想。我国古代典籍中有"死生有命，富贵在天"（《论语》）的说法。这种天命观显然是一种中国版的命定型神正论。②

神正论是一种特殊形式的宗教性社会意义系统。其特殊性在于：它不是对有序社会现象的合理化论证或"辩护"，而是对无序社会现象的合理化论证或"辩护"，把种种无序事件、种种恶或苦难"整合"进"既定的法则"中，"整合"进普遍的"宇宙学"中，从而使这些无序事件或种种恶或苦难获得一种普遍的意义或价值，分享一种神圣性。"人建造的世界永远受到无秩序势力的威胁，最终还要受到不可避免的死亡的威胁。除非无序、混沌和死亡都能被整合进人类生活的法则之中，否则，这法则就不能在全部集体历史及个人经历的事件中生效。"既然如此，则"对于为维系世界而进行的任何宗教方面的努力，神正论问题都具有其核心地位"。③ 而由此我们则还可以进而得出结论说：既然人类社会在任何情况下都不可能完全避免无序、恶或苦难，则神正论作为社

---

① 参阅王明：《太平经合校》，中华书局1960年版，第70页。
② 我国思想史上，先秦阴阳家邹衍（约公元前324—前250）所提出的"五德终始说"和戊戌变法领袖人物康有为（1858—1927）所论证的"公羊三世说"，在一定意义上，也可以看作是中国式的"命定性神正论"。
③ 贝格尔：《神圣的帷幕》，第95页。

会意义系统中一项不可或缺的内容就将可能永远存在下去,尽管其形式会随着时代的变迁而发生这样那样的变化。

## 二、宗教与社会的维系

宗教作为一种社会意义的系统,不仅具有解释性功能,而且还具有规范性功能。也就是说,宗教既然把社会秩序置放进普遍的神圣化了的宇宙秩序之中,它们也就使社会秩序合理化、合法化和神圣化,并因此获得一种不可冒犯的规范性,它也就因此而承担和履行了维系社会的职能。

对宗教维系社会的功能可以作多方面的分析。首先,整合社会是宗教的一项极其重要的维系社会的功能。按照完形哲学(Gestalt Philosophy)的观点,每个社会都应当成为一个有机整体,而构成一社会共同体的各个部分之间也应当有一种有机的联系。但是,由于人类所建社会的人为性或相对性,由于社会各阶层之间的这种冲突,社会共同体的整体性及其各个部分相互关联的有机性往往遭到人们的怀疑和破坏,鉴于这样一种情况,整合社会就成了维系社会的一项不可或缺的工作了。而在这项工作中,宗教神学显然是可以扮演一个特别重要的角色的。这是因为宗教神学,如前所述,是可以通过用它的"宇宙学"规范它的"社会学",把社会共同体作为一个整体"整合"进宏观的宇宙秩序之中,把社会共同体作为一个整体合理化、合法化和神圣化,而消除掉社会共同体作为一个整体的相对性和不稳定性,从而发挥其维系社会的历史作用的。其次,宗教信仰及其神学,既然如上所述,是一种综合的世界观,是世俗社会的"包罗万象的纲领",则它之推动宗教组织及其成员（宗教徒）对社会共同体之具有一种高度的认同感和归属感，激发各宗教组织及其成员（宗教信众）超越普通世俗群众的狭隘眼界，着眼于人类社会整体的维系和发展，献身于人类共同事业，就是一件既可望又可即的事情了。再次，从宗教信仰及其神学的社会本质看，宗教意识既然首先表现为"个人中心"的消除，表现为一种"集体意识"或"社会意识"，则宗教就有可能在不同范围和不同层次上发挥其凝聚社会的积极作用了。杜尔凯姆把宗教视为社会的凝聚剂的说法是有一定的道理的。社会整合包括许多方面：首先是社会制度的整合（包括模式—规范系统、组织系统和设备系统），其次是组织层面的整合，再次是舆论层面的整合。[①] 不难看出，既然宗教区别于其他意识形态和社会群体的重大特征即在于它的"终极性"和"神圣性"，既然宗教神学是一个以神圣化了的终极实存（或神圣者）为终极目标的"指向系统"，则它在所有这些层面的整合中发挥作用，便是一件完全可能的事情了。

宗教维系社会的功能还表现在它之有助于社会控制这样一个方面。社会控制从消极方面说，表现为对社会行为的约束，从积极方面说，表现为对社会各要素或部分之间的关系的协调。宗教在社会控制的这两个方面无疑都是有可能发挥积极的作用的。这也是不难理解的。因为宗教既然如上所述，能够通过它的宇宙学将社会共同体及其各个部分的有机关联合理化、合法化和神圣化，则它就势必对诸社会要素或部分的关系的协调有一种宏观的调节和控制作用。而且，既然作为一社会成员的个体或作为

---

① 关于"整合性"（Einheit）概念，请参阅格奥尔格·西美尔：《宗教社会学》，曹卫东译，上海人民出版社2003年版，第16—22页。

一社会部分的亚社会群体由于宗教信仰的缘故而对整个社会有一种认同感和归属感，而这又必将有助于对其所扮演的社会角色的认同，从而也就势必有助于他们或它们对其行为的自规范或自约束，达到高度的自律。宗教的这样一种功能，不仅在宗教体制与社会体制合而为一的原始社会里，在教权至上的中世纪欧洲社会里，在一些至今仍实行政教合一、国教制的和民族宗教较为单一的社会里，有着相当鲜明的体现，而且，即使在现代的大多数国家中，宗教的这种功能都依然存在，只是其表现的形式有所隐蔽罢了。

宗教维系社会的功能还表现为它之有助于社会调适这样一个方面。宗教不仅具有整合功能和控制功能，而且还具有调适功能。宗教的调适功能虽然同宗教的整合功能和控制功能有内在的关联，却也有它自己的特殊性。如果说宗教的整合功能和控制功能着眼的是宗教意识的思想层面或理论层面，那么，宗教的调适功能着眼的则主要是宗教意识的心理层面。宗教的调适功能无疑根源于对宗教性的意义系统的肯认和对社会共同体及其各个部分的认同感，就此而言，这同宗教的控制功能没有什么不同，不过，当我们从宗教调适功能的角度来谈论这种认同感的时候，我们所强调的却是社会共同体对社会行为主体的内在化，是一种基于宗教感情的对社会共同体的一种准宗教性的"敬畏"情感。在这种情感的支配下，我们对社会规范的适应和遵从，我们的合群态度，便都有可能变成一种高度自发或高度自觉的相当自律的习性。即便我们遭遇到种种苦难，即便我们偶尔也会滋生出这样那样的怨恨，但是，只要我们对社会共同体有一份准宗教性的"敬畏"情感，只要我们能够凭借神正论的宗教意识把这些无序现象及时地"整合"进神圣的社会秩序和宇宙秩序之中,那就有望化解我们心中的各种疑惑和愤懑心情。

## 三、宗教与社会的创建

宗教的社会功能不仅表现为社会的维系,而且还表现为社会的创建。这是因为各种宗教神学所提供的宗教性的社会意义系统不仅有适应社会共同体或现实社会的一面,而且还有高于社会共同体或现实社会的一面。也就是说,各种宗教性的意义系统或解释系统,不仅要说明现实社会何以是其所是,而且还应当说明现实社会何以应当不是其所是。康德1793年在致卡尔·弗里德利希·司徒林的一封信中,曾经用"我该(darf)希望什么"来概括宗教学的内容。① 这是很有深意的。因为如我们在前面已经指出的那样,"希望"乃宗教信仰中最能动、最具生命力的内容,是宗教得以创建社会的内在动因。然而,这种对理想社会的"希望"无疑是各宗教性意义系统或解释体系中一项不可或缺的内容。

其实,世界诸宗教在人类社会的历史发展中都曾发挥过积极的作用。例如,在文明社会初期,各种民族—国家宗教的出现对于奴隶制取代原始社会的氏族—部落制度,无疑起了巨大的推动作用。再如,人类社会在从封建制向资本主义制度的过渡中,宗教或宗教改革运动也发挥了非常积极的作用。例如,17世纪路德和加尔文领导的宗教改革运动对于资本主义制度在欧洲的确立和巩固的进步作用就不容低估。再如,一如贝拉的研究成果所表明

---

① 康德:《单纯理性限度内的宗教》,第215—217页。

的，17—19世纪日本德川时期的宗教，特别是武士道，不仅在明治维新运动中发挥了无可替代的作用，而且在第二次世界大战后日本的崛起中也扮演了重要的角色。① 在我国，东汉末年的黄巾起义无疑与《太平经》中所表达出来的社会理想有关。既然"太者大也，平者正也"，则"太平"的社会理想对于深受政治经济压迫的中国农民就不可能没有号召力。19世纪，"拜上帝会"的关于"天国"的社会理想，无疑是太平军"创建义旗、扫平妖孽"、创建"太平天国"的精神资源。

韦伯在谈到宗教创建社会的积极功能时，把宗教的社会理想称作宗教的"世界形象"，非常中肯地强调指出：虽然归根到底是物质与精神的利益，而不是思想，支配着人们的行动，但是，各种宗教所设计的理想社会或"世界形象"却能够像"扳道工"一样，决定着行为为利益动机推动而沿着它前进的轨道，决定着人们"希望将要'从什么地方'得救和'为什么'得救并且能够得救"这样一些非常现实的问题。② 宗教的社会理想之所以能够在人类社会的变革中发挥如此巨大的作用决不是偶然的，归根到底是由宗教本身所具有的内在规定性决定的。诚然，世俗的社会理想在社会变革中也总是能够发挥这样那样的积极作用，但是，由于宗教的社会理想总是与人的和人类社会的终极关怀紧密联系在一起的，从而在宗教的理想社会与现存社会之间便势必存在有更大的张力，宗教的社会理想在社会变革中所发生的影响便势必比世

---

① 参阅贝拉:《德川宗教：现代日本的文化渊源》，第224—225、238页。
② Max Weber, "The Protestant Sects and the Spirits of Capitalism", in Gerth and Mills, From Max Weber, *Essays in Sociology*, London: Kegn Paul, Trench, Truber & Co.Ltd, 1947, p.280.

俗的社会理想更为深远和更为持久。道森在谈到宗教信仰与社会意识形态的区别时，强调说：宗教信仰由于"引导人们走向一种更高的、更加广袤的实在世界，而不是走向政权和经济秩序所归属的有限而无常的世界"，从而能够对人类社会的"历史命运"带来更富"创造性"的影响，[①]即是谓此。存在主义哲学家和神学家蒂利希在《乌托邦的政治意义》一文中也突出地强调了宗教的社会理想与世俗的社会理想之间的重大差别。他认为宗教的社会理想之所以能够在社会变革中发挥巨大的作用，归根到底在于宗教的社会理想自身所具有的"彻底的超越性"。在蒂利希看来，凡社会理想相对于现存社会都具有一定程度的超越性。宗教的社会理想与世俗的社会理想的区别在于：世俗的社会理想对于现存社会的超越是一种"水平维上的超越"，是一种"部分"的超越，而宗教的社会理想对于现存社会的超越则是一种"垂直维上的超越"，是一种"彻底"的超越。[②]诚然，宗教的社会理想由于其自身具有的"彻底的超越性"而总难免具有这样那样的诸如"不真实性"、"无效性"和"软弱性"等"消极特征"，但是，它之具有这样那样的诸如"真实性"、"有效性"和"力量"等"积极特征"，[③]也是一个不争的事实。

## 四、宗教社会功能的二律背反

当我们说宗教有维系社会和创建社会的功能时，我们对宗教

---

[①] 参阅道森：《宗教与西方文化的兴起》，第4—5页。
[②] 参阅蒂里希："乌托邦的政治意义"，《蒂里希选集》（上），第141—142页。
[③] 同上书，第135—140页。

的社会功能作出的只是一个"事实判断",而并非"价值判断"。一旦我们试图对宗教的社会作用作进一步的价值判断时,我们便立即发现宗教的社会功能的二律背反,即宗教对社会不仅具有积极的正功能,而且还具有消极的负功能。

　　首先,就宗教的维系功能来说,宗教的社会功能的二律背反的性质是显而易见的。这是因为:第一,且不要说宗教究竟能够在什么程度上达到维系社会的目标,即使就宗教维系社会的努力本身,就可能具有两种相反的意义。如果它维系的是一种进步的适合生产力发展、符合人类根本利益的社会制度,则它的这种维系功能就是积极的,就是一种正功能。如果它所维系的是一种落后的阻碍生产力发展、违背人类根本利益的社会制度,则它的这种维系功能就是消极的,就是一种负功能。第二,即使对一个宗教在一特定的历史条件下所发挥的特定的维系社会的历史作用,一个社会的不同阶层的人们也会对之作出不同的判断。例如,统治阶级认为是一种正功能的,被统治阶级则有可能认为它是一种负功能。第三,宗教使社会秩序合理化、合法化和神圣化,虽然有助于维系现存社会,但另一方面又会因此而对社会的任何变革运动形成障碍和阻力。第四,宗教虽然对社会有一定的整合功能,能够促成社会的稳定,但是,宗教又往往因其社会理想与现实社会相左而酿造出诸多社会冲突,因而从根本上破坏掉社会的稳定。第五,宗教的控制功能和调适功能一方面有助于现存社会的维系,但是,另一方面,又有可能因此而成为"人民的鸦片"(马克思语)。如果从各种宗教的神正论的意义系统看问题,宗教的"鸦片"功能便是相当普遍的和非常明显的。第六,宗教维系社会在通常情况下是宗教有生命力的表现,但是,由于它是借把现存社会秩序神圣化来达到维系社会的目的的,则它对现存社会的维系本身就有可能使之因此而丧失掉其适应社会变革的能力和机遇。

其次,就宗教的创建功能来说,宗教的社会功能的二律背反的性质也同样是显而易见的。第一,宗教之所以具有创建社会的功能,如上所说,最根本的就在于它的宗教性的意义系统中内蕴着一种社会理念或社会理想(正因为如此,宗教的创建功能总是同所谓"先知功能"联系在一起的),但是,由于它的这种社会理念或社会理想总不免具有这样那样的超验性质和出世品格,当运用于具体的社会运作时,也就总难免具有乌托邦性质。这种情况不仅把在这些社会理念指导下的社会运动每每引向失败,而且还有可能干扰甚至阻挠一些切实可行的社会变革运动,从而对现实的社会变革产生这样那样的负面作用。第二,宗教的维系功能同宗教的创建功能这两个方面即构成了宗教的最内在、最基本的二律背反。因为宗教既然是通过把现存社会秩序合理化、合法化和神圣化,既然是通过社会整合、社会控制和社会调适来达到维系现存社会的目的的,则宗教对社会的这样一种维系,如上所述,在社会发展的一定阶段也就有可能成为社会变迁的阻力。

由此看来,宗教社会功能的二律背反,特别是宗教的维系功能同它的创建功能的二律背反,不是偶然的,归根到底是由宗教的内在矛盾决定的。宗教,作为宗教,必定有超越的、出世的或神圣的一面,然而,作为现实的宗教,作为社会群体和社会组织的宗教,它就势必要有内在的、入世的或世俗的一面。而宗教所固有的这样一种两面性,一方面保证了宗教有望既具有维系社会又具有创建社会的功能,另一方面又不仅有可能使宗教的维系功能与宗教的创建功能形成背反,而且还有可能使得宗教在发挥其维系功能或创建功能的同时又都各自引发出相反的结果。而且，事情很可能如奥戴在其《宗教社会学》一书中所指出的那样：宗教的社会功能的二律背反的特殊形式和内容，在不同的文化背景下将是不同的。但是，"由于它们并不仅仅只是一些问题，所以才是张力的内在根源，并被准确地称作二律背反。问题是可以解决的，但二律背反却是无法摆脱的悖论。我们必然会遇到它，而且必须得以某种方式来对付它，但决不可能把它消除掉。"① 宗教与社会的关系本身，无论从社会方面看，还是从宗教方面看，都是一个"巨大的二律背反"。这个二律背反始终以这样那样的形式不但在其张力和冲突的具体根源中，而且在我们所考察过的那些比较特殊的二律背反中体现自己。人类面临的一项重要任务，一如怀特海在其名著《宗教与近代科学》中所强调指出的，就是妥当地与时俱进地处理好宗教与社会、宗教与科学的关系。② 而宗教的世俗化就是其中的一个重大问题，一方面是一个宗教必须面对并妥当解决的大问题，另一方面也是一个人类社会必须正视并妥当解决的大问题。由于这个问题比较重大，我们在后面将以专门一章的篇幅加以讨论。

既然宗教的社会功能具有二律背反的性质，那就向宗教和社会两个方面尖锐地提出了如何妥当对待宗教的社会功能的问题。从宗教方面来说，如果宗教要想更好地发挥自身的积极功能，那它第一就必须从根本上解决审时度势、与时俱进的问题。人类社会在大多数情况下，总是遵循"稳定发展→社会危机→社会变

---

① 托马斯·F. 奥戴、珍尼特·奥戴·阿维德：《宗教社会学》，第 206 页。
② Cf. Alfred North Whitehead, *Science and the Modern World*, New York: The Macmillan Company, 1925, p.180.

革→稳定发展→社会危机→社会变革→……"这样的发展范式向前运行的。这样一种发展范式自然要求宗教在社会"稳定发展"的阶段，努力发挥自身的社会整合、社会控制和社会调适的功能，亦即维系社会的功能，而当社会运行到"社会危机"和"社会变革"阶段时，又能不失时机地发挥其"创建社会"的功能。第二，宗教还必须顺应历史潮流进行宗教改革，修订自己的教义和礼仪。在西方，路德和加尔文在近代发动的宗教改革，20世纪60年代天主教在"梵二"会议后进行的诸多改革，都具有这样的性质。我国自20世纪初开始的"人间佛教"运动以及以"自治"、"自养"和"自传"为中心内容的基督教（新教）的"三自爱国运动"，也都具有同样的性质和意义。第三，宗教在开展各项具体的宗教活动的过程中，还必须结合社会运动的具体情况，以一系列切实可行的举措，努力最大限度地发挥宗教的正功能的积极影响，最大限度地降低宗教的负功能的消极影响。从社会方面看，为了充分发挥宗教维系社会和创建社会的积极功能，至少应当做到下述几点：（1）对宗教的社会性质、社会地位和社会功能有一个妥当的看法。虚无主义的态度是不恰当的，但是，看不到宗教的社会功能的负面影响也是不恰当的，也是不利于宗教和社会的发展的。（2）在运筹各项社会活动时，对宗教的社会作用应当有一个比较切合实际的估价。既要看到宗教的正功能对社会运作的影响，也要看到宗教的负功能对社会运作的影响，看到正负功能抵消之后的净值。当然，计算宗教功能的净值将会面临许多技术问题，是一件操作难度很大的事情。但是，为了成功地运筹任何一项大的社会活动，甚至像一个国家的总统选举这样的事情，都是需要充分考虑到宗教因素的。（3）积极引导宗教与社会相适应，不仅引导宗教与现存的社会制度相适应，还要引导宗教与社会的变革活动相适应，努力坚持依法治理宗教，引导宗教在各项社会活动中最大限度地发挥其维系社会和创建社会的正面功能。

我们在具体探讨和评估宗教的社会功能时，还有一点需要注意，这就是宗教的显功能和潜功能的问题。诚然，宗教同其他亚社会系统一样，其社会功能，在一些情况下，是以直接的显而易见的方式呈现出来的。但是，在大多数情况下，它却是以潜在的方式呈现出来的。从宗教自身的本质看，这主要是由于宗教作为一种意识形态明显地具有超越性、超验性、彼岸性和终极性的缘故。从社会结构的角度看，这主要是由于宗教，作为社会的一种特殊形态的上层建筑，作为一种"更高地悬浮于空中的意识形态的领域"，如恩格斯所强调指出的，并不构成社会经济基础的"近枝"，而只是它的"远蔓"，因而它对社会经济基础的能动作用便往往不是直接地而是间接地，也就是说，往往是通过许多中间环节实现的。而且，宗教在通过这许多中间环节对社会经济基础发生作用的过程中，也往往是在与其他亚社会系统形成合力（或恩格斯所说的"平行四边形"）的情况下发挥其功能的。[①] 这样，我们在分析社会现象时，特别在分析当代社会现象时，就很难把某一社会现象简单地或单纯地归因于宗教。但是，在这种分析过程中，完全排除掉宗教因素的影响，也是不恰当的。在现当代社会里，无论过高地还是过低地估计宗教的社会作用，都是不符合历史事实的，并且因此是有害的。

---

① 参阅恩格斯：《社会主义从空想到科学的发展》1892年英文版导言，《马克思恩格斯选集》第3卷，第717页；"致康·施米特"（1890年10月27日），《马克思恩格斯选集》第4卷，第703页。

## 第三节 宗教的社会功能（下）：宗教与各亚社会系统

既然，如上所述，宗教的社会功能体现在两个方面：一方面是作为一种亚社会系统（社会群体或社会组织）的宗教对整个社会共同体的能动作用，另一方面是作为亚社会系统的宗教对构成社会共同体的所有其他部分或亚社会系统的能动作用；既然我们在上一节里已经对宗教对整个社会共同体的能动作用作了一番初步的考察，则我们现在就须接着来考察宗教对构成社会共同体的所有其他部分或亚社会系统的能动作用了。不过，由于构成社会共同体的部分或亚社会系统在不同的历史时期和不同的国家里虽然情况不尽相同，但是，总的来说，它们还是相当繁多的，因此，在本节里，我们只打算依据社会结构的一般框架，对宗教同构成社会共同体的几个特别重要的亚社会系统的关系作一下宏观的考察。

### 一、宗教的政治功能与法律功能

政治法律属于社会结构中上层建筑的一部分。它作为经济的集中表现，在整个社会结构中，占有非常重要的地位。因此，在讨论宗教与各亚社会系统的关系时，我们当首先考察宗教与政治法律的关系。虽然政治法律，作为一种社会制度，属于实体性上层建筑的内容，作为一种社会观念，属于观念上层建筑或意识形态的内容。但是，在本著的这一部分，我们将对这两方面的内容作统一的处理（虽然把重点放在前一个方面）。同时，考虑到政治的特殊重要性，我们将首先并且着重讨论宗教与政治的关系和宗教的政治功能,尔后再讨论宗教与法律的关系和宗教的法律功能。

宗教与政治制度的关系无非有两种基本类型,这就是政教合一制和政教分离制。而且,一般说来,在前现代社会,政教合一是世界各国、各地区处理宗教与政治制度的主要模式,在现当代社会中,政教分离则构成世界各国、各地区处理宗教与政治制度的主要模式。

然而,政教合一制在不同的历史时期和不同的国家和地区呈现出不同的形态。这些形态虽然很多,但是,我们可以把它们归结为下述几种主要类型:(1)政教一体制。例如,在原始社会的氏族和部落里,宗教体制与政治体制是浑然一体的,氏族和部落的管理权和教权往往集中在一个人身上。(2)教国制。这种制度的根本特征在于教会组织直接为世俗社会的掌权机构。中世纪的罗马教皇国和哈里发帝国都是这种制度的典型形态。所谓"神权政治"(theocracy)意指的主要就是这种教国制度。(3)国教制。国教制度与教国制度不同,不是以教会而是以国家作为统治主体,该国家虽然规定某一宗教为国教,但是此教会只是该国家的从属机构,国家有权干涉其内部事务。例如,在查理曼大帝时代,法兰西帝国实行封建神权制度,奉基督宗教为国教,不仅比较重要的宗教会议须由皇帝主持,凡宗教会议的决议都须以皇帝的《通令》的形式予以颁布,高级神职人员都须经皇帝任命,而且一切有关教会行政事务和教义论争都须有皇帝来裁决。这事实上是一种比较典型的极权制度。(4)混合制。这是一种专指中国历史上处理宗教与政治关系的模式。就中国历史上长期实行君主专制制度、皇权支配教权、宗法性传统宗教或儒教在各宗教中始终居主导地位而言,中国的政教关系类似于国教制。但在中国,其他宗教，如佛教、道教等，同政治的关系有时也相当密切，其社会地位有时甚至与儒教不相上下，而且，这些宗教在一些情况下还享有参政议政的特殊权力。这些又使得中国的政教关系区别于国教制。鉴此，我们把中国历史上的政教关系处理模式称作混合型的。显然，这是一种弱国教制。

至近现代，宗教与政治制度关系的处理模式发生了很大变化，政教分离制成了主流模式。政教分离作为一种原则似乎很早即被人们提了出来。《马可福音》中就有所谓"恺撒的归恺撒，上帝的归上帝"的说法。[①]但是，作为一种实践原则直到近现代才在事实上实现了出来。例如，在中国则是在民国时期才开始实行政教分离制度的。政教分离制度虽然以政治与宗教的分离为其根本特征，但是这种分离同时也要求政治与宗教之间建立一种合理的关系，这就是：一方面要求国家和政府承认其领土内存在的各种宗教并保护其信仰自由，另一方面又要求各宗教在国家的宪法和其他法规允许的范围内开展其活动。需要指出的是，政教分离之为近现代各国处理宗教与政治关系的主流模式只是一种相对的说法。这是因为即使在近现代社会，许多国家依然在实行一种弱化了的政教合一制度。例如，玻利维亚、西班牙等国依然以天主教为国教，丹麦、瑞典、挪威等国家依然以福音派路德教为国教，伊朗、阿富汗、巴基斯坦等国家依然以伊斯兰教为国教，希腊依然以希腊正教为国教，泰国依然以佛教为国教。其次，即使实行政教分离制度的国家，其政治与宗教之间也以这样那样的方式存在着一定的互存互动的关系。宗教与政治绝对分离、毫不相干的现象在任

---

[①] 参阅《马可福音》12：17。其原文是："该撒的物当归给该撒，上帝的物当归给上帝。"

何国家都是不存在的。

与上述情况相一致,宗教影响政治的途径也是多种多样的。第一,宗教直接掌握国家权力机构是宗教影响政治的最有力的方式。例如,在教国制的情况下,宗教的影响就特别直接和重大。第二,宗教人士参政议政也是宗教影响政治的一种常见的方式。例如,中国南北朝时期,史称"黑衣宰相"的僧人慧琳(433—487)和史称"山中宰相"的道士陶弘景(456—536)都曾积极地参与了国事。宗教领袖人物参与国事,一方面是国家政要或国君的需要,另一方面也是宗教本身存在与发展的需要。中国东晋高僧道安(312—385)就曾明确说过:"不依国主,则法事难立。"第三,是借宗教教义、宗教仪式和神学理论直接服务于政治。例如在历史上,君权神授说一方面成了神化国家政权的一个非常重要的工具,另一方面又成了教权高于王权的重要理论武器,从而使得宗教在很长一段时间里在一些国家和地区不仅有加冕国王的特权,而且还有废黜王权的特权。这种情况虽然在西方中世纪欧洲表现得特别充分,① 但是即使在我国古代社会里也有相当典型的表现。董仲舒(公元前179—前104)不仅提出过"君权天授"的观点,强调"受命之君,天意之所予也。故号为'天子'者,宜视天如父,事天以孝道也",② 而且还赋予社会等级秩序以宗教意蕴,强调"王道之三纲,可求于天。天不变,道亦不变"。③ 这种神权政治传统至现当代,虽然遭到抵制,但还是以某种潜在的方

---

① 教皇英诺森三世在位(1198—1216年)期间,曾先后废黜两个德意志皇帝,使英国、荷兰、波兰、匈牙利、葡萄牙臣属于教皇。
② 董仲舒:《深察名号》。
③ 董仲舒:《基义》。

式在许多方面发挥着作用。例如，如道森所强调指出的，在"现代的君主立宪政体思想"中，我们便依然可以依稀看到"《旧约圣经》神权政治传统"的影响。① 第四，通过参与社会政治活动影响政治。在现代社会中，参加选举活动和立法活动是宗教影响政治的比较常见的形式。而一些宗教为了便于参加社会政治活动，它们甚至组织起宗教性政党。这些政党也有不同的类型。它们或者是公社式的［其典型例子是班达拉奈克领导的斯里兰卡（锡兰）自由党］，或者是以教派为基础的［如北苏丹的乌玛党（Ummah）］，或者是意识形态型的［如智利的基督教民主党和印度尼西亚的玛斯祖米党（Masjumi）］。② 日本的宗教团体创价学会于1964年创建公明党，该党至1993年起开始成为参政党，甚至一度成为执政党。创价学会的领袖池田大作在谈到他们创建公明党的政治抱负时，曾直言不讳地说："我们创建公明党，往政界输送人才，正是出于这样的考虑：由掌握佛法的人进行人类革命，是希望矫正现代政治权力欲的倾斜。"③ 尽管他声明"决不干涉"公明党的"决策、活动、人事"，但是创价学会藉着公明党在现代日本政治生活中无疑扮演着十分重要的角色。第五，组织政治反对派和反抗活动。例如，在欧洲，7至9世纪拜占庭帝国发生的保罗派农民运动，12至13世纪发生的以法国南部为中心的华尔多派（"里昂穷人派"）和纯洁派（卡塔尔派）运动；在西亚，9至11世纪发生的阿拉伯人为反对阿巴斯王朝组织的卡尔

---

① 参阅道森：《宗教与西方文化的兴起》，第87页。
② 参阅约翰斯通：《社会中的宗教》，第190—192页。
③ 池田大作、威尔逊：《社会与宗教》，四川人民出版社1991年版，第122—123页。

玛特派（Qarā mitah）和新伊斯玛仪派，都属于异教异端和政治反对派范畴。此外，我国东汉末年的黄巾起义和19世纪洪秀全（1814—1864）领导的太平天国运动，德国16世纪闵采尔领导的农民战争等都是打着宗教（道教和基督宗教）旗帜的人民起义。人民起义之所以要"打着宗教旗帜"，"披上宗教外衣"（恩格斯语），其原因是多方面的，但无论如何宗教性的社会理想对民众的吸引力或号召力或宗教在社会上的合法地位和广泛影响无疑是其中重要的因素。因此，恩格斯在谈到中世纪的政治运动时强调指出：既然中世纪把意识形态的其他一切形式——哲学、政治、法律，都合并到神学中，使它们成为神学中的科目，则中世纪的任何政治运动，便都"不得不采取神学的形式"，"披上宗教的外衣"。[①]

宗教同法律的关系也是相当密切的。在原始社会，法律规范和宗教规范是一致的或一体的。在巫术盛行时代，宗教禁忌也可以说是一种习惯法。神圣者的观念产生以后，又出现了所谓神判法（Ordeal），即一种以犯罪嫌疑人是否能够通过各种危险出死入生来验证他是否为罪犯的神秘方法。阶级社会产生后，出现的各种法典，如摩西五经、摩奴法典、汉谟拉比法典等，都程度不同地具有宗教性质。一方面这些法典通常都认为为神明所授，故而也有神法（Lex Divina）的说法；另一方面，这些法典中都多少不等包含有宗教戒律和宗教禁忌。其实，古代法典中有许多就是直接以宗教法典的形式出现的。例如，《摩奴法典》和《述记》（Yajnawalkya）原本为古代印度婆罗门教的经书，实际上是一个由

---

① 参阅恩格斯："路德维希·费尔巴哈和德国古典哲学的终结"，《马克思恩格斯选集》第4卷，第255页。

"律"、"司法"和"堕"三个部分构成的比较完整的法律体系。犹太教的法律主要见于摩西五经（内含"摩西十诫"）和塔木德经典（Talmud）。伊斯兰教中有所谓伊斯兰法（Sharīa），它是根据《古兰经》和圣训发展出来的教法，长期以来一直是伊斯兰教国家法律的基本形态或制定法律的主要依据。诚然，至近现代，在政教分离的历史大潮流的冲击下，宗教对法律的影响有所削弱，但是，宗教法典中的基本法律理念依然在近现代法典中以这样那样的形式发挥着作用。而且，在许多国家和地区，在有关禁酒和生育控制等方面的所谓"蓝色法律"领域，宗教戒律和宗教群体依然在发挥着强势的影响。[①]

## 二、宗教的经济功能

经济生活和经济制度是社会生活和社会制度的基础部分，因此，我们讨论宗教同社会的关系和宗教的社会功能时不能不讨论宗教与经济的关系和宗教的经济功能。然而，宗教与经济的关系问题和宗教的经济功能问题对我们来说实在是一个相当棘手的问题。因为宗教同世俗社会的根本区别即在于它对世俗生活的超越性，对世俗生活和财富的漠视和对彼岸生活的渴求。基督宗教的《圣经》里所说的"骆驼穿过针眼比财主进天国还容易"，实在是一般宗教教义对财富的一般态度的表达。然而，宗教在任何情况下，都不是一种完全自主、自足的社会群体，甚至也称不上"半自动"的社会群体。因为如果它脱离了社会经济体制，没有一点

---

[①] 参阅约翰斯通：《社会中的宗教》，第169—172页。

经济实力，它就不仅不能够开展任何宗教活动，而且甚至一天也不可能存在下去。正是在这个意义上，约翰斯通才强调指出："虽然宗教经常被看作是一个半自动的与其他社会制度和社会机构相平行的社会系统（社会制度和机构），但是，从许多方面来看，它自身却是社会包罗万象的经济体系的一个部分。"①

凡宗教都不仅拥有一定的财富和经济实力，而且往往本身即是一个经济实体或经济机构。据记载，古代埃及寺院经济就有相当大的规模，各寺院不仅拥有耕地、果园、牲畜，而且还拥有船舶和造船厂。当时埃及有三大宗教中心，即底比斯、赫利奥波利斯和孟菲斯，它们的祭司都是有名的大财主。古代苏美尔和巴比伦的神庙不仅有农场、牧场，雇佣大批农民、牧民、纺织工和建筑工，而且神庙的祭司还兼行税吏的职能，要求农民向神庙缴纳一定的谷物。古代中国的教团经济或寺院经济的规模有时也相当大。中国的寺院经济肇始于东晋后期，至南北朝时期便达到相当规模，开始成为封建经济中的一个重要组成部分。这些以寺院为核心的封建庄园不仅采取"寺院自营"和"寺内奴隶佛图户经营"的方式，而且还采取"租佃农民经营"的方式，以致产生了"黄服之徒，数过于正户"的社会现象。至唐代，更出现了寺院私占"膏腴上土数千顷"的严重状况，直接威胁到世俗经济的存在和发展。中国佛教史上有北魏太武帝、北周武帝、唐武帝和后周世宗的"灭佛"事件，史称"三武一宗"，其原因固然很多，但经济方面的原因毕竟是基本的。中世纪欧洲寺产远远超出古代中国的寺院经济的规模。开初，基督宗教教会的经济来源主要依靠信徒

---

① 参阅约翰斯通：《社会中的宗教》，第194页。

的奉献，公元321年君士坦丁大帝（Aurelius Constantine，272—337）许可将财产捐赠给教会，教会开始拥有大量土地，并积蓄财富；尤斯替尼大帝（公元6世纪）时代，盛行向教会捐赠遗产，更促进了教会财富的暴增；公元6世纪后，修道院迅速发展，使教会经济臻于顶峰。教会经济逐步由农业扩展到手工业和商业，甚至经营抵押和放款事业。教皇不仅向各国征收什一税，而且还向英国、葡萄牙等教皇侍从国每年勒索巨款（"彼得便士"）。据统计，教皇每年收入比欧洲各国国王每年收入的总和还要多。至现当代，各国教会虽然失去了过去时代曾经享有的一些经济特权，但是，随着宗教的不断世俗化和商业化，教会经济在社会经济中的地位在许多国家不仅没有削弱，反而有所增强。例如，当代美国教会实际上变成了一个庞大的商业机构，不仅建造公寓、办公楼、停车场、工厂，而且还拥有股票和债券，每年可分配的资金往往达数十亿，甚至更多。[①]

宗教不仅有自己的经济结构，为一种相对独立的经济实体，而且还对社会经济系统产生相当积极的影响。宗教对社会经济的影响主要是通过对经济态度和经济行为的塑造实现出来的。宗教的这样一种塑造功能主要表现在下述几个方面：首先，宗教以宗教道德和宗教伦理塑造生产者和商人。诚实、公正、守信等美德在经济生活中是至关紧要的。就宗教成功地把这些美德灌输给自己的信徒并对普通社会成员造成一些影响而言，宗教便对社会经济活动产生了重大影响。第二，宗教往往神圣化人们的日常工作。许多宗教强调人们的工作是"神召"，赞美并抬高人们的职

---

① 参阅约翰斯通：《社会中的宗教》，第195—196页。

业劳动，提升人们工作的责任感和使命感。关于这一点，韦伯在其《新教伦理与资本主义精神》一书中曾从语义学的角度指出："在德语的 Beruf（职业、天职）中，以及或许更明确地在英语的 calling（职业、神召）中，至少含有一个宗教的概念：上帝安排的任务——这一点不会被人误解。"[①] 他甚至把发现职业的这一含义视为宗教改革的一项重要成果。他强调说："职业思想引出了所有新教派别的核心教理：上帝应许的唯一生活方式，不是要人们以苦修的禁欲主义超越世俗道德，而是要人完成个人在现世里所处地位赋予他的责任和义务。这是他的天职。"[②] 这样一种神圣化了的职业观念对于经济生活的作用是不言自明的。第三，宗教有时刺激消费。宗教节日，特别是一些已经同民风民俗结合在一起的节日，如圣诞节等，会对相关物质产品的生产有比较直接的拉动作用。第四，宗教在催生"现代工业社会"、提升经济价值成为社会中心价值方面曾经发挥了并继续发挥着至关紧要的作用。一如许多社会学家所指出的，前现代社会基本上是一种农业社会，是一种以政治价值为社会中心价值的社会，是一种偏重于追求政治权力的社会，是一种将经济价值边缘化的社会。而现代社会则是一种工业社会，一种经济价值在社会价值体系中居主导地位的社会。[③] 无论是西方现代社会的孕育和生成，还是东方现代社会的孕育和生成，都在一定程度上得益于宗教和宗教改革运动。韦伯

---

① 韦伯:《新教伦理与资本主义精神》，第 58 页。
② 同上书，第 59 页。
③ 参阅贝拉:《德川宗教：现代日本的文化渊源》，第 4、8 页。贝拉在其中指出："'现代工业社会'，在这里是指以经济在社会体系中以及经济价值在价值体系中占有举足轻重的地位为特征的社会。"

在《新教伦理与资本主义精神》中之所以从"资本主义精神"这样的高度来审视"新教伦理",而贝拉在《德川宗教:现代日本的文化渊源》中之所以赋予德川宗教以推进明治维新和战后日本崛起的"荣誉",显然都是旨在突出和强调宗教塑造现代经济社会的这一社会功能。事实上,如果考虑到传统宗教的意义主要表现在它的政治功能方面,而近现代宗教的意义则首先表现在它的经济功能方面这样一种历史趋势,韦伯和贝拉的上述判断就显得尤为中肯了。第五,宗教明确支持某种经济体制或某种经济或商业活动。例如,一些宗教团体为了加强传统的道德价值观念往往试图禁止某些"不道德"的书刊的销售,参与一些禁酒立法活动。这些"道德立法"活动对于经济社会的健康运转无疑是有其积极作用的。

但是,需要指出的是,一般来说,宗教对经济的影响往往是间接的,而且通常也不是决定性的或革命性的。即使韦伯本人也曾警告说,没有人会愚蠢地认为,资本主义或资本主义精神只是宗教改革的直接产物。① 同时,韦伯还认为,宗教对资本主义精神和经济的发展也有两重性,即一方面它促进资本主义精神和经济的滋生和发展,另一方面它又有可能阻碍它的产生和发展。而且,总的说来,如许多人所指出的,宗教与经济之间主要的或最常见的关系还是经济影响宗教。宗教的发展规模总的来说是同社会的经济状况相适应的。大多数宗教组织虽然也可能对支持占统治地

---

① 韦伯曾强调指出:"我们根本不打算坚持这样一种愚蠢的教条主义的论点,即资本主义精神的产生仅仅是宗教改革的某些作用的结果,或甚至认为资本主义作为经济制度是宗教改革的造物。"(韦伯:《新教伦理与资本主义精神》,第67—68页。)

位的经济规范和制度模式发表这样那样的看法，但是，从根本上说来，都是以这样那样的方式对之表示支持的。而且，一般说来，一个国家的宗教也往往是随着该国家的社会经济的兴旺和发展而繁荣的。[①] 在这个意义上，马克思关于宗教的理论归根到底反映着社会经济因素和经济关系并为后者所决定的观点，是不无道理的。

## 三、宗教的道德伦理功能

宗教与道德伦理的关系在宗教同其他亚社会系统的所有的关系中占有非常突出的地位。这一方面是由道德伦理在诸人类社会关系中的重要地位决定的，另一方面又是由道德伦理在宗教中的重要地位决定的。

首先，道德伦理作为一种观念或意识形态，虽然属于上层建筑的范畴，但是它作为一种行为规范和伦理准则，所关涉的却是一种现实的活生生的人际关系或人伦关系。而且，这种关系虽然是多层面的，但是，物质的生产关系毕竟是其中最根本的一种。这样，道德伦理在诸人类社会关系中就具有特别重要的地位和意义。马克思和恩格斯曾经把"人与人的社会伦理关系"（如夫妻、父子之类的家庭关系）同"物质生产"和"需要"相提并论，称之为"从历史的最初时期起，从第一批人出现时"就"同时存在"的三种"最基本的社会关系"中的一种。[②] 在这个意义上，我们可以说，没有一定的道德伦理关系，任何生产活动都不可能开展，

---

[①] 参阅约翰斯通：《社会中的宗教》，第 212、216—217 页。
[②] 马克思和恩格斯："德意志意识形态"，《马克思恩格斯全集》第 3 卷，第 33、34 页。

任何社会也不可能形成。帕森斯的社会系统论将社会系统理解成一个由作为其"类型变量"的四个亚系统（关于"经济价值"的"经济系统"，关于"政治价值"的"政治系统"，关于"文化价值"的"动机或文化系统"以及关于"整合价值"的"整合或制度系统"）组合而成的一个价值系统。从而，一个社会的中心价值体系不仅决定着一个社会的性质，而且也制约着一个社会的发展；因为一个社会的转变归根到底是"基本价值类型的转变"。① 他的这种理论虽然也可能有所偏颇，但是就其强调关于价值问题的道德伦理在人类社会生活中具有重大意义而言，却是值得重视的。

其次，道德伦理在宗教中的地位也非常重要。道德伦理历来是宗教信仰中的一项根本内容。《圣经》不仅将"爱主你的神"规定为基督宗教的"最大的诫命"或"第一诫命"，将"爱人如己"规定为基督宗教的"第二诫命"，而且将"这两条诫命"宣布为"律法和先知一切道理的总纲"。② 基督宗教虽然有所谓"信"、"望"、"爱""三超德"的说法，但它还是宣称"爱"是这三样东西中"最大"的。③ 奥古斯丁把"爱"规定为基督宗教徒的首德，宣称："就我而言，美德最简单、最真实的定义是爱的秩序。"④ 当代宗教伦理学家蒂利希也宣称终极的道德原则是仁爱，亦即"阿迦披"（agape）。而且，也正是基于对道德伦理在基督宗教中的特殊地位的认识，另一个宗教伦理学家布鲁内尔提出了以基督宗教伦理学取代神学的口号。应该说，其他宗教的情况也大体如此。

---

① 参阅贝拉：《德川宗教：现代日本的文化渊源》，第4—9页。
② 《马太福音》22：37—38。
③ 参阅《哥林多前书》13：13。
④ 奥古斯丁：《上帝之城》15卷22章。

既然宗教信仰和救赎的本质在于个人中心的克服和消除，在于借助灵修实现神人合一，则宗教修炼的根本问题归根到底也就是一个道德伦理问题了。例如，佛教的"诸法无我"以及我国道教的"内丹术"归根到底都是一个道德修养问题。而且，宗教戒律或宗教行为说到底也都同道德伦理有关。例如，佛教的戒律，虽然见仁见智，但其本质内容却不过是一个善恶而已。因为佛教的戒律，从负的方面或"止"的方面看，无非是"不杀生"、"不偷盗"、"不邪淫"、"不妄语"、"不饮酒"、"不两舌"、"不恶口"、"不绮语"、"不瞋恚"、"不邪见"；而从正的方面或"行"的方面看，则无非是"放生"、"布施"、"恭敬"、"实语"、"和合"、"软语"、"义语"、"修不净观"、"慈忍"、"皈信正道"。因此，佛教的戒律，倘若从正的方面看，是一个"行善"的问题，倘若从负的方面看，便是一个"勿行恶"的问题，因而，归根到底，是一个善恶问题或道德伦理问题。

  对宗教与道德伦理的关系本身，我们也可以从两个层面进行考察。首先是历时性的考察。在人类历史上，宗教与道德伦理的关系并不是一成不变的。在原始社会里，以图腾崇拜或氏族神崇拜为主要内容的原始宗教是在原始道德的基础上产生和发展起来的，并且同后者是紧密联系、不可分离的。但是，自人类进入文明社会之后，宗教和道德都得到了相对独立的发展。一方面，宗教发展出了相当系统的神学理论，从宗教的世界观中演绎出了它的人生观和伦理学说。另一方面，社会道德也逐渐从宗教道德中游离出来，伦理学也因此而逐步形成了一门独立的关于人的行为或人际关系的学科。这样，宗教道德和社会道德的关系就发生了重大变化，一方面它们分属不同的领域，具有不同的对象，另一方面，它们又同时存在、相互影响。在古代社会里，由于政教合一的缘故，宗教与道德、宗教道德与社会道德的关系虽然与原始社会有别，但是，两者的关系依然是相当密切的。宗教或宗教道德往往支配或规范着道德或社会道德。这种情况在实行教国制的国家里尤为明显。至近代，随着政教分离政策在世界各国的落实，宗教与道德以及宗教道德与社会道德的关系才发生了根本的变化，它们的独立发展才有了明显的进步。但是，它们之间的关系或联系却仍然以一种削弱了的形式存在着。韦伯在《新教伦理与资本主义精神》中所强调的不是别的，正是宗教伦理（新教伦理）对社会伦理乃至西方社会变革的重要作用，而贝拉在《德川宗教：现代日本的文化渊源》中所强调的也是宗教伦理（德川时代的日本宗教）对社会伦理和日本社会变革（明治维新）和社会发展（日本经济崛起）的巨大作用。

此外，我们还可以对宗教与道德的关系作一番逻辑的或同时性的考察。诚然，从文化发生学的角度看，作为规范人的行为和人际关系的道德伦理毕竟是时间在先的，从这个意义上，我们是不应当把宗教与道德的互存互动的关系的模式绝对化的。但是，如果我们说，自宗教产生之日起，宗教与道德或社会道德之间便始终存在着一种互存互动的关系，则是没有什么不恰当的。这是因为：一方面，道德伦理或社会道德伦理不仅为宗教提供了实质性的内容，而且还是宗教或宗教道德产生和演进的一个相当重要的动因。在人类历史上，许多宗教或宗教道德的产生都是同道德伦理或社会道德分不开的。早期基督宗教及其佑民复仇、平等等宗教道德观念，无非是处于罗马帝国统治下的下层人民要求民族独立、社会平等社会道德伦理思想的一种反映。而早期佛教关于众生平等、人人皆可成佛、因果报应、生死轮回的道德伦理思想显然是当时反对种姓歧视的印度下层民众的社会道德伦理思想的一个反映。不仅如此，宗教及宗教道德还随着社会道德伦理思想的变化而变化。例如，基督宗教及宗教道德在后来的发展中，由于受到以奴隶制度、封建等级制度和资本主义制度为基础的社会道德伦理思想的影响，无论在内容（例如，近代宗教改革运动中对"因信成义"的强调）上还是在形式（例如，近代以来对圣事活动的简化）上，都发生了重大的变化。道德伦理或社会道德对宗教及宗教道德的影响还明显地表现在各宗教在传布过程中必须努力同当地的社会道德相适应。例如，由于中国传统社会长期以来一直是一个宗法性社会，"孝道"一向是中国传统道德伦理的重要基础，一切外来宗教入华后都程度不同地容忍、接纳了它。当年，利玛窦在《天主实义》中就曾经用儒家的"孝"的概念来改造基督宗教的三位一体学说，提出了著名的"三父之论"，断言："凡人在宇内有三父：一谓天主，二为国君，三为家君也。逆三父之旨者，为不孝子矣。"① 中国佛教把印度佛教中的"五戒"诠释为儒家的"五常"，宣称："内外两教，本为一体"。② 这些都是道德伦理或社会道德影响宗教或宗教道德的极有说服力的例证。然而，宗教和宗教道德也并非一种完全消极的东西，而是能够对道德伦理或社会道德产生积极的影响的。宗教或宗教道德的道德伦理功能最根本的就在于社会道德的宗教化或神圣化。如果说社会道德最根本的功能是在于用行为规范和伦理准则来调整社会中人与人

---

① 利玛窦："天主实义"第 8 篇，《利玛窦中文著译集》，朱维铮主编，复旦大学出版社 2001 年版，第 91 页。
② 颜之推：《颜氏家训·归心篇》。

之间的社会关系，使之符合于社会经济基础的性质和需要，那么，宗教和宗教道德的道德伦理功能最根本的就在于通过把以现存经济关系为基础的人与人之间的社会关系说成是神的意志和天命的安排，把维系这种社会关系的社会道德宗教化或神圣化，促成并巩固社会道德伦理的内在化，使恪守社会道德规范成为所在社会成员的自主自觉的行为。社会道德的宗教化或神圣化通常取下述两种方式，即一方面，宗教把社会道德提升为宗教的教义、信条、诫命和律法，并把恪守宗教关于道德的诫命作为取得神恩和进入来世天国的标准；另一方面，宗教的教义和信条又被神圣者以道德诫命的形式强加给整个社会体系，被说成是判定所有社会成员行为善恶的最高尺度。例如，犹太教和基督宗教的《旧约圣经》里就把摩西十诫说成是上帝耶和华在西乃山上从烈火中现身说法，亲自向摩西颁布的。这样，"孝敬父母"、"不可杀人"、"不可奸淫"、"不可偷盗"、"不可作假见证陷害人"等社会道德也便因此而被神圣化了。在我国，最古老的历史典籍《尚书》中就有所谓"天惟与我民彝"的说法，而汉代董仲舒的《春秋繁露》中也有"王道之三纲，可求于天"的说法，由此可见，即使在偏重人文、注重人伦日用的传统中国社会里，社会道德伦理的宗教化或神圣化也是一个不容否认的事实。

在讨论宗教与道德伦理的关系时，有一对范畴是需要提出来予以特别说明的，这就是宗教道德和社会道德或世俗道德。这是因为抽象的道德是不存在的，现实存在的道德总是具体的。而在现实的具体的种种道德概念中，宗教道德和社会道德无疑是两个直接以道德为上位概念的内涵最小、外延最大的伦理学范畴。宗教道德与社会道德的根本区别，不在于别的，而是在于它们规范的对象的区别。这也就是说,宗教道德,简单说来,就是一种以人与神圣者之间的宗教关系为规范对象的道德,而社会道德,简单说来,就是一种以人与人之间的世俗关系为规范对象的道德。毫无疑问,我们对道德的这样一种分类实际上也是一种概念的或逻辑上的划分。因为在现实的人类文化现象中,这两者又常常是混合在一起的。例如,在摩西十诫中,前面四项,包括"除我以外,不可有别的神"、"不可雕刻、跪拜和侍奉偶像"、"不可妄称耶和华你神的名"、"须守安息日为圣日",属于宗教道德的范畴,而后面六项,包括"孝敬父母"、"不可杀人"、"不可奸淫"、"不可偷盗"等,显然属于社会道德的范畴。虽然,这后面六项社会道德规范,既然列入了宗教戒律之中,也就获得了宗教性的意义,因而,也就被宗教化了或神圣化了,但是,这些宗教化或神圣化了的社会道德从内容上看,依然属于社会道德的范畴,而与规范人神关系的宗教道德还是不同的。但是,从另一个角度看,宗教道德与社会道德的这样一种区别也是相对的。因为神圣者,如上所述,无非是人的一种异化或外在化。例如,在原始氏族社会和部落社会里,氏族神和部落神总不免具有氏族长老和部落酋长的某种形象;而在奴隶制和封建制社会里,民族—国家宗教所崇奉的神圣者也难免带有君主和国王的形象;在近现代社会里,按照自然神论或理性神论的观点,人们崇奉的神或上帝颇有点像对世界统而不治的立宪君主。因此,人与神圣者的关系说到底也是人与人之间的一种关系。从这个意义上说,宗教道德归根到底也是一种社会道德。

中外历史上,有许多思想家都非常重视宗教的道德伦理属性和道德伦理功能。在西方古代,奥古斯丁的《忏悔录》和《上帝之城》,托马斯·阿奎那的《反异教大全》和《神学大全》,马丁·路德的《论善功》和《基督徒的自由》等,都既是著名的基督宗教神学著作,也同时是著名的基督宗教道德伦理著作。至现代,基督宗教虽然逐步丧失了其在中世纪时期的"万流归宗"的地位,但是其道德伦理功能还是受到广泛的强调。例如,康德虽然用他的"大刀"(《纯粹理性批判》)"砍掉"了"理性神学"(自然神论)的"头颅",然而,在《实践理性批判》里,却又通过实践理性,"就像用一根魔杖一般使得那个被理论的理性杀死了的自然神论的尸体复活了",从而在导演了一出"悲剧"之后紧接着又导演了一出"喜剧"。① 而康德之所以要这样做,归根到底,乃是出于强调宗教道德伦理功能的需要。因为按照康德道德神学的说法,实践理性的无制约的对象的全体不是别的,而是道德与幸福统一起来的"至善"。然而,这样的"至善"在现实世界是根本不可能得到的,只有"设想"在"彼岸世界"实现。而为要设想在"彼岸世界"里实现"至善",我们就不仅需要进一步设定"意志自律",即"自由",而且还必须进一步设想"灵魂不朽"和"上帝存在"。这就把宗教神学的道德伦理功能清楚不过地彰显出来了。② 如果说在这里康德是在一般意义上强调宗教的道德伦理功能的话,中国思想家章太炎则对宗教何以能够具有这样的道德伦理功能作出了进一步的说明。章太炎超出康德的地方在于,他在《建立宗教论》中不仅强调了宗教"陶铸尧舜"的

---

① 参阅海涅:《论德国宗教和哲学的历史》,海安译,商务印书馆1974年版,第101、113页。
② 康德:《实践理性批判》,关文运译,商务印书馆1960年版,第135、128页。

道德功能，提出了"世间道德，率自宗教引生"的著名观点，而且还从宗教超越性的角度对宗教何以能够"引生""世间道德"作了具体的阐述。他强调说："非说无生，则不能去畏死心；非破我所，则不能去拜金心；非谈平等，则不能去奴隶心；非示群生皆佛，则不能去退屈心；非举三轮清净，则不能去德色心。而此数者，非随俗雅化之居士所能实践，则聒聒者谱无所益。此沙门、居士，所以不得不分职业也。"① 这就是说，宗教在人类道德伦理的构建中有一种无可置换的功能，其所以如此，从根本上说，乃在于惟有宗教才能够在现存自我与理想自我、现存社会与理想社会之间酿造出永远无法弥补的令人感到无限诧异和震惊的反差和张力，从而使人获得足够的精神活力达到洁身自好、严格律己的目标。

## 四、宗教的民族功能与民风民俗

宗教不仅具有或明或暗的政治法律功能、经济功能和道德伦理功能，而且还有或明或暗的民族功能。对民族一词既可以作狭义的理解，也可以作广义的理解。狭义地看，所谓民族，其所意指的是人们在历史上形成的，一个有共同语言、共同地域、共同经济生活以及表现于共同文化上的共同心理素质的稳定的共同体，如中华民族，德意志民族和法兰西民族等。广义地看，民族则可以用来泛指历史上形成的处于不同社会发展阶段的各种民族的全体，如说原始民族、古代民族、现代民族等。在这里，我们虽然

---

① 章太炎："建立宗教论"，见黄夏年主编：《章太炎集、杨度集》，中国社会科学出版社1995年版，第51页。

主要着眼于民族的狭义概念,但是有时也考虑到民族的广义概念。既然宗教,如上所说,不仅涉及人类的物质生活层面,而且还涉及人类的精神生活层面,它就势必与民族有着既广泛又深刻的关系。黑格尔讲"民族的宗教、民族的政体、民族的伦理、民族的立法、民族的风俗,甚至民族的科学、艺术和机械的技术,都具有民族精神的标记",① 即是谓此。那么,宗教的民族功能究竟具体表现在哪些方面呢?

首先,宗教是民族形成的一个基本要素和动因。谢林(Friedrich Wilhelm Joseph Schelling,1775—1854)在谈到宗教对民族的催生功能时,曾经强调指出:"一个民族,只有当它能从自己的神话上判断自身为民族时,才能成其为民族。民族神话产生的时期,当然不可能是在民族已经出现之后,也不可能是在民族尚未形成,还是人类大集体中不为人所知的成分的时候;民族神话的产生必须是在民族形成的过渡阶段,也就是快要独立和形成之际。"② 黑格尔虽然在许多方面反对谢林,但是,在肯认宗教催生民族的功能方面却是一致的。黑格尔也曾强调说:"神的观念是民族形成的基础。宗教的形式怎样,国家及其组织的形式就怎样,因为国家是从宗教中产生出来的,雅典人和罗马人之所以有自己的国家,只不过是因为这两个民族各有自己的宗教。"他还进一步强调说:"一个民族对于它认为是'真'的东西所下的定义,便是'宗教'。一个定义包含一切属于一个对象的本质的东西。将对象的本质简括为它的单纯的特殊性,对于每种特殊性像是一面镜子——一切特殊东西的灵魂。所以上帝的观念便构成了一个民

---

① 黑格尔:《历史哲学》,王造时译,上海书店出版社 2001 年版,第 64 页。
② 转引自缪勒:《宗教学导论》,第 55 页。

族性格的普遍基础。"① 宗教学的创始人缪勒在谈到"民族的真正起源"时,也同样非常突出地强调了宗教的功能。他针对一些人将宗教的形成归因于"血亲组合"的说法,强调指出:"血亲组合可以产生家族,氏族,或种族,但不能产生一种把人们联结在一起,使之成为民族的纯属道德的高级感情。"诚然,缪勒也不认为宗教是民族形成的唯一动因,因为在他看来,除宗教外,语言也是民族形成的一个重要的不可或缺的"因素"。但是,缪勒还是强调说:在催生民族方面,"宗教比语言的力量更大"。他解释说,唤起北美地区许多土著居民的"民族结合感"的并不是他们所说的同一种语言,而是他们所"共同崇拜"的"同一个神或几个神";希腊人之所以能够即使在"被几个暴君分而治之"的情况下,在"心中""仍保持着深厚的民族整体感",乃是由于"他们的原始宗教,是他们对远古以来共同效忠的诸神和人的伟大之父的模糊记忆,是他们对多多纳的古代宙斯(全希腊的宙斯)的信仰"。② 尽管我们不能将宗教视为民族形成的唯一原因和根本原因,但是,宗教之为民族得以形成的一个原因则是没有问题的。③

其次,宗教具有维系民族的社会功能。如上所述,赋予社会共同体以超越的神圣的宇宙论意义是宗教的一项基本的社会功能,则宗教在维系民族团结、增强民族凝聚力方面就具有难以替代的作用。例如,我国古代女真族虽然有过建立金国和清朝的历史辉

---

① 黑格尔:《历史哲学》,第 51 页。
② 参阅缪勒:《宗教学导论》,第 54—55 页。
③ 应该说,宗教和民族在其形成过程中往往是互为因果的。从这个意义上,我们也可以像恩格斯那样说,民族及其"社会条件和政治条件"是宗教,首先是"民族宗教"得以形成的"基础"。参阅恩格斯:"布鲁诺·鲍威尔和早期基督教",《马克思恩格斯全集》第 19 卷,人民出版社 1963 年版,第 333 页。

煌，但是，这个民族之所以能够延续至今，形成满族、赫哲族、鄂伦春族和锡伯族，作为其民族宗教的"萨满教"无疑是其中一项基本的原因。离开了萨满教，这些民族的持久存在几乎是不可想象的。再如，澳大利亚自18世纪70年代沦为英国的属地，作为英国的"南方的土地"（terra australis），至今已经过去二百多年了。作为土著居民的库瓦拉（Kuwarra）人之所以能够自立于欧裔而不被同化，最根本的原因也在于土著宗教的维系。美国学者肯尼思·利伯曼（Kenneth Liberman）在谈及这个问题时，曾经指出："本世纪（指20世纪初——引者注）初欧裔澳大利亚人在这些地方建立起政权，完全摧毁了库瓦拉人传统的社会和礼仪生活。但是他们的语言和最初维持世间生活的神话残余还存在，而且正由新的一代代库瓦拉人以更加非礼仪性方式把它们永久保存下来。殖民统治已达一个世纪之久，但他们的大部分传统的认知体系和文化同一性仍然保留着。"[①] 他的这个说法无疑是比较中肯的。在人类历史上，把宗教的民族维系功能表达得淋漓尽致的莫过于犹太教了。犹太民族自亚伯拉罕时代起，经历了不尽的苦难，不仅经历了全民族的集体大流亡，而且还经历了漫长的亡国时期和异族统治时期，但是，这个人数不多的民族不仅存续了下来，而且还为人类文化作出了种种卓越的贡献，其原因几乎是不言自明的。正因为如此，缪勒在论及此事时，几乎斩钉截铁地说："认为宗教比语言更能奠定民族基础的观点，也许最能从'上帝的选民'犹太人的历史中得到证实。犹太人和他们的邻近的腓尼基人、摩亚比特人等部落在语言上的差别不如希腊人的方言差别大。但是，

---

① 利伯曼："澳大利亚库瓦拉民族的衰落"，《民族译丛》1983年，第3期。

因为犹太人都信奉耶和华，于是犹太人便成为一个特别的民族，即所谓的耶和华的子民。……使以色列的游牧部落结合为一个民族的，是他们对耶和华的共同信仰。"①

第三，宗教不仅具有维系民族内团结的功能，而且还有维系民族际团结的功能。宗教既然如上所述，不限于民族—国家宗教一种形式，还有地域宗教和世界宗教，既然每个宗教都有自己的文化圈或社会板块，则宗教的维系功能就势必会扩展到一个地域内或世界范围内的多个民族。例如，罗马教廷之所以能够于1095年发动"十字军东征"，显然是由于包括英格兰民族、法兰西民族和德意志民族在内的当时欧洲绝大多数民族信奉基督宗教的缘故。不管十字军东征的性质究竟如何，不管十字军东征的根本意图是什么，倘若离开了基督宗教，离开了罗马教廷对欧洲各民族的广泛影响，要动员欧洲这么多民族投入这样一场战争无论如何都是不可能的。这样一种情况不仅在欧洲中世纪存在，而且在现当代世界也依然存在。"两个相互交往的欧洲人，一个德国人和一个法国人，会把彼此认作是德国人和法国人。而两个欧洲人，一个德国人和一个法国人，在同两个阿拉伯人，一个沙特阿拉伯人和一个埃及人交往时，会把自己和对方看作是欧洲人和阿拉伯人。移居法国的北非移民在法国人中引起敌意，但却日益被信仰天主教的欧洲波兰人所接纳。"②亨廷顿由此得出的结论是："在现代世界，宗教是主要的，可能是唯一主要的促动和动员人民的力量。"③宗教

---

① 缪勒:《宗教学导论》，第55页。
② 亨廷顿:《文明的冲突与世界秩序的重建》，周琪、刘绯、张立平、王圆译，新华出版社2002年版，第58页。
③ 同上书，第56页。

维系民族际团结的社会功能在我国也有典型的表现。在我国历史上，蒙古族和藏族的关系总的来说一向良好，其原因虽然是多方面的，但是，无论如何两个民族同信藏传佛教是一个值得重视的原因。既然这两个民族都信仰同一个宗教，既然这两个民族的信众都可以出任达赖喇嘛，则这两个民族"便在同一宗教信仰中地位平等了；种族、语言和传统的分歧便失效了。"[1] 以宗教信仰方面的认同感来保证民族关系的认同感乃宗教之具有维系宗教际团结的秘密所在。

第四，宗教的民族功能不仅鲜明地表现在维系民族内团结和民族际团结方面，而且还鲜明地表现在推动民族发展和进步方面。宗教不同于世俗社会和社会文化的地方在于它的超越性，在于它所提出的理想自我和理想社会与现存自我和现存社会之间始终存在有一种不可能完全消除的巨大的张力，而这种巨大的张力势必产生出巨大的精神势能，对世界各民族的政治、经济、道德观念和价值体系产生巨大而持久的影响，从而对世界各民族的发展和进步产生巨大的影响。例如，基督宗教的新教改革不仅有力地推进了欧洲各民族资本主义社会的诞生，而且还有力地推动了欧洲各民族资本主义的发展。而且，按照美国宗教社会学家贝拉的说法，德川时期的日本宗教的改革，特别是"体现了现代日本中心价值"的武士道精神，不仅有力地推动了明治维新，[2] 而且还有力

---

[1] 参阅杜齐（G. Tucci）：《西藏中世纪史》，李有义、邓锐龄译，中国社会科学院民族研究所1980年版，第89页。

[2] 日本学者石田梅岩曾经明确地说过："可为世人之镜者乃士"，强调武士伦理为商人伦理的楷模。贝拉在谈到处于日本现代化过程中的日本各阶级时，也强调指出："惟有一个阶级即武士阶级处在领导国家开辟新天地的位置上。"参阅贝拉：《德川宗教：现代日本的文化渊源》，第196、225页。

地推动了第二次世界大战后日本经济的迅速崛起。

最后,宗教在塑造和浸染民族习俗或民俗方面也常常扮演着十分重大的角色。民族习俗或民俗是一个涵盖面极广的概念,不仅关涉到一个民族的衣食住行、婚丧嫁娶,而且也关涉到各行各业的行规、禁忌、组织,乃至人们的思想意识、生活习惯。人们一般把民俗分为口头传说类、习惯行为类、物质文化类和文艺类。可以说,这些种类的民族习俗或民俗没有一类是同宗教完全没有关系的。例如,许多口头传说类或文艺类的民族习俗或民俗都同宗教神话故事有关,而许多习惯行为类的民族习俗或民俗同宗教信仰的关系更为密切。我国农村的源远流长的庙会,清明节扫墓的习俗,中秋节吃月饼的习俗,农历十二月初八吃腊八粥的习俗,圣诞节期间寄贺卡的习俗,过春节时贴画有钟馗像的门对的习俗,所有这些都同宗教信仰,特别是民间宗教信仰有这样那样的关联。因此,法国学者拉法格(Paul Lafargue,1842—1911)曾经将宗教喻为"古代风俗的储藏库",[①] 而俄国思想家别林斯基(V.G. Belinsky,1811—1848)则将民族及其习俗的特殊性归因于宗教,宣称:每个民族的习俗"其根源隐藏在这民族的信仰、迷信和理解中;……一切这些习俗,被传统巩固着,在时间的流转中变成神圣,从一族传到一族,从一代传到一代,正像后代继承着祖先一样"。[②] 对宗教同民族习俗的关系的研究,对宗教性的民风民俗的研究,也是宗教学的一项值得重视的任务。

---

[①] 拉法格:《财产及其起源》,王子野译,生活・读书・新知三联书店1963年版,第44页。

[②] 别林斯基:《别林斯基选集》第1卷,满涛译,时代出版社1953年版,第40页。

# 第九章　宗教的文化功能

既然宗教的本质与宗教的功能的关系，如上所述，是一种"体"与"用"、"显现"与"被显现"的关系，既然宗教除具有社会本质外，还另具有文化本质，则宗教便势必在其社会功能之外还另具有其文化功能。

然而，既然文化是一个外延极广的范畴，不仅涉及到精神层面的东西，而且还涉及到物质层面和制度层面的东西，则全面系统深入地阐述宗教的文化功能就是一件本著难以承担的任务。鉴此，在本章里，我们将集中讨论和阐述宗教同精神文化的关系，即宗教同科学、文学艺术和哲学的关系，讨论和阐述宗教的精神文化功能。这不仅是因为我们在前面讨论宗教的社会功能时业已对宗教对物质文化和制度文化的功能有所论列，而且还因为一方面精神文化是人类文化系统的硬核和基质，另一方面宗教之所以能够成为文化的"纵深维度"，最根本的也正在于它的精神性。①下面，我们就依次对宗教的科学功能、文学艺术功能和哲学功能作出说明。

---

① 参阅何萍："破解宗教信仰之谜——文化哲学视野下的《宗教概论》"，《哲学研究》2006年第9期，第122—124页。

## 第一节　宗教的科学功能

### 一、宗教与科学关系的历史演绎：宗教与科学的互补与互动

在讨论和阐述宗教的科学功能时，我们将首先讨论宗教与科学的关系。这不仅是因为宗教与科学的关系乃我们具体深入讨论宗教科学功能的基础和前提：倘若我们对二者的关系缺乏一种健全的了解和理解，我们便因此而不可能恰当地理解宗教的科学功能，从而也就不可能恰当地阐述宗教的科学功能。也不仅是因为"宗教即迷信"这一"市场假相"至今还在禁锢着一些人的头脑。而且还因为在宗教同精神文化的关系中，宗教同科学的关系具有特殊的重要性。如所周知，宗教不仅是一种意识形态和文化形态，而且也是一个巨大的社会群体和社会力量，而科学在任何时候都是人类文明的一个重要尺度，都是人类改造自然、变革社会的重大力量。正因为如此，当代著名的过程哲学家怀特海曾经把科学和宗教称作"影响人类的两股最强大的力量"，并且断言："当我们思考对于人类来说宗教和科学究竟是什么这个问题时，说历史的未来进程取决于我们这一代人怎样处理它们之间的关系，是毫不夸张的。"[①]

然而，当我们对宗教同科学的关系进行历时性考察时，我们却发现，它们之间的关系并不是一成不变的，而是大体经历了一

---

[①] Alfred North Whitehead, *Science and the Modern World*, New York: The Macmillan Company, 1925, p.180.

个从原始混合到两相分化再到相互调适的过程。在科学的萌芽时期，宗教同科学处于原始混合的状态。且不要说在原始社会里，科学思想的萌芽总是同自然宗教紧密结合在一起的。[①] 即使在整个古代社会里，这种状况也没有根本的改变。例如，在西方，以地心说为中心内容的天文学长期以来总是同宗教，特别是同基督宗教神学结合在一起的；在中国，原始化学长期以来总是同道教的炼丹术结合在一起的。只是到了近代，随着文艺复兴运动和启蒙运动的开展，自然科学，首先是天文学，接着是物理学、化学、生物学，相继摆脱了"教会的统治"，逐步用自然本身来解说自然现象。[②] 至此，宗教和科学走上了相对独立发展的道路。但是，宗教与科学却并没有因为它们的这样一种分化和相对独立的发展而变成"两个密不透风的分隔间"，它们之间的关联也并没有因此而消失，而只是因此而变得无限复杂化了。一方面，它们由原始的混同关系中逐步发展出差异，乃至对立，[③] 另一方面它们之间又进一步生发出互存、互渗、互补和互动的辩证关联。

随着科学从宗教神学体系中分化出去并且因此而获得相对独立的发展，科学同宗教的差异和对立就变得显著了。这种差异和对立主要表现为：从出发点看，科学立足于经验世界，而宗教则立足于超验世界，并试图用超验世界来规范经验世界；从方法

---

① 例如，巫术作为"科学的近亲"（弗雷泽语）和"宗教的前身"，在一定意义下，便可以视为原始科学和原始宗教的混合物。

② 尽管我们不仅把科学理解为自然科学，而且还把它理解为社会科学和人文科学，而不是像有些学者那样仅仅把它理解为自然科学。但是，在当前语境下，我们侧重的则是自然科学。

③ 1925年发生在美国田纳西州的"猴子审判案"即是这方面的一个典型不过的例证。

论看，科学注重经验观察和实验，而宗教则注重人生体验和想象（信仰）；从认知态度看，科学强调认识的相对性，肯认证伪的可能性，而宗教则强调认识的绝对性，否认证伪的可能性；从论域的性质、目标和功能看，科学属于一"指谓—报道"性符号系统，标榜"价值中立"，以发现"事实真理"为己任，注重求知功能和实用功能，而宗教则属于一"规定—鼓动"性符号系统，以宣扬"象征真理"为己任，以劝人为善为旨归，特别注重人的情感世界和价值世界，特别注重崇拜功能和预测—控制功能。从这些方面看，只要宗教与科学存在一天，它们之间的差异和对立也就势必存在一天。

但是，宗教和科学之间还有互补、互渗、互存、互动的一面。这首先是因为宗教和科学毕竟不是同一个层面的东西。科学关涉的是现实世界，是人的科学认知和工具理性问题。而宗教所关涉的则是超验世界，是人的终极关怀和价值信仰问题。但是，这样两个方面都是人生所需要的，也都是人类社会所需要的。因为全整的人不仅应当是一个作为认知主体的人，而且还应当是一个作为道德伦理主体、社会主体和信仰主体的人。这样，人作为一个自然存在者和社会存在者，他需要生活在现实世界里，需要了解现实世界"是什么"，他也需要改造现实世界，也就是说，他是需要科学的。然而，人不仅仅是一个自然存在者，他还是一个精神存在者或形而上学的动物，也就是说，他还需要了解现实世界在终极意义上的"为什么"，了解据以解说现实世界的"总纲领"或"总根据"。诚然，人作为一个认知主体，作为一个科学工作者，他也不时地向自己提出这样那样的"为什么"，但是，当他面对作为终极意义上的"为什么"时，他就不能不求助于这样那样的具有形而上学性质的东西了,而对他来说在这种求助中最为方便的则莫过于宗教信仰了。这也就是说,我们是既不可能要求科学解决人生和社会的任何问题,也不可能要求宗教解决人生和社会的任何问题的。正如我们不可能要求一把榔头能够非常方便地割开一块木头,要求一把锯子能够非常方便地敲打一件硬物一样。当代美国物理学家和宗教学家伊安·G. 巴伯(Ian G. Barbour,1923—2013)曾经借助于语言分析的方法和功能主义对宗教和科学的这样一种互补关系作出过经典的说明。他指出:"这两个领域绝不可能发生相互竞争和冲突,因为它们的功能是完全不一样的。即便最好的锯子也不能取代榔头,因为它们是用以完成不同任务的。当宗教在尽其职能时,它毫不畏惧科学,因为后者在干一件不同的事。"[①] 无疑,宗教与科学的这样一种互补关系或相安无事是以它们的"各司其职"或"安分守己"为前提,无论是宗教的僭越还是科学的僭越都会破坏它们之间的这样一种关系的。

不仅如此,在宗教和科学"各司其职"的前提下,宗教和科学之间还可以建立其更进一步的互存互动关系。首先,就科学方面来说,既然科学以实验为认知手段,以观察到的经验事实为检验真理的标准,则它在不断创造新的"已知"领域的同时,也就不断地在创造新的"未知"领域,也就是说,科学作为科学,将始终面对一个"未知"领域,而对这样一种未知领域的说明,显

---

① 巴伯:《科学与宗教》,第 314 页。当代著名哲学家尼古拉斯·雷谢尔(Nicholas Rescher,1928— )在《科学时代的宗教》一文中也曾经用"榔头"和"螺丝刀"来解说宗教和科学在功能方面的"互补"。参阅欧阳康主编:《当代英美著名哲学家学术自述》,人民出版社 2005 年版,第 341 页。

然单靠科学是无能为力的。而且，任何一种科学体系的建立都需要一个不依赖经验观察、超越经验归纳法的带有独断性的假设或假说为大前提，在这种情况下，科学就势必要处于两难境地：它要么严格持守自己的实验原则，这样，它就不可能建立一个具有理论大前提的首尾一致的理论体系；它要么持守其构建科学体系的理想，从而放弃自己的实验原则。例如，天文学上的"大爆炸宇宙说"将面临一个宇宙时空有限的难题，生物进化论将面临何以解释生物进化方向的难题。此外，科学家何以要研究科学的问题，也是一个科学本身不能完全回答的问题。其次，就宗教方面来说，不仅系统的神学理论需要理性论证，即使对宗教信仰对象的任何认识也都需要一定的思维能力和理解能力。完全脱离自然常识、社会常识和科学知识的宗教是不可设想的。而且，为要充分发挥宗教规范人生和社会的种种功能，宗教也不能不借助于自然常识、社会常识、自然科学和社会科学。这也是人类宗教思想史所证明了的。最后，从科学共同体的历史和现状看，我们便会发现无论如何还是有一个"科学家的宗教信仰问题"或者说"科学的宗教精神"问题。人类最早的科研组织即英国皇家学会里究竟有几个成员没有宗教信仰呢？即使在该学会里担任会长达25年之久的牛顿不也既是一个伟大的科学家又是一个伟大的神学家，既是《自然哲学的数学原理》的作者，又是《约翰启示录》的注释者吗？而"科学的宗教精神"不正是当代著名的科学家爱因斯坦提出来的吗？其实，这种现象也是不难理解的。因为凡现实的具体的人从来就不可能是一种单向度的人。一个人作为认知主体，可以成为一个科学家，而作为信仰主体，也完全可以同时成为一个有宗教信仰的人。而且，按照美国宗教社会学家帕森斯的社会

## 第九章 宗教的文化功能

行为的四要素（目标、环境、规范、动机）理论，一个人成为宗教徒未必会对他成为科学家带来严重的负面影响，相反，还有可能成为后者的一个积极的动因。例如，虽然一个天体物理学家在具体研究宇宙大爆炸理论时固然应严格依据实验和经验观察，但是，一旦他试图探究宇宙大爆炸的终极原因时，他就必须超越自然科学家的狭隘眼界。而宗教信仰既然有望对这种原因提供说明，也就有望使他对宇宙大爆炸理论的科学研究工作充满信心，具有激情，坚韧不拔地克服研究工作中可能遭遇到的种种困难，使这项研究工作卓有成效地开展下去。也正是在这个意义上，爱因斯坦根据自己的科学实践提出过一个"同通常理解很不相同的关于科学同宗教关系的概念"。爱因斯坦认为，尽管支配一切宗教信念和宗教活动的原始基础是人类的情感、愿望和社会冲动，但是，在人类发展的不同时期，人类的情感、愿望和社会冲动却是通过不同的宗教形式鲜明地体现出来的：在原始人那里，是通过所谓"恐惧宗教"的形式；在前现代社会里，是通过所谓"社会宗教"或"道德宗教"的形式体现出来的；而在现代人这里，则是通过所谓"宇宙宗教"体现出来的。他说：现代人，特别是从事理论研究的科学工作者实实在在地需要一种"宇宙宗教感情"，即"对自然规律的和谐所感到的狂喜和惊奇"。既然"这种和谐显示出这样一种高超的理性，同它相比，人类一切有系统的思想和行动都只是它的一种微不足道的反映"，则这种宇宙宗教感情便能为科学研究提供最强有力的、最高尚的动机，给献身于科学事业的科学家以无限的力量，使他义无反顾、无限忠诚于他的志向和事业。他甚至强调说："在我们整个唯物论的时代，只有严肃的科学工作者才是深信宗教的人。"[1]

需要说明的是:爱因斯坦作为一位科学家对科学与宗教的对立不是没有认识的。相反,他明确指出:"科学同宗教是势不两立的对立物。"因为"凡是彻底深信因果律的普遍作用的人,对于那种由神来干预事件进程的观念是片刻也不能容忍的"[2]。其实,爱因斯坦的难能之处恰恰在于:他是在充分认识到宗教与科学的对立的情况下强调两者的内在关联的。爱因斯坦按照次协调逻辑的原则,不止一次地强调指出宗教和科学"只不过是一棵树的各个分枝"而已。科学只能解决人的"是什么"的问题,却不能回答人的"应当是什么"和"为什么"的问题。因为,"终极目标本身和要达到它的渴望却必须来自另一个源泉"。也正是在这个意义上,爱因斯坦十分生动地刻画了宗教与科学的辩证关系:"科学没有宗教就像瘸子,宗教没有科学就像瞎子。"[3]由此看来,无视宗教与科学之间的区别和对立是片面的、不可取的,无视它们之间的互补、互渗、互存、互动同样是片面的、不可取的。

## 二、科学革命时期的宗教功能:宗教对现代科学的催生

既然宗教与科学的关系中既存在有相互矛盾、相互对立的一面,又存在有相互补充和相互促动的一面,则宗教之具有科学功能就成了一件非常自然的事情了。不过,对于宗教的科学功能,

---

[1] 《爱因斯坦文集》第1卷,许良英、范岱年编译,商务印书馆1977年版,第281、283、282页。

[2] 同上书,第281页。

[3] 《爱因斯坦文集》第3卷,许良英、赵中立、张宣三编译,商务印书馆1977年版,第149、174、182页。

我们却不妨从科学的两个不同的发展时期，即"科学革命时期"和"常规科学时期"入手予以考察。

在当代科学哲学思潮中，历史主义是一个特别值得关注的思潮。按照其主要代表人物托马斯·库恩的科学发展模式，科学的发生和发展一般都要经历一个从"前科学时期"到"常规科学时期"和"科学危机时期"再到"科学革命时期"的历史过程。而所谓"前科学时期"是指一门科学尚缺乏科学共同体和公认的"范式"这样一种时期。例如，天文学和力学在亚里士多德之前处于其"前科学时期"，而在亚里士多德之后则进入了其"常规科学时期"。这是因为亚里士多德不仅提出了天文学的第一个理论范式，即"地心说"，而且还提出了力学的第一个理论范式，即"目的论力学"。[①] 然而，无论是亚里士多德的"地心说"还是亚里士多德的"目的论力学"在经历了近两千年的常规发展之后，却于16—17世纪步入了"科学危机时期"和"科学革命时期"。这就是，在天文学领域，亚里士多德的"地心说"遭到了哥白尼所提出的"日心说"的有力挑战；在力学领域，亚里士多德的"目的论力学"遭到了伽利略、开普勒和牛顿提出和证明的"机械论力学"或"经典力学"的有力挑战。而严格意义的现代科学也正是从这种挑战中酝酿产生出来的。

从人类科学史的角度看问题，16—17世纪是一个极其重要的历史时期。著名的科学史专家R. 霍伊卡（Reijer Hooykaas，

---

① 就地心说具体的发展历程看，最初由米利都学派形成初步理念，后由古希腊学者欧多克斯（Eudoxus of Cnidus，公元前408—前355）初步提出，然后经亚里士多德、托勒密进一步发展而逐渐建立和完善起来。我们这里说亚里士多德提出，乃是就它的理论范式而言的。毋庸讳言，亚里士多德之后，托勒密（Claudius Ptolemaeus，约90—168）在他的《天文学大成》中又进一步发展了地心说。

1906—1994）在谈到这一历史时期时，曾经不无中肯地写道："科学思想的深刻革命发生在 16—17 世纪。无论我们这个时代发生了多么巨大的变化，普朗克、爱因斯坦和玻尔都未能使牛顿的科学理论废弃不用。然而，从哥白尼到牛顿所创立起来的经典科学即现代科学，却使大部分古代与中世纪科学变得毫无用处了。"① 不仅如此，他还由此而提出了一个十分重大的问题。这就是："为什么现代科学的兴起发生在一个特定的地点即欧洲和一个特定的时间，而没有发生在任何其他地方或其他时代。"② 在霍伊卡看来，既然我们不能说这个时期的欧洲科学家的"智力"优越于其古代和中世纪的欧洲先辈们，或优越于东方的哲学家们，既然"经典的现代科学"只兴起于"16—17 世纪的欧洲西部地区"，既然欧洲文明的源头在于希腊文明和希伯来文明，则我们就不能不从圣经宗教传统及其观念之中来寻找现代科学兴起的动因。虽然霍伊卡也坦然承认，促成现代科学兴起的因素是多种多样的，但是他还是强调说："在现代科学兴起的时代，宗教是当时文化生活中最强大的力量。人们对上帝（或者神）的看法影响了他们的自然观，而这种自然观又必然影响他们探究自然的方法，即他们的科学。""科学更多地是某种宗教观念的结果，而不是其原因。"③ 这样，我们就在现代科学学说史中看到了韦伯的影子：宗教，首先是新教不仅是西方资本主义兴起的历史动因，而且还是西方现代科学兴起的历史动因。他的这一观点和立场得到了越来越多的思想家的肯

---

① R. 霍伊卡：《宗教与现代科学的兴起》，钱福庭、丘仲辉、许列民译，四川人民出版社 1991 年版，第 1 页。
② 同上书，第 1 页。
③ 同上书，第 3、187 页。

定和支持，用当代物理学家和科学史家巴伯的话说就是："近来许多历史学家业已认识到，在科学的形成阶段，西方的宗教传统对科学也作出过重要的、尽管是间接的积极贡献。"① 当代著名的宗教社会学家默顿在其名著《社会理论和社会结构》中在谈到英国的"清教主义"与"科学成长"的关系时，也相当明确地指出："作为禁欲的新教价值态度的理想类型，清教伦理将十七世纪英国人的兴趣导引成为有助于科学成长的重要成分。"②

然而，问题在于宗教是如何且何以能够催生现代科学？既然如上所述，科学革命所关涉的无非是科学家共同体和科学范式两个方面，则我们就不妨沿着历史主义的思路，从科学家共同体和科学范式这样两个方面来解说这一问题。

首先，就科学家共同体方面言，宗教徒，特别是新教教徒（尤其是清教教徒）之构成现代科学家共同体的主体部分这一点似乎是确定无疑的。美国社会学家 R. K. 默顿曾于 1938 年指出，在英国历史上的共和政体时期形成了一个后来发展为英国皇家学会的学术团体（史称"无形学会"），组成该团体核心小组的 10 名科学家中有 7 人便是十足的清教徒。1663 年，英国皇家学会有 62% 的成员就其身份来说，是地地道道的清教徒。由于当时清教徒只构成人口中的一小部分，所以这样一个比例是相当高的。③ 霍伊卡

---

① 巴伯：《宗教与科学》，第 56 页。

② 默顿：《社会理论和社会结构》，第 736 页。

③ Cf. R. K. Merton, "Science, Technology and Society in Seventeenth-Century England", *Osiris*, Vol. 4 (1938), pp.471—474. D.Stimson, "Puritanism and the New Philosophy in Seventeenth-century England", *Bulletin of the Institute of the Hostory of Medecine*, Vol. 3 (1935), pp.321—334.

在《宗教与现代科学的兴起》中不仅在"新教徒与科学研究的不解之缘"的标题下援引了这些材料,而且还突出地强调了新教与哥白尼主义和牛顿力学的结盟。他强调说:"一般说来,在信仰新教的国度里,哥白尼主义和新哲学的较为稳固的地位,由于罗马天主教徒本身的倾向而得到了强化。这些罗马天主教徒或多或少地倾向于将哥白尼主义和新教主义等同起来,当作如弗罗德蒙特(Froidmont)所说的'加尔文—哥白尼'体系。"① 但是,这并不意味着天主教徒对新科学和新哲学完全没有兴趣。一如霍伊卡所指出的,尽管伽利略深信"所有最卓越的异端分子"都接受了哥白尼的学说,"但是,伽利略毫无疑问也知道法国天主教神父伽桑狄和默森(Marin Mersenne,1588—1648)以及意大利为数不少的同情者,都是站在他这一边的。"②《科学与宗教》的作者巴伯虽然在统计数字上与默顿和霍伊卡小有出入,但是,在强调宗教徒,特别是清教徒之构成新科学主力军方面则如出一辙。他同样强调指出:"我们不必贬低同一时期其他方面的进步,但我们可以认为17世纪的英国是科学史上的一个转折点,而清教主义则

---

① R. 霍伊卡:《宗教与现代科学的兴起》,第163页。
② 同上。法勒(Frederic William Farrar, 1831—1903)在《圣经诠释史》中曾提到:加尔文曾经以《圣经·诗篇》93:1为据,诘问道:"有谁敢于把哥白尼的权威置于圣灵的神威之上呢?"(F. W. Farrar, *History of Interpretation*, London, 1886, part 16.) 怀特则据此对加尔文谴责道:"加尔文在其《〈创世记〉注》中谴责了一切坚持认为地球不是宇宙之中心的人,从而开了(反哥白尼学说的)先河。"(Cf. A. D. White, *A History of the Warfare of Science with Theology in Christendom*, London, 1896, p.127.) 霍伊卡则对怀特的谴责作了反谴责,断言:"这段被引用的加尔文的话纯属凭空想象,加尔文从未提到过哥白尼。"(参阅霍伊卡:《宗教与现代科学的兴起》,第147—148页。)多数学者从加尔文"顺应论"的立场出发,肯定加尔文取支持哥白尼学说的立场的可能性。

是这个转折的主要动因。皇家学会会员 10 个当中就有 7 个是清教徒——这一比例大大高于清教徒在总人口中所占的比例;大多数科学家都是活跃的教士,而很多教士也鼓励或亲自投身于科学事业。"①

其次,就科学范式方面,所谓科学革命或现代科学的兴起,所意指的无非是科学范式的转变,而这种转变,如上所述,首先就意味着"目的论力学"向"机械论力学"的转变、"地心说"向"日心说"的转变。因此,需要我们加以说明的东西,不是别的,而是宗教(首要的是新教)何以能够促成"目的论力学"向"机械论力学"的转变、"地心说"向"日心说"的转变。毫无疑问,促成这种转变的最重要动因之一是世界图景或自然观(宇宙观)的转变,是目的论世界图景或自然观向机械论世界图景或自然观的转变。如所周知,在亚里士多德那里,居主导地位的始终是目的论世界图景或自然观。诚然,亚里士多德曾经将物理学这门理论科学界定为关于自然的学问,但是,亚里士多德所理解的"自然"(φυσις)不是别的,而是作为自然事物"本性"(φυσις)、推动自然事物发展的"形式"或"目的"(τελος)。从而,作为"第一推动者"的"神"也"并非是动力因,而仅仅是目的因"。② 相反,在西方近现代科学家那里,在伽利略和牛顿那里,世界图景或自然观(宇宙观)却发生了根本的变化。作为"近代科学之父"的伽利略根据"两种性质学说",将自然直接理解为"运动中的质点",即"运动的微粒"。这就是说,伽利略(Galileo Galilei,

---

① 巴伯:《宗教与科学》,第 61 页。
② 参阅霍伊卡:《宗教与现代科学的兴起》,第 11—12 页。

1564—1642）的物理学所关注的不再是亚里士多德的"形式"或"目的"，而是托马斯·阿奎那所说的具有"特指质料"（materia signata）的"自然物体"。而牛顿则不仅用"动力因"取代"目的因"，而且还进一步推翻了"月上运动"和"月下运动"的二分，用原子间的相互作用解释宇宙间的所有运动现象，从而"最终推翻了亚里士多德主义"，完成了"近代占统治地位"的机械论世界观。[①] 显然，离开了基督宗教关于上帝是"造物主"和"第一因"和"神圣时钟制造者"的观念，要实现这样的转换，是完全不可能的。

然而，为了实现科学范式的转换，除了需要有用以取代旧范式的新范式外，还需要有科学家共同体用新范式取代旧范式的自由精神。如果说用以取代旧范式的新范式主要是由宗教经典《圣经》提供的话，科学家共同体的用新范式取代旧范式的自由精神则主要是由近代宗教改革运动提供出来的。如所周知，近代宗教改革的根本努力在于使新教徒具有一种独立的信仰人格，普遍具有教士性质。不受宗教传统和教阶组织权威的影响而独立自主地研究《圣经》因此对于新教徒来说不仅成了一种权利，而且还成了一种义务。但是，既然新教徒在阅读《圣经》这部由上帝写成的"神圣之书"时都能够蔑视"教皇"和"教会"而比较充分地享受自由，则他们在阅读"由上帝写成的另一部书——自然之书"时，就更"不必顾忌那些自然哲学奠基者的权威"了。[②] 开普勒（Johannes Kepler，1571—1630）这位"忠实的路德派教徒"和

---

[①] Cf. Edwin A. Burtt, *The Metaphysical Foundations of Modern Science*, New York: The Humanities Press Inc., 1951, p.239.

[②] 参阅霍伊卡：《宗教与现代科学的兴起》，第131页。

现代新科学的卓越代表人物,在其《新天文学》的"概论"中曾经以前所未有的大无畏精神宣布:"神圣的拉克坦狄斯,他否认地球是圆的;神圣的奥古斯丁,他承认地圆说,但却否认地球上相反地区即对跖地的存在;神圣的宗教法庭,它承认对跖地的存在,却又否认地球本身的活动……然而对我来说,更为神圣的是真理,它揭示出地球是个小球体,地球上存在对跖地,而且地球在不停地运转。"[①] 开普勒的这番话可以看作是 16—17 世纪科学家共同体的集体宣言。

## 三、常规科学时期的宗教功能:宗教之为科学的维他命和荷尔蒙

宗教的科学功能不仅鲜明地表现在催生现代科学方面,而且还表现在推进常规时期科学的发展方面。

宗教对常规时期科学的发展的推进,首先表现在宗教对科学研究这一"行业"的充分肯认方面。在古代社会,与科学相关的活动历来被视为低贱的事业。孟子将从事这类活动的人称作"治于人"的人,柏拉图将从事这类活动的人列为用铜和铁制造出来的社会第三等级,亚里士多德更是把"闲暇"(otium)或"悠闲自适"视作人的高贵身份的象征。但是,在《圣经》里,各种劳动,特别是各种工艺活动,却构成了人之为人的基本活动。在《旧约》里,上帝不仅被描述成了一个"造物主",而且他还亲自"造"了"吹嘘炭火、打造合用器械的铁匠"。[②] 而人也不仅被安排"修理

---

① 转引自霍伊卡:《宗教与现代科学的兴起》,第 135 页。
② 《以赛亚书》54∶16。

看守"伊甸园，而且还被要求"六日要劳碌作你一切的工"。[①] 在《新约》里，耶稣的父亲、耶稣和保罗都变成了手艺人。耶稣的父亲是个木匠，耶稣不仅是个"木匠之子"，而且他本人即是个"木匠"，而保罗不仅"本是制造帐篷为业"，而且还与同行"同住作工"。[②] 所有这些，无疑都是对科学研究这一"行业"的一种高度认可。当人们称"上帝是一位机械师，而世界是一部机器"的时候，当人们宣布"上帝是神圣时钟制造者"的时候，科学家无疑是可以从中获得自信和自豪感，获得高度的自我认同的。因此，倘若从长时段的眼光看问题，科学工作者对自己"行业"的这种自信、自豪感和自我认同，无疑是其开展其研究工作的一个用之不竭的精神力量的源泉。

宗教之所以能够不断推进科学研究，还在于它能够进而赋予科学研究活动以特殊的崇高性、神圣性和使命感。科学研究不仅是一种高尚的"行业"，而且还是一种洋溢着特别崇高性、神圣性和使命感的"行业"。在新教看来，科学研究不仅是信徒的一项权利，而且也是信徒必须履行的一项神圣的职责。加尔文曾经宣布，那些忽视研究自然的人，与那些在探究上帝的作品时忘记了创世主的人同样有罪。《尼德兰信仰声明》宣称"一切受造之物，无论大小，都是显示上帝之不可见事物的文字"。[③] 天文学家开普勒在致友人的一封信中称天文学家是"上帝传达自然之书的牧师"。物理学家和天文学家伽利略甚至认为，科学所昭示的正是《圣经》文字中所包含的"一种隐藏在纷纭万象之中的更为深邃的

---

[①] 参阅《创世记》2∶15；《申命记》5∶13。
[②] 参阅《马太福音》13∶55；《马可福音》6∶3；《使徒行传》18∶3。
[③] 参阅霍伊卡:《宗教与现代科学的兴起》，第127、126页。

意义"。① 弗兰西斯·培根（Francis Bacon，1561—1626）在《学术的进步》中曾强调指出：科学的使命和功能并不在于"我们在神的造物和作品上清晰地打上我们自身形象的印记"，而是"从中仔细地、谨慎地观察和认识造物主本身的印记"，"谦卑地、崇敬地去致力于展现上帝创世活动的画卷"。② 以培根的"新哲学"为指导思想的英国皇家学会的《宪章》，与加尔文宗神学纲领几乎毫无二致，也将"荣耀上帝"规定为学会的宗旨。英国皇家学会的元老波义耳（Robert Boyle，1627—1691）基于此不仅将斯特拉斯堡那座著名的大钟比作世界，把上帝比作神圣时钟的制造者，而且还进而将科学视为"一项宗教事务"，断言"科学是宗教的一个学校"，是"对上帝展现在宇宙中令人叹为观止的作品的揭示"。这就是说，在波义耳这里，也和在伽利略那里一样，阅读"自然之书"与阅读"《圣经》之书"是统一的。③ 而牛顿这位近现代科学的泰斗也把科学研究探究的"自然法则"视为宇宙存在有全能造物主的证明。无怪乎英国诗人科里（Abraham Cowley，1618—1667）称培根是指出"应许之地"的摩西，而牛顿则是进入这片应许之地的约书亚。不难看出，爱因斯坦所谓只有"深信宗教的人"、只有具有"宇宙宗教感情"的人，才有可能是"严肃的科学工作者"，④ 与此完全一脉相承。这也是不难理解的。既然按照《以弗所书》第1章第6节、《以赛亚书》第43章第7节以及《哥林

---

① 参阅霍伊卡：《宗教与现代科学的兴起》，第153—154页。
② 转引自霍伊卡：《宗教与现代科学的兴起》，第51页。
③ 参阅霍伊卡：《宗教与现代科学的兴起》，第152—155页。
④ 参阅巴伯：《科学与宗教》，第51页；霍伊卡：《宗教与现代科学的兴起》，第60页。

多前书》第 10 章第 31 节的说法，上帝之所以造人完全在于"荣耀"上帝自己，既然人的全部价值即在于"荣耀上帝"，既然惟有藉研究自然的科学研究才能充分发现上帝万能的"印记"，从而充分地"荣耀上帝"，则研究自然的科学研究就是一件无上神圣、无上荣光的事业了。而面对这样一种神圣而荣光的事业，至少在宗教徒看来，一个科学家无论付出怎样的努力也都不会过分的。从这个意义上讲，宗教对科学家和科学研究工作的激发和推动作用是无可估量的。或许正是在这种意义上，霍伊卡在概述西方科学思想史和西方现代科学兴起史的基础上得出结论，将宗教宣布为"促进"科学"成长"的"维他命和荷尔蒙"。应该说，他的这个比喻还是比较贴切的。

宗教的科学功能不仅明显地表现在对科学研究的激发和推进方面，还经常地表现在它对科学应用和科学发展的"定向"或"扳道"方面。毋庸讳言，科学对于人类社会的发展和进步是具有无可替代的极其重要的作用的。马克思和恩格斯曾不止一次地强调指出："科学是一种在历史上起推动作用的、革命的力量"，"是历史的有力的杠杆"，"是最高意义上的革命力量"。[①] 当代最重要的法兰克福学派的代表人物哈贝马斯甚至提出了"科学技术是第一生产力"的著名观点。[②] 毫无疑问，马克思、恩格斯和哈贝马斯的上述观点是值得重视的。倘若离开了科学和技术的进步，不仅我们物质文明的进步难以设想，甚至整个人类社会的发展和进

---

[①] 《马克思恩格斯选集》第 3 卷，第 777 页；《马克思恩格斯全集》第 19 卷，第 372 页。

[②] Cf. J. Habermas, "Technology and Science as 'Ideology'", in *Toward a Rational Society*, J. J. Shapiro (trans.), Boston: Beacon, 1970, p.100.

步,也都是难以想象的。但是,一如哈贝马斯(Jürgen Habermas,1929— )所强调指出的,科学技术总具有"双重职能",即它一方面是生产力,它另一方面又可能成为"意识形态"。而科学技术一旦成了"意识形态",它就不仅按照"工具理性"和"技术理性"的模式剪裁人的社会生活和生存方式,而且还可能导致毁灭人类的种种恶果。[1]因此,摆在人类面前的一项最为紧要的任务即是千方百计地保证科学沿着推进社会进步、不断造福人类的方向发展。为要达到这一步,固然需要各方面的努力,但是,无论如何,宗教是一个不可忽视的因素。"止恶扬善"乃宗教的根本使命和道德功能,不仅佛教如此,世界其他宗教莫不如此。基督宗教的《圣经》将"爱心"规定为人类活动的基本原则,强调说:"我若能说万人的方言,并天使的话语,却没有爱心,我就成了鸣的锣,响的钹"。[2]正是基于这样一种信念,培根曾求助于宗教精神来保证科学的健康发展。他写道:"上帝啊——宇宙的创始者、保护者和更新者,请用你那对人类的仁爱和怜悯,通过你那唯一的圣子,即与我们同在的上帝,保护那向着你的荣耀而上升和为着人的幸福而下降的事业吧。"[3]四百多年过去了,培根所说的这些话至今仍具有一定的现实意义。其实,当怀特海在《科学与现代世界》中断言"我们这一代人""怎样处理"宗教与科学的"关系"决定着"历史的未来进程"时,他所考虑的显然与培根一样,归根到底,也是一个藉宗教来保证科学沿着造福于人类的方向发展问题。前面说过,韦伯曾经用"扳道工"来刻画宗教在社会发展中所扮演

---

[1] Cf. J. Habermas, *Kutur und Kritik*, Frankfurt am Main: Suhrkamp, 1973, p.86.

[2] 《哥林多前书》13:1。

[3] 培根:《自然史》,转引自霍伊卡:《宗教与现代科学的兴起》,第85页。

的角色，①现在，我们完全有理由套用韦伯的话，说宗教在科学的应用和发展中同样扮演着"扳道工"的角色，扮演着制约和推动科学沿着造福于人类方向应用和发展的角色。

然而，我们必须看到宗教科学功能的复杂性。首先，宗教对科学不仅有上述正功能，而且同时也不可避免地具有这样那样的负功能。既然宗教与科学不仅有互存、互补、互动的一面，而且还有相互矛盾和相互对立的一面，则它之具有妨害科学发展的可能性也就是一件容易理解的事情了。②其次，宗教的科学功能也有显功能和潜功能之别，而且在多数情况下，宗教的科学功能是以潜功能的面貌呈现出来的。尽管，宗教，如怀特海所说，是"影响人类的两股最强大的力量"中的一种，但是，它对人类历史和科学历史的决定往往是"间接"的，③往往是与其他社会因素和文化因素结合在一起发挥作用的。所有这些，都是我们在讨论宗教的科学功能时需要予以注意的。

## 第二节 宗教的文学艺术功能

### 一、宗教与文学艺术关系的历史演绎：其互存与互动

在宗教与其他意识形态和文化形态的关系中，宗教同文学艺

---

① 参阅韦伯：《儒教与道教》，王容芬译，商务印书馆1999年版，第19—20页。
② 关于宗教负功能的一个典型不过的例子是1925年发生在美国田纳西州的"猴子审判案"：一个名叫斯科普斯的中学教师因为讲授达尔文的进化论而被告到法庭，受到审判。
③ 参阅巴伯：《科学与宗教》，第56页。

术的关系非常特殊,尤为密切。这主要的并不是由于宗教和文学艺术的同源性(即归根到底都来自社会生活)的缘故,也不是由于宗教在人类文化体系中的特殊地位的缘故,而是由于宗教和文学艺术把握世界的方式的一致性或相似性的缘故。人们把握世界的方式固然千差万别,但从根本上讲无非是两种思维方式,一种为所谓"逻辑思维"方式,另一种为"形象思维"方式。而形象思维方式的特征不是别的,正在于它的"形象化",即它的"感性化"或"具象化"。很显然,这也正是文学艺术思维方式的本质特征。可以说,正是宗教同文学艺术把握世界的思维方式的这样一种"一致性"或"共性"把宗教同文学艺术特别紧密地联系到了一起。

宗教借形象思维的方式来把握世界不是偶然的,而是由宗教自身的本质规定性所决定的。宗教既然是一种由广大信徒组成的社会群体,它就不能不借助于形象思维的方式来宣传信徒和组织信徒。不仅如此,宗教观念的特殊性质也要求形象思维这样一种表达方式。因为既然宗教信仰的本质特征在于它的超越性,在于它是一种不可借抽象概念言说的奥秘,则宗教信仰在寻求表达方式时便势必内蕴着一种似是而非的悖论,即寻求一种对不可言说者加以言说的方式,而形象思维或文学艺术手法无疑是它不得不采取的一种比较妥当的表达方式。而这也是凡宗教都有一个神话故事系统的根本缘由。[①]正如犹太教和基督宗教关于上帝全能、全知、全善的观念是通过上帝六天创世的神话故事、亚当和夏娃贪吃禁果的原罪故事、诺亚方舟故事、亚伯拉罕杀子献祭的故事以

---

① 参阅希克:《宗教之解释》,第 408—411 页。

及耶稣受难的故事等一系列神话故事彰显出来，佛教关于"悟即是佛道"的观念是通过佛陀出家苦修和菩提树下悟道成佛等神话故事彰显出来的一样，其他宗教的基本教义或基本观念也往往是借这样那样的神话故事呈现给普通信众的。①

宗教与文学艺术的关系同宗教与其他意识形态和文化形态的关系也大体相似：如果对这种关系作一番历时性考察的话，我们同样也可以看到，宗教同文学艺术之间大体经历了一个从相互混融到两相分化、互存互动的演进过程。在远古时代，原始宗教同原始文学艺术差不多是浑然一体的。不仅原始艺术的绘画、音乐、舞蹈等形态往往同原始宗教（包括原生巫教）的宗教观念、宗教仪式有这样那样的关联，而且作为原始宗教观念的载体的神话故事本身即是人类最初形态的民间文学或口头文学。在后来的历史发展中，原始宗教（包括原生巫教和原生神话）同原始文学艺术的这种浑然一体的状况发生了变化，一方面从这种统一体中分化出了种种系统宗教，产生了种种神学体系，另一方面又从这种统一体中滋生出了种种早期文学和早期艺术形态，滋生出了种种世俗文学和种种世俗艺术。尽管，在整个前现代的历史时期，世俗文学和世俗艺术，总的来说依然处于宗教或宗教文学和宗教艺术的影响和支配之下，但是，无论如何，它们毕竟获得了某种相对独立的地位，并且在文艺复兴运动之后，逐步构成了文学艺术的

---

① 例如，伊斯兰教有穆罕默德山洞虔修的故事、穆罕默德受命为圣的故事、亚当的故事、易卜拉欣的故事、耶稣的故事和穆罕默德夜间旅行的故事；希腊宗教有普罗米修斯盗取天火的故事、俄狄浦斯杀父娶母的故事、特洛伊木马的故事、复仇女神的故事和奥德赛造访地府的故事；中国原始宗教有盘古开天地的故事、夸父追日的故事、嫦娥奔月的故事和女娲补天的故事等。

主流，开始同宗教或宗教文学和宗教艺术建立起一种良性的互存互动的关系。

当我们对宗教与文学艺术的关系作逻辑的或同时性的考察的时候，我们同样也可以看到这种关系同宗教与其他意识形态或文化形态的关系的相似性。也就是说，存在于宗教与文学艺术之间的同样是一种既相互对立又相互依存、相互贯通、相互推动的关系。宗教同（世俗）文学艺术之间的对立最根本的就在于宗教的本质特征在于它本质上是人的神圣化，是一种以神为中心的文化，而（世俗）文学艺术的本质特征则在于它本质上是自然和社会的人性化或人格化，是一种以人为中心的文化。而它们之间的相互依存、相互贯通和相互推动则主要表现在两个方面，即一方面是宗教的文学化和艺术化，另一方面是文学的宗教化和艺术的宗教化。具体地说，这种互存互动的关系一方面通过宗教文学和宗教艺术表现出来，另一方面又通过以宗教观念和神话故事为题材和思想背景的准宗教文学和准宗教艺术表现出来。宗教文学和宗教艺术，如基督宗教的圣经故事（包括"雅歌"）和著名的圣彼得堡大教堂、我国的云冈石窟和敦煌壁画等无一不是以人格神或非人格神为中心的文学艺术，因而归根到底都是宗教文学化和艺术化的产物。相反，以宗教观念和宗教故事为题材和思想背景的准宗教文学和准宗教艺术则是文学和艺术的宗教化的产物。而作为文学和艺术宗教化的产物的所谓准宗教文学和准宗教艺术则明显地具有两重性品格。这就是：一方面，它既然以宗教观念和神话故事为题材和思想背景，则它就属于广义的宗教文学和宗教艺术的范畴，而有别于狭义的世俗文学和世俗艺术；另一方面这种文学和艺术尽管以宗教观念和神话故事为题材和思想背景，但就整部作品的宗旨来看，却分明具有世俗文学和世俗艺术的性质。例如，古希腊著名的"悲剧之父"埃斯库罗斯（Aeschylos，约前525—前456）的名剧《被缚的普罗米修斯》虽然以古代希腊神话中的普罗米修斯的故事为题材，但是，整部戏剧所要弘扬的却是普罗米修斯不畏强暴、不屈不挠为人类的生存和进步而斗争的精神，它真正要颂扬的乃是当时雅典民主派反对寡头政治的斗争。再如，英国的近代诗人弥尔顿（John Milton，1608—1674）的《失乐园》和《复乐园》，虽然是以《旧约》的《创世记》卷和《新约》的《路加福音》卷中的神话故事为题材，但是，它们真正要颂扬的却是代表新兴资产阶级的革命者反抗王室贵族的斗争，是清教徒反抗长老派的斗争。我国著名的戏剧《目莲救母》虽然直接取材于佛教经典《佛说盂兰盆经》，但它真正要颂扬的却是我国世俗伦理道德中一个最根本的信条，即"孝道"。事实上，宗教与文学艺术，宗教文学和宗教艺术与世俗文学和世俗艺术也就是在这种既相互对立又互存互动的辩证关联中一步步向前发展的。[①]

宗教对文学艺术的影响是极其广泛的。就艺术而言，可以说差不多所有的艺术形式都打上了宗教观念的烙印。例如，在绘画和雕塑方面，比较典型的有达·芬奇（Leonardo da Vinci，1452—1519）的《最后的晚餐》、拉斐尔（Raffaello Santi，1483—1520）的圣母像、古埃及的人面狮身雕塑，我国的敦煌壁画和永乐宫壁画以及龙门石窟、莫高窟、云冈石窟及泉州老子石雕坐像

---

[①] 英国当代文学评论家海伦·加德纳曾用罗马神话中的守门神雅奴斯（Janus）来比喻宗教对待世俗文学艺术的态度。以雅奴斯具有前后两个面孔来比喻宗教对待世俗文学艺术同时具有两种态度：既肯定其价值又否定其价值。参阅海伦·加德纳：《宗教与文学》，沈弘、江先春译，四川人民出版社1981年版，第158页。

等；在舞蹈和音乐方面，在西方比较典型的有罗马教皇格里高利（Gregorius I，541—602）的"格里高利圣咏"、亨德尔（George Friedrich Handel，1685—1759）的《弥赛亚》和贝多芬（Ludwig van Beethoven，1770—1827）的《庄严弥撒曲》，在我国则有道教的"步罡踏斗"的"禹步"、《敦煌曲子词·谒金门》中的《仙境美》、茅山道士李会元（唐代人）的《大罗天曲》以及唐玄宗李隆基（685—762）的《霓裳羽衣曲》和《紫微八卦舞》等；在建筑艺术方面，在西方比较典型的除世界上规模最大的教堂之一圣彼得堡大教堂外，哥特式建筑巴黎圣母院也别具一格，我国的佛教四大建筑群（五台山、普陀山、峨眉山和九华山）更是中华民族为世界文明留下的艺术瑰宝；在戏剧方面，除前面已经提到的《被缚的普罗米修斯》和《目莲救母》外，比较典型的还有古希腊悲剧作家索福克勒斯（Sophocles，公元前496—前406）的《俄狄浦斯王》、古代印度著名戏剧家迦梨陀娑（Kālidāsa，约公元4—5世纪）的《沙恭达罗》、我国元代著名戏曲家马致远（约1251—约1324）的《吕洞宾三醉岳阳楼》和《邯郸道醒悟黄粱梦》等。宗教对文学的发展也产生了极大的影响。就诗歌来说，在西方，不仅《荷马史诗》受到了宗教的深刻影响，而且后来法国的英雄史诗《罗兰之歌》（1080年）、德国的英雄史诗《尼伯龙根之歌》（1200年）、意大利诗人但丁（Dante Alighieri，1265—1321）的《神曲》（约1307年）也都是以宗教观念为思想背景的诗歌精品。在我国，我国古代诗歌集《诗经》中就有不少的祭祀诗歌和富于神话意味的诗歌；两汉以后，随着道教和中国佛教的出现和发展，道教的"游仙诗"和中国佛教的"禅意诗"都在我国诗歌史上享有崇高的地位，不仅涌现了一批像葛玄、吴猛、王梵志、寒山、拾得等著名的道士诗人和以偈为诗的诗僧，而且还涌现了一批像曹操、曹植、阮籍、嵇康、郭璞、李白、苏轼、王维等深受道教和佛教思想影响的在我国诗歌史上具有重要地位的诗人。宗教对小说的影响也同样是显而易见的。如所周知，西方的许多小说，如雨果（Victor Hugo，1802—1885）的《悲惨世界》、托尔斯泰（Lev Nikolayevich Tolstoy，1828—1910）的《复活》等，都以这样那样的方式接受了宗教观念的深刻影响。在我国，魏晋时期曹丕（187—226）（一说张华）的《列异传》和干宝（约282—351）的《搜神记》、明代吴承恩（约1506—1583）的《西游记》和陆西星（1520—约1606）道士的《封神演义》、清代蒲松龄（1640—1715）的《聊斋志异》和曹雪芹（约1715—约1763）的《红楼梦》（约1790年）等都明显地渗透有道教、佛教和民间宗教信仰的内容。① 尽管宗教观念在许多时候对文学艺术的发展也起到了限制和压抑的消极作用，但是，总的来说宗教同文学艺术、宗教文学和宗教艺术同世俗文学和世俗艺术是伴生共长、互存互动的。宗教对文学艺术的影响是始终存在着的。

## 二、宗教对文学艺术精品的催生功能

宗教的文学艺术功能突出地表现在宗教对文学艺术精品的催生功能方面。在人类文学艺术史上，有一个引人注目的现象，这就是，相当一部分文学艺术精品是由宗教催生出来的。

这一点在西方悲剧史上表现得尤为突出。在谈到"何谓悲

---

① 一说《列异传》的作者为张华。

剧"这个话题时,英国文学评论家海伦·加德纳(Helen Gardner, 1884—1968)曾经给出了如下一个"定义",开出了如下一个清单:"悲剧就是《俄狄浦斯王》、《安提戈涅》、《哈姆雷特》、《李尔王》或《费德尔》。"① 她接着解释说:"我们随即可以补充说,这样一个名单表明:'悲剧'与其说是对某一文学种类的描述,不如说是一种尊称。在列这样一个名单时,我们只是在列举艺术杰作。'伟大的悲剧'一说,其实是同义语反复,不'伟大'的悲剧便不是悲剧,而只是'失败了的悲剧'。"② 尽管我们可以对她的这个悲剧定义持保留意见,但是,我们无论如何还是不能否认,她所列举的这些悲剧是"艺术杰作"这个说法。然而,这些"艺术杰作"究竟是一种什么类型的"艺术杰作"呢?她给出的答案是"宗教悲剧"(至少其中四部被她明确地界定为"宗教悲剧")。索福克勒斯的《俄狄浦斯王》(公元前431年)被亚里士多德称作希腊悲剧的"典范"。这出悲剧讲的是俄狄浦斯一生都在反抗自己的命运,但是最终还是逃不脱自己杀父娶母的宿命。因此,它的主题是"命运",是"事在神为"而不是"事在人为",它所弘扬的是典型的希腊宗教精神。《安提戈涅》(公元前441年)是索福克勒斯的另一部杰作。虽然其情节涉及的是俄狄浦斯的女儿安提戈涅反抗暴君这件事,但其主题却在于刻画宗教伦理(天法)与世俗法律(民法)的冲突。《哈姆雷特》(1601年)是莎士比亚(William Shakespeare,1564—1616)最重要的悲剧之一。该剧虽然从表面上看是一部"复仇剧",但从其深层看则旨在昭示人

---

① 海伦·加德纳:《宗教与文学》,第7页。
② 同上书,第7—8页。

的"原罪"。《李尔王》(1605年)的中心事件虽然看起来是围绕着"诚"与"伪"这样一种世俗道德展开的,但作者真正关心的则是"事物的神秘性,即'这一不可知的世界所承受的所有沉重疲惫的负担'。"[①]正因为如此,加德纳将《俄狄浦斯王》、《安提戈涅》、《哈姆雷特》和《李尔王》统称作"宗教悲剧"。它们之间的区别仅仅在于《俄狄浦斯王》和《安提戈涅》被她称作"希腊宗教悲剧"、"古代悲剧"或"公元前5世纪的雅典的悲剧",《哈姆雷特》和《李尔王》则被她称作"莎士比亚悲剧"、"伊丽莎白时代的悲剧"或"17世纪的伦敦的悲剧"。无论如何,就其为"宗教悲剧"而言,一也。宗教悲剧在悲剧杰作中占有如此大的比例,不能不说是一个值得关注、值得深思的文学现象。[②]

加德纳的难能之处在于:她不仅窥到了宗教悲剧在悲剧中的突出地位,而且还进一步深入地探究了宗教的悲剧功能,努力把宗教信仰、宗教观念和宗教情感理解为悲剧产生的重要动因。在她看来,希腊悲剧之所以能够产生出来,固然有多方面的原因(如"社会状况"等),但是,古典时期"负罪文化"对荷马时期"羞耻文化"的取代,"负罪感"因此而"变成主要的宗教情感"无论如何是一项内在的原因。[③]同样,"伊丽莎白时代的悲剧背后也有中世纪后期的宗教想象以及宗教思想和宗教信仰对罪孽、死亡和审判的日益增长的执着,它提供了龚布里奇(E. H. Gombrich,1909—2001)教授所谓的'先验图式',伟大的艺术家们通过修

---

① 海伦·加德纳:《宗教与文学》,第90页。
② 即使《费德尔》的作者拉辛(1639—1699)也被人称作"伟大的宗教诗人"或"基督宗教诗人"。参阅上引书,第136页。
③ 同上书,第108页。

正这个图式而探索着这个世界。"他还进一步解释说:"悲剧诗人的灵感,来自于对人类有能力理解历史经验之世界的信心,这和试图通过假说和实验来发现物质世界规律的精神是一致的。诗人的假说就是支配着他的时代的想象力的宗教观念。它们使他的想象力集中在他所处理的题材上并协助他编织情节。"① 她的这些判断至少可以在莎士比亚的《哈姆雷特》中得到佐证。《哈姆雷特》虽然是一出典型的"复仇剧",但却不是简单地以哈姆雷特的叔父为反方、以哈姆雷特为正方并且以正方最后战胜反方作为结局。《哈姆雷特》中没有魔鬼,但是自始至终都在展示"罪"、"恶"和"罚",不仅双方在精心安排的情节中同归于尽,而且到最后把《圣经》中的"原罪"观念展现得淋漓尽致:随着剧情的展开,哈姆雷特不仅发现了他人的邪恶,而且发现并"揭露出他自己隐藏着的罪行"。离开了基督宗教的"负罪意识",这样的剧情是永远不可能编织出来的。

宗教不仅对外国文学艺术精品有催生功能,而且对我国的文学艺术精品也同样有催生功能。如所周知,我国素有四大古典文学名著的说法。然而,这四大古典文学名著没有不以这样那样的形式与宗教有某种关联的。《西游记》的宗教性自不必言,即使其他三部古典文学名著也无不如此。就《红楼梦》而言,它的宗教色彩是相当鲜明的。人们常常拿《金瓶梅》与《红楼梦》作比,其实这是两种完全不同的言情小说。因为《红楼梦》的思想性和宗教性不仅为《金瓶梅》所缺乏,而且也为我国许多相当一部分文学作品所缺乏。《红楼梦》的宗教色彩不仅表现在剧中有作为癫

---

① 海伦·加德纳:《宗教与文学》,第112页。

和尚的跛足道人、亦道亦佛的空空道人、身在栊翠庵的妙玉和佛在嘴边的刘姥姥，也不仅仅表现在其中有一首《好了歌》，更重要的是在于它的根本旨趣和基本结构都是奠放在宗教观念和宗教情感上面的。只有从后面这个角度来思考问题，作者对《红楼梦》全书情节的处理以及其对众多人物命运的安排才能够得到合理的解释，读者才能透过"满纸荒唐言"觉解作者对人生和社会的深层思考和内心的"辛酸"，进而觉解作品的巧妙构思和真实"意味"，才能成为曹雪芹心中的合格读者。① 换言之，《红楼梦》自清代乾隆年间问世以来，差不多一直是最受读者欢迎的中国古典文学著作，其根本的原因也正在于它的这样一种思想性和宗教性。《水浒传》和《三国演义》的情况虽然有别于《红楼梦》和《西游记》，但是，宗教对于它们的影响也还是存在的。例如，《水浒传》虽然写的主要是农民起义，但是既然其第一回的标题为"张天师祈禳瘟疫，洪太尉误走妖魔"，而最后一回的标题为"宋公明神聚蓼儿洼，徽宗帝梦游梁山泊"，它的整个故事情节也就被置放进了"神魔小说"的框架之中了。更何况它的"三十六员天罡下临凡世，七十二座地煞降在人间，哄动宋国乾坤，闹遍赵家社稷"的说法以及梁山起义的主题口号"替天行道"等，都具有浓厚的宗教意蕴。至于《三国演义》，虽然属于较为纯粹的历史演义小说类型，但是既然在第一回里就提到了"太平道人"张角领导的农民起义，我们就不能说它一点宗教气息也没有。更何况"天下大势，分久必合，合久必分"既是《三国演义》的卷首语（第一回第一节），又是《三国演义》的结束语（第一百二十回最后一节），

---

① 曹雪芹曾经在《红楼梦》第一回中写道："满纸荒唐言，一把辛酸泪！都云作者痴，谁解其中味。"

这与我们在希腊宗教悲剧《俄狄浦斯王》中所看到的"事在神为"或"命运"观几乎毫无二致。[①]由此看来，宗教对文学艺术精品的催生在人类文学艺术史上是一种较为普遍的文化现象。

## 三、宗教对文学艺术人才的塑造功能

宗教的文学艺术功能还表现在宗教对文学艺术人才的塑造方面。

莎士比亚有"人类文学奥林匹斯山上的宙斯"之称，无疑是人类文学史上最伟大的文学天才之一，但是，莎士比亚同时也是一个宗教情结很重的文学家。我们这样说并不只是因为他出生在一个宗教家庭，出生后即在家乡斯特拉福德镇的圣三一教堂受洗入教，死后又葬在其家乡教堂的墓地之中，而是因为他的作品到处流露出来的宗教内容、宗教情绪和宗教气氛。人们曾根据其作品中"具有大量《圣经》引证和语录"这一点断言：莎士比亚对《圣经》"了如指掌"，"比他同时代的大多数剧作家对《圣经》都精通得多"。人们甚至吃惊地发现，莎士比亚不仅熟悉英文版《圣经》，而且对日内瓦版本的《圣经》也很熟悉。[②]而后者是"人们

---

[①] 清康熙年间毛纶、毛宗岗父子在修订《三国演义》时曾用明代文学家杨慎（1488—1559）所著《临江仙》作为卷首词来概括《三国演义》的意境和宗教精神。该词为："滚滚长江东逝水，浪花淘尽英雄。是非成败转头空。青山依旧在，几度夕阳红。白发渔樵江渚上，惯看秋月春风。一壶浊酒喜相逢。古今多少事，都付笑谈中！"其中的"空"、"惯看"、"笑谈"等都使人感受到一种超然物外的宗教意境。

[②] 当时，在英国流行的《圣经》版本主要是受王权支持的"主教版《圣经》"和"詹姆斯王版《圣经》"，而于玛丽时代由受迫害的英国清教徒在瑞士出版的"日内瓦版《圣经》"则主要在民间流行。

在家里阅读而不是在教堂里被指定阅读的那种版本"。据说,"一位神学家在仔细考察了剧中出现的明显的神学隐喻之后"宣称,"莎士比亚对当时的神学概念很熟悉,因为不管他是严肃地或是戏谑地引用某个神学概念时,他都对之理解得十分正确"。据此,《莎士比亚与基督宗教教义》的作者费莱(Roland Mushat Frye)称莎士比亚不仅熟悉《圣经》,而且还"精通神学"。[①] 如果说我们从莎士比亚的作品中看到的是莎士比亚对《圣经》的"熟悉"和对基督宗教神学的"精通",则在对莎士比亚的作品的进一步考察中,我们就将发现正是莎士比亚对《圣经》的"熟悉"和对基督宗教神学的"精通"不仅铸就了他的作品的伟大,而且也铸就了他之作为作家的伟大。加德纳曾结合《哈姆雷特》非常中肯地写道:"莎士比亚戏剧的确以最为优美动人的形式表现了显然是基督宗教的观念,而在我看来,伊丽莎白时代的其他剧作家都没有做到这一点。"[②] 她还结合《哈姆雷特》的剧情具体而深入地指出:"我认为,除了他,没有任何一个剧作家对宽恕这一基督宗教基本观念有如此充满想象力的理解并如此令人难忘地表现了这一主题。……莎士比亚是描写人类本性的最伟大的诗人,因而我只能这样说:如果他的剧中需要一个以基督宗教徒身份说话的人物,那他就会以其独特的理解力和同情心富有想象力地进入基督宗教徒的体验和情感之中。"[③]

如果说是基督宗教铸就了莎士比亚的话,则曹雪芹便是由中国宗教铸造出来的。由于种种历史原因,对曹雪芹如何修习佛学

---

① 海伦·加德纳:《宗教与文学》,第 71 页。
② 同上书,第 73 页。
③ 同上。

的事迹,除了他的朋友张宜泉留下的《和曹雪芹〈西郊信步憩废寺〉原韵》表明他曾游过广泉寺外,我们几乎一无所知,但是,既然他在《红楼梦》中以"情僧"自许,称《石头记》为《情僧录》,既然他以"因空见色,由色生情,传情入色,自色悟空"为《红楼梦》的主要旨趣,既然他强调他之所以在《红楼梦》中"用'梦'用'幻'等字","是提醒阅者眼目,亦是此书立意本旨"(《红楼梦》第一回),则佛教观念、佛教情感和佛教意境对于他的内在性和实存性,就是一件不言而喻的事情了。离开了佛教观念和佛教情感,不仅作为《情僧录》的《红楼梦》不可设想,而且作为"情僧"的曹雪芹也同样不可设想。①

宗教对于文学艺术家之所以如此重要,最根本的就在于宗教具有提升文学艺术家人生境界和文学艺术境界的特殊功能。文学艺术作品固然要来于社会生活,但是文学艺术作品之为文学艺术作品,最根本的乃在于它之高于社会生活。因此,一个文学家艺术家要创造出文学艺术精品,除学养外,最根本的就是要具有超越社会生活的人生境界和文学艺术境界。中国近代文学家王国维(1877—1927)在其《人间词话》中曾提出过著名的"境界说",断言:"词以境界为最上。有境界,则自成高格,自有名句。"②这是很有见地的。他还进而将境界区分为两种:"有我之境"与"无我之境"。而所谓"无我之境",其实是一种"以物观物"之境,一种"不知何者为我,何者为物"、"物我两忘"或"物我浑然一体"之境,一种"出乎其外"之境,一种舍之作品即不可能"宏

---

① 据吴恩裕(1909—1979)考证,曹雪芹即空空道人。参阅吴恩裕:《有关曹雪芹十种》,中华书局1963年版,第132—133页。
② 王国维:《人间词话》,译林出版社2009年版,第1页。

壮"、"雅量高致"之境,一种舍之作品即便有"貌"也不可能有"神"之境,一种"豪杰之士能自树立"之境。① 然而,不难看出,王国维所说的这种"无我之境",说到底,也就是我们通常所说的"宗教之境"。王国维非常欣赏苏轼,说苏轼(1037—1101)的作品"雅量高致","有伯夷、柳下惠之风",② 可见他所欣赏的正是苏轼的"超然物外"的宗教意境,亦即苏轼所说的那样一种"身在山外"或青原惟信(约671—740)所说的"山还是山"的禅境。③一个文学艺术家一旦有了这样一种人生境界和文学艺术境界,他就势必具有一种超乎寻常的"宗教想象力",他的作品也就势必因此而"自成高格","跌宕昭彰,独超众类"。我国宋代诗人苏轼如此,英国剧作家莎士比亚如此,清代小说家曹雪芹亦复如此。

在讨论宗教的文学艺术功能时,下面几点是需要特别注意的。首先,我们这里所说的"宗教",所意指的并非是一种偏执的宗教信仰和神学理论,而是一种宗教精神和人生境界,一种宗教想象力。我们正是从这个意义上来强调宗教文学艺术功能的普适性的。一如加德纳在《宗教与文学》一书的结尾处所说:"在每个时代之中,诗人们都根据那个时代的力量和局限,在人生的众多形象之中,展示了人作为一种能进行宗教崇拜的动物的形象,从而找到了种种方式来丰富我们的想象。"④ 其次,偏执的宗教信仰和神学理

---

① 王国维:《人间词话》,译林出版社2009年版,第2、3、29、37页。
② 同上书,第29页。
③ 苏轼《题西林壁》云:"横看成岭侧成峰,远近高低各不同。不识庐山真面目,只缘身在此山中。"青原惟信禅师也说过:"老僧三十年前未参禅时,见山是山,见水是水。及至后来,亲见知识,有个入处。见山不是山,见水不是水。而今得个休歇处,依前见山只是山,见水只是水。"
④ 海伦·加德纳:《宗教与文学》,第219页。

论非但不能铸就文学艺术精品，反而使文学家和艺术家常常处于一种"带着镣铐写作"的状态，① 从而即使有所成就，也只能生产出一些二流，乃至末流的作品。第三，尽管在许多时候，在许多领域，宗教都发挥了积极的铸就文学艺术精品和文学艺术人才的功能，但是，需要指出的是，从整体上讲，在文学艺术史上，宗教的推动作用和铸造功能还是第二位的。根本否认宗教的文学艺术功能是片面的和不可取的，无限夸大宗教的文学艺术功能也同样是片面的和不可取的。

## 第三节　宗教的哲学功能

### 一、宗教与哲学关系的历史演绎："哲学乃是同宗教并无二致的活动"

作为一种意识形态或文化形态，宗教较之哲学是时间在先的。不仅哲学的产生同宗教密切相关，而且哲学自产生之日起，就同宗教结下了不解之缘。

作为一种意识形态或文化形态，哲学是在宗教观念的基础上萌生出来的。就西方哲学来说，这是相当明显的。著名的希腊哲学史专家莱昂·罗斑（Léon Robin，1866—1947）在谈到希腊哲学的源头时，强调指出：一部希腊哲学史，"首先是从要对公共思想上的道德要求有明确的意识，或从宗教信仰中抽出它所包含的

---

① 海伦·加德纳：《宗教与文学》，第147页。

关于宇宙过去或现在的历史的各种观点的努力开始"。而这种思考的原始努力,是一种"社会性"的事情,也就是说,它是以一种"非个人的、不清楚的、继续不断的方式"完成的,而且它总是"伴随着并表现着""风俗与宗教"的进程,以及力求"驾驭自然"的技术的进程。这不仅可以从荷马的史诗中,而且也可以从赫西阿德的作品中看出来。赫西俄德的《神谱》不仅提到了"一切事物"的"规则",提到了"一切事物"的"最初的始基",提到了生养万物的"大地和散布着星辰的天空"以及"含盐的海洋";而且还提到了由"混沌"而"大地"、星空、山脉、海洋而宇宙万物的宇宙起源论。在奥非斯教的"创世记"里,一方面把神看作"万物的安排者",另一方面又宣布水和一种泥状物质乃万物的本原。所有这些都预示了后来的自然哲学。[1] 正因为如此,另一个著名的希腊哲学史家昂利·贝尔明确地提出了"希腊哲学出于道德和宗教"的观点;[2] 黑格尔虽然反对哲学始自宗教和神话的观点,但是却并不否认哲学缘于宗教和神话的观点,因为在黑格尔看来,按"时间次序""在先"的宗教或神话其本身即"潜伏"有"完全普遍的对象",即"实质的内容、思想、哲学原则"。[3]

哲学一经产生就同宗教建立了相当密切的关系。就西方哲学来说,宗教不仅构成了古希腊罗马哲学的起点,而且也同古希腊罗马哲学的内容始终保持着密切的关系。不仅泰勒斯、阿那克西曼德、毕达哥拉斯、色诺芬尼、巴门尼德、赫拉克利特、苏格拉

---

[1] 参阅莱昂·罗斑:《希腊思想和科学精神的起源》,陈修斋译,段德智修订,广西师范大学出版社2003年版,第24—33页。

[2] 同上书,序第2页。

[3] 参阅黑格尔:《哲学史讲演录》第1卷,第62—91页。

底、柏拉图的哲学思想同宗教有这样那样的关联,而且亚里士多德还径直把他的"第一哲学"宣布为"神学",他之后的许多哲学家,如斐洛(Philo Judeaus,约公元前 25—公元 40)、普罗提诺(Plotinus,约 204—270)等,更是使他们的哲学具有鲜明的宗教色彩。由此看来,西方哲学史家梯利(Frank Thilly,1865—1934)的"希腊哲学以宗教始,以宗教终"这句名言是颇为中肯的。在西方哲学的后来的发展中,宗教同哲学的关联进一步超出了"本体论",差不多达到哲学的所有的领域,并在这种关联中逐步获得了主导地位,以至于奥古斯丁提出"基督教是真正的哲学",达米安提出"哲学是神学的婢女",而托马斯·阿奎那则宣称哲学和神学是关于同一真理的两门科学。无怪乎黑格尔在谈到中世纪西方哲学时强调:"宗教不仅有一般的思想作为它的内在内容,潜伏在它的神话、虚幻的想象、传统的历史里;对于这种内容,我们首先必须从神话里加以发掘,形成哲学思想;而且宗教又具有显明的思想的形式作为它的内容。""我们甚至在宗教中还遇见显明昭著的哲学,譬如教父的哲学。经院哲学基本上是神学,在这里,我们发现神学与哲学的结合。"[①] 诚然,通过文艺复兴运动和启蒙运动,哲学开始致力于摆脱宗教或神学的羁绊,走上独立解放的道路,但是,宗教对哲学的影响依然始终存在。事情确如黑格尔所指出的:"神在近代哲学中所起的作用,要比古代哲学中大得多。"因为在近代哲学中,"只有神拥有一种特权,担负着理解不可理解的东西的重任"。这样,理解占支配地位的思想前进到什么地步,宇宙就前进到什么地步;"理解在什么地方停止了,宇宙就在那里

---

[①] 参阅黑格尔:《哲学史讲演录》第 1 卷,第 64—65 页。

停止了，神就在那里开始了。"① 不仅如此，即使当代西方哲学也总是以这样那样的方式同宗教保持着一定的联系。尽管萨特的哲学享有"马克思主义的存在主义"或"无神论的存在主义"的声誉，但他依然不时地以宗教或基督宗教作为他的思想的一个重要的思想背景。他说过："是人，就是想成为上帝，或者可以说，人从根本上说就是要成为上帝的欲望。"他还说过："人作为人自失以便上帝诞生"，"人是一种无用的激情。"② 显然，离开了宗教或基督宗教，他的这些话，甚至他的整个存在主义哲学体系便都相当费解了。

但是，我们在讨论宗教同哲学的关系时，还必须看到：存在于宗教同哲学之间的是一种双向互动的关系，不仅有宗教对哲学的影响，而且还有哲学对宗教或神学理论形态的影响。例如，在西方，中世纪托马斯主义就是在中世纪阿拉伯哲学以及古希腊亚里士多德哲学著作的翻译和研究的基础上酝酿产生出来的。再如，近代基督宗教的自然神论显然同近代理性主义哲学思潮有密切的联系，而马塞尔的基督教存在主义以及蒂利希的"本体论主义"则无非是当代西方存在主义哲学的一个变种。在中国思想史上有所谓"三教合一"的说法，但是，所谓"三教合一"，真正说来，所意指的则无非是道教和佛教对儒家政治伦理思想的认同或同一。同时，在中国宗教思想史上，道家哲学对佛教的中国化或本土化以及佛教哲学对道教内丹学的生成都发挥了无可替代的作用。此外，宗教对哲学之间的关系既有互存互动的一面，也有相互矛盾

---

① 黑格尔：《哲学史讲演录》第 4 卷，贺麟、王太庆译，商务印书馆 1978 年版，第 184 页。

② 萨特：《存在与虚无》，陈宣良等译，生活·读书·新知三联书店 1987 年版，第 725、785 页。

相互对立的一面。例如，在欧洲中世纪，基督宗教的"万流归宗"的地位，就在一定程度上妨碍了哲学的相对独立的发展，使得哲学差不多成了基督宗教神学的一个"分支学科"，而在近代的理性启蒙时代，哲学，特别是法国哲学，就曾对基督宗教及其神学开展了讨伐活动。再如，中国历史上的所谓"三武一宗"的灭佛事件，固然如上所述，有其深刻的社会原因，但是，如果就文化层面看问题，哲学（儒学）同宗教（佛教）的矛盾、对立和冲突无疑是一个重要的原因。

宗教同哲学之间的这样一种既相互矛盾相互对立又相互依存相互推动相互渗透相互补充的关系不是偶然的，如果从文化层面看问题，归根到底是由宗教及其神学同哲学的本质规定性决定的。宗教同哲学之间之所以长期以来一直保持着一种相当密切或相当有力的相互关联相互影响的关系或一种互存互动的关系，最根本的就在于如黑格尔所强调指出的，两者都是以"完全普遍的对象"为"内在内容"的，也就是说，两者都是以思考自然、社会和人类思维的终极根据或终极实存为其文化特征的。① 针对有学者断言宗教为非世间事物的认识而哲学乃世间事物的智慧这一说法，黑格尔曾强调指出："哲学并非世间的智慧，而是对非世间者的认识"，是"对永恒者、作为上帝者以及与其自然相关联者之认识"。"哲学对宗教进行阐释，也就是对自身进行阐释；对自身进行阐释，也就是对宗教进行阐释。……哲学乃是同宗教并无二致的活动。"② 它们之间之所

---

① 黑格尔曾经强调指出："科学是通过形式的独立的知识一般地与哲学有关联，而宗教虽由于内容与科学相反，却通过内容与哲学有关联。"参阅黑格尔：《哲学史讲演录》第1卷，第62页。

② 黑格尔：《宗教哲学》（上），第17页。

以长期以来始终存在着一种相互矛盾、相互对立的关系,归根到底是由于它们虽然在"内容"方面"相同",但表达这同一内容的"形式""却异"。因为哲学是以"概念"或"思想"的形式表达其内容的,而宗教则主要是以"感情"和"表象"的方式来表达其内容的。①黑格尔想要指出的是:宗教与哲学之间的这样一种差异或区别并不妨碍它们之间建立一种相互依存相互补充的关系。因为哲学所满足的主要是作为认知主体的人的需要,而宗教所满足的则主要是作为生存主体的人的需要,从而两者对于现实的历史中的人来说是并行不悖的。

宗教与哲学之间的这样一种互存、互动、互补、互渗的关系在人类文化史上往往是以两种基本的形式表现出来的,即一方面以"宗教的哲学"(religious philosophy)的形式表现出来,另一方面以"宗教哲学"(philosophy of religion)的形式表达出来。宗教的哲学与宗教哲学的差异主要在于宗教和哲学在其中的地位方面的区别。在宗教的哲学中,例如在教父哲学和经院哲学中,宗教及其神学居主导地位;而在宗教哲学中,哲学则居主导地位。正因为如此,宗教的哲学虽然也可以看作是哲学的一种特殊的形态,但它首先是一种神学理论;而宗教哲学则原则上属于哲学,是哲学的一个分支学科,而且自宗教学问世以来,它又构成了宗教学的一个分支学科。②从发生学的立场看问题,宗教的哲学一般来说是时间在先的,但是宗教哲学的产生并不意味着

---

① 参阅黑格尔:《哲学史讲演录》第1卷,第78页;《法哲学原理》,第351页。黑格尔在其中说道:"宗教和哲学有一共同的内容,只是形式不同罢了。"
② 参阅赵敦华:"《当代西方宗教哲学》中文版前言",见迈·斯图沃德:《当代西方宗教哲学》,周伟驰、胡自信、吴增定译,赵敦华审定,北京大学出版社2001年版,第1页。

"宗教的哲学"的隐退。因为凡神学都是需要理性论证，因而归根到底是需要哲学的。可以说，离开了理性论证，离开了哲学，任何严密、系统的神学理论体系都是不可能建立起来的。海涅（Heinrich Heine，1797—1856）1834年在其《论德国宗教和哲学的历史》中曾经宣布康德的《纯粹理性批判》"砍掉了自然神论的头颅"。[①] 但是，事实上，人们用理性或哲学论证上帝存在的努力却并没有因为康德的这本书的出版而完全放弃。例如，当代基督宗教哲学家普兰丁格（Alvin Carl Plantinga，1932— ）等人便使用模态逻辑提出了一个关于上帝存在的本体论证明的现代新版本，而斯文伯恩不仅回应了人们对设计本体论证明的批评，而且还提出了一个关于上帝存在的宇宙论证明的新版本。由此看来，只要宗教存在一天，宗教的哲学也就势必会存在一天。

## 二、宗教对形而上学（本体论）的助推功能

我国第一部《宗教哲学》的作者谢扶雅曾将哲学的内容分为三大类：形而上学（宇宙论或本体论），认识论（方法论）和人生哲学（人生论）。[②] 鉴此，我们在考察宗教的哲学功能时，将依次对它的形而上学（本体论）、人学（人生哲学）和认识论（方法论）功能做出考察。

宗教的形而上学（本体论）功能在中国哲学史上的表现是相当充分的。关于中国儒学的发展史，人们虽然曾给出了种种不

---

[①] 海涅：《论德国宗教和哲学的历史》，第101页。
[②] 参阅谢扶雅：《宗教哲学》，山东人民出版社1998年版，第16页。

同的解释，如冯友兰提出了"两期说"，牟宗三和杜维明提出了"三期说"，而李泽厚则提出了"四期说"，但是，无论如何，大家还是普遍地承认和强调了先秦儒学与宋明儒学的区别。而宋明儒学超越先秦儒学的根本处不在于别的，正在于它的更为鲜明的形而上学色彩上。先秦儒学采取"就事论理"的进路，强调的是形而上与形而下的关联性与浑然一体性。而宋明儒学采取的则是"就理论理"的进路，开始强调形而上与形而下的区分，自觉地将自己的哲学思考定格在形而上的层面上。朱熹不仅将"无形的理"规定为自己哲学的最高范畴，而且把这一点说得很明白："形而上者，无形无影是此理。形而下者，有情有状是此器。"① 尽管朱熹强调"性即理"，而陆九渊和王阳明强调"心即理"，但他们之强调"无形的理"或"形上的理"则是一致的。然而，促成宋明儒学迈出这一步的一个重要动因便是中国宗教。朱熹坦然承认道家道教对宋明理学的影响。他曾经说过："至妙之理，有生生之意焉，程子所取老氏之说也。"② "康节说形而上者不能出庄、老，形而下者则尽之矣。"③ 陆九渊虽然声明他的心学"因读孟子而自得之"，④ 但是他的心学却还是被朱熹说成是"昭昭灵灵"的禅学。⑤ 明末清初的潘平格（1610—1677）讲"朱子道，陆子禅"，⑥ 看来此言不诬也。毋庸讳言，无论是朱熹的理学还是陆九渊和王守仁（1472—1529）的心学都对中国宗教做了批评，但

---

① 《朱子语类》卷九十五。
② 《朱子语类》卷一二五。
③ 《朱子语类》卷一四〇。
④ 《象山先生全集》卷三十五。
⑤ 参阅《朱子语类》卷一二四。
⑥ 转引自李塨：《恕谷后集》卷六《万季野小传》。

是他们对中国宗教的批评，与其说是在否定中国宗教思想，毋宁说是在正本清源，在进一步发展中国宗教思想。就朱熹而言，他之所以批评道家道教，不是因为道家道教的经典不可取，而是因为他觉得道家道教思想家对这些经典中的"至妙之理"熟视无睹，"解注者甚多，竟无一人说得他本义。只据他臆说。"①而他之所以批评佛家说空，不是因为佛家不应当说空，而是因为佛家在说空之后不知道还有个"实的道理"。②就王守仁而言，他之批评道家（仙家）和佛家，也不是因为他们说"虚"说"无"，而是因为道家（仙家）和佛家只从"养生"方面讲"虚"，只从"出离生死苦海"方面讲"无"，而没有进一步"于本体上"讲"虚"讲"无"，从而丧失了"虚无的本色"。③正因为如此，冯友兰先生说："新儒家比道家、佛家更为一贯地坚持道家、佛家的基本观念。他们比道家还要道家，比佛家还要佛家。"④所谓青出于蓝而胜于蓝，此之谓也。

如果说中国宗教在中国形而上学（本体论）的演进中扮演了一个极其重要的角色的话，则西方宗教在西方形而上学（本体论）的演进中也同样扮演了一个极其重要的角色。我们知道，存在论，作为西方形而上学或本体论的一个中心论题，虽然在其两千多年的历史演进中，呈现出千差万别的样态，但是，我们还是可以将其大体区分为本质主义的存在论和存在主义的存在论两种。在古代希腊哲学中，尽管从巴门尼德（Parmenides of Elea,

---

① 《朱子语类》卷一二五。
② 《朱子语类》卷一二六。
③ 王守仁:《传习录》下,《全书》卷三。
④ 冯友兰:《中国哲学简史》,北京大学出版社1998年版,第272页。

约公元前515—前5世纪中叶）到柏拉图再到亚里士多德，存在论的形态不断地改变着它的样态，但是，从总体上讲，我们还是可以将其统统视为本质主义的存在论。至现当代，尽管海德格尔（Martin Heidegger，1889—1976）的"基础本体论"、萨特（Jean-Paul Sartre，1905—1980）的"现象学本体论"、马塞尔（Marcel Duchamp，1887—1968）的"基督教存在主义"和马里坦的"存在的存在主义"之间存在着许多差别，但它们从总体上讲则属于存在主义的存在论。不难看出，这样两种存在论的差异是相当明显的。因为对于本质主义的存在论来说，最实存的东西是"思维活动"，是由思维活动派生出来的"抽象概念"和"逻辑范畴"，而对于存在主义的存在论来说，最实存的东西则是"存在活动"和作为存在活动主体的"此在"，是伴随着存在活动的"在世"和"能在"。与此相应，本质主义的存在论的基本公式是"本质先于存在"，而存在主义的存在论的基本公式则是"存在先于本质"。既然如此，则从古希腊的本质主义的存在论向现当代的存在主义的本体论的转变就势必构成了西方形而上学或本体论的发展史上最重大的理论事件。然而，正是在这一意义重大的理论事件中，我们看到了宗教或宗教哲学的巨大功能。因为我们正是在中世纪经院哲学中，在波爱修（Boethius，约480—524）、阿维森纳（Avicenna，980—1037）、拉波里的吉尔伯特（Gibert de la Porrée，1070—1154）、奥维尼的威廉（Guilelmus Auverrunus，1180—1249）和托马斯·阿奎那的著作中，看到了存在与本质的区分、实存论与逻辑学的区分、存在活动对思维活动的优先性以及存在对于本质的优先性，而所有这些，无疑都是现当代存在主义的存在论得以产生的精神资源。① 而中世纪经院哲学家之提出这样一些具有革命性的形而上学观念或本体论观念也不是偶然的。因为既然在基督宗教看来，上帝的基本活动乃一种使万物得以存在的创造性活动，既然上帝的本质即为一种"纯粹存在"，一种"存在活动"，则服务于基督宗教的中世纪经院哲学家提出并论证上述概念就是一件再自然不过的事情了。尽管造成西方形而上学或本体论史上这样一场革命的原因是多方面的，但是，无论如何，基督宗教以及为基督宗教服务的中世纪经院哲学是一个不可或缺的因素。

## 三、宗教对人学（人生哲学）的助推功能

宗教不仅对形而上学（本体论）有明显的助推功能，而且对人学（人生哲学）也有明显的助推功能。

在西方哲学史上，宗教对人学（人生哲学）的助推功能是相当明显的。例如，在古代希腊，虽然许多哲学家对人学或人生哲学发表了不少意见，但是，总的来说，这个时期，只有"魂学"而尚无"人学"，因为他们所说的人归根到底是一种"灵魂"。诚然，希腊哲学家也不是不讲人的身体，但是，人的身体在他们那里始终是消极的否定的东西，是应当由人的灵魂加以限制或约束的东西。柏拉图虽然也有"可见的人"（人的形体）和"不可见的人"（人的灵魂）的说法，② 但是他始终强调的却是人的本性在于灵魂：人不是灵魂与身体的复合，而是利用身体达到一定目的的灵魂。柏拉图不仅

---

① 参阅段德智：《阿奎那存在论研究》"总序"和"序"，载董尚文：《阿奎那存在论研究》，人民出版社 2008 年版，"总序"第 3—4 页；"序"第 1—8 页。
② 柏拉图：《斐德罗篇》，279c。

强调灵魂对身体的支配或统摄作用,而且还将灵魂与身体的关系内在化,使之变成灵魂内部理性和欲望的关系。在《理想国》中,柏拉图将灵魂区分为理性、激情和欲望三个部分,强调理性对于情感和欲望(肉体欲望)的支配。在《斐德罗篇》中,柏拉图将灵魂比作两驾马车:理性是驭马者,激情是驯服的马,欲望是桀骜的马,强调的也是理性对情感和欲望的支配。在《蒂迈欧篇》中,柏拉图断言理性在人的头部,激情在人的胸部,欲望在人的腹部,进一步形象地强调了理性灵魂的优越地位。① 亚里士多德虽然从"质型论"的立场,反对了柏拉图将灵魂视为独立实体从而将灵魂视为人的本性的观点,强调了灵魂与身体的不可分离性,强调了人是灵魂与身体复合而成的实体,但是,由于他把灵魂定义为"潜在地具有生命的自然形体的形式",把人理解为"理性的动物",从而也就赋予了灵魂对人这个实体的普遍的决定作用,重新回到了柏拉图的立场上了。但是,随着基督宗教及其哲学的出现和发展,情况却发生了比较根本的变化。希腊护教士阿萨纳戈拉斯(Athenagoras,2世纪下半叶)在《论死者复活》一文中,首次强调了基督宗教与希腊哲学不同,它所关心的不仅仅是人的灵魂,而且还有人的身体,从而它所关心的是全整的人。首先,上帝既然创造的是人,则他所创造的便不只是人的灵魂,而且还有人的身体。其次,上帝所创造的人的永恒性,既包括灵魂的永恒,也包括身体的永恒。第三,上帝创造的人必须接受上帝的公正的审判。审判既然以人的行为为依据,则上帝的公正便既要求灵魂不朽,又要求肉身不朽。另一个希腊护教士伊里奈乌(Irenaeus,约120—202)从末日审判的角度出

---

① 柏拉图:《理想国》,444b;《斐德罗篇》,246a—b;《蒂迈欧篇》,69d。

发，针对柏拉图和亚里士多德的灵魂观，特别强调了身体对灵魂的决定作用，断言：灵魂不仅与身体不可分离，而且"也具有身体的形状"；灵魂一旦与一个身体结合，就始终保持着它的形状，即使在这个人死后，灵魂的还依然保持着它的形状，从而在末日审判时也能够"被辨认出来"。① 希腊教父奥立金（Origen Adamantinus，185—254）针对柏拉图和亚里士多德对人的本性的片面规定，强调人具有"两种本性"：一方面是柏拉图和亚里士多德所强调的"不可见的理性"，另一方面是"可见的、有形的本性"。其中前者是影响灵魂的目的与自由意志，前者则是支配身体欲望和活动的动物本能。② 拉丁护教士德尔图良根据《哥林多前书》的说法，点名批判了柏拉图的肉体是灵魂的"监狱"的观点，强调"肉体是'上帝的殿堂'"。他还依据《圣经》中关于上帝用泥土造人，用生气造就灵魂的故事强调人的身体对于人的灵魂的在先性，强调"人首先是泥土，只是到了后来才成为完整的人。"③ 至经院哲学家托马斯·阿奎那，基督宗教哲学的身体学说得到了进一步的系统化。阿奎那不仅进一步批判了柏拉图派关于"人是使用肉体的灵魂"的观点和"灵魂在肉体之中犹如舵手在船只之中"的观点，而且还批判了阿维洛伊的"独一理智论"，进一步强调了身体（质料）在人和灵魂的存在和个体化方面的能动作用，尽管在他看来，身体（质料）只是人和灵魂存在和个体化的"部分原因"，而不是其"全部

---

① 伊里奈乌：《驳异端》第2卷，第28章，第2节；第2卷，第34章，第1节。
② 奥立金：《第一原则》第3卷，第5章，第7节。
③ 德尔图良：《论灵魂》第53章；《论肉身复活》第10章。18世纪法国唯物主义者拉美特里在《心灵的自然史》中曾高度评价了德尔图良的这一立场（参阅拉美特里："心灵的自然史"第1章，北京大学哲学系外国哲学史教研室编译：《十八世纪法国哲学》，商务印书馆1979年版，第196页）。

原因"。① 毫无疑问,从片面的"魂论"到注重人的身体的"人论"对于西方人学(人生哲学)的发展具有无比深远的意义。即使单单从这一个方面看,宗教对西方人学(人生哲学)的助推功能就是一件绝对不容忽视的事情了。

中国宗教在中国人生智慧的丰富方面也是发挥了巨大的功能的。中国哲学长期以来受儒家"修身"、"齐家"、"治国"、"平天下"思想的影响,特别关注人的承担意识和使命意识。佛教强调破除"法执"和"我执",强调无念、无相、无住的人生态度和做"自了汉"、持"平常心"及精进无畏的精神境界,使人得以超脱现实,获得不为情移、不为境迁的保持自我的定力。道教或道教哲学对中国哲学的影响虽然主要体现在宇宙发生论方面,但是在生命哲学和修炼功夫方面也有其重大的影响。道教生命哲学以精、气、神为生命三要素,其炼养原理为"生道合一",② 其炼养功夫为"性命双修",在中国哲学史上独树一帜,无论对儒家哲学还是对佛教哲学都有深广的影响,使它们不再偏重单纯的心性之学而逐步兼重养生、炼形,其意义也是不容低估的。

## 四、宗教对认识论(方法论)的助推功能

宗教的哲学功能还鲜明地表现在宗教对认识论(方法论)的助推方面。

---

① Cf. *Saint Thomas Aquinas Philosophical Text*, ed. by T. Gilby, Oxford, 1960, p. 201.

② 《太上老君内观经》说:"道不可见,因生以明之。生不可常,用道以守之。若生亡则道废,道废则生亡。生道合一,则长生不死,羽化神仙。"

宗教的认识论（方法论）功能首先表现在对批判哲学的催生方面。早在两千多年前，柏拉图便说过一句闪烁千古的名言："哲学始自诧异"，①将哲学的怀疑品格和批判精神明白不过地表达出来了。然而，哲学犹如人的眼睛，它能够用怀疑的眼光和批判精神审视万物，独独不能够用怀疑的眼光和批判精神审视哲学自身，从而致使哲学每每陷入这样那样的独断主义。然而，哲学的这种惟我独尊的傲慢态度在其漫长的发展过程中，还是遭受到了种种打击，其中来自宗教和宗教哲学方面的打击尤为惨重。这种情况在西方哲学史中表现得极为明显。希腊哲学家常常以智慧女神雅典娜的化身自居，然而自基督宗教产生以来，他们的这样一种自尊心便不断地受到各种各样的挑战和打击。早在基督宗教哲学产生初期，德尔图良便以"惟其不可能，我才相信"向希腊哲学和希腊理性发起了挑战。②至中世纪，达米安虽然放弃了德尔图良的完全拒斥希腊哲学的极端主义立场，但却从根本上否定了哲学的独立地位，宣称："哲学应当像婢女服侍主人那样为神圣的经典服务。"③在宗教改革运动中，马丁·路德更是发出了"理性娼妓"的咒语。④至现当代，一些宗教思想家甚至把对理性或哲学的批评的怒火烧到了基督宗教思想家内部。克尔凯郭尔（Søren Aabye Kierkegaard，1813—1855）在《哲学片断》中区分了"苏格拉底的宗教"与"耶稣基督的宗教"，宣布："对永恒者的理解"的首

---

① 柏拉图：《泰阿泰德篇》，155D。
② 参阅德尔图良：《论基督肉身》，第15章。德尔图良写道："上帝之子死了，这是完全可信的，因为这是荒谬的。他被埋葬又复活了，这一事实是确实的，因为它是不可能的。"
③ 转引自 D.Knowles, *The Evolution of Medieval Thought*, London, 1962, p.96。
④ 参阅巴雷特：《非理性的人》，第28页。

要条件即是"悬置理性"。① 新正统主义代表人物巴特在其名著《教会教义学》中公然向托马斯·阿奎那开启的"自然神学"开火,以"自然神学——Nein(非也)"的公式根本堵塞了"对上帝之道认识"的"人类学"通道。② 应该指出的是,这些宗教思想家对哲学或理性采取这样一种极端的批评或否定态度不是偶然的,而是由宗教的内在本质决定的。既然如前所说,宗教的特殊本质在于它的信仰对象的超越性和神秘性,在于人的理性的不可认知性,则为要正确地感受或领悟宗教及其信仰对象,我们就必须另辟途径,从而批判人类理性的万能,批判人类对其理性的迷信就是一件在所难免的事情了。而且,倘若从潜功能的立场看问题,宗教思想家对哲学和理性的上述批评对哲学的发展无疑是产生了极其深远的影响的。这是因为,虽然早在中世纪之前,一些哲学家,如高尔吉亚(Gorgias,约公元前5世纪)、皮浪(Pyrrhon,约公元前360—前270)和塞克斯都·恩披里克(Sextus Empiricus,2世纪)等,就开始对独断哲学和理性进行反思了。但是,他们的努力似乎没有对后来的哲学发展产生重大的影响。然而,经过基督宗教思想家的持续批判和不懈努力,情况终于发生了比较重大的变化。在近现代和当代哲学中,独断主义,作为一种哲学思潮,再也没有像古希腊时期那样,在哲学界享受过独尊的地位。不仅许多一流哲学家,如康德和胡塞尔等,纷纷打出"批判哲学"的旗号,而且即使那些独断主义哲学家,如笛卡尔等,也将自己的独断性的哲学奠基于怀疑主义的前提之上。所有这一切,离开了宗教思想家对独断哲学和理性万能论的批判,几乎是不可想象的。

---

① 参阅利文斯顿:《现代基督教思想》下卷,第630页。
② 同上书,第663—664页。

从这个意义上说，宗教对批判哲学的催生功能是不容否认也是不容低估的。

宗教的认识论（方法论）功能还表现在宗教对否定的方法或负的方法的持守和肯定上。冯友兰先生曾经将形而上学的方法概括为两种："正的方法"和"负的方法"。他还特别地强调了"负的方法"的哲学意义："正的方法的实质，是说形而上学的对象是什么；负的方法的实质，则是不说它。这样做，负的方法也就启示了它的性质和某些方面，这些方面是正的描写和分析无法说出的。"[1] 正因为如此，在方法论上，宗教神学对于哲学的借鉴意义就显得至关紧要了。因为尽管正的方法在宗教神学中也有一定的意义和价值，但是，既然宗教神学的根本目标在于言不可言或道不可道，则负的方法就势必成为宗教神学的根本大法。就基督宗教神学而言，尽管在方法论方面，宗教思想家们往往见仁见智，但是，一个不容否认的事实是，几乎没有一个基督宗教思想家完全否认否定方法的。托马斯·阿奎那，这个西方中世纪最为著名的基督宗教神学家和哲学家尽管开了自然神学的先河，但在他的神学论证中，他还是在运用"由果溯因的演绎论证"和"作为卓越之路的类比方法"之外，坚持运用"作为去障之路的否定方法"。按照托马斯·阿奎那的说法，他也是不能不如此的。"由于我们不可能知道上帝是什么，而只能知道他不是什么，因而我们没有任何手段考察他如何是，而只能考察他如何不是。"[2] 既然如此，文艺复兴时期杰出的德国神哲学家尼古拉·库萨将基督宗教关于上帝

---

[1] 冯友兰：《中国哲学简史》，第293页。
[2] 托马斯·阿奎那：《神学大全》第1集，第1卷，段德智译，商务印书馆2013年版，第39页。

的学问称作"有学问的无知",就是一件非常合适的事情了。不仅基督宗教神学家强调否定的方法或负的方法,而且犹太教神学家也同样非常强调否定的方法或负的方法。最著名的中世纪犹太哲学家迈蒙尼德(Moses Maimonides,1135—1204)在他的名著《迷途指津》中也突出地强调了犹太教神学的否定方法。迈蒙尼德指出:既然人对上帝的本质一无所知,则"除了通过否定,人无法获得关于上帝的知识。"他甚至强调说:"每当你确证一种用以指称上帝的否定事物,你就变得更加完善一些,而每增加一个由臆想而来的肯定说法,都会使你远离有关上帝的真知。"① 佛教思想家也非常重视否定的方法,他们称之曰"遮诠"。五代禅师延寿(904—975)在《宗镜录》卷三十四中对遮诠法解释说:"遮,谓遣其所非;……又遮者,拣却诸余;……如诸经所说真如妙性,每云'不生不灭,不垢不净,无因无果,无相无为,非凡非圣,非性非相'等,皆是遮诠。"宋代诗僧惠洪(1071—1128)在《石门文字禅》卷十八中在谈到遮诠法时也说:"但遮其非,不言其是;婴儿索物,意正语偏。"他们的这些话都在告诉我们,我们之所以必须运用遮诠法,最根本的乃在于我们对于言说对象(真如妙性)的无知。我国的道家道教可以说是把负的方法运用到了极致,其《道德真经》的第一句话即是:"道可道,非常道;名可名,非常名。"诚然,正的方法或分析的方法对于一个完全的形而上学系统也是重要的,但是,负的方法对于一个完全的形而上学系统来说更为重要。这主要是因为既然形而上学的对象,与宗教的信仰对象一样,都是我们人类无法完全认识的终极实存,我们在任何情

---

① 摩西·迈蒙尼德:《迷途指津》,傅有德、郭鹏、张志平译,山东大学出版社1998年版,第130页。

况下，便都不可能完全舍弃否定的方法或负的方法。因为诚如冯友兰先生所说，对于一个形而上学体系来说，"如果它不终于负的方法，它就不能达到哲学的最后顶点"；① 换言之，它就只能是一种残缺的或常识性的说教，而不可能成为一个真正的完全的形而上学系统。由此看来，积极借鉴宗教神学的得到充分发展的否定的方法或负的方法，实在是哲学发展自身、完善自身的一条捷径。

最后，宗教的认识论（方法论）功能还表现在它对理智直观的强调上。理智直观问题在一定意义上可以说是认识论的最高问题。事物的可知形式的可能性问题乃认识论中的一个千古之谜。如果说我们可以藉理性演绎获得，那就又提出了一个新的难题，即用作理性演绎的大前提的来源问题；如果说我们可以藉归纳法获得，那就又提出了我们何以可能从事物的可感形式中获得可知形式这样一个难题。这样一个难题从古希腊时代起差不多一直困扰着大多数哲学家，并且每每使相当一部分雄心勃勃的哲学家受挫。近代著名的德国哲学家康德也就是苦于无力解决这个问题而最后陷入了对"物自体"的不可知主义的。对此，叔本华（Arthur Schopenhauer, 1788—1860）曾经相当中肯地指出：康德的"大错"不在于别的，而是在于他"没有适当地分清直观的和抽象的认识"，不知道"直观是悟性之事"；换言之，在于康德只知道感性直观而不知道理智直观。② 然而，正是在这个重大问题上，宗教思想家却给出了许多比较中肯的说明。在基督宗教哲学家中，奥古斯丁曾提出过著名的"光照说"，托马斯·阿奎那曾提出并论证过

---

① 参阅冯友兰：《中国哲学简史》，第295页。
② 叔本华："康德哲学批判"，见叔本华：《作为意志和表象的世界》，石冲白译，杨一之校，商务印书馆1982年版，第595、607页。

著名的"灵智（intellgentia）说"，[①] 而司各脱（John Duns Scotus，约1265—1308）则在"抽象知识"之外另提出了关于个别事物本质的"直观知识"。至于佛教，则更是将"悟"或"觉"规定为其第一要义，因为"佛"的意义无他，只是一个"悟"字或"觉"字。晋末竺道生（355—434）倡"大顿悟论"："夫称顿者，明理不可分，悟语照极。以不二之悟，符不分之理，理智忘释，谓之顿悟。"唐僧慧能（638—713）的"顿悟成佛"说则更进一步。竺道生虽然强调顿悟，但却不否定渐修，而慧能的"顿悟"则根本否认"渐修"，强调"前念迷即凡夫，后念悟即成佛。前念著境即烦恼，后念离境即菩提。"以至于慧能虽为禅宗领袖，竟然反对坐禅，而说"生来坐不卧，死去卧不坐，一具臭骨头，何为立功课。"[②] 可以说，没有一个宗教是不讲理智直观或悟的，它们的差别只在于对理智直观或悟强调的方式或程度方面。但是，无论如何，所有这些对于我们用来解决认识论难题都是有其借鉴的价值的。

诚然，无论是宗教的理性批判功能还是宗教的负的方法和理智直观方法，作为宗教神学的认识论和方法论，总是难免具有这

---

[①] 托马斯·阿奎那：《神学大全》第1集，第6卷，段德智译，商务印书馆2013年版，第147—148页。托马斯将"灵智"理解成"理解活动本身"或"能动理智"，以区别于被动理智或可能理智。他写道："'灵智'这个词特别表示的是理智的作为理解的活动本身。然而，在阿拉伯人的一些译著中，我们称作天使的独立的实体也被称作灵智；或许由于这个原因，这样的实体便始终在现实地理解着。但是，在希腊人的译著中（参阅问题54第3条答异议理据1），它们则被称作理智或心灵。这样，灵智之区别于理智，就不是作为能力区别于能力，而是作为活动区别于能力的。"在谈到波爱修的"灵智"观时，他写道："波爱修用'灵智'意指那种超越理性活动的理智活动。所以，他也说道：只有理性属于人类，就如只有灵智属于上帝一样，因为无需任何探究就能理解所有的事物这一点只有上帝才能够做到。"

[②] 慧能：《坛经》"疑问品"、"顿渐品"。

样那样的神秘主义。如果我们不能对之采取扬弃的态度和立场而是将其生搬硬套到哲学的认识论和方法论上，则非但不能促成问题的解决，反而将问题引入歧途。这是我们在借鉴它们时需要予以充分注意并努力予以避免的。但是，无论如何，积极借鉴宗教神学的认识论和方法论，对于改进和完善哲学的认识论和方法论都是必要的，尤其是对于我们在需要沉默的时候保持沉默这样一种谨慎的态度和立场方面是具有特殊的警醒作用的。英国皇家学会的元老、近代著名的物理学家和化学家波义耳在谈到启示真理与科学真理或事实真理的关系时，曾经说过："启示的真理如果是理性的负担，那不过犹如羽毛成为鹰的负担一样。羽毛并未因其重量而妨碍鹰的飞行，相反，它使鹰得以展翅翱翔，并且使鹰的视野比没有羽毛时更为广阔。"[①] 他的这些话是值得我们深思的。

---

① 转引自霍伊卡：《宗教与现代科学的兴起》，第63页。

# 第五篇 时代篇

世界上的万事万物都是发展变化的，宗教亦复如此。作为亚社会系统的宗教总是随着人类社会的演进而演进，随着人类社会的变化而变化。至当今时代，世界诸宗教都普遍遭遇到一些前现代社会未曾遇到或者即使曾经遭遇到但却不曾如此突出的问题。这些问题有很多，如在分析哲学冲击下的宗教经验问题、宗教语言问题、理性与信仰的关系问题和上帝存在的证明问题等等。所有这些问题，都值得我们对之作长时间的潜心研究。但是，如所周知，当代人类社会发展有两大时代性主题，这就是和平和发展，倘若这样一个高度来审视问题，我们就会发现，在当代诸多宗教问题中，最为重大的莫过于宗教世俗化和宗教对话这样两个问题。故而，在这一篇中，我们将依次对这两个问题作出说明。

# 第十章　宗教的世俗化

在现当代宗教问题中，宗教的世俗化无疑是少数几个最重大、最热门的话题之一。一些思想家，如马克斯·韦伯等，甚至视之为社会现代化的一项根本指标以及现代社会的一项主要特征。① 然而，宗教的世俗化，并不是如一些人所设想的，只是一个现当代宗教才遭遇到的重大问题，而是一个同宗教的社会性紧密相关的问题，是一个不仅应当归因于宗教的社会功能和文化功能的重大问题，而且也是一个应当归因于宗教的社会本质和文化本质的重大问题。德国新教自由派思想家特洛尔奇曾经相当中肯地指出："如果一个宗教体系拥有关于世俗世界的社会学说，那么它必然在最大的程度上是受这个世界所规定的，尤其是为这个世界的历史更替和变迁所规定。"② 因此，唯有不仅立足于时代的高度和宗教的"自否定"原则，③ 而且着眼于宗教的社会性，立足于宗教的社会和文化本质、社会和文化功能这样一种理论高度，才可能对宗教的

---

① 马克斯·韦伯:《韦伯作品集Ⅰ：学术与政治》，钱永祥等译，广西师范大学出版社2004年版，第190页。
② 恩斯特·特洛尔奇:《基督教理论与现代》，朱雁冰、刘宗坤等译，汉语基督教文化研究所1998年版，第229页。
③ 关于宗教的"自否定"原则，缪勒曾称其为"一切宗教的根本原则"。请参阅麦克斯·缪勒:《宗教的起源与发展》，第212页。

世俗化作出比较深入、比较中肯的说明。

## 第一节 宗教的世俗化与宗教的历史发展

宗教的世俗化虽然至现当代才获得了长足的进展，才拥有了其特别典型的表现形式，然而，无论如何，它并不只是一种至现当代社会才出现的宗教现象和社会现象，而是一种我们可以一直上溯到古代宗教和古代社会的文化现象，甚至是一种我们可以在宗教的社会性和神圣性中发现其理论源头的文化现象。

### 一、宗教世俗化与宗教神圣化的张力

通常认为，"世俗化"（Secularization）这个字眼在欧洲语言中最早出现在作为"三十年战争"结束语的由交战双方于1648年签署的威斯特发里亚和约里。发生在1618—1648年期间的三十年战争是欧洲历史上第一次大规模的国际战争。其结果，如所周知，以瑞典、法国和德国新教诸侯的胜利而告终，不仅使加尔文教徒享有了与路德派教徒同等的权利，而且原先由天主教会控制的大片土地被迫转交给了瑞典、法国和德国新教诸侯（如勃兰登堡、萨克森、巴伐利亚等）手里。由此看来，和约所意指的世俗化现象虽然以宗教改革为背景，但其本质内容却在于表明土地所有权从教会权利向世俗权力的转让或过渡。由此也不难看出，宗教的世俗化要告诉人们的无非是两个方面的内容：首先它所表达的是一种关系，而构成该关系的两个关系项则分别是教会组织和世俗

权力机构，因而归根到底它所表达的是宗教组织同世俗权力机构或社会权力机构的一种关系，简言之是宗教同社会的一种关系；其次，宗教的世俗化既然是"宗教"的世俗化，也就毕竟是以宗教的神圣化为前提的，因而归根到底是一种相对于宗教的神圣化而存在的东西，是一种同宗教的神圣化相对相关的东西，离开了宗教的神圣化，原本是无所谓宗教的世俗化的；第三，因此，宗教世俗化所表达的归根到底是宗教同社会、宗教组织同社会组织之间的一种张力结构或张力关系：如果说所谓宗教的神圣化所意指的无非是宗教借神圣者观念赋予社会组织一种超越的超自然的意义，那么，所谓宗教的世俗化所意指的便无非是社会组织的为宗教所赋予的超越意义的褫夺，因而归根到底是一种"非神圣化"或"去神圣化"。而世界诸宗教也正是在宗教世俗化与宗教神圣化的张力结构内，在世俗化神圣、神圣化世俗的辩证运动中不断向前发展的。①

当代宗教现象学的著名代表人物伊利亚德在《神圣与世俗》一书中曾借"神圣是世俗的反面"这样一个定义突出地强调了世俗与神圣的相对相关的性质。按照伊利亚德的理解，神圣既不只是一种玄学，也不是像奥托所设定的那样，只是一种非理性的心理体验，而且还是并且首先是人类的一种存在样式。人类是借神圣的自我表征，即借显圣物（hierophany），感受到神圣的存在的。一个显圣物，可以是道成肉身的耶稣基督，也可以是一棵大树或一块石头，一种非常普通的"自然存在"，但是，借着神圣的表征，它们的当下的存在就被转化成了某种"别的东西"，某

---

① 参阅段德智："试论现代西方基督宗教伦理思想的历史演绎、多元发展与理论困难"，《武汉大学学报》2004年第4期。

种全然不同于自然存在的"超自然存在"。因此,任何一种显圣物,就其作为神圣的一种自我表征而言,它具有神圣性,属于一种超自然存在,但是就其作为一棵树、一块石头或一个有血肉之躯的个体的人而言,它依然是一种全然世俗的东西,一种极其普通的自然存在。从这个意义上说,显圣物即是自然物,超自然存在即是自然存在,神圣即是世俗,而神圣和世俗这两种存在样式也无非是世俗社会或尘世的一种"二重化"。①

人们既然把世俗世界二重化,既然把神圣和世俗理解为两种不同的存在样式,也就赋予了它们不同乃至截然相反的意义。然而,即使宗教的人(homo religiosus)对它们的这样一种区分同样也悖论式地蕴含了它们之间相互依存的内在关联性质。例如,在宗教的人看来,神圣空间(神圣世界或天国)是明显地区别于世俗空间(世俗世界或人间)的,而神圣空间的神圣性或天国的神圣性正是借着这样一种区分或区别显示出来的。诚然,为了表达这种区分的根本性质,人们往往求诸于"空间连续性的中断"(a solution of continuity)。然而,无论如何,神圣空间的神圣性质还是惟有借同世俗空间的比较方可彰显出来、被体认出来的。离开了世俗空间,我们是不可能言说、甚至不可能想象神圣空间的。再如,神圣时间同世俗时间也有"本质上的不同"。例如,神圣时间,作为"一种被显现出来的原初神话时间",在一定程度上,"是可逆的",是可以借着宗教体验、宗教节日和宗教仪式,"无限制地重新获得"和"无限制地重复"的。然而,且不要说神圣时间的"可逆性"毕竟是相对于世俗时间的"不可逆性"而言的,

---

① 参阅米尔恰·伊利亚德:《神圣与世俗》,"序言"第2—3页。

即使对神圣时间的"重新获得"这一说法本身也必定是以世俗时间的存在为前设的。也正是在这个意义上,伊利亚德才强调说:"宗教徒总是生活在两种时间之中。"①

既然存在于神圣和世俗之间的是这样一种相对相关的关系,则人们之用否定的或消极的方式来界定世俗化,宣布所谓世俗化即是"非神圣化"或"去神圣化",就不难理解了。然而,也有一些思想家试图用肯定的或积极的方式来界定世俗化,宣布所谓世俗化即是所谓"理性化"。这显然是就人们不再用神学的方法来解释世界,转而用理性的逻辑的方法来解释世界而言的。然而,在界定世俗化的这样两种方式之间似乎也没有什么本质上的区别。因为,"理性化"的过程,如我们在下面将会看到的,在一定意义上,也就是一种"非神圣化"或"去神圣化"的过程。

世俗化的内容相当丰富,差不多涉及到人类生活的方方面面,不仅关涉人类的经济生活,而且也关涉到人类的政治生活和文化生活。而且,世俗化的表现形式也是多种多样的,既关涉到社会的种种变化,也关涉到宗教本身的变化,不仅关涉到宗教仪式和宗教组织的变化,而且也关涉到宗教观念的变化;虽然,宗教本身的变化过程与社会的变化过程往往是同步的和一致的。任何把宗教世俗化简单化的企图和努力都是不恰当的。

## 二、宗教世俗化的历史维度

既然我们初步了解了神圣与世俗、宗教的神圣化与宗教的世

---

① 参阅米尔恰·伊利亚德:《神圣与世俗》,"序言"第32—33页。

俗化的相对相关的性质，我们也就不难理解宗教世俗化的历史维度了。贝格尔在给宗教世俗化下定义时，曾将宗教世俗化理解为一个"过程"，一个"社会和文化的一些部分"借以"摆脱宗教制度和宗教象征的控制"的"过程"。[①] 事实上，他在这里所强调的正是宗教世俗化的"历史维度"。

如果我们对宗教世俗化作一番长时段考察的话，我们就会发现：人类所经历的首先是随着宗教产生而出现的所谓宗教的神圣化，尔后才有所谓宗教的世俗化的。在前宗教时代，是根本不存在什么宗教的世俗化问题的。因为，那个时候，人类既然没有神圣或神圣者观念，也就根本没有神圣化问题。但是，随着氏族宗教或自然宗教的出现，宗教的神圣化便逐步演绎成了人类社会中一个极其普遍的文化现象。我国《尚书》中所谓"天地相通"的说法，即是谓此。而且，这种视世俗为神圣的现象不仅存在于原始社会或上古时代，而且还以一种弱化了的形式存在于整个"前现代社会"（premodern societies）。伊利亚德在谈到这种文化现象时曾经非常中肯地指出："古代社会中的人们倾向于尽可能地生活于神圣之中，或者尽可能地接近已被奉为神圣的东西。这种心理倾向是十分容易理解的。那是因为，正像前现代社会中的人一样，对于早期人类而言，神圣就是力量，而且归根到底，神圣就是现实。这种神圣被赋予现实的存在之中。神圣的力量意味着现实，同时也意味着不朽，意味着灵验。"[②]

但是，无论如何，随着人类文明社会的确立，随着氏族宗教

---

[①] 贝格尔：《神圣的帷幕》，第128页。

[②] 伊利亚德：《神圣与世俗》，第4页。

向民族—国家宗教的演进，宗教的世俗化问题毕竟逐步演绎成了一个非常现实、非常突出的问题。据《尚书》载，我国历史上在颛顼时代和帝尧时代曾先后两次发生过"绝地天通"的宗教改革事件。虽然这种说法在一定程度上具有神话性质，但它毕竟以一种形式报道了我国历史上确实存在过的"民神杂糅"现象开始消除、宗教的世俗化开始启动这样一种历史事件。否则，《诗经》中所说的"溥天之下，莫非王土；率土之滨，莫非王臣"的社会现象断然不可能出现。而作为犹太教这一民族—国家宗教的根本典籍（同时也是基督宗教的根本典籍）的《旧约圣经》无疑是宗教本身开始世俗化的又一个重要佐证。当代著名的宗教思想家弗里德利希·戈加登（Friedrich Gogarten，1887—1967）于1955年就在其著作《非神圣化与历史》中率先将人类生存的世俗化或历史化的源头上溯到《旧约圣经》，宣称：早在以色列人那里，自然与社会秩序的"神圣化"就已经被打破，人类彻底的世俗性或历史性就首次得到了肯定。十年后，《世俗之城》一书的作者哈维·考克斯（Harvey Cox）更为具体更为细致地刻画了圣经信仰同世俗化的内在关联。他断言：圣经信仰主要有三个核心要素，这就是"创世神话"、"出埃及记"和"登山宝训"；其中，"创世神话"开启了"自然的祛魅"，即自然的"非神圣化"或"世俗化"，"出埃及记"开启了"政治的非神圣化"或"世俗化"，而以"禁止偶像崇拜"为重要内容的"登山宝训"则开启了价值的"非神圣化"或"世俗化"。[①]

---

① Harvey Cox, *The Secular City*, New York: The Macmillan Company, 1965, pp.21—36.

紧接着，宗教社会学家贝格尔于1967年在其名著《神圣的帷幕》中针对把世俗化等同于现代化的流行意见，尖锐地提出了"关于新教世俗化的能力是一种新产生的东西呢，还是渊源于圣经传统更早的因素之中"这样一个问题，并且坚定地回答说："事实上，世俗化的根子可以在古代以色列宗教最早的源泉中发现。换言之，我们可以断言，'世界摆脱巫魅'在《旧约》之中就开始了。"[①]贝格尔高度评价了"旧约"正典中所记叙的以色列人的"两次出走"的传说所蕴含的宗教世俗化的重大意义；强调指出：以色列人这种作为原型的"两次出走"，即族长们从美索不达米亚的出走以及摩西领导下从埃及的出走，"不只是地理上或政治上的迁移"，而是意味着"同一个完整世界的决裂"，意味着对"关于宇宙秩序的埃及和美索不达米亚的说法"的"彻底抛弃"。他还进而依据"三个普遍的特征"，即"超验化、历史化、伦理的理性化"具体解析了"以色列宗教的这种伟大的摈弃"。《旧约》中的上帝是"彻底超验"的。这种超验性主要表现为：（1）"站在宇宙之外"创造世界的超验的上帝与作为上帝的创造物的世界的"根本的两极分化"；世界是上帝的创造物，却不是世界的等同物，而且，世界作为上帝的创造物"与他相对立，未被他所渗透"。（2）创造人的超验的上帝与作为他的创造物的人之间的"根本的两极分化"。"《创世记》的叙述以创造出人作为结束，人是一种与其他一切被造物大不相同的存在物，就是说，人不仅与上帝，而且

---

[①] 参阅贝格尔：《神圣的帷幕》，第135页。也请参阅韦伯：《印度的宗教——印度教与佛教》，康乐、简美惠译，广西师范大学出版社2005年版，第210—211页。韦伯在其中曾用"Smārta-sūtra"来概括经典（Sūtra）文献中关于日常生活礼仪的《家庭经》和关于社会秩序礼仪的《法经》。

与其他被造物都是明显地不相连接的。"然而,"上帝的超验化以及随之而来的'世界对巫魅的摆脱'"势必"为作为神与人的活动舞台的历史开辟了'空间'"。一方面,"丧失了从神话上设想的神力的这个世界"势必会成为"上帝进行活动的场所"(所谓 Heilsgeschichitei,即"神圣历史舞台");另一方面,它又势必成为"高度个体化的人的活动场所"(即"世俗历史舞台")。结果,一方面上帝的行动因此而不再仅仅是"宇宙性"的,而成了"历史性"的。耶和华作为"一个从远方来的上帝",不再是一个与以色列有"自然"的联系的地方神或部落神,而是成了一个与以色列人有"人为"关联,也就是有"历史"关联的上帝。耶和华成了一个"在历史中活动"的上帝。另一方面,"人作为历史中的行动者出现在上帝面前",而且,"单个的人越来越不被视为神话所设想的集体性之代表,而常被认为是特殊的、独特的个体,以个人身份进行着重要的活动。"诚然,《旧约》所意指的远非现代西方所谓"个人主义",但是,无论如何,它毕竟为"个人概念",为"个人的尊严及其行动自由"等观念,"提供了一个宗教框架"。以色列人的信仰是一种"历史的信仰",一种以"一系列特定的历史事件"为基础的信仰,圣经神学是一种"宏大的历史神学"。伦理理性化是一个同超验化和历史化密切相关的问题。既然耶和华信仰的基本态度是反巫术的,则起理性化作用的因素从一开始就存在于犹太教和基督宗教中。显示这一因素的既有祭司集团,也有先知集团。祭司伦理主要是借从仪式中清除一切巫术的和狂乱的成分以及在发展作为日常生活的基本规则的宗教律法(torah)的过程中发挥其理性化作用的。而先知伦理则主要是借坚持整个生命应当为上帝服务,把一种理性的结构加在日常活动的整个范围之上，来发挥其理性化的作用的。① 由此看来，那种断言宗教世俗化始自宗教改革和文艺复兴运动的观点是不符合事实的。②

在讨论宗教世俗化的历史维度时，有一个难题是不能回避的，这就是中世纪的宗教世俗化问题。尽管在中世纪，在一个较长的历史时期内，那种成为欧洲主导力量的基督宗教形式非但没有促进宗教的世俗化，反而增强了宗教的神圣化势头。但是，整个来说，宗教世俗化并没有因此而中止。一方面，基督宗教神学即经院哲学的系统化过程同时也就是一个理性化过程。当经院哲学的最重要代表人物托马斯·阿奎那宣布理性为上帝的本质属性、强调自然神学的重要作用时，他就在事实上把古代理性主义推向了一个高峰。以至于当代存在主义思想家威廉·巴雷特（William Barrett，1913—1992）针对"从中世纪过渡到现代是用理性观点取代宗教观点"的说法，坚定地反驳说："事实正好相反，整个中世纪哲学，如怀特海非常贴切地评论的，比之现代思想是一种'无限制的理性主义'……对阿奎那说来，整个自然界，尤其是把上帝看作第一因的自然界，是可以清楚明白地为人类理性所了解的；而对在启蒙世纪悲凉末叶从事哲学著述的康德来说，人类理性的范围却从根本上大大缩小了。"③ 此外，基督宗教还有一个核心特征，也可以不自觉地为世俗化过程服务，那就是"基督宗教教会的社会形式"。从比较宗教社会学角度来看，基督宗教教会代表

---

① 韦伯在贝格尔之前，就曾对伦理理性化问题作过比较系统、比较具体的阐述。
② 参阅贝格尔:《神圣的帷幕》，第 134—144 页。
③ 巴雷特:《非理性的人》，第 27 页。

着"宗教制度专门化"的一种不寻常的情况,这是一种与"其他一切社会制度"对立的"专门关注宗教"的制度。而"把宗教活动和象征集中在单一的制度范围内"这样一种做法,事实上也就把"社会的其余部分"定义为"这个世界",把它们说成一个"至少相对脱离神圣者管辖范围的世俗领地",从而也就从神学上赋予了"这个世界"的"自主性",大大加速了"这个世界"的"世俗化"。因此,事情正如奥戴所说,在复杂的世俗化过程中,基督宗教教会所扮演的角色是"多变的、多面的和矛盾的":它既是"世俗化的反对者",又是"世俗化的倡导者"。①

  我们不仅能够从宗教本身的历史演绎中发现世俗化的历史之维,而且还可以从社会本身的演进中发现世俗化的历史之维。神权和政权的世俗化始终是欧洲中世纪世俗化历史进程中一个最引人注目的问题。按照教皇党"两把刀"的理论以及"王权来自教皇"的理论,教皇或教会不仅应当掌握神权这把刀,而且还应当随时掌握政权这把刀。因此,神权和政权的世俗化实质上是一个神权和政权的归属问题。这差不多构成11世纪以后中世纪政治生活的中心问题。如果说1077年神圣罗马帝国皇帝兼德意志皇帝亨利四世雪地赤脚悔罪的"卡诺莎(Canossa)事件"是教权对世俗权力的胜利的话,则1309—1414年期间发生的"阿维农之囚"事件和"西方教会大分裂"则无疑是世俗权力对教权的胜利。中世纪欧洲世俗化的另一个重要向度是城市化以及伴随着城市化而出现的新的社会阶层,即中产阶级。城市社会所从事的"完全是现世的活动",明显地表现出了一种"非宗教"的,甚至是"逆宗

---

①  参阅奥戴、阿维德:《宗教社会学》,第176页。

教"的发展趋势。① 城市社会的发展不仅意味着商业和工业的发展，不仅意味着新的世界观的酝酿，而且还意味着资本主义和资产阶级的崛起，意味着整个社会的高度理性化。因为资本家是由于具备创业和算计头脑而从封建社会脱颖而出的；为了获得收益高出支出的有利可图的盈余，它们"必须理性地组织生产"，而资本主义社会的一切也都是"随着这种为追求效益而合理组织经济企业的必要性而来的"。②

### 三、宗教世俗化的现当代维度

虽然我们可以把宗教的世俗化的源头一直上溯到中世纪和古代社会，但是，宗教世俗化全面持久地开展真正说来还是一件现当代的事情。可以说，自宗教改革、文艺复兴运动和启蒙运动以来，宗教的世俗化就一直以空前的速度和空前的规模在向前推进着，以至于许多思想家把现代化理解为世俗化的同义语，理解为"世界的祛魅"或"世界祛除魔力"。

对于现当代社会的世俗化，我们可以从经济制度的世俗化、政治制度的世俗化、文化层面的世俗化和"意识"层面的世俗化来理解和解释。现代意义上的世俗化最初发生在经济领域，尤其是那些由于资本主义过程和工业过程而形成的经济部门。现代经济过程，即工业资本主义运动，作为中世纪城市化运动的一种继续和提升，构成了现当代世俗化运动的"载体"，有力地推动了现当代世俗化运动。在现当代经济活动面前，自然界近乎完全地

---

① 参阅奥戴、阿维德：《宗教社会学》，第173—174页。
② 巴雷特：《非理性的人》，第30—31页。

丧失了它的宇宙"巫魅"性质或宇宙神圣性质，差不多恢复了它的"自然"真面目，它不再构成人类的膜拜对象，相反，它开始成为人类或科技理性的近乎疯狂的、不顾一切的征服对象。结果，现代社会的各个方面，根据它们与现代经济过程的远近程度，都受到了现当代世俗化运动的多少不等的影响，很少有什么部门能够逃避。在受到现当代经济制度世俗化影响的各社会部门中，政治制度或政治部门无疑是首当其冲的。虽然，那种把社会经济现代化和政治世俗化之间的关系简单化的做法是不能接受的，但是，我们仍然可以说，随着现代工业化发展而自然出现的政治秩序世俗化的倾向是确实存在的。无论如何，政教分离的倾向在现当代社会中是普遍存在着的。许多国家相继摆脱了宗教制度的控制，或者摆脱了关于政治行为的宗教理论的支配。即使那些"古风犹存"的国家，如英国和瑞典，也发生了重大变化，尽管传统的政教合一的象征依然存在，但是，政治上的世俗化依然是一个不争的事实。政教分离的最重要的结果之一在于：国家不再代表曾占统治地位的宗教制度的强制力量，而是充当了相对独立于处于竞争状态的各宗教团体的角色，很有点类似于国家在自由资本主义经济体制中所充当的角色：基本上是在各个独立的、不受强制的竞争对手之间充当公正的秩序保护者的角色。随着政教分离政策的贯彻，不断发展的社会组织的理性化几乎达到了无孔不入的程度，这不仅表现为基本结构层次上的理性化，而且还表现为意识层次上的理性化，不仅表现为高度理性化的官僚政治的建立和完善，而且还表现为用以维系这类高度理性化的官僚政治的合理化的论证。经济制度的世俗化以及与之相关的政教分离政策的贯彻，不仅促成了政治制度和政治社会的世俗化或理性化，而且也促成了文化层面的世俗化或理性化。在现当代社会,对教育和文化机构的垄断,不再是教会的特权,相反,它们主要地成了世俗政府和世俗社会管理和控制的部门。不仅如此,由于高科技的武装,许多文化部门和文化设施,包括现代大众传媒,逐步成了推进社会世俗化的重要工具。而且,现当代世俗社会的所有这些层面的世俗化,包括经济制度的世俗化、政治制度的世俗化和文化层面的世俗化,都伴随着"意识"层面的世俗化或"世界观"层面的世俗化。"社会—结构"层面上的世俗化被人称作"客观的世俗化",而"意识"层面的世俗化则被人称作"主观的世俗化",在一定意义上是世俗化的一个更内在、更本质的方面。对于现当代人类来说,至少在上述公共领域,他们已不再习惯于用宗教的"宇宙学"或"世界观"来"观"自然界和人类社会了;相反,他们大多数倒是比较习惯于用理性、用世俗的科学知识来"观"自然界和人类社会,甚至习惯于用"僭越"的科技理性或理性主义和科学主义来"观"自然界和人类社会,致使自然界和人类社会都成了理性主义或科学主义施虐的领域。

现当代宗教的世俗化在宗教本身也有相当全面的表现。无论是16世纪的(抗议宗的)宗教改革运动,还是20世纪的(天主教的)宗教改革运动,都具有双重的意义和价值,即一方面可以看作是宗教对处于变革状态中的社会的一种适应,另一方面又可以看作是宗教本身的一种世俗化。16世纪的宗教改革运动不仅为社会的世俗化开辟了广阔的空间,而且也把宗教本身的世俗化提升到了一个全新的阶段。首先,从神学理论方面来说,无论是路德的"因信称义"说和加尔文的"恩典前定"说,还是现当代的"自然神论",无论是19世纪以来的种种自由主义思潮,还是当今时代的种种生存神学和世俗神学，都不仅为传统宗教对社会公共领域的淡出，为宗教的私人化开辟了道路，而且其本身都差不多成了一种为宗教世俗化辩护的理论。当朋霍费尔在第二次世界大战结束前夕在狱中宣布应当建立一个"非宗教的基督教"的时候，当第二届梵蒂冈公会议把"人类的种种胜利"视为上帝"神秘计划"的"轰轰烈烈的实现"的时候，对于现当代宗教来说，还有什么世俗内容不能加以接纳的呢？其次，现当代宗教在宗教组织和宗教仪式方面的世俗化的步子迈得同样是很大的。既然"称义"只是一个个人信仰的问题，既然教会组织和仪式活动在这方面都根本无所作为，则传统教会的那种等级森严的僧侣制度以及传统宗教仪式方面的所有繁文缛节便都成了某种没有必要的纯粹形式的东西了。教会组织的社会化和民主化，宗教仪式的简单化成了现当代宗教的一个相当普遍的现象。许多教会更多地充当了社区社交活动的场所，它们面向社会开办老人俱乐部、婚姻咨询处、母亲育儿班等，组织各式各样的社会活动。即使被认为向来对世俗化反应迟钝的天主教，第二届梵蒂冈公会议以来在世俗化方面也取得了重大进展。宗教世俗化在当今时代成了一种全球范围内出现的现象，不仅西方的基督宗教本身存在着世俗化问题，而且世界范围内的其他宗教也都在一定程度上存在着世俗化的问题，例如我国佛教界人士提出的"人间佛教"思想即是现当代佛教世俗化的一个表征。

现当代宗教本身的世俗化区别于传统社会宗教本身世俗化的一系列特征往往来自于现当代社会"一个国家里各宗教多元并存"或贝格尔所谓的"多元主义"这样一种局面。在古代社会和中世纪，一个国家或一个地区往往为一个宗教组织所垄断，而在现当代社会，一个国家或一个地区往往是多个宗教组织或宗教派别并存。"非垄断化"这种宗教现象并不是一个简单的宗教传播问题，也不简单是宗教地理学所讨论的问题，而是一个关乎现当代宗教存在方式和活动方式的问题。首先，宗教的"非垄断化"标志着现当代宗教同宗教的传统任务的"彻底决裂"。垄断性的传统宗教的基本任务，如上所述，在于对关乎整个国家、整个社会和整个宇宙提供一套完整的解释，为社会所有成员提供一个共同的意义世界。但是，在现当代社会里，随着一个国家里多个宗教组织或教派的并存，各宗教组织或教派建造世界和维系世界的力量和功能便被限制于一个"亚世界"，甚至是一个完全私人化的意义世界。其次，现当代宗教在一个国家里的多元并存把各宗教组织或宗教派别置放进相互竞争的处境，一方面是各宗教组织或宗教派别之间的相互竞争，另一方面是各宗教团体在解释世界方面同各非宗教力量之间的相互竞争。第三，宗教多元化以及与之相关的宗教私人化，迫使各宗教团体"进入市场"，各宗教团体的宗教制品不得不被"卖"给不再被强迫去"买"的顾客。"多元主义环境首先是一种市场环境。在这种环境中，宗教机构变成了交易所，宗教传统变成了消费商品。总之，在这种环境中的大量宗教活动，逐渐被市场经济的逻辑所支配。"[①] 第四，宗教机构的官僚化。宗教团体从垄断集团变成彼此竞争的交易所以及宗教活动的市场化要求宗教组织结构进一步理性化。因为惟其如此，各宗教团体才有可能在市场环境条件下，赢得大量的消费者，获取较好或最好的效果。而宗教机构的官僚化无疑是宗

---

① 贝格尔：《神圣的帷幕》，第 163 页。

组织结构理性化的主要标志。宗教机构的官僚化一方面要求宗教机构按照官僚程序来管理,其日常运转也由官僚制的典型问题和"逻辑"所控制,另一方面又要求宗教机构通过典型的官僚体制相互作用的方式彼此之间打交道,并与其他社会机构打交道。与消费者建立"公共关系",进行政治方面的游说,向政府机构和私人机构"筹集资金",对世俗经济进行各色各样的干预,宗教机构为了获得理想的"效果",在其"传教"活动的所有这些方面,都非常合理地采用了十分类似于社会其他官僚机构处理同样问题时所采用的方法。最后,多元环境以及由此引起的宗教活动的市场化造成的另一个重大结果是宗教内容的主观化,由"宇宙学"演变成了"心理学"。既然随着宗教的市场化,"宗教再不能强加,而只能够出售",则宗教机构就不能不考虑消费者的"爱好"和他们对商品的"要求";这就使宗教内容在双重意义上被"主观化"了:一方面,它们的"实在性"变成了个人的"私事",变成了个人的爱好和需要,从而丧失了自明的主观际的"看似有理性"品格;另一方面,它们的"实在性",就其仍然为个人所维持而言,又被理解为是扎根于个人意识之中,而不是扎根于外部世界(外部宇宙)的任何事实性之中的。于是,宗教也就不再涉及宇宙或历史,而只是涉及个人的生存处境或心理状态。[①]

## 四、宗教的世俗化与宗教的发展前景

面对全球范围内的汹涌澎湃的世俗化浪潮,人们不能不思考

---

[①] 贝格尔:《神圣的帷幕》,第 176—177 页。

这样一个问题：随着宗教和社会的世俗化、"去神圣化"或"非宗教化"，宗教的社会功能是否会在最近的将来丧失殆尽，宗教是否会因此而在最近的将来完全"消亡"？一些宗教思想家，如贝格尔等，曾对此作出过比较悲观的估计。但是，如果我们作一番较为深入的考察的话，我们就会发现，这样一种担心的根据似乎不充分，也不必要。

首先，虽然在现当代，宗教在世界各地的发展极不平衡，各宗教团体之间的发展也很不平衡，但是，从世界范围看，各宗教信众的增长率与世界总人口的增长率基本持平，甚至略高于世界总人口的增长率。例如，据《1980年大英百科年鉴》的统计，当时全世界的人口总数为42.88亿，而各教教徒总数则为25.78亿，不到全世界人口总数的62%。然而，据《1990年大英百科年鉴》的统计，当时全世界的人口总数上升到50亿，而各教教徒总数在全世界人口总数的比率则上升到75%。①

其次，在现当代社会，宗教的世俗化总是同宗教的神圣化结伴而行，也就是说，在现当代社会，在一些传统宗教世俗化的潮流之外，还存在着一种"逆世俗化"运动或"非世俗化"运动。这一运动声势很大，以至于乔治·威格尔（George Weigel，1951— ）视之为"20世纪末占主导地位的社会事实之一"。② 一般说来，这种"逆世俗化"运动由宗教复兴运动、新兴宗教运动和公民宗教

---

① 关于宗教徒在世界人口中的比例或比率，至今还是个见仁见智的问题。盖洛普国际调查联盟2011—2012年的调查结果为59%，2014年的调查结果为63%。而美国皮尤研究中心的调查结果为：2010年的比例或比率为84%。但无论如何，信教人数都在世界人口半数以上。

② George Weigel, "Religion and Peace: An Argument Complexified", *Washington Quarterly*, 14 (Spring 1991), p.27.

运动三个方面构成。尽管这三个方面的运动在对待世俗社会的态度方面不尽一致，但是，在推进宗教的神圣化方面，倒是基本一致的。

宗教复兴运动是一种旨在恢复传统宗教早期阶段所特有的宗教信仰的纯洁性和宗教生活的出世性的宗教运动。参与这种运动的宗教组织往往以新的教派的形式出现。这些新的教派虽然在宗教信仰、基本教义、宗教仪式和组织机构方面，并未完全脱离其母体（业已世俗化的教会组织），但是却往往不齿于所在母体的种种"俗气"，而不惜为恢复其原初本性而另立山头。宗教复兴运动在基督宗教系统里，比较典型且影响较大的有所谓于 19 世纪末叶发源于美国的基要派。① 基要派作为新教（基督教）组织中一个新的教派，针对宗教的世俗化潮流，曾提出坚信《圣经》无谬误、童贞女生子、基督肉身复活、基督将亲自复临等一系列口号。20 世纪初期出现的伊斯兰复兴运动标榜回到《古兰经》和圣训上去，要求恢复伊斯兰教在政治生活、经济与日常生活中的支配地位。20 世纪 70 年代伊朗全面复活政教合一的神权统治，是这一运动的一项标志性成就。② 20 世纪 50 年代以来，印度、斯里兰卡、日本等亚洲国家出现的佛教复兴运动，也是宗教复兴运动的一项主要内容。此外，20 世纪 80 年代，基督宗教（主要是东正教和天主教）在苏联和东欧的复兴，也可以看作现当代宗教复兴运动的一项内容。

如果说宗教复兴运动旨在恢复传统的宗教信仰，其特征在于一个"旧"字的话，那么新兴宗教运动的目标便在于创造在信仰

---

① 美国的基要派发轫于 19 世纪末叶，于斯科普斯的"猴子案"发生的 1925 年臻于鼎盛。20 世纪 40 年代后，一些基要派神学家改称新福音派。

② 参阅塞缪尔·亨廷顿：《文明的冲突与世界秩序的重建》，第 110—123 页。

上同传统宗教相别的新的宗教组织，其特征便在于一个"新"字。对于后者，我们不妨把它们区别为两种：其中一种可称作信理型，另一种则可称作膜拜型。信理型的新兴宗教旨在教义的革新。例如，由美国人约瑟夫·史密斯于1830年创立的摩门教，即"耶稣基督后期圣徒教会"，在其经典之一《摩门经》中就接纳了一些科学常识。再如，1879年由玛丽·贝克·艾蒂（Mary Baker Eddy，1821—1910）创立的基督教科学派，虽然也承认《圣经》的权威，但是却把艾蒂的著作《科学与健康》宣布为最高真理。该派否认基督教各派所宣讲的创世说、原罪说、耶稣基督复活说和救赎论，却把拥有健康的身体看成一件特别重要的事情。至于膜拜型的新兴宗教则差不多就是一种"膜拜团体"（cult）。这类膜拜团体的数量很大，在世界范围内，每年都以近百个的速度增长。倘若以其对世俗社会的态度为尺度，我们可以把它们区分为下述三类：第一类可称作"拒斥类"。这类宗教通常把现存社会看作腐败堕落的社会，故而对之采取否定或敌视的态度，甚至以相当怪诞偏激的方式与之对抗。例如，我们在前面提到的安曼门诺派、胡特尔派以及大家所熟知的人民圣殿教都属于这一类型。第二类是"适应型"或"肯定型"的。例如创价学会和巴哈依教都是积极涉世的宗教。第三类是"灵修派"。这类新兴宗教专注于灵性修炼。新五旬节派、新灵恩派即属于这类新兴宗教。膜拜型的新兴宗教往往处于社会中占统治地位的宗教体系的主流之外，其教义常常是神秘主义的和秘传式的。它比其他类型的宗教群体更可能以卡里斯玛式的领袖（Charismatic leader）为中心，这种人被认为由神授予了特殊的启示或知识，他有能力为后来加入宗教组织的人打开通向真理的大门。这些宗教团体，除其中的少数过渡到教派或教宗外，大多数都是短命的，只要其卡里斯玛式的领袖一死或失去信任，它们就会土崩瓦解。我们现在所说的"邪教"一般都属于新兴宗教的范畴，但是，无论如何，我们不能把新兴宗教同邪教等同起来。新兴宗教，包括膜拜型新兴宗教，在今天，是一种"最有生命力"的宗教现象。①尽管约翰斯通的这个说法有待商榷，但是，低估新兴宗教社会意义的做法无论如何是不恰当的。

公民宗教是当代"逆世俗化"运动的又一项重要内容。与政治和国家的"去神圣化"相反，公民宗教的目标在于将政治和国家重新神圣化，使一个国家的一组信念、仪式和标志重新获得神圣的意义，并且使一个国家的全体公民都尊崇这一神圣性。美国当代宗教社会学家贝拉在其《美国的公民宗教》一书中曾断言，美国自成立之日起即有一组信念、符号和仪式被赋予神圣的意义并且被制度化了。其实，公民宗教，作为宗教普泛化的一种形式，不只在美国存在，而是在包括许多亚洲国家在内的世界很多国家内也都存在。

第三，宗教功能的分化和隐伏。在考察宗教的世俗化时，还有一点需要特别予以注意，这就是宗教功能的分化和隐伏。在上古时代，宗教与社会、神圣与世俗是一而二、二而一的。从这个意义上，我们可以说，宗教是一种无所不包的社会体系。但是，在后续的发展中，随着宗教组织的专门化，宗教与社会、神圣与世俗逐步分化，原来归属宗教神圣体系之中、为宗教神圣帷幕所包裹着的公共生活领域逐步从其中游离了出去，这也就是所谓世

---

① 约翰斯通：《社会中的宗教》，第145页。

俗化的过程。但是，由此导致的并不是宗教功能的失效和引退，而只是宗教功能的专门化和隐伏。因为宗教本来所能满足的也只是作为属灵的人的精神需求，而作为自然存在和社会存在的人的其他方面的需求本来应当、实际上也是通过其他途径得到满足的。因此，世俗化虽然也导致了教会社会功能和政治功能的丧失，但却使教会能够更加专注于发挥其核心功能和特殊职责，专注于为群体和个人提供同终极关怀相关的意义系统，专注于调节个人信仰与社会公共价值之间的动机平衡。而且，宗教在人类公共领域的这样一种退却，并不意味着它对这些领域的完全放弃和它的影响在这些领域的完全消失，而往往意味着它影响这些领域的方式的根本性变更，意味着它潜入到了这些领域的深层。宗教的神圣因素在人类公共领域依然发挥着它的作用，只不过是以一种"无意识"或"潜意识"的方式在发挥作用罢了。事情正如伊利亚德所指出的：一个"纯粹"的非宗教徒，即使在最世俗化的现代社会中，相对说来也是"比较罕见"的。大多数的"无宗教信仰者"仍然有着宗教的行为和举止，即使他们并没有清楚地意识到这一点。伊利亚德是用人类的历史性来解说这一点的：既然"世俗的人是由宗教的人蜕变而成的，所以他不能消灭自己的历史，也就是说，他不能彻底地清除他信仰宗教的祖先的行为，正是这种宗教的行为造就了今天的他。"伊利亚德把这种现象称作人类的"第二次堕落"。然而，正如人类在"第一次堕落"之后，其宗教感虽然因此而降到了"被分裂的意识"的层次上，但人类却还是"保留"了"足够的智力"使他能够重新发现尘世中可见的上帝的痕迹一样，人类在第二次堕落之后，虽然下降得更深，甚至堕落进了"无意识的深渊"，但是，"在他最深层的存在之中，他仍然保有对宗教的记忆"。①《新约圣经》早就说过:"该撒的物当归给该撒,上帝的物当归给上帝。"② 正是在这个意义上,当代宗教学家哈维·考克斯在《世俗之城》中,对世俗化和宗教功能的分化或专门化表示欢迎,把它看作是《圣经》主题和源泉的实现。他把世俗化和宗教功能的专门化称作"解放",把它看作是一种"把人从宗教与形而上学的保护下"拯救出来的"解放",一种"把人的注意力从彼岸世界移到此岸世界来"的"解放"。③ 也正是在这个意义上,作为社会学家的贝格尔尽管在《神圣的帷幕》中对宗教的世俗化的深度和广度作了极其充分的描述,但是,作为神学家的贝格尔在《天使的传言》中还是"恢复了对宗教基本理论的探索",④致力于讨论"超自然者的所谓隐遁",强调:"世俗化不可能像某些人想的那样包罗万象,被知识界权威剥夺了认识上的尊严的超自然者,也许还存活在文化之隐匿的角落和缝隙中。……无论因为什么理由,大量的'现代人'并未失去对敬畏、对神秘者、对世俗化理性规则所反对的所有可能性的爱好。看来超自然主义在地下的隆隆声能够与所有高高在上的理性主义共存。"⑤

---

① 伊利亚德:《神圣与世俗》,第 118—125 页。

② 《马太福音》22∶21。

③ 哲学也经历了一个漫长的分化和专门化的过程:从亚里士多德时期的"百科全书"式的学问变成了一种本体论和方法论。然而,哲学的这样一种分化,并不意味着哲学功能的丧失,相反,意味着哲学终于回到了它本身,它现在终于可以以本来意义上的哲学方式展开自己的工作,并以自己的方式对人类生活的各个领域发挥自己的功能。宗教的命运也是如此。

④ R. Robertson, *The Sociological Interpretation of Religion*, Oxford: Blackwell, 1970, p.29.

⑤ 贝格尔:《天使的传言》,高师宁译,中国人民大学出版社 2003 年版,第 28 页。

最后，世俗化之所以并不意味着宗教的消亡，还有一个根本的理据，这就是：正是世俗化在不断地酿造着宗教滋生或再生的土壤。一些学者，如史大克（Rodney Stark，1934— ）和班布里奇（William Sims Bainbridge，1940— ），在讨论"世俗化的自我限制特征"时往往停留在"宗教复兴"和"宗教创新"这样一些宗教现象上，而没有进一步追问宗教复兴和宗教创新何以可能这样一个更为基本的问题。其实，宗教复兴运动、新兴宗教运动以及我们前面谈到的公民宗教运动在现当代社会存在和蔓延的最深刻的原因之一即在于世俗化运动的反弹这样一种历史现象。① 事情正如巴雷特所昭示的：世俗化意味着人对自然的控制和征服、传统宗教的衰微和社会的理性安排，然而在所有这些方面都导致了人的异化。现代社会是人的历史上的世俗阶段。他曾带着支配周围世界力量的冲动和愿望踏进现代社会，但是，他所依仗的科学却把一个"以其浩瀚与力量对人类目的是中性的和异在的宇宙"展现给他自己。在此之前，宗教曾是包容整个人类生活的机构，使人类得以表达自己达到精神整体的渴望，然而，随着这种包容机构的丧失，"人不仅成了一个被逐出家门的，而且也成了一个片断的存在"。随着社会的理性安排，经济的合理组织业已大大增强了人支配自然的力量，从政治上看，社会也已更加合理，更加讲究功利，更加民主，并且也造成了物质的丰富和进步。但是，随着人类社会的理性化，人类理性开始受挫于它的对立面，"受挫于

---

① 事情正如亨廷顿所指出的："全球性宗教复兴最明显、最突出也是最强有力的原因，恰恰是那些被认为会引起宗教消亡的东西：20世纪后半叶席卷世界的社会、经济和文化现代化进程。"（亨廷顿：《文明的冲突与世界秩序的重建》，第95页）这里所说的其实也就是一些学者所说的"世俗化的自我限制特征"。

层出不穷又预料不到的实际事物":世界战争和局部冲突、经济萧条和危机以及连续不断的政治动乱等等。再者,"在一个官僚化的、非个人的大众社会里,人的无家感和异化感更趋强烈"。这样,现当代人便被"三重"地异化了:"不仅对于上帝,对于自己是个陌生人,而且对于提供他物质必需品的庞大社会机构也是个陌生人"。① 在现当代社会中,弥漫于社会各阶层的普遍存在着的宗教情绪正是从这种异化感中滋生出来的。显然,只要人类的异化现象存在一日,只要社会各阶层的宗教情绪存在一日,各种不同的宗教组织也就会以这样那样的形式存在一日。

自人类进入现当代社会以来,宗教消亡就一直是宗教思想家的一个热门话题。实证哲学家孔德提出了著名的"思想发展三阶段论",宣称人类思想要经过"神学阶段"(虚构阶段)、"形而上学阶段"(抽象阶段)和"科学阶段"(实证阶段),把宗教神学宣布为过去了的东西。宗教人类学家弗雷泽在其1900年出版的名著《金枝》里则把人类理智发展的三阶段概括为"巫术"、"宗教"和"科学"。然而,不难看出,这种用"科学"取代"宗教"或"神学"的假说,归根到底不过是现代人类的一个"迷信"或"乌托邦"。科学,这里首先是自然科学,长期以来一直被视为人类理性主义的最高成就和中心堡垒,然而,在其发展中也遭遇到了自身的有限性或局限性。一方面,科学主义在其发展中不断遭到致命的打击,先是作为实证主义的科学主义遭到逻辑主义的挑战,随后是遭到证伪主义的挑战,最后是遭到历史主义或"方法论上的无政府主义"的挑战。另一方面,甚至科学本身在其发展过程中

---

① 巴雷特:《非理性的人》,第37页。

也在不断地暴露人类理性的不确定性、局限性或有限性。如果说海森伯（Werner Karl Heisenberg，1901—1976）的"测不准定理"和玻尔（Niels Henrik David Bohr，1885—1962）的并协原理从根本上破坏了物理学的确定性，那么哥德尔（Kurt Godel，1906—1978）的证明则无疑宣布了构建一个完全系统化的数学体系的不可能性，从而也就从根本上宣告了理性万能神话的破灭。事情正如马克思所指出的：宗教的消亡是"需要有一定的社会物质基础或一系列物质生存条件"的，在缺乏这些条件的情况下，人为地"废除宗教"和"根除宗教"是不可能的。① 只要人类一天不从根本上摆脱自然和社会的奴役状态，不从根本上消除自身的有限性，他就一天不可能从根本上清除自己身上的宗教情结，他就一天不可能彻底消除宗教世俗化和宗教神圣化之间的张力，宗教都会以这样那样的形式持续存在下去。

## 第二节　宗教的世俗化与现当代神学的发展

神学，如前所述，作为宗教的一种观念形态，乃宗教教义的理性解释系统或意义系统。因此，宗教的世俗化既然是现当代宗教必须正视和处理的重大问题，也就必定是现当代神学需要正视和处理的重大问题。在一定意义上，我们甚至可以把现当代神学理解成一个以不断更新的方式处理宗教世俗化问题的曲折发展的历史过程。

---

① 参阅马克思："《资本论》第一卷（节选）"，《马克思恩格斯选集》第 2 卷，第 152 页。

# 第十章 宗教的世俗化

## 一、宗教的世俗化与宗教及其神学的两难处境

宗教的世俗化，如我们在上一节所指出的，至少从氏族—部落宗教解体时起，就一直是宗教及其神学必须正视并予以妥善处理的重大问题。然而，对这一棘手问题的处理又往往把宗教及其神学引向一个相当难堪的两难境地：这就是，无论宗教及其神学对世俗化采取适应还是抵制的态度，都会同样遭遇到新的难题。

既然事情如我们在前面所指出的，至少从氏族—部落宗教解体时起，宗教的世俗化便意味着历史的进步和历史的必然，则对之采取适应的态度便似乎是较为可取的了。然而，虽说宗教与社会、神圣与世俗之间始终存在着内在的关联，但"神圣化世俗"毕竟是宗教及其神学的基本内容和根本使命。这样，对世俗化的适应或迁就态度便势必潜伏着一种危险，这就是把宗教和神学最终引向自我取消的道路。但是，如果因此而对世俗化采取抵制的态度，则不仅宗教及其神学的社会功能得不到充分的发挥，而且，作为世俗社会二重化结果的宗教世界及其神学理论也就因此而成了难以为继的东西了。其实，正是这样一种悖论性的矛盾处境，不仅迫使宗教及其神学在其发展过程中常常在适应世俗化还是抵制世俗化这样两种基本选项之间进行抉择，而且还使得一些宗教思想家或神学家在适应或抵制的"度"上犯难。也就是说，面对这样一种生存处境，持适应世俗化态度的宗教思想家或神学家究竟"适应"到什么"程度"才不至于走上自我取消的道路，而持抵制世俗化态度的宗教思想家或神学家究竟"抵制"到什么"程度"才不至于使宗教"难以为继"。这样，在漫长的神学发展过

程中，便始终存在着两种极端的表现形式，这就是所谓顺应主义（亦即所谓革新派）和抵制主义（亦即所谓正统派），而大多数神学流派则往往游弋于这样两种极端形式之间。这差不多是神学发展的一般规律。

顺应主义和抵制主义的矛盾和斗争，在现当代，随着世俗化全面持久的展开，采取了更其鲜明的形式，这就是所谓自由主义和正统主义的矛盾和斗争。自由主义和正统主义的矛盾和斗争，在17、18世纪，表现为旧正统主义同虔敬主义和理性主义的对峙，在19世纪，表现为旧自由主义同旧正统主义的对峙，在20世纪，则表现为新自由主义同新正统主义的对峙。

## 二、从正统派到虔敬主义和理性主义（自然神学）

就现当代神学这样一个视角来说，所谓正统派首先意指的即是所谓"早期新教"。早期新教，如所周知，是在16世纪的宗教改革运动中从罗马公教会（Roman Catholic Church）母体中脱颖而出的。应该说，16世纪的宗教改革运动在基督宗教发展史上是产生了重要影响的。但是，就宗教世俗化层面言，就新教对世俗化的态度言，新教对天主教并没有实质性的变更。一如一些宗教思想家所强调指出的：宗教改革派，包括新教的三个主要分支，无论是路德宗，还是安立甘宗和加尔文宗，"并不比其天主教对手更轻易向世俗化思想让步或者接受多元环境的限制"，"都力图在其各自的领地内建立基督宗教世界的复制品"。① 结果，"13世纪与

---

① 贝格尔：《神圣的帷幕》，第181页。

16世纪的世界观之间的共同点，比起16世纪与19世纪的世界观之间的共同点来，还是要多一些。"① 而16、17世纪的新经院主义无非是这样一种新教世界观的理论化和系统化。

但是，这种新经院主义或新教正统派在神学理论层次上，在17、18世纪，遭受了两次严重的打击：一次是虔敬主义的打击，另一次是理性主义或自然神学的打击。虔敬主义在新教三大主要派别中采取了三种不同但却前后相继的形式：在路德宗内有所谓虔敬派，在英国国教内部有所谓循道宗运动，在加尔文宗内有所谓信仰复兴运动。17世纪中叶，德国路德宗神学家斯彭内尔（Philipp Jakob Spener，1635—1705）以及奥地利贵族亲岑道夫（Nikolaus Luduig Zinzendorf，1700—1760）在新教经院主义运动之外发动和领导了一场以倡导个人宗教修养和内心虔敬为主旨的颇具声势的虔敬派运动。18世纪初，在德国虔敬派的影响下，英国的约翰·卫斯理（John Wesley，1703—1791）和查理·卫斯理（Charles Wesley，1708—1788）兄弟发动了一场以倡导遵循圣经教训过循规蹈矩生活为主旨的名为"循道主义"（Methodism）的宗教运动。紧接着，在循道主义运动的影响下，在18世纪上半叶，北美的归正宗（即加尔文宗）中又出现了一个旨在振奋宗教情感的"大觉醒运动"（the Great Awakening）。虔敬主义对新教正统派的冲击主要在于它以种种形式的情感主义腐蚀和消解新教正统派的教义结构，使宗教信仰开始了其非客观化或"双重主观化"的历程：一方面，以主观感情代替了作为宗教合理性标准

---

① 利文斯顿：《现代基督教思想》上卷，何光沪译，赛宁校，四川人民出版社1999年版，第2页。

的客观教义，从而为基督宗教的"心理学化"奠定了基础；另一方面，又使宗教内容演绎成了一种因人而异的相对于信仰主体的东西。此外，虔敬主义运动在宗教组织方面还威胁着新教凭借其多元化倾向来维持小型基督宗教世界的努力。他们不仅仿效斯彭内尔和亲岑道夫的做法，建立"虔诚小会"（Collegia Pietatis）和"莫拉维亚弟兄会"（Moravian Brethren）一类作为"教中之教"（Ecclesiolae in Ecclesia）的宗教组织，而且还建立了独立的宗教组织，如卫斯理宗或循道宗。

启蒙运动的理性主义是一种影响更为广泛的国际性思潮。按照康德的说法，启蒙运动的"座右铭"为 Sapere aude，即"要敢于去认识"或"要有勇气运用你自己的理性"。17、18世纪的自然神学家们就是一批不顾路德"理性娼妓"的诅咒，决心对新教经院主义说"不"并运用自己的理性去重新认识宗教的人们。早在1624年，史称"自然神学之父"的爱德华·赫尔伯特勋爵就发表了《论真理》一书，为一种自然宗教作了理性论证。[①] 此后不久，坎特伯雷大主教约翰·提罗特森（John Tilotson，1630—1694）和经验主义哲学家洛克（John Locke，1632—1704）进一步明确地提出了启示宗教以自然宗教为基础以及信仰或启示"合乎理性"的原则。[②] 至约翰·托兰德（John Toland，1670—1722），自然神论获得了更其彻底的形态。因为在提罗特森和洛克那里，启示或信仰虽然不能"违背理性"，但却能够"超乎理性"。而托兰德在其名著《基督宗教并不神秘》中则从根本上消除了启示或信仰"超

---

[①] 参阅威廉·R.索利:《英国哲学史》，段德智译，陈修斋校，商务印书馆2017年版，第32—38页。
[②] 同上书，第96—121页。

乎理性"的可能性,从而也就从根本上消除了基督宗教的"神秘性",并且因此而超越了提罗特森和洛克的理性的超自然主义。①法国的自然神论者伏尔泰以其典型的理性主义方式为上帝的存在作了两项论证,即从设计出发的论证和从终极原因的必然性出发的论证,上帝在他那里不再具有超自然的品格,而被设想成了一个手工业者——一个工艺高明的钟表匠。德国启蒙运动最有影响的代表人物莱辛,不仅编辑出版了德国自然神论思想家莱马卢斯(Hermann Samuel Reimarus,1694—1768)的论文集《为理性的上帝崇拜者辩护》(部分),而且,还把宗教证明还原为"亲身经验的证明",把"时间"引进了宗教观:不仅据此提出了真假宗教的问题,而且还据此把纯粹理性宗教规定为宗教发展的最高阶段。②

## 三、从理性主义(自然神学)到自由主义

正如巴黎圣母院里的理性神殿一样,理性崇拜也未能长久存在下去。1736年,伦敦罗尔斯教堂的一个名叫约瑟夫·巴特勒(Joseph Butler,1692—1752)的传道员在他所著的《宗教类比》一书中向自然神论发出了挑战。③针对自然神论把自然理解为人与上帝的中介、在理性的基础上把启示宗教还原为自然宗教的努力,

---

① 参阅威廉·R.索利:《英国哲学史》,段德智译,陈修斋校,商务印书馆2017年版,第134—138页。
② 参阅美国学者列昂纳德·P.维塞尔:《莱辛思想再释》,贺志刚译,杨朗校,华夏出版社2001年版,第83—99、202—331页。
③ 参阅威廉·R.索利:《英国哲学史》,第150—153页。

巴特勒强调指出：不仅圣经启示中，而且自然界本身中，也有许多事物是超乎理性的。他的这一思想不久便被休谟和康德发挥到了极致。休谟在其名著《人类理解研究》（1748年）和《自然宗教对话录》（1751—1757年）中从经验论、怀疑论或不可知论的立场出发，论证了"我们最神圣的宗教的基础"是"信仰"而不是"理性"。这差不多可以说是对自然神论作出的终极裁决。休谟的《自然宗教对话录》公开发表（1779年）两年之后，康德发表了他的后来被海涅称作"砍掉了自然神论头颅的大刀"的《纯粹理性批判》。我们知道，正是在这一著作的"先验辩证论"的部分里，康德推进了休谟对自然神学的批判，指出自然神论的根本错误在于"超验"使用"先验"范畴，从而否定了理性论证上帝存在的任何可能性。

需要指出的是：理性宗教在其自然神学的形态遭到否定的同时却又发展出了它的另一种形态，这就是道德神学。这在廷德尔、卢梭和康德等人身上都有鲜明的表现。马修·廷德尔（Matthew Tindal，1655—1733）差不多可以看作洞悉自然神论内在弱点的第一人。他在其著作《基督宗教与创世同样古老》中不仅诉诸于人的理论理性，而且也诉诸于人的实践理性；并宣称：真正的宗教信仰不仅在于由自然理性进行判断，而且还在于根据其增进人类福祉的能力来进行判断；因为惟有后者才是宗教的真正目的。卢梭的宗教信仰之所以被人称作"情感自然神论"，就在于他不满足于自然神论的抽象论证，而要求把宗教奠基于"道德情感"或"良心"之上。至于在康德那里，如所周知，上帝无非是"道德和幸福精确和谐"的一个"根据"，上帝的存在无非是实现"至善"的一个"条件"，无非是实践理性的一个必要的"公设"。

## 第十章 宗教的世俗化

然而，对正统派神学冲击更大的则是19世纪的神学自由主义。神学自由主义虽然在天主教中也有其代表人物，如所谓现代派和自由派等，但是，其主要代表人物则为施莱尔马赫、利奇尔和饶申布什。弗里德利希·施莱尔马赫被视为现代自由主义神学的奠基人，享有"自由主义神学之父"的名声。他的著作主要有《论宗教：对有文化的蔑视宗教者的讲话》（1799）和《基督教信仰》（1821—1822）。在这两部著作中，施莱尔马赫表达了一种既区别于自然神学又区别于道德神学的观点。施莱尔马赫认为，无论是自然神学还是道德神学都未曾表达宗教的"真正本质"或"内在价值"。自然神学的根本弊端在于它只是简单地从理论的或形而上学的观点来看待宗教，把宗教理解为"一种思想方式，一种信仰，一种思考世界的特别方式"，从而犯了把宗教混同自然科学和哲学的错误。同样，道德神学的根本弊端在于它只是简单地从实践的或伦理的观点来看待宗教，把宗教理解为"一种行动方式，一种特别的愿望或喜爱，一种特殊的行为和品质"，从而犯了把宗教混同道德或伦理的错误。按照施莱尔马赫的观点，宗教的本质特征不在于别的，而在于它是一种"体验"或"感受"。在所有的精神生活中有三个要素，这就是"知觉"、"感受"和"行动"；其中，知觉导致认识，行动导致道德生活行为，惟有感受才是宗教生活的独特功能。然而，并非所有种类的感受都是宗教感受。宗教感受必须具有下述两个特征：首先是宗教感受的"直观性"、"直接性"或"内在性"。宗教感受或宗教意识是一种"直接的直观"或"直接的意识"，是一种"直接的自我意识"。也就是说，宗教感受既不是一种行为方式，也不是一种外在感觉或逻辑推论，而是一种向自我呈现的作为一种独特的、非派生的统一体或同一性的自我之直观。其次是宗教感受的"内在超越性"或"相对相关性"。换言之,宗教感受之成为宗教感受,其根本原因就在于它对宗教感受主体的自在性和自足性的排除,就在于它事实上是一种"关系",即宗教信仰主体同超越的宗教信仰对象的"关系"。这就是说,宗教感受,在施莱尔马赫看来,虽说总是信仰主体的一种心理活动,但却并非一种纯粹主观的东西,而是一种始终同信仰对象相关的东西;同样,信仰对象或上帝也因此而不再是外在于宗教体验活动的独立的客体了。正因为如此,施莱尔马赫先是在《论宗教》里把宗教感受理解成一种"对于无限者或永恒者的感受",一种"对于""在无限者中并依靠无限者的一切有限事物之普遍存在,对于在永恒者中并依靠永恒者的一切无常事物之普遍生存"的"直接意识";接着在《基督教信仰》中又进一步把宗教感受说成是"绝对依赖的感受"或"意识",甚至更加直截了当地把宗教感受界定为"意识到与上帝有联系"。施莱尔马赫的这样一种宗教观对正统派的破坏作用是显而易见的;因为这样一来,"所有的教义公式便都被相对化了"。①

  施莱尔马赫之后,近现代神学虽然经过了一个同思辨唯心主义联姻的所谓黑格尔时代,然而最后它还是回到了施莱尔马赫强调宗教经验的立场上来了。但是,这时的自由主义神学在新的形势下,不仅强调宗教经验,拒斥思辨神学,而且还拒斥作为一种形而上学的虔敬的宗教神秘主义。因此,他们的口号不仅有"回到宗教体验中去",而且还有"回到历史中去",以为惟有"回到历史之中",宗教体验才能实现出来。阿尔布列希特·利奇尔

---

 ① 参阅贝格尔:《神圣的帷幕》,第183页。

(Albrecht Ritschl，1822—1889）是近现代自由主义神学家中少数几个最有影响的人物之一。他在其主要著作《基督教关于称义与和解的教义》(1870—1874年)中提出了他所谓的"实践的宗教观"。按照他的观点，宗教及其神学的恰当对象不应当是个人的宗教意识或宗教感受，而应当是新约给出的福音的历史实在性；因此，宗教既不可能是形而上学的思辨，也不可能是神秘的感受，而完全是一个实践问题；因果判断只是一种"伴生性"判断，惟有价值判断才是一种"独立"的判断，我们只有在实践中，"在上帝和信仰对于我们的价值中"，才能认识上帝；认识基督其人，就是认识其事，就是认识基督为他人所做的救赎工作，即称义和和解；救赎虽然也蕴含有个人救赎的内容，但它意指的首先是一种社会救赎，一种尚待实现的社会理想，作为"通过由爱所激发的行动而造成的人类之组织化"的"上帝之国"；上帝之国虽然也具有超越现世的品格，但它又通过人们负责而有美德的生活所表现的个人的无私爱心的使命，具体地实现在社会的道德改造之中，从而它又彻底是"现世"的。[1] 利奇尔的社会救赎思想，在美国最大的近现代自由派神学家饶申布什（Walter Rauschenbusch，1861—1918）那里，得到了进一步的强调。饶申布什的主要著作是《社会福音的神学》(1917年)。他在这部著作中强烈地谴责了个人主义概念，断言：所谓原罪，没有别的意思，就是意指人的反社会的自私或自我主义，就是意指对"社会福音"的背叛。因此，神学重建的关键在于"社会救赎"和"上帝之国"，在于"社

---

[1] Cf. Albrecht Ritschl, *The Christian Doctrine of Justification and Reconciliation: The Positive Development of the Doctrine*, trans. H. R. Mackintosh and A. B. Macaulay, Edinburgh: T and T. Clark, 1900, p.212.

会秩序的发展"。①

## 四、新正统主义与新自由主义

神学自由主义表达出来的这样一种入世精神和乐观情绪,毫无疑问,是以西方资本主义在这一历史时期的胜利发展为背景的。但是,随着第一次世界大战的爆发,随着资本主义各色各样的经济危机和政治危机的频频出现,自由主义神学便受到了接二连三的挑战而逐步趋于崩溃:先是在大陆神学界丧失了其统治地位,继而在英国神学界丧失了其统治地位,最后,至20世纪40年代,在美国,也开始丧失了其统治地位。在这种情势下,一向对宗教世俗化和多元化持坚决抵制态度的正统主义思潮便在"辩证的"或"新正统主义"的旗帜下复活起来了。

迄今为止,新正统主义思潮的领军人物一直是卡尔·巴特。巴特原来也是个自由神学家,但是后来在反对德国福音派教会沦为希特勒纳粹党工具("日耳曼民族福音教会")的斗争中逐步走上正统主义道路的。巴特的神学之所以被称作正统主义,乃是因为他坚决抵制宗教的世俗化和多元化,坚决抵制宗教神学同哲学、科学和世俗文化的结盟,坚决主张"《圣经》唯一"和"恩典唯一",坚决要求回到"宗教改革"时期。巴特的神学也被称作"辩证神学"。这是因为在他看来,无论教义体系还是神秘主义,都不是我们达到宗教真理的正确途径。惟有凭借"辩证的方法",我们才能达到这种真理。所谓"辩证的方法",也就是巴特

---

① Walter Rauschenbusch, *A Theology for the Social Gospel*, New York: Abingdon Press, 1917, pp.1, 178.

在《上帝之道与人之道》中所阐释的"用'否'来解释'是',用'是'来解释'否'"的方法。例如,我们应当用"上帝在创世中完全在我们面前的隐蔽"来"解释上帝在创世中的荣耀",我们应当用"人的堕落"来解释"人乃按上帝形象所造"等等。这是因为上帝乃"全然相异者",上帝在历史中或时间中的自我启示"具有全然相异性"或"悖论"性质。这也是人永远无法在自己有限的表述中把握永恒上帝的真理,我们只有通过上帝才能认识上帝的根本缘由。上帝不可能凭借有限事物启示自身,而只能自己站出来说话,只能自己启示自己;然而,即使"启示出来的上帝"(Deus revelatus)也还是"隐匿的上帝"(Deus absconditus)。也正是从这个意义上,巴特否定了在启示与人的自然认识和自然经验之间存在有任何"接触点"(Anknüpfungspunkt),从而也就从根本上否定了"自然神学"以及施莱尔马赫的"宗教感受"和利奇尔的"实践的宗教观"的任何可能性,论证了"恩典唯一"的必要性和必然性,甚至径直将宗教宣布为"恩典的造物"。[①] 新正统主义除以巴特为代表人物的辩证神学外,还有作为天主教神学复兴运动的新托马斯主义。新托马斯主义的主要代表人物为雅克·马利坦。马利坦把当代基督宗教神学的危机归因于自由主义神学和生存神学倡导的"以人为中心的人道主义",并把这种人道主义的根源一直上溯到中世纪的唯名论,特别是奥卡姆主义。因此,与巴特不同,马利坦不仅要求回到宗教改革时期,而且还要求回到托马斯,回到《神学大全》,在托马斯实在论的基础上重建当代基督宗教神学,以实现其以"以神为中心的人道主义"

---

① Karl Barth, *Church Dogmatics*, Vol. 1, part 2, trans. Geoffrey Bromiley, Edinburgh: T and T. Cark, 1937, pp. 325—326.

即"完整的人道主义"取代"以人为中心的人道主义"的神学目标。①

巴特的新正统主义或辩证神学以及马利坦的新托马斯主义虽然在20世纪上半叶对西方神学思想的发展产生了非同寻常的影响,而且至今在西方神学中也有一定的地位,但是,总的来说,随着第二次世界大战的结束,其影响便日渐衰微。取而代之的是所谓新自由主义思潮。当代新自由神学在主观化、心理学化和世俗化方面比近现代自由神学都向前推进了一大步。鲁道夫·布尔特曼(Rudolf Karl Bultmann,1884—1976)作为一名《新约》研究方面的教授和历史学家,毕生致力于融会贯通历史神学与哲理神学,以其"非神话化"或"去神话化"(demythologization)概念,不仅影响了当代德国神学界,而且也在一定程度上影响了整个当代西方神学界。然而,布尔特曼的"非神话化"要人们抛弃的并不是"新约"神话本身,而是《新约》中用来表述基督宗教信息的"前科学世界观",即它的宇宙论或末世论框架。换言之,他要求人们对"新约"神话作出新的现象学、人类学或生存论的解释,在对这些"新约"神话的解读中去努力体悟其中所内蕴的"关于我们的生命和我们的灵魂的真理",即关于我们自己的人格生存以及何以实现这种生存的真理。②不难看出,布尔特曼虽然同利奇尔一样,都要求人们"回到历史中去",但是,在"回归历史"的道路上,他显然比利奇尔走得更远,以至于在他这里,历史同"当

---

① Jacques Maritain, *The Range of Reason*, New York: Charles Scribner's Sons, 1952, p.194.

② Rudolf Bultmann, *Jesus Christ and Mythology*, New York: Charles Scribner's Sons, 1958, pp.51—52.

下"竟汇到了一起。①

新自由神学是一种国际性思潮。当布尔特曼的"非神话化"概念在欧洲传播的时候，在神学发展方面一向比欧洲慢几个拍节的美国却差不多同时出版了保罗·蒂利希的多卷本名著《系统神学》(1951—1963年)。十分有趣的是，像巴特的辩证神学是在反对希特勒纳粹主义和"日耳曼民族福音教会"的斗争中孕育出来的一样，蒂利希的生存神学也是在反对希特勒纳粹主义和国家社会主义的斗争中孕育出来的。蒂利希同布尔特曼一样，也是从人学或生存论的立场出发来诠释宗教。在蒂利希看来，宗教既不是人生的一项孤立的禀赋，也不是一项同人的理性、道德、审美相并列的禀赋，而是人的全部文化和精神生活中的深度方面和纵深维度。人生在世，有许多方面的关切，有初级关切、次终极关切和终极关切，而宗教则是人的终极关切。"我们终极关切的东西，是决定我们存在还是不存在的那个东西。"② 然而，蒂利希并没有因此而囿于人学或生存论。这是因为，在他看来，真正的基督宗教神学乃一种"关联性神学"；上帝是对人的有限性中隐含的问题的回答；上帝不是生存，而是构成一切存在之终极基础和力量的"存在本身"；而"拯救"所对应的是"作为生存主要特征的疏远状态"，因此，它的最确切的含义乃是"救治"(healing)，是意指"同已疏远者重新结合，给已分裂者一个中心，克服上帝与人之间、人与其世界之间、人与其自身之间的分裂。……拯救就是

---

① Rudolf Bultmann, *History and Eschatology*, Edinburgh: Edinburgh University Press, 1957, p.155.

② Tillich, *Systematic Theology* (vol.1), p.14.

矫正旧的存在并转入新的存在。"① 这样,蒂利希的生存神学便获得了一种本体论或存在论的意义。这是前此的自由神学家(如施莱尔马赫、利奇尔和布尔特曼等)的神学理论所缺乏的。

新自由神学的"入世"精神和世俗态度在"美国现实主义"和一些激进的世俗神学家那里获得了更其鲜明的表达。美国现实主义是一种温和的自由主义神学,其代表人物为莱因霍尔德·尼布尔(Reinhold Niebuhr,1892—1971)。他的代表作为《道德的人与不道德的社会》(1932年)和《人的本性和命运》(1941年)。在他看来,人的历史戏剧是自然的连贯性与彻底的自由两者之间的奇妙的结合,是命运与自由的奇妙的结合。因此,他始终在两个方面作战:一方面反对把历史等同于自然界的"希腊古典主义",另一方面又反对把人的自由和理性等同于美德和进步的"现代主义"或"乌托邦主义"。他采取的是一种所谓"圣经—基督宗教的观点"。按照这种观点,历史是一种"间歇",其意义既不是在历史过程本身之内完成的,也不是在超乎历史之上的某个彼岸领域完成的,而是在历史的终点完成的。也正是基于这样一种识见,他强调圣爱(agape)与社会公正的辩证关系,强调"伦理策略"和在社会行动中"对力量的节制"。新的激进的世俗神学的核心,是"对于当代生活之世俗方式的关切和一种新的评价"。②1953年,弗里德利希·戈加登在他的《现代的灾难与希望》一书中有力地表达了他对世俗世界的这样一种新的态度。戈加登早年曾追随巴特,热情宣传过巴特的"辩证神学"或"上帝之道神学",

---

① Tillich, *Systematic Theology* (vol.2), Chicago: University of Chicago Press, 1957, p.166.
② 利文斯顿:《现代基督教思想》下卷,第953页。

但后来当巴特从其早期的存在主义倾向转向新的独断的客观性时，他便与巴特决裂。戈加登把人类生存的世俗化和历史化的源头一直上溯到古代，宣称：早在以色列人那里，自然和社会秩序的"神圣化"就已经被打破，人类彻底的历史性就已经第一次得到了肯定。现代人的使命就是根本破除那种在中世纪形成的"静态的、形而上学的关于自然和历史的概念"，回到古代以色列人的那种"彻底世俗"的观点。① 另一位著名的世俗神学家朋霍费尔则进一步提出了"非宗教的基督教"的概念。狄特里希·朋霍费尔（Dietrich Bonhoeffer，1906—1945）在西方神学界被视为一种新兴的基督宗教的先驱，当他因参与一项刺杀希特勒的密谋而被纳粹关在狱中听候处决的时候，他发现了并且用猜谜一般的方式表述了这种新的基督宗教。他不是像戈加登那样，用圆圈的方式或否定之否定的方式，而是用射线的方式来解读人类的历史，把人类的历史描写成一个从依赖宗教到逐步摆脱宗教的过程。他在其生命的最后时刻，在其《狱中书简》中宣布了他的新的发现：人类的成熟、宗教时代的结束和"非宗教的基督宗教的时代"的到来。② 值得注意的是，这种"新世俗主义"不仅在宗教思想家或神学家当中，而且在寻求新"纲领"的教会组织人士当中也变得流行起来。1963 年，罗宾逊（John A. T. Robinson）主教出版了《忠实于上帝》一书。这本书在英国一出版，就立即掀起了一场公开论战的风暴：一场不仅在神学杂志上，而且在每天的报纸和其他

---

① Friedrich Gogarten, *Demythologizing and History*, New York: Charles Scribner's Sons, 1955, p.26.

② Dietrich Bonhoeffer, *Prisoner for God: Letters and Papers from Prison*, New York: The Macmillan Company, 1954, pp.122—123.

大众传播媒体上开展的论战。在美国和其他出版了此书译本的国家也采用了这样一种论战方式。这种充斥大众传播媒体的论战把这种"新神学"传播到了广大公众的意识之中，很快就在一群年轻的神学家当中引起了"上帝之死"的思潮这一更为激进的文化现象。其后不久，哈维·考克斯在1965年出版的《世俗之城》中，威廉·汉密尔顿在1966年出版的《激进神学与上帝之死》中，保罗·范·布伦在1968年出版的《神学探索》中都以这样那样的方式宣布了"上帝之死"：一方面，是作为自然界终极基础的超验的上帝的死亡（如布伦），另一方面，是作为父亲形象的上帝的死亡，即弗洛伊德视为人类软弱和依赖性之投射的那个上帝的死亡（如汉密尔顿和考克斯等）；其目标，都指向了宗教的彻底世俗化和人类的社会责任和承担意识。现当代神学对世俗化的回应，神学自由主义同正统主义的矛盾和冲突，是一种国际性现象，程度不同地存在于世界各国的宗教及其神学之中。我们在讨论这一问题时，之所以着重讨论了基督宗教神学的现当代发展，并不是因为这样一种发展在其他宗教及其神学中并不存在，而只是因为由于西方社会的现代化程度较高，基督宗教神学在表现现当代神学的发展趋势方面更具典型意义罢了。

## 五、宗教的世俗化与神学的未来发展

神学的未来发展问题，对于现时代的人来说，在一定意义上，只是一个谜。但是，对于这样一个谜，我们依据宗教的历史发展及其现实状况，还是可以猜出几分的。

首先，宗教的世俗化将依然是世界各宗教及其神学必定遭遇到且必须认真处理的一个重大问题。虽然,把世俗化同现代化相提并论是不恰当的,但是,世俗化或去神圣化毕竟在现当代社会有了更其全面、更其充分的发展。而这样一种发展,固然也可能引起某种"反弹",但无疑也是未来社会进一步世俗化或去神圣化的一个动因。而且,既然现当代新老正统派的努力都未能阻挡世俗化的步伐,我们也就没有任何理由把世俗化说成是惟有前现代社会和现当代社会的宗教及其神学方遭遇到的问题。

其次,未来的神学将可能依然要通过正统主义和自由主义这两种具有片面性的神学理论的矛盾斗争不断地为自己开辟道路。从我们对现当代神学发展轨迹的上述考察中不难发现:现当代神学是在自由主义与正统主义这样两种片面的神学思潮相互颉颃的过程中不断向前演进的。未来神学的发展形态也很可能大体如此。首先,自由主义和正统主义既然都蕴含着某种片面的"真理",在神学的未来发展过程中便都有其各自继续存在下去的理由,而且,又由于它们所拥有的真理都具有这样那样的"片面性",它们又都不可能完全战胜对方、根除对方。其次,从更深层次看问题,这两种神学思潮的存在及其消长,归根到底,是由人类社会的矛盾状况和发展状况决定的。既然人类社会总是蕴含这样那样的矛盾,既然人类社会的发展总是曲折的,有高潮也有低潮,则这样两种思潮的持续存在和继续相互颉颃,就是一件在所难免的事情了。最后,从宗教及其神学因应世俗化的角度看,如前所述,无论对世俗化采取适应态度,还是采取抵制的态度,都有可能遭遇到一定的理论困难。这样,尽管在神学的未来发展中,将会继续涌现许多介乎正统主义与自由主义之间的中间形态,但正统主义和自由主义将依然是未来神学的两面旗帜。

最后，综合型或整合型的神学形态将在未来的神学发展中发挥更其重要的作用。正统主义神学与自由主义神学之间的关系是相当复杂的：它们之间不仅相互对抗，而且相互借鉴、相互接纳。例如，新的正统派神学家虽然也同老正统派神学一样，强调上帝恩典的至上性、圣经权威的至上性和启示的至上性，但是，它之弃绝一切形而上学以及它之强调"上帝在历史中活动"，无疑是对自由神学思想的吸纳。同样，新自由神学也不是对老自由神学的简单重复，而是吸纳了许多新老正统主义的内容的。且不要说尼布尔所代表的温和的自由神学，即使像布尔特曼和蒂利希的自由神学也是如此；否则，他们神学中的哲理取向和本体论意味也就无从解释了。由此看来，在神学的未来发展中，一种着眼于"人（社会、历史）—自然—神"整个研究域（domains）的新神学，一种进一步综合或整合正统派神学和自由派神学的新神学之出现和发挥更为积极的功能是可以想见的。[①]

---

[①] 段德智："试论当代西方宗教哲学的人学化趋势及其历史定命"，《哲学研究》1999年第8期，第50页。

# 第十一章　宗教对话与宗教多元主义

宗教对话与宗教多元主义是现当代宗教问题中又一个重大和热门的话题。这一问题之所以具有特别重大的意义，其根本的原因即在于：在当今时代，宗教对话和宗教多元主义不仅是一个关乎宗教何以更积极地发挥其社会功能的大问题，而且，也是一个直接关乎到世界和平、社会发展和人类进步的大问题。

## 第一节　宗教的地理分布、宗教冲突与人类文明

宗教对话首先是一个由宗教冲突提出来的问题。而宗教冲突虽然是一个同宗教的特殊本质（即宗教信仰及其神秘性和超越性）直接相关的问题，但在人类的历史发展过程中又是一个同宗教的地理分布和空间传播密切相关的问题。因此，在讨论宗教对话之前，先行地考察一下宗教的地理分布和空间传播以及与之相关的宗教冲突是必要的。

### 一、宗教的地理分布与人类古代文明

宗教乃人类文明的一个重要因素。种族、语言、生产技术、

生活方式等等,都是人类文明中不可或缺的因素,但是,宗教无疑是其中一个比较根本、比较核心的因素。"伟大的宗教是伟大的文明赖以建立的基础。"[①] 道森的这句话虽然不应当被视为绝对真理,但同人类文明的历史和现状却也是大体一致的。

从宗教地理学的角度看,宗教的地理分布同古代人类文明的分布大体上是相称的和对应的。人类文明史上素有五大文明之说。但是,所有这些文明,无论是埃及文明、巴比伦文明、印度文明和中国文明,还是希腊文明,都是有其特定的宗教形态的。例如,古代埃及文明的孕育和演进同古代埃及宗教及其国家化或民族化就密不可分;离开了对作为生命之神的太阳神瑞和作为死亡之神的冥王神奥西里斯的崇拜,无论对古代埃及的金字塔文化,还是对古代埃及法老的政治权威,都是不可能作出恰当说明的。同样,古代巴比伦文明的演进也是同古代巴比伦宗教的演进同步的;离开了苏美尔人、阿卡德人和巴比伦人对原来作为天气神的安神(An)和原来作为表示生命和丰产的太阳神马尔都克(Marduck)的崇拜,我们就不仅不能够充分解说苏美尔—阿卡德社会和巴比伦社会的政治结构,也不可能充分解说巴比伦王国的兴起。同样,离开了婆罗门教及其"三大纲领"("吠陀天启"、"祭祀万能"和"婆罗门至上"),古代印度文明也是不可能得到充分说明的。就中国古代文明而言,无论它的形成和发展,显然也都是同以"天帝崇拜"、"社稷崇拜"和"祖先崇拜"为中心内容的"宗法性传统宗教"密切相关的。离开了作为中国民族—国家宗教的"宗法性传统宗教",不仅古代中

---

[①] Christopher Dawson, *Dynamics of World History*, LaSalle, IL: Sherwood Sugden Co., 1978, p.128.

国的宗法性社会体制的构建得不到合理的解释,而且,整个中国古代文化也不可能得到本真的理解。至于古代希腊文明,包括它的戏剧、雕塑、绘画,乃至它的道德观念和政治体制,没有什么同它的古代宗教是没有关联的。对于古代希腊人来说,以地母盖娅为首的提坦诸神,以宙斯为首的奥林匹斯诸神以及酒神狄俄尼索斯、命运三女神、复仇三女神等,并不仅仅是一些神话故事中的人物,而且还是积淀在其文化深处中的东西。

年鉴学派的主要代表人物费尔南·布罗代尔(Fernand Braudel,1902—1985)曾把文明界定成"一个空间,一个'文化领域'"。① 按照布罗代尔的这个观点,至少从早期人类文明社会的情况看,宗教的地理分布和人类文明的地理分布大体上是一致的。在那个时候,埃及人、巴比伦人、印度人、中国人和希腊人,不仅在世界宗教史这一伟大戏剧中扮演了"主要的角色",而且在世界文明史这一伟大戏剧中也扮演了"主要的角色"。②

## 二、宗教的空间传播与宗教冲突

一般来说,宗教的空间传播和宗教冲突自宗教产生以后就一

---

① 转引自亨廷顿:《文明的冲突与世界秩序的重建》,第25页。
② 布罗代尔曾提出"长时段"历史理论,认为"短时段"发生的诸多事件都具有"最任性"和"最富欺骗性"的特征,唯有"长时段"才是"社会科学在整个时间长河中共同从事观察和思考的最有用的河道",决定和制约历史发展的不是当前历史时刻不时发生的转瞬即逝的短时段的历史事件,而是沉积在历史深处的地理结构、社会结构、经济结构和思想文化结构。他强调说:各种结构"在长时段问题中居于首位"(费尔南·布罗代尔:"历史和社会科学:长时段",承中译,《史学理论》1987年第3期)。也请参阅缪勒《宗教学导论》,第35—36页。

直存在，只不过在前现代社会，其传播和冲突的空间范围比较狭小罢了。

在原始社会，宗教传播和宗教冲突主要在氏族和部落之间进行，范围极其狭小。民族—国家宗教产生后，宗教传播和宗教冲突的空间范围有了明显的扩展，但是在很长一段时间内，宗教传播和宗教冲突基本上是区域性质的，是囿于一个文明空间范围之内的，至少世界范围的宗教传播和宗教冲突并不存在。例如，古代埃及从血缘社会向地缘社会、从分散地区向统一国家的过渡虽然始终伴随着宗教的空间传播和宗教冲突，但是，其空间范围却基本上囿于尼罗河流域。同样，从苏美尔城市国家向阿卡德王国和古巴比伦王国的历史演进虽然始终伴随着宗教的传播、融合和冲突，但是，无论如何，宗教的这种传播、融合和冲突基本上是在西亚两河流域（幼发拉底河和底格里斯河）范围内进行的。

但是，随着各国奴隶制度的发展和奴隶制帝国的出现，宗教传播、融合和冲突的范围便有了更进一步的扩展，开始越出本己的文明空间范围，延伸到别的异质文明的空间中。例如，公元前9—前7世纪亚述帝国的兴起无疑在短期内促成了以作为战神的亚述神崇拜为中心内容的亚述宗教的传播，不仅酿造了亚述宗教同巴比伦宗教的冲突和融合，而且还酿造了亚述宗教同埃及宗教及其他宗教的冲突和融合。公元前6—前4世纪，波斯帝国对欧亚非三洲的征服无疑在短期内促成了琐罗亚斯德教的传播，并酿造了琐罗亚斯德教同埃及宗教、巴比伦宗教、婆罗门教和希腊宗教的冲突和融合。公元前4世纪马其顿—希腊的东侵以及亚历山大帝国的统治促成了希腊宗教的传播，也酿造了希腊宗教同埃及宗教、巴比伦宗教、亚述宗教、波斯宗教和印度宗教的冲突和融合。公元前3世纪至公元5世纪期间，罗马向东方的扩张及罗马帝国对所征服的土地的长期统治，无疑在一个相当长的时间里促成了罗马宗教的传播，同时也酿造了罗马宗教同希腊宗教、埃及宗教、波斯宗教、犹太教乃至基督宗教的冲突和融合。

然而，宗教的传播和冲突随着世界宗教的出现，无论在性质方面，还是在空间范围方面都发生了重大的变化。世界宗教，无论是佛教，还是基督宗教和伊斯兰教，都是在同其他宗教的冲突中产生出来的。例如，佛教是在反对维护种姓制度的古印度婆罗门教的过程中于公元前6世纪酝酿产生出来的；基督宗教是在反对犹太教"撒都该派"（the Saducees）和"法利赛派"（the Pharecees）的过程中于公元1世纪创建出来的；伊斯兰教是在同信仰多神的氏族部落宗教及种种偶像崇拜的斗争中于公元7世纪创建出来的。不仅如此，世界宗教也是在反对其他宗教传统的斗争中逐渐传播和发展起来的。佛教从一个区域性宗教升格为世界性宗教，显然是随着摩揭陀国孔雀王朝（公元前4—前2世纪）及随后贵霜帝国（公元1—3世纪）对周边国家和地区的征服而传播到周边国家和地区的；佛教在这种传播过程中，虽然也常常借鉴和吸收印度的婆罗门教、波斯的琐罗亚斯德教和希腊宗教等相关宗教的一些内容，但对后者的排拒则是在所难免和显而易见的。基督宗教也同样是在同其他宗教的冲突中不断为自己的发展开辟道路的。可以说，基督宗教的世界化过程的每一个阶段都是充满了矛盾、冲突和斗争的。在从西亚走向罗马帝国的阶段里，基督宗教先是受到传统犹太教的敌视，接着是受到信奉罗马宗教的罗马当局的多次"迫害"。[①]而基督宗教本身也正是在公元392年罗马皇帝狄奥多西一世（Theodusius I，379—395年）颁布敕令、禁止一切异教崇拜的前提下被正式确定为罗马帝国的国教的。并且，在后来的传播和发展中，同种种"异教"的斗争差不多始终是基督宗教及其神学的一项中心内容。自1096年开始的"十字军东征"，历时近2个世纪，是中世纪规模最大的宗教冲突和宗教战争之一。至近代，基督宗教更是在西方资本主义殖民侵略者炮火的掩护下，在同种种"异教"的斗争（有时表现为所谓"礼仪之争"）中逐步从欧洲和地中海沿岸地区传播到全世界各大洲的。在历史上，伊斯兰教的传播差不多同阿拉伯人的军事扩张同步进行的。无论是在"四大哈里发时期"（7世纪），还是在阿拉伯帝国时期（7—13世纪）和奥斯曼帝国（连同萨法维帝国和莫卧儿帝国）时期（13世纪末—20世纪初），阿拉伯人走向世界的过程同时也就是伊斯兰教走向世界的过程。毫无疑问，伊斯兰教也是在同种种"异教"的冲突和斗争中逐步走向世界的。离开了伊斯兰教同种种"异教"，特别是同基督宗教和婆罗门教的冲突和斗争，伊斯兰教在小亚细亚、巴尔干半岛、比利牛斯半岛、北非及南亚次大陆的传播是不可设想的。

---

① 从1世纪中叶至4世纪初，基督宗教先后遭受了10次来自罗马当局的迫害，史称"十大迫害"。其中最早的一次发生在公元64年尼禄在位期间。当时，尼禄以纵火的罪名逮捕一大批基督徒，其中数以百计的人被残酷处死。最后一次发生在303—304年戴克里先皇帝在位期间。罗马当局同样以纵火的罪名迫害基督徒。宫廷中凡信基督宗教的官员和太监一律处死，同时下令各地拆毁基督教堂，烧毁圣经，逮捕教会首领，强迫基督徒（包括罗马主教在内）祭祀罗马诸神，抗拒者一律处死，教徒与教会的财产悉数没收充公。

## 三、当代的宗教分布与地区冲突

至 20 世纪,世界各大宗教,首先是三大世界宗教,经过几千年的努力,其空间传播业已达到了一个相当高的层次。基督宗教、伊斯兰教、佛教和印度教在各大洲都有一定数量的信徒。据 1980 年《大英百科年鉴》统计,全世界基督宗教信徒共 9.98 亿,其中欧洲有 3.42 亿,北美洲有 2.35 亿,南美洲有 1.77 亿,非洲有 1.29 亿,亚洲有 0.95 亿,澳洲有 0.18 亿;全世界伊斯兰教信徒共 5.87 亿,其中亚洲 4.27 亿,非洲 1.45 亿,欧洲 0.14 亿,北美 31 万,南美 25 万,澳洲 8 万;全世界佛教信徒共 3.6 亿,其中亚洲 2.54 亿,南美和欧洲各 19 万,北美 17 万,澳洲 3 万,非洲 1 万多;全世界印度教信徒共 4.75 亿多,其中亚洲 4.73 亿,非洲 107 万,南美 84 万,澳洲 49 万,欧洲 35 万,北美 8 万多。[①] 这就是说,虽说基督宗教的信徒主要集中在欧洲和北美洲,但在南美洲、非洲和亚洲也有不少的信徒;虽说伊斯兰教的信徒主要集中在亚洲和非洲,但在欧洲也有一定数量的信徒;虽说佛教和印度教的信徒主要集中在亚洲,但在其他各洲也有一定数量的信徒。而且,

---

① 依据皮尤研究中心 2012 年公布的数据,全世界共有基督宗教信徒近 22 亿(约占世界人口 32%,其中约 50% 为天主教徒,37% 为新教徒,12% 为东正教徒,约 1% 为摩门教和耶和华见证会等新兴异端教派信徒),约其中的 87% 生活在美洲(37%)、欧洲(26%)和撒哈拉以南非洲地区(24%)。伊斯兰教信徒为 16 亿(约占世界人口的 23%,其中 87%—90% 为逊尼派,10%—13% 为什叶派),大约 98% 的伊斯兰教信徒生活在亚洲和太平洋地区(约 62%),中东和北非地区(约 20%),以及撒哈拉以南非洲地区(近 16%)。印度教信徒为 10 亿(约占世界人口的 15%),其中 99% 的信徒生活在亚洲和太平洋地区。佛教徒为 4.9 亿(约占世界人口的 7%),其中 99% 的信徒生活在亚洲和太平洋地区。

世界各大洲（除南极洲外）也都有了相当数量的宗教信徒。其中，亚洲约15亿，欧洲约3.6亿，非洲约2.7亿，北美洲约2.4亿，南美洲约1.8亿，澳洲约0.18亿。在这样一种格局下，一般来说，传统的群体皈依型的宗教空间传播方式已不再可能继续成为宗教发展的主要形式或主要手段，而一个国家或一个地区的人口的自然增长倒成了影响宗教发展规模的越来越重要的因素了。希克曾经强调指出："很明显，在大约99%的情况下，一个人所承认以及他/她所坚持的宗教依赖于出生的偶然性……当然，也有从一种信仰到另一种信仰的改宗，但就世界各大宗教而言，与每一个宗教在它自己的人口中从一代到下一代的广泛传递相比，它们处在边缘位置。"① 例如，据统计，伊斯兰教信徒1900年在世界人口中的比例为12.4%，而1980年在世界人口中的比例则上升到16.5%。这与伊斯兰教世界人口的高增长率密不可分。②

宗教分布或宗教人口分布的这样一种格局一方面极大地方便了宗教之间的相互借鉴、相互吸收和相互融合，另一方面又加剧了宗教之间的相互摩擦和相互冲突。而各宗教之间的相互摩擦和相互冲突向来都是当代地区冲突或局部战争乃至当代世界政治关系中一个相当重要的酵素。如所周知，20世纪末叶，中东、巴尔干半岛（波斯尼亚）、克什米尔等都是地区冲突和局部战争的频发地区。毫无疑问，这些地区的冲突和战争的成因是相当复杂的。但是，无论如何，宗教之间的相互摩擦和相互冲突无疑是诸多成因中的一个原因，至少是这种摩擦和冲突的一个诱因。在中东，

---

① 希克：《宗教之解释》，第2页。
② 参阅亨廷顿：《文明的冲突与世界秩序的重建》，第55页。

## 第十一章 宗教对话与宗教多元主义

巴勒斯坦的犹太人和阿拉伯人之间的冲突可以一直追溯到犹太人在该地区建国之日。为此，它们之间不仅发生了四次战争，而且还发生了无穷无尽的摩擦和冲突。既然它们双方都提出了耶路撒冷（圣地）的归属问题，看来要在短期内解决它们之间的矛盾似乎是不大可能的。在波斯尼亚（巴尔干半岛），信奉伊斯兰教的穆族同信奉东正教的塞族人的战争、同信奉天主教的克族人的冲突，显然都有其宗教冲突的背景的。联系到14世纪奥斯曼帝国对巴尔干半岛的占领，这种推测是不无缘由的。南亚次大陆克什米尔地区的连绵不断的冲突和战争显然是同伊斯兰教同印度教之间的摩擦和冲突直接相关的。至于北爱尔兰地区联合派和民族派长达近三十年（1969—1997年）的摩擦和冲突，斯里兰卡的泰米尔叛乱，菲律宾的摩洛人的起义，高加索地区亚美尼亚人同阿塞拜疆人之间的冲突，埃塞俄比亚奥罗莫人的暴动以及苏丹的大规模的内战，都是毫无例外地同宗教之间的摩擦和冲突关联着的。

在考察上述地区冲突或地区战争时，需要强调指出的是，这些冲突或战争之所以很难在短时期内从根本上加以解决，首先就在于：这些冲突或战争虽然乍一看是地区性的或局部性的，但却往往同更大的文明集团之间的冲突有着千丝万缕的关系，因而往往具有跨地区、跨文明的世界性质。例如，巴勒斯坦地区以色列人同阿拉伯人之间的冲突，便一方面关涉到整个西方世界，关涉到整个犹太教—基督宗教文明集团，另一方面又关涉到整个阿拉伯世界，关涉到整个伊斯兰教文明集团。既然如此，中东问题就不可能是一个单纯的地区性问题了。其次，这样一类问题之所以很难在短期内从根本上予以解决，还有一个深层的原因：这样一类冲突或战争往往是以这样那样的宗教冲突为背景的。例如，巴勒斯坦地区以色列人同阿拉伯人之间的冲突显然是以犹太教与伊斯兰教的冲突为背景，波斯尼亚地区的冲突或战争显然是以东正教、天主教与伊斯兰教之间的冲突为背景，克什米尔地区的冲突显然是以伊斯兰教同印度教的冲突为背景，北爱尔兰地区的摩擦和冲突显然是以天主教和新教的冲突为背景的。但是，既然宗教构成了一种文化或一种文明的深层维度，既然文化认同又往往是以宗教认同为基础和前提的，则只要这些宗教之间的矛盾或冲突在这些地区存在一日，这样一类地区冲突或局部战争的可能性也就存在一日。由此看来，正确处理各宗教之间的关系，及时缓解各宗教之间的紧张关系和冲突，实在是实现区域和平乃至世界和平的一项根本举措，是一件当代人类需要进一步正视并予以认真践履的大事情。

## 四、宗教冲突与"世界秩序的重建"：评亨廷顿的"文明冲突论"

著名的国际与地区问题研究专家、哈佛大学教授塞缪尔·亨廷顿1993年在美国《外交》杂志上发表了一篇题为《文明的冲突？》的文章，引起了广泛的争论。据该杂志的编辑讲，这篇文章在发表后三年内引起的争论，超过了他们自20世纪40年代以来所发表的任何一篇。三年后，亨廷顿又出版了《文明的冲突与世界秩序的重建》一书，同样引起了广泛而激烈的争论，并很快被翻译成二十多种不同的文字；举世震惊的"9·11"事件使得他的这部著作进一步升温，持续列《华盛顿邮报》图书排行榜非小说类榜首。而亨廷顿的文章或著作的根本努力即在于从重建世界秩序的高度审视宗教冲突问题。因此，在探讨宗教对话问题的时代意义时，具体而深入地讨论一下亨廷顿的这部著作，是十分必要的。

按照亨廷顿的说法，我们现在已经进入了"世界政治"的一个"新时代"，亦即一个以"文化范式"解释世界政治的时代。[①]随着冷战时代的结束，在国际关系中，意识形态的差异已经不再重要，文化或文明的差异或冲突的作用越来越突出。围绕着这一基本思想，亨廷顿着重阐述了下述几个观点：第一，当今世界是一个"多极的和多文化的世界"。这是亨廷顿国际政治学说的基础。这一命题旨在强调当今世界不再是由美苏两个超级大国主宰的两极世界，也不会是一个由美国或西方国家主宰的一极世界，或一个由一百多个国家主宰的无极世界，而是一个由7至8个文明世界组成的"多极"世界：一个由"中华文明"、"日本文明"、"印度文明"、"伊斯兰文明"、"西方文明"、"拉丁美洲文明"、"东正教文明"以及"非洲文明"（可能存在的）组成的"多极世界"。[②]第二，各种文明力量的对比发生了重大变化：一方面相对于20世纪20年代，西方世界在领土、人口、经济产值、军事能力诸方面开始衰落；另一方面，亚洲通过经济增长、伊斯兰文明通过人口增长开始挑战西方世界。第三，全球政治结盟的基础由意识形态认同转向文化认同或文明认同，转向以文化认同为基础的比较全面的文化与经济合作和经济一体化（其主要标志为"自

---

[①] 亨廷顿强调指出："在正在来临的时代，文明的冲突是对世界和平的最大威胁，而建立在多文明基础上的国际秩序是防止世界大战的最可靠保障。"亨廷顿：《文明的冲突与世界秩序的重建》，第372页。

[②] 同上书，第28—32页。

由贸易区"、"关税同盟"、"共同市场"和"经济联盟");每个文明都是一个以一个或多个核心国家为圆心、以多少不等的成员国为同心圆所组成的文化共同体;正在形成的世界政治秩序实质上是一个以诸文明的关系为基础的文化秩序,而首先是一个以主要文明核心国家的关系为基本内容的文化秩序。亨廷顿强调说:"人们根据他们与别人的不同之处来确定自己的身份。随着通讯、贸易和旅游的增长扩大了文明之间的相互作用,人们日益赋予其文明认同以更大的重要性。两个相互交往的欧洲人,一个德国人和一个法国人,会把彼此认作是德国人和法国人。而两个欧洲人,一个德国人和一个法国人,在同两个阿拉伯人,一个沙特阿拉伯人和一个埃及人交往时,会把自己和对方看作是欧洲人和阿拉伯人。"① 第四,"在现代世界中,宗教是主要的,可能是唯一主要的促动和动员人民的力量。"② "宗教是界定文明的一个主要特征"。在韦伯提出并讨论的五个"世界性宗教"中,有四个——基督宗教、伊斯兰教、印度教和儒教是"与主要的文明结合在一起"的。即使佛教在一定意义上,也有自己的文明区域。例如,在一定意义上,我们可以把斯里兰卡、缅甸、泰国、老挝和柬埔寨看成小乘佛教文明区域。③ 第五,在当今世界中,属于不同文明的国家和集团之间的关系常常是对抗性的;文明间的冲突有两种形式:在全球或宏观层面上核心国家的冲突发生在不同文明的主要国家之间,首先是伊斯兰社会和亚洲社会与西方社会之间;在地区或微观层面上,主要表现为"断层线冲突",这种情况主要发生在属于不

---

① 亨廷顿:《文明的冲突与世界秩序的重建》,第 57—58 页。
② 同上书,第 56 页。
③ 同上书,第 32—33 页。

## 第十一章 宗教对话与宗教多元主义

同文明的邻近国家之间以及一个国家中属于不同文明的集团之间；而断层线战争的动因主要在于文化认同和宗教认同。第六，抑制文明冲突、避免文明核心国家之间的战争的可能性依然存在，这就是积极开展"文明间的对话"，并在这种对话中努力坚持"避免干涉原则"、"共同调解原则"以及"求同存异原则"或"共同性原则"。①

平心而论，亨廷顿的国际政治学说中是包含着许多积极内容的。例如，他明确地否认了西方文明的普世性，断言西方文明的价值并不在于它的所谓普世性，而在于它的独特性。他明确地批驳了把现代化混同于西方化的观点，并且因此而批评了"接受现代化又接受西方化"的基马尔主义，肯认了"接受现代化拒斥西方化"的"改良主义"。②再如，他依据比较翔实的史料，承认并且论证了西方世界在领土、人口、经济产值和军事能力诸多方面表现出来的相对衰弱。他作为一位国际政治专家，并不是就国际政治关系来谈国际政治，而是从文明间的冲突来理解国际政治冲突，从宗教间的冲突来理解文明间的冲突。他不仅提出了他所谓世界政治的"文化范式"，而且还提出了抑制文明间的冲突、开展文明间的对话的上述三"原则"。

但是，亨廷顿的国际政治关系学说也确实是存在有一些重大的甚至是致命的缺陷的。第一，他在论证和强调国际政治关系的

---

① 亨廷顿：《文明的冲突与世界秩序的重建》，第 370 页。
② 亨廷顿虽然肯定了穆斯塔法·基马尔（Kemal，1881—1938）的历史功绩，说他"在奥斯曼帝国的废墟上创建了一个新的土耳其"，但是，对基马尔的"全盘西化"的主张却也提出了批评，说他"使土耳其成了一个'无所适从的'国家"；并且，断言这是一个"文明转变的失败"的例证。亨廷顿：《文明的冲突与世界秩序的重建》，第 65、146—160 页。

文化范式时,过多地渲染了地区冲突,并从根本上否认了建立一个"相对和谐"的"世界新秩序"的可能性,从而使他的政治学说在整体上表现出一种悲观的格调。第二,他在批评国家主义范式时,过分地渲染国际秩序的多层次性,过重地强调国际机构及次国家的地区实体对国家职能和权力的蚕食,似乎使他的国际政治学说带有一定的主观主义色彩。第三,亨廷顿国际政治学说的核心观点在于把国际政治关系还原为文明关系,并进而把文明关系还原为宗教关系;这样一来,一些大政治家们固然可以获得一张"非常简化但也非常有用"的"政治地图",但是,这样一种还原主义显然是把国际问题过分简单化了。如果说把文明关系和宗教关系作为思考和理解当代国际政治关系的一个视角是思想深刻的一种表现的话,那么把国际政治关系完全归结为文明关系和宗教关系,则无疑是一种"片面"或"偏见"。第四,宗教问题不仅有一个宗教复兴问题,而且还有一个宗教世俗化问题,不仅有一个宗教冲突问题,而且还有一个宗教宽容和宗教融合问题。亨廷顿这样一味地强调宗教复兴和宗教冲突,闭口不谈宗教的世俗化和宗教融合,很难说他的国际政治学说没有"片面性"或"极端性"之嫌。在谈到波斯尼亚的宗教状况时,亨廷顿本人也承认:"历史上,社区认同在波斯尼亚并不强烈,塞尔维亚族、克罗地亚族和穆斯林作为邻居和平地生活在一起,相互通婚很普遍,宗教认同也很弱。穆斯林被称作不去清真寺的波斯尼亚人,克罗地亚族是不去天主教堂的波斯尼亚人,而塞尔维亚族则是不去东正教堂的波斯尼亚人。"[①] 既然如此,则他把宗教

---

[①] 亨廷顿:《文明的冲突与世界秩序的重建》,第304页。

问题简单地归结为宗教冲突就不仅是不恰当的,而且也是蓄意的。不仅如此,既然宗教问题不仅有一个宗教冲突的问题,而且还有一个宗教宽容问题,既然宗教冲突能够通过文明进步、政治努力和宗教的世俗化等手段而得到一定程度的化解,既然该地区的宗教认同,如亨廷顿所承认的,在20世纪90年代是由别的因素激发出来的,则宗教冲突也就不可能成为政治冲突、文明冲突的终极基础。第五,也是最后,是亨廷顿国际政治学说逻辑上的不彻底性。如前所述,亨廷顿国际政治学说的根本努力在于把国际政治关系归结为文明关系以及把文明关系归结为宗教关系,那么,既然他强调文明对话,强调文明对话对于缓解政治冲突的重要意义,他也就应当进而明确提出并强调宗教对话,强调宗教对话对于缓解宗教冲突,从而对于缓解文明冲突乃至政治冲突的重要意义。虽然我们不可能奢望通过宗教对话解决所有的文明冲突和政治冲突,但是,无论如何,宗教对话也是实现文明对话和政治和解的一项重要举措,至少会对实现文明对话和政治和解产生积极的影响。亨廷顿的国际政治学说未能明确地提倡和强调宗教对话,不能不被看作是他的国际政治学说的一项重大缺陷。

## 第二节 宗教对话与世界和平

我们前面在讨论宗教社会功能时曾经指出:宗教的社会功能具有明显的二律背反的性质,不仅具有积极的正功能,而且也具有消极的负功能,如果从国际政治关系的角度看问题,我们同样可以看到宗教功能的这样一种两重性：它既可以如上所说，成为文明冲突和地区战争的重要动因，但同时也可以成为维系世界和平的重要力量。宗教对话的意义正在于此。真正说来，宗教对话对于当代人类来说，不仅是一个理论问题，更重要的是一个生存处境问题和实践问题。既然在当今时代，宗教愈加成为诸民族和文明之间张力和冲突的"关键力量"，"宗教足以让我们彼此憎恨却不足以让我们相爱"，既然面对"暴力"和"战争事业"，"宗教若成为不了解决办法的一部分，则必定会成为问题的一部分"，则包括宗教界人士在内的所有的进步人士除了倡导和推进宗教对话，竭力把宗教变成爱和合作而不是憎恨和暴力的资源，把宗教变成维系世界和平的重要力量而不是把它变成酿造文明冲突和地区战争的重要动因，便无任何更为妥当的抉择。[①]

## 一、宗教对话的三种模式：排他主义、兼容主义和多元主义

宗教对话的模式问题，其实也就是处理诸宗教之间的关系的方式问题。宗教之间的关系问题虽然是一个由来已久的问题，但是，随着宗教地理分布的变动，至当今时代，作为人类生存处境中的一个基本因素，它终于演绎成了一个相当现实、相当紧迫、影响整个人类生存和世界和平的特别重大的问题。哈佛大学教授威尔弗雷德·坎特韦尔·史密斯早在 20 世纪 60 年代在谈到这个问题时，就曾经对"诸宗教"或"宗教关系"问题之渗透进当代

---

[①] Cf. Jonathan Sacks, *The Dignity of Difference: How to Avoid the Clash of Civilizations*, New York: Continuum, 2002, pp.4, 9；保罗·尼特:《宗教对话模式》，王志成译，中国人民大学出版社 2004 年版，"作者致中国读者"第 2—3 页。

人类生存处境之中作了特别强调,指出:"从现在起,如果人类的生活终究能生存下去的话,那么它将在宗教多元论的处境中……主张其他信念的人不再只处于周边或者远方,不再是旅行家故事中所说的那些让人好奇的懒人。我们越是警觉,越是卷入生活,就越会发现他们是我们的邻人、同事、对手、伙伴。儒教徒、印度教徒、佛教徒和穆斯林不仅在联合国,而且在街上和我们在一起。不仅我们文明的命运越来越受他们行动的影响,而且我们也和他们个人在一起喝咖啡。"① 也正是在这个意义上,尼特把"诸宗教"宣布为"新近经历的实在"。②

事实上,诸宗教问题或宗教关系问题不仅成了当代人类无论如何无法回避的问题,成了当代人类必须正视并予以认真处理的问题,而且也成了宗教徒何以成为宗教徒的问题。也正是在后面这一意义的基础上,尼特在《宗教对话模式》中强调指出:"不同宗教的信徒们越来越强烈地感到的挑战是,他们需要在其他宗教的更大共同体中寻找和发展他们个人的身份。作为基督教徒或印度教徒,一个人一定是这个更宽广的宗教共同体的一部分。如今,一个人似乎必须在宗教间成为宗教徒。"③ 他甚至还为此专门写了一本题为《没有佛,我做不成基督徒》的著作。这样,宗教间性问题或宗教关系问题无论对于世俗世界本身还是对于出于宗教关系中的世界诸宗教本身都成了一个不能不予以直面、予以关注并予以处理的问题。

---

① Wilfred Cantewell Smith, *The Faith of Other Men*, New York: Harper & Row, 1962, p.11.
② 参阅保罗·尼特:《宗教对话模式》,第 5—8 页。
③ 同上书,第 12 页。

然而，当今时代的宗教思想家和神学家们却对这一问题采取了非常不同的立场和态度。为简明计，我们不妨将他们处理宗教间性或宗教关系问题的方式区分为下述三种，这就是：排他主义、兼容主义和多元主义。

所谓排他主义，意指的是这样一种宗教立场和宗教态度：它把自己所属的宗教宣布为唯一的"真宗教"，而把所有别的宗教统统宣布为"伪宗教"或者是仅仅具有"暂时性价值"的宗教。这是一种典型的"自我中心主义"，一种"托勒密主义"。在这样一种模式下，所谓宗教对话，实质上是一种宗教置换，即以自己所属的宗教来置换所有别的宗教。从宗教历史上看，基督宗教长期持守的就是这样一种模式。它不仅强调惟独恩典和惟独信仰，而且还以保罗和奥古斯丁为样板，强调"教会之外无拯救"。就当代宗教来说，各种类型的基要派及其变种所持守的也是这样一种模式。当代排他主义的最为著名的代表人物是卡尔·巴特。巴特所代表的排他主义者的观点概括起来就是人们常说的"四个惟独"："惟独依靠恩典"、"惟独依靠信仰"、"惟独依靠基督"以及"惟独依靠《圣经》"。这"四个惟独"既是我们"使上帝成为上帝"的"唯一之道"，也是我们人类得救的"唯一之道"。[①] 诚然，巴特和其他排他主义者也呼吁基督宗教尊重其他宗教信徒的善良意志、真诚和宗教自由，但是，既然他们强调"四个惟独"，既然耶稣基督这个太阳只照耀这一个宗教而且也只存在于这一个

---

[①] Cf. Karl Barth, *Church Dogmatics*, vol.2, part 1, Edinburgh: Clark, 1956, paragraph 17. 但巴特有时甚至仅仅强调"唯独依靠恩典"，把整个宗教视为"恩典的造物"（Cf. Karl Barth, *Church Dogmatics*, Vol. 1, part 2, pp. 325—326）。

宗教之中,既然人们只有在这个太阳下才能依靠"信仰"在"恩典"中生活并且"得救",那么,在基督宗教和其他宗教之间也就没有任何"接触点"。因此,如果在它们之间有什么对话的话,那么,这样一种对话的目标也只有一个,这就是用基督宗教置换所有其他宗教,让所有其他宗教信徒像保罗和奥古斯丁一样"皈依"基督宗教。鉴此,基督徒所能做的唯一一件事情便是:充满爱心地、恭敬地宣布福音,让基督的光取代没有基督而存在的黑暗。①

排他主义虽然捍卫了基督宗教信仰的纯洁性,但是却难免同基督宗教的普世主义和上帝普遍临在的理念相抵触。为了缓解这样一种矛盾,一些基督宗教思想家便试图以"部分置换"的模式来取代巴特的"全部置换"的模式。著名的新教神学家保罗·蒂利希强调上帝的普遍临在,宣称:只要我们发现自己"被一种终极关切所抓住"时,我们就会感受到了上帝的临在。② 另一个著名的新教神学家沃尔夫哈特·潘能伯格(Wolfhart Pannenberg,1928—2014)则进一步明确指出:整个历史的进程就是上帝对人类言说的舞台,"诸宗教的历史就是神圣奥秘显现的历史",而且,"这奥秘"就被"预设为处于人类生存的结构之中"。这就是说,上帝不仅通过基督宗教,而且也通过所有其他宗教对信徒们说话。上帝的普遍临在或普遍启示,不仅可以使其他宗教徒意识到神的存在,而且还可以使他们意识到他们所意识到的神就是一

---

① 参阅保罗·尼特:《宗教对话模式》,第28—38页。
② Paul Tillich, *Christianity and the Encounter of World Religions*, New York: Columbia University Press, 1963, p.4; Tillich, *Systematic Theology*, Vol. V1, Chicago: University of Chicago Press, 1963, pp.153—155.

个"你"——人格的、爱的呼唤的"你"。① 然而，需要指出的是：这些福音派神学家虽然肯认上帝临在的普遍性，但他们所说的普遍性仅限于肯认上帝启示的普遍性，而对其他宗教的拯救功能却予以否认。也就是说，其他宗教虽然通过普遍启示知道上帝的存在和爱，尽管它们具有善良意志和真诚的努力，但它们却缺乏拯救的功能，因为"除耶稣基督之外别无拯救"。因此，福音派神学家，到最后，就同基要派神学家一样，依然持守着本己宗教的优越感，依然奉行着以本己宗教置换所有其他宗教的宗教兼并的"帝国主义"策略。这样，福音派神学家的努力非但没有消解存在于排他主义与基督宗教的普世主义之间的内在矛盾，反而进一步表明：只要持守本己宗教的优越感，只要持守巴特的"四个惟独"的立场，只要固守着排他主义的宗教兼并的帝国主义策略，这种矛盾就永远不可能从根本上得到解决，而富有成效的宗教对话就永远不可能实现出来。

可以说，兼容主义就是为破除本己宗教的优越感，缓解排他主义的这一内在矛盾，进一步推进宗教对话而设计出来的。兼容主义同排他主义的根本区别在于它对本己宗教优越感的破除上，以及对所有其他宗教启示功能和救赎功能的肯认上。20世纪最有影响力的天主教神学家卡尔·拉纳（Karl Rahner，1904—1984）即是著名的兼容主义的神学先驱。与执著于本己宗教的排他主义神学家不同，拉纳把眼光转向了"非基督宗教"，并且明确地肯认了非基督宗教的启示和救赎功能，宣布"诸宗教"都可以成为

---

① Wolfhart Pannenberg, ed., *Revelation as History,* London: Macmillan, 1968, pp.3—21, 125—158; Pannenberg, *The Idea of God and Human Freedom,* Philadelphia: Fortress Press, 1973, pp.111—115.

"拯救的道路"。在拉纳看来,我们每一个人,就本性而言,不仅是"自然"的,而且都是"超自然"的,都是"受到恩典"的。上帝不仅通过基督宗教,而且也通过印度教、佛教、伊斯兰教和本土宗教的信念和实践把人们引向他自己,用他自己的话来说,所有非基督宗教都可以成为"一种获得与上帝的正确关系因而获得拯救的积极方法"。这就是说,一个伊斯兰教徒或一个印度教徒、佛教徒的"得救"并不是像排他主义者所宣称的那样,是一件与他们的伊斯兰教、印度教或佛教"无关"的事情,而是恰恰"因为"他们自己是伊斯兰教、印度教或佛教信徒的缘故,恰恰是因为伊斯兰教、印度教或佛教的缘故。[①] 但是,拉纳毕竟是一位基督宗教神学家,作为一位基督宗教神学家,他始终没有放弃"惟独基督"的立场,因此,他虽然肯认了其他宗教的救赎功能,但他只是从可能性的层面上讲的,而且,在他看来,如果要把这种可能性实现出来,就非通过耶稣基督的恩典及基督宗教教会不可。不过,在拉纳看来,非基督宗教徒要做到这一步并不难。因为既然这些非基督宗教信徒在历史中,在推进他们的信仰的共同体中也同样能够发现耶稣基督的不断临在和力量,既然他们的经验是基督宗教徒经验到的经验,并且都指向基督宗教徒在耶稣基督里拥有的经验,则他们在事实上也就是基督宗教徒了。这样,这些在他们的宗教中并通过他们的宗教"接受恩典"的人,到头来,便都会自然地指向耶稣基督和基督教会。但是,考虑到非基督宗教徒对自身所拥有的宗教经验缺乏明确的意识,故而他们还是那

---

[①] Karl Rahner, *Foundations of Christian Faith*, New York: Crossroad, 1978, pp.178—203, 318.

种没有基督徒之名的基督徒,因而只能算作是"匿名基督徒"。而宗教对话的根本任务便在于澄清他们的"匿名基督徒"的身份,最终实现或"成全"各非基督宗教的"救赎功能"。

由此看来,兼容主义区别于排他主义的地方,最根本的在于排他主义刻意强调的是本己宗教同其他宗教的差异性及本己宗教的优越性,而兼容主义强调的则是本己宗教同其他宗教的共同性和一致性,从而为卓有成效的宗教对话提供了较大的可能性。然而,既然兼容主义所强调的本己宗教同其他宗教的共同性和一致性终究是以本己宗教为参照系和标准的,既然兼容主义最后还是以本己宗教为其他宗教救赎功能的实现的必要条件和基本前提,则兼容主义到最后就同排他主义一样,依然是一种宗教自我中心主义,依然难免有把宗教对话演绎成宗教兼并之虞,并依然最终有可能演绎成一种障碍宗教对话的模式。因此,为了给真实而卓有成效的宗教对话开辟道路,就必须从根本上彻底破除宗教自我中心主义,从而既超越排他主义,也超越兼容主义。

多元主义就是基于这样一种设想提出来的。宗教多元主义的根本努力正在于从根本上解构宗教自我中心主义,彻底破除人们对本己宗教的优越感。既然排他主义的宗教自我中心主义,如上所述,是以强调宗教的差异性为基础的,那宗教多元主义因此也就把自己的宗教对话模式奠放在宗教的共同性或普遍性的基础之上;既然兼容主义虽然也强调宗教的共同性或普遍性,但它所强调的宗教的共同性或普遍性毕竟还是以某一具体宗教为参照系和标准的,因而它所强调的共同性或普遍性到头来还是作为其参照系和标准的某一宗教的特殊性或独特性,则宗教多元主义为要从根本上避免宗教自我中心主义,它就不能像兼容主义那样,从某一具体宗教之中来寻求宗教之间的共同性或普遍性，而是到别的地方来寻求这种共同性或普遍性。与兼容论者不同，宗教多元论者不仅不是在某一宗教之中，而且甚至也不是在所有宗教之中，来寻求宗教的共同性或普遍性，而是到所有宗教之后来寻求这种共同性或普遍性。他们把他们寻求到的存在于所有宗教之后的东西称之为"绝对"、"神圣者"、"实体"或"终极实存"，并把它们看作是比各宗教信仰对象更实在、更本原的东西。换言之，在他们看来，诸宗教无非是这些超宗教的东西的显现或现象。这样，所有宗教的信仰对象的终极地位也就都因为"终极实存"的"设定"而丧失了，它们也都因此而统统被降格为终极实存的显现或现象的这样一个层面了。但是，无论如何，在作为终极实存的显现或现象这样一个层面上，诸宗教的优越性或不平等性就从根本上解构掉了，它们之间的平等地位也就因此而被原则地确定下来了。凡真实的和卓有成效的对话都应当是基于对话各方地位平等的对话。既然诸宗教在作为终极实存的显现或现象这样一个层面上地位是完全平等的，则宗教多元主义所开辟的宗教对话的前景，至少逻辑地看，就将是极其美妙的了。

当代基督宗教神学家尼特曾对宗教对话模式和宗教多元主义做过较为系统、深入的研究。他在其名著《宗教对话模式》中，曾将当今世界各种宗教和宗教思想家处理宗教间性问题或宗教关系问题的模式概括为下述四种。这就是"置换模式"、"成全模式"、"互益模式"和"接受模式"。尼特用"唯一的真宗教"来概括"置换模式"的要义，并将卡尔·巴特视为倡导该模式的代表人物。他用"唯一宗教成全多种宗教"来概括"成全模式"的要义，并将卡尔·拉纳视为倡导该模式的代表人物。他用"要求诸多真宗教来对话"来概括"互益模式"的要义，并将约翰·希克和雷蒙·潘尼卡（Raimon Panikar）视为该模式的代表人物。他用"许多真宗教：就那样吧"来概括"接受模式"的真义，并将其视为他本人的主张。尼特的四种模式理论虽然主要着眼于基督宗教与其他宗教的关系，从而与我们在前面提到的处理宗教间性或宗教关系问题的三种方式的理论视角小有不同，但是，就其所关涉的内容看则是大同小异的。因为尼特所说的"置换模式"、"成全模式"和"互益模式"显然与上述的宗教排他主义、宗教兼容主义和宗教多元主义是一脉相承的。唯一值得特别注意的是他所提出的"接受模式"。因为这种模式正是在对上述三种方式或三种模式，特别是对互益模式即宗教多元主义进行反思并作出批评的基础上提出来的。[①] 因此，为了具体地了解尼特的"接受模式"，为了更为深入地探究宗教对话的有效模式，全面、系统地考察一下宗教多元主义就是一件必要的事情了。

## 二、希克的多元主义假说及其乌托邦性质

宗教多元主义的最为著名的代表人物是约翰·希克。他是逐渐走上多元主义道路的。希克早年曾是一位"具有强烈福音派倾向的、实际上是基要主义类型的基督徒"。1967年，当他在其家乡伯明翰参加政治活动时，对其他宗教信仰有了新的认识，开始"诧异"于"明显的启示之差异"，并在这种"诧异"中发动了他

---

[①] 参阅保罗·尼特：《宗教对话模式》，第302—307页。

自称的"哥白尼式的革命",开始了他的走向宗教多元主义的征程。希克的目标不仅仅在于超越基要派的排他主义,也不仅仅在于超越福音派的排他主义,而是要进一步超越拉纳,超越兼容主义。拉纳所论证的其他宗教是在耶稣基督里引向成全的"拯救道路",在希克看来,只不过是"在可接受的旧观点和正在出现的新观点之间的一座心理之桥"罢了,而希克的目标显然在于"走过这桥并走到另一边"。①

希克所宣布的哥白尼式的革命集中到一点,就是对耶稣基督中心论的彻底破除,对"四个惟独"论的彻底破除。他的最初的努力在于用上帝中心论取代耶稣中心论或基督中心论。他在1973年出版的《上帝与诸信仰世界》中宣布:宗教世界的中心至少对于我们这个星球上的人类来说不再是教会和耶稣,而是上帝。他写道:"在我们关于信仰世界以及我们自己在其中的位置的观念中,包含了一种……根本的转变……它要求一场范式的转变,信仰世界的模式要求从基督教中心或者耶稣中心转向上帝中心。于是人们看到了,世界各大宗教作为人类对唯一的神圣实在的不同回应,体现了在不同历史和文化的环境中形成的不同知觉。"② 但是,既然像佛教和道教一类宗教甚至根本不谈上帝或者一种神圣的存在,则希克使用"上帝中心"这样一个范畴便难免带有"基督宗教制造"的嫌疑。为了避免这样一种嫌疑,或者说为了从根本上消除这样一种嫌疑,他在后来的著作中,例如在1989年出

---

① John Hick, "Whatever Path Men Choose", in *Christianity and Other Religions*, ed. John Hick and Brian Hebblethwaite, Philadelphia: Fortress Press, 1980, pp.180—181.

② John Hick, *God and the Universe of Faiths*, New York: St. Martin's Press, 1973, p.131.

版的《宗教之解释》一书中，便使用了"超越者"、"实体"、"实在者"或"真正的实在者"这样一类措辞。《宗教之解释》一书的副标题即为《人类对超越者的诸回应》( *Human Responses to the Transcendent* )。真正说来，他并不是在寻求什么概念或范畴，而是想借此指出一点什么；他的确是在寻求一个措辞，但这个措辞的语义或功用并不在于表明哪个中心究竟是什么，而只是想用来表明有那么一个中心，它构成了所有宗教的终极本原，尽管人们对这个中心永远不可能有完全明晰的认知：不仅对这个中心的意涵缺乏明晰的知识，而且对于这个中心的存在也缺乏确然的知识。但是，正如希克所反复强调指出的，这样一种设定是非常必要的。这是因为，只有从存在于宗教之后、之上的"超越者"或"真正的实在者"的深度和高度出发，我们才有望把诸宗教置放到同一个实在层面上，从而从根本上消解掉宗教自我中心主义和宗教优越感，消解掉存在于宗教对话中的所有形式的殖民政策或帝国主义企图，使宗教对话成为一种身份平等的诸宗教之间的对话。同时，这样一个设定不仅给出了宗教对话的理论视角和理论高度，而且还提供了保障宗教对话的话语系统和游戏规则。如果诸宗教缺乏共同的本原或目标，那么它们就不仅会说不同的话语而且还会走向不同的方向，一句话，它们就会玩不同的游戏，从而使宗教对话的游戏流产。

希克认为，宗教多元主义虽然只是一个假说，但也是有其历史依据的。这就是，至少自所谓的轴心时期（公元前800—前200年）开始，可以说绝大多数在那个时期开始成形的宗教传统都实施了从"自我中心"向"实在中心"，向"上帝、梵、法、空和道"的"转变"，尽管"这种转变在每一个伟大传统中都采取了不同的具体形式"。① 哲学家完全有理由据此推断,在这些进行同向历史运作的诸宗教大树的下面,极有可能拥有共同的根。为了对滋生这些宗教大树的共同的根作出定性的说明,希克区分了两种"神性":其中一种是"超越人类的经验和理解的、处于它自身无限深度中的神性",另一种则是"为人类有限地经验到的神性";前一种"神性"即是构成所有宗教大树的根,即是处于所有宗教之后、之下或之上的"实在"或"终极实存",后一种"神性"则是作为我们在宗教经验中经验到的作为"次终极实存"的"上帝、梵、法、空和道"。在希克看来,宗教多元主义不仅有其历史的依据,而且还有其认识论和本体论上的依据,这就是康德的二元论和不可知论或曰批判实在论。按照康德的观点,在我们面前存在有两个世界:一个是现象世界,一个是本体论世界。我们经验到的只是事物的现象,而不是事物的本身(即物自体)。我们虽然能够经验到事物,但是,我们绝对不可能直接经验到事物本身,就像镜子虽然能够反映事物,但镜子所反映的事物并不是事物本身一样。因此,我们所有的经验都是"经验为",我们所认知到的始终只是事物的现象,而不是事物的本质——物自体(das Ding an sich)。当他把康德的认识论用到他的宗教多元主义时,希克解释说:尽管宗教人士确实经验到了"实在者",但是,他们只是以他们特定的历史、社会和心理范畴的形式认识到的,也就是说,他们认识到的只是实在者的"现象",只是诸如上帝、梵、法、空、道这样一类信仰对象,而不是这些信仰对象的本质,即实在者本身。这样,诸宗教所构成的就只是"经验、认识终极神圣实在并

---

① 参阅希克:《宗教之解释》,第 23—65 页。

生活在与它的关系之中的不同方式",而不是这"终极神圣实在"本身,因为"这个终极实在是超越我们所有有关它的认识"的。[①]

然而,本质和现象的关系亦即"一"和"多"的关系。因此,神圣的本质(实在者)是一,宗教的现象是多;诸宗教无非是唯一实在者的多种文化表达而已。而且,由于诸宗教的文化处境的差异,它们对唯一实在者的表达是很不相同的,甚至可能是完全对立的。例如,实在者既可以表达为或象征化为人格的形式,如圣父、圣母或湿婆,也可以表达为或象征化为非人格的形式,如空、道或者力量。在有些宗教中,人被理解为将活到永远的个体自我,在其他宗教中,人则被理解为能量的汇合,通过最终消失在实在者的海洋里才能找到它自身的存在。但是,宗教之间的这样一种差异或对立并不妨碍它们在救赎功能和社会功能方面的一致性或同等有效性。相反,希克反复强调说,诸宗教在激励、指导它们的信徒改变他们的生活,从自我中心向他者中心(Other-centeredness)的转移中都同样有效,不管他们是使用人格的象征还是非人格的象征来表示实在者或人类的终极目的,都是如此。[②] 正因为如此,不仅宗教研究专家之间能够进行有组织的对话,而且,诸宗教信徒之间也"盛行一种隐式的宗教多元主义",从而能够和平共处,相安无事。固然,当今时代,在许多地方,宗教分歧都在强化着政治冲突,由福事变成了祸因,例如,在两伊战争、波

---

[①] John Hick, *An Interpretation of Religion*, New Haven: Yale University Press, 1989, pp. 235—236.

[②] 参阅希克:《信仰的彩虹:与宗教多元主义批评者的对话》,王志成译,江苏人民出版社1999年版,第89—94页。但希克又曾矛盾地宣称:"并非所有宗教人士、实践和信念都具有同等的价值。"关于希克的后面一种观点,请参阅 Hick, *An Interpretation of Religion*, pp. 14, 235—236.

斯尼亚—塞尔维亚之间的战争、印度的印度教徒—穆斯林教徒之间的冲突、北爱尔兰共和党和统一党之间的冲突、以色列和巴勒斯坦之间的冲突以及其他许多地方的冲突中，事情就是这样，但是这只是一些年轻人把本己宗教信仰"绝对化"的结果，一旦这种绝对化的认识为宗教多元主义所取消，所有这样一类的冲突就都可以避免。这是因为，"如果这一绝对性为这样的认识所取消，即自己的宗教是人类对神圣者几种有效回应之一，那么宗教就会成为世上治疗性而非分裂性力量"。①

　　毫无疑问，希克的多元主义假说，作为一种宗教哲学理论，是具有说服力的。但是，不幸的是，宗教同哲学虽然有关联，却并不是一回事。希克多元主义假说的根本缺失就在于它混淆了哲学理论与宗教信仰，脱离了宗教的历史形态和历史发展，忽视了宗教信仰的排他性，具有明显的抽象性、非历史性或超历史性，因而具有明显的乌托邦性质。首先，希克对人类所经验到的实体和实体本身的严格划界，其本身具有明显的人为性质。这是因为，希克通过这一严格划界，把人们在宗教经验中所体验到的上帝、安拉、梵、空和道统统放到了现象界，这就使这些宗教信仰对象失去了其应有的实在性，特别是失去了其应有的终极实在性，从而也就从根本上剥夺了或消解了宗教信仰对象的超越性和神圣性。而且，希克的"实体本身"概念也实在让人费解。既然按照希克的观点，宗教信念都是建立在宗教经验的基础之上的，则他的这个超出宗教经验范围的"实体本身"因此也就成了无本之木和无源之水，成了他自己杜撰出来的脱离世界各大宗教传统和历史发

---

① 希克：《信仰的彩虹：与宗教多元主义批评者的对话》，第150—151页。

展的纯逻辑性的抽象概念了。黑格尔在《法哲学原理》和《哲学史讲演录》等著作中曾不止一次地强调指出,宗教与哲学的根本区别在于:在宗教中,是"感情和表象",在哲学中,则是"概念"和"思想"。①这样看来,希克所谈论的"实体"或"实体本身"显然是一个哲学家或宗教哲学家的概念,绝非世界各大宗教传统所指涉的观念。这样一种哲学范畴或哲学概念,确实如希克所期望的,会有助于"宗教研究专家间有组织的对话",但是,对它能否有助于各宗教信仰之间的对话,则是大可怀疑的。②其次,希克的多元论假说尽管为了确保诸宗教之间的"平等地位"而把诸宗教放到同一个实在层面(即"实在的现象"或"次终极实存"层面),但是,他在这样做时所运用的思维模式即是一种典型的西方式的逻辑思维模式,这同注重直觉的东方思维模式是大异其趣的。③他的这样一种做法显然是在把西方世界的东西强加给东方世界,是一种变相的或潜在的"帝国主义"。托马斯·阿奎那在许多世纪之前就曾简洁有力地说道:"根据认知者的模式,所认识的东西就在认知者之中(Cognita sunt in cognoscenti secundum modum cognoscentis)。"④保罗·尼特(Paul Knitter, 1934— )据此在批评宗教多元论的"宗教自我中心主义"和"潜在的帝国主义"时,

---

① 参阅黑格尔:《法哲学原理》,第351页;《哲学史讲演录》第1卷,第62—91页。

② 参阅段德智:《试论希克多元论假说的乌托邦性质》,载《基督宗教研究》第4辑,卓新平、许志伟主编,宗教文化出版社2001年版,第42—50页。

③ 同上文,第50—55页。冯友兰曾用以"假设的概念"为出发点的"正的方法"和以"直觉的概念"为出发点的"负的方法"来概括东西方形上学的方法的差异。请参阅冯友兰:《中国哲学简史》,第293—295页。

④ Aquinas, *Summa Theologica,* II—II, q. 1, a. 2.

曾经深刻地指出：宗教多元论同排他论和兼容论一样，归根到底，也是一种"宗教自我中心主义"和"宗教帝国主义"。因为无论我们取排他论和兼容论的立场，还是取多元论的立场，我们都是通过自己的文化透镜来看待其他宗教，我们都是"根深蒂固地、无可救药地从我们自己的宗教观点去看待、聆听和理解其他宗教的"。所不同的只是：排他论者之所以要用本己的宗教置换所有别的宗教，乃是因为在他们看来，惟有他们自己所属的宗教才是"唯一的真宗教"；兼容论者之所以要成全其他宗教，帮助其他宗教实现其"救赎"功能，这一方面是因为在他们看来所有其他宗教都有同本己宗教的某些相似性，另一方面乃是因为，在他们看来，这样一种成全恰恰彰显了本己宗教的普世性和优越性；而多元论者之所以坚持从诸宗教之后、之上来看待诸宗教，乃是因为他们在本己的文化中和宗教中感受到了某种高于诸宗教的东西，从而努力从这样的高度来鸟瞰所有其他宗教。因此，在这个意义上，我们能够像尼特那样说，多元论者同排他论者和兼容论者一样，都是从本己宗教开始，而以"他者""非他化"告终，因而，也在所难免地要成为宗教帝国主义者。①

## 三、作为通向世界和平之路的宗教对话

当我们套用西方学者的说法，说上述宗教对话模式都程度不同地或隐或显地具有宗教帝国主义性质的时候，并不是在对它们的社会功能作出终极的评价，而是在强调这些宗教思想家在这些

---

① 参阅尼特:《宗教对话模式》，第 202—208、275—278 页。

模式的设定和阐述中有意无意地践行了他们本已宗教的话语霸权。如果说包括各种宗教文本在内的宗教话语或宗教语言构成了具体宗教的本质规定性的话,那么,它更构成了宗教对话中的一个首要问题。在宗教信仰层面的直接对话之所以难以开展,一个重要原因即在于诸宗教语言在一定程度上的"不可通约性"或"不可译性"。应当承认,诸宗教语言之间确实在一定程度上存在着"不可通约性"或"不可译性",但是,对于我们当前讨论的话题来说,问题在于究竟在什么层面上我们才可以讨论这种"不可通约性"或"不可译性",以及这种"不可通约性"的绝对性和相对性。如果这种不可通约性在任何意义上都是绝对的,那至少在宗教信仰层面就根本不存在进行对话的任何可能性,那宗教语言或宗教文本就果真成了没有任何窗户的"单子"(莱布尼茨语),成了禁锢宗教信徒的"监狱"(尼特语)。[1] 因此,为要使宗教对话成为可能,我们就必须把这种不可通约性同时理解成相对的。

对诸宗教信仰之间的不可通约性的相对性,我们也可以做多方面的理解,例如,我们可以从宗教对话的层次性(宗教信仰层面的间接对话与宗教文化层面的直接对话)角度加以理解,关于问题的这一层面,我们将在下一节里进行讨论,但是,无论如何,从人类的生存论处境进行理解,则既是非常必要的,又是顺理成章的。这是因为,宗教信仰虽然对于一个宗教信徒之为某一宗教的信徒来说是绝对的,但是倘若就宗教信仰终究是由人的生存处境生发出来的这样一个维度看,则它就成了派生的和相对的东西了。在这个意义上,我们可以说,虽然宗教对话模式的选择对于宗教对话也相当重要,虽然宗教兼容主义和宗教多元主义或许是

---

[1] 参阅尼特:《宗教对话模式》,第284—289页。

当代宗教界人士推进宗教对话的较为恰当的选择，但是，着重从当代人类生存处境入手来探讨宗教对话的可能性和现实性，或许是一项更为恰当的选择。因此，我们的任务并不仅仅是在诸宗教传统之中、之后或之下来寻求它们全都分享的共同经验或者滋养所有宗教的唯一的地下资源，而是在诸宗教周围寻找所有宗教都身处其中并且时时面对的东西，即那种比希克的"真正的实在者"更为直接也更为紧迫的东西，这就是人类生存处境中的苦难问题。这种苦难包括贫困、伤害、暴力等等，也包括地球和地球上的生物的苦难，如臭氧层中的窟窿或全球变暖等问题。如果人类的这样一些苦难能够构成所有宗教都可以体验到的共同经验，并在这样一类经验中培育出一种基于全球责任的全球伦理，那么，同心协力引导人类摆脱这类苦难、拯救遭受威胁的、濒临毁灭的地球的实践活动，则很有可能构成宗教对话和宗教合作的非常现实的基础。其实，如果在宗教世界里找不到解决宗教世界的矛盾或冲突的理想的钥匙的话，我们不妨遵照马克思的指导，到宗教世界同世俗世界的关联中去尝试一下，到世俗世界中和世俗实践活动中去尝试一下，这也许是一个不错的抉择。当代许多西方宗教思想家的宗教对话理论的一个重要缺陷恰恰在于他们忽视或无视了这一点。希克曾经在2003年于我国出版的《理性与信仰——宗教多元论诸问题》的中译本序中对我国传统宗教的宽容精神大加赞扬，说："在中国历史上，儒佛道三大宗教事实上被理解成互相融会的精神力量，而非互相排斥的社会—宗教实体；据此，我认为中国历史上早已产生宗教多元论思想。"[①] 但是，殊不知中国儒释道

---

① 约翰·希克：《理性与信仰：宗教多元论诸问题》，陈志平、王志成译，四川人民出版社2003年版，"作者致中国读者"第1—2页。

"互相融会"的最深层的动因并不在这些宗教本身,而在于产生这些宗教及其"合流"倾向的在中国历史上长期存在的中国大一统的宗法社会制度和政治制度。

然而,需要特别强调指出的是:在当代人类遭遇到的诸多苦难中,最紧迫、最致命的是暴力冲突和地区战争问题。既然事情如一些学者所指出的那样,随着科学技术的发展,人类已经把自己完全置放到了为自己所制造的核武器完全毁灭的境地,既然在暴力冲突和地区战争中人类所遭遇到的是人类是存在还是不存在这样一个问题,则暴力冲突、地区战争和世界和平问题就成了当代人类所遭遇到的第一个重要的问题。从全球范围来看,宗教之间的竞争最根本的就是在推动世界和平方面的竞争。很难设想,一个对于暴力冲突和战争无动于衷的宗教能够赢得广大信众。然而,为要有效地抑制暴力冲突和战争,开展广泛的宗教对话和宗教合作是十分必要的。"没有宗教之间的和平就没有国家之间的和平。没有宗教之间的更大对话就没有宗教之间的和平。"[①] 不管人们对孔汉思的宗教哲学作出什么样的评价,他的这句话都应当被看作至理名言。至少从国际政治的角度看,维系世界和平是诸宗教应当承担的一项最为基本的社会责任。尽管历史上许多宗教曾经在"圣战"的名义下为暴力冲突和流血战争做过辩护,但是,当代宗教应当永远拒绝这样的辩护,应当永远成为世界和平的卫士。"和平是一趟旅程——一个永无尽头的进程。"(潘尼卡语)不懈地为维护世界和平而斗争,实在是诸宗教通过宗教对话

---

[①] 参阅孔汉思:"世界宗教议会宣言《全球伦理》图解",载孔汉思、库舍尔编:《全球伦理:世界宗教议会宣言》,何光沪译,四川人民出版社1997年版,第170页。

和宗教合作努力实现的一项义不容辞的历史使命。

## 第三节　宗教对话的层次性、基本中介和现实途径

我们既然已经初步了解了宗教对话的重大意义，那么，我们接着需要讨论的便是如何现实地卓有成效地开展宗教对话的问题了。这个问题虽然涉及面很宽，但归根到底是一个宗教对话的层次性和基本中介问题。一旦我们对宗教对话的层次性和基本中介有了真切的了解，宗教对话的现实途径问题也就昭然若揭了。

### 一、宗教对话的层次性与平面化

宗教对话，如上所述，不仅是一个关乎当代人类社会进步和当代人类文明健康发展的大问题，而且也是一个关乎到切实改善人类的现实生存处境、当代宗教和平乃至当代世界和平的大问题，因而长期以来一直受到宗教思想家们的普遍关注。但是，在当前有关宗教对话的讨论中有一种忽视宗教对话的层次性从而把宗教对话平面化的倾向，如果任其发展下去，不仅有可能使我们或者坠入盲目的乐观气氛中，或者坠入消极的悲观气氛之中，而且还可能使我们的讨论误入华而不实的歧途。

其实，现实的宗教对话是有不同的层次或不同的层面的。例如，当代持守排他主义的基督宗教思想家（如巴特等），强调"惟独依靠恩典"、"惟独依靠信仰"、"惟独依靠基督"、"惟独依靠《圣经》"，就是从宗教信仰的层面来理解基督宗教同其他宗教的关

系和宗教对话的；而那些主张从宗教哲学（如约翰·希克）、普世伦理或全球伦理（如孔汉思）的角度来理解宗教之间的关系从而持守多元主义立场的宗教思想家，则显然是从文化的层面来理解宗教对话的。

宗教对话的这样一种层次性不是偶然的，而是根源于宗教结构的层次性并由后者决定的。诚然，人们对宗教内容有许多不同的理解，从而提出了所谓"二要素说"、"三要素说"或"四要素说"、"五要素说"等等。但是，有一点大家还是会认同的，这就是任何宗教都内蕴有"宗教信仰"和"宗教文化"这样两个层面。哈佛大学教授威尔弗雷德·坎特维尔·史密斯在《宗教的意义与终结》中曾把宗教的内容划分为"信仰"和"信仰的表达"两个层面，以为宗教信仰是宗教的非历史的彼岸的、不可观察和不可定义的神圣层面，而信仰的表达则属于宗教的历史的、可以观察和可以定义的尘世层面。[1] 蒂利希在《新教时代》中也从两个维度来界定宗教，其中一个为"神秘因素"，他称之为宗教的"纵向坐标"，另一个为"文化因素"，他称之为宗教的"横向坐标"；而且，按照蒂利希的理解，所谓"神秘因素"，亦即"信仰因素"，涵指宗教中的永恒意义和"超越"因素，而所谓"文化因素"，则是涵指宗教永恒意义在尘世和时间中的实现。因此，蒂利希的"文化因素"和史密斯的"信仰的表达"并无二致，所意指的也就是我们通常所说的宗教文化层面。[2] 不难看出，宗教对话的上述层次性跟史密斯和蒂利希这里所说的宗教结构的层次性是相互对应的。

---

[1] Wilfred Cantwell Smith, *The Meaning and End of Religion*, pp. 119—192.
[2] Paul Tillich, *The Protestant Era*, pp. 185—191.

现在，既然我们了解了宗教结构和宗教对话的层次性，则我们也就不难看出希克宗教多元主义的症结之所在，也就是说，我们会因此而明白：希克宗教多元主义的根本弊端不是别的，正在于混淆宗教信仰层面的对话和文化层面的对话，并且因此而把宗教对话完全还原为文化层面的对话，甚至还原成为世俗文化层面的对话，从而使宗教对话平面化。因为构成希克多元主义理论基础的不是别的，正是他的所谓在宗教"救赎功能"和"伦理功能"方面的"同等有效性"假说。按照希克的逻辑，既然世界各大宗教在救赎功能和伦理功能方面具有同等效用，则对它们就应当一视同仁，它们之间也自然会彼此认同，宗教多元主义也就顺理成章了。但是，问题在于：即使事情如希克所说，世界各大宗教的确在救赎功能和伦理功能方面"同等有效"，他所幻想出来的宗教之间的平等对话也难以实现，宗教多元主义也依然只是希克自己的一厢情愿。这是因为宗教的救赎功能和伦理功能总是对宗教信仰的一种表达，总是宗教信仰的一种社会功能和伦理功能，因而总是一种受宗教信仰支配和制约的社会功能和伦理功能。如果混同宗教功能和宗教信仰，如果仅仅从宗教功能方面来理解宗教和宗教对话，则人们所谈的宗教对话就再也不是严格意义上的宗教对话，而是已经被降格为一种非宗教对话了。

真正说来，无论是希克的"救赎论"标准还是他的伦理标准都不可能构成对他的宗教多元主义的任何支持。这是因为，宗教救赎的根本维度不是别的，正在于宗教信仰。基督宗教中有所谓"因信称义"之说，这是具有普遍意义的。因为世界上没有一个宗教会讲一个宗教徒对其所信仰的神圣者不信即可获得救赎或解脱的。但是，问题在于：宗教信仰之间具有明显的"不可通约性",宗教信仰的根本特征之一即在于"排他性"。例如,《新约》中"因信称义"中的"信"所具体意指的自然只能是信耶稣基督(上帝),而不可能是信安拉。同样,伊斯兰教信仰所意指的首先便是"信安拉",而不可能是信耶稣基督(上帝)。"伦理标准"也是如此。这是因为,宗教伦理虽然包含有人际伦理,如希克所说的"仁爱"和"仁慈"等等,可是,毋庸讳言,宗教伦理还有一个维度,这就是神人伦理,而且,这是一个更为根本的维度。因为"宗教伦理"框架中的"人际伦理"之根本特征正在于它是以"神人伦理"为前提和基础的,质言之,它是以宗教信仰为前提和基础的。《马太福音》虽然以"爱主"和"爱人"这"两条"诫命为律法和先知"一切道理的总纲",但仍然突出地强调"爱主"乃"第一"诫命,即是谓此。① 至于把"仁爱"和"慈悲"规定为伦理标准的基本内容,更有混淆"宗教伦理"与"世俗伦理"之嫌。这是希克把宗教对话"平面化"的一个典型表现,也是他把宗教对话平面化的一个必然结果。应该指出,希克从"同等有效性"出发讨论宗教对话问题这一事情本身就有毛病。因为仅仅从"功能"和"效用性"方面看待宗教和宗教对话,便势必会把宗教还原成一个世俗社团,把宗教对话还原成为宗教文化层面乃至世俗文化层面的对话,从而把宗教对话完全"平面化"。② 这可以说是宗教功能主义者的一个通病。而希克之所以误入把宗教对话平

---

① 《马太福音》22∶3—40。

② 这里关涉到宗教学的一项基本原理,这就是我们在前面讲到的"宗教的工具性与超工具性"。而对宗教工具性和非工具性的混淆或者说对宗教超工具性的否认,不仅会给宗教学造成混乱,而且一如贝拉所指出的,还会给人类社会带来"不幸"和"灾难",从而酿成广泛意义上的"宗教的悲剧"。(参阅本著第八章第一节第五部分。)

面化的道路，其症结可以说是在于他的宗教观察中的"错觉"或"视觉错位"，即仅仅站在宗教之外来看待宗教之中和宗教之间的问题，也就是说，是他坚持宗教功能主义立场的一个必然结果。不难看出，希克所倡导的宗教多元主义之所以往往将宗教对话平面化，之所以往往陷入乌托邦主义，最根本的原因恰恰在于他忽略了宗教信仰对于宗教组织和宗教活动的特殊重要性，从而用宗教组织和宗教活动的第二位因素置换掉了宗教的这一首要因素。尼特在谈到宗教多元主义的这一弊端时，曾经不无中肯地指出："多元主义者要么没有足够严肃地看待多元性，要么没有看到宗教之间根深蒂固的差异，要么他们为对话和相处融洽的愿望所支配，以致掩饰或者轻视了每一宗教中独特的东西。"① 他的这些话是耐人寻味的。

不仅多元主义在宗教对话问题上犯有忽视宗教对话的层次性从而把宗教对话平面化的错误，而且排他主义和兼容主义也犯有类似的错误。排他主义和兼容主义的根本洞见在于肯认和强调诸宗教之间的差异性，肯认和强调宗教信仰之间的不可调和性以及由此决定的宗教信仰层面对话的不可能性。尼特曾强调指出："每一个宗教都有它自己的没有商量余地的信念。在所有基督徒与其他信徒进入更深层的对话时，这里另有一个重要教训。似乎有某些确信、价值或者信念就在所有宗教人士心灵的深处，不能简单地把它们放在对话桌上以供可能的质疑。尽管他们想做，但他们不能做。尽管他们可能在头脑里告诉自己，对话是要求质疑一切的，但在心里他们知道有些东西是在需要受到特别保护的地方的，

---

① 保罗·尼特：《一个地球，多种宗教》，王志成、思竹、王红梅译，宗教文化出版社 2003 年版，第 59—60 页。

不可能被触及。我们在谈论规定宗教人士之身份的确信或者委身。质疑它们就是质疑那人本身以及那人要成为的人。我们大多数人不能那样做,如果我们对自己诚实的话。"① 显然,尼特这里所说的每一个宗教所具有的"没有商量余地的信念",从根本上讲,就是宗教信仰。对于基督徒来说,这种没有商量余地的信念必定同耶稣基督有关,对于伊斯兰教信徒来说,这种没有商量余地的信念必定同安拉有关。就此而言,排他主义和兼容主义并没有什么过错。排他主义者和兼容主义者的根本缺陷在于:他们未能超出宗教信仰层面去进一步思考宗教对话问题,未能从文化层面,从改善全人类的生存处境的共同实践活动层面去思考宗教对话问题,从而把宗教对话理解成了宗教竞争和宗教兼并。

## 二、宗教对话的不可能性、可能性与基本中介

宗教信仰的排他性以及宗教因素的层次性是宗教对话中的一个根本问题。因为它不仅决定着和制约着宗教对话的层次性,而且还决定着和制约着宗教对话的具体方式。从宗教的层次性出发思考问题不仅有助于我们思考和理解宗教对话究竟在什么层面是可能的以及在什么层面上是不可能的,而且还有助于我们思考和理解即使同一个层面的宗教对话在什么意义上是可能的,又是在什么意义上是不可能的。例如,宗教信仰层面的直接对话是否可能,如果不可能的话,那这种对话通过一定的中介是否可能等等。

---

① 尼特:《宗教对话模式》,第133页。

首先,我们从宗教和宗教对话的层次性观点出发来看一下宗教对话的不可能性问题。在我们的语境下,所谓宗教对话的不可能性无非是指宗教信仰层面直接对话的不可能性。而宗教信仰层面直接对话的不可能性则根源于宗教信仰的本质规定性,即绝对排他性。宗教信仰的排他性之形式虽然会发生变更,但排他性的本质却从未丧失,也不可能丧失。因为宗教信仰排他性的丧失,同时即意味着宗教信仰乃至宗教的自我丧失。在原始社会里,宗教信仰的排他性表现为氏族宗教信仰或部落宗教信仰的排他性。在宗教的后来发展中,宗教信仰的排他性表现为民族宗教信仰或国家宗教信仰的排他性。世界宗教出现后,这种排他性又表现为世界宗教信仰的排他性。至少就高级宗教而言,一个对信仰对象持超然态度的宗教就不再是宗教,一个对信仰对象持超然态度的人就不再是一个宗教徒了。因此,在信仰对象方面,是根本不存在直接对话的任何可能性的。因为宗教信仰层面对话的不可能性,如上所述,是根源于宗教信仰的本质规定性的。宗教信仰层面对话的不可能性之根源于宗教信仰的本质规定性,还有一层意思,这就是宗教信仰的不可言传性。信仰是一种关系,是神人之间的一种面对面的关系。而言传出来的"信仰"所表达出来的已经不再是神人之间的这样一种面对面的关系,而降格为一种人际关系。而且,在这种场合下,神或神圣者也不再构成人的信仰对象,而降格为一种话语对象了。

然而,宗教信仰层面直接对话之不可能性并不意味着宗教对话的完全不可能。这是因为宗教信仰层面的直接对话虽然不可能,但是这并不排除通过某些中介进行宗教信仰之间的间接对话的可能性。因此,当我们讨论宗教对话时,具体地讨论一下"对话中介"是非常必要的。宗教对话的中介虽说形形色色,但归结起来,无非是两种:一是文化中介,二是个人生存体验中介。

"文化中介",顾名思义,意指宗教或宗教信仰之间的对话以文化为其"中介";因此,它所关涉的自然也就是以"文化"为中介的宗教或宗教信仰之间的间接对话。文化是一个相当宽泛的范畴,如上所述,不仅有所谓器皿文化,制度文化,而且还有精神文化。但是,如果从宗教对话的角度看问题,我们不妨把文化二分为宗教文化和世俗文化。无疑,在这种文化框架下,宗教对话首先关涉的自然是宗教文化。而宗教文化,若从史密斯的观点看问题,其实质便为"信仰的表达"。宗教文化,作为信仰的表达,自然具有从属于宗教信仰的精神品格。就这个意义上讲,以文化为中介的宗教对话也并非一件轻而易举之事。但是,宗教文化,既然为"信仰的表达",也就必然具有有别于"宗教信仰"本身的规定性,也就必然具有某些世俗内容。史密斯在《宗教的意义与终结》中在谈到作为"信仰表达"的文化时,曾经强调说:信仰本身所关涉的是"不可观察"的"彼岸世界"或"超越世界",而"信仰表达"所关涉的则是"可观察"的"此岸世界"或"世俗世界"。用他自己的话来说,前者关涉的是宗教生活的"超越因素",而后者所关涉的则是宗教生活的"尘世因素"。[①]而蒂利希,如上所说,在界定宗教时,曾用几何坐标图来十分形象地刻画宗教的两重内容;他在把信仰理解为宗教的纵向坐标的同时,把文化理解为宗教的横向坐标,把前者理解为宗教的神圣的或永恒的内容,而把后者理解为宗教的世俗的变动的内容。[②] 事实上,正是宗教文

---

[①] Wilfred Cantwell Smith, *The Meaning and End of Religion*, pp.119—169.

[②] Paul Tillich, *The Protestant Era*, pp.185—191.

化的这样一种世俗性品格或维度，为宗教对话提供了种种可能性。当然，作为"信仰表达"的宗教文化之"世俗性"并不仅仅表现在它的内容方面，而且还表现在它的形式方面，即它的语言方面。因为宗教语言总是要借用世俗语言，借用世俗的语词或范畴，而且即便使用非日常语言中的语词或范畴，它也必须使用尘世语言的语法。[①] 因此，离开了宗教文化和世俗文化，我们就根本不可能谈论宗教对话。就此而言，希克从宗教的文化层面或功能层面来讨论宗教对话或宗教多元主义，不是没有其理由的。因此，我们之所以批评希克，倒不是因为希克从宗教文化层面讨论了宗教对话的可能性问题，而毋宁是因为希克本人对宗教信仰层面对话和宗教文化层面对话尚未作出区分，尚未清醒地认识到自己仅仅是从宗教文化层面来讨论这一问题，并且因此而误认为自己已经是在宗教信仰层面处理这一问题了。

宗教对话除文化中介外，还有一个重要中介，这就是个人的生存体验。如果说文化中介所关涉的主要是宗教组织或宗教团体之间的对话的话，则生存体验中介所关涉的便主要是个体的宗教皈依问题。个人的宗教皈依自然关涉到个人同神圣者的面对面的关系，但这样一种关系的建立无疑是个人宗教皈依的一个结果，而非原初的动因。作为其原初动因的东西不是别的，正是个人的生存体验。"皈依"，梵文为"Sarana"，英文为"conversion"，其基本意思无非是"宗教信奉"或"宗教信仰"及其萌生和转变。因此，"皈依"无非有两种形式，一是从无宗教信仰到有宗教信仰，再一种是从一种宗教信仰转向另一种宗教信仰。但是无论取

---

① Wilfred Cantwell Smith, *The Meaning and End of Religion*, pp.170—192.

何种形式,个人的生存体验都是其原初的动因。没有身处"边缘处境"的亲身经历,不曾遭遇虚无和陷于绝望,任何形式的宗教皈依都是不真实的、形式的和表面的。柳巴(James Henry Leuba, 1868—1946)在其博士论文《宗教现象的心理学研究:论皈依》中曾用"伦理—宗教"概念来概括"皈依体验",虽然也有一定的理据,但是似乎并未抓住问题的中心。因为个人的宗教皈依虽然同伦理问题相关,但却不是一个普通的伦理问题,而毋宁说是一个对普通伦理的超越问题。克尔凯郭尔在界定"宗教的人"时,不仅把"宗教的人"理解为对"美学的人"的超越,而且还理解为对"伦理的人"的超越。① 这是很有道理的。因为若不超越"伦理的人"他便绝对不可能建立起他与神圣者的面对面的关系,从而真正成为一个"宗教的人"。

我们知道,奥古斯丁本人是有过皈依经验的。他原本是一个摩尼教徒,后来于386年秋(一说387年)皈依基督宗教,成了一个基督宗教徒。而促成他的这一转变的,虽然也有"阅读"柏拉图著作以及其他方面的原因,但其中最为重要的则是他本人的生存体验。而且也正是他的生存体验,一种感到"绝望",感到自己身陷"危险"处境的亲身经历,才使他走进教堂,接受米兰主教安布罗斯的洗礼;而且也正是由于他对"边缘处境"的人生体验,才使他在皈依基督宗教后,获得了一种"一个绝望的灵魂从重大的危险中获得救援"的心情和感受。②

---

① Cf. Søren Kierkegaard, *Fear and Trembling*, London and New York: Oxford University Press, 1939, p.147.

② 参阅奥古斯丁:《忏悔录》,周士良译,商务印书馆1981年版,第141—144页。

毫无疑问，文化中介和生存体验中介是相互关联的。因为进行生存体验的人总是生活在一定的文化形态中，用海德格尔的话来说，就是凡"此在"总要"在世"。而人所体验的"边缘处境"无非是一种文化状态或生存处境。而且，既然文化，包括宗教文化和世俗文化，一般来说，都是具有这样那样的普遍性，总是可以通过这样那样的理性的或逻辑的形式表达出来，则以文化和生存体验为中介的间接形式的宗教对话便总是可能的。①

## 三、宗教对话的现实途径：从文化对话到宗教信仰层面的对话

既然我们已经讨论了宗教对话的层次性、不可能性、可能性和基本中介，则我们就有可能进一步来讨论宗教对话的现实途径了。

对宗教对话的现实途径我们既可以作先验的论证，也可以作后验的论证。② 所谓对宗教对话"现实途径"的先验论证，指的无非是由宗教对话的"普遍中介"说推证出宗教对话的"现实途径"。这是不难理解的。既然我们前面已经把宗教对话从两个层面作了区分，认为宗教对话不仅关涉到宗教信仰之间的对话，而且还关涉到宗教文化层面的对话，即一种以文化和生存体验为中介的间接对话，这便在事实上提出了一个宗教对话的现实途径问题。因为"直接对话"和"间接对话"的提法本身便意味着宗教对话一般遵循的道路和模式在于从宗教文化层面的对话进展到宗教信仰层面的对话。

---

① 参阅段德智：《试论宗教对话的层次性、基本中介与普遍模式》，载《武汉大学学报》2002年第4期。
② 同上。

至于对"宗教对话""现实途径"的后验论证,本文拟从"中国礼仪之争"这一有重大影响的历史大事件来讨论宗教对话的"现实途径"问题。"中国礼仪之争"不仅是中国宗教对话史上的一个大事件,而且是世界宗教对话史的一个大事件。因为中国礼仪之争如果从龙华民(Niccolo Longobardi,1559—1654)在利玛窦(Matteo Ricci,1552—1610)去世后接任耶稣会中国会长之日算起,到1939年罗马传信部发布教皇庇护11世(Pope Pius XI,1857—1939;1922—1939年在位)教谕时为止,长达340年之久,即使从17世纪30年代方济各会和多明我会开始同耶稣会发生争执时算起,也绵延了三个世纪。这一事件不仅牵涉到当时在中国传教的耶稣会、方济各会和多明我会等诸多基督宗教传教团体,而且还牵涉到罗马教廷,牵涉到教皇亚历山大7世、克雷芒11世和教皇庇护11世,牵涉到中国康熙、雍正、乾隆诸位皇帝,不仅牵涉到中国一大批教内外士大夫,而且还牵涉到欧洲一大批知识分子精英(如莱布尼茨、沃尔夫、伏尔泰和孟德斯鸠等)。这一争论虽然涉及面很广,但从宗教对话的角度看问题,主要是一个西方基督宗教和中国传统宗教的对话问题。虽然由于耶稣会对中国传统宗教取比较同情的立场,中国学者一般在情感上容易倾向于耶稣会传教士,但是,如果从宗教对话的角度看问题,如果从宗教学的立场看问题,则耶稣会和多明我会处理这一对话的方针应该说是各有千秋的。

多明我会等天主教组织的传教士虽然对中国传统宗教持排斥的立场,因而往往遭到中国学者的非议,但是平心而论,他们反对中国基督徒"敬天"、"祭祖"和"祀孔",强调中国传统宗教与基督宗教在宗教信仰层面的差异和对立,并不是完全没有道理的。

有谁能说，中国传统宗教与基督宗教在宗教信仰层面不存在什么差异乃至对立呢？因此，多明我会等天主教组织的传教士的错失与其说在于肯认中国传统宗教与基督宗教在宗教信仰层面的差异和对立，倒不如说在于他们没有找到消解这一差异和对立的正确途径。而耶稣会传教士在后一个方面显然要比多明我会传教士高明得多。

基督宗教之传入中国，虽然并非如《利玛窦中国札记》中说，始自公元1世纪，但也绝不是从19世纪中叶由于鸦片战争才开始的。因为至少至唐朝初年，基督宗教作为景教便已经传入中国了。因为有"大秦景教流行中国碑"可以作证。至13世纪，基督宗教作为也里可温教二度入华。而由耶稣会传教士肇始的基督宗教于晚明时期的传教活动可以说是基督宗教的三度入华。但是，正如我国著名史学家朱维铮（1936—2012）先生所说，在基督宗教的中国传教史上真正有大建树并"留下较明显印记"的则是晚明三度入华的基督宗教。① 而耶稣会传教士之所以能够有如此建树也不是偶然的，而是由他们的比较妥当的对话策略和对话路线决定的。人们常常用"适应"策略来概括耶稣会传教士的对话策略和对话路线。其实，所谓"适应"策略，无非是一种注重从宗教文化层面进行对话的策略。例如，利玛窦在其《天主实义》中大量引用周公、孔子、孟子的话，引用《论语》、《孟子》、《尚书》、《诗经》的话，这一方面是耶稣会士从宗教文化层面展开对话的一个结果，另一方面，又不妨看作是耶稣会传教士注重宗教文化对话的一个

---

① 参阅李天纲：《中国礼仪之争》，上海古籍出版社1998年版，"序"（朱维铮写）第8页。

样本。诚然，利玛窦的一些做法也许也存在着许多容易引起误解的地方。例如，他用"天主"、"国君"和"家君"构成的"三父之论"来解释基督宗教的"圣父"、"圣子"、"圣灵"所构成的"三位一体"说，初听起来，是许多基督宗教徒难以接受的。但是，这种让西方基督宗教徒一下子难以接受的说法，只是说明了宗教信仰层面对话的艰难性或几乎不可能性，并不能由此完全否认这样一种解释的合理性或积极意义。因为恰恰是这样一种解释为长期生活在中国文化传统中的中国人理解和接受基督宗教教义提供了种种可能。而且中国礼仪之争的历史过程还告诉我们，不积极地开展宗教文化层面的对话而只是一味消极地偏执于宗教信仰方面的差异和对立，除了给宗教对话带来麻烦乃至酿成宗教纷争外，似乎并不能给宗教对话带来什么积极的影响。因为宗教文化的对话不仅意味着宗教信仰主体对对方宗教文化的理解和认同，还意味着不同宗教文化以及与之相关的世俗文化的相互沟通和相互趋同。例如，中国礼仪之争中关于"敬天"、"祭祖"和"祀孔"为什么从17世纪起尽管有皇帝和教皇的干预，也不能最终解决问题，只是到了1939年这一争论才随着教皇庇护11世的"教谕"才基本告结了呢？其所以能够如此，究其深层次的原因，并不在于教皇庇护11世的"权威"，而在于中国社会和西方社会的变动以及它们之间在一定范围内的趋同（社会也是一种文化形态）。就中国社会方面言，一方面随着封建制度的覆灭，皇帝祭天是否具有宗教性的讨论已经不再具有任何现实意义；另一方面，随着1906年"科举制度"的废除以及20世纪初期以"打倒孔家店"为重要内容的"新文化运动"的开展，"祀孔"至少在中国人的现实生活中业已失去了先前的重要性和必要性。至于"祭祖"，随着宗法制度在我国社会制度和社会生活中的逐步"淡出",其社会意义自然也会发生这样那样的变更。在这种情况下,20世纪30年代的中国,以"祭天"、"祭祖"和"祀孔"为争论焦点的中国礼仪之争便十分自然地失去了它们在17世纪至18世纪曾经拥有过的文化意义、社会意义和宗教意义。[①] 由此看来,从宗教文化层面入手开展宗教对话,逐步达到宗教信仰层面的间接对话,实在是宗教对话能够采取的唯一可行的对话途径。当然,从宗教学的观点或比较宗教学的观点看问题,耶稣会传教士的宗教对话的策略和路线是否有可批评之处,也是一个可以讨论的问题。例如,利玛窦用"三父之论"解释"三位一体",乃至取代"三位一体"的做法之是否恰当,以及他宣布中国先秦哲学乃至《尚书》、《诗经》中的"天"、"帝"或"上帝"、"天帝"即为基督宗教所信仰的"Deuse"等等,就很有讨论的余地。他们为了实现宗教文化层面的对话和认同而蓄意抹杀宗教信仰之间的差异和对立的做法,受到多明我会等天主教团体传教士的批评,是不可避免的,也并非一件不可理解的事情。但是,无论如何,他们注重开展宗教文化层面的对话,并力求通过宗教文化层面的对话达到宗教信仰层面的间接对话的用心和做法却都是有其值得称道之处的。

因此,尽管宗教对话的各种方式或模式往往有流于形式的危险,甚至有演变成宗教帝国主义之虞,但是健康有益的宗教对话的可能性还是存在的。一如尼特在《一个地球,多种宗教》中针对"宗教帝国主义"的种种指责所指出的:"这些批评者所提出的

---

[①] 段德智:"从'中国礼仪之争'看基督宗教的全球化与本土化",载《维真学刊》2001年第2期,第29—32页。

警告应该理解为'前面有危险'而不是'道路不通'。危险是实际存在的,但它们是可以避免的,有些需要小心标示出来,有时需要绕道而行。因为,如果不同文化、民族、宗教之间真正对话的道路确实被阻塞了的话,那么人类的未来也一样。"① 事实上,至当今时代,尽管在宗教对话的道路上险境重重,但是,宗教思想家和宗教界人士还是百折不挠地开展了各种形式的宗教对话,为推进人类进步和世界和平做出了不可磨灭的贡献。早在1893年,在芝加哥世界博览会期间,世界诸宗教的一些代表人士和一部分宗教思想家就在芝加哥召开了一次意义重大的"世界宗教议会"。这次会议的名称就很别致。既然称作"宗教议会",这就意味着与会代表是以平等的身份,以"宗教之间的兄弟情谊"在"同一时间同一地点"聚在一起,商讨世界诸宗教共同关心的问题。这种对话精神至20世纪得到了进一步的发扬。20世纪初,为了协调传教和避免亚洲、非洲的本地不同教会之间的矛盾,基督宗教的新教内部出现了"普世合一"运动。1948年,"世界教会联合会"(WCC)在荷兰阿姆斯特丹成立,标志着"普世合一"运动业已臻于高潮。当时与会的不仅有100多个国家的新教代表,而且还吸引了一部分东正教会的代表。基督宗教内部的宗教对话运动至20世纪60年代又被提升到了新的层次。1962—1965年在罗马召开的第二届梵蒂冈公会议可以说是天主教会史上一次真正意义上的"普世教会大会"。该会在"现代化"即"赶上时代"的旗帜下,多方面地贯彻了"革新"和"开放"的指导思想,不仅发布了《神圣启示宪章》("神的话语"),发布了"普世主义教

---

① 保罗·尼特:《一个地球,多种宗教》,第82页。

令",扫除了天主教与新教和东正教联合的神学障碍,而且还发布了《关于非基督宗教的各宗教之宣言》、《宗教自由宣言》和《当代世界教会牧职宪章》等重要文件,为基督宗教与世界其他宗教的对话铺平了道路。更为重要的是,为了落实会议精神,罗马天主教内部还新设了与基督宗教其他教派、与其他宗教、甚至与无神论意识形态进行对话的一系列机构,如促进基督徒合一委员会、非基督徒委员会和无信仰委员会等。20世纪下半叶的另一个值得关注的宗教对话事件是1993年在美国召开的第二次"世界宗教议会"。这次会议不仅规模空前,由来自几乎每一种宗教与教派的六千五百多人参加,而且,这次大会还在宗教史上第一次提出并制定了一份著名的《走向全球化伦理宣言》。与会的这六千多个代表之所以要签署这份宣言,其原因在于他们共同认识到"我们是相互依存的,我们每一个人都依赖于整体的福利。""没有新的全球伦理,便没有新的全球秩序。"[1] 但是,需要强调指出的是,这份宣言所突出的不是某种宗教信仰,也不是某种宗教理论或伦理理论,而是一种献身精神和伦理行动,而且是"所有的人,不论是男是女,不论信教还是不信教的人们"共同参与的行动。孔汉思强调说:"这份宣言的名称应该是'走向全球伦理宣言',而不是'走向全球伦理学'的宣言",[2] 即是谓此。也正是在这个意义上,尼特呼吁用"全球责任"的对话模式来切实地推进宗教对话。他强调说:"如果我们今天的地球所遭受的破坏和苦难折磨的程度很深——人类的痛苦是由一些人对待其他人的方式造成的;生态的

---

[1] 孔汉思、库塞尔编:《全球伦理——世界宗教议会宣言》,何光沪译,四川人民出版社1997年版,第5、9页。

[2] 同上书,第61页。

苦难是由于人类对待地球的方式造成的——那么我们的物种和地球就正面临着一场前所未有的危机。这场危机威胁的不仅仅是现在已经存在的生命,还有将要存在的生命。……这场危机的解决要求所有宗教共同体的奉献与协作。所有的独立宗教都担负着一个共同的全球责任。"① 由此看来,惟有关乎整个人类的生存处境和生存活动才能构成宗教对话的真实的文化氛围和现实基础。只要世界诸宗教及其代表人物对于整个人类的生存处境和应对活动有一种比较接近的感受和体悟,有效的宗教对话就将势必有其发生、延续和发展的现实的可能性。

世界诸宗教的存在由于其宗教信仰的独特性在宗教史上和人类历史上固然曾经酿造出许多冲突和灾难,但是,它也有望成为实现真实宗教对话的先决条件,它也可能构成世界各宗教适应当代世界潮流,为人类进步和世界和平做出巨大贡献的先决条件。爱德华·施雷贝克(Edward Schillebeeckx,1914—2009)曾经乐观地指出:"宗教多样性不是一种需要消除的恶,而是一笔为所有人所欢迎和喜爱的财富……在所有宗教中的宗教真理远比在某个特定宗教中的宗教真理要多。"② 尼特则进一步将世界诸宗教的存在或宗教多元论处境看作是世界各宗教的一个全新的境遇,是呈现给世界各宗教的一个"凯逻斯"(Kairos)。他满怀信心地写道:"与公元前800—前200年左右世界上大多数地区在宗教意识上发生的转化性转变一样,今日之世界也存在一种亟需的、持续

---

① Paul Knitter, "The Eco-Human Crisis: Interfaith Dialogue and Global Responsibility", *World Faiths Encounter*, vol. 13, 1996, pp. 19—20.

② Edward Schillebeeckx, *The Church: The Human Story of God*, New York: Crossroad, 1990, pp. 50—51.

增长的转化性转变,虽然这种转变是不同的,但它和轴心时代的那次转变一样是一场彻底的根本性转变。"① 所有这些都是值得期待的。

---

① Paul Knitter, "My God is Bigger than Your God", Peeters: *Studies in Interreligious Dialogue*, vol. 17/1 (2007), p.100.

# 第六篇 宗教与社会主义篇

前面我们不仅讨论了宗教的起源和历史发展，而且还围绕着宗教世俗化和宗教对话讨论了当代宗教。那么，至此，我们对宗教的历史维度的考察是否可以说是完成了呢？我们的回答是，既完成了又尚未完成。就我们已经涉及的时间跨度而言，我们差不多可以说是完成了。因为我们在"历史篇"和"时代篇"中不仅探讨了前现代社会的宗教及其历史发展，而且还探讨了宗教的"起源"和现当代宗教。既然如此，则迄今为止的整个人类宗教发展史差不多就都进入了我们的视野。但是，在本著的前面各个篇章里，我们毕竟尚未对社会主义时期的宗教做出过专门的和总体的阐述，就此而言，我们还不能说我们已经完成了对宗教的历史维度的考察。这首先是因为社会主义社会与原始社会、奴隶制社会、封建制社会、和资本主义社会一样，也是人类社会的一个极其重要的发展阶段，如果我们不能对社会主义社会中的宗教做出专门的和总体的考察，则不仅我们对宗教当代发展的考察就始终是片面的和残缺的，而且我们对宗教的历史维度的整体考察也势必因此而是片面的和残缺的。其次，倘若从类型学的角度看问题，这种片面性和残缺性就更其昭然了。因为虽然人们通常从经济社会形态的角度，将人类社会的发展史理解成从原始社会向奴隶制社会、封建制社会、资本主义社会和社会主义社会的演进史，但是，倘若从生产资料所有制的角度看问题，我们就不妨将人类社会区分为私有制社会和公有制社会。这样一来，如果再考虑到我们对原始社会的了解毕竟相当有限这样一个事实，则我们对社会主义社会的宗教的考察的特殊重要性也就非常昭然了。因为无论是奴隶制社会和封建制社会，还是资本主义社会，毕竟都是以生产资料私有制为基础的社会。社会主义社会与其不同的地方最根本的正在于它是一种以生产资料公有制为基础的社会。正是基于这样一种认识，我们将对社会主义时期的宗教的考察列为专门一篇。

社会主义既然是以生产资料的公有制为基础的社会，则这种社会的宗教便虽然与前社会主义时期的以生产资料私有制为基础的社会的宗教，即奴隶制社会、封建制社会和资本主义社会的宗教，具有某种共同本质，但是，无论如何它会因此而具有区别于前社会主义时期的宗教的特殊属性、特殊原则和特殊的发展规律。而阐述社会主义社会中的宗教的特殊属性、特殊原则和特殊的发展规律正是本篇的基本目标。鉴于本篇的内容比较丰富，我们将从理论层面入手，阐述社会主义社会的宗教的特殊属性和特殊原则；而后，以此为基础，进入社会主义社会宗教工作的实践层面，阐述社会主义社会宗教工作的基本目标和基本方针。

# 第十二章　宗教的长期存在与宗教信仰自由政策

如果从理论层面或认识论层面看问题，社会主义社会的宗教问题虽然纷纭复杂，但是，无论如何，社会主义社会时期的宗教的特殊属性和特殊原则都是其中最为重要的问题。所谓社会主义时期的宗教的特殊属性，在这里，所意指的主要是社会主义时期宗教存在的长期性和宗教的群众性。所谓社会主义时期的宗教的特殊原则，在这里，所意指的则主要是宗教信仰自由政策和独立自主办教的原则。而在这两类问题中，社会主义时期宗教存在的长期性和宗教的群众性又是一个更为基本的问题。因为如果我们对社会主义时期宗教存在的长期性和宗教的群众性缺乏认识，则我们便不仅不可能对社会主义时期的宗教原则有一个正确的和深刻的理解，而且更其不可能在实践中切实地和卓有成效地贯彻这些原则。

## 第一节　宗教存在的长期性与宗教的群众性

西方逻辑学的奠基人亚里士多德在谈到定义的元素时，曾经指出:"定义是表达事物的词组",[①]"定义的元素,一个是属,另一个是种差,并且只有属和种差谓述本质"。[②] 鉴此,他将给事物下定义的程序规定为:"首先将对象置于其属内,然后再加上它的种差"。[③] 就社会主义社会的宗教而言,它所在的属自然是宗教,而种差则显然是社会主义社会的宗教与其他类型的社会的宗教的区别,亦即我们所说的社会主义社会的宗教的特殊属性。现在,既然我们在本著前面的篇章里,已经对作为社会主义社会的宗教的上位概念,即作为属的宗教概念,做出了说明,已经对前此阶段的各种宗教及其历史发展做出过说明,则我们现在需要做的事情便主要在于阐释社会主义社会的宗教区别于其他社会类型的社会的宗教的特殊属性(亦即种差)了。那么,社会主义社会的宗教和宗教问题究竟有那些区别于其他社会的宗教和宗教问题的特殊属性呢?诚然,人们对社会主义社会的宗教和宗教问题的特殊属性这个问题很可能见仁见智,但是,无论如何,宗教在社会主义社会的长期存在与社会主义社会的宗教的群众性是其中两种最基础、最本质的属性。下面,我们就依次对这两种属性做出说明。

## 一、宗教存在的长期性与"肤浅的狭隘的文化主义"

如前所述,宗教虽然不能说是从人类脱离动物界之日起就有的,但是无论如何却也是在人类和人类社会的早期阶段就出现并且一直绵延至今。尽管一些具体宗教,如古代埃及宗教和古代

---

[①] 亚里士多德:《论题篇》,I,5,101b39—40。
[②] 同上书,VII,5,154a26—27。
[③] 同上书,VI,1,139a28。

巴比伦宗教等，也随着人类社会的发展而趋于消亡，但是，一般而言或整个来说，世界诸宗教在世界各国的存在都是长期的。基督宗教、佛教和伊斯兰教等世界宗教，以及犹太教、印度教、道教和神道教等民族宗教，尽管所在社会的世俗政权反复更迭，但是，它们却总能够存留于世，并且以这样那样的形式不断与时俱进，寻求并获得存在和发展的机会。对于这些人为宗教，历代统治者考虑的并不是世界诸宗教要不要或会不会存在或长期存在的问题，而是如何为己所用的问题。例如，法国国王无论是于公元8世纪搞"丕平献土"还是于14世纪搞"阿维农之囚"为的都是利用宗教夺取政权和巩固政权。再如，唐朝开国皇帝李渊与其子李世民之所以反复颁诏扬道抑佛，推行"先老、孔次、后末释"的宗教政策，为的也是为了更好地夺取和巩固自己的政权。因此，我们可以说，对于历史上的统治者来说，宗教存在的长期性并不是一个他们考虑的问题。尽管古今中外的统治者对待宗教的态度不尽相同，利用宗教的策略也大相径庭，但是，就其不考虑宗教存在的长期性来说，则可以说大同小异。这种状况只是随着社会主义革命的成功和社会主义社会的问世，才发生了根本性的变化。换言之，在人类宗教思想史上，宗教是否长期存在是一个随着社会主义社会的诞生而出现的一个新问题，是一个惟有社会主义社会的宗教工作才面临或遭遇到的问题。我们之所以将宗教的长期存在视为社会主义社会的宗教或宗教问题的一个特殊属性，正是基于这样的缘由。

　　事实上，自社会主义社会诞生之日起，人们总是不断地以这样那样的形式提出宗教存在的长期性问题。众所周知，苏联是人类社会历史上出现的第一个社会主义国家。但是，自1917年起，宗教是否长期存在的问题就断断续续地被人们以这样那样的方式提了出来。例如，早在19世纪20—30年代，一些人便不分青红皂白将神职人员一律斥之为"地主、资产阶级走狗"，全国各地镇压了一大批宗教界人士和信教群众，并且还经常在宗教节日期间组织反宗教游行，极大地"伤害"了信教群众的"宗教感情"。[①] 至赫鲁晓夫时期（19世纪50年代），苏联又在一定程度上重复了上述错误，只不过这种错误是在"改进"无神论宣传的口号下进行罢了。[②] 尤其值得注意的是，这种错误不仅出现在苏联基层单位，而且在中央政府层面也有典型的表现。例如，甚至苏联的1936年和1959年通过的宪法也明文规定公民有进行"反宗教宣传的自由"，而在实际工作中也把宗教理解为意识形态领域内的"一种残余"，甚至长期出版号召对宗教采取"照脑袋痛击"的《反宗教》杂志。这种削弱"宗教残余"的极"左"做法在东欧社会主义国家也普遍存在。例如，在阿尔巴尼亚，自1945年阿尔巴尼亚人民共和国成立之日起，就将进行无神论宣传逐步削弱宗教影响当作宗教工作的基本方针，至20世纪60年代，更对宗教采取了"取缔"政策，在全国范围内从捍卫意识形态"纯洁性"的高度掀起了一场反宗教运动，并明确宣布阿尔巴尼亚是世界上第一个真正"无神论国家"。[③] 直至1990年，对宗教的禁令才予以解除。

苏联和前东欧社会主义国家的这样一种对宗教的"左"的认

---

① 参阅段德智主编：《境外宗教渗透与苏东剧变》，人民出版社2015年版，第53—57页。

② 同上书，第92—96页。

③ 同上书，第289—291页。

识和做法在我国的宗教工作中也有这样那样的表现。早在20世纪50年代初期中华人民共和国建立不久，我国就出现了企图"用无神论主义的宣传""削弱宗教"、"打倒宗教"的"简单急躁"或"急躁冒进"的做法。[①]60年代初期，随着"以阶级斗争为纲"成为全国工作的根本指导思想，宗教被视为剥削阶级利用的工具，凡宗教方面出现的矛盾都一概被看作是阶级斗争的反映，凡宗教问题都被视为阶级斗争问题，在全国范围内开展揭宗教领域内"阶级斗争盖子"的运动。在这种情势下，相当一部分人不仅滋生了"随着社会主义制度的建立和经济文化的一定程度的发展，宗教就会很快消亡的想法"，而且还出现了"依靠行政命令或其他强制手段，可以一举消灭宗教的想法和做法"。[②]1966年，随着"文化大革命"的发动，这种"左"的想法和做法，在"破除四旧"、批判"阶级斗争熄灭论"和"投降主义"的幌子下，更是发展到了登峰造极的地步。不仅各级宗教管理部门被视为"牛鬼蛇神的庇护所"和"资本主义的复辟部"受到各种各样的冲击，而且相当一部分宗教界人士遭到迫害，大多数宗教活动场所被关闭或被迫关闭，正常宗教活动遭到禁止。我国的宗教和宗教工作经受了一场浩劫。[③]所有这些状况只是到了1976年，才随着"文化大革命"的结束而逐步得到了根本的纠正。

应该说，这样一种以"左"的形式出现的削弱和消灭宗教的

---

① 《中央批发关于过去几年党在少数民族中进行工作的主要经验总结》（1954年10月），《历次全国统战工作会议概况和文献》，中共中央统战部研究室编，北京：档案出版社，1988年，第185—187页。

② 参阅中共中央文献研究室、国务院宗教事务局政策法规司编：《新时期宗教工作文献选编》，宗教文化出版社1995年版，第55页。

③ 参阅段德智：《新中国宗教工作史》，人民出版社2013年版，第115—124页。

极端活动,从整个社会主义运动史的角度看,只是局部的和一时的,但是,这样一种社会现象却是值得深思和值得深究的。因为倘若从人类宗教发展史的角度看,我们便会发现这些实在是一些性质非常特殊的历史事件。诚然,在人类宗教发展史上,人们也不时地遭遇到宗教趋于衰亡的问题。例如,生活在4世纪的罗马人遭遇到古代罗马宗教的衰亡问题,生活在倭马亚王朝的埃及人遭遇到古代埃及宗教的衰亡问题。不仅如此,在人类历史上,也不时地出现过这样那样的"消灭宗教"的运动。例如,从公元64年起,基督宗教曾先后遭受到罗马帝国十次大迫害,而在我国历史上,仅从南北朝时期至五代十国时期,就发生过"三武一宗"四次比较重大的"灭佛"事件。[①]然而,需要说明的是,在这些"削弱宗教"或"消灭宗教"的事件中,趋于衰亡的毕竟只是这样那样一种特殊的宗教,而且这些宗教的衰亡也总是伴随着另外一种或几种宗教的兴盛。而历代的统治者企图消灭的也只是某种特定的宗教而非所有的宗教。惟独社会主义社会的宗教削弱论者或宗教消灭论者将其矛头指向所有的宗教。那么,事情何以至此呢?毫无疑问,这一点显然与社会的意识形态有关。从奴隶制社会到封建制社会和资本主义社会,其主流意识形态一般来说,如果不是宗教或宗教性的,也是唯心主义的,从而在通常情况下在意识形态层面与世界诸宗教的意识形态并没有根本的冲突。这或许是历代统治者往往利用各种宗教为自己服务的根本缘由,这或许也是历代统治者尽管可能对不能很好地为自己所用的宗教采取敌视的态度和立场但是却从来不主张反对或消灭所有宗教的根本缘由。

---

① 所谓"三武一宗"灭佛事件指的是北魏太武帝、北周武帝、唐武宗和后周世宗等四次灭佛事件。

社会主义社会的统治者和执政者则不同，既然他们宣称要以马克思主义为自己的根本指导思想，既然他们要坚持马克思主义（唯物主义和无神论）在意识形态领域的主导地位，则在意识形态领域便势必与世界诸宗教的世界观发生分歧，便势必不能像历史上的统治者那样去直接"利用"宗教为自己服务。无论是苏联和东欧的社会主义国家在宗教工作方面出现的"左"的认识和做法，还是我国在社会主义建设时期在宗教工作中所出现的"左"的认识和做法，毫无疑问都是与社会主义国家意识形态领域的这样一种矛盾态势有密切关联的。

但是，问题在于：社会主义国家执政党在意识形态方面的唯物主义和无神论与世界诸宗教的唯心主义和有神论的矛盾和分歧难道就应该导致并且也会必然导致社会主义国家执政党采取"打倒宗教"或"消灭宗教"的上述立场吗？很显然，一些人对社会主义社会存在的宗教采取"打倒"或"消灭"的态度和立场，虽然是多种原因酿成的，但是无论如何他们对这种矛盾和分歧的误读是一项重要的原因。这些人从表面上看是在坚持马克思主义，但事实上他们却是在歪曲马克思主义和践踏马克思主义。因为按照马克思主义的社会结构学说，经济基础决定上层建筑，社会存在决定社会意识。这样，意识形态层面的东西就不是孤立存在的，其存在和发展不仅要受到政治法律上层建筑的制约，而且还要受到经济基础的制约。正是基于这样的立场，马克思主义者从来都不主张孤立地看待意识形态问题，从来都不主张孤立地看待和处理宗教问题。在19世纪40年代，当马克思主义正在酝酿形成之际，马克思和恩格斯就反对资产阶级学者孤立地批判宗教的立场，而主张将"宗教的批判"提升为"政治的批判"和"社会的批判"。①20 世纪初,列宁在他的那篇著名的论文《社会主义和宗教》中,曾鲜明地表明了他之反对"把宗教问题提到它所不应有的首要地位"的立场,强调要从无产阶级的整个革命事业的立场和高度来看待和处理宗教问题。②20 世纪 80 年代以后,在深刻总结社会主义时期宗教工作正反两个方面的经验的基础上,中国共产党人也越来越清醒地认识到"发展才是硬道理",只有从经济社会发展的高度来审视和处理宗教问题,才能把社会主义的宗教工作真正推向前进。离开了社会主义经济事业的发展,离开了社会生产力的提高,离开了社会主义国家综合实力的增强,社会主义的宗教工作就失去了基础、重心和方向。更何况,即使就其本身来说,宗教也不仅仅是一个意识形态问题和文化问题,它是而且必定同时还是一个与社会经济发展和改革进步密切相关的社会实体。正因为如此,列宁曾经将那种仅仅从意识形态或文化的立场上看待宗教,并且因此而主张"打倒宗教"或"消灭宗教"的错误看法称作"肤浅的、资产阶级的、狭隘的文化主义观点"。③

---

① 在"《黑格尔法哲学批判》导言"中,针对青年黑格尔派鲍威尔等以"宗教批判"和"哲学批判"改造社会的主张,马克思强调指出:"真理的彼岸世界消逝以后,历史的任务就是确立此岸世界的真理。……于是对天国的批判变成对尘世的批判,对宗教的批判变成对法的批判,对神学的批判变成对政治的批判。"《马克思恩格斯选集》第 1 卷,第 2 页。

② 参阅中共中央马克思、恩格斯、列宁、斯大林著作编译局编:《马克思、恩格斯、列宁、斯大林论宗教和无神论》,人民出版社 1999 年版,第 152 页。

③ 参阅列宁:"论工人政党对宗教的态度",《列宁选集》第 2 卷,人民出版社 1972 年版,第 378 页。资产阶级的进步人士,即激进派或资产阶级唯物主义者曾经从文化主义的观点出发,得出结论说:"打倒宗教,无神论万岁,宣传无神论观点是我们的任务"。列宁回应说:"马克思主义者说:这话不对。这是一种肤浅的、资产阶级的、狭隘的文化主义观点。这种观点不够深刻,这不是用唯物主义的观点而是用唯心主义的观点说明宗教的根源。"

因此，为要彻底纠正我们过去宗教工作中存在的用行政手段"削弱宗教"和"消灭宗教"的幼稚可笑、"急躁冒进"的做法，我们就必须超越这种"肤浅的、资产阶级的、狭隘的文化主义观点"，达到社会存在决定社会意识、经济基础决定上层建筑的历史唯物主义的观点，全面、深刻地理解宗教得以存在和发展的历史根源、阶级根源、社会根源、自然根源和认识根源，全面、深刻地理解社会主义社会宗教存在的长期性、群众性和特殊复杂性。

## 二、宗教的长期存在乃一客观事实

自1917年俄罗斯十月社会主义革命至今，在人类历史上，社会主义社会已经存在一百多年了。这一百多年的历史表明，宗教在社会主义社会的长期存在是一个客观事实。

宗教在社会主义社会的长期存在是有其深厚的历史根源的。所有的社会主义国家在建立时，都是一个在宗教方面有悠久历史的国家。如所周知，东正教在俄罗斯不仅历史悠久，而且势力很大。自公元988年"罗斯受洗"事件之后，东正教就被确定为俄罗斯的国教。至15世纪，随着拜占庭帝国的灭亡，莫斯科就长期扮演了"第三罗马"和"新的世界基督宗教中心的角色"。至19世纪末，在俄罗斯，东正教堂竟多达7万余座，修道院也多达690余座。除东正教外，伊斯兰教、天主教和基督教（新教）在俄罗斯也有一定的影响。而所有这些宗教组织和宗教势力都没有随着十月社会主义革命的胜利而销声匿迹的。它们在社会主义社会中长期存在并且发挥这样那样的社会作用，产生这样那样的影响。例如，东正教既有在苏维埃政权建立初期反对帝国主义武装干涉和国内反革命叛乱斗争中的负面表现,也有在卫国战争中的正面表现。然而,无论如何,它们的存在却是一个事实。而且,尽管苏联苏维埃政权在 20 世纪 20—30 年代和 50—60 年代曾经出现过比较强势的旨在削弱宗教和消灭宗教的"反宗教运动",但是,苏联的宗教非但没有因此而真正削弱,反而在 80 年代后有了强势的发展。① 早在 1874 年,恩格斯在著名的《流亡者文献》中就曾经针对自称比马克思主义者"更左"或"更革命",主张"打倒神"、"取消神"、"禁止一切宗教宣传和宗教组织"的公社的布朗基派,谴责这些人"大声疾呼向宗教宣战"是"一种愚蠢的举动",断言"这样宣战"只会"提高人们对宗教的兴趣"。② 1870 年,铁血宰相俾斯麦曾用警察手段迫害天主教,开展了一场反对天主教党,即反对"中央"党的斗争。1875 年,德国小资产阶级社会主义者杜林在其出版的《哲学教程——严格科学的世界观和人生观》中,与俾斯麦相呼应,也提出了在"未来的国家"即社会主义社会里废除一切宗教的口号。他写道:"在自由的社会里,不可能有任何膜拜;因为每个社会成员都克服了幼稚的原始的想象:以为在自然界背后或自然界之上有一种可以用牺牲或祈祷去感动的存在物。""所以,正确理解的共同社会体系……必须除去宗教魔术的一切道具,因此,也必须除去膜拜的一切基本组成部分。"针对杜林提出的"在社会主义社会中禁止宗教存在这一似乎

---

① "苏联解体前,俄罗斯联邦信教人口比例为 22%,1994 年上升到 50%。"参阅叶小文:"当前我国的宗教问题——关于宗教五性的再探讨",《世界宗教文化》1997 年第 1 期,第 3 页。

② 恩格斯:"流亡者文献",《马克思恩格斯选集》第 3 卷,第 246—247 页;参阅列宁:"论工人政党对宗教的态度",《列宁选集》第 2 卷,第 376 页。

革命的主张",恩格斯批评说,"这样向宗教宣战就是'比俾斯麦本人有过之无不及',即重蹈俾斯麦反教权派斗争的覆辙。"[①] 列宁在《论工人政党对宗教的态度》一文中重申了恩格斯的这一态度和立场。恩格斯的这些话,说得是多么地中肯呀!就苏联而论,这样那样的反宗教运动所削弱的与其说是社会主义时期的宗教及其势力,毋宁说是无产阶级的革命政权。

宗教在社会主义社会的长期存在是一种值得重视的带有普遍性的社会现象。不仅在苏联是如此,而且在东欧社会主义国家中也是如此。而在东欧社会主义国家中,波兰无疑是一个相当典型的例证。波兰自公元966年起,就一直是一个非常突出的天主教国家,其居民85%以上信奉天主教。至第二次世界大战前夕,波兰的天主教堂即多达7000多座。1944年波兰建立社会主义制度之后,波兰统一工人党和政府虽然极为重视政教关系,极其重视宗教工作,但是由于波兰长期照搬苏联的做法,在宗教工作中犯阶级斗争扩大化的错误,甚至对宗教领袖不惜采取逮捕或软禁等强硬措施,致使政教关系常常处于紧张状态。这在1956年爆发的波兹南事件以及后来的"十字架之战"和"人权之战"中都有充分的表现。而波兰统一工人党在宗教和宗教工作的"左"的政策,非但不能很好地协调政教关系,反而导致了天主教及其影响在波兰的进一步发展和扩大。至1983年底,波兰境内的天主教堂激增到12000多座,全国居民94%的人都信仰天主教。至1989年波兰大选时,波兰天主教已经成为左右波兰政局的一支极其重要的力

---

[①] 恩格斯:"反杜林论",《马克思恩格斯选集》第3卷,第666—668页;参阅列宁:"论工人政党对宗教的态度",《列宁选集》第2卷,第376页。

量。波兰统一工人党在大选中的失败,诚然有多方面的原因,但是其未能充分地认识社会主义社会宗教存在的长期性和特殊复杂性,未能始终一贯地在宗教工作中避免"左"的错误,无疑是其中一个重要的原因。① 这个历史教训是永远值得记取的。

我们中国虽然与西方许多国家不同,在历史上鲜有宗教支配政治的现象,但是,诸宗教的长期存在却是一个不争的事实。我国不仅有源远流长的本土宗教——道教,而且还有佛教、伊斯兰教、天主教和基督教(新教)等外来宗教。佛教是早在两汉之际就传入我国的。伊斯兰教也在唐初传入了我国。因为《旧唐书·大食传》上即有"永徽二年,始遣使朝贡"的记载。经过一千多年的发展,至中华人民共和国成立初期,无论是佛教,还是伊斯兰教,都已具有了相当的规模,并且本土化程度,即与我国社会融合的程度,已经达到了很高的层次。汉传佛教系统的僧尼约有24万人,开放的寺院有5000多座;藏传佛教系统的出家众有40多万人,寺院有6000多座;南传上座部佛教系统有僧人8000人左右,寺院2000多座。而且,佛教在中国的本土化方面极为成功,以至于中国著名哲学家冯友兰在其《中国哲学简史》中使用"中国佛教"这一术语。伊斯兰教广泛地分布于我国的新疆、宁夏、甘肃、青海、云南、河南等地。辛亥革命和民国初年提出的包括广义的"回族"即穆斯林在内的"五族共和"的平等口号,便充分地表明伊斯兰教已经相当充分地融入了中国近现代社会。天主教和基督教(新教)虽然在本土化方面总体上逊于佛教和伊斯兰教,但在本土化方面也取得一定成就,并且在我国也具有一

---

① 参阅段德智主编:《境外宗教渗透与苏东剧变》,第196—202页。

定规模。天主教如果从景教于唐初（唐贞观九年，即635年）传入中国时算起，至今已经有1300多年的历史了；如果从元朝的也里可温算起，至今也有700多年的历史了；即使从明末（1582年）算起，至今也有400多年的历史了。至1949年中华人民共和国建立前夕，全国已有138个教区，320多万教徒。基督教（新教）传入我国如果从英国传教士马利逊于1807年到达广州时算起，至今已经200多年的历史了。至1949年中华人民共和国建立前夕，全国已有教徒70多万了。不仅如此，除上述"五大宗教"外，我国社会上还存在有或曾存在有"儒教"、"新兴宗教"（如洪秀全领导的"拜上帝会"等）和"民间宗教"。所有这些都是不容否认的客观事实。毋庸讳言，自20世纪50年代以来，特别是60年代，我国在宗教工作中出现的"左"的削弱宗教和消灭宗教的认识和做法，给我国宗教的正常活动和健康发展造成了极其恶劣的影响，但是，我国宗教在"拨乱反正"之后，终于转入了正常化发展的轨道。而且，其规模也达到了前所未有的程度，即使依据保守性的统计数字，我国的宗教人口也在1亿以上。其中基督教的发展最为迅速，其教徒至今当在1千万以上，相当于中华人民共和国建国初期（当时仅约70万教徒）的十多倍以上。宗教在社会主义中国的长期存在当是一个不争的事实。

恩格斯在《自然辩证法》一书中曾经将哥白尼的《天球运行论》（1543年）看作是自然科学的独立宣言，并且英明地预言此后的自然科学将以"与从其出发点起的时间的距离的平方成正比的"速度向前发展。但是，自然科学的这种高速发展非但没有从根本上消灭宗教，没有动摇宗教存在的根基，反而从一个意义上助长了宗教的发展。当今世界无疑是一个高科技迅猛发展的时代，然而同时又是一个世界诸宗教持续发展的时代。据 1980 年《大英百科年鉴》，1979 年世界宗教人口为 25.78 亿，约占当年世界总人口（42.88 亿）的 60.12%。而据 1991 年《大英百科年鉴》，1990 年世界宗教人口为 41.93 亿，约占当年世界总人口（52.92 亿）的 79.23%。[①] 毫无疑问，社会主义国家的宗教在 20 世纪末叶的发展，尽管与社会主义社会的普遍转型和宗教工作中一度盛行的"左"的认识和做法密切相关，但是显然也与这样的大气候密切相关。看来，宗教的存在和发展是有其自身的规律性的，无论是自然科学和技术的高速发展，还是社会主义社会制度的建立，至少在相当长的历史时期内，都是不足以从根本上影响到世界诸宗教按照自身的规律存在和发展下去的。

## 三、即使阶级和国家消亡以后，宗教也可能继续存在

宗教不仅在社会主义初级阶段长期存在，而且在社会主义高级阶段也将长期存在，甚至即使在阶级和国家消亡以后，也有可能继续存在。

毋庸讳言，宗教存在有其阶级根源和社会根源，这就是生产资料私有制和社会压迫或阶级压迫。马克思主义者历来重视揭示宗教的阶级根源和社会根源。马克思在《〈黑格尔法哲学批判〉导言》(1843 年) 讲"人就是人的世界，就是国家、社会，这个国家、这个社会产生了宗教，一种颠倒的世界意识，因为它就是颠

---

[①] 据盖洛普国际调查联盟 2011 年和 2014 年的调查数据，世界信教人口的比例为 61%。但据美国皮尤研究中心 2010 年的调查数据，世界信教人口的比例为 84%。

倒的世界。"① 恩格斯在"反杜林论"中讲宗教在后来的发展中"获得了社会的属性，成为历史力量的代表者"。② 列宁在"社会主义和宗教"中强调指出："宗教对人类的压迫只不过是社会内部经济压迫的产物和反映"。③ 在"论工人政党对宗教的态度"中，列宁又进一步强调指出："在现代资本主义国家里"，宗教"主要的"和"最深刻的根源"是"对资本的捉摸不定的力量的恐惧"，是"社会的根源"④。然而，社会主义革命和社会主义建设的根本目标即在于铲除资本主义所有制，并且进而消灭任何形式的私有制，消灭包括无产阶级在内的任何阶级，从而消灭任何形式的阶级压迫和社会压迫，这自然会对阶级社会中的宗教形态的消亡奠定一定的基础。从这个意义上看，人们谈论宗教的消亡是不无道理的。

然而，需要指出的是，与社会主义革命和社会主义建设相关联的宗教的消亡，真正说来，所意指的只是那种与阶级存在和阶级社会存在相关联的宗教形态的消亡，并非是所有宗教形态的消亡，并非是宗教之为宗教的消亡。也就是说，即使社会主义社会过渡到了更为高级的社会形态之后，宗教也依然有其存在的可能。而我们的这样一种说法是既有历史依据又有逻辑依据的。

我们的这样一种说法的历史依据不是别的，而是迄今为止的人类宗教发展史。一如我们在本书第二篇中所指出的，宗教并不是在人类社会发展到私有制社会和阶级社会才产生出来的，而是

---

① 马克思："《黑格尔法哲学批判》导言"，《马克思恩格斯选集》第1卷，第1页。

② 恩格斯："反杜林论"，《马克思恩格斯选集》第3卷，第667页。

③ 列宁："社会主义和宗教"，《马克思、恩格斯、列宁、斯大林论宗教和无神论》，第222页。

④ 列宁："论工人政党对宗教的态度"，《列宁选集》第2卷，第378—379页。

早在原始社会发展到一定阶段就产生出来的。各种形式的自然宗教和氏族—部落宗教即是宗教的早期形态。依据古代考古学和古人类学，宗教早在人类进化到智人阶段就产生出来了。而智人，如所周知，既不是在近现代社会才产生出来的，也不是在封建制社会和奴隶制社会才产生出来的，而是早在距今 30 万年至 3.2 万年前就产生出来的。就欧洲社会的早期宗教来说，既然尼安德特人的墓葬遗址已经表明人类早期宗教观念和宗教组织的存在，既然尼安德特人的这些墓葬遗址距今已经有了 4 万—6 万年之久，则我们由此得出的结论便只能是：宗教在人类社会进入私有制社会和阶级社会之前很久便已经在欧洲出现了。而就我国的早期宗教来说，情况也大体如此。据对山顶洞人的宗教考古，人们断定当时人们便已经有了宗教信仰。而山顶洞人的距今年代最近又被判定在三万年之前。而那时，在我国是既谈不上有私有制和私有制社会，更谈不上有阶级和阶级社会的问题。关于我国的早期宗教，最有说服力的文字当是《国语·楚语下》中观射父在回答楚昭王有关"绝地天通"问题时就中国原始宗教发展史所说的几段话。"古者民神不杂。民之精爽不携贰者，而又能齐肃衷正，其智能上下比义，其圣能永远宣朗，其明能光照之，其聪能听彻之，如是则明神降之，在男曰'觋'，在女曰'巫'，是使制神之处位次生，而为之牲器时服。……及少暤之衰也，九黎乱德，民神杂糅，不可方物。夫人作享，家为巫史，无有要质。民匮于祀，而不知其福，烝享无度，民神同位。民渎齐盟，无有威严，神狎民则，不蠲其为，嘉生不降，无物以享，祸灾存臻，莫尽其气。……颛顼受之，乃命南正重司天以属神，命火正黎司地以属民，使复归常，无相侵渎，是为绝地天通。"按照这几段文字，我国原始宗教大体经历了从"民神不杂、民神异业"到"民神杂糅、家为巫史"再到"绝地天通、无相侵渎"这样三个既相异又相续的发展阶段。按照我国"三皇五帝"的说法,"三皇"的时代约在公元前80—前26世纪,"五帝"的时代也在公元前26—前22世纪之间。颛顼,作为"五帝"中的第二帝,当约属于公元前25—前24世纪的人,当时显然是既无私有制又无阶级和阶级压迫的。至于作为我国原始宗教第二发展阶段的"九黎"时代,从"九黎,蚩尤之徒也"的说法看,以及从蚩尤为炎帝的臣属及蚩尤与黄帝打过仗的说法看,当与黄帝和炎帝属于同一个时代,也就是说,当在公元前26世纪左右。这也就是说,我国原始宗教是于大约公元前26世纪左右进入"民神杂糅"阶段的。由此上推,其第一阶段,即"民神不杂"阶段,显然当归于"三皇"时代,而这就表明,原始宗教观念或原始宗教早在公元前26世纪之前,就已经存在了。

宗教在阶级存在和阶级压迫存在之前就已经长期存在这样一个历史事实对于我们当前这个话题无疑是极其重要的。因为我们至少可以从中引申出两个至关紧要的结论。首先,既然宗教在阶级存在和阶级压迫存在之前就已经长期存在,则这就明白无误地告诉我们,阶级存在和阶级压迫存在并非是宗教存在的必要条件。由此出发,我们便可以引申出一个重要结论,这就是:阶级和阶级压迫社会现象的消亡并不直接意味着宗教的消亡。从而,即便社会主义社会经过充分发展,经过无产阶级革命、无产阶级专政和社会主义建设,使阶级和阶级社会的消亡成为现实,这也不能保证宗教随之彻底消亡。其次,如果宗教在阶级存在和阶级压迫存在之前就已经长期存在,则这又明白无误地告诉我们,阶级和阶级压迫以及与之相关的社会制度的存在并非宗教存在的唯一根源。也就是说，除阶级根源和社会根源外，还另有别的重要的根源，例如，自然根源和认识根源等。在19世纪70年代，恩格斯在《反杜林论》中在谈到宗教的本质和历史形态时，曾经中肯地指出："一切宗教都不过是支配着人们日常生活的外部力量在人们头脑中的幻想的反映，在这种反映中，人间的力量采取了超人间的力量的形式。在历史的初期，首先是自然力量获得了这样的反映，而在进一步的发展中，在不同的民族那里又经历了极为不同的和极为复杂的人格化。"① 恩格斯不仅用自然的因素来解释宗教的最初起源，而且还直接用自然的因素来解释神的观念的最初的起源。他在《〈反杜林论〉材料》中曾经强调指出："单是正确地反映自然界就已经极端困难，这是长期的经验历史的产物。在原始人看来，自然力是某种异己的、神秘的、占有强大优势的东西。在所有文明民族所经历的一定阶段上，他们用人格化的方法来同化自然力。正是这种人格化的欲望，到处创造了神"。② 其后，在"路德维希·费尔巴哈和德国古典哲学的终结"中，他又重申说："由于十分相似的原因，通过自然力的人格化，产生了最初的神。"③ 而且，既然自然界是无限的，而人的认识能力无论何时都是有限的，则"正确地反映自然界"的"极端困难"对于人类就将始终存在。恩格斯在"反杜林论"中曾经对人类全面正确地"反映自然界"的"极端困难性"做出过相当精辟的说明。他强调说："关于自然界所有过程都处在一种系统联系中的认识，推动科学从个别部

---

① 恩格斯："反杜林论"，《马克思恩格斯选集》第3卷，第666—667页。
② 恩格斯："《反杜林论》材料"，《马克思恩格斯全集》第20卷，第672页。
③ 恩格斯："路德维希·费尔巴哈和德国古典哲学的终结"，《马克思恩格斯选集》第4卷，第224页。

分和整体上到处去证明这种系统联系。但是，对这种联系作恰当的、毫无遗漏的、科学的陈述，对我们所处的世界体系形成精确的思想映象，这无论对我们还是对所有时代来说都是不可能的。"①他还从人的思维的至上性和非至上性辩证关系的角度论证说："思维的至上性是在一系列非常不至上地思维着的人之中实现的；拥有无条件的真理权的认识是在一系列相对的谬误中实现的；二者都只有通过人类生活的无限延续才能完全实现。在这里，我们又遇到了在上面已经遇到的矛盾：一方面，人的思维性质必然地被看作是绝对的，另一方面，人的思维又是在完全有限地思维着的个人中实现的。这个矛盾只有在无限的前进过程中，在至少对我们来说实际上是无止境的人类时代更迭中才能得到解决。"②既然如此，我们便很难奢望在社会的某个阶段结束之后就完全进入无宗教的时代，我们更难奢望在社会主义的初级阶段进入无宗教的时代。

早在1956年，毛泽东（1893—1976）在同藏族人士的一次谈话中，就在马克思主义宗教思想史上破天荒地指出，人们的宗教感情不能伤害，就是到了共产主义社会也还会有信仰宗教的。③这就把宗教在社会主义社会的长期存在以一种极其透彻的语言表达出来了。周恩来（1898—1976）则更为明确地指出："信仰宗教的人，不仅现在社会主义的国家里有，就是将来进入共产主义社会，是不是就完全没有了？现在还不能说得那么死……宗教是会长期存在的，至于将来发展如何，要看将来的情况。但是，只要

---

① 恩格斯："反杜林论"，《马克思恩格斯选集》第3卷，第376页。
② 同上书，第427页。
③ 参阅罗广武：《新中国宗教工作大事概览》，华文出版社2001年版，第114页。

人们还有一些不能从思想上解释和解决的问题，就难以避免会有宗教信仰现象。有的信仰具有宗教形式。有的信仰没有宗教形式。宗教界的朋友们不必担心宗教能不能存在。"① 江泽民（1926— ）2000年在全国统战工作会议上发表讲话时也郑重指出："宗教作为一种社会现象，具有漫长的历史，在社会主义社会也将长期存在。宗教走向最终消亡也必然是一个漫长的历史过程，可能比阶级和国家的消亡还要久远。"② 如果说中国共产党人和中国人民在半个多世纪的宗教工作中有什么宝贵的经验值得其他社会主义国家予以借鉴的话，那么其中最为重要的就是宗教在社会主义社会存在的长期性和不可避免性。这是国际社会主义运动在付出惨重代价之后得出的宝贵经验，这也是中国共产党人和中国人民在积累了几十年的经验教训的基础上形成的宝贵经验。尽管中国共产党人和包括宗教界人士在内的中国人民在几十年的社会主义宗教工作中对宗教在社会主义社会存在的长期性的认识也经历了一个非常曲折、非常复杂的演进过程，但是，值得骄傲的是，中国共产党人和包括宗教界人士在内的中国人民从进入社会主义建设时期的初始阶段起，就开始提出并探讨了这个问题。例如，早在1953年，时任中共中央统战部部长的李维汉（1896—1984）在其主持起草的《关于过去几年党在少数民族中进行工作的主要经验总结》中就明确地提出了宗教在社会主义社会存在的"长期性"问题，并且据此批评了此前民族工作和宗教工作中出现的"急躁冒进的错

---

① 周恩来："关于我国民族政策的几个问题"（1957年8月4日），见《周恩来选集》下卷，人民出版社1984年版，第267页。
② 江泽民："进一步开创统一战线工作的新局面"（2000年12月4日），见《江泽民文选》第3卷，人民出版社2006年版，第150页。

误"。① 其后宗教存在的长期性问题在我国宗教界人士中也展开了热烈的讨论。例如，1956—1957年间，我国天主教界人士就曾展开过关于共产党能否与天主教"共存"的问题。有人主张，宗教与科学是两种不同的世界观，是不可能共存的。而且政党和宗教在本质上不同，"其任务与存在时间也就不相同了"。党在领导人民"完成了它的神圣任务之后"可能会消亡，而教会则要"直到世界穷尽"，所以说天主教要与共产党并存是不很现实的。但是，也有人认为，"共存"并不一定就必须"共亡"，就像"灵魂"和"肉身"一样，肉身是要灭亡的，但灵魂却永久不灭。② 值得注意的是，尽管双方争论激烈，但是，就强调宗教在政党消亡之后依然存在这一点上则是完全一致的。虽然这场争论在当时的社会大环境下，不可避免地被提升到了政治斗争的高度，并且因此而未能深入下去，得出其本来应当得到的具有更大宗教学价值的结论。但是，就其所涉及的理论层次看，其意义却是十分重大的。因为无论如何，它在我国社会主义制度初步建立之时就把宗教在社会主义社会的长期存在这个问题在全国人民面前鲜明地提了出来，这一点是相当难能可贵的。

## 四、群众性乃社会主义时期宗教的又一本质属性

群众性乃社会主义时期宗教的又一本质属性。对社会主义时

---

① 《中央批发关于过去几年党在少数民族中进行工作的主要经验总结》（1954年10月），载《历次全国统战工作会议概况和文献》，第185—187页。
② 参阅陈与义：《我们如何与共产党长期共存》、《再来谈谈我的看法》，赵若翰："我对'天主教与共产党长期共存'的见解"，《广场》1956年，第122、128期，1957年第1期。

期宗教的群众性,我们可以从两个方面予以说明:一方面是从其量的规定性方面予以说明,另一方面是从其质的规定性方面予以说明。

社会主义时期宗教的群众性首先关涉到的自然是量的规定性。但是,对此我们又可以从两个方面予以考察,即一方面从宗教人口方面予以考察,另一方面从宗教的"社会影响"方面予以考察。社会主义时期宗教的群众性的最显而易见的特征无疑首先体现在宗教人口方面,体现在宗教人口占社会主义社会总人口的比例方面。毛泽东1961年在对十世班禅谈话中说:"世界上有那么多的人信教,我们不懂得宗教。我赞成有一些共产主义者研究各种宗教的经典,研究佛教、伊斯兰教、耶稣教等等的经典。因为这是个群众问题,群众中有那么多人信教,我们要做群众工作,我们却不懂得宗教。"① 在这里,他显然是从宗教人口入手来讨论和阐述宗教和宗教问题的群众性的。毛泽东在这里直接涉及的虽然是世界各国的诸宗教,但是,就其中所内蕴的道理而言,显然也适用于社会主义国家的宗教和宗教问题。就苏联和波兰人民共和国来说,如前所述,宗教人口在社会总人口中的比例是相当高的。就我国来说,尽管宗教人口在社会总人口中的比例比苏联和波兰低,但是,也还是占有一定的比例。周恩来早在1956年,在谈到我国的宗教人口时,就曾经强调指出:"我告诉大家一个事实:中国的宗教徒比共产党员多。中国共产党党员人数在世界上是最多的,现在有九百多万;但是,中国的宗教徒有几千万,如果加上在家里

---

① 毛泽东:《同班禅的谈话》(1961年1月23日),罗广武:《新中国宗教工作大事概览》,第223页。

信教而不到寺庙去的就更多，差不多有一亿了。"[1] 从周恩来这次谈话至今已经过去半个多世纪了。在这半个多世纪之间，由于对前此阶段我国宗教工作领域"左"的路线的"反弹"以及我国社会转型等问题，我国的宗教人口发生了极其显著的变化。单就基督教（新教）而言，且不要说在"文化大革命"刚刚结束的1976年，即使到1987年，其教徒也只不过300万左右，可是至今却激增到1000多万，如果加上"家庭教会"，基督教徒人数，据人估计，已经上升到了1600多万。尽管基督教（新教）的发展情况比较特殊，但是，无论如何，当前我国宗教人口之远在1亿以上，则是毫无疑问的。在中国社会的诸多社会群体之间，宗教社群无疑是一个特别巨大从而需要特别予以关注的社会群体。

从量的方面看，社会主义时期宗教的群众性的另一个重要表征则在于宗教，作为一种"群众性的社会现象"，其社会影响的极其广泛性和极其深远性。宗教的社会影响之广泛和深远，往往是许多意识形态形式和社会群体难以比拟的。这一方面是因为宗教作为文化的硬核和"纵深维度"，它不仅对器皿文化和制度文化有极其广泛和深远的影响，而且对精神文化也有广泛和深远的影响。关于问题的这一方面，我们在前面已经做了比较详尽的阐述，这里就不予赘述了。宗教的社会影响之所以如此广泛和深远，还有一个重要原因，这就是宗教及其观念和行为规范不仅对信教群众的社会观念和社会行为有规范性的影响，而且对非信教群众的社会观念和社会行为也有程度不同的影响。这就是说，对宗教的

---

[1] 周恩来："不信教的和信教的要互相尊重"（1956年5月30日），见《周恩来统一战线文选》，人民出版社1984年版，第309页。

社会影响的评估是不应该仅仅囿于宗教组织或宗教群体本身这一狭隘领域的。只有既考虑到信教群众、宗教组织或宗教群体，又充分考虑到受其影响的非信教群众、社会组织或社会群体，才能对宗教的社会影响做出恰当的说明。对宗教社会影响的任何低估，不仅有可能使社会主义国家的宗教工作长期陷于"左""右"摇摆不定的混乱局面和被动局面，甚至还有可能完全葬送整个社会主义事业。在这方面，苏联和东欧社会主义国家已经为我们提供了足够的教训。

社会主义时期宗教的群众性从质的方面看则首先体现为宗教的持续的历史创造性。从人类历史上看，宗教的历史创造性最突出的表现在宗教之推动人类社会的重大变革上面。例如，基督宗教的变革（即16世纪由路德和加尔文发动的宗教改革运动）曾经极大地推进了西方社会从封建主义制度向资本主义制度的演进。再如，我国公元2世纪由太平道发动的黄巾起义以及19世纪由拜上帝会发动的太平天国起义等，都曾助推了中国社会的前进运动。但是，整个来说，前社会主义社会的宗教对于人类社会变革的推动作用之发挥往往是暂时的，从而缺乏持续性或持久性。例如，新教伦理对于西方社会的变革所发挥的推进功能主要体现在16—17世纪，太平道所发动的黄巾起义对中国历史的推动主要限于对东汉王朝的颠覆，而拜上帝会所发动的太平天国起义对中国近代社会的推进作用主要体现在对摇摇欲坠的清王朝及其所代表的封建制度的打击或削弱上。而社会主义时期的宗教则不同，由于其在与社会主义社会相适应的过程中逐步走上了与人类社会进步同向的发展道路，从而能够持续不断地在与人类社会的双向互动中发挥其历史创造性。就我国的情况来说，许多信教群众和宗教界人士不仅早在中华人民共和国建立之前，就为我国的新民主主义革命做出过重大贡献，而且在后来的社会主义革命和社会主义建设过程中，也都起到了非常积极的作用。例如，无论是在建国初期的土地改革和抗美援朝运动中，还是在"文化大革命"之后的社会经济转型、经济社会发展及和谐社会构建过程中都发挥了其应有的甚至是无可替代的社会功能。

社会主义时期宗教的群众性，从质的方面看，还有一个重大表征，这就是宗教与世俗社会的持续的多方位的协调。在阶级社会中，一定的宗教要很好地存在和发展，就必须与世俗社会建立一种良性的互动关系。从人类宗教发展史上看，这种互动关系往往出现在下述两种情况之下：一种情况是当人类社会需要变革时，宗教能够顺应历史潮流比较充分地发挥其创建社会的功能，另一种情况是当人类社会需要保持其稳定状态时，宗教能够顺应历史潮流比较充分地发挥其维系社会的功能。例如，在古代欧洲世界，随着"黑暗时代"的结束，欧洲封建制度步入了稳定发展的历史时期，而基督宗教则顺应历史发展的这一潮流，推出了自己的经院哲学，积极为欧洲封建制度的稳定和持续发展做出辩护和论证，从而逐步成为当时的"官方哲学"。但是，至16—17世纪，当社会需要进行革命性变革时，基督宗教又顺应历史发展的这一潮流，适时地进行了宗教改革，有力地推进了欧洲社会从封建制度向资本主义制度的过渡。就我国的情况而言，在东汉末年和清朝末期，我国社会都处于社会急需变革的时期，无论是太平道发动黄巾起义，还是拜上帝会发动太平天国起义，都是顺应我国社会的这一历史潮流而有所作为的。但是，当我国社会需要稳定发展时，我国历史上的各种宗教，包括儒释道在内，差不多都通过不同形式的自我调整而积极为我国古代社会的稳定发展做出过积极的贡献。但是，需要指出的是，历史上各种宗教与世俗社会的这样一种协调往往是短暂的和片面的。例如，在欧洲历史上，天主教虽然曾经通过它的经院哲学为欧洲社会的稳定发展做出过积极的贡献，但是，至宗教改革时期及其以后很长一段时间，它却不能很好地顺应历史发展的大潮流主动积极地为社会变革服务（只是到了20世纪60年代"二梵"会议召开之际，这种情况才有了根本性的转变）。再如，在我国古代历史上，儒教虽然曾经为我国古代社会的稳定发展做出过非常重要的贡献，但是，它却终究不能为中国社会的近现代转型提供有效的理论武器。我们之所以说历史上各种宗教与世俗社会的这样一种协调是片面的，乃是因为在历史上宗教与世俗社会的这样一种协调往往主要是以宗教中的某一科层为基础的。例如，在古代印度，婆罗门教与当时印度社会的协调一致主要是以婆罗门教中第一等级与古代印度社会的统治者即刹帝利之间的协调一致为基础的。再如，在欧洲古代社会有所谓"三个等级"的说法，其中处于第一等级的"教士等级"固然与当时的欧洲封建社会比较协调一致，但是，这种协调一致并不是就普通的"信教群众"而言的，而仅仅是就基督宗教的上层分子而言的。而且，在这种情势下，似乎也就根本无所谓"宗教的群众性"了。诚然，在社会主义时期，在宗教与社会、宗教上层（宗教界人士）和普通信教群众、信教群众与非信教群众之间，由于种种原因，也会始终存在有这样那样的矛盾，但是，既然按照科学社会主义理论，社会主义社会应当始终坚持生产资料公有制，应当不断地消除各种社会压迫和各种"不平等"，应当坚持造福于社会大多数，则在宗教与世俗社会、宗教上层（宗教界人士）与普通信教群众、信教群众与非信教群众之间的矛盾就始终应当是第二位的，而它们（他们）在根本利益与根本发展方向方面的协调一致就应当始终是第一位的。而这也就是我们所说的在社会主义时期，宗教与世俗社会的协调一致的多方位性。

社会主义时期的宗教的群众性的量的规定性与质的规定性这两个方面是密不可分的，无论是抽象地谈论其量的规定性还是抽象地谈论其质的规定性都是片面的。尽管如此，我们还是应当强调指出，社会主义时期的宗教的群众性的质的规定是更为重要的方面。可以说，宗教的持续不断的历史创造性以及宗教与世俗社会的持续的和多方位的协调一致，是社会主义时期的宗教区别于前此阶段的宗教的最为内在、最为本质的规定性。中国共产党人和中国政府之所以始终强调宗教问题实质上是一种群众问题，宗教工作实质上是一种群众工作，始终强调在宗教工作中要坚持相信、团结和依靠信教群众和大多数宗教界人士，最大限度地调动其构建和谐社会、促进经济社会发展、建设有中国特色的社会主义的积极性，从理论上讲，概源于此。

## 第二节　宗教信仰自由政策

社会主义国家的基本的宗教政策和基本的宗教原则总是以基本的宗教观点为基础和前提的。既然我们已经扼要地考察了社会主义时期宗教的本质属性，初步地了解了社会主义时期宗教的一些特殊本质，了解了宗教在社会主义时期存在的长期性和宗教的群众性，我们就有可能对社会主义国家的基本宗教政策和基本宗教原则作出比较具体和比较深入的考察了。下面，我们就依次对社会主义国家的基本的宗教政策，即宗教信仰自由政策，和基本的宗教原则，即独立自主办教原则，做出说明。

## 一、宗教信仰自由政策的基本目标在于维护公民的宗教信仰的自由权利

宗教信仰自由政策是社会主义国家的最为基本、最为核心的宗教政策，其基本目标即在于维护公民的宗教信仰的自由权利。

宗教信仰自由权利作为一项基本人权，一直受到国际社会的普遍关注。在联合国正式成立之前，作为联合国基本大法的《联合国宪章》（1945年6月签署）的第76条中就宣称："不分种族、性别、语言或宗教，提倡全体人类之人权及基本自由之尊重，并激发世界人民互相维系之意识。"[1] 其中显然就内蕴有宗教信仰自由的思想和原则。这一思想在联合国大会于1948年12月通过的《世界人权宣言》中得到了更为清晰的表达。该宣言的第18条宣布："人人有思想、良心和宗教自由的权利；此项权利包括改变他的宗教或信仰的自由，以及单独或集体、公开或秘密地以教义、实践、礼拜和戒律表示他的宗教或信仰的自由。"[2] 联合国大会于1966年12月通过的带有强制性的《公民权利和政治权利国际公约》的第18条中，不仅重申了上述内容，而且还对宗教信仰自由做了三项具体的规定。这就是："任何人不得遭受足以损害他维持或改变他

---

[1] 《联合国宪章》，时事新报馆1945年版，第42—43页。
[2] 国家宗教事务局宗教研究中心编：《国外宗教法规汇编》，宗教文化出版社2002年版，第272—273页。

的宗教或信仰自由的强迫";"表示自己的宗教或信仰的自由,仅只受法律所规定的以及为保障公共安全、秩序、卫生或道德,或他人的基本权利和自由所必需的限制";"本公约缔约各国承担,尊重父母和(如适用时)法定监护人保证他们的孩子能按照他们自己的信仰接受宗教和道德教育的自由"。①此外,联合国的《消除基于宗教或信仰原因的一切形式不容忍和歧视宣言》、《联合国关于在民族或种族、宗教和语言上属于少数群体的人的权利的宣言》等文件,都对宗教信仰自由作了更为具体、更具针对性的规定。

在维护宗教信仰自由方面,长期以来西方世界一直对社会主义国家的宗教政策持怀疑和批评的态度。这一方面与社会主义国家在落实宗教信仰自由政策方面曾经出现过一些"左"的做法有某种关联,另一方面也与对社会主义国家的主流意识形态的误读有关。在西方世界看来,既然社会主义国家坚持以唯物主义和无神论为主流意识形态,就难免对宗教进行这样那样的歧视和迫害。但是,既然如上所述,宗教将在社会主义社会长期存在,而社会主义社会的宗教又显而易见地具有群众性,既然马克思主义者肯认社会主义社会的信教群众与非信教群众一样,也具有历史创造性,也是社会的主人,既然宗教信仰自由是一种基本人权,则社会主义国家之注重维护公民宗教信仰的自由权利也就是一件相当自然的事情了。社会主义国家由于其大多数成员为发展中国家,更多地关注人的生存权和发展权,更多地关注集体人权或民族自决权,但这里涉及的是如何结合各国的国情具体落实宗教信仰自

---

① 国家宗教事务局宗教研究中心编:《国外宗教法规汇编》,宗教文化出版社 2002 年版,第 273 页。

由的问题。

然而，至少从理论上讲，作为社会主义国家执政党的无神论和唯物主义立场并不能也不应该构成其维护宗教信仰自由的障碍。在一定意义上，作为社会主义国家执政党的无神论和唯物主义立场非但不构成其维护宗教信仰自由的障碍，反而有望构成其维护宗教信仰自由的便利。因为作为社会主义国家执政党既然宣称其坚持唯物主义的立场，它也就应该去承认宗教在社会主义社会长期存在这样一个客观事实，去承认信教群众的历史创造性和历史主人地位，从而承认其宗教信仰自由这一基本权利；既然宣称其坚持无神论立场，它也就应该去一视同仁地对待社会主义社会中存在的各个宗教；换言之，传统的"信仰自由"所容忍的是"各种各样的宗教信仰自由"，而无产阶级政党的"信仰自由"则应当是容忍"每一个人"都享有的宗教信仰自由或信仰自由。而且，事实上，真正的马克思主义者从来也都是主张宗教信仰自由的。早在1875年，马克思在"哥达纲领批判"中就曾经指出："每一个人都应当有可能满足自己的宗教需要，就像满足自己的肉体需要一样，不受警察干涉。"[1] 列宁在"社会主义和宗教"中指出："任何人都有充分自由信仰任何宗教，或者不承认任何宗教，就是说，像通常任何一个社会主义者那样做一个无神论者。在公民中间，完全不允许因为宗教信仰而产生权利不一样的现象。"[2] 当时俄国"还保留着一些可耻的法律，来整治不信正教而信其他教的人，整治分裂教派，整治其他教派信徒，整治犹太人。这些法律

---

[1] 马克思："哥达纲领批判"，见《马克思恩格斯选集》，第3卷，第317页。
[2] 《马克思、恩格斯、列宁、斯大林论宗教和无神论》，第278—279页。

或是干脆禁止某种宗教，或是禁止传布这种宗教，或是剥夺信仰这种宗教的某些权利"。针对这些情况，列宁不仅谴责了这些法律的"极不公道、极专横、极可耻"，而且还进一步指出："社会民主党人要求每个人都有充分的、完全自由地随便信仰哪种宗教的权利。……每个人不仅应该有随便信仰哪种宗教的完全自由，而且应该有传布任何一种宗教和改信宗教的完全自由。哪一个官吏都根本无权过问任何人信什么教，因为这是个信仰问题，谁也不能干涉。"[①] 十月社会主义革命胜利后，列宁不仅重申了上述宗教信仰自由各项原则，而且还强调说："宗教是个人的事情。让每个人愿意信仰什么就信仰什么，或者什么也不信仰吧。苏维埃共和国团结各民族的劳动者，并且不分民族地捍卫他们的利益。苏维埃共和国对各种宗教一视同仁。它置身于一切宗教之外，力求使宗教同苏维埃国家分离。"[②]

就实践层面看，大多数社会主义国家在大多数情况下都还是在努力贯彻和落实宗教信仰自由政策的。就苏联而论，尽管它在20世纪30年代和60年代曾经出现过"反宗教运动"，但是，无论是在十月社会主义革命胜利之后的一段时间里，还是在卫国战争时期以及以后的一段时间里，苏维埃政府也还是致力于认真贯彻宗教信仰自由政策的。俄国无产阶级在取得政权之后，不仅在其通过的宪法和各种法令中反复重申和强调了宗教信仰自由政策，而且还采取了种种措施来贯彻和落实这一政策。例如，在俄国无产阶级取得政权不久，"为保障劳动者享有真正的信仰自由"，苏维埃政府不仅实行"国家同教会分离"，而且还实行"学校同教

---

[①] 《马克思、恩格斯、列宁、斯大林论宗教和无神论》，第278页。
[②] 同上书，第279页。

会分离"。① 再如，20 世纪 20 年代苏维埃政府对东正教牧首吉洪（Vasily Ivanovich Bellavin，1865—1925）的处理不仅比较有理，而且也比较有节。② 就我国而言，情况也大体如此。早在 1945 年，毛泽东就在"论联合政府"中不仅把宗教信仰自由规定为"最重要的自由"，而且还强调指出："根据信教自由的原则，中国解放区内容许各派宗教存在。不论是基督教、天主教、回教、佛教及其他宗教，只要教徒们遵守人民政府法律，人民政府就给予保护。信教的和不信教的各有他们的自由，不许加以强迫或歧视。"③ 在中华人民共和国建国前夕，中国人民政治协商会议通过的具有临时宪法性质的《共同纲领》的总纲部分中也明确宣布："中华人民共和国人民有思想、言论、集会、结社、通讯、人身、居住、迁徙、宗教信仰及示威游行的自由权。"建国之后，中国政府和中国共产党在社会发展的不同时期不仅反复重申了宗教信仰自由的原则和政策，而且还在不断地批评和纠正宗教工作中所出现的违反宗教信仰自由政策的错误倾向。例如，20 世纪 50 年代初，中华人民共和国刚刚建立不久，中国共产党和中国政府就在全国范围内开展了民族政策和宗教政策执行情况的大检查，严肃地批评了"若干地方的若干同志""不了解""少数民族宗教的

---

① 参阅中国社会科学院世界宗教研究所编译:《苏联宗教政策》，中国社会科学出版社 1980 年版，第 18—20 页。

② 从 1917 年到 1922 年，俄国东正教会在牧首吉洪领导下，积极支持并参与颠覆苏维埃政权的反革命活动。据此，1922 年 5 月，苏俄司法人民委员部依法逮捕审讯吉洪。1923 年 6 月，鉴于吉洪承认自己的罪过，并公开发表声明，表示愿意悔改，苏俄司法人民委员部决定予以释放。此后，苏俄东正教会逐渐走上守法的道路。参阅段德智主编:《境外宗教渗透与苏东剧变》，第 49—53 页。

③ 毛泽东:"论联合政府"，《毛泽东选集》第 2 版第 3 卷，第 1070、1093 页。

长期性、民族性、国际性","发生了急躁冒进的错误","使当地少数民族感觉宗教情感受到压抑"。①"文化大革命"结束之后，中国共产党和中国政府针对在过去的工作中出现的严重"左"倾的错误，郑重地制定和颁布了《关于我国社会主义时期宗教问题的基本观点和基本政策》这一具有历史意义的文件。该文件不仅重申了宗教信仰自由的原则和政策，而且还更为全面地阐述了这项原则和政策的具体内容，进一步强调了这项原则和政策的实质和基本性质。该文件郑重指出："宗教信仰自由，就是说：每个公民既有信仰宗教的自由，也有不信仰宗教的自由；有信仰这种宗教的自由，也有信仰那种宗教的自由；在同一宗教里面，有信仰这个教派的自由，也有信仰那个教派的自由；有过去不信教而现在信教的自由，也有过去信教现在不信教的自由。"②该文件郑重宣布："宗教信仰自由政策的实质，就是要使宗教信仰问题成为公民个人自由选择的问题，成为公民个人的私事。社会主义的国家政权当然绝不能被用来推行某种宗教，也绝不能被用来禁止某种宗教，只要它是正常的宗教信仰和宗教活动。"③该文件强调说："尊重和保护宗教信仰自由，是党对宗教问题的基本政策。这是一项长期政策，是一直要贯彻执行到将来宗教自然消亡的时候为止的政策。"④

---

① 《关于过去几年党在少数民族中进行工作的主要经验总结》(1954年)，见中共中央统战部研究室编：《历次全国统战工作会议概况和文献》，档案出版社1988年版，第185—187页。

② 中共中央文献研究室综合研究组、国务院宗教事务局政策法规司编：《新时期宗教工作文献选编》，宗教文化出版社1995年版，第59页。

③ 同上书，第60页。

④ 同上书，第59页。

## 二、落实宗教信仰自由政策的基本前提是"尊重"、"容忍"和"平等"

尊重是落实宗教信仰自由政策的一项基本前提。在宗教问题上的尊重至少包括两个方面的内容，即一方面是政府和非信教群众应当尊重宗教信仰和信教群众，另一方面是一个宗教组织及其信教群众应当尊重另一个宗教组织及其信教群众。同时，在宗教问题上的尊重也应当是双方的或相互的。也就是说，不仅政府和非信教群众应当尊重宗教信仰和信教群众，而且宗教和信教群众也应当尊重政府和非信教群众；一个宗教组织及其信教群众不仅应当尊重另一个宗教组织及其信教群众，而且它或他们也应当得到另一个宗教组织及其信教群众的尊重。

"不歧视"乃尊重宗教信仰的一种消极提法。联合国大会1981年11月25日通过的《消除基于宗教或信仰原因的一切形式的不容忍和歧视宣言》突出地强调和阐述了宗教方面的"不歧视"原则。该宣言宣布："任何国家、机关、团体或个人都不得以宗教或其他信仰为理由对任何人加以歧视"。[①] 它从维护人权和人的尊严的高度强调指出："人与人之间由于宗教或信仰的原因进行歧视，这是对人的尊严的一种侮辱，是对《联合国宪章》原则的否定，因而应该受到谴责。因为这样做侵犯了经《世界人权宣言》宣布并由有关人权的各项国际公约加以详细阐明的各项人权和基本自由，

---

① 联合国大会:《消除基于宗教或信仰原因的一切形式的不容忍和歧视宣言》，第2条。见 http://www.doc88.com/p-703555032046.ht。

同时也为国与国之间建立和平友好关系设置了障碍。"①

社会主义国家既然持守宗教信仰自由政策，也就势必主张尊重宗教信仰。早在 20 世纪初，列宁就强调指出："我认为有责任就在这里坦率而公开地指出，社会民主党为信仰的完全自由而斗争，它完全尊重一切真诚的宗教信仰，只要这种信仰不是靠暴力或欺骗来进行传播的。"② 中国共产党人和中国政府既然宣称尊重群众，既然注重和强调宗教的群众性和宗教的历史首创精神，也就势必主张尊重宗教信仰，尊重信教群众和宗教界人士。在谈到尊重宗教信仰问题时，周恩来曾经指出："不信仰宗教的人应当尊重信仰宗教的人，信仰宗教的人也应当尊重不信仰宗教的人。不信仰宗教的人和信仰宗教的人都可以合作。信仰不同宗教的人也可以合作。这对我们民族大家庭的团结互助合作是有利的。"③ 虽然半个世纪过去了，但是，周恩来这次讲话中所表达出来的尊重宗教信仰的精神或气度永远是后人应当恪守和效仿的。

容忍是落实宗教信仰自由政策的又一项重要前提。要真正地落实宗教信仰自由政策，就不仅要做到心理上或思想上的"不歧视"，而且还要进而做到在行动上的"容忍"或宽容。早在 17 世纪英国资产阶级革命期间，洛克就提出并论证了宗教宽容。洛克不仅在 1667 年在《宽容短论》中提出了"宗教信仰"和"宗教崇拜"方面的"绝对宽容"或"绝对自由"问题，而且在 1689 年出

---

① 联合国大会：《消除基于宗教或信仰原因的一切形式的不容忍和歧视宣言》，第 3 条。见 http://www.doc88.com/p-703555032046.ht。

② 列宁："在第二届国家杜马中关于土地问题的发言稿"（1907 年 3 月），《列宁全集》中文第 2 版第 15 卷，第 151 页。

③ 周恩来："关于我国民族政策的几个问题"（1957 年 8 月），见《周恩来选集》下卷，第 270 页。

版的《论宗教宽容》中进而结合当时英国和欧洲宗教问题的实际，相当全面相当系统地论证了宗教信仰自由的这一基本原则。洛克所阐述的宗教宽容原则包含两个层面：一方面是政府对宗教的宽容，另一方面是宗教（或教派）之间的宽容。在洛克看来，既然"灵魂拯救""完全是每一个人依法可以自行处理的事情"，则政府或官长就当对信教群众和教会持"宽容态度"或"不干涉"立场。[1] 教会不仅在宗教礼仪或崇拜仪式方面享有充分的自由，而且在"教义和信条"的"思辨性层面"也同样享有充分的自由。[2] 在宗教或教派之间的相互宽容方面，值得注意的是，洛克不仅强调"关于信仰各教派的基督徒之间"的"互相宽容"，而且还特别地强调了"对那些在宗教问题上持有异见的人实行宽容"，对于宗教"异端"实行宽容。[3] 他还将"宽容""誉为纯正的教会基本特征的标志"。[4] 洛克的这些宗教宽容思想不仅对于他所在的时代具有重大的现实意义，[5] 而且对于宗教冲突连绵不断的当今时代也具有重大的现实意义。

宗教容忍或宗教宽容是一个既涉及社会稳定又涉及国际和平的问题，因而既是一个验证教会是否纯正的试金石，又是验证一个国家的政府的责任意识和担当意识的试金石。在践履宗教

---

[1] 洛克：《论宗教宽容》，吴云贵译，商务印书馆2002年版，第24页。
[2] 同上书，第34页。
[3] 同上书，第4页。
[4] 同上书，第1页。
[5] 对于欧洲来说，16—17世纪既是一个资产阶级革命的时代，也是一个宗教改革和宗教冲突的时代。无论是发生在1562—1594年的胡格诺战争和发生在1618—1648年的三十年战争，还是发生在1640—1688年的英国资产阶级革命，都在一定程度上带有宗教冲突的性质。

容忍或宗教宽容方面，中国是有许多可资借鉴的地方的。诚然，在中国的历史上，也出现过"三武一宗"的"宗教迫害"事件和一些宗教派系之争，但是，从总体上或从主流上看，中国还是特别注重宗教容忍或宗教宽容的。中国历史上，在信教与不信教者之间，在信仰不同宗教者之间，很少因为宗教信仰而发生大规模的纠纷或争斗，更没有发生过西方中世纪十字军东侵和宗教改革时期基督宗教新旧两派之间那种野蛮的宗教战争。儒释道三教合一可以说把宗教容忍或宗教宽容演绎到了极致。相信中国在宗教容忍或宗教宽容方面的这些宝贵的历史经验对在世界范围内进一步落实宗教信仰自由、改善宗教关系、推进宗教对话将会产生越来越大的影响。

宗教平等也是落实宗教信仰自由政策的一项重要前提。离开了宗教平等，宗教尊重和宗教容忍就势必会流于形式，宗教信仰自由也势必成为一种空谈。事实上，人们之所以见重宗教尊重（"不歧视"）和宗教容忍，一如《消除基于宗教或信仰原因的一切形式的不容忍和歧视宣言》所强调指出的，其目的正在于实现世界诸宗教的"平等地位"，消除掉"以宗教或信仰为理由的任何区别、排斥、限制或偏袒"。[①] 然而，世界上的事情总是事出有因的，一个国家的政府之所以要打破宗教平等的原则，偏袒某一个宗教，总是由这个国家的政府的某种利益决定的。例如，我国唐代之所以要实施崇尚道教的宗教政策，最根本的乃在于这样的宗教政策更有利于巩固唐朝统治者的统治地位，维护唐朝统治者的阶级利

---

① 联合国大会：《消除基于宗教或信仰原因的一切形式的不容忍和歧视宣言》，第 2 条。见 http://www.doc88.com/p-703555032046.ht。

益。在中世纪,欧洲各国君主之所以要联合发动十字军东侵,其根本的目的也在于这样一种做法有利于其巩固自己的统治地位,攫取更多的物质财富。然而,既然共产主义运动自称是一种"绝大多数人的、为绝大多数人谋利益的独立运动",[①]则从根本上讲,它便无私利可言,从而它就不应当萌生偏袒任何一个宗教的动机;而且,既然社会主义国家中的各宗教虽然在宗教信仰和宗教礼仪方面千差万别,但就它们在意识形态方面持唯心主义和有神论立场来说则无疑是一致的,从而对于作为社会主义国家执政党的以唯物主义者和无神论者自居的共产党人来说也就没有什么原则上的分别。

社会主义国家平等对待诸宗教,不仅是一件应然的和可能的事情,而且也是马克思主义经典作家所反复强调的。当年,列宁曾针对沙皇俄国坚持以东正教为"官方宗教"并对其他宗教和教派实施宗教歧视和宗教压迫的制度和法律,愤怒地谴责说:"这些法律或是干脆禁止某种宗教,或是禁止传布这种宗教,或是剥夺信仰这种宗教的人的某些权利。所有这些法律,都是极不公道、极专横、极可耻的"。[②]不仅如此,列宁还从宗教信仰自由的高度,阐述了宗教平等、反对建立"官方教会"的原则。列宁强调说:"不应该有什么'占统治地位的'宗教或教会。一切宗教,一切教会,在法律面前一律平等。"[③]也正是基于对宗教平等的这样一种透彻的理解,在十月社会主义革命胜利后,列宁依然坚定不移地

---

[①] 马克思、恩格斯:"共产党宣言",《马克思恩格斯选集》第1卷,第283页。
[②] 列宁:"告贫苦农民"(1903年3月),见《马克思、恩格斯、列宁、斯大林论宗教和无神论》,第278页。
[③] 同上书,第150—151页。

宣布苏维埃共和国"置身于一切宗教之外","对各种宗教一视同仁"。①宗教平等的原则是马克思主义宗教观的一项基本内容。

## 三、"法律保护"乃落实宗教信仰自由政策的重要保证

要真正落实宗教信仰自由政策,除了"尊重宗教"、"宗教容忍"和"宗教平等"这几项外,还有一个"法律保护"问题。

法律保护是落实宗教信仰自由政策的重要保证。我们常常把宗教信仰自由的法律保护称作法律保障,最根本的理据即在于:如果离开了相关法律,宗教信仰自由就有可能流于空谈,根本得不到保障。我们可以把这个问题区分为两个层面。其一个层面在于宗教信仰自由需要通过各个主权国家的立法及有关措施付诸实现并加以保障,而另一个层面则在于行使宗教信仰自由权利不得违反法律规定,不应危害社会公共利益和他人的基本权利。根据问题的第一个层面,各国政府都应根据其国际义务和国情,致力于制定或废除法律以及采取适当措施保障宗教信仰自由,禁止任何宗教歧视和不容忍行为,使公民的宗教信仰自由权利和相关权益切实受到宪法和法律的保护。根据问题的第二个层面,人们表达自己宗教信仰的自由,须受法律所规定的以及为保障公共安全、秩序、卫生或道德,或他人的基本权利和自由所必需的限制。

中国政府虽然在一段时间里在对宗教信仰自由的法律保护方面也犯过一些"左"的错误,但是,从整体和主流上讲,还是比

---

① 列宁:"在普列斯尼亚地区群众大会上的讲话"(1918年7月),见《马克思、恩格斯、列宁、斯大林论宗教和无神论》,第279页。

较注重对宗教信仰自由实施法律保护的。早在1952年，毛泽东在接见西藏致敬团时，就曾经明确指出："共产党对宗教采取保护政策，信教的和不信教的，信这种教或信别种教的，一律加以保护，尊重其宗教信仰，今天对宗教采取保护政策，将来也仍然采取保护政策。"① 后来，毛泽东的这个思想以宪法的形式确定了下来。在"文化大革命"之后通过的《中华人民共和国宪法》中不仅明确规定："中华人民共和国公民有宗教信仰自由。""任何国家机关、社会团体和个人不得强制公民信仰宗教或者不信仰宗教，不得歧视信仰宗教的公民和不信仰宗教的公民。"而且，还明确规定："国家保护正常的宗教活动。"② 中国的《民族区域自治法》、《民法通则》、《教育法》、《劳动法》、《义务教育法》、《人民代表大会选举法》、《村民委员会组织法》、《广告法》等法律还规定：公民不分宗教信仰都有选举权和被选举权；宗教团体的合法财产受法律保护；教育与宗教相分离，公民不分宗教信仰依法享有平等的受教育机会；各民族人民都要互相尊重语言文字、风俗习惯和宗教信仰；公民在就业上不因宗教信仰不同而受歧视；广告、商标不得含有对民族、宗教的歧视性内容。所有这些法律和法规，与有关国际文书和公约的有关内容，从基本方面看，是完全一致的。

在我国，宗教信仰自由不仅受到宪法和法律的保护，而且还受到司法行政的保障。在司法保障方面，中国对侵犯公民信仰自由权利的行为有明确的惩处规定。例如，《中华人民共和国刑法》第251条规定："国家机关工作人员非法剥夺公民的宗教信仰自由和侵犯少数民族风俗习惯，情节严重的，处二年以下有期徒刑或

---

① 转引自1952年11月22日《人民日报》。
② 《中华人民共和国宪法》，法律出版社2004年版，第11、56页。

者拘役。"① 人民检察院也在《直接受理的侵犯公民民主权利、人身权利和渎职案件立案标准的决定》中规定，对国家工作人员非法剥夺他人正当的宗教信仰自由，如干涉他人正常的宗教活动或者强迫教徒退教，强迫公民信教或信某一教派，情节恶劣，后果严重，影响很坏的行为，以及非法封闭或捣毁合法宗教场所及其他宗教设施的行为等，应予立案。在行政保障方面，中国各级政府设立了宗教事务部门，对有关宗教的法律、法规的贯彻实施进行行政管理和监督，具体落实和执行宗教信仰自由政策。所有这些都为宗教信仰自由政策在我国的落实提供了重要保证。

## 第三节 独立自主办教原则

社会主义的宗教论，如果从实践层面看，除了宗教信仰自由政策外，还有一项基本内容，这就是独立自主办教原则。所谓独立自主办教，所意指的是一个国家的宗教事业由各国宗教团体、教职人员和信教群众自己来办这样一个办教原则。这既是一项国际公则，也是社会主义国家应当切实恪守的一项基本公则。

### 一、独立自主办教乃社会主义国家宗教信徒自主作出的历史性选择

社会主义国家支持独立自主办教不是偶然的，而是由社会主

---

① 《中华人民共和国刑事法典》，中国民主法制出版社2016年版，第56页。

义国家的性质直接决定的。按照马克思主义的国家学说，社会主义的国家政权是一种独立的、最高的、最为广泛的、不受外国势力支配或限制的政权。列宁在十月社会主义革命前夕写就的名著"国家与革命"中，就明确指出："承认无产阶级的政治统治，承认无产阶级专政，即承认不与任何人分掌而直接凭借群众武装力量的政权"。① 这就鲜明地把社会主义国家政权的独立性质表达出来了。在十月社会主义革命胜利之后不久，列宁又在"无产阶级革命和叛徒考茨基"中强调指出："无产阶级革命专政是由无产阶级对资产阶级采用暴力手段获得和维持的政权，是不受任何法律约束的政权。"② 这里所说的"不受任何法律约束"固然包含有不受本国历史上曾经存在过的所有法律的"约束"的意思，但同时显然也包含有不受外国历史上曾经存在过以及现行的法律的"约束"的意思。1949年9月21日，毛泽东在中国人民政治协商会议第一届全体会议上的致辞中，强调指出：这次会议的召开"将表明：占人类总数四分之一的中国人从此站立起来了"。③ 其意图显然也在于昭示中华人民共和国在主权方面的完全独立性。

社会主义国家支持独立自主办教不仅在于社会主义国家主权的完全独立性和神圣不可侵犯性，而且还在于独立自主办教乃社会主义国家的宗教信徒自主作出的历史性选择。这种历史选择虽

---

① 列宁："国家与革命"（1917年8—9月），《列宁选集》第3卷，人民出版社1975年版，第191页。
② 列宁："无产阶级革命和叛徒考茨基"（1918年10—11月），《列宁选集》第3卷，第623页。
③ 毛泽东："中国人民站起来了"，《毛泽东选集》第5卷，人民出版社1977年版，第5页。

然往往是与社会主义国家人民所作出的走社会主义道路的历史选择同步实施出来的，但毕竟是由社会主义国家的宗教信徒自主作出来的。

就我国的情况而论，中国宗教实行独立自主办教的方针，是中国人民在反抗殖民主义、帝国主义侵略和奴役的斗争中，由中国宗教信徒自主作出的历史性选择。1840年鸦片战争后，中国逐步沦为半殖民地半封建社会。在这个过程中，西方的基督教（新教）和天主教虽然在传播西方近代人文思想和科学技术、催生中国社会现代化方面发挥了一定的作用，但是，它们也为西方殖民主义、帝国主义所利用，充当了侵略中国的工具，一些西方传教士扮演了不光彩的角色。例如，一些传教士曾参与贩卖鸦片和策划1840年英国侵略中国的鸦片战争；曾以这样那样的方式参与1900年八国联军的侵华战争；曾参与策划、起草1842年中英《南京条约》、1844年中美《望厦条约》、1858年中美和中法《天津条约》、1860年中法《北京条约》等对华不平等条约，并且借机获得享有不受中国法律管辖的"治外法权"。他们还以"教案"为借口强化西方列强在中国的统治，并且千方百计地阻挠和反对中国的反法西斯斗争和人民革命。中华人民共和国建国后，他们又敌视新中国，策划破坏活动。西方天主教、基督教还直接操纵和控制中国教会，使中国教会变成西方修会、差会的附庸，中国籍神职、教牧人员和广大教徒长期处于无权地位。例如，1946年，中国天主教开始实行圣统制，有关教会属传信部管辖。中国划分为20个教省，每个教省设一名总主教。然而，在20名总主教中，外国籍占17人，中国籍仅3人；在143个教区中，外国籍主教有110多人，中国籍主教只有20余人。1949年，中国主教区虽增至138个，但中国籍主教却反而降至18人。①

天主教和基督教在近代中国的这些作为自然遭到了具有民族意识的中国人民的抗议。著名教育家蒋梦麟（1886—1964）就曾揭露说："基督教与以兵舰做靠山的商业行为结了伙，因而在中国人心目中，这个宣扬爱人如己的宗教也就成为侵略者的工具了。"他还揭露说："人们发现一种宗教与武力形影不离时……慢慢地产生了一种印象，认为如来佛是骑着白象来到中国的，耶稣基督却是骑在炮弹上飞过来的。"②我国近代政治家曾国藩（1811—1872）在谈到"教案"时，也曾愤然写道："凡教中犯案，教士不问是非，曲庇教民，领事亦不问是非，曲庇教士。遇有民教争斗，平民恒屈，教民恒胜。教民势焰愈横，平民愤郁愈甚。郁极必反，则聚众而群思一逞。"③我国天主教和基督教中的许多有识人士也开展了一系列抗争活动。1900年的危机之后，我国基督教中的一些具有自觉民族意识的有识之士发起了"本色教会运动"。上海牧师俞国祯（1852—1932）首先反对将"保教一款，列入不平等条约"。1903年，他依靠中国教徒创办了自主长老会堂。1906年，他倡议组织中国耶稣教自主会，主张"有志信徒，图谋自立、自养，自传，……绝对不受西教会之管辖"。④1922年5月在上海召开的中华基督教全国大会正式提出了建设"中国本色教会"的口号。大会产生了中华全国基督教协进会。担任协进会总干事的

---

① 参阅段德智：《新中国宗教工作史》，第24—25页。
② 蒋梦麟：《西潮·新潮》，岳麓书社2000年版，第13页。
③ 曾国藩：《曾国藩全集·奏稿十二》，岳麓书社1987—1994年版，第7096页。
④ 转引自叶小文："中国宗教的百年回顾与前瞻"，《中国宗教》2001年第2期，第6页。

诚静怡（1881—1939）也提出："当今举国皆闻的'本色教会'四字，也是协进会所提倡。一方面求使中国信徒担负责任，一方面发扬东方固有的文明，使基督教消除洋教的丑号。"[①] 所有这些都对我国基督教在形式上、人事上、思想上的中国化起到了促进作用。而中国的天主教也在中国民族意识日益觉醒的大潮中，逐步走上了本土化的道路。早在1917年，我国天主教著名爱国人士英敛之（1867—1926）即发表《劝学罪言》，公开揭露外国传教士强使中国教徒爱"外国"的殖民罪行，发出了"岂圣教道理，独于中国教民，当使之爱外国乎"的诘问。[②] 在五四精神的感召下，天津的爱国天主教徒于1919年成立了我国第一个公教救国团，发表了"奋发风云，誓保国土……为全国之一助"的宣言。[③] 中国天主教的本土化运动迈出了重要的一步并且逐步取得了一定的进展。据教会材料统计，至1949年，外国神父为6024人，而中国籍神父已增至2155人。但是，由于当时我国处于半封建半殖民地状态，我国基督教和天主教的有识之士的独立自主办教的宿愿终究未能得到真正和彻底的实现。

1949年，随着中华人民共和国的成立和中国半封建半殖民社会的结束，我国基督教和天主教才获得了独立自主办教的真正合宜的社会历史条件。1950年7月，吴耀宗（1893—1979）等40位各教派负责人，发表了题为《中国基督教在新中国建设中努力的途径》的"三自宣言"，表明了中国基督徒拥护新中国，摆

---

① 诚静怡："协进会对于教会之贡献"，《真光杂志》25周年纪念特刊。
② 参阅英敛之："劝学罪言"，转引自顾裕禄：《中国天主教的过去和现在》，上海社会科学院出版社1989年版，第81页。
③ 参阅1919年6月11日《益世报》。

脱帝国主义势力控制，实现中国教会自治、自养、自传的强烈意愿。[①]1951年4月，来自全国各地的150多位基督教教会代表出席了政务院文联委员会宗教事务处主持召开的"处理接受美国津贴的基督教团体会议"，会议通过了《中国基督教各教会各团体代表联合宣言》，更加明确地要求中国教会"最后地彻底地永远地全部地割断所有与美国教会及其他差会的一切关系"。1954年7月，来自全国各地62个教会和基督教团体的232个代表出席了在北京召开的"中国基督教全国会议"，正式成立了"中国基督教三自爱国运动委员会"，标志着中国基督教真正走上了"三自"道路。与此同时，中国天主教的自立革新运动也取得了根本性的进展。中华人民共和国成立前夕，在中国总计有40个外国传教修会，60多个外国传教修女会，外国传教士遍布全国各个教区。中华人民共和国成立后，一方面，在全国范围内掀起了一场以肃清帝国主义影响为目的的驱逐外国传教士的运动，另一方面在全国范围内掀起了一场揭露和控诉帝国主义罪行、拥护中国天主教自立革新的运动。1950年11月，四川广元县500多名天主教徒联名发表了《天主教自立革新运动宣言》，宣布"基于爱祖国爱人民的立场，坚决与帝国主义者割断各方面的关系，并肃清亲美、恐美、媚美的思想，自力更生，建立自治、自养、自传的新教会，不让教会的圣洁再受帝国主义的玷污"。[②]这一宣言得到了全国天主教神长教友的响应，并且开启了中国天主教自选自圣主教的活动。1957年7月，在北京召开的中国天主教代表会议上，全国天主教的爱国

---

[①] 1950年9月，1527位基督教负责人签名拥护"三自宣言"。至1954年，在《三自宣言》上签名的基督徒达41.7万人，占当时全国基督徒的三分之二。

[②] 《新华日报》1950年12月25日。

组织——中国天主教友爱国会宣告成立。在其通过的有关决议中,郑重宣布:"为了祖国的利益,为了教会的前途,中国天主教会必须彻底改变旧中国时代帝国主义带给我们教会的殖民地半殖民地状态,实行独立自主,由中国神长教友自己来办。"[①] 几十年来,中国基督教、天主教坚持独立自主自办方针,得到了广大信教群众的认同和支持,也使教会和宗教活动有了健康发展。目前,中国基督教信徒总数是1949年的近二十倍。中国天主教115个教区,均由中国籍主教或教区长主持教会工作。

## 二、独立自主办教乃抵御境外宗教渗透的一项基本方略

国际垄断资本主义或境外敌对势力不仅在社会主义国家建立之前千方百计地利用宗教推行其帝国主义和殖民主义的政策,而且在社会主义国家建立之后还会千方百计地利用宗教对社会主义国家进行种种渗透,实施其和平演变的战略。而独立自主办教因此就不仅是社会主义国家宗教信徒自己作出的历史性选择,而且也是社会主义国家抵御境外宗教渗透的一项基本方略。

独立自主办教不仅是一个关乎社会主义国家的宗教事务和宗教团体的自主权利的问题,而且还是一个关乎社会主义国家主权和国家安全的问题。在"一球两制(资本主义制度和社会主义制度)"的大格局下,资本主义国家与社会主义国家的矛盾和斗争将始终是剧烈的和残酷的,资本主义国家对社会主义国家实施和平演变的战略是不可能改变的,而境外宗教渗透又无疑是境外敌对

---

[①] 宴可佳:《中国天主教简史》,宗教文化出版社2001年版,第249—250页。

势力推行其和平演变战略的一条比较便捷的政治途径。这一点无论从苏联在 20 世纪 90 年代的解体中,还是从波兰等东欧社会主义国家在 80 年代末—90 年代初的剧变中都可以明白无误地看出来。苏东剧变的惨痛教训告诉我们:一个社会主义国家,如果不能有效地抵制境外宗教渗透,便势必要危及其社会意识形态的安全,势必要危及其国家的安全和国家政权。这一惨痛教训还告诉我们:社会主义国家能否有效地实施和支持独立自主办教这样一个根本的办教原则,还是一个与其能否有效地抵制境外宗教渗透直接相关的问题。80 年代发生的波兰剧变即典型不过地说明了这一点。

西方资本主义国家或西方敌对势力之所以热衷于对社会主义国家实行宗教渗透,不仅与西方国家的资本主义制度密切相关,而且还与西方社会和西方国家的宗教背景密切相关。事实上,基督宗教不仅在西方中世纪社会处于"万流归宗"的地位,而且至今还依然以这样那样的形式制约着和规范着西方的社会制度和意识形态。在"《黑格尔法哲学批判》导言"中,马克思在谈到宗教与西方国家和社会的关系时,就曾一针见血地指出:"宗教是这个世界的总理论,是它的包罗万象的纲要,它的具有通俗形式的逻辑,它的唯灵论的荣誉问题,它的狂热,它的道德约束,它的庄严补充,它借以求得慰藉和辩护的总根据。"① 在"论犹太人问题"中,马克思则径直将一些西方国家称作"基督教国家",并从"基督教国家"这一概念出发,具体地阐述了这些西方国家宗教与政

---

① 马克思:"《黑格尔法哲学批判》导言",《马克思恩格斯选集》第 1 卷,第 1 页。

治的内在关系。马克思指出:"所谓基督教国家,就是不完备的国家,基督教则是它的不完备性的补充和神圣化。因此宗教必然成为基督教国家的手段。""宗教成了不完备的政治","所谓基督教国家,它从政治的角度对待宗教,又从宗教的角度对待政治。"① 马克思的这些思想对于我们深刻地认识和理解境外宗教渗透的政治实质和战略意图至今仍然具有重大的现实意义。

据此,我们可以看到,境外宗教渗透所关涉的首先是一个政治问题,一个关乎西方帝国主义或西方殖民主义对社会主义国家实施和平演变的战略问题,一个西方帝国主义或西方殖民主义在全球范围内"复制"西方资本主义社会制度的问题。因此,所谓境外宗教渗透,其实是一种"政治渗透"。其次,我们还可以看到,尽管在境外宗教渗透中,境外宗教,首先是基督宗教,所扮演的是一种不光彩的角色,但是,在其中起决定作用的则是国际垄断资本主义或境外敌对势力,境外宗教只不过是国际垄断资本主义或境外敌对势力推行其和平演变战略的一种方便的"工具"或"手段"而已。② 从这个意义上,我们可以说,唯有国际垄断资本主义或境外敌对势力才是境外宗教渗透的"终极主体"或"深层主体",而境外宗教充其量不过是一种"次终极主体"或"表层主体"。鉴此,在思考境外宗教渗透问题时,我们不能简单地把它理解成狭义的宗教问题,而是应从"一球两制"的高度,从国际政治的高度,从"演变"与"反演变"的高度来审视境外宗教渗透,将其如实地理解为一种旨在颠覆社会主义国家政权和社会主

---

① 马克思:"论犹太人问题",《马克思恩格斯全集》第1卷,第431—432页。
② 参阅段德智等:《境外宗教渗透论》,经济科学出版社2016年版,第27—28页。

义制度的政治活动和宣传活动。

就境外宗教渗透的运作模式而言,我们不妨将其概括为"西化"、"分化"和"殖民化"。[①] 其中,"西化"所意指的主要是境外敌对势力通过宗教渗透向社会主义国家输入自由主义思潮,其本质内容是市场化、自由化和私有化,旨在根本否定和颠覆社会主义的政治制度和经济制度。在西方国家里,自由主义思潮虽然也不时地受到保守主义(如凯恩斯主义)的挑战,但毕竟构成其意识形态的主流。这种运作模式对于社会主义国家安全和国家政权的威胁之大,不仅从苏东剧变中可以看出来,而且从我国近60年的社会生活和政治生活中也可以看出来。"分化"所意指的主要是境外敌对势力通过宗教渗透对社会主义国家实施民族分裂、破坏国家统一。就我国的情况看,境外敌对势力或宗教帝国主义在实施民族分裂、破坏国家统一方面多年来一直是境内民族分裂活动的主要"推手"。而长期以来威胁我国领土完整、主权独立、民族团结和国家统一的"藏独"、"台独"和"疆独",在一定意义上,都可以说是境外敌对势力利用宗教(基督宗教、伊斯兰教和藏传佛教)进行渗透活动的产物。"殖民化"所意指的则主要是境外敌对势力采用各种手段干涉社会主义国家的宗教事务,控制社会主义国家的宗教组织和宗教团体。这种宗教干涉主义无论在波兰1989—1990年的"圆桌会议"和大选事件中还是在苏联的1988年的"罗斯受洗1000周年庆祝活动"中,都有典型的表现。[②] 就

---

① 参阅段德智等:《境外宗教渗透论》,经济科学出版社2016年版,第40—44页。

② 参阅段德智主编:《境外宗教渗透与苏东剧变研究》,第257—262、119—123页。

我国而言，20世纪80年代以来，境外敌对势力假借"宗教自由"的旗号，通过种种关于宗教自由、宗教迫害、"宗教犯"、某某地区人权问题等法案，妄图给我国政府施压，改变我国的宗教政策；通过培植代理人、经济资助等手段设法操控我国宗教组织或宗教团体；支持某些邪教组织，在国内制造动乱；利用讲学、办班等名义，进行入境传教等都属于这样一种情况。而境外敌对势力对于社会主义国家宗教事务或宗教团体的干涉和控制活动的最终目的都在于以此为突破口，来实施其和平演变、颠覆社会主义国家政权的战略意图。

既然如此，则独立自主办教就不仅是一项维护和落实宗教信仰自由政策的根本举措，而且还是一项抵御境外宗教渗透、维护社会主义国家安全、国家主权和国家政权的重要举措。

我们虽然主张坚持独立自主办教，坚决抵制境外宗教渗透，然而这在任何意义上都不是在倡导闭关锁国的宗教政策。宗教既是一定社会意识形态的载体，又是人类文化的重要载体。无论是把它"文化化"还是"意识形态化"或"政治化"都是主观的和片面的。因此，在抵制境外宗教渗透的活动中，社会主义国家不仅要注意把境外利用宗教进行渗透和宗教界的正常对外交往区别开来，而且还要进一步注意将进行宗教渗透的境外敌对势力与其所利用的宗教区别开来，在积极开展抵制境外宗教渗透活动的同时，鼓励和支持所在国家的宗教界在独立自主、平等友好、相互尊重的基础上积极开展对外交往。惟其如此，才能够更其有效地对外宣传社会主义国家的宗教信仰自由政策、宗教信仰自由状况和独立自主办教状况，使社会主义国家的宗教政策和宗教工作得到国际社会更多的理解和支持，才能够更其有效地抵制境外宗教渗透，更其有效地贯彻和落实独立自主办教的原则。

## 三、支持独立自主办教是社会主义国家义不容辞的责任

独立自主办教既然不仅是一项维护和落实宗教信仰自由政策的根本举措，而且还是一项抵制境外宗教渗透、维护社会主义国家安全、国家主权和国家政权的重要举措，则支持独立自主办教就势必成为社会主义国家的义不容辞的责任。

中国政府和作为执政党的中国共产党历来对中国宗教组织和宗教团体独立自主办教持积极支持的态度和立场。例如，在建国初期，周恩来总理即对于中国基督教建立自治、自养、自传教会的努力给予了极大的关心和支持。1950年5月，当中国基督教领袖吴耀宗等把多年来基督教所提倡的"自治、自养、自传"的理想告诉周恩来总理时，周恩来总理欣然支持，不仅组织了为期两个星期的座谈会，而且还亲自与基督教界相关人士进行了三次座谈。在五月二日的谈话中，在揭露"今天，美帝国主义仍企图利用中国的宗教团体来进行破坏中华人民共和国的活动"的基础上，强调指出：中国的宗教团体"应该""把民族反帝的决心坚持下去，割断同帝国主义的联系，让宗教还它个宗教的本来面目。今天宗教界自己发起了一个民族自觉运动，把近百年来同帝国主义的关系清算一下。"周恩来总理还鼓励说："宗教团体本身要独立自主，自力更生，要建立自治、自养、自传的教会。这样，基督教会就变成中国的基督教会了。"[①] 在5月6日的谈话中，周恩来总理

---

① 周恩来："关于基督教问题的四次谈话"（1950年5月），《周恩来统一战线文选》，第181—182页。

一方面指出:"现在中国是一个独立自主的国家,我们不向别人低头,不依赖别人",另一方面又一针见血地指出:"基督教最大的问题,是它同帝国主义的关系问题。中国基督教会要成为中国自己的基督教会,必须肃清其内部的帝国主义的影响与力量,依照"三自"(自治、自养、自传)的精神,提高民族自觉,恢复宗教团体的本来面目,使自己健全起来。"① 在5月13日的谈话中,周恩来总理进一步强调了独立自主办教的必要性和必然性。他强调说:"根据《共同纲领》的要求,我们必须在宗教界肃清帝国主义的影响。这不是谁来约束谁,我们大家都有这个责任。"他还指出:"我们的统一战线要扩大,其界限要看是否同帝国主义、封建主义和官僚资本主义割断了联系。""宗教界人士参加这个反帝爱国运动是有好处的。中国是一个独立自主的国家,宗教团体割断同帝国主义的联系是理所当然的事。"② 不难看出,1950年7月《三自宣言》(即《中国基督教在新中国建设中努力的新途径》)这一标志着中国基督教教会"三自革新运动"和"三自爱国运动"发轫的具有重大历史意义的文件,正是在中国人民政府支持和推动下发表的。

中国政府不仅以实际行动积极支持中国宗教组织和宗教团体独立自主办教,而且还努力以法律的形式来保障中国宗教组织和宗教团体独立自主办教。在建国前夕通过的具有宪法性质的《共同纲领》的第三条中,就明确规定"中华人民共和国必须取消帝国主义国家在中国的一切特权"。而"文化大革命"之后通过的中

---

① 周恩来:"关于基督教问题的四次谈话"(1950年5月),《周恩来统一战线文选》,第182—183页。

② 同上书,第184—185页。

华人民共和国的《宪法》的第三十六条,则进一步明确规定:"国家保护正常的宗教活动。任何人不得利用宗教进行破坏社会秩序、损害公民身体健康、妨碍国家教育制度的活动。宗教团体和宗教事务不受外国势力的支配。"① 为了更好地贯彻和落实独立自主办教这一根本原则,中华人民共和国国务院与国家宗教事务局还于1994年和2000年分别发布了《中华人民共和国境内外国人宗教活动管理规定》及其《实施细则》。其中规定,中华人民共和国尊重在中国境内的外国人的宗教信仰自由,依法保护和管理境内外国人的宗教活动,依法保护境内外国人在宗教方面同中国宗教界进行的友好往来和文化学术交流活动。但同时又明确规定,外国人在中国境内进行宗教活动,应当遵守中国的法律、法规。外国人不得干涉中国宗教社会团体、宗教活动场所的设立和变更,不得干涉中国宗教团体对宗教教职人员的选任和变更,不得干涉和支配中国宗教社会团体的其他内部事务。外国人在中国境内不得以任何名义或形式成立宗教组织、设立宗教办事机构、设立宗教活动场所或者开办宗教院校、举办宗教培训班。外国人在中国境内不得在中国公民中委任宗教教职人员,发展宗教徒,擅自在宗教活动场所讲经布道,不得制作、销售、散发宗教宣传品等,以此来保证独立自主办教的具体实施。②

不仅如此,中国政府还在具体实践层面竭力支持和维护中国宗教自主办教。众所周知,在美国"新人权战略"中,宗教问题占有越来越重要的地位。1996年以来,美国在继续炒"西藏问题"

---

① 《中华人民共和国宪法》,第11、56页。
② 国家宗教事务局政策法规司编:《宗教法规规章制度汇编》,宗教文化出版社2010年版,第14—20页。

的同时，又出现了一股攻击中国"宗教迫害"的浪潮。例如，第104届（1995—1996年度）美国国会通过了《关于在白宫设立宗教迫害高级顾问一职的决议》；第105届国会（1997—1998年度）专门涉及国际宗教自由的议案和法案就有6个之多。1998年5月14日，美国众议院通过了《1998年反宗教迫害法案》。10月9日参议院通过了《1998年国际宗教自由法案》。该法案要求美国政府设立国际宗教自由方面的政府机构，报告国际宗教人权的实践情况，并对"侵犯宗教自由的国家"进行制裁。1999年9月，美国国务院发表《1999年度国际宗教自由报告》，对包括中国在内的一些国家的宗教自由状况妄加评论，攻击中国政府限制宗教自由。10月初，又将中国等国家列入因宗教自由问题而需要"特别关注"的国家。12月17日，美国政府公布了对华"制裁措施"。① 中国政府理所当然地给予了有力的回击。值得注意的是，中国政府不仅此前即已发表过《中国的人权状况》（1991年11月1日）、《西藏的主权归属与人权状况》（1992年9月21日）、《中国的宗教信仰自由状况》（1997年10月16日）和《西藏自治区人权事业的新进展》（1998年2月24日）等人权白皮书，而且自1999年起，以其人之道还治于其人之身，针对美国政府一年一度的国别人权报告，开始发表一年一度的《美国的人权报告》。② 所有这些都表明，中国政府支持和维护中国宗教独立自主办教的态度和立场是毫不含糊的，并且是一以贯之的。

---

① 参阅段德智：《新中国宗教工作史》，第219—222页。
② 同上书，第223—231页。

# 第十三章　依法管理宗教和宗教与社会主义社会相适应

在前面一章里，我们讨论了社会主义社会宗教存在的长期性和宗教的群众性，讨论了宗教信仰自由政策和独立自主办教原则，所有这些都是社会主义宗教论的重要内容。但是，所有这些内容主要着眼的都是社会主义社会中的宗教的问题，而非宗教与社会主义社会的关系问题。然而，后面这个问题也同样是社会主义宗教论的极其重要的内容，从而也同样是我们在讨论"宗教与社会主义"这个话题时非但不应该回避反而是必须着力思考的问题。当年缪勒在谈到宗教的发展或宗教进化论时，曾经深刻指出："宗教若不能随着我们的发展和生存而发展和生存，那它早就灭亡了。"① 宗教与社会主义的关系问题或适应问题所关涉的正是宗教的这样一个攸关宗教存亡的大问题。这个问题虽然涉及面很广，但是我们还是可以将其归结为"与社会主义相适应"、"依法管理宗教"和"神学思想建设"这样三个子问题。下面，我们就依次对这三个子问题予以讨论。

---

① Max Müller, *Lectures on the Origin and Growth of Religion as Illustrated by the religions of India*, p.380。也请参阅缪勒：《宗教的起源与发展》，第 260 页。

## 第一节　宗教建设的基本目标：与社会主义社会相适应

社会主义时期宗教建设和宗教工作的基本目标不是别的，正是宗教与社会主义社会相适应。社会主义的宗教论内容固然很多，但是，归根到底，都服从于一个目标，这就是正确理解和正确引导宗教与社会主义相适应。认识宗教存在的长期性与宗教的群众性的必要性，从根本上说，在于非如此不足以正确理解和正确引导宗教与社会主义相适应。正确理解、认真贯彻和坚决支持宗教信仰自由政策，从根本上说，在于非如此不足以正确理解和正确引导宗教与社会主义相适应。正确理解和坚决支持独立自主办教原则，从根本上说，也正在于正确理解和正确引导宗教与社会主义社会相适应。脱离了宗教与社会主义社会相适应这一社会主义时期宗教发展的根本方针，社会主义时期的宗教工作和宗教建设就势必因此而误入歧途。20世纪80年代末90年代初苏东剧变的一项根本原因也正在于这些国家的执政党未能正确处理好这一事关社会主义社会及其社会制度生死存亡的宗教问题。①

---

① 参阅段德智主编：《境外宗教渗透与苏东剧变研究》，第354—355页。该著在谈到苏联宗教工作的失误时，指出："苏联宗教工作的根本失误在于它并没有从根本上解决好宗教与社会主义社会相适应的问题。在'人道的、民主的社会主义'思想指导下，固然不可能解决这一问题，藉简单粗暴的'反宗教运动'也同样不能从根本上解决好这一问题。事实表明，简单粗暴的'反宗教运动'或'消灭宗教运动'反对和消灭的不是'宗教'，而是宗教信徒对社会主义的感情，收获的只是广大宗教信徒对社会主义的误解、积怨和愤懑。如前所述，在苏联解体过程中，苏联各宗教不仅没有成为捍卫苏联社会主义制度的积极力量，反而在关键时刻最终'倒戈'，终于成为颠覆苏联社会主义制度的一种力量。"

## 一、与社会主义社会相适应乃宗教自身发展规律之所致

宗教与社会主义社会相适应虽然是社会主义时期宗教建设和宗教工作的根本目标和根本方针,但是,它却不仅仅是由社会主义时期宗教的特殊性质和特殊本质决定的,而首先是由宗教自身发展的普遍客观规律决定的。

宗教,作为人类社会的一个子系统,其存在和发展,归根到底,都是由人类社会这个母系统决定和制约的。前面我们在讨论宗教的历史发展时曾经指出,宗教的历史发展有两个基本的向度,这就是"对神圣者信仰的历史演进"的向度与"宗教组织的历史演进"的向度。如果从对神圣者信仰的历史演进的向度看问题,我们不妨将整个宗教的历史发展理解成一个从"自然宗教"到"多神教"再到"一神教"的历史演进过程。而如果从宗教组织的历史演进的角度看问题,我们便不妨将整个宗教的历史发展理解成一个从"氏族宗教"到"民族宗教"("国家宗教")再到"世界宗教"的历史演进过程。然而,不论我们从哪一个"向度"看问题,我们都会发现,宗教的存在与发展总是与其所在的社会相适应的。"多神教"何以可能取代"自然宗教"成为宗教存在的主要形态?"一神教"何以能够取代"多神教",成为宗教存在的主要形态?其具体理据固然很多,但是归根到底,却无非是由下述两个方面的社会运动造成的。这就是,一方面,这种历史演进与人类社会实践活动能力的提升和活动范围的扩大有关,另一方面又与人类社会的发展形态的历史演进有关。例如,在古代埃及的前王朝时期(公元前40—前31世纪),埃及人普遍信仰的是"自

然宗教"；到了早期王国时期（公元前31—前27世纪），埃及人开始普遍信仰"多神教"；而到了古王国时期（自前27世纪始），埃及人才开始信仰唯一至上的保护神，即太阳神瑞。离开了埃及人社会实践能力的提升和活动范围的扩大，离开了埃及社会由前王朝时期向早期王国时期和古王国时期的历史演进，埃及人的从自然宗教向多神教和一神教的历史演进就根本得不到合理的说明。人类宗教从"氏族宗教"向"民族宗教"（"国家宗教"）和"世界宗教"的历史演进也是如此。因为离开了民族的形成和国家的形成，我们就根本无法对民族宗教或国家宗教的形成，对氏族宗教向民族宗教或国家宗教的演进作出合理的说明。同样，离开了民族壁垒的逐步打破，离开了人类历史的世界性，离开了人类意识的萌生，世界宗教的产生也是根本不可设想的。而世界宗教的产生总是特别地同一个世界性的帝国相关联，这个历史事实无疑是对世界宗教的人类社会基础的一个再好不过的说明。因为离开了横跨欧亚非三洲的罗马帝国及其世界主义，我们便很难对基督宗教的产生和发展作出合理的说明；离开了世界性帝国摩羯陀国孔雀王朝和贵霜王朝的世界性影响和雅利安人向恒河流域的扩张，我们便很难对佛教的产生、存在和发展作出合理的说明；离开了横跨欧亚非三洲的倭马亚王朝（661—750）、阿巴斯王朝（750—1258）和奥斯曼王朝（1299—1853），伊斯兰教的历史发展和世界性质也同样无法得到合理的说明。从这个意义上，我们可以说，与所在社会相适应实在是宗教自身存在和发展的一条不可更易的普遍客观规律。

与所在社会相适应之为宗教发展的普遍客观规律不仅典型地表现在人类宗教发展的历史总趋势和几个世界宗教的历史演进

中，而且还相当典型地表现在一些具体宗教或具体宗教派别的历史发展中：只有那些适应所在社会的宗教才能够得到很好的发展。就我国历史上的宗教来说，这一点是相当典型的。佛教本来起源于印度，只是在两汉之际才传入中国。但是，中经两晋和隋代，至唐宋，它竟能达到其鼎盛时期。其原因虽然是多方面的，但是无论如何，佛教采取"适应"中国社会的策略无疑是它能在中国扎根并且得以高速发展的一个秘诀。而且，即使在佛教内部诸流派的存在和发展中，也可以窥出"适应"策略的妙用。应该说，在中国佛教的诸流派中，发展势头最好的当属禅宗。禅宗不仅在顺境情况下持续高速发展，而且，即使在唐武灭佛的逆境中也能很好地生存下来，并在宋代获得了中国佛教一枝独秀的特殊地位。其原因也无非在于中国禅宗相较于中国佛教的其他流派，它更其注重适应中国社会，更其注重中国化，更其注重"儒佛合一"。我国藏传佛教的情况也是如此。佛教之所以能够在我国西藏、内蒙古和青海等地区，特别是在西藏地区长期存在，并且根深蒂固，诚然与公元7世纪唐代文成公主进藏和亲有关，但是，最根本的还在于它同西藏的文化和本土宗教"苯教"相适应，并且最终形成了具有中国本土气息的"藏传佛教"。[①]

与所在社会相适应之为宗教发展的客观规律不仅典型地表现在人类宗教发展的历史总趋势和几个世界宗教的历史演进上，也不仅典型地表现在一些具体宗教或宗教派别的历史发展上，而且还典型地表现在宗教对人类社会发展规律的"适应"或"顺应"

---

[①] 参阅黄超："探求宗教对话的东方模式"，《武汉大学学报》2006年第4期，第421—426页。

上：凡是逆历史潮流而动的宗教迟早都会退出历史的舞台，凡是顺应历史潮流而动的宗教都会充满不尽的生机。人类历史上出现的种种邪教，尽管其中有些也一时甚嚣尘上，但终究逃不脱短命的下场，究其原因，从根本上讲，正在于它们所固有的反人类、反社会、逆社会潮流而动的本质。反之，凡是适应或顺应历史发展规律，顺历史潮流而动的宗教或教会在其发展过程中，都赢得了充分发展的机遇。例如，在1517年，当维登堡大学神学教授马丁·路德在教堂门前贴出《关于救赎卷效能的辩论》的九十五条论纲的时候，谁也不曾料到，这张大字报会引起天主教会的大分裂，会导致基督教（新教）的产生。但是，曾几何时，基督教在欧洲许多国家竟发展成为主流教会。究其原因，最根本的正在于路德的九十五条论纲体现了当时欧洲社会从封建社会向资本主义社会转型的历史大潮流。再如，藏传佛教在其早期虽然分为红教（宁玛）、花教（萨迦）、白教（噶举）和黄教（格鲁）等几大教派，但是，自17世纪始，黄教几乎成了一枝独秀。究其原因，固然与黄教对藏传佛教其他教派的教法兼收并蓄有关，但是，其顺应民族团结、国家统一的历史大潮流，无疑是其制胜的根本法宝。

因此，社会主义时期的宗教若要得到健康发展，唯一的正途便是与社会主义社会相适应。我国宗教的发展状况也是一个极好的例证。基督教入华，如果从英国传教士马礼逊（Robert Morrison，1782—1834）1807年9月8日到达广州算起，到1949年10月1日中华人民共和国成立，有142年的历史。可是，在这142年间，基督教徒在中国也不过发展到70万左右。而从1950年7月吴耀宗等发表《三自宣言》至今也不过70年。然而，在这70

年间，基督教徒竟激增到 1600 多万。[①] 离开了《三自宣言》，离开了中国基督教与中国特色的社会主义相适应的策略，基督教的高速发展无论如何都是不可想象的。

社会主义时期的宗教与社会主义社会相适应，既是人类历史发展的大趋势，也是社会主义国家的宗教理应作出的明智的自主的选择。因为从根本上讲，在社会主义国家里，不仅广大信教群众与广大非信教群众的根本利益是一致的，而且，广大信教群众的基本要求和根本利益只有在社会主义国家的现代化建设过程中，才能够实现，才能够得到满足。正因为如此，只要社会主义国家充分考虑到非信教群众的基本要求和根本利益，只要社会主义国家坚定不移地走社会主义道路，只要社会主义国家切实地贯彻宗教信仰自由政策，所在国家的信教群众都会乐于走社会主义道路的。就我国的情况而言，各大宗教的绝大多数教徒都还是自觉地选择了社会主义道路的。在建国初期，不仅广大基督教教徒自觉选择了社会主义道路，而且其他宗教的广大教徒也都自觉选择了社会主义道路。所不同的只是，我国的基督教徒和天主教徒主要

---

① 在我国台湾，基督宗教入华，如果从 1627 年荷兰传教士甘迪究士（G. Cardidius）至台算起，至今也已经有 390 多年的历史了。可是，至今基督教在台湾仍然是"极少数人的宗教"。据有关统计，至 1991 年，台湾的基督宗教徒总数约为 443 996 人，仅占当时台湾总人口 2040 万的 2.18%。在我国香港，基督宗教入华，如果从 1842 年美国传教士叔未士牧师（Jehn Lewis Shuck）至香港传教算起，至今也已经有 170 多年的历史了。尽管英国在香港统治那么久，但基督教在香港却依然是极少数人的宗教。据 1990 年《教会普查》的统计，到 1989 年底，全港在册的基督徒总数为 258 298 人，约占全港总人口的 4.4%。而居港的基督徒就更少了，则只有 168 746 人。基督教传入澳门，从马礼逊 1807 年到澳门传教时算起，至今已经有 210 多年的历史了。可是，基督教在澳门，与在台湾和香港一样，也是"极少数人的宗教"。1990 年，澳门的基督教信徒人数为 3500 人，仅占人口总数的 0.6%。

是在反帝爱国的旗帜下走上社会主义道路的，而作为本土宗教的道教和与中国本土文化基本上融为一体的中国佛教和中国伊斯兰教则主要是在肃清其"封建宗法性"的旗帜下走上社会主义道路的。伴随着中国社会的转型，中国佛教、道教和伊斯兰教相继开展了"教产"和"教制"方面的革命；并在"教产"、"教制"革命的基础上，相继产生了全国性的宗教组织机构。例如，1953年5月，成立了以包尔汉（1894—1989）为主任委员的中国伊斯兰教协会。1953年6月，成立了以圆瑛（1878—1953）为会长的中国佛教协会。1957年4月，成立了以岳崇岱（1888—1958）为会长的中国道教协会。这些协会的成立，连同前面提及的中国基督教三自爱国运动委员会和中国天主教友爱国会的成立，标志着中国宗教开始走上了与社会主义社会相适应的道路，也为当代中国宗教的"教理"革命奠定了基础。

## 二、宗教与社会主义社会相适应的底线在于遵守国家的法律和法规

宗教与社会主义社会相适应不仅涉及宗教应该不应该或要不要与社会主义社会相适应的问题，而且还进而涉及宗教如何与社会主义社会相适应的问题。关于前面一个问题，我们已经论及，关于后面一个问题正是我们需要接着予以解说的问题。然而，后面一个问题又关涉到两个小问题，这就是宗教与社会主义社会相适应的底线和目标。

所谓宗教与社会主义社会相适应的底线这个问题，简单地说，就是宗教与社会主义相适应的最低标准或最低要求。如果一个宗

教组织或宗教团体根本达不到这种标准或要求，它也就因此而说不上与社会主义社会相适应了。那么，宗教与社会主义社会相适应的最低标准或最低要求又是什么呢？这就是遵守社会主义社会现阶段的国家法律、法规及其方针政策。社会主义国家的法律、法规及其方针政策原本是用来保障宗教信仰自由的，但为要使宗教信仰自由得到充分的保障，为要使所在的国家的现代化建设有一个较高速度的发展，为要使所在国家的社会秩序比较安定，宗教也就必须在国家法律所允许的范围内开展宗教活动，必须按照所在国家的方针政策办事，而不能与所在国家的法律、法规和方针政策相冲突。社会主义国家的执政党，如上所述，应当充分尊重信教群众的宗教信仰，应当充分信任信教群众的历史首创精神，应当对宗教体现出最大限度的宽容，但是，这种宽容也有一个底线，这就是信教群众与非信教群众在法律面前人人平等，不存在也不应该存在有任何宽容或放纵。

宗教与社会主义社会相适应的最低标准或最低要求还有一层意思，这就是宗教活动要服从和服务于国家的最高利益和民族的整体利益，宗教界人士要爱国、进步，要为祖国统一、民族团结和社会发展多作贡献。在这方面，我国的宗教有一个很好的历史传统。我国的本土宗教道教是如此，已经与我国传统文化融合在一起的外来宗教，如佛教和伊斯兰教，也是如此。近代传入我国的天主教和基督教也都在我国现代化进程中做出过这样那样的贡献。可以说，爱国爱教已经成了我国广大信教群众的一个共识。近几年来，我国宗教界流行着"四个维护"的说法，强调宗教当维护法律尊严，维护人民利益，维护民族团结，维护国家统一，应该说是宗教与社会主义社会相适应的一条合宜的口号。

我们把遵守社会主义国家的法律、法规，维护社会主义国家的法律尊严、维护人民利益、维护民族团结、维护国家统一等，说成是宗教与社会主义社会的底线，这并不是说，所有这些事情都是微不足道、无关痛痒的。正相反，我们这样说恰恰是在强调社会主义国家的宗教遵守社会主义国家的法律、法规的绝对必要性，强调社会主义国家的宗教维护法律尊严、维护人民利益、维护民族团结、维护国家统一的绝对必要性。我们在这里所说的最低标准实际上即是我们通常所说的最为基本、最为基础的标准。我们在这里所说的最低要求实际上也就是我们通常所说的最为基本、最为基础的要求。因为正是这些标准和要求构成了宗教与社会主义社会相适应的其他标准和要求的前提和基础。

### 三、宗教与社会主义社会相适应的目标在于最大限度地发挥其建设社会主义社会的积极性

社会主义国家的宗教及其信教群众遵守社会主义国家的法律和法规对于宗教与社会主义社会相适应固然重要，但是，对于宗教与社会主义社会相适应还有更为重要的东西，这就是宗教及其信教群众最大限度地发挥其建设社会主义社会的积极性。因为宗教与社会主义社会的适应不应当只是一种消极的被动的适应，而应当是一种积极的能动的适应，不应当是一种单向度的附着，而应当是一种双向度的生成。存在于一定社会、一定国家的宗教与其所在的社会和国家之间的关系并不是那种外在的关系，像一杯水与盛水的杯子那样，既可以随便倒进去也可以随便倒出来，而是一种非常内在的关系，一种互存互动的关系：一方面，如果社

会不进步、不稳定、不发展,任何宗教都不可能兴旺发达,得到充分而健全的发展,另一方面,任何一个社会、任何一个国家如果不能卓有成效地处理好它与宗教的关系,也都是不可能真正安定,不可能真正健康地向前发展的。就我国的历史来说,无论是本土宗教道教,还是外来宗教佛教,在唐宋时期都比较兴旺,都获得了比较充分的发展,究其原因,固然是多方面的,但是归根到底还是在于我国社会在唐宋时期政局比较安定,经济比较繁荣。反过来说,唐宋时期,中国社会的政局之所以比较安定,经济比较繁荣,一个重要原因即在于当时的统治者比较妥当地处理了它与宗教的关系,比较充分地利用了宗教维系社会、创建社会的社会功能和文化功能。因此,社会和国家不仅是宗教赖以生存的场所,而且也是宗教实现其自身价值的主要舞台。维系社会和创建社会,维护民族团结、祖国统一和社会稳定,促进经济社会发展,既是宗教造福于人类、造福于社会的至上功德,也是宗教自身存在的基本理据和宗教自身发展的基本要求。而宗教社会与世俗社会在基本利益方面的这样一种契合性或一致性,正是我们正确理解宗教与社会主义社会相适应的认识论基础。因为正是这样一条原理告诉我们,在社会主义社会,亦如在其他类型的社会一样,信教群众与非信教群众的基本利益是完全一致的,宗教社会与世俗社会的基本利益是完全一致的。既然如此,则宗教与社会主义社会相适应的根本内容便不应当是一种简单的遵守或服从,而应当是与非信教群众一起积极投身于现实社会的现代物质文明、现代政治文明和现代精神文明的构建。投身于现实社会的现代物质文明、政治文明和精神文明的建设,维护社会安定,推动社会进步,当是社会主义国家各种宗教和宗教团体的历史正命。因此,最大限度地发挥宗教组织和信教群众建设社会主义社会的积极性，实在是宗教与社会主义的最为重大也最为根本的"适应"。

社会主义国家的宗教及其信教群众最大限度地发挥其建设社会主义的积极性，首先就是要最大限度地投身于社会主义的经济建设中去，努力促进经济社会持续稳定快速发展。这一方面是因为，经济乃一个社会的基础，尽管政治文明建设和精神文明建设非常重要，但是，无论如何，经济建设或物质文明建设在社会建设中始终是决定性的第一重要的东西。一个贫穷落后、经济萧条的社会或国家是既违背非信教群众的根本意志和愿望也违背信教群众的根本意志和愿望的。另一方面，广大信教群众不仅是宗教信仰者，而且，与非信教群众一样，也是物质文明和经济社会的建设者和构建者，也是生产力。诚然，对信教群众促进经济社会发展的积极性，有个进一步"发挥"和进一步"调动"的问题，有一个"最大限度地"发挥和调动的问题，还有一个进一步"化消极因素为积极因素"的问题。这些都是社会主义的宗教和政府部门需要进一步花大力气予以解决或予以实现的问题。但是，可以相信，只要信教群众对自己的切身利益和基本利益有一种切身的和清醒的认识，他们之最大限度地发挥其建设社会主义经济社会的积极性是完全可以指望的。

社会主义国家的宗教及其信教群众最大限度地发挥其建设社会主义的积极性，除了积极投身于社会经济建设、促进经济社会发展外，还有一个进一步挖掘、弘扬和开发宗教教义、宗教道德、宗教文化的合理内核，为构建和谐社会和和谐世界作出更大贡献的问题。凡宗教都是讲仁爱和和谐的。基督宗教的《圣经》是特别重视仁爱这一信条的。它一方面将"爱主你的上帝"规定为基督宗教的"第一诫命",另一方面又把"爱人如己"规定为基督宗教的"第二诫命",并且把"这两条诫命"宣布为"律法和先知一切道理的总纲"。① 伊斯兰教的根本教义也在于"怜悯"、"以善待人"、和平和安宁。《古兰经》曾经以真主的口气,强调说:"我派遣你只为怜悯全世界的人。"② 《古兰经》还强调说:"你当以善待人,像真主以善待你一样;你不要在地方上搬弄是非,真主确是不爱搬弄是非者。"③ 佛教更是把悲天悯人的宗教精神发挥到了极致。《观无量寿佛经》讲:"佛心者,大慈悲是。"可谓一语道破佛教精神的真髓。《大智度论》第 27 卷中也强调说:"慈悲是佛道之根本。"它还具体解释说:"大慈与一切众生乐,大悲拔一切众生苦。大慈以喜乐因缘与众生,大悲以离苦因缘与众生。"据《地藏菩萨本愿经》载,地藏菩萨曾发大誓愿:"若不先度罪苦,令是安乐,得至菩提,我终未愿成佛。"需要强调提出的是,佛教倡导的大慈大悲及"视人如己"("与诸众生,视若自己")的高尚情怀是以强调世上万事万物相互依存的"缘起论"为其理论基础的,这就为当今时代的人类构建和谐社会和和谐世界提供了很好的精神资源,自然也为社会主义国家的信教群众和非信教群众构建和谐社会和和谐世界提供了很好的精神资源。我国的道教也和基督宗教、伊斯兰教、佛教一样,强调"慈心""利他"。《老子》中有"贵以身为天下,若可寄天下。爱以身为天下,若可托天下"之说。④《庄子》中有"四海之内共利之谓悦,共给之谓安"的说

---

① 《马太福音》22∶34—40;《马可福音》12∶28—31。
② 《古兰经》21∶107。
③ 《古兰经》28∶77。
④ 《老子》第 13 章。

法。① 而《抱朴子》中也有"慈心于物,恕己及人"的说法。② 不仅如此,我国的道教还把"和"提升到宇宙论和本体论的高度。《老子》说:"道生一,一生二,二生三,三生万物。负阴而抱阳,冲气以为和",此之谓也。而它的"上善若水"的生动比喻,更是把这种"贵和"精神淋漓尽致地表达了出来。《太平经》中关于"太平"的思想,关于"君、臣、民"、"父、母、子"、"天、地、人"和"太阳、太阴、中和"的"三名同心"的思想,可以说是对《老子》中的这种"贵和"思想的一种具象化。③ 宗教的这种"重爱"、"贵和"思想曾经在历史上为和谐社会和和谐世界的构建发挥过重要的历史作用,在社会主义和谐社会的构建中以及在世界和平的维系中也曾发挥过重要的历史作用。可以断言,它们在构建社会主义和谐社会,推进人类进步和维系世界和平中将有望发挥更大的作用。

然而,宗教若要最大限度地发挥其建设社会主义的积极性,最大限度地发挥其构建和谐社会和和谐世界的积极性,首先就必须搞好自身的建设。搞好宗教的自身建设固然有许多方面的工作要做,但是无论如何,构建和谐宗教是一件压倒一切的事情。一个不和谐的宗教是既谈不上高水平的宗教建设,也谈不上最大限度地调动和发挥其信教群众的社会主义积极性的。同时,构建社会主义的和谐社会,虽然是一个系统工程,但是,无论如何宗教和谐是整个社会和谐的一项极其重要的内容。这不仅是因为宗教关系,与政党关系、民族关系、阶层关系和海内外同胞关系一样,

---

① 《庄子·天地篇》。
② 葛洪:《抱朴子·微旨篇》。
③ 参阅王明:《太平经合校》,第19页。

是社会主义国家政治领域和社会领域的一种非常基本的社会关系，而且还因为倘若宗教关系得不到妥善处理，其他关系也不可能从根本上得到妥善处理。特别是民族关系和阶层关系的根本改善，离开宗教关系的改善是根本不可能的。因此，和谐宗教的构建不仅关涉到宗教组织内部的和谐，关涉到宗教与宗教之间的和谐，而且还关涉到宗教与社会的和谐，关涉到信教群众与非信教群众之间的和谐，关涉到整个社会的和谐。然而，社会主义国家的宗教工作和宗教建设问题并不仅仅限于宗教和谐这样一个问题，还有许多事情要做，除了我们前面提到的独立自主办教原则和与社会主义社会相适应的问题外，还有一个依法管理宗教和神学理论建设问题。下面，我们就分别讨论这两个问题。

## 第二节　依法管理宗教事务乃宗教管理的一项基本方略

社会主义国家的宗教与社会主义社会的关系是双向的。这种双向性一方面表现为社会主义国家的宗教组织和宗教团体及其信教群众有充分的宗教信仰自由的权利，另一方面社会主义国家和政府应当持守和维护宗教信仰自由政策；一方面社会主义国家的宗教组织和宗教团体及其信教群众有独立自主办教的权利，另一方面社会主义国家的各级政府应当积极支持所在国家的宗教组织和宗教团体独立自主办教；社会主义国家的各级政府一方面不仅持守宗教信仰自由政策，而且还支持所在国家的宗教组织和宗教团体及其信教群众独立自主办教，另一方面不仅要求所在国家的宗教组织和宗教团体与社会主义相适应，而且还进而对其宗教事务实施依法管理。依法管理宗教事务是社会主义国家贯彻依法治国方略的重要体现，是规范宗教事务管理、推动宗教工作走上法制化轨道的客观要求，也是保障宗教信仰自由和自主独立办教、促进宗教活动规范有序的必要举措。

## 一、依法管理宗教事务乃宗教管理现代化的基本标志

依法管理宗教事务是人类宗教管理史上的大事件，也是社会主义社会宗教管理史上的大事件。因为它构成了宗教管理现代化的一项基本标志。

宗教管理问题无论在国际上还是在我国都是一个非常古老的问题。据考证，早在南北朝时期，北齐就设立了鸿胪寺，用来管理佛道宗教事务。不仅如此，此后的历代王朝还给我国的宗教活动定了许多"规矩"，如"度牒制"就曾为许多王朝所沿用。康熙时代的"印票制"也是当时清朝宫廷管理中国基督宗教的一项重要制度。但是，历代王朝为我国宗教事务立的"规矩"还不能同现代意义上的宗教法规相提并论。因为在封建帝王面前是根本不可能存在什么神圣不可侵犯的具有强制性和权威性的宗教法规的。在封建制度下可能有的只能是"人治"，"统治者之治"，"一人之治"。一切都以最高统治者的利益和好恶为转移。道教在唐朝初期之所以受到重视，只是因为唐初的皇帝看到了道教立李耳为教主；武则天之所以特别推崇佛教，显然意在巩固自己的政权；晚唐武帝禁佛（所谓"会昌法难"）其目的显然在于拯救自己的政权。不仅如此，甚至一个帝王的心情如何，也会影响到一个国家宗教事务管理"规矩"的更改。我们知道，清朝康熙皇帝（1654—1722；

1661—1722年在位)对基督宗教的传播在很长一段时间里是持相当开明的态度的,但是后来中国礼仪之争把他惹烦了,他便下了"以后不必西洋人在中国传教,禁止可也,免得多事"的"禁令"。① 在西方中世纪的宗教史上,曾发生过一起著名的事件,这就是教皇格列高利七世(Gregory Ⅶ,1020—1085;1073—1085年在位,)与德意志皇帝亨利四世(Heinrich Ⅳ,1056—1106;1056—1105年在位)之争。1065年,亨利四世亲政,为了巩固王权,曾一度唆使本国的主教和神甫对抗教皇。1075年,教皇格列高利七世发布通谕,禁止君王施行神职任命权。亨利四世当即召开德意志主教会议,不仅宣布教皇是"假僧侣",甚至宣布废黜教皇。而当教皇宣布将其革除教籍,并解除臣民对皇帝效忠的誓约,从而陷入孤立时,亨利四世又迫不得已于1077年初,亲自到意大利卡诺沙教皇所住城堡外,赤足披毡,在雪地里,恭候三天,求教皇赦罪。不难看出,在德意志皇帝亨利四世这里,毫无宗教法规可言,唯一起作用的便是"权力"和"利益"。综上所述,宗教立法或依法管理宗教事务只有在"主权在民"的现代社会制度里才能实现。这也正是我们把它看作宗教管理现代化的基本标志的重要理由之一。

宗教立法或依法管理宗教事务以"主权在民"的现代社会制度为基础和前提,但这并不意味着只要有了"主权在民"的现代社会制度,就会自发地产生出现代意义上的宗教法规。事实上,任何一部现代意义上的宗教法规都是法律主体在管理宗教事务的长期活动

---

① 参阅"康熙与罗马使节关系文书",转引自李天纲:《中国礼仪之争:历史,文献和意义》,第77页。

中逐步形成和产生出来的。就我国的情况而言,我们是早在半个世纪前就建立了全国性的人民政权的,但是我国现有的一些具有现代意义上的宗教法规则是在党的十一届三中全会以后才逐步制定出来的。建国以来,我国的宗教工作大体经历了四个不同的发展阶段;首先是1949年至1956年宗教工作重新界定和重新规范时期;其次是1957年至1965年宗教工作上"左"倾错误滋长时期;再次是1966年至1976年"文化大革命"时期,亦即宗教工作"失范"时期;最后是1976年"文化大革命"正式终结以来的时期,亦即"拨乱反正"和"宗教立法"时期。① 真正说来,这四个发展阶段对于我们健康地开展宗教立法和依法管理宗教事务都是必不可少的。没有我们宗教工作中正反两个方面的经验,没有"文化大革命"宗教工作严重"失范"的沉痛教训,十一届三中全会以来从中央到地方一系列宗教法规的顺利制定是不可能的。

1991年,中共中央、国务院下达了《关于进一步做好宗教工作若干问题的通知》,该通知第一次明确提出要"依法对宗教事务进行管理"。② 我国的宗教法制建设最初从地方开始,从单项开始。在各地积累了一定的实践基础之后,1994年,国务院颁布了《中华人民共和国境内外国人宗教活动管理规定》和《宗教活动场所管理条例》。这是新中国建立后第一次颁布宗教方面专门的单项法规,标志着我国的宗教立法工作取得重大突破,也标志

---

① 参阅段德智:《新中国宗教工作史》,"前言"第2页。该著将60多年的新中国宗教工作史"划分成相互衔接的四个历史阶段"。"这就是:'积极探索'阶段、'蒙受挫折'阶段、'拨乱反正'阶段和'稳步推进'阶段。"

② 参阅中共中央文献研究室、国务院宗教事务局政策法规司编:《新时期宗教工作文献选编》,第215页。

着宗教工作开始走上法制化轨道。进入新世纪,根据中共中央和国务院关于依法治国、建设法治政府的要求和2001年全国宗教工作会议精神,国家宗教局会同有关部门开始抓紧研究制定全国综合性行政法规。2004年11月,国务院颁布《宗教事务条例》。这是我国第一部宗教事务方面的综合性行政法规,标志着宗教工作开始全面走上法制化、规范化、制度化的轨道,开启了我国宗教工作的新的发展阶段。至此,我国已经初步形成了以宪法为核心,包括行政法规、地方性法规、部门规章、地方政府规章在内的宗教事务管理法律框架,我国的宗教事务管理基本上实现了"有法可依"。

我们在宗教立法或依法管理宗教事务方面迈出这一步是很不容易的,也是很了不起的。我们知道,许多西方资本主义国家是花了二三百年的时间才走出这一步的。在很长的一段时间里,特别是在资产阶级革命时期,与其说他们关心的是宗教立法问题,毋宁说他们关心的是宗教信仰自由和宗教宽容问题。现代意义的宗教立法或依法管理宗教即使对于许多西方国家来说,也是一个相当晚近的事情。我们甚至可以说,对于许多西方国家来说,宗教立法(包括反对邪教立法)仍然是一个需要进一步完善的工作。正是在这个意义上,我们不仅可以把我国目前正在进行的宗教立法,看作是我国宗教工作由主要靠政策管理向主要依法管理的转轨定向,看作是我国宗教管理工作现代化的根本标志,而且也可以把它看作我国的法制建设业已上升到一个新的层次的重要界碑。

宗教立法或依法管理宗教事务不仅是宗教管理现代化的基本标志,而且也是实现宗教管理现代化的基本方略。因为只有通过宗教立法和依法管理宗教事务,才能使宗教工作从根本上避免决策和管理方面的感情用事或主观随意性。才能使社会主义国家的执政党和政府的宗教政策具体化、程序化和制度化，才能避免宗教管理宽严无度甚至严重失范的混乱局面，从而使社会主义国家的宗教管理工作做到有法可依、宽严有度，全面正确地贯彻执行其执政党和政府的宗教政策，卓有成效地引导宗教与社会主义社会相适应。可以说，宗教立法在实现宗教管理现代化方面的这一重要地位是没有别的手段或举措能够取代的。

现代意义上的宗教立法和依法管理宗教事务虽然对于社会主义国家来说并不是一件全新的事业，而是经过了一百多年的艰苦摸索，积累了大量的正反两个方面的经验的。但是，社会主义国家在这件事情上的教训是极其惨痛的，是付出了血的代价的。而且，即使在宗教立法和依法管理宗教事务方面做得相对得体相对稳妥的国家也还是有许多工作要做的。就我国而言，目前，我国正处在一个伟大的社会转型时期。随着我国由产品经济社会向市场经济社会、由农业文明向工业文明、由乡村社会向城镇社会、由封闭社会向开放社会、由同质的单一性社会向异质的多样性社会的转型，将有层出不穷的问题需要我们去研究、去处理、去立法。同时，依法管理宗教事务不仅有一个"有法可依"的问题，而且还有个"有法必依"的问题。这就不仅要求我国的宗教管理人员不断增强法律意识和法制观念，不断提高"依法行政"的自觉性和水平，而且也要求宗教界人士和信教群众不断增强自己的法律意识和法制观念，在不断增强自己的宗教自律能力的同时，不断提高自己的"依法管理宗教"或"依法治理宗教"的意识和能力。如果考虑到我国是一个封建宗法观念根深蒂固的国家，考虑到"宁左勿右"思维模式曾经在很长一段时间里制约着我国的宗教工作并且其流毒至今还有待继续清除，则我们就会清醒地看到：在宗教立法和依法管理宗教事务方面我们还有许多工作要做，还有很长一段路程要走。所幸的是，在这一方面，"坚冰已经打破，航线已经开通，道路已经指明"，而且我们毕竟已经迈出了第一步。

## 二、依法管理宗教事务的范围与宗教事务类型学

依法管理宗教事务所遭遇到的问题虽然很多，但是，我们首先遇到的便是这样两个基本问题，即"谁来管"和"管什么"。而为要对这两个问题做出合理的解释，我们就必须对宗教的社会本质做一番新的探讨，对宗教事务类型学做一番必要的说明。

依法管理宗教事务固然与宗教组织或宗教团体密切相关，但是，在我们现在的语境下，其行为主体当然首先是指政府行政部门，特别是政府宗教管理部门。但是，一旦我们强调政府宗教管理部门是依法管理宗教的行为主体这样一种观点，人们便会立即想到这样一种做法是否与前面我们所强调和阐述的宗教组织和宗教团体独立自主办教原则相冲突的问题。然而，一旦我们回到现实的宗教或宗教组织本身，存在于依法管理宗教事务与宗教组织和宗教团体独立自主办教之间的这种似是而非的冲突性也就随之冰消瓦解了。毫无疑问，凡宗教都有一个宗教崇拜或宗教信仰的问题，宗教崇拜或宗教信仰在宗教中始终是首要的和第一位的东西。而且，在一定意义上，我们甚至可以将宗教的所有别的要素都视为宗教崇拜或宗教信仰的外在表现。但是，我们也不能因此而像威尔弗雷德·坎特韦尔·史密斯那样，把宗教简单地归结为

"崇拜"或"信仰"。① 因为一如我们在前面指出的，宗教并不仅仅是一种观念或信仰体系，不仅仅是一种意识形态，而且它还是一种社会实体，一种具有社会组织（宗教团体）、社会设施（寺观教堂）和社会活动（有广大信教群众参与的宗教活动和其他社会活动）的社会实体。既然如此，宗教作为社会母系统之下的一个社会子系统，它的存在和活动也就不能不一方面与社会母系统发生这样那样的关联，另一方面又与其他社会子系统的存在和活动发生这样那样的关联。而由于这样一些关联，宗教组织或宗教团体的宗教活动也就势必逸出狭隘的宗教内部事务的范围，而进入社会公共领域，涉及国家利益和社会公共利益，而成为社会公共事务。而政府行政部门依法管理的正是这样一类社会公共事务。

关于依法管理宗教事务的问题，其实，早在17世纪，英国伟大的自由主义哲学家和杰出的宗教思想家洛克就对之作出过比较认真的论述。他在《论自然法》、《宽容短论》、《人类理智论》、《论宗教宽容》、《保罗书信诠释》等著作和书信中都讨论过这个问题。按照洛克的观点，我们可以将人类的信仰和行为区分为两类，其中一类是纯粹思辨性的，而另一类则是实践性的。所谓纯粹思辨性的信仰和行为，洛克所意指的是那种纯粹的思辨性观念和宗教崇拜。而所谓实践性的信仰和行为，洛克所意指的则是那种在道德上有善有恶的信仰和行为，亦即自然法所规定的信仰和行为。洛克认为凡纯粹思辨性的行为，既为一种观念性的教条和信仰，它就不仅不会干涉到其他任何人，而且任何人也都无力干涉别人灵魂中的这些东西。因此，纯粹思辨的行为领域不仅是一个关乎

---

① Cf. Wilfred Cantwell Smith, *The Meaning and End of Religion*, p.201.

个人信仰权利的问题,一个纯粹私人的领域和一个绝对自由的领域,而且也是一个关乎人的永恒拯救的领域,一个完全超越政治管辖范围、唯有上帝才有权力和能力干预的领域。然而,在谈到实践性的信仰和行为时,洛克却还是非常认真地做了具体的分析。在洛克看来,与纯粹思辨性的信仰行为不同,实践性的道德行为具有两重身份,即一方面这种行为与思辨性的信仰行为或宗教崇拜行为一样,是宗教性的和私人性的,是由人自己的良心主宰着的,另一方面,这种行为又与思辨性的信仰行为或崇拜行为不同,是政治性的和公民性的,是由政府主管的。用洛克的话说,就是人的这种道德行为同时受到两个法庭的管辖:一方面应受到"内在法庭"(良心)的管辖,另一方面又应受到"外在法庭"(官长)的管辖。洛克解释说:"一种美好的生活即使其中丝毫不包含宗教与真正虔诚的成分,也是与公民政府息息相关的,而且人们的灵魂拯救和国家的安全两者都寓于其中。因此,道德行为同时属于外在法庭和内在法庭双重的管辖,即同时属于公民的和私人的统治,我指的是,同时属于官长和良心二者。"① 既然人的实践性的道德行为与政治稳定和"国家安全"直接相关,既然人法服务于道德性的自然法,而政治所医治的,正是道德的堕落,则政府无论是凭借法律还是凭借武力干预道德事物,就必定有其合理性和必要性了。

从洛克的上述思想中,我们至少可以引申出下述两条重要结论。首先,政府(官长)管理宗教事务丝毫不妨碍宗教信仰自由,因为宗教信仰自由属于纯粹思辨的信仰行为或宗教崇拜行为,而

---

① 洛克:《论宗教宽容》,第35页。

政府依据"人法"管理的只是那些与实践性的与"国家安全"相关的道德行为。其次，人的实践性的道德行为既然既具有宗教性又具有政治性，既具有私人性又具有公民性，则这类事务便不仅应当由宗教团体加以管理，而且还应当由政府部门（官长）加以管理。据此，我们便可以推演出宗教事务的两种基本类型，这就是宗教性的宗教事务和政治性的宗教事务，或者说宗教的内部事务和宗教的外部事务。我们所谓宗教事务的类型学，即是谓此。据此，我们还可以进一步推演出，我们所谓依法管理宗教事务，所管理的只是政治性的宗教事务，或者说宗教的外部事务，而根本不涉及宗教性的宗教事务或宗教的内部事务。一如洛克在谈到宗教礼仪时所强调指出的：官长并不能"随心所欲地颁布""法律"，"公众利益是检验全部立法的准则和尺度。如果某件事情对于社会是无用的，不管它是怎样的无足轻重，却不能立即以法律予以确认。"[①] "某些就其自身性质说再也不能更加无关紧要的东西，一旦它们被用到教会和敬拜上帝上时，那就超出了官长的职权范围，因为采用这些东西与公民事务无关。"[②] 毋庸讳言，洛克的依法管理宗教事务的思想是奠基于他的具有鲜明神学性质的法学体系的基础之上的。按照洛克的法律框架体系，法律应被区分为四种：神法（上帝制定的法律）、人法（掌权者制定的法律）、兄弟法（即托马斯·阿奎那所说的教规）和私人法（指一个人对自己制定的法律）。其中，神法等级最高，其他三种法律都是奠定在神法基础之上的。就此而言，洛克的法律框架与中世纪的托马斯·阿

---

[①] 洛克：《论宗教宽容》，第25页。

[②] John Locke, *Political Essays*, Cambridge: Cambridge University, 1997, p.25.

奎那的法律框架并没有什么本质的区别。但是，洛克明确宣布人法高于兄弟法却是有别于托马斯·阿奎那的，而这种法律思想正好构成了洛克的政府依法管理宗教事务的法律依据。[①] 按照洛克的理解，摩西十诫中的前面一组的诫命，如"除了我以外，你不可有别的神"等，乃相关于纯粹思辨性、纯粹宗教性、纯粹私人性的信仰行为，而摩西十诫中的后面一组的诫命，如"当孝敬父母"、"不可杀人"、"不可偷盗"等，[②] 则是相关于实践性的既具有宗教性又具有政治性的道德行为，即一方面政府或官长在这些事情上应该惩恶扬善、恪尽职守，另一方面这些事情却依然是宗教中"最本质"的内容。"上帝把行政长官指派为他在此世的代理人，有发布命令的权力；但是，这和其他的代表是一样的，只在他被指派代理的事务上有命令的权利。"[③] 如果我们剥离掉洛克宗教思想的神学外衣，我们便可以看到其宗教思想中的种种合理内核，便可以发现其中有许多我们至今仍需借鉴的精神资粮。他对政府依法管理宗教事务的范围的理解依然是我们需要认真考虑的。

## 三、依法管理宗教事务的要旨在于保护合法、制止非法

依法管理宗教事务的根本在于"依法"，在于"有法可依"和"有法必依"。"有法可依"涉及宗教立法问题，其中最重要的是宗教立法的质量问题。在这方面，社会主义国家的经验教训主要是

---

① John Locke, *Political Essays*, Cambridge: Cambridge University, 1997, pp.63, 68.
② 参阅《旧约·出埃及记》20：3—17。
③ John Locke, *Political Essays*, p.144.

两条，一是草率不得，一是怠慢不得。在宗教工作方面，有一些社会主义国家往往以"政策"代法律，结果致使其宗教工作常常陷于无法可依、忽左忽右、宽严无度的境地，给社会主义事业带来很大的损失。然而，在宗教工作方面草率立法的后果也是相当严重的。例如，苏联于1990年10月1日通过的《关于信仰自由和宗教组织》的宗教法律，非但没有推进苏联的宗教工作，反而把苏联的宗教工作引上了邪路，给苏联的社会主义事业带来了毁灭性的恶果。

所谓"有法必依"，强调的是宗教工作必须以有关法律为准绳，凡是符合有关法律的就必须给予法律保护，凡是违反有关法律的就必须给予法律制止。依法管理宗教事务的首要任务是保护合法，首先是保护宗教信仰自由和保护宗教组织和宗教团体独立自主办教。既然宗教信仰自由和独立自主办教需要法律保障，既然社会主义国家将宗教信仰自由和独立自主办教写进了自己的宪法和法律，则社会主义国家就有权利和义务来依法保护宗教信仰自由和独立自主办教，依法保护宗教组织和宗教团体的合法权益。

有法必依的另一层意涵在于制止非法。在社会主义国家里，所有的宗教组织一律平等。既不能用行政力量去消灭宗教，也不能用行政力量去发展宗教。国家必须切实落实政教分离、宗教与教育分离的原则。任何宗教都没有超越宪法和法律的特权，都不能干预行政、司法、教育等国家职能的实施，妨碍正常的工作和生活秩序。任何人或组织都不得利用宗教来反对社会主义制度，危害国家统一、民族团结和社会稳定，损害社会、集体的利益，妨碍其他公民的合法权利。所有宗教团体、宗教界人士和信教群众都必须牢固树立国家意识、公民意识和法律意识，坚持在宪法、法律、法规和政策规定的范围内开展宗教活动。毋庸讳言，制止非法必定内蕴有依法打击犯罪的问题，依法打击一切危害国家最高利益和社会公共利益的犯罪活动的问题。同时有法必依还有一个依法抵制境外宗教渗透的问题，依法抵制境外敌对势力通过宗教渗透对社会主义政权进行的种种颠覆活动和其他破坏活动的问题。实际上，有法必依的这两个方面的内容是紧密地结合在一起的。一方面只有有效地依法抵制渗透和打击犯罪，才能够确保宗教活动的有序进行，才能够有效地依法保护合法；另一方面只有有效地依法保护合法，才能够有效地依法抵制渗透、打击犯罪，才能够有效地依法制止非法。

依法管理宗教事务还涉及一个管理机构和管理队伍的问题。宗教事务部门一方面有一个进一步健全和完善的问题，另一方面又有一个进一步牢固树立法治观念，不断提高依法行政能力、提高社会管理和公共服务水平的问题。从依法保护合法的角度看，宗教事务管理部门有一个进一步提高群众意识和服务意识的问题，一个进一步规范管理行为的问题。而从依法制止非法的角度看，宗教事务部门有一个进一步增强警觉意识、监督意识和防范意识的问题，一个进一步提升处理突发事件的能力和水平问题。

## 第三节 宗教建设的一项战略性任务：不断加强神学思想建设

如上所述，社会主义时期宗教建设的基本目标在于宗教与社会主义社会相适应，在于宗教不仅遵守社会主义国家的法律和法规,而且还能最大限度地发挥其建设社会主义社会的积极性,努力促进社会主义经济社会发展,努力构建和谐社会。但是,为了实现这一基本目标,不仅需要社会主义国家对本国的宗教组织、宗教团体及其信教群众的宗教信仰自由和独立自主办教给予法律的保障,并且对于宗教的外部事务或政治性的事务实施有效的依法管理,而且还需要宗教组织和宗教团体"抱法处势",与时俱进,因应社会变革而适时地实施宗教改革,从而不断地完善宗教自身的建设。然而,在宗教的改革和自身建设中,最为重要但是却最容易为人忽视的却是神学思想建设。诚然,宗教建设并不限于神学思想建设,但是无论如何,神学思想建设却是宗教自身建设当中最为核心、最为根本的建设。一个宗教倘若不能在神学思想建设方面取得实质性的进展,它的自身建设便决然不可能取得实质性或根本性的进展。这是不难理解的,既然宗教信仰是宗教要素中一个最内在最本质的要素,既然其他要素说到底都是宗教信仰的外在表现,既然神学理论归根到底不过是宗教信仰的系统化、条理化和规范化,则神学思想建设在宗教自身的建设中的至要地位便不言自明了。我们知道,以倡导人间佛教著称于世的太虚大师(1889—1941)是我国近现代宗教变革史上的一位影响深广的先锋人物和启蒙人物。他呼吁:"中国向来代表佛教的僧寺,应革除以前在帝制环境中所养成流传下来的染习,建设原本释迦佛遗教,且适合现时中国环境的新佛教。"[①] 但是,太虚所倡导的佛教改革或佛教革命的中心内容不是别的,正是他所谓的"教理革命"。

---

① 太虚:"我的佛教改进运动略史",载《太虚集》,黄夏年主编,中国社会科学出版社1995年版,第406页。

诚然，太虚所倡导的佛教改革与我们所说的宗教建设在内涵上并不完全相同，但是，就其强调教理革命的重要意义而言，则与我们相去不远。既然如此，在我们讨论社会主义国家的宗教的自身建设时，我们不能不特别认真地反思宗教的神学思想建设问题。

## 一、挖掘、弘扬传统宗教中的积极内容乃宗教神学思想建设的一项基础性任务

社会主义事业是人类历史上一项前所未有的翻天覆地的大事业。社会主义时期的宗教的神学理论与前此阶段的宗教的神学理论在内容上必定因此而具有某种本质的区别。但是，社会主义时期的宗教的神学理论并不是凭空产生出来的，而总是在批判地借鉴或扬弃传统宗教神学理论的基础上逐步形成的。因此，挖掘、弘扬宗教传统及其神学中的积极内容为社会主义文明建设服务便不能不成为社会主义时期宗教神学思想建设的一项前提性或基础性的任务。当代著名的哲学释义学家伽达默尔在为"传统""正名"时曾经强调指出："我们其实是经常地处于传统之中，而且这种处于决不是什么对象化的（vergegenständlichend）行为，以致传统所告诉的东西被认为是某种另外的异己的东西，一种范例和借鉴，一种对自身的重新认识，在这种自我认识里，我们以后的历史判断几乎不被看作为认识，而被认为是对传统的最单纯的吸收或融化（Anverwandlung）。"[①] 对伽达默尔来说，传统并不是我们的一种身外之物，也不是某种属于我们的东西，而是一种我们所属

---

① 伽达默尔：《真理与方法》上卷，洪汉鼎译，上海人民出版社1992年版，第361—362页。

的东西,一种我们不能不属于的东西,一种决定着我们成为什么的规范性力量。我们始终被"抛入"传统,在传统属于我们之前,我们便已经属于传统了。正因为如此,社会主义国家的宗教、宗教组织或宗教团体若要在神学思想建设方面有所作为,它就不能不由挖掘和弘扬其传统及其神学中的积极内容入手。

挖掘和弘扬传统宗教及其神学中的积极内容,充分开发和利用宗教教义、宗教道德、宗教文化中有利于社会和谐、时代进步、健康文明的精神资源,不仅是必要的,而且是可行的。因为人类宗教在其漫长的历史发展中,在其维系社会、创建社会的长期实践中,是积累了当代人类仍然值得借鉴的极其丰富、弥足珍贵的精神资源的。这一点从我国的宗教传统来看是毫无疑问的。

首先,我国的传统宗教及其神学始终保持着与时俱进、与社会共存、共进、共荣的历史轨迹。中国宗教,自远古时代伴随着我国氏族组织和氏族制度产生之日起,就同中国社会和中国文明共同发展。在几万年的历史演进中,虽然在一定程度上也表现出了这样那样的相对的独立性,但是却始终保持了同中国社会发展的大体上的同步性。而且,中国传统社会虽然也同世界各国一样,总的来说,也经历了一个从原始社会开始,中间经历奴隶社会发展到封建社会这样一个发展过程,但是,由于马克思所说的区别于西方古代所有制形式的"小亚细亚所有制形式"的缘故,[①] 无论在其总体上还是在其各个发展阶段都表现出了一些明显区别于西方社会的一些特征。与此相适应,我国传统宗教无论在其总体上还是在其各个阶段也都表现出了一些区别于西方宗教的特征(例

---

① 参阅马克思:"经济学手稿(1857—1858年)",《马克思恩格斯全集》第46卷(上),人民出版社1979年版,第472页。

## 第十三章 依法管理宗教和宗教与社会主义社会相适应

如封建宗法性）。中国宗教的这一传统对当代中国宗教与社会主义社会相适应，投身于具有中国特色的社会主义社会的现代化建设无疑是一笔宝贵的精神财富。

其次，我国的传统宗教及其神学拥有对主流意识形态或官方意识形态认同和趋同的历史惯性。东晋高僧道安（312—385）曾师事西域名僧佛图澄（232—348），后被前秦苻坚迎请至首都长安（今西安），并被赐予"国师"号。他不仅积极为前秦宣昭帝苻坚（338—385；357—385年在位）提供政事咨询服务，而且还积极贯彻苻坚的宗教政策，曾深有感触地说："不依国主，则法事难立"。① 一些宗教学者甚至径直用作为官学的儒学中的"五常"来诠释佛教的"五戒"，宣称："内外两教，本为一体。渐极为异，深浅不同。内典初门，设五种禁，外典仁义礼智信，皆与之符。仁者，不杀之禁也；义者，不盗之禁也；礼者，不邪之禁也；智者，不淫之禁也；信者，不妄之禁也。"② 更值得注意的是，对中国国情持"适应"策略的意大利传教士利玛窦在其著作《天主实义》中也用当时中国社会的主流意识形态即儒家的纲常说教来诠释基督宗教的"圣三位一体"，断言："凡人在宇内有三父：一谓天主，二谓国君，三谓家君也。逆三父之言，为不孝子矣。"③ 作为我国本土宗教的道教，在其发展过程中，虽然与作为官方意识形态的儒学常常保持一定的距离，但是，从总体上

---

① 转引自牟钟鉴、张践：《中国宗教通史》（上），社会科学文献出版社2003年版，第380页。
② 颜之推：《颜氏家训·归心第十六》，中华书局1954年版，第29页。
③ 参阅段德智："从'中国礼仪之争'看基督宗教的全球化与本土化"，《维真学刊》2001年第2期，第26页。

讲，却呈现出一种逐渐趋同的倾向。魏晋时期的《黄庭经》即提出"三丹田"说，强调"炼神"或"存神致虚"；而葛洪（284—364）在《抱朴子·内篇》卷八"释滞"篇中则进而讨论了"兼济""求仙"与"人道"的问题，提出了"内宝养生之道，外则和光于世，治身而身长修，治国而国太平。以六经训俗士，以方术授知音，欲少留则且止而佐时，欲升腾则凌霄而轻举者，上士也"的理想人格。不难看出，这种既出世又入世的理想人格与儒家的理想人格已经十分贴近了。至宋代张伯端（984—1082），更是发展出了"性命双修"的内丹学，用"教虽分之，道乃归一"（《悟真篇》）对道教与作为官方意识形态的儒学相适应或相协调的历史大趋势作出了历史的总结。中国的传统宗教及其神学对主流意识形态或官方意识形态的这种认同或趋同的历史传统无疑会对当代中国宗教积极与社会主义社会相适应产生这样那样的影响。

如果说中国的传统宗教及其神学对主流意识形态的认同和趋同是其入世精神的一种体现的话，那么，中国的传统宗教及其神学积极倡导和努力促成和谐社会，则更其充分地体现了这种精神。如前所述，中国宗教，无论是本土宗教道教，还是外来宗教，如佛教，都是以仁爱和"贵和"思想作为其教义的一项基本内容的。①中国宗教教义中的这种重仁爱、贵和谐的思想无疑是我们构建社会主义和谐社会的重要的精神资源。中国宗教不仅将和谐社会作为自己的社会理想放进自己的教义之中，而且还在中国社会的历史演进中努力践履自己的这种社会理想，前仆后继地为实

---

① 参阅本章第一节。

现这种社会理想而不懈地奋斗。就我国本土宗教道教而言，这一点是相当典型的。我国道教流传至今的最早的经典即为《太平经》。据说，早在汉成帝刘骜（公元前51—前7；公元前33—前7年在位）时，齐人甘忠可就写下了《天官历包元太平经》。这本《太平经》虽然已成佚书，但是，据《汉书·李寻传》，该书是一部具有道教性质的社会改良作品，一部拨乱反正、转乱世为治世的宗教政治性著作。今本《太平经》把这样一种写作意图表达得极其充分。该经产生于东汉末年。按照《太平经》的说法，当时东汉社会，"五星失度，兵革横起，夷狄内侵，自房反叛"，"人民云乱，皆失其居处，老弱负荷，夭死者半"。[1]而作者写作此经书的目的，一如作者自己所说，正在于通过将其献给"有德之君"，以实现其"太平"治世的社会理想。《太平经》虽然是作为"安王之大术"写出来的，但是其所表达的却是中国人民始终怀抱、始终追求的社会理想——一个和谐公正、"治太平均"的社会，一个与《礼记》所阐述的"小康"社会和"大同"社会非常接近的社会。[2]唐朝释玄嶷在《甄正论》中断言该书为"帝王理国之法"；明代白云霁在《道藏目录详注》中谓其"皆以修身养性，保精爱神，内则治身长生，外则治国太平"。此言不诬也。不仅如此，作为道教的最早组织之一的"太平道"，如所周知，于东汉末年在同心奉天的和平改良路线屡屡失效后，最后走上了武装革命的道路，举行了震惊朝野的黄巾起义。尽管如此，太平道的终极旨归却没有因此而发生什么变化。因为黄巾军既然以"苍天已死，黄天当立，岁在甲子，天下大吉"为其基本口号，则其建立一个

---

[1] 王明：《太平经合校》，第576、270页。
[2] 同上书，第192页。

和谐公正、"治太平均"的社会理想("天下大吉")就依然是其社会纲领或政治纲领中的一项中心内容。《太平经》中所阐述的这种和谐公正、"治太平均"的社会理想,一直作为我国宗教及其神学的一项基本理念,鼓舞着和推动着此后中国宗教积极参与我国和谐社会的构建。19世纪中期,当洪秀全(1814—1864)创办"拜上帝会",积极筹备武装起义的时候,鼓舞他前进的正是这样一种"和谐"、"太平"的社会理想。他在《原道醒世训》中曾畅谈了他的理想的社会和社会制度。他写道:"遐想唐、虞、三代之世,有无相恤,患难相救,门不闭户,道不拾遗,男女别塗,选举上德。尧、舜病博施,何分此土彼土;禹、稷忧饥溺,何分此民彼民;汤、武伐暴除残,何分此国彼国;孔、孟殆车烦马,何分此邦彼邦。盖实夫天下凡间,分言之,则有万国,统言之,则实一家。……天下多男子,尽是兄弟之辈;天下多女子,尽是姊妹之群,何得存此疆彼界之私,何得起尔吞我并之念。是故孔丘曰:'大道之行也,天下为公,选贤与能,讲信修睦。……是故奸邪谋闭而不兴,盗窃乱贼而不作,故外户而不闭,是谓大同'。然而乱极则治,暗极则光,天之道也。"[①]洪秀全之所以将自己的武装部队称作"太平军",将其国号称作"太平天国",其原因无不在于昭示其和谐太平的社会理想。诚然,由于当时的社会历史条件所限,无论是东汉末年张角领导的以太平道为背景的黄巾起义,还是清朝末年洪秀全领导的基于拜上帝会的太平天国起义,都终究未能实现其创建和谐太平的社会理想,然而我们就中看到的他们的抱负和志向,却是让人无限感佩的,不仅对于当代中国宗教及其信

---

① 洪秀全:"原道醒世训",罗尔纲:《太平天国文选》,上海人民出版社1956年版,第3—4页。

教群众积极投身于社会主义和谐社会的构建是一种巨大的激励，而且对于所有当代中国人民积极投身于社会主义和谐社会的构建也是一种巨大的鼓舞。

中国宗教的道德伦理思想也曾为中国传统社会的道德伦理建设做出了无可取代的贡献。中国宗教的道德伦理思想之超越世俗道德伦理之处，首先就在于它向人类提供了一种普遍之爱或兼爱的道德伦理范式。毫无疑问，凡世俗伦理道德确实都有其高尚的一面，但是，它们既然是世俗伦理道德，也就难免具有这样那样的俗气：它们的爱其实都是一种"差等之爱"。我国古代的大圣人孟子（约公元前372—前289）在谈到其道德伦理思想时，就曾说过："君子之于物，爱之而弗仁；于民也，仁之而弗亲。亲亲而仁民，仁民而爱物。"[①] 但是，宗教的仁爱思想却远远超出了世俗伦理道德的范围。例如，佛教的伦理道德思想由于提出了"有情世界"概念（一个与"器世界"相对的世界概念），这就把慈悲或泛爱的范围甚至扩充到了动物世界，从而使得我们对人类的普遍慈爱或仁爱获得了一种前所未有的根据。一个人倘若于动物都能慈悲相待，对于人类讲慈悲就变得非常自然了。因此，当我们在佛经中读到"大慈与一切众生乐，大悲拔一切众生苦"（《大智度论》），"一切男子皆是父，一切女人皆是母"（《心地观经》），就丝毫没有造作之感，究其原因，盖出于此。与此相关，中国宗教的道德伦理思想超越世俗道德伦理的地方还表现在它提出了一种"平等"的概念。佛教就有众生平等的观念，而基督宗教也有在上帝面前人人平等的观念。我国东晋佛教学者竺道生（335—424）更是提

---

① 《孟子·尽心上》。

出了"一阐提人皆可成佛"的思想,可以说是对封建等级观念的一种挑战。诚然,在孟子那里,也有"人皆可以为尧舜"的思想,但是,认真分析起来,孟子的"人皆可以为尧舜"与竺道生的"一阐提人皆可成佛"还是有某种区别的。因为孟子的这句话所侧重的是先天的可能性,而竺道生的这句话所侧重的则是后天的可能性;孟子侧重的是人先天具有的"善端"或"善根",而竺道生所侧重的则是由于后天的作为而致使"善根"断掉的人重新成为善人的可能性。况且,孟子的性善论毕竟是以等级观念(如君子、小人、贵人、大人)为理论背景的。最后,宗教伦理道德之超越世俗伦理道德的地方还表现为在于宗教伦理道德的境界似乎更为高远。例如,佛教不仅提出了"诸法无我"的"法印",而且还提出了"三轮体空"的概念。《金刚经》中讲"世人行施,心系果报,是为着相;菩萨行施,了达三轮体空故,能不住于相。"这句经文把宗教伦理道德与世俗伦理道德的差异性相当鲜明地表达出来了。因此,宗教伦理道德给世人提出的是一种毕生都当向往、追求的道德目标和人生境界。宗教伦理道德的这种超越性和高岸性往往是普通世俗伦理道德所缺如的。但是,正因为宗教伦理道德具有这种超越性和高岸性,它便有望对世俗伦理道德有一种其自身难以拥有的推动力和提升力。宗教的这样一种道德伦理功能在社会主义精神文明建设中无疑也会同样发挥其积极的作用。

## 二、"教理革命"乃社会主义国家神学思想建设的历史正命

挖掘和弘扬传统宗教中的积极内容对于社会主义时期宗教神学思想建设虽然如上所述非常重要,但这毕竟只是为社会主义时

期宗教神学思想建设奠定了基础。基础性或前提性的工作固然重要，但毕竟不是整个建设工程的全部，甚至不是整个建设工程的主体内容。社会主义时期宗教神学思想建设工程的主体部分当是当代中国宗教对传统宗教教义或教理作出顺乎历史潮流和时代潮流的新诠释，作出既体现时代精神又适应社会主义社会制度的新诠释。正如在西欧国家由封建社会向资本主义社会过渡或演进的16世纪，路德和加尔文等顺乎历史潮流，分别提出了"因信称义"和"救赎预定论"，提出并论证了新教神学一样，当今时代的社会主义国家既然由资本主义或半封建半殖民地社会步入了社会主义社会，则所在国家的宗教也就应当实施宗教改革，特别是实施教理革命，对其教义和教理作出符合社会变迁的阐释或变革，作出与社会主义社会相适应的阐释或变革，在扬弃传统神学理论的基础上，逐步构建出既具有一定的理论深度也具有一定理论系统性的神学体系。

如前所述，早在民国初期，我国佛教界的领袖人物太虚就提出了"教理革命"的口号。这是我国近现代宗教思想史上一个值得特别注意的大事件。虽然，太虚倡导的"教理革命"如他自己所说，最终还是"失败"了，但是这丝毫无损于他的教理革命的思想光辉。可以说，太虚的教理革命的思想对于我国的宗教神学思想建设来说至今仍有许多值得我们借鉴的地方。太虚的教理革命思想虽然极其丰富，但是，其中最为重要的莫过于他对佛教入世性和人生性的强调。太虚的教理革命思想突出地强调了佛教的入世性。他的"人间佛教"的口号的主旨即在于强调佛教当有的入世性。他之所以倡导"人间佛教"，就是为了改革传统的"西天佛教"，要求佛教信徒以大乘佛教的自利利他的精神，来改善国家的政治、社会、经济，增进人类的互助、互敬，完善社会制度，一句话，就是要"入世"。太虚的教理革命思想中另一个值得注意的地方在于他对佛教人生性的强调。他的"人生宗教"的口号的主旨即在于强调佛教的人生性。他之所以倡导"人生佛教"，就是为了革除传统佛教只讲死不讲生的旧习。我国近代学者魏源（1794—1857）在《老子本义》中，曾经一针见血地指出："老明生而释明死。"我国现代史学家范文澜（1893—1969）也曾批评佛教"专心在死字上做功夫"，"佛学是研究死的学问"。[①] 他们所谈的都是佛教的这样一种旧习。正因为如此，太虚在《人生佛学的说明》的演讲中，曾从佛法和佛教当"适应现代文化"的高度，把以"人类"为中心和以"人生"为中心规定为佛法和佛教的根本义；宣称："佛法虽普为一切有情类，而以适应现代之文化故，当以'人类'为中心而施设契时机之佛学；佛法虽无间生死存亡，而以适应现代之现实的人生化故；当以'求人类生存发达'为中心而施设契时机之佛学，是为人生佛学之第一义。"[②] 也正是从这个意义上，太虚在讨论人生佛教之目的时提出并阐释了"人圆佛成"的新概念，强调"仰止唯佛陀，完成在人格；人圆佛即成，是名真现实"。[③] 因此之故，印顺（1906—2005）在《佛在人间》里，在谈到太虚提倡人生佛教的初衷时写道："中国的佛教末流，一向

---

[①] 范文澜：《中国通史简编》（修订本），第三篇第二册，人民出版社1965年版，第558—559页。

[②] 太虚："人生佛学的说明"，《海潮音》第九卷第六期，第583页；也请参阅《太虚集》，第228页。

[③] 太虚：《即人成佛的真现实论》，《太虚大师全书》，太虚大师全书影印委员会（台北）1970年版，第十篇第47册，《支论》，第427页；参阅方立天："中国佛教净土思潮的演变与归趣"，《法音》2003年第9期。

重视于一死，二鬼，引出无边流弊。大师为了纠正它，所以主张不重死而重生，不重鬼而重人。以人生对治死鬼的佛教，所以以人生为名。"[1]人间佛教和人生佛教的思想，我们虽然可以一直上溯到南禅，上溯到《坛经》中的"佛法在世间，不离世间觉"，但作为一个现代概念和系统学说，无疑为太虚所首创。尤为难得的是，太虚虽然强调佛教的入世性，但却并没有因此而排斥佛教的出世性，虽然强调佛教的人生性，但却没有因此而排斥佛教的神圣性。因为太虚的根本思想是"即人成佛"，是要人"以出世精神，作入世事业"，"以出世心来作入世事"。[2]这种将入世与出世结合起来，坚持走不出而出和出而不出的路子，与我国传统儒学或儒教之"不出而出"和"出而不出"的路子倒是相当契合的。[3]

但是，令人遗憾的是，由于诸多原因，太虚的人间佛教和人生佛教的思想长期以来并没有得到很好的贯彻。新中国成立后，中国佛教协会在赵朴初等宗教领袖领导下，几十年如一日，将佛教"应机弘法"的方针归结为提倡"一种思想"，即"人间佛教积极进取的思想"，以"人间佛教"为社会主义新形势下佛教的基本纲领，不仅赋予了人间佛教这一概念以崭新的内容，而且在更大的活动范围内弘扬了人间佛教的思想。一如时任中国佛教协会会长的赵朴初在总结中国佛教协会三十年工作的报告中所说："我们提倡人间佛教的思想，就要奉行五戒、十善以净化自己，广修

---

[1] 印顺："佛在人间"（光碟版），载《妙云集》，印顺文教基金会，印顺文教基金会1998年版，第18—19页。

[2] 印顺："人间佛教要略"，载《印顺集》，黄夏年主编，中国社会科学出版社1995年版，第165、166页。

[3] 参阅段德智："'不出而出'与'出而不出'——试论孔子死亡哲学的理论特征"，《武汉大学学报》1997年第6期，第8页。

四摄、六度利益人群，就会自觉地以实现人间净土为己任，为社会主义现代化建设这一庄严国土、利乐有情的崇高事业贡献自己的光和热。"[1] 当然，在社会主义条件下建立人间净土，不仅有一个"净"与"秽"的标准问题，而且还有一个"如何入世"的问题，在什么基础上理解"世出世"的问题和"三谛圆融"的问题，以及如何恰当地理解和处理"净土世界"与"人间世界"之间存在的张力问题。在谈到"佛教如何适应社会主义社会"或"佛教适应社会主义社会的途径"这个问题时，昌明（1917—2007）曾提到过三条意见，这就是：人间佛教的提倡和实践是佛教适应社会主义社会的"根本途径"，"劳禅结合"是佛教适应社会主义社会的"基本途径"，"佛学现代化"是成就佛学适应社会主义社会的"有效途径"。值得注意的是，昌明强调了佛学现代化的重要意义，断言：佛学只有"与现代文明结合，审时度势"，"方有发展的前途"。他还特别强调指出："佛学现代化与社会现代化有着融通的积极意义"。他例证说："其一，释迦牟尼创教之时就否定神创神宰，主张众生平等，注重人的价值和主观能动性。这些和现代文明的无神论、人本论很容易协调。其二，释迦牟尼创教核心是缘起的哲学立场，导引出力主主体精神净化。这些对现代文明的逐物不返、破坏生态平衡的反思可起到协调作用。保护环境与佛之缘起是异曲同工，殊途同归。"[2] 佛教的"人间佛教"思想的提出和阐述当是中国佛教新时期宗教神学思想建设的一项最引人注目的成果，对我国当代其他宗教的神学思想建设也当有一定的借鉴意义。

---

[1] 赵朴初："中国佛教协会三十年"，《法音》1983年第6期。

[2] 昌明："论佛教适应社会主义社会"，湖北宗教研究会编：《湖北宗教研究》，段德智主编，湖北人民出版社2004年版，第41页。

## 第十三章　依法管理宗教和宗教与社会主义社会相适应

基督宗教在宗教神学理论现代化方面也作出了持续不断的努力。我国著名的基督教神学家赵紫宸和丁光训等在推进基督教神学理论"处境化"的努力就为我国基督宗教神学思想建设做出了意义重大的贡献。赵紫宸（1888—1979）早年就提出过"社会福音论"和"宗教人格论"。他作为一位神学家，虽然关注"个人福音"，但同时也非常注重"社会福音"，注重基督教对社会的服务和重建。赵紫宸深信"教会乃教会中的教会"，"耶稣基督乃成身之言，教会则是社会中的成身之言。在这种意义上，教会必须在自身中彰显一个良好而且令人满意的社会之本质。其任务也因而是双重的：对内要强化基督临在于团体的意识，对外则要通过它所培养的基督徒改造教会存在于其中的社会。"[1] 因此，"教会自身的成立，便将个人福音与社会福音之间的不两立不并存的性质完全打破。事实是：除却个人灵魂被救赎，社会是不能被救赎的；除却社会本身是良善的、重生的，男女个人皆不能成为良善的与重生的。"[2] 基于这样一种宗教神学观点，赵紫宸明确提出了基督徒作"社会改革家"的主张。他强调说："基督教不是政党，基督徒尽可以作政治工作；基督教不去直接改造社会制度，基督徒尽可以彼此联合作改革家。"[3] 尽管赵紫宸在这里所谈的主要是一个重建中国社会的问题，但其理论方向与当时中国社会的运作方向，特别是与中国共产党人的前进方向，是完全一致的，就此而言，赵

---

[1] T. C. Chao, "The Future of the Church in Social and Economic Thought and Action", *The Chinese Recorder*, July-August, 1938, pp.346—347.

[2] 赵紫宸："基督教的社会性"（续），《真理与生命》，11卷2期，1937年4月，第67—68页。

[3] 赵紫宸："基督教与中国的心理建设"，《真理与生命》，6卷8期，1932年，第10页。

紫宸所倡导的与时俱进的"社会福音论"对于我国的基督教神学思想建设至今还是具有其借鉴意义的。赵紫宸基督教神学思想中还有一个至今仍有借鉴意义的思想，这就是他的"宗教人格论"。赵紫宸虽然倡导"社会福音"，倡导"社会重建"，但是，他始终将其"社会福音论"和"社会重建论"的着眼点放在心理建设上，宣称：基督教的"使命"即在于"为人群建设新的、有力量、有根基的健全的心理"。[①] 然而，在赵紫宸这里，心理建设归根到底是一种人格塑造工作。因为"基督教的能否为中国创造新心理、新精神，全视乎基督教教育的能否感化人格、栽培人格、联络学校与社会的实际生活为断"。[②] "基督教对付一切政治社会，有一个总钥匙。一切皆由人与上帝的道德心灵关系为出发点；一切皆依赖人格；一切皆以创造品格为根基。"[③] 更值得注意的是，赵紫宸在谈到寻求"人生意义"这个话题时，他转而求助于中国的传统文化，求助于儒家、墨家的天命观和圣贤神正论，求助于孔子的"不可为而为之"，求助于墨子的顺天志、足才用，求助于孟子的"天将降大任于斯人也，必先苦其心志，劳其筋骨"；断言："文化上一切陈迹，莫不由痛苦，莫不由人生的不满意而造成。……人的作为，没有一件不是因要超脱限制而发生的。"[④] 所有这些都是我国当代宗教神学思想建设值得认真借鉴的。丁光训（1915—2012）主教继往开来，在我国基督教的"处境化神学"的建设中

---

[①] 赵紫宸："基督教与中国的心理建设"，《真理与生命》，6卷8期，1932年，第10页。

[②] 同上书，第14页。

[③] 赵紫宸："学运信仰与使命的我解"，《真理与生命》，9卷8期，1936年1月，第462页。

[④] 赵紫宸：《基督教哲学》，中华基督教文社1926年版，第191页。

作出了杰出的贡献。早在20世纪80年代初,他就与我国宗教学界的学者们一起,批判了"宗教鸦片论",谴责在80年代"仍然抱着马克思的'宗教是鸦片'这一就阶级社会而言的断语,作为'放之四海而皆准'的永恒不变的真理"的"少数从事宗教研究的权威",说他们搞的是"本本主义","根本无视各国文化的不同,无视宗教所处时代所起作用的不同",呼吁宗教界和宗教学界"摆脱本本主义,代之以实事求是的研究方法"。① 其后,丁光训主教坚定不移地致力于我国基督教的"处境化神学"建设,作出了多方面的成就。首先,在上帝观上,他提出"上帝是爱"的著名命题,强调上帝"最重要最根本的属性"是"他的爱";② 他还根据中国文化讲"严父"、"慈母"的传统,强调上帝既有父亲的属性也有母亲的属性。③ 在基督论上,他提出"宇宙的基督"的观点,作为"上帝是爱"的延伸,吸收怀特海的"过程哲学"、夏尔丹的广义进化论思想以及托马斯·阿奎那"恩典成就自然"的思想,把宇宙的创造、维护、救赎、圣化到终极的完成,都作为上帝藉着基督工作的全过程;让开一千多年围绕着"迦西敦公式"关于基督的"完全神性和完全人性"的微妙争论,纠正传统基督论只谈救赎不谈创造的片面性和狭隘性。④ 在人性论上,丁光训主教同情中国文化中"人性本善"的思想,提出人是"上帝创造的半成品",是"参与上帝创造的同工"等观点,既强调救赎的必要,又

---

① 参阅丁光训:《丁光训文集》,译林出版社1998年版,第422—434页。也请参阅段德智:"关于'宗教鸦片论'的'南北战争'及其学术贡献",《复旦学报》2008年第5期,第84—89页。
② 参阅丁光训:"上帝是爱",《丁光训文集》,第56页。
③ 同上书,第113页。
④ 同上书,第275—278页。

强调人的道德责任和发展的可能。① 丁光训主教对于我国基督教神学思想建设的另一个重大贡献在于他不仅自己为我国基督教神学思想建设呕心沥血，而且还以中国基督教三自爱国运动委员会名誉主席和中国基督教协会名誉会长的身份向"两会"建言，推动两会于 1998 年 11 月在济南会议上通过了"加强神学思想建设"的决定。

中国天主教由于其宗教本身的特殊性质，虽然其适应中国国情的神学思想建设尚不够系统，但也作出了令人瞩目的成绩，积累了宝贵的经验。早在 20 世纪初期，一些爱国天主教徒就提出了天主教"中国化"或"本地化"的问题，尽管当时的中国天主教总体上依然是"以梵为体，以中为用"，当时的"中国化"或"本地化"的讨论主要也只是限于教会论方面，但是却也蕴含了一定的神学思辨内容。新中国成立后，中国天主教关于"自治、自养、自传"，建立新型的天主教会以及"民主办教"的提法，也都蕴含有一定的神学思想内涵。考虑到地方教会自治的原则主要是在 20 世纪 60 年代召开的梵二会议上确定下来的，考虑到世界各地的教会自治以及与此相应的"处境神学"或"本地化神学"主要地也是在梵二会议之后才开展和发展起来的这样一个事实，当代中国天主教的三自运动和民主办教原则从世界范围看便有开风气之先的意义和价值。香港基督宗教研究专家陈剑光（Kim-Kwong Chan）在其《迈向处境教会学》(*Towards A Contextual Ecclesiology*) 一书中断言："从当前处境神学的价值观来看，中国教会所形成的教会学是极有价值的，因为它是处境神学的活样板。

---

① 参阅丁光训："上帝是爱"，《丁光训文集》，第 278 页。

从中国教会的经验中，可以获得关于神学处境化的许多宝贵的价值观。"①

中国伊斯兰教在神学思想建设方面长期以来一直注重适应中国社会和中国传统文化，倡导"隔教不隔理"。早在明清之际，我国回族穆斯林学者王岱舆（约1570—1660）就"通习四教"（伊斯兰教和儒、释、道），"会同东西"。他在其《正教真诠》和《清真大学》中"以儒解回"，把儒家宋明理学思想与伊斯兰教义相调和，彼此印证，相得益彰。例如，在创世说上，以伊斯兰化的新柏拉图主义的"流溢说"与周敦颐的太极图说相结合；在认主学上，吸收儒家"明德之源"的思想和佛教的"佛性"说，丰富了"真赐"（信仰）的涵义；用儒家的"体用"、"本末"思想阐发本体论；并用"三一"（真一、数一、体一）学说把伊斯兰教的创世说、本体说和认识说统一起来，比较系统地阐述了他的宗教哲学体系。新中国成立后，中国伊斯兰教在神学思想建设中继承发扬了这样一种"适应"传统。改革开放以后，特别是自20世纪90年代起，广泛开展了"解经"活动和讲"新卧尔兹"活动，把中国伊斯兰教神学思想建设提升到了一个新的阶段。为了使全国范围的讲新卧尔兹活动组织化、系统化、规范化，为了使"解经"工作得到深入、有序的开展，中国伊斯兰教协会还专门建立了权威的教义解释组织，动员和组织国内高水平的伊斯兰教著名人士，紧密结合中国国情、结合当代中国穆斯林在宗教生活和社会生活中遇到的问题，努力对伊斯兰教经典作出既符合教义、教规精神，又符合时代发展和中国国情的阐释。例如，"吉哈德"的原意并不

---

① 转引自何光沪主编：《宗教与当代中国社会》，中国人民大学出版社2006年版，第361页。

是有些别有用心的人所说的"要圣战"的意思，而是"为伊斯兰教而奋斗"的意思。这种诠释就不仅符合时代的发展和中国国情，而且也符合《古兰经》的原意。因为"伊斯兰"就是和平、顺从的意思；而且《古兰经》中就有"信道的人们啊！你们当全体进入和平教中"的经文。①再如，《古兰经》中有"你应当借真主赏赐你的财富而营谋后世的住宅，你不要忘却你在今世的定分"的经文，②我国伊斯兰教发挥伊斯兰教的这种两世观的思想，提出了"两世吉庆"的观点，鼓励穆斯林在完成必要的宗教功修之后，作为一名劳动者积极参加国家的各项建设，乃至经商、种地等活动，以谋取今世的定分，过幸福美满的生活。毫无疑问，我国伊斯兰教的这样一种"解经"活动为我国伊斯兰教进一步与社会主义社会相适应提供了坚实的思想基础和信仰支撑。

作为我国本土宗教的道教历来"重生贵生"，注重乐生与济世，具有出世而入世的生活情怀与追求。当代道教完全秉承了这一优良传统。早在民国期间，我国近世著名的道教学者陈樱宁（1880—1969）就提出了在"学理"上"重研究不重崇拜"、在"功夫"上"尚实践不尚空谈"，在"思想"上"要积极不要消极"、在"事业"上"贵创造不贵模仿"的"新仙学"，宣称："道家学术，即是治国平天下之学术，含义甚广，不可执一端而概其全体。"③更为难能的是，在陈樱宁担任中国道教协会领导人期间，"研究道教学术和培养道教知识分子"被规定为中国道协的"中心任务"。改革开放以来，一些道教界人士和道教学者更加注重对道

---

① 《古兰经》2∶208。
② 《古兰经》28∶77。
③ 陈樱宁：《道教与养生》，华文出版社2000年版，第6页。

教教义作出与社会主义社会相适应的比较系统的阐释，对其"天庭神学"、"人世神学"、"境界神学"、"恩惠神学"、"和合神学"和"修炼神学"分别作了比较深入的研究，努力构建一个以"道"和"德"这一道教的"根本教理及核心信仰"为核心和基础的比较完整的道教教义思想体系。2000 年，中国道教协会副会长张继禹（1962— ）道长在其一篇题为《践行生活道教，德臻人间仙境》的学术报告中提出并论证了"生活道教"这一当代理念，强调"生活道教是道教的固有传统"，"生活道教是当代道教的根本宗趣"。① 尽管生活道教的理念还需要系统化和深化，但是，这一理念完全有望与"人间佛教"、"处境化神学"和"两世吉庆"一起，构成当代中国神学思想建设的一项重要内容。

## 三、神学思想建设的一项长期任务：去伪匡正，反对邪教

反对邪教是社会主义时期诸宗教神学思想建设的一项重大任务。反对邪教虽然并不只是宗教界的事情，但是，宗教界反对邪教却具有特别重大的意义。宗教界反对邪教不仅是社会主义国家反对邪教斗争的一个组成部分，而且还是其中一个极其重要的不可或缺的部分。其所以如此，不只是因为宗教界人士和信教群众在我国人口中占有相当的比例，更重要的还在于惟有宗教界人士反对邪教才能更好地从宗教内在本质的层面深入批判邪教，才能更好地收到一箭双雕的效果：一方面更有力地打击邪教，另一方

---

① 张继禹：《践行生活道教，德臻人间仙境——关于道教与现实社会生活的探讨》，叶至明主编：《道教与人生》，宗教文化出版社 2002 年版，第 2—17 页。

面使社会主义诸宗教在反对邪教的斗争中更加健康地沿着同社会主义相适应的方向前进，使社会主义国家的宗教信仰自由政策得到更加全面彻底的贯彻，使社会主义国家诸宗教的神学思想建设沿着正确的轨道不断前进。

宗教界反对邪教对于宗教自身发展和神学思想建设的重大意义是不言自明的。这是因为不破不立，不塞不留，乃宇宙万物发展的一条普遍规律，自然也是宗教发展和神学思想发展的一条无可更易的规律。全真高道张三丰（1247—？）曾经说过："古今有两教，无三教。悉有两教？曰正曰邪。……圣人之教，以正为教。若非正教，是名邪教。"① 既然如此，我们也就只能在反对邪教的斗争中加强宗教自身的建设和神学思想建设，只能在"去伪"中加以"匡正"。诚然，"去伪"与"匡正"是辩证的统一：一方面，不"匡正"不足以"去伪"；另一方面，不"去伪"也不足以"匡正"。但是，无论如何，在去伪与匡正的互存互动中，去伪始终处于更基本的方面，或者说，它始终是矛盾的主导方面。因为离开去伪的匡正永远只能是"匡而不正"。从这个意义上，我们不妨说，去伪是宗教反对邪教的首要目标或基本任务。然而，邪教的"邪"和"伪"最根本的就在于它所具有的反人类、反社会的本质。因此，宗教若不坚持反对邪教，就不足以彰显自身的社会本质，就不可能充分发挥自身的维系社会和创建社会的功能，也就因此而模糊了宗教与邪教的界限，从而致使宗教的神学思想走入歧途。

反对邪教要有长期作战的思想。这是因为邪教在社会主义国

---

① 张三丰：《张三丰全集》，方春阳点校，浙江古籍出版社1990年版，第123页。

家的存在和蔓延并不是一件偶然的事情,而是有其深刻的社会文化根源的。[①]

首先,邪教在社会主义国家的存在和蔓延是有其国际背景或国际根源的。据不完全统计,现在世界上大约有 3000 多个邪教组织,其信徒约有 600 万至 1000 万之多。其中,影响特别恶劣的,在美国有"人民圣殿教",在瑞士有"太阳圣殿教";在日本有"奥姆真理教";在白俄罗斯有"大白兄弟会";在韩国有"统一教会"。这些邪教组织的存在和泛滥,无疑对社会主义国家邪教的滋生和蔓延有着重大影响。

其次,邪教在社会主义国家的存在和蔓延在国内也有其深刻的社会根源。例如,自 80 年代以来,我国初步结束了持续达 30 年之久的"以计划经济为主"和"以阶级斗争为纲"的时代,进入了经济转轨和社会转型的双重变革时代:由以阶级斗争为纲转向以经济建设为主,以计划经济为主转向以市场经济为主,由以社会本体和单位本体为主转向参与社会竞争的个人本体为主。这样一种社会转型,不仅在一个时期削弱了原有的社会规范和社会控制,而且使现有的社会控制体系面临种种新的挑战。新的社会基本控制力量(制度和体制)由于其在所难免的不完善,而不能有效地进行社会整合,无法真正规范社会成员的观念和行为模式。同时,在这样的社会转型时期,新的价值观念势必不断趋于强劲,各种价值观念势必呈多元并存和相互冲突的态势。所有这些从积极的层面看,无疑会增大价值主体进行选择的自由度,但若从消极的层面看则无疑会为价值观念的失范提供某种社会基础或社会

---

[①] 参阅段德智:"试论当代中国邪教滋生、蔓延的社会文化根源",《世界宗教研究》2001 年第 3 期,第 18—24 页。

背景，为种种邪教歪理邪说的泛滥以及各种邪教的猖獗活动提供诸多机遇或便利。

第三，社会主义国家邪教的孳生和蔓延不仅有其国际根源、社会根源，而且还有其深刻的历史根源。例如，在我国，当代邪教孳生和蔓延的历史根源不是别的，首先就是在经济结构上自然经济在我国长期占主导地位，在社会结构上以亲缘关系为基础的宗法性组织——宗族或家族制度长期存在。众所周知，在西方，在古代希腊，由于种种原因，当社会进入奴隶制时期，商品经济就有了一定程度的发展。至中世纪后期，自由城市商品经济的发展业已形成一定规模。至 17 世纪之后，商品经济在一些先进国家里相继取得主导地位。而中国则不同，长期以来，自给自足的自然经济一直占主导地位。"农民不但生产自己需要的农产品，而且生产自己需要的大部分手工业品。地主和贵族对于从农民剥削来的地租，也主要地是自己享用，而不是用于交换。"① 至明清时代，商品经济虽然有了一定的发展，但在整个经济中始终没有起决定的作用。即使在"文化大革命"中极力倡导和推行的"五七道路"，也或多或少地带有"自然经济"的历史遗迹。这样一种历史背景，就使得我国的相当一部分国民，特别是农民，对我国当前向商品经济和市场经济的转型以及由此带来的生活方式的转变一时不太容易适应，从而给邪教的孳生和蔓延带来种种可乘之机。此外，既然从历史上看，中国社会在经济结构方面自然经济长期占主导地位，在社会结构方面，以亲缘关系为基础的宗法性组织——宗族或家族制度长期存在，这就为个人迷信或教首崇拜

---

① 《毛泽东选集》第 2 卷，人民出版社 1964 年版，第 618 页。

准备了必要的文化土壤和社会土壤。我们知道,在19世纪中叶的法国革命中,"才能平庸"的路易·波拿巴竟然成了支配整个法国政治局面的"英雄"。马克思在《路易·波拿巴的雾月十八日》中在解释这一历史之谜时曾经依据唯物史观深刻地揭示了作为深深植根于小块土地所有制的土壤之中的法国农民的阶级局限性:"由于各个小农彼此间只存在有地域的联系,由于他们利益的同一性并不使他们形成任何的共同关系,形成任何的全国性的联系,形成任何一种政治组织,所以他们就没有形成一个阶级。因此他们不能以自己的名义来保护自己的阶级利益,无论是通过议会或通过国民公会。他们不能代表自己,一定要别人来代表他们。他们的代表一定要同时是他们的主宰,是高高站在他们上面的权威……"[①] 既然如此,则在我们这样一个国度里,一部分人在一个时期里表现出一种近乎狂热的"教首崇拜",就是一件并非难以理解的事情了。既然在一个时间里,我国一部分地区社会结构失范,基层权利弱化,单位功能蜕化,则一些人寻求邪教势力来"代表自己"也就有其某种必然性了。由此也可看出,批判邪教的斗争,的确是一件巨大的系统社会工程,离开了经济制度和社会政治制度的进一步改革和完善,离开了对旧思想和旧观念的彻底批判,反对邪教的斗争是不可能取得彻底胜利的。

---

[①]《马克思恩格斯全集》第8卷,人民出版社1965年版,第217页。

# 主要参考文献

（以作者姓氏的汉语拼音或英文字母为序）

## 一、中文部分（含中文译本）：

《五十奥义书》修订本，徐梵澄译，中国社会科学出版社1995年版。

托马斯·阿奎那:《神学大全》第1集，第1卷，段德智译，商务印书馆2013年版。

托马斯·阿奎那:《神学大全》第1集，第2卷，段德智译，商务印书馆2013年版。

托马斯·阿奎那:《神学大全》第1集，第6卷，段德智译，商务印书馆2013年版。

托马斯·阿奎那:《反异教大全》，第1卷，段德智译，商务印书馆2017年版。

爱因斯坦:《爱因斯坦文集》第1卷，许良英、范岱年编译，商务印书馆1977年版。

爱因斯坦:《爱因斯坦文集》第3卷，许良英、赵中立、张宣三编译，商务印书馆1977年版。

托马斯·F.奥戴、珍妮特·奥戴·阿维德:《宗教社会学》，刘润忠等译，中国社会科学出版社1990年版。

奥古斯丁:《忏悔录》，周士良译，商务印书馆1981年版。

海因里希·奥特:《不可言说的言说》，林克、赵勇译，生活·读书·新知三联书店1995年版。

鲁道夫·奥托:《论"神圣"》，成穷、周邦宪译，四川人民出版社2003

年版。

伊安·G. 巴伯:《科学与宗教》,阮炜、曾传辉、陈红炬、陈昆路译,阮炜校,四川人民出版社 1993 年版。

彼得·贝格尔:《神圣的帷幕》,高师宁译,上海人民出版社 1991 年版。

彼得·贝格尔:《天使的传言》,高师宁译,中国人民大学出版社 2003 年版。

罗伯特·N. 贝拉:《德川宗教:现代日本的文化渊源》,王晓山、戴茸译,生活·读书·新知三联书店 1998 年版。

雅各布·布克哈特:《意大利文艺复兴时期的文化》,何新译,马香雪校,商务印书馆 1983 年版。

列维-布留尔:《原始思维》,丁由译,商务印书馆 2009 年版。

陈来:《古代宗教与伦理》,生活·读书·新知三联书店 1996 年版。

陈樱宁:《道教与养生》,华文出版社 2000 年版。

池田大作、B. 威尔逊:《社会与宗教》,梁鸿飞、王健译,四川人民出版社 1996 年版。

戴康生、彭耀主编:《宗教社会学》,社会科学文献出版社 2000 年版。

克里斯托弗·道森:《宗教与西方文化的兴起》,长川某译,四川人民出版社 1989 年版。

保罗·蒂里希:《蒂利希选集》(上),何光沪选编,上海三联书店 1999 年版。

保罗·蒂里希:《蒂利希选集》(下),何光沪选编,上海三联书店 1999 年版。

丁光训:《丁光训文集》,译林出版社 1998 年版。

杜维明:《〈中庸〉洞见》,段德智译,林同奇校,人民出版社 2008 年版。

爱弥儿·杜尔凯姆:《宗教生活的基本形式》,渠东、汲喆译,上海人民出版社 1999 年版。

爱弥儿·杜尔凯姆:《社会学研究方法论》,胡伟译,华夏出版社 1988 年版。

段德智:《邪教不是宗教》,武汉:湖北人民出版社 2001 年版。

段德智:《宗教概论》,人民出版社 2005 年版。

## 主要参考文献

段德智:《宗教与社会》,中国文史出版社2005年版。
段德智:《新中国宗教工作史》,人民出版社2013年版。
段德智:《哲学的宗教维度》,商务印书馆2014年版。
段德智:《中世纪哲学研究》,人民出版社2014年版。
段德智主编:《境外宗教渗透与苏东剧变研究》,人民出版社2015年版。
段德智:《境外宗教渗透论》,经济科学出版社2016年版。
段德智:"简论中国传统哲学的准宗教性格",《场与有》(4),吴根友、邓晓芒、郭齐勇编,武汉大学出版社1997年版。
段德智:"二十一世纪中国宗教学前景展望",《现代传播》1997年第1期。
段德智:"从存有的层次性看儒学的宗教性",《哲学动态》1999年第7期。
段德智:"试论西方宗教哲学的人学化趋势及其历史定命",《哲学研究》1999年第8期。
段德智:"试论希克的多元论假设的乌托邦性质——对21世纪基督宗教对话形态的一个考察",载《宗教哲学》(台湾)2001年第7期。
段德智:"从'中国礼仪之争'看基督宗教的全球化与本土化",[加拿大]《维真学刊》2001年第2期。
段德智:"试论当代中国邪教滋生、蔓延的社会文化根源",《世界宗教研究》2001年第3期。
段德智:"实现宗教管理现代化的基本方略",《济南市行政学院学报》2001年第4期。
段德智:"试论宗教对话的层次性、基本中介与普遍模式",《武汉大学学报》2002年第4期。
段德智:"从全球化的观点看儒学的宗教性:兼评哈佛汉学家的世界情怀",载刘海平主编:《文明对话:本土知识的全球意义》,上海外语教育出版社2002年版。
段德智:"'全球化道教'与'道教化全球'",《世界宗教文化》2003年第1期。
段德智:"从儒学的宗教性看儒家的主体性思想及其现时代意义",《华中科技大学学报》2003年第3期。
段德智:"试论现代西方基督宗教伦理思想的历史演绎、多元发展与理论困难",《武汉大学学报》2004年第4期。

段德智:"树立宗教学意识乃推进我国宗教学研究的当务之急",《武汉大学学报》2006年第4期。

段德智:"试论宗教学概念的基本内涵及其对宗教学研究的规范功能",《武汉大学学报》2006年第4期。

段德智:"关于'宗教鸦片论'的'南北战争'及其学术贡献",《复旦学报》2008年第5期。

段德智:"'全球宗教哲学的本体论'之争及其学术意义",《浙江学刊》2008年第5期。

段德智:"近30年来的'儒学是否宗教'之争及其学术贡献",《晋阳学刊》2009年第6期。

段德智:"试论宗教的文学艺术功能",《华中科技大学学报》2011年第1期。

段德智:"文化自觉与文化攀附和文化自省:从当代新儒家儒学宗教性讨论及其缺失谈起",《华中科技大学学报》2012年第2期。

段德智:"论中国基督宗教'有限自养'说的历史发展背景及政治实质",《世界宗教研究》2012年第3期。

段德智:"哲学的宗教维度与哲学动力学",《外国哲学》2012年第26辑。

段德智:"新中国宗教工作的曲折历程、主要成就和基本经验",《武汉科技大学学报》2013年第3期。

段德智:"作为一种文化形态与一种意识形态的宗教——对我国宗教本质属性争论的一个反思",《马克思主义与现实》2013年第4期。

段德智:"试论宗教与科学的关系及宗教的科学功能",《华中科技大学学报》2013年第4期。

段德智:"宗教殖民主义及其哲学基础",《世界宗教研究》2014年第2期。

段德智:"试论宗教与哲学关系的历史演绎及宗教的哲学功能",《华中科技大学学报》2014年第5期。

段德智:"我们是如何思考和写作〈境外宗教渗透与苏东剧变研究〉的",《科学与无神论》2016年第2期。

方立天、何光沪、赵敦华、卓新平:"中国宗教学研究的现状与未来——

宗教学研究四人谈",《中国人民大学学报》2002年第4期。
费尔巴哈:《基督教的本质》,荣震华译,商务印书馆1984年版。
费尔巴哈:《宗教的本质》,王太庆译,人民出版社1999年版。
费尔巴哈:《费尔巴哈哲学著作选集》(上下卷),荣震华、王太庆、刘磊译,商务印书馆1984年版。
冯友兰:《中国哲学简史》,北京大学出版社1998年版。
詹·乔·弗雷泽:《金枝》,徐育新、汪培基、张泽石等译,汪培基校,中国民间文艺出版社1987年版。
傅有德等:《现代犹太哲学》,人民出版社1999年版。
傅有德等:《犹太哲学史》(上下卷),中国人民大学出版社2008年版。
国家宗教事务局政策法规司编:《宗教法规规章制度汇编》,宗教文化出版社2010年版。
海因里希·海涅:《论德国宗教和哲学的历史》,海安译,商务印书馆1974年版。
何光沪主编:《宗教与当代中国社会》,中国人民大学出版社2006年版。
黑格尔:《宗教哲学》上卷,魏庆征译,中国社会出版社1999年版。
塞缪尔·亨廷顿:《文明的冲突与世界秩序的重建》,周琪、刘绯、张立平、王圆译,新华出版社2002年版。
黄心川主编:《世界十大宗教》,北京:东方出版社1988年版。
R. 霍伊卡:《宗教与现代科学的兴起》,钱福庭、丘仲辉、许列民译,四川人民出版社1991年版。
海伦·加德纳:《宗教与文学》,沈弘、江先春译,四川人民出版社1981年版。
金宜久主编:《伊斯兰教概论》,青海人民出版社1987年版。
孔汉思、库舍尔编:《全球伦理:世界宗教议会宣言》,何光沪译,四川人民出版社1997年版。
尼古拉·库萨:《论隐秘的上帝》,李秋零译,生活·读书·新知三联书店1996年版。
莱布尼茨:《神正论》,段德智译,商务印书馆2016年版。
利玛窦:《利玛窦中文著译集》,朱维铮主编,复旦大学出版社2001年版。

李申:《中国儒教史》(上卷),上海人民出版社 1999 年版。

李天纲:《中国礼仪之争》,上海古籍出版社 1998 年版。

詹姆斯·C. 利文斯顿:《现代基督教思想》(上下卷),何光沪译,赛宁校,四川人民出版社 1999 年版。

列宁:《列宁全集》第 12 卷,人民出版社 1987 年版。

列宁:《列宁全集》第 17 卷,人民出版社 1988 年版。

列宁:《列宁选集》第 2 卷,人民出版社 1972 年版。

刘小枫主编:《20 世纪西方宗教哲学文选》(上中下册),上海三联书店 1991 年版。

约翰·洛克:《论宗教宽容》,吴云贵译,商务印书馆 2002 年版。

吕大吉:《宗教学通论新编》,中国社会科学出版社 1998 年版。

吕大吉:"正确认识宗教问题的科学指南:重读马克思《〈黑格尔法哲学批判〉导言》",《世界宗教研究》1981 年第 3 期。

吕大吉:"宗教是一种社会文化体系",《社会科学战线》2007 年第 6 期。

里昂·罗斑:《希腊思想和科学精神的起源》,陈修斋译,段德智修订,广西师范大学出版社 2003 年版。

罗广武:《新中国宗教工作大事概览》,华文出版社 2001 年版。

伯特兰·阿·威·罗素:《为什么我不是基督徒》,商务印书馆 1982 年版。

罗竹风、陈泽民:《宗教学概论》,华东师范大学出版社 1991 年版。

罗竹风主编:《人·社会·宗教》,上海社会科学院出版社 1995 年版。

马克思:《1844 年经济学哲学手稿》,人民出版社 2000 年版。

马克思和恩格斯:《马克思恩格斯选集》中文第 2 版第 1 卷,人民出版社 1995 年版。

马克思和恩格斯:《马克思恩格斯选集》中文第 2 版第 2 卷,人民出版社 1995 年版。

马克思和恩格斯:《马克思恩格斯选集》中文第 2 版第 3 卷,人民出版社 1995 年版。

马克思和恩格斯:《马克思恩格斯选集》中文第 2 版第 4 卷,人民出版社 1995 年版。

马林诺夫斯基:《文化论》,费孝通等译,中国民间文艺出版社 1987 年版。

## 主要参考文献

马林诺夫斯基:《科学的文化理论》,黄建波等译,张海洋校,北京:中央民族大学出版社1999年版。

摩西·迈蒙尼德:《迷途指津》,傅有德、郭鹏、张志平译,山东大学出版社1998年版。

朱根·穆尔特曼:《被钉十字架的上帝》,阮炜等译,上海三联书店1997年版。

麦克斯·缪勒:《宗教的起源与发展》,金泽译,陈观胜校,上海人民出版社1989年版。

麦克斯·缪勒:《宗教学导论》,陈观胜、李培茱译,上海人民出版社2010年版。

牟钟鉴、张践:《中国宗教通史》(上下卷),社会科学文献出版社2003年版。

莱·尼布尔:《道德的人与不道德的社会》,蒋庆、王守昌、阮炜、牛振辉、黄世瑞、彭学云译,陈维政校,贵州人民出版社1998年版。

保罗·尼特:《宗教对话模式》,王志成译,中国人民大学出版社2004年版。

保罗·尼特:《一个地球,多种宗教》,王志成、思竹、王红梅译,宗教文化出版社2003年版。

欧阳竟无:《欧阳竟无集》,黄夏年编,中国社会科学出版社1995年版。

塔尔科特·帕森斯:《现代社会的结构与过程》,梁向阳译,光明日报出版社1988年版。

钱穆:《文化学大义》,正中书局1983年版。

秦家懿、孔汉思:《中国宗教与基督教》,吴华译,三联书店(香港)1989年版。

罗伯特·塞尔茨:《犹太的思想》,赵立行、冯玮译,上海三联书店1994年版。

威尔弗雷德·坎特维尔·史密斯:《宗教的意义与终结》,董江阳译,中国人民大学出版社2005年版。

迈尔威利·斯图沃德编:《当代西方宗教哲学》,周伟驰、胡自信、吴增定译,赵敦华审定,北京大学出版社2001年版。

理查德·斯温伯恩:《试论当代宗教哲学的历史背景和主要论域》,段德智译，欧阳康校,《世界哲学》2005年第3期。

孙尚扬:《宗教社会学》,北京大学出版社2001年版。

唐逸:"过程神正论",《哲学研究》1995年第9—10期。

爱德华·泰勒:《原始文化》,连树声译,谢继胜等校,广西师范大学出版社2005年版。

太虚:《太虚集》,黄夏年主编,中国社会科学出版社1995年版。

太虚:《太虚大师全书》,太虚大师全书影印委员会1970年版。

汤因比:《历史研究》上册,曹未风等译,上海人民出版社1986年版。

汤因比、池田大作:《展望二十一世纪——汤因比与池田大作对话录》,荀春生、朱继征、陈国樑译,国际文化出版公司1985年版。

加里·特朗普:《宗教起源探索》,孙善玲、朱代强译,四川人民出版社1995年版。

恩斯特·特洛尔奇:《基督教理论与现代》,朱雁冰、刘宗坤等译,汉语基督教文化研究所1998年版。

C. A. 托卡列夫:《世界各民族历史上的宗教》,魏庆征译,中国社会科学出版社1985年版。

C. A. 托卡列夫等主编:《澳大利亚和大洋洲各族人民》,李毅夫等译,生活·读书·新知三联书店1960年版。

王明:《太平经合校》,中华书局1960年版。

王志成:《和平的渴望——当代宗教对话理论》,宗教文化出版社2003年版。

马克斯·韦伯:《新教伦理与资本主义精神》,于晓、陈维纲等译,生活·读书·新知三联书店1996年版。

马克斯·韦伯:《儒教与道教》,王荣芬译,商务印书馆1999年版。

马克斯·韦伯:《宗教社会学》,康乐、简惠美译,广西师范大学出版社2005年版。

马克斯·韦伯:《印度的宗教——印度教与佛教》,康乐、简美惠译,广西师范大学出版社2005年版。

魏源:《老子本义》,上海书店1987年版。

吴永年、季年:《当代印度宗教研究》,上海外语教育出版社1998年版。

# 主要参考文献

埃里克·J.夏普:《比较宗教学史》,吕大吉、何光沪、徐大建译,上海人民出版社1988年版。

约翰·希克:《宗教之解释——人类对超越者的回应》,王志成译,四川人民出版社1998年版。

约翰·希克:《信仰的彩虹:与宗教多元主义批评者的对话》,王志成译,江苏人民出版社1999年版。

格奥尔格·西美尔:《宗教社会学》,曹卫东译,上海人民出版社2003年版。

谢扶雅:《宗教哲学》,山东人民出版社1998年版。

伊·尼·亚布洛科夫:《宗教社会学》,王孝云、王学富译,王学富校,四川人民出版社1989年版。

米尔恰·伊利亚德:《神圣与世俗》,王建光译,华夏出版社2002年版。

印顺:《印顺集》,黄夏年主编,中国社会科学出版社1995年版。

罗纳德·L.约翰斯通:《社会中的宗教》,尹今黎、张蕾译,四川人民出版社1991年版。

徐怀启:《古代基督教史》,华东师范大学出版社1988年版。

许志伟:《基督教神学思想导论》,中国社会科学出版社2001年版。

威廉·詹姆斯:《宗教经验种种:人性之研究》,唐钺译,商务印书馆2002年版。

张三丰:《张三丰全集》,方春阳点校,浙江古籍出版社1990年版。

张绥:《基督教会史》,上海三联书店1992年版。

赵敦华:《基督教哲学1500年》,人民出版社1994年版。

赵紫宸:《基督教哲学》,中华基督教文社1926年版。

章太炎:《章太炎集、杨度集》,黄夏年主编,中国社会科学出版社1995年版。

张志刚:《走向神圣》,人民出版社1995年。

张志刚:《宗教哲学研究》,中国人民大学出版社2003年版。

中共中央统战部研究室编:《历次全国统战工作会议概况和文献》,档案出版社1988年版。

中共中央马克思、恩格斯、列宁、斯大林著作编译局编:《马克思、恩格斯、列宁、斯大林论宗教和无神论》，人民出版社 1999 年版。

中共中央文献研究室综合研究组、国务院宗教事务局政策法规司编：《新时期宗教工作文献选编》，宗教文化出版社 1995 年版。

中国社会科学院世界宗教研究所编译：《苏联宗教政策》，中国社会科学出版社 1980 年版。

周恩来：《周恩来统一战线文选》，人民出版社 1984 年版。

卓新平：《宗教理解》，社会科学文献出版社 1999 年版。

## 二、英文部分：

Masao Abe, "Man and Nature in Christianity and Buddhism", in *The Buddha Eye*, ed. Frederick Franck, New York: Crossroad, 1982.

Thomas Aquinas, *Summa Contra Gentiles*, Book 2, Tr. by James F. Anderson, London: University of Notre Dame Press, 1994.

Mahmoud Ayoub, *The Qur'an and Its Interpreters*, Albany, NJ: State University of New York Press, 1984.

Karl Barth, *Church Dogmatics*, Edinburgh: Clark, 1956.

C. J. Bleeker, *The Sacred Bridge: Researches into the Nature and Structure of Religion*, Leiden: E. J. Brill, 1963.

Dietrich Bonhoeffer, *Prisoner for God: Letters and Papers from Prison*, New York: The Macmillan Company, 1954.

Rudolf Bultmann, *Jesus Christ and Mythology*, New York: Charles Scribner's Sons, 1958.

Rudolf Bultmann, *History and Eschatology*, Edinburgh: Edinburgh University Press, 1957.

Edwin A. Burtt, *The Metaphysical Foundations of Modern Science*, New York: The Humanities Press Inc., 1951.

Harvey Cox, *The Secular City*, New York: The Macmillan Company, 1965.

Christopher Dawson, *Dynamics of World History*, LaSalle, IL: Sherwood Sugden Co., 1978.

Emille Durkheim, *The Elementary Forms of the Religious Life*, trans. Joseph

Ward Swain, New York: Collier Books 1961.

Emille Durkheim, *The Elementary Forms of the Religious Life*, trans. Joseph Ward Swain, London: George Allen & Unwin, 1963.

Friedrich Gogarten, *Demythologizing and History*, New York: Charles Scribner's Sons, 1955.

J. Habermas, "Technology and Science as 'Ideology' ", in *Toward a Rational Society*, J. J. Shapiro (trans.), Boston: Beacon, 1970.

John Hick, *God and the Universe of Faiths*, New York: St. Martin's Press, 1973.

John Hick, *An Interpretation of Religion: Human Responses to the Transcendent*, New Haven: Yale University Press, 1989.

L. H. Jordan, *Comparative Religion: Its Genesis and Growth,* Edinburgh: Clark, 1905.

Andrew Lang, *The Making of Religion*, London: Longmans Green & Co., 1900.

G. Van der Leeuw, *Religion in Essence and Manifestation: A Study in Phenomenology*, tr. J. E. Turner, London: George Allen & Unwin, 1938.

John Locke, *Political Essays*, Cambridge: Cambridge University, 1997.

R. R. Marett, *Anthropology*, London: Williams and Norgate, 1911.

Robert King Merton, *Social Theory and Social Structure*, New York: Free Press, 1968.

Jacques Maritain, *The Range of Reason*, New York: Charles Scribner's Sons, 1952.

F. Max Müller, *Lectures on the Origin and Growth of Religion as illustrated by the religions of India*, New York: AMS Press, 1976.

F. Max Müller, *Chips from a German Workshop*, Oxford: Oxford University Press, 1867-1875.

F. Max Müller, *Natural Religion*, London: Longmans, Green, 1889.

R. Panikkar, *The Vedic Experience*, Los Angeles: University of California Press, 1977.

Wolfhart Pannenberg, *Revelation as History*, London: Macmillan, 1968.

Wolfhart Pannenberg, *The Idea of God and Human Freedom*, Philadelphia: Fortress Press, 1973.

Karl Rahner, *Foundations of Christian Faith,* New York: Crossroad, 1978.

Jonathan Sacks, *The Dignity of Difference: How to Avoid the Clash of Civilizations,* New York: Continuum, 2002.

Walter Rauschenbusch, *A Theology for the Social Gospel*, New York: Abingdon Press, 1917.

Albrecht Ritschl, *The Christian Doctrine of Justification and Reconciliation: The Positive Development of the Doctrine*, trans. H. R. Mackintosh and A. B. Macaulay, Edinburgh: T and T. Clark, 1900.

Jonathan Sacks, *The Dignity of Difference: How to Avoid the Clash of Civilizations*, New York: Continuum, 2002.

Edward Schillebeeckx, *The Church: The Human Story of God*, New York: Crossroad, 1990.

Friedrich Schleiermacher, *The Christian Faith*, Edinburgh: T. and T. Clark, 1928.

Wilfred Cantwell Smith, *The Meaning and End of Religion*, New York: The Macmillan Company,1963.

Wilfred Cantwell Smith, *The Faith of Other Men,* New York: Harper & Row, 1962.

William Robertson Smith, *Lectures on the Religion of the Semites: The Fundamental Institutions*, London: Macmillan, 1927.

D.T. Suzuki, *The Zen Buddhism of No Mind*, York Beach, ME: Samuel Weiser, 1972.

Paul Tillich, *The Protestant Era*, Chicago: The University of Chicago Press, 1948.

Paul Tillich, *Systematic Theology* (vol. 1), Chicago: University of Chicago Press, 1951.

Paul Tillich, *Systematic Theology* (vol. 2), Chicago: University of Chicago

Press, 1957.

Paul Tillich, *Systematic Theology* (vol. 4), Chicago: University of Chicago Press, 1963

Paul Tillich, *Systematic Theology* , London: SCM Press Ltd, 1978.

Paul Tillich, *Christianity and the Encounter of World Religions,* New York: Columbia University Press, 1963.

E. B. Tylor, *Primitive Culture*, vol.1, London: Murray, 1924.

E. Underhill, *Mysticism*, New York: New American Library, 1955.

J. Wach, *The Comparative Study of Religions*, J. M. Kitagawa ed., New York: Columbia University Press, 1958.

Max Weber, *The Protestant Sects and the Spirits of Capitalism*, in Gerth and Mills, From Max Weber: Essays in Sociology, London: Kegn Paul, Trench, Truber & Co.Ltd, 1947.

Max Weber, *The Sociology of Religion*, trans. Ephraim Fischoff, Boston: Beacon Press, 1963.

Alfred North Whetehead, *Science and the Modern World*, New York: The Macmillan Company, 1925.

A. D. White, *A History of the Warfare of Science with Theology in Christendom*, London, 1896.

C.K.Yang, *Religion in Chinese Society: A Study of Contemporary Social Function of Religion and some of Their Historical Factors*, The Regents of the University of California, 1961.

J. Milton Yinger, *The Scientific Study of Religion*, New York: The Macmillan Company, 1970.

R.C. Zaehner, *Hinduism*, London: Oxford University Press, 1966.

# 索 引

（以汉语拼音字母为序）

阿奎那　194，195，210，211，212，213，216，323，407，428，451，458，459，461，464，465，468，482，546，652，653，671
《埃及宗教史》　43
埃里克森　91，92
爱因斯坦　420，421，422，424，431
奥尔波特　91
奥尔蒂泽　295，296
奥古斯丁　16，193，210，215，223，267，282，296，401，406，429，451，467，534，535，560，681
奥托　95，101，120，203，218，220，221，225，227，273，274，276，277，358，374，475

巴伯　34，149，419，425，426，427，431，434
巴特　217，277，464，503，504，508，509，510，511，512，513，534，535，536，539，551
巴特勒　503，504

贝格尔　21，22，88，89，134，374，375，376，377，478，480，482，487，488，489，490，495，500，506
贝拉　88，89，361，362，363，364，372，381，382，398，399，401，403，413，493，554
《比较神话学》　35，76
比较神学　44，56，76，78，81，82，98，99
《比较宗教学的产生和发展》　41，47，77
《比较宗教学史》　35，41，45，47，49，77，119，156，157，158
比较宗教学　35，41，43，45，47，48，49，75，76，77，78，79，82，83，85，87，115，119，156，157，158，565
《比较宗教学》　77
辩证神学　508，509，510，511，512
不可言说者　273，435
不偏不倚　3，6，37，43，54，100

布尔特曼 510，511，512，516
布克哈特 345，346，347，348
布利克 94，95
布罗塞斯 31，66，112，118，155
布洛赫 295
部落宗教 81，102，135，180，198，202，207，253，254，255，261，293，306，337，499，521，557，589

超越者 70，276，542
陈樱宁 674
成全模式 539，540
诚实的无神论 21，22，23，34，39，40，55，64，105，106，113
出世宗教 255，256，257，327，328
处境化神学 670，671，675
传统神学 37，38，44，51，52，53，54，55，59，60，63，80，81，95，213，216，296，297，665
创建社会 20，71，89，360，370，381，382，383，385，387，388，598，639，658，676

达米安 52，451，463
单一神教 34，39，63，65，77，80，102，105，106，107，112，170
《道德的人与不道德的社会》 512
道德伦理功能 62，86，183，400，404，405，406，407，408，664
道森 347，348，362，363，364，365，383，393，518

《德川宗教：现代日本的文化渊源》 362，372，382，398，399，401，403，413
德尔图良 277，461，463
抵制主义 500
帝国主义策略 536
蒂勒 42，43，48，79
蒂利希 214，222，274，275，340，341，363，371，383，401，452，511，512，516，535，552，558
丁光训 669，670，671，672
独立自主办教 574，601，614，615，616，618，620，621，624，625，626，627，628，629，630，643，649，654，656
杜尔凯姆 46，84，87，88，90，101，112，119，120，121，174，175，239，240，262，263，311，322，323，356，357，360，365，366，368，369，379
对话中介 557
顿悟 226，252，468
多神教 20，34，39，63，65，77，80，102，105，106，107，112，155，156，159，160，165，166，167，168，169，170，171，173，185，186，189，201，254，293，631，632
多元主义 23，487，488，517，532，534，538，539，540，541，542，543，544，545，548，552，553，555，559

# 索 引

恩格斯 25, 69, 102, 104, 106, 107, 110, 113, 115, 120, 125, 127, 128, 129, 130, 131, 133, 134, 135, 144, 145, 146, 154, 160, 161, 164, 184, 185, 198, 204, 266, 279, 280, 291, 292, 297, 299, 309, 311, 322, 324, 325, 329, 337, 340, 374, 388, 394, 400, 410, 432, 433, 498, 581, 583, 584, 586, 588, 591, 592, 603, 604, 611, 612, 621, 622, 658, 679

发展缪勒 17, 19, 20, 25, 27
法律功能 389, 390, 408
《反异教徒大全》 216
《反宗教》 577
反宗教运动 577, 583, 584, 604, 630
非基督宗教 536, 537, 538, 567
非神话化 510, 511
非神圣化 475, 477, 479
《非神圣化与历史》 479
非宗教的基督教 487, 513
费尔巴哈 31, 68, 102, 106, 107, 132, 135, 144, 161, 193, 222, 279, 280, 281, 289, 290, 291, 322, 329, 337, 340, 394, 591
丰富缪勒 17, 19, 20, 25, 27
否定方法 465, 466
弗雷泽 46, 86, 102, 119, 121, 130, 145, 160, 232, 233, 234, 417, 497

弗洛姆 91, 92
弗洛伊德 46, 90, 91, 92, 119, 120, 121, 174, 367, 514
伏尔泰 31, 111, 118, 345, 368, 503, 562
负的方法 465, 466, 467, 468, 546

戈加登 479, 512, 513
格尔茨 86
隔教不隔理 673
个人福音 669
《个人及其宗教》 91
个人宗教 81, 90, 95, 186, 188, 224, 301, 501, 559
公民宗教 89, 490, 493, 496, 602

汉密尔顿 295, 514
赫尔伯特 66, 502
黑格尔 4, 25, 31, 41, 62, 65, 68, 69, 104, 113, 130, 132, 193, 194, 208, 235, 249, 264, 265, 291, 293, 297, 309, 321, 322, 340, 373, 409, 410, 450, 451, 452, 453, 454, 506, 546, 581, 587, 588, 621
黑衣宰相 392
亨廷顿 22, 412, 491, 496, 519, 524, 526, 527, 528, 529, 530, 531
互益模式 539, 540
护教学 3, 38, 63

## 索 引

怀特　332，333，334，375，386，416，426，433，434，482，671
回归缪勒　17，20，25，27
霍伊卡　423，424，425，426，427，428，429，430，431，432，433，469

《基督教关于称义与和解的教义》　507
《基督教会的社会学说》　361
基督学　296
《基督宗教并不神秘》　502
《基督宗教与创世同样古老》　504
激进神学　294，295，514
《激进神学与上帝之死》　514
加德纳　438，441，442，443，446，448，449
加尔文　252，260，312，313，314，377，381，387，426，430，431，474，486，500，501，597，665
家族相似性　61，99，195，266，359
兼容主义　314，532，534，536，538，540，541，548，555，556
渐悟　252
《教会教义学》　464
教理革命　656，657，664，665，666
接受模式　539，540
《金枝》　86，119，232，233，234，497
境外宗教渗透　89，577，585，605，620，621，622，623，624，625，630，655

旧正统主义　500
旧自由主义　500
绝地天通　479，589，590

卡里斯玛式　492，493
康德　14，31，68，117，131，193，194，212，218，274，381，407，455，464，467，482，502，504，543
考克斯　296，479，495，514
克鲁克洪　86
孔汉思　22，225，550，552，567
库萨　266，277，465

拉纳　536，537，539，541
拉特克立夫-勃朗　88
莱布尼茨　93，152，213，214，217，375，548，562
莱乌　93，94，95
兰格　112，158
类比方法　465
礼仪之争　5，522，562，563，564，565，645，659
李维汉　593
理论神学　44，56，59，81，82，99
理性神学　120，162，229，294，407
理性主义　46，97，119，120，121，122，376，452，482，486，495，497，500，501，502，503
利玛窦　404，562，563，564，565，659
利奇尔　505，506，507，509，510，

512

列宁 9，61，146，147，153，196，581，583，584，588，603，604，608，611，612，615

列维-斯特劳斯 86，121，130

柳巴 560

陆子禅 456

路德 92，102，106，135，144，161，252，282，312，313，314，329，337，340，381，387，391，394，407，428，463，474，486，500，501，502，591，597，634，665

《论基督肉身》 277，463

《论寻觅上帝》 266

《论隐秘的上帝》 266，277

《论宗教：对有文化的蔑视宗教者的讲话》 505

《论宗教宽容》 609，650，651，652

罗素 219

罗竹风 8，12，18，24，87，199

逻辑演绎法 104

吕大吉 8，9，10，11，12，18，24，35，45，69，199，200，223，236，335

马克思 4，7，9，10，11，12，25，65，68，69，102，104，106，110，113，115，125，126，127，128，129，130，131，133，134，135，145，153，154，160，161，164，184，185，194，198，204，262，266，279，280，291，292，297，299，309，321，322，325，329，334，337，340，350，368，369，374，384，388，394，400，410，432，433，452，498，549，580，581，583，584，587，588，591，592，602，603，604，611，612，615，621，622，658，671，679

马雷特 35，119，145，156，232

马利坦 509，510

马林诺夫斯基 332，354

迈蒙尼德 466

《迈向处境教会学》 672

麦奎利 48，294

毛泽东 265，298，592，595，605，613，615，678

《没有佛，我做不成基督徒》 533

《美国的公民宗教》 89，493

《迷途指津》 466

民神不杂 589，590

民神杂糅 479，589，590

民主办教 672

民族宗教 65，160，173，179，180，181，182，183，184，185，186，187，188，189，201，329，380，410，411，557，576，605，631，632

闵采尔 312，394

《摩西与一神教》 90

莫尔特曼 16，290，291，295，326

默顿 88，89，354，355，365，366，367，368，369，425，426

## 索 引

缪勒  1, 2, 3, 4, 5, 6, 9, 10, 11, 12, 13, 15, 16, 17, 18, 19, 20, 21, 22, 23, 24, 25, 26, 27, 31, 32, 33, 34, 35, 36, 37, 38, 39, 40, 41, 42, 43, 44, 48, 50, 51, 52, 53, 54, 55, 56, 57, 58, 59, 60, 61, 62, 63, 64, 65, 68, 72, 73, 76, 77, 78, 79, 80, 81, 82, 85, 98, 99, 100, 101, 102, 103, 105, 106, 107, 112, 118, 119, 121, 137, 139, 140, 142, 143, 157, 162, 163, 169, 170, 183, 192, 193, 203, 206, 209, 214, 265, 266, 268, 272, 292, 316, 317, 356, 357, 358, 360, 409, 410, 411, 412, 473, 519, 629

《纳瓦霍人的巫技》  86
尼布尔  512, 516
尼特  386, 532, 533, 535, 539, 540, 546, 547, 548, 555, 556, 565, 566, 567, 568
匿名基督徒  538

帕森斯  88, 89, 357, 361, 362, 368, 369, 401, 420
帕斯卡尔  151, 229, 282
排他主义  38, 81, 532, 534, 535, 536, 537, 538, 540, 541, 551, 555, 556

潘能伯格  535
潘尼卡  540, 550
判教  3, 7, 81
朋霍费尔  487, 513
普世主义  535, 536, 566

虔敬主义  500, 501, 502
潜功能  20, 365, 366, 367, 370, 388, 434, 464
潜在的帝国主义  546
《青年路德》  92
情感自然神论  504
去神话化  510
全球伦理  22, 549, 550, 552, 567
全然相异者  225, 276, 277, 509

饶申布什  505, 507
人道教  114
人间佛教  328, 387, 487, 656, 665, 667, 668, 675
人生佛教  666, 667
人为宗教  81, 254, 576
人正论  296, 297
入世宗教  255, 256, 257, 327, 328

三父之论  404, 564, 565
三武一宗  396, 453, 579, 610
三自宣言  618, 619, 626, 634, 635
《莎士比亚与基督宗教教义》  446
山中宰相  392
商特皮  93
上帝人  132

《上帝信仰之现象学导论》 94
《上帝与诸信仰世界》 541
《上帝之城》 215, 401, 406
上帝之道神学 277, 512
《上帝之道与人之道》 509
上帝之死 295, 514
《社会福音的神学》 507
社会福音论 669, 670
《社会理论与社会结构》 89
《社会行动的结构》 89
《社会主义和宗教》 581, 588, 603
《神圣的帷幕》 21, 22, 89, 374, 375, 376, 377, 478, 480, 482, 488, 489, 495, 500, 506
神圣化世俗 23, 71, 475, 499
《神圣与世俗》 95, 96, 475, 476, 477, 478, 495
神圣者 47, 120, 129, 160, 173, 203, 218, 219, 220, 221, 222, 223, 224, 265, 278, 299, 322, 323, 324, 336, 337, 339, 375, 379, 394, 405, 406, 475, 478, 483, 539, 545, 553, 557, 559, 560, 631
神圣之书 428
《神学大全》 194, 195, 211, 216, 323, 407, 465, 468, 509
神正论 213, 214, 296, 297, 375, 376, 377, 378, 380, 384, 670
《神正论》 214, 375
生存神学 294, 487, 509, 511, 512
生活道教 675

施莱尔马赫 31, 68, 193, 217, 218, 222, 505, 506, 509, 512
施米特 112, 158, 388
十字架之战 584
十字军东征 372, 412, 522
实践的宗教观 507, 509
史密斯 31, 58, 70, 72, 174, 204, 236, 240, 272, 315, 492, 532, 552, 558, 649
使上帝成为上帝 534
氏族宗教 65, 114, 135, 160, 173, 174, 176, 177, 178, 179, 180, 181, 182, 183, 186, 187, 188, 189, 201, 478, 557, 631, 632
世界的祛魅 484
世界诸宗教 2, 3, 5, 6, 7, 16, 23, 26, 37, 43, 49, 54, 56, 58, 59, 60, 61, 63, 65, 66, 67, 72, 73, 75, 76, 77, 78, 79, 80, 82, 99, 100, 101, 102, 111, 195, 304, 305, 306, 315, 334, 355, 357, 359, 376, 381, 472, 475, 533, 566, 568, 576, 579, 580, 587, 610
世界宗教 1, 7, 22, 65, 69, 80, 81, 87, 102, 160, 173, 183, 184, 185, 186, 187, 188, 189, 201, 202, 207, 209, 253, 261, 293, 323, 337, 412, 519, 521, 523, 550, 557, 562, 566, 567, 576, 583, 587, 605, 631, 632, 633, 677

索　引

《世界宗教的经济伦理》　87
世俗化神圣　23，71，475
世俗世界　17，71，257，300，321，322，325，340，355，356，370，371，372，374，473，476，512，533，549，558
《世俗之城》　479，495，514
顺应主义　500

他者中心　544
《太平经》　16，286，382，642，661，662
太虚　656，657，665，666，667
泰勒　33，46，85，98，101，112，118，119，121，155，157，158，232，272，332，356，358，360，450
汤因比　218，219，348，349
特朗普　114，115，118，120，121，135，230，281
特洛尔奇　361，473
天地相通　478
《天使的传言》　89，495
《天主实义》　404，563，659
廷德尔　504
《图腾与禁忌》　90，174
托兰德　502
托勒密主义　534

瓦赫　77，88，95，309，310
外部研究法　5，8
万物有灵论　46，85，112，118，119，121，145，155，157，232

王岱舆　673
韦伯　21，44，86，87，88，90，287，309，310，347，348，357，360，361，362，364，375，376，382，398，399，403，424，433，434，473，480，482，528
惟独基督　537
唯文化形态论　350
唯一神教　34，39，63，65，77，80，102，105，106，107，112
唯意识形态论　349，350
《为什么我不是基督徒》　219
《未开化社会中的结构和功能》　89
未来教会　63，65，77，102，105，106，113
文化对话　24，561，563
文化主义　24，575，581，582
《文明的冲突与世界秩序的重建》　22，412，491，496，519，524，526，527，528，529，530
巫术　86，88，102，119，121，129，130，145，160，179，231，232，233，234，235，394，417，481，497
无神论国家　577
无神论宗教　7
无我学　285
无限者　4，10，13，14，15，17，20，38，59，70，101，105，119，139，140，141，142，143，160，193，203，214，268，334，506
吴耀宗　618，625，634

700

## 索引

《物神崇拜》 66

《希望神学》 16，290，291

《系统神学》 341，511

夏普 35，41，45，47，48，49，77，119，156，157，158

显型宗教 328，329

《现代的灾难与希望》 512

现实的信教的人 4，10，13，15，160，262，297，299

现实的宗教信仰 4，10，13，262

消灭宗教 7，24，578，579，580，581，582，583，586，630，654

谢扶雅 455

《心理分析与宗教》 92

新教伦理 44，87，347，357，361，364，398，399，403，597

《新教伦理与资本主义精神》 44，87，347，361，364，398，399，403

新正统主义 277，464，500，508，509，510

新自由主义 500，508，510

新宗教运动 19，310，315，317，318，319

信仰的超越性 15，269，278，288，289，297

信仰的内在性 15，278，287，297

《野性的思维》 86

一神教 20，34，39，63，65，77，80，90，102，105，106，107，112，145，155，159，160，161，166，168，169，170，171，172，173，185，189，201，293，631，632

伊利亚德 95，96，475，476，477，478，494，495

依法管理宗教 629，643，644，645，646，647，648，649，650，652，653，654，655

以梵为体，以中为用 672

以人为中心的人道主义 509，510

以神为中心的人道主义 509

隐匿的上帝 295，509

隐型宗教 328，329

英格尔 5，329

有神论宗教 7

《狱中书简》 513

《原始文化》 33，85，98，232，272，332

原始宗教 85，95，118，127，130，160，163，174，175，232，260，272，281，293，320，329，376，402，410，417，436，589，590

詹姆斯 44，81，84，90，91，98，99，149，222，224，225，226，445

张三丰 676

章太炎 7，407，408

赵紫宸 669，670

遮诠 466

《真理论》 66

正的方法 465，466，546

正统主义　277，464，500，508，509，510，514，515，516
政治功能　389，390，399，494
制度型宗教　329，330
制度宗教　81
置换模式　539，540
中国本色教会　617
中国礼仪之争　5，562，563，564，565，645，659
终极关怀　222，341，370，382，418，494
周恩来　592，593，595，596，608，625，626
朱子道　456
自然神学　162，210，211，294，464，465，482，500，501，502，503，504，505，509
自然神学之父　502
自然之书　428，430，431
自然宗教　20，66，81，128，129，132，143，145，159，160，161，162，164，165，166，173，189，201，280，281，293，305，417，478，502，503，504，589，631，632
《自然宗教对话录》　504
《自然宗教史》　66
自我中心　288，534，538，542，544，546，547
自由主义　486，500，503，505，506，507，508，509，510，512，514，515，516，623，650

自由主义神学之父　505
宗法性传统宗教　390，518
宗教冲突　517，519，520，522，525，526，527，530，531，609
宗教创新　496
宗教存在　4，9，10，11，40，158，200，201，255，262，263，298，299，305，331，455，488，574，575，576，582，583，585，586，587，590，594，605，629，630，631
宗教存在的长期性　10，574，575，576，582，585，594，629，630
宗教的奥秘　269，273，288，297，299
宗教的超工具性　370，372
宗教的传播　520，521，645
宗教的道德伦理功能　400，407
宗教的地理分布　517，518，519
宗教的负功能　63，69，369，370，387
宗教的工具性　365，370，371，554
宗教的经济功能　395
宗教的科学功能　415，416，422，429，432，434
宗教的空间传播　519，520
宗教的民族功能　408，409，413
《宗教的起源与发展》　2，4，15，19，21，23，31，33，34，36，39，40，44，56，57，59，60，61，62，63，68，72，73，82，101，105，106，112，118，119，157，

162，169，192，214，265，316，317，357，473，629

宗教的群众性　574，575，595，596，597，598，599，600，608，629，630

宗教的人　3，4，36，40，44，54，68，95，100，422，431，476，494，502，560，592，608，611，632

宗教的社会功能　18，19，20，44，62，69，88，90，175，183，189，219，352，353，357，360，361，362，365，373，374，381，383，384，385，386，387，388，389，395，415，473，490，531

宗教的文化功能　19，362，363，365，415

宗教的文学艺术功能　434，440，445，448，449

宗教的显功能　365，367，370，388

《宗教的意义与终结》　31，70，204，272，315，552，558

宗教的哲学　449，454，455，462

宗教的哲学功能　449，455，462

宗教的正功能　63，69，365，367，370，371，387

宗教地理学　96，488，518

宗教对话　10，21，22，23，24，201，472，504，517，527，531，532，533，534，535，536，538，539，540，542，547，548，549，550，551，552，553，554，555，556，557，558，559，561，562，564，565，566，567，568，572，610，633

宗教对话的不可能性　23，556，557

宗教对话的层次性　23，548，551，553，555，556，557，561

宗教对话的可能性　549，559，565

宗教对话的平面化　23

宗教对话的现实途径　24，551，561

《宗教对话模式》　532，533，535，539，540，547，548，556

宗教多样性　568

宗教多元主义　517，538，539，540，541，542，543，544，545，548，553，555，559

宗教发生学　17，24，205，246，278，279，280，328

宗教发展观　148，149，154，155，156，157，158，159

宗教分布　523，524

宗教改革　19，58，282，310，311，312，315，316，346，347，381，387，398，399，404，428，463，474，479，482，484，486，500，508，509，597，598，599，609，610，656，665

宗教功能　17，19，20，23，61，62，63，64，70，71，88，89，99，201，258，353，355，356，357，358，359，360，361，364，365，367，368，369，370，372，373，387，422，429，493，494，495，532，553，554，555

703

索　引

宗教功能主义　19，63，88，356，357，358，359，360，361，554，555
宗教共同体　533，568
宗教观念　8，10，11，47，51，64，69，70，88，105，106，123，124，127，129，130，131，135，136，138，139，140，141，143，144，145，146，147，176，199，200，201，202，204，205，206，207，208，209，210，214，217，231，244，245，251，252，258，261，262，263，271，292，298，299，300，319，320，321，322，325，326，327，329，339，355，356，424，435，436，437，438，439，440，442，443，444，449，477，589，590
宗教管理　331，578，643，644，645，647，648，649
宗教管理现代化　644，645，647，648
宗教间性　533，534，539，540
宗教兼并　181，536，538，556
宗教节庆　231，243，244
宗教诫命　238
宗教进化论　40，89，112，119，157，629
《宗教进化论》　89
宗教禁忌　174，182，231，236，238，239，244，246，270，302，394
宗教经验　8，11，44，47，48，78，81，84，88，90，91，99，120，199，201，202，217，222，224，225，226，227，228，229，230，231，244，262，271，472，506，537，543，545
《宗教经验类型》　88
《宗教经验种种》　81
宗教敬畏感　221
宗教考古学　122
宗教科层　19，261，305，306，307，308，309，310，311，312，315
宗教宽容　530，531，608，609，610，647，650，651，652
《宗教类比》　503
宗教类型学　75，76，79，80，81，82，83
宗教礼仪　18，182，231，239，240，242，243，244，260，270，302，609，611，652
宗教理论　8，70，187，208，209，210，211，212，216，217，219，227，228，231，244，245，271，485，567
宗教立法　645，646，647，648，649，653
宗教迷信论　6，8
宗教平等　610，611，612
宗教启示说　39，64，112，113，161
《宗教起源探索》　114，115，120，121，135，230，281
宗教情感　8，11，70，199，200，201，202，217，218，219，220，221，

704

222，223，224，228，244，262，271，288，298，319，442，444，501，606

宗教人格论 669，670

宗教人口分布 524

宗教人类学 17，18，33，35，45，48，75，82，83，85，86，87，94，96，98，101，102，107，112，156，232，240，272，332，342，358，497

宗教融合 530

宗教社会化 19，319，320

《宗教社会学论文集》 88

宗教社会学 5，17，21，24，45，48，75，77，82，83，84，86，87，88，89，90，95，96，101，107，112，113，119，134，174，175，199，239，287，308，309，322，332，356，357，360，361，362，363，365，368，375，379，386，413，421，425，480，483，484，493

《宗教社会学》 5，24，88，287，308，309，375，379，386，483，484

宗教神话 18，70，86，162，204，205，206，207，208，209，271，343，414

宗教神圣化 23，360，474，475，498

宗教圣典 99

《宗教史纲》 42，79

宗教史学 43，45，48，75，76，78，79，82，83，85，87，94，95

宗教世界 19，69，71，299，300，321，322，325，356，499，500，502，541，549

宗教世俗化 21，22，89，201，472，474，475，477，478，480，482，484，487，490，498，500，508，530，572

宗教事务类型学 649

《宗教事务条例》 647

宗教体制 8，11，199，259，260，261，270，304，329，334，380，390

宗教退化论 112

宗教文化论 350

《宗教现象的心理学研究：论皈依》 560

宗教现象学 45，47，48，75，77，82，83，93，94，95，96，101，107，358，475

《宗教现象学》 94

《宗教现象之解释》 84，87

宗教心理学 45，47，48，75，81，82，83，84，90，91，92，93，94，96，98，107，199，218，226

宗教信仰 4，5，8，10，11，12，13，14，15，16，17，20，23，24，25，64，70，71，72，80，92，106，135，157，160，161，166，176，182，187，189，195，199，200，201，202，203，204，205，207，217，218，219，221，222，223，224，226，227，231，236，

244，245，262，268，270，271，
272，273，274，275，276，277，
278，279，280，282，283，284，
288，290，291，292，297，298，
299，304，310，318，320，322，
324，325，326，327，330，337，
356，358，362，363，378，379，
380，381，383，401，402，413，
414，415，419，420，421，435，
440，442，448，449，491，494，
501，504，506，517，535，539，
540，545，546，548，551，552，
553，554，555，556，557，558，
559，560，561，562，563，564，
565，567，568，574，589，593，
600，601，602，603，604，605，
606，607，608，609，610，611，
612，613，614，624，625，627，
628，629，630，635，637，640，
643，644，647，649，651，654，
656，676

宗教信仰自由　574，600，601，602，
603，604，605，606，607，608，
609，610，611，612，613，614，
624，625，627，628，629，630，
635，637，643，644，647，651，
654，656，676

宗教行为　8，11，55，70，71，72，
89，199，200，201，231，232，
233，234，235，236，238，239，
242，243，244，245，251，252，
261，262，263，270，271，288，
319，321，327，336，337，402

宗教修炼　226，228，231，244，245，
247，249，250，251，402

《宗教学导论》　2，10，19，32，36，
37，38，39，41，43，44，50，
51，52，53，54，55，56，57，
58，59，62，63，76，77，78，
79，80，81，82，99，100，101，
183，209，409，410，412，519

《宗教学概论》　8，10，12，18，19，
24，192，199

《宗教学手册》　93

《宗教学通论新编》　8，9，10，11，
12，18，19，69，199，223，236

宗教鸦片论　7，8，50，194，671

宗教要素　10，11，12，13，17，19，
25，61，72，95，198，199，200，
263，264，265，270，327，334，
656

宗教意识　8，44，48，70，71，72，
73，93，95，126，199，200，
201，202，204，217，224，225，
231，236，243，244，245，251，
252，261，262，263，271，285，
287，289，292，298，299，300，
337，350，379，380，505，507，
568

《宗教与科学》　219，425，427

《宗教与文学》　438，441，442，443，
446，448，449

《宗教与西方文化的兴起》　347，348，
362，363，364，383，393

《宗教与现代科学的兴起》 424,426,
　　427,428,429,430,431,433,
　　469
宗教哲学　4,5,16,33,39,45,47,
　　48,50,75,82,85,93,96,
　　130,132,199,235,291,293,
　　294,295,296,297,326,375,
　　453,454,455,458,461,463,
　　467,516,545,546,550,552,
　　673
《宗教哲学》　48,130,132,235,453,
　　455
宗教制度　11,70,135,188,200,
　　251,253,259,270,271,288,
　　307,310,334,348,478,483,
　　485
宗教自否定　22,40
宗教组织　8,11,38,47,65,70,
71,72,89,90,160,173,176,
188,189,199,200,201,231,
245,251,252,253,254,255,
257,258,259,260,261,262,
263,270,271,288,298,299,
300,301,302,303,304,305,
306,310,313,314,315,316,
317,319,321,327,329,330,
331,337,339,379,399,475,
477,487,488,489,491,492,
493,497,502,555,559,582,
583,589,597,607,623,624,
625,626,627,631,636,637,
640,643,649,650,654,656,
658
《走向全球化伦理宣言》　567
《作为文化系统的宗教》　86

# 后　记

《宗教学》曾作为"普通高等教育'十一五'国家级规划教材"于2010年由人民出版社出版。本著乃它的修订版。

此次修订依据近十年的研究成果，对个别观点做了一些微调，对小部分内容稍有充实，根本努力在于依据缪勒关于宗教乃"领悟无限者的主观才能"以及马克思关于唯有"现实的宗教信仰和现实的信教的人"才是"真正的宗教存在"的观点，进一步突出宗教信仰在宗教和宗教学概念体系中的权重。依据这样一种想法，此次修订重写了"前言"。为了方便读者比较迅速、准确地查找自己感兴趣的内容，本次修订还新增了"索引"。

笔者自20世纪80年代末开始从事宗教和宗教学的研究和思考，尽可能广泛地阅读了收集到的有关资料，尤其曾反复精读过缪勒的《宗教学导论》和《宗教的起源与发展》，有志于在积极借鉴国内外宗教学优秀研究成果的基础上，撰写一部既能够较好地体现缪勒精神又能够较充分地合乎时代潮流的前后较为连贯、大体上能自成一个系统的宗教学著作。本著可以说是作者三十多年来在宗教学领域取得的最重要的学术成果。为实现这一学术目标，笔者曾先后六易其稿，力求将自己的所学所思都凝聚到本著之中。尽管拙著在一些方面还有待改进，但由于本人年事已高，精力不济，也就只好不了了之。但愿它能为推进我国宗教学的学科发展略尽绵薄。

  作者在三十多年的宗教学研究中和本著的写作中，曾得到过国内外众多方家的指导帮助，也曾到得到过武汉大学宗教学系的同事和系友，如吕有祥教授、刘清平教授、翟志宏教授、刘素民研究员、徐弢教授、董尚文教授、黄超副教授、王成军副教授、许才义博士、何保林博士、李健全博士、吕春瑾博士、熊贵平博士和段淑云硕士等人的支持和帮助。这次修订再版工作不仅得益于商务印书馆陈小文先生的关心和支持，而且也得益于于娜编辑的认真和勤奋。在本著即将付梓之际，谨向上述诸位致以衷心的谢意。

  本著如有不当之处，敬请方家及其他读者批评指正。

段德智<br>
2020 年 10 月 8 日<br>
于武昌珞珈山南麓